笔下起风雷　胸中百万兵

土地革命战争中的毛泽东

王新生　著

人民日报出版社
北京

图书在版编目（CIP）数据

笔下起风雷　胸中百万兵：土地革命战争中的毛泽东 / 王新生著 . — 北京：人民日报出版社，2023.11

ISBN 978-7-5115-8030-6

Ⅰ . ①笔… Ⅱ . ①王… Ⅲ . ①毛泽东军事思想－研究 Ⅳ . ① A841.65

中国国家版本馆 CIP 数据核字（2023）第 196972 号

书　　　名：	笔下起风雷　胸中百万兵：土地革命战争中的毛泽东
	BIXIA QIFENGLEI　XIONGZHONG BAIWANBING:
	TUDI GEMING ZHANZHENG ZHONG DE MAOZEDONG
作　　　者：	王新生
出 版 人：	刘华新
责任编辑：	张炜煜　贾若莹　张雪原
封面设计：	李尘工作室
出版发行：	人民日报出版社
社　　　址：	北京金台西路 2 号
邮政编码：	100733
发行热线：	（010）65369527　65369509　65369512　65369846
邮购热线：	（010）65369530　65363527
编辑热线：	（010）65369514
网　　　址：	www.peopledailypress.com
经　　　销：	新华书店
印　　　刷：	北京鑫益晖印刷有限公司
法律顾问：	北京科宇律师事务所　010-83622312
开　　　本：	710mm×1000mm　1/16
字　　　数：	510 千字
印　　　张：	34.25
插页印张：	0.75
版次印次：	2023 年 11 月第 1 版　2023 年 11 月第 1 次印刷
书　　　号：	ISBN 978-7-5115-8030-6
定　　　价：	88.00 元

红军时期的毛泽东

八七会议会址

江西永新三湾

龙江书院

龙源口

井冈山黄洋界

柏露会议会址

长汀城辛耕别墅。1929年,红四军进占长汀城后,前委和军部机关驻此

上杭县蛟洋文昌阁,1929年7月,中共闽西一大在此召开

古田会议会址

①毛泽东于1930年1月5日写给林彪的复信。毛泽东在信中批评了林彪忽视建立农村革命根据地的错误观念,深刻阐述了中国革命必须走农村包围城市道路的道理。
②上杭县古田镇协成店。1930年1月5日晚,毛泽东在此写了给林彪的复信,即《星星之火,可以燎原》一文。

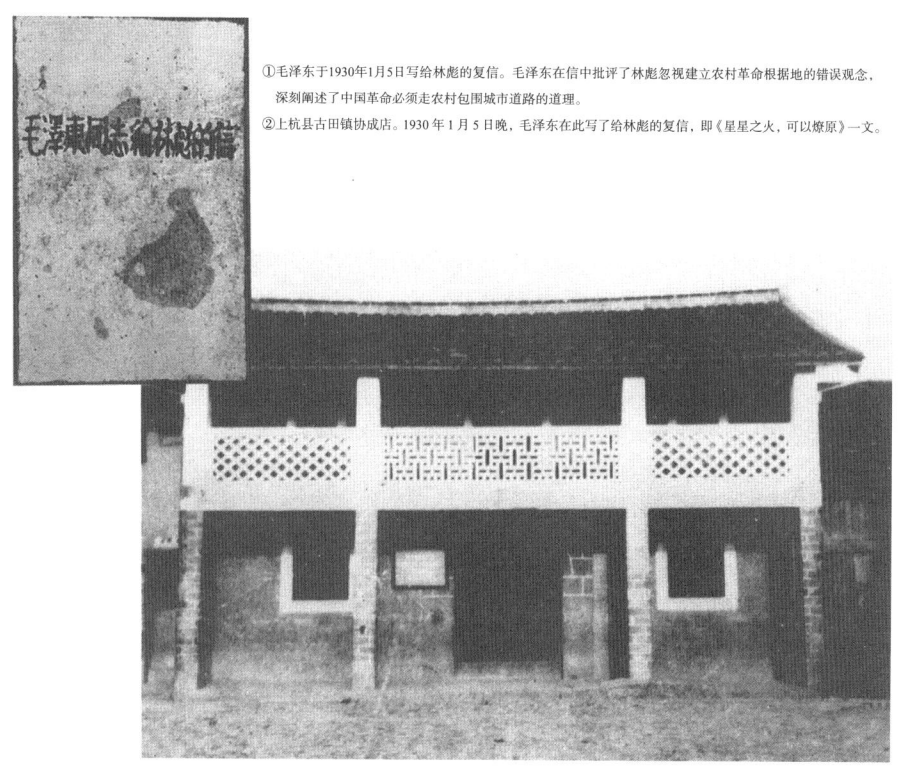

星星之火,可以燎原

江西瑞金

中华苏维埃共和国中央政府驻地（瑞金叶坪村谢氏宗祠）

1931年11月7日，中共苏区中央局委员合影。左起：顾作霖、任弼时、朱德、邓发、项英、毛泽东、王稼祥

1931年11月27日,毛泽东(中间站立者)在瑞金叶坪主持召开中华苏维埃共和国中央执行委员会第一次会议

毛泽东和警卫员在瑞金

1933年8月，毛泽东在中央苏区八县贫农团查田运动大会上作报告

1934年10月15日,毛泽东由瑞金来到于都,在谢家祠出席赣南省三级大会,发表讲话,鼓励苏区干部、群众坚持斗争,保卫苏区。图为于都县城谢家祠

红一军团夜渡于都河渡口之一——于都县梓山镇峰坝渡口

遵义会议会址

中央红军长征过彝族区时,红军总参谋长刘伯承与沽鸡家首领小叶丹歃血结盟,并帮助成立彝民红军沽鸡支队。执旗者为小叶丹夫人

红军长征走过的荒无人烟的水草地

瓦窑堡会议旧址

1936年，毛泽东与部分参与创建井冈山根据地的干部在陕北合影

长征到达陕北后的毛泽东、朱德、周恩来、博古（右起）

目 录

引 言 寻找中国红军缔造者的足迹 ………………………… 1

第一章 我自岿然不动 …………………………………………… 001

    一、举起工农革命军的红旗 ………………………………… 001
        湘赣边界霹雳 ………………………………………… 001
        沿湘赣边界南下 ……………………………………… 016
        三湾改编 ……………………………………………… 018
        上井冈山 ……………………………………………… 022

    二、坚持在井冈山上 ………………………………………… 030
        创建红色割据区域 …………………………………… 030
        改造袁文才、王佐部队 ……………………………… 047
        进行军队建设 ………………………………………… 052
        三月失败 ……………………………………………… 056

    三、与朱德部队会师 ………………………………………… 062
        寻找南昌起义部队 …………………………………… 062
        具有历史意义的会师 ………………………………… 067
        打破敌人第三次、第四次"进剿" …………………… 076

    四、进行反"会剿" ………………………………………… 081
        八月失败 ……………………………………………… 081
        重振雄风,恢复根据地 ……………………………… 096
        柏露会议 ……………………………………………… 102

1

第二章　赣水苍茫闽山碧 ································ 109

一、艰苦转战赣南、闽西 ······························ 109
　　艰苦赣南行 ·· 109
　　制定创建根据地新战略 ······························ 119
　　开创赣南红色割据局面 ······························ 124

二、制定建党建军的伟大纲领 ·························· 129
　　红四军三打龙岩 ···································· 129
　　刘安恭到红四军掀风波 ······························ 134
　　一个误传的消息 ···································· 140
　　古田会议 ·· 145

三、找到中国革命新道路 ······························ 157
　　以城市为中心，此路不通 ···························· 157
　　星星之火，可以燎原 ································ 161

四、风展红旗如画 ···································· 165
　　入赣消灭唐云山旅 ·································· 165
　　寻乌调查 ·· 171
　　赣南、闽西苏区连成一片 ···························· 175

五、抵制"左"倾盲动错误 ····························· 176
　　李立三脑子发烫 ···································· 176
　　红一军团成立及北上 ································ 182
　　成立红一方面军，再攻长沙 ·························· 185
　　不打南昌打吉安 ···································· 192

第三章　横扫千军如卷席 ································ 199

一、确定反"围剿"方针 ······························ 199
　　罗坊会议 ·· 199
　　进行"兴国调查" ··································· 205

二、雾漫龙冈千嶂暗 ... 208
　　向根据地中心退却 ... 208
　　歼灭敌第十八师，活捉张辉瓒 ... 212
　　击溃谭道源师 ... 218
　　建立红一方面军无线电队 ... 220

三、向东横扫七百里 ... 224
　　二十万军重入赣 ... 224
　　反"围剿"战略方针之争 ... 227
　　歼灭公秉藩师 ... 233
　　白沙、中村，连战皆捷 ... 237
　　攻克广昌、建宁 ... 238

四、将敌人拖瘦、拖死 ... 242
　　千里回师赣南 ... 242
　　出敌不意，三战三捷 ... 247
　　声东击西 ... 252
　　第三次"围剿"灰飞烟灭 ... 256
　　中华苏维埃共和国主席 ... 258

第四章　遭到"左"倾打击、排挤 ... 265

一、东路军入漳奏凯歌 ... 265
　　"左"倾教条主义方针在中央苏区推行 ... 265
　　是否攻打赣州之争 ... 271
　　红军东路军占领龙岩、漳州 ... 277

二、被迫离开红军领导岗位 ... 285
　　共产国际表示："用同志式的态度"对待毛泽东 ... 285
　　参与指挥进攻作战 ... 288
　　宁都会议 ... 292

三、主持苏维埃临时中央政府工作 ... 299
　　长汀福音医院养病 ... 299

　　　　领导中央苏区经济建设 ················· 301
　　　　长冈乡、才溪乡调查 ················· 306
　　　　苦涩的查田运动 ··················· 314

　四、东方欲晓，莫道君行早 ················· 322
　　　　保护萧劲光 ····················· 322
　　　　为第五次反"围剿"献计献策 ············ 326
　　　　风景这边独好 ···················· 333

第五章　万水千山只等闲 ···················· 339

　一、踏上长征路 ······················· 339
　　　　战略转移之前的日子 ················· 339
　　　　告别中央苏区 ···················· 342
　　　　正确意见遭到博古、李德拒绝 ············ 345
　　　　中央队"三人团" ·················· 348

　二、主张转兵贵州，实现历史转折 ·············· 351
　　　　改变战略进军方向 ·················· 351
　　　　突破乌江，占领遵义 ················· 358
　　　　伟大的历史转折 ··················· 360

　三、摆脱国民党军的围追堵截 ················· 369
　　　　土城失利，一渡赤水 ················· 369
　　　　"鸡鸣三省"会议，博洛交接 ············ 372
　　　　二渡赤水，回师黔北 ················· 375
　　　　苟坝风波，新"三人团"成立 ············ 378
　　　　三渡赤水，再进川南 ················· 382
　　　　四渡赤水，南渡乌江 ················· 384
　　　　兵临贵阳逼昆明 ··················· 388
　　　　巧渡金沙江 ····················· 391

　四、与红四方面军会师 ···················· 393
　　　　会理会议起风波 ··················· 393

　　　　　红军不做"石达开第二" …………………… 399
　　　　　征服夹金山，与红四方面军会师 …………… 403

　　五、与张国焘分裂主义作斗争 ………………………… 406
　　　　　确定建立川陕甘根据地方针 ………………… 406
　　　　　张国焘野心膨胀 ……………………………… 414
　　　　　穿越茫茫草地 ………………………………… 417
　　　　　红一方面军主力先行北上 …………………… 428

　　六、落脚陕北 …………………………………………… 432
　　　　　到陕北去，那里有刘志丹的红军 …………… 432
　　　　　六盘山上高峰 ………………………………… 438
　　　　　终于到"家"了 ……………………………… 441

第六章　开创中国革命新局面　　　　　　　　　445

　　一、保卫和扩大陕甘苏区 ……………………………… 445
　　　　　革命大本营放在西北的奠基礼 ……………… 445
　　　　　纠正陕甘苏区错误的"肃反" ……………… 452
　　　　　瓦窑堡会议 …………………………………… 457
　　　　　东征、西征，扩大苏区 ……………………… 463

　　二、三军会师，迎接抗日高潮到来 …………………… 471
　　　　　三军大会师 …………………………………… 471
　　　　　山城堡战役 …………………………………… 482
　　　　　总结历史经验 ………………………………… 488

结束语　毛泽东为什么能够打胜仗　　　　　　　500

参考书目及报刊资料　　　　　　　　　　　　　507

后　　记　　　　　　　　　　　　　　　　　　515

引 言
寻找中国红军缔造者的足迹

穿越时空隧道，让我们回到1927年的春夏。在中国南部，此时已经没有1926年底至1927年初春那种北伐军高歌猛进、工农运动轰轰烈烈、到处一片生机勃勃的景象，而是乌云翻滚，处于一片腥风血雨之中。

3月6日，共产党员、江西省总工会副委员长、赣州市总工会委员长陈赞贤被蒋介石授意反动分子逮捕，血洒赣州城。

3月17日、20日，蒋介石在江西九江、安徽安庆先后制造惨案，捣毁工农团体，打死打伤工农革命群众。

3月31日，与蒋介石勾结的军阀刘湘，在四川重庆[①]制造了流血惨案，封闭革命团体，搜捕共产党员和革命群众，打死打伤400多人，杀害中共重庆地委书记杨闇公等人。

4月12日，蒋介石在上海发动反革命政变，对共产党人和革命工人群众进行令人发指的搜捕和屠杀。至15日，上海工人300多人被杀，500多人被捕，5000多人失踪。

4月15日，李济深在广州制造了"四一五"广州大屠杀，仅七天被捕者即达2100人，其中共产党员约600人，被秘密杀害者100多人。著名共产党人李启汉、刘尔崧、萧楚女、邓培、熊雄等英勇就义。

---

① 1997年3月14日，第八届全国人民代表大会第五次会议批准重庆为直辖市。

与此同时，北方的奉系军阀张作霖命令军警逮捕大批共产党员和其他革命者。中国共产党主要创始人和领导人之一李大钊于4月6日被捕，4月28日英勇就义。中共北方区委同时遭到严重破坏，被迫停止工作。

7月15日，曾披着国民党左派外衣的汪精卫叛变，在湖北武汉召开国民党中央"分共"会议，决定同共产党分裂。随后，汪精卫集团对共产党员和革命群众实行大搜捕、大屠杀。至此，由国共两党合作发动的大革命宣告失败。

蒋介石、汪精卫两个集团相继背叛革命，中国共产党领导的人民革命进入最艰苦的年代。国民党宣布共产党为"非法"，加入共产党成为最大"犯罪"。凡加入共产党者，被国民党抓住，往往就是杀头之罪，成千上万的共产党员倒在国民党的屠刀之下。

在国民党严重的白色恐怖之下，共产党组织只能全部转入地下。在这个过程中，许多地方党组织被打散了，不少党员同党组织失去联系。党内的不坚定分子纷纷脱党，有的在报纸上刊登启事公开宣布脱党，向反动派"忏悔"，有的甚至带领敌人搜捕自己的同志。

原来如火如荼开展的工会和农民协会，到处被查禁或被解散，工农运动在国民党反动派的残酷镇压下走向低沉。

中国革命进入低潮，中国共产党正面临着被敌人瓦解和消灭的危险。国民党反动派要将共产党赶尽杀绝，置之死地而后快。在生死考验面前，在革命前途仿佛已经变得十分黯淡无光的艰难时刻，中国共产党该怎么办？是偃旗息鼓，还是重整旗鼓继续战斗？在党的一大就把实现社会主义、共产主义作为奋斗目标的中国共产党，以坚定的初心和使命继续前行，英勇无畏地独立担负起领导中国革命的重任。正如毛泽东所说："中国共产党人和中国人民并没有被吓倒，被征服，被杀绝。他们从地下爬起来，揩干身上的血迹，掩埋好同伴的尸首，他们又继续战斗了。"[①]

大革命失败最重要的教训之一就是陈独秀等不懂得军事斗争和掌握武装的重要性。毛泽东在党的八七紧急会议上一针见血地指出："从前我

[①]《毛泽东选集》(第三卷)，人民出版社1991年版，第1036页。

们骂中山专做军事运动,我们则恰恰相反,不做军事运动专做民众运动。蒋、唐①都是拿枪杆子起的,我们独不管。现在虽已注意,但仍无坚决的概念。比如秋收暴动非军事不可,此次会议应重视此问题,新政治局的常委要更加坚强起来注意此问题。""以后要非常注意军事,须知政权是由枪杆子中取得的。"②

这是毛泽东对大革命失败血的教训非常正确的总结,对中国革命发展产生了深远影响。党的八七会议纠正了陈独秀右倾机会主义错误,确立了实行土地革命和武装起义的方针,并提出要"找着新的道路"③。中国革命从此开始由大革命失败到土地革命战争兴起的历史性转变。

八七会议后,主持中共中央临时政治局工作的瞿秋白认为毛泽东没有从事过军事工作,要他到上海中共中央机关工作。毛泽东回答说:"我不愿跟你们去住高楼大厦,我要上山结交绿林朋友。"④

根据毛泽东的要求,中共中央决定让他以特派员身份回湖南,传达八七会议精神,改组湖南省委,领导秋收起义。

领导秋收起义,是毛泽东的人生转折点。

在此之前,人们认识毛泽东,是他那如椽大笔写下的激荡风雷的文章。

1919年7月,时年26岁、风华正茂的毛泽东,在领导湖南五四运动中创办了《湘江评论》。他在《湘江评论》第二期至第四期上发表了《民众的大联合》的长文,阐述民众联合的力量,大声疾呼:"我们醒觉了!天下者我们的天下。国家者我们的国家。社会者我们的社会。我们不说,谁说?我们不干,谁干?"⑤这令人振聋发聩、热血沸腾的呐喊,唤起了许多人的国家与责任意识。

---

① 指蒋介石、唐生智。
② 《毛泽东关于国际代表报告的发言》(1927年8月7日),中共中央党史资料征集委员会、中央档案馆编:《八七会议》,中共党史资料出版社1986年版,第58页。
③ 《中国共产党中央执行委员会告全党党员书》(1927年8月7日),中央档案馆编:《中共中央文件选集》(第三册),中共中央党校出版社1989年版,第290页。
④ 谭震林:《回顾井冈山斗争历史》,井冈山革命根据地党史资料征编研小组、井冈山革命博物馆编:《井冈山革命根据地》(下),中共党史资料出版社1987年版,第10页。
⑤ 毛泽东:《民众的大联合》(1919年7—8月),中共中央党史资料征集委员会编:《共产主义小组》(下),中共党史资料出版社1987年版,第497页。

笔下起风雷　胸中百万兵
土地革命战争中的毛泽东

1925年12月1日，时任国共合作后的国民党中央宣传部代理部长的毛泽东，在国民革命军第二军司令部编印的《革命》第四期上，发表了国共合作以来他的第一篇重磅文章《中国社会各阶级的分析》。他在开篇就提出："谁是我们的敌人？谁是我们的朋友？这个问题是革命的首要问题。"①在文章中，他将人们困惑不清的中国革命的敌人、领导力量、团结对象，一个个阐述得清清楚楚、明明白白。

时隔四日，毛泽东又以国民党中央宣传部的名义创办了《政治周报》，并在《发刊理由》中开宗明义地指出："为什么要革命？为了使中华民族得到解放，为了实现人民的统治，为了使人民得到经济的幸福。"②语言简单朴实，寥寥数语，将中国革命的目的宣示给人民大众，为他们指明了斗争方向。

从1926年下半年开始，随着北伐战争的胜利进军，湘、鄂、赣三省出现了暴风骤雨般的农村大革命高潮。国民党右派同土豪劣绅有千丝万缕的联系，因此北伐军中的一些军官坐不住了，攻击农民运动是"痞子运动""扰乱了北伐后方"；一些动摇的中间分子要求对农民运动加以限制；在中共党内，陈独秀也认为湖南农民运动"过火""幼稚"，责难"动摇北伐军心""妨碍统一战线"。如何看待农民运动成为当时必须回答的问题。

毛泽东历时32天，对湖南湘潭、湘乡、衡山、醴陵、长沙等五县进行农民运动考察。回到长沙后，他将考察情况写成《湖南农民运动考察报告》一文。这篇2万余字的长文，叙述了湖南农民所做的14件大事，热情赞扬："广大的农民群众起来完成他们的历史使命，乃是乡村的民主势力起来打翻乡村的封建势力。""孙中山先生致力国民革命凡四十年，所要做而没有做到的事，农民在几个月内做到了。这是四十年乃至几千年未曾成就过的奇勋。这是好得很。"③

毛泽东的文章，以与陈独秀截然不同的态度，找到了中国革命的主要

---

① 《毛泽东选集》（第一卷），人民出版社1991年版，第3页。
② 《毛泽东文集》（第一卷），人民出版社1993年版，第21页。
③ 《毛泽东选集》（第一卷），人民出版社1991年版，第15—16页。

力量，找到了动员这种力量的方法。瞿秋白为毛泽东这篇文章喝彩，称毛泽东是农民运动的王！热情提议，"中国的革命者个个都应该读一读毛泽东这本书"[①]。

很明显，无论是在五四时期，还是国共合作的大革命时期，笔是毛泽东手中的重要武器。他笔下的文章，在华夏大地激起阵阵惊雷，唤起人民的觉醒，加入革命的洪流，奔向正确的方向。

秋收起义后，毛泽东是以这样的方式为世人瞩目的。

秋收起义受挫后，毛泽东率领起义队伍上井冈山，在白色区域中建立了中国第一个"红色孤岛"——农村根据地。1928年4月，朱德、陈毅率领南昌起义军余部和湘南起义农军上井冈山，与毛泽东率领的秋收起义部队会师，成立工农革命军第四军（不久改称"红军第四军"，以下简称"红四军"）。尽管国民党反动军队不断发动"进剿""会剿"，井冈山革命根据地岿然不动，革命队伍不断发展壮大。井冈山成为中国革命的希望。

1929年1月，毛泽东与朱德率领红四军主力下井冈山挺进赣南。在之后的一年多时间里，乘国民党新军阀混战有利时机，红四军在赣南、闽西艰苦转战，创建了赣南、闽西革命根据地，工农革命烈火呈燎原之势，为中央革命根据地奠定了基础。

1930年10月至1931年9月，毛泽东与朱德指挥红一方面军，采用"诱敌深入"的作战方针，在人民群众的支持下，以少胜多，粉碎了蒋介石以数倍乃至十倍兵力连续三次对中央根据地的军事"围剿"，创造了红军创建以来的辉煌战绩。

在1934年10月至1935年10月的中央红军长征中，遵义会议后重新走上红军领导岗位的毛泽东，指挥中央红军（1935年6月与红四方面军会师后改称"红一方面军"）以一往无前、压倒一切敌人的精神，斩关夺隘，粉碎数十万敌军的围追堵截，战胜雪山、草地等艰难险阻，终于在纵横十一省、长驱二万五千里后到达陕甘革命根据地，实现了空前的战略大转移，

[①] 转引自中共中央文献研究室编：《毛泽东传》（1893—1949）（上），中央文献出版社1996年版，第127页。

笔下起风雷　胸中百万兵
土地革命战争中的毛泽东

胜利完成了震惊中外的长征，将中国革命大本营奠基于西北，开创了斗争新局面。一年后，红二、红四方面军也长征到西北地区，与红一方面军会师。红军三大主力会师，标志着中国工农红军长征结束，中国革命开始走向新的征程。

毛泽东不但善于打仗，而且善于治军。他率先在秋收起义部队中建立党的各级组织和党代表制度，将党的支部建在连上，确立了党对军队的领导；并实行民主制度，在政治上官兵平等，从而成为建立无产阶级领导的新型人民军队的开端。

针对红四军官兵主要是农民成分，存在各种非无产阶级思想的问题，毛泽东起草的古田会议决议，确立了马克思主义的建党、建军原则，确立了军队政治工作的方针、原则、制度，提出了解决把以农民为主要成分的军队建设成为无产阶级性质的新型人民军队这个根本性问题的原则方向。

古田会议决议是建党、建军的伟大纲领，是党和人民军队建设史上的里程碑。古田会议决议不仅在红四军得到贯彻，随后在其他部分红军也逐步得到实施，将中国工农红军锻造成听党的话、跟党走，打不烂、拖不垮，战无不胜、攻无不克，与中国历史上任何军队有着本质区别的钢铁之师、英勇无敌之师。

蒋介石把毛泽东视为一生最大的敌人。只要毛泽东存在，蒋介石就睡不安稳。他悬赏高达25万元要毛泽东的头颅，而毛泽东却毫发无损。蒋介石甚至采取卑鄙的手段，指示"御用"报纸发表毛泽东死亡的消息，企图瓦解苏区军民的斗志。然而，无情的事实一次次打了蒋介石的脸。

斯诺在《西行漫记》中这样写道："南京曾经一再地宣告他（指毛泽东——引者注）死了，可是没有几天以后，报上的新闻栏中又出现了他的消息，而且活跃如昔。""说真的，当我访问红色中国的时候，报上正盛传毛泽东的又一次死讯，但我却看到他活得好好的。""他虽身经百战，有一次还被敌军俘获而逃脱，有世界上最高的赏格缉拿他的首级，可是在这许多年头里，他从来没有受过一次伤。"[①]

[①] ［美］埃德加·斯诺著，董乐山译：《西行漫记》，生活、读书、新知三联书店1979年版，第63页。

引　言　寻找中国红军缔造者的足迹

　　蒋介石多次无耻地制造毛泽东死亡的虚假信息，暴露出他屡次败在毛泽东手下非常惧怕毛泽东的虚弱心态。他期待、幻想将毛泽东及其领导的红军彻底消灭，以解除他心头的病痛，但被毛泽东指挥红军取得一次又一次胜利而拉回现实。面对毛泽东，蒋介石既恨得咬牙切齿，又非常无奈。

　　从事武装斗争之前，毛泽东只有在辛亥革命爆发后在湖南新军中短暂当了半年列兵的经历。在此后的16年间，毛泽东经历了师范生，组织进步团体新民学会，从事五四爱国运动；组建湖南共产党早期组织，参与创建中国共产党；担任过国共合作后的国民党中央宣传部代理部长，从事过工人运动、农民运动；等等，从未从事过军事工作。为什么在没有上过军校系统学习过军事知识、基本没有军事经历、没有带过兵的毛泽东，在从事武装斗争之后，却缔造了中国红色无敌之师，接连打败国民党军队中那些上过日本士官学校、保定陆军军官学校、黄埔军校的高才生呢？

　　让我们穿越历史时空，寻找中国工农红军缔造者、当代中国最伟大的军事家、战略家毛泽东的足迹。

第一章
我自岿然不动

一、举起工农革命军的红旗

湘赣边界霹雳

军叫工农革命,
旗号镰刀斧头。
匡庐一带不停留,
要向潇湘直进。

地主重重压迫,
农民个个同仇。
秋收时节暮云愁,
霹雳一声暴动。①

毛泽东在1927年9月领导湘赣边界秋收起义时,以豪情万丈的气概,

---

① 中共中央文献研究室编:《毛泽东诗词集》,中央文献出版社1996年版,第168页。

写下了《西江月·秋收起义》这首词。

1927年是中国革命的转折点，即由大革命失败到土地革命战争兴起的历史性转变，也是毛泽东革命生涯的转折点，由过去以组织工农运动为主转向以武装斗争为主。

参加完党的八七会议之后，毛泽东以中共中央特派员身份于8月12日返回湖南长沙，肩负的使命是同彭公达一起贯彻八七会议精神，并全权负责改组湖南省委。

回到长沙后，毛泽东住在岳父杨昌济的寓所。

八七会议，确立了实行土地革命和武装起义的方针。毛泽东在会上曾作过一个关于土地革命问题的发言。会议作出的《最近农民斗争的议决案》规定："没收大地主及中地主的土地"，"对于小田主则减租"。毛泽东认为这个规定没有可操作性。指出："1. 大中地主标准一定要定，不定则不知何为大地主中地主。我意以为可以五十亩为限，五十亩以上不管肥田瘦田通通没收。2. 小地主问题是土地问题的中心问题。困难的是在不没收小地主土地，如此，则有许多没有大地主的地方，农协则要停止工作。所以要根本取消地主制，对小地主应有一定的办法。现在应解决小地主问题，如此方可以安民。"[①]

但共产国际代表罗明纳兹却不把毛泽东的意见放在眼里，表示："关于此问题用不着再讨论了。土地的根本问题是土地国有，这非有一个工农德谟克拉西的政权是无法解决的。此决议的目的是最近要叫起农村的扰乱暴动。我以为条文可仍照旧，谁是大小中地主，是无法确定的，且带地方性。此问题应由农协自己来决定，一切权力属于农协。我们要使城市小资产阶级中立，如开始即要没收一切土地，则必使城市小资产阶级动摇来反对我们。我们的口号一出去，马上即会引起小地主的动摇，要紧的是我们不要怕干下去甚或惊慌起来，因此，不必争论。"[②]

[①] 《毛泽东关于农民斗争决议案的发言》（1927年8月7日），中共中央党史资料征集委员会、中央档案馆编：《八七会议》，中共党史资料出版社1986年版，第73页。
[②] 《共产国际代表罗明纳兹关于农民斗争决议案的发言》（1927年8月7日），中共中央党史资料征集委员会、中央档案馆编：《八七会议》，中共党史资料出版社1986年版，第74页。

由于罗明纳兹是共产国际代表,具有绝对权威,毛泽东的正确意见没有引起会议的重视,被搁置在一边。

实行土地革命,坐在屋子里制定土地政策是不行的,必须了解农民的真实要求是什么。毛泽东回到湖南借送杨开慧回板仓村的机会,邀请五位农民、一位篾匠和一位小学教师开了两天调查会,了解当地农民要求全盘解决土地问题的想法。回到长沙城后,他又征询由韶山老家来省城的五位农民的意见。根据这些调查,毛泽东拟出了土地纲领数条。

在调查中,毛泽东发现了一个问题,由于国民党军队残酷镇压工农运动后,群众对国民党的看法已经完全改变了,把国民党的旗帜看成是军阀的旗帜。在大革命即将失败的时候,共产国际指示中国共产党退出武汉国民政府,但不退出国民党,继续打国民党的旗帜。根据共产国际的指示,南昌起义打的是国民党左派的旗帜。目光敏锐的毛泽东立刻意识到共产国际、中共中央指示各地武装起义时打国民党左派的旗帜是脱离实际的,因此开始考虑秋收起义打不打国民党旗帜的问题。

8月18日,在毛泽东、彭公达主持下,中共湖南省委在长沙市郊沈家大屋召开会议。会议研究了暴动问题、土地问题、暴动的区域问题。

在讨论暴动问题时,毛泽东和易礼容认为:"湖南的秋收暴动的发展,是解决农民的土地问题。""但要来制造这个暴动,要发动暴动,单靠农民的力量是不行的,必须有一个军事的帮助。有一两团兵力,这个就可以起来,否则终归于失败。"他们并指出:"暴动的发展是要夺取政权。要夺取政权,没有兵力的拥卫或去夺取,这是自欺的话。我们党从前的错误,就是忽略了军事,现在应以百分之六十的精力注意军事运动。实行在枪杆子上夺取政权,建设政权。"[①]

毛泽东和易礼容的意见,初步阐明了土地革命、革命武装、革命政权三者之间的关系,对于此后进行革命根据地建设是十分重要的。

在讨论国民党问题和政权问题时,与会者普遍认为,国民党的招牌已

[①] 《彭公达同志关于湖南秋暴经过的报告》(1927年10月8日于武汉),中共湖南省委党史资料征集研究委员会《湘赣边界秋收起义》协作组编:《湘赣边界秋收起义》,湖南人民出版社1987年版,第97页。

经无用,并且人民群众已不要国民党了。理由是什么呢?

与会者认为,湖南发生马日事变后,武汉国民党中央没有能力去镇压许克祥的暴行,国民党的权力不能出武汉一步,甚至不能出国民党的中央党部,纯粹以几个投机的军阀的意见为国民党的意见。国民党自己的立场已失。这时国民党已经死了。汪精卫七一五政变后,国民党不但死了,并且臭了;不但臭了,而且臭气闻于天下!国民党这个工具完全被军阀夺去,变成了军阀争权夺利、抢夺地盘的工具。唐生智、蒋介石、汪精卫,甚至军阀张作霖都可以拿这块招牌来作压迫民众、屠杀民众的工具,国民党已变成军阀党了。民众均认识到国民党是骗人的党,现在唾弃了国民党。他们不要国民党了。国民党虽死,但还有一部分左派,可以继承国民党的工作。所谓国民党左派,大都是小资产阶级出身的人。他们对于革命只是同情,决不会自己开步走。他们的行动是要看风转舵,无产阶级领导力量大,他们可以站在无产阶级方面来附和革命;资产阶级领导力量大,他们就会站到资产阶级方面去。只要无产阶级的力量大,左派小资产阶级仍然可以来革命。不打国民党的招牌并不成什么问题,因此,湖南对于此次暴动,主张用共产党的名义来号召。

关于政权问题,与会者认为:中国革命现阶段相当于俄国的1917年10月。但在中国,重要的过程是土地革命,其政权是工农的,不是纯粹无产阶级,现在应扩大宣传苏维埃政权。在我们暴动力量发展最大的地方,应即刻建设苏维埃式的政府。民选革命政府的口号已经臭了,北洋军阀吴佩孚、赵恒惕都自称是民选,所以现在不能用这个口号,现在应竭力宣传和建设工农政权。

毛泽东和湖南省委提出以共产党的名义号召起义,建立苏维埃政权,这是一个非常大的进步,对于纠正打国民党左派旗帜的错误,减少革命力量的损失,推动党领导的武装起义和土地革命的发展,产生了重要的作用。

会议最后讨论暴动区域问题。中共湖南省委起初是想发动全省暴动,暴动区域划分为:"一、湘中以长沙为中心;二、湘南以衡阳为中心;三、湘西以常德为中心;四、在西南之间的要冲是宝庆。宝庆是中心地点。"①

在讨论中，省委书记彭公达持全省暴动的意见。毛泽东坚决主张缩小暴动范围，理由是同时在四个区域发动暴动存在人力、财力困难。易礼容、夏明翰支持毛泽东的意见。经过几次讨论，最后"以党的精力及经济力量计算，只能制造湘中四围各县的暴动"，"放弃其他几个中心"，并"决定同时暴动的是湘潭、宁乡、醴陵、浏阳、平江、安源、岳州七县"②。

8月19日，中共湖南省委将湖南秋收暴动计划报告中共中央，提出："湖南的'秋收暴动'决定以长沙暴动为起点，湘南、湘西亦同时暴动，坚决地夺取整个湖南，实行土地革命，建立工农兵苏维埃的政权。""夺取长沙时即建立革命委员会，执行关于工农兵政权的一切革命行动。""另组织了一个湘南指导委员会指挥湘南暴动，目的先夺取湘南，至万不可能时决夺取桂东，汝城，资兴三县，建立工农兵政权。"③

报告中最醒目的字眼是秋收起义在湖南胜利后"建立工农兵苏维埃的政权"，表明毛泽东和中共湖南省委决心从实际出发，在起义后不打国民党左派的旗帜。

次日，毛泽东以中共湖南省委的名义给中共中央写信，陈述了他对打国民党旗帜的不同意见。信中说：

某同志④来湘，道及国际新训令，主张在中国立即实行工农兵苏维埃，闻之距跃三百，中国客观上早已到了一九一七年，但从前总以为这是在一九〇五年，这是以前极大的错误。工农兵苏维埃完全与客观环境适合，我们此刻应有决心立即在粤、湘、鄂、赣四省建立工农兵

---

① 《彭公达同志关于湖南秋暴经过的报告》（1927年10月8日于武汉），中共湖南省委党史资料征集研究委员会《湘赣边界秋收起义》协作组编：《湘赣边界秋收起义》，湖南人民出版社1987年版，第100页。
② 《彭公达同志关于湖南秋暴经过的报告》（1927年10月8日于武汉），中共湖南省委党史资料征集研究委员会《湘赣边界秋收起义》协作组编：《湘赣边界秋收起义》，湖南人民出版社1987年版，第100页。
③ 《中共湖南省委给中央的报告——关于湖南秋收暴动原则决定》（1927年8月19日）。
④ 指共产国际代表之一马也尔。

政权。此政权既建设，必且迅速地取得全国的胜利。望中央无疑地接受国际训令，并且在湖南[上]实行。

因为国际这个新训令，影响到我对国民党的意见，即在工农兵苏维埃的时候，我们不应再打国民党的旗子了。我们应高高打出共产党的旗子，以与蒋、唐、冯、阎等军阀所打的国民党旗子相对。国民党的旗子已成军阀的旗子，只有共产党的旗子才是人民的旗子。这一点我在鄂时还不大觉得，到湖南来这几天，可见唐生智的省党部是那样，而人民对之则是这样，便可以断定国民党的旗子真是不能打了，再打则必会失败。从前我们没有积极地取得国民党的领导权，而让汪、蒋、唐等领导去，现在即应把这面旗子让给他们，这已经完全是一面黑旗。我们则应立刻坚决地树起红旗。至于小资产阶级，让他完全在红旗领导之下，客观上也必定完全在红旗领导之下。①

中共中央在收到湖南省委秋收暴动计划和毛泽东的信后，对他们挑战共产国际和中共中央的权威火冒三丈。中共中央常委会在8月22日研究后，于次日给湖南省委复信，认为："中国现在仍然没有完成民权革命，仍然还在民权革命第二阶段。此时我们仍然要以国民党的名义来赞助农工的民主政权，但不是照以前那样的工农赞助国民党。到了第三阶段才是国民党消灭、苏维埃实现的时候，你们以为目前中国革命已进到第三阶段可以抛去国民党的旗帜实现苏维埃的政权，以为中国客观上早已到了一九一七年了，这是不对的。"②信中要求湖南省委仍然执行中共中央打国民党旗帜的决定，并批评毛泽东和中共湖南省委的暴动计划偏重军力，是一种军事冒险。

对于中共中央不合实际的批评，毛泽东和中共湖南省委没有接受，按计划准备秋收暴动。8月30日这天，中共湖南省委接到安源市委关于湘赣

---

① 《中共湖南省委给中共中央的信》（1927年8月20日），中共湖南省委党史资料征集研究委员会《湘赣边界秋收起义》协作组编：《湘赣边界秋收起义》，湖南人民出版社1987年版，第50—51页。
② 《中央复湖南省委函——对暴动计划、政权形式及土地问题的答复》（1927年8月23日），中央档案馆编：《中共中央文件选集》（第三册），中共中央党校出版社1989年版，第353页。

边界工农武装力量的报告后，立即召开省委常委会议，讨论湖南秋收暴动的最后计划。会议确定，首先集中力量在条件较好的地区平江、浏阳、醴陵等县和安源发起暴动，决定成立暴动领导机关：由各地军事负责人组成中共湖南省委前敌委员会，以毛泽东为书记；由各暴动地区党的负责人组成行动委员会，以易礼容为书记。会议指定省委书记彭公达去汉口向中共中央报告湖南暴动计划，毛泽东去湘赣边界统率工农武装，组织前敌委员会，领导秋收暴动。

这时，能够由毛泽东统率的武装力量第一支为卢德铭任团长的国民革命军第二方面军总指挥部警卫团；第二支为平江、浏阳等地的工农义勇队；第三支为安源路矿工人武装。三支队伍加起来约5000人。

警卫团成立于1927年6月，原叶挺独立团第二营营长、独立团改为第二十五师第七十三团后任参谋长的卢德铭受党委派担任团长。团指导员辛焕文、参谋长韩浚，也是党派去的共产党员。士兵及基层干部多系来自湘、鄂、赣等省的工农积极分子和原叶挺独立团的一部分。长沙马日事变后，一批共产党员转移到武汉，卢德铭利用职务之便，把宛希先、何挺颖、何长工等安排在警卫团担任各级干部，更加强了党在警卫团的力量。因此，警卫团是党所掌握的武装。党领导南昌起义时，警卫团是计划中参加起义的部队之一。当时，只有卢德铭、辛焕文、韩浚三人知道。

7月31日，警卫团以东征讨蒋名义赴南昌参加起义，但在8月4日到达南昌附近的奉新县城时，卢德铭等得知，南昌起义军已经撤出南昌南下。卢德铭认为，再追赶南昌起义军已经不现实了，放弃同南昌起义军会合的计划，向西前进，到湘、鄂、赣三省交界的修水去，另作他图。

警卫团在奉新停留了两三天。卢德铭在奉新离开了部队，到中共中央去汇报工作。警卫团由第一营营长余洒度代理团长，带领部队到达修水县城。

警卫团到修水后，与余贲民率领的平江工农义勇队会合。这时，苏先骏带领的浏阳工农义勇队驻在江西铜鼓。8月下旬，余洒度、余贲民、苏先骏等在修水山口镇召开会议，决定将三部合编为一个师，由余洒度任师长，余贲民任副师长；警卫团编为第一团，团长钟文璋；浏阳工农义勇编为第三团,团长苏先骏。平江工农义勇队分别补入第一团、第三团。内部领导为师党的委员会。

警卫团是正规部队,战斗力比较强,是秋收起义所依靠的主要军事力量。

按照中共湖南省委的分工,8月31日,毛泽东乘火车前往安源部署武装起义。途经株洲时,毛泽东会见了中共株洲镇宣传委员朱少连、湘潭县东一区区委书记陈永清等。听取了他们的汇报后,毛泽东指出:现在要搞秋收起义,搞武装暴动。敌人打我们,我们要还击。株洲是个重要地方,要把这个地方的工作抓紧恢复起来。首先要解决团防局,同时破坏白石港的铁路桥。

9月初,毛泽东离开株洲,匆匆赶到江西安源,在张家湾召开会议,到会的有中共浏阳县委书记潘心源、安源市委负责人宁迪卿、赣西农民自卫军总指挥兼安福县农军负责人王兴亚等。毛泽东在会上首先传达了八七会议精神和中共湖南省委的秋收暴动计划。接下来,会议讨论了军事和农民暴动的布置,决定分为三路暴动:"第一路以安源工人及矿警队为主力,首先由工人暴动,夺取矿警武装,枪决反动官长,然后再进攻萍乡与醴陵,向长沙取包围形势。但无论如何,不能放弃萍、安,使敌人断绝我们退路。一面要株洲区委,在株洲鼓动株洲工农扰乱敌后方,又合醴陵农民暴动。第二路是以平江农民及义勇队为主力。平江义勇队由修水向平江进攻,鼓励平江农民在各地暴动,夺取平江后,再向长沙进展。第三路是以浏阳农民及义勇队及余洒度之一团为主力,由铜鼓向浏阳进攻,鼓动浏阳农民在四乡暴动。"[①]

在以上三路中,毛泽东以第三路为主力军,因为这一路军事力量比较强,并且地势较险,浏阳又靠近长沙,进可以战,退可以守。因此,毛泽东决定直接指挥这一路行动。

9月6日,毛泽东在安源得知中共湖南省委常委决定的暴动日期:9日

[①]《秋收暴动之始末——潘心源1929年7月2日向中共中央的报告》,中共湖南省委党史资料征集研究委员会《湘赣边界秋收起义》协作组编:《湘赣边界秋收起义》,湖南人民出版社1987年版,第121页。

开始破坏铁路,11日各县暴动,15日长沙暴动。他立刻以前敌委员会的名义,向在铜鼓的第三团下达起义计划和部署,通知他们将参加起义的部队名称统一定为工农革命军第一军第一师,并要他们立刻将这个决定和行动计划向在修水的师部和第一团转达。

毛泽东在安源作好安排后,立即由潘心源陪同前往铜鼓。途中,毛泽东遭遇了他人生中第一次生命危险。1936年10月,毛泽东在陕北保安接受美国记者埃德加·斯诺采访时,曾谈到他这一次历险。他说:

当我正在组织军队而仆仆往返于安源矿工及农民自卫军之间时,我被几个民团捕获。那时常有大批"赤化"嫌疑犯被枪毙。他们命令将我解到民团总部,要在那里杀死我。不过,我曾向一个同志借了几十块钱,我想用它贿赂护送兵来放掉我。那些士兵都是雇佣的兵,他们并没有特殊的兴趣看我被杀,所以他们同意释放我。但是那个解送我的副官不肯答应,因此我决定还是逃走,但是一直到我距民团总部二百码的地方才有机会。在这个地点,我挣脱了,跑到田野里去。我逃到一块高地,在一个池塘的上面,四周都是很长的草,我就躲在那里一直到日落。士兵们追赶我并且强迫几个农民一同搜寻。好几次,他们走到非常近的地方,有一两次近得我几乎可以碰到他们,可是不知怎样的没有发现我,虽然有七八次我抛却希望,觉得一定再要被捕了。最后,到了薄暮的时候,他们不搜寻了。我立即爬越山岭,走了整夜。我没有鞋子,我的脚伤得很厉害。在路上我碰到一个农民,他和我很要好,给我住宿,随后又领我到邻县去。我身上还有七块钱,拿它来买了一双鞋子、一把伞和食物。当我最后安抵农民自卫军的时候,我的衣袋中只有两个铜圆了。[①]

这次遇险,充分表现了毛泽东非同寻常的智慧和心理素质。第一,遇到危险时冷静不慌;第二,分析形势和敌人的心理;第三,寻找有利时机逃脱;第四,坚持、不放弃。

---

① [美]埃德加·斯诺笔录,汪衡译:《毛泽东自传》,中国青年出版社2013年版,第75—77页。

笔下起风雷　胸中百万兵
土地革命战争中的毛泽东

9月10日，毛泽东到达驻铜鼓的第三团团部，宣布把部队改编为工农革命军第一军第一师第三团，向浏阳前进。毛泽东到铜鼓的前一天，湘赣边界秋收起义已按中共湖南省委原定日期爆发。中共湖南省委组织铁路工人破坏了长沙至岳阳和长沙至株洲的铁路。

领导武装起义，对于中国共产党人来说，是一个全新的课题，需要在艰难探索中前行，交出昂贵的"学费"是难免的。秋收起义开始后，不好的消息便一个一个向毛泽东传来，首先是他寄予厚望的第三路主力、原警卫团改编的第一团遭受严重挫折。

第一团于9月8日从第三团苏先骏那里得到起义的指示，刚从湖北武汉回到部队的卢德铭就任起义总指挥①，余洒度仍任师长。

宣布起义后，工农革命军第一师第一团没有按照毛泽东的计划与第三团合攻浏阳，而是计划与刚收编的第四团一起先攻平江，拿下平江后直接进攻长沙。

9月11日，第一团在到达平江东郊金坪时遇敌，第四团团长邱国轩暗中与敌勾结，在背后发起突然袭击，第二营、第三营和团部受到很大损失，团长钟文璋失踪，并牺牲了许多同志。

邱国轩系黔军王天培旧部，有数百人枪，是兵痞子队伍。邱国轩曾与第八军和平江"清乡团"发生过摩擦，缴过其小股部队的枪，为求自保，派人与余洒度联络，愿为收编。余洒度看重邱国轩有几百人枪，便派参谋彭楷和副官余浩前往邱国轩处，考察邱是否有诚意。彭、余二人回来后向余洒度报告，说邱国轩忠实可靠，可以随意指挥。于是，余洒度深信不疑，将其编为第四团，致使第一团尚未与敌作战便遭挫折。第一团是参加湘赣边界秋收起义唯一的正规军，系依靠力量，刚刚出师即遭此严重损失，令人十分痛惜。余洒度作为收编邱国轩的始作俑者，难辞其咎！

金坪遭到挫折后，工农革命军第一师师部立即组织力量收集被打散的部队，指定长寿街大道以南的一个山庄为集合地点。卢德铭等本打算重整旗鼓，再取长寿街，后侦察得知敌人已插到工农革命军后方，遂决定部队

---

① 有的回忆说，卢德铭是在起义后不久回到部队的。何长工的回忆是警卫团宣布起义时，卢德铭就已经回到警卫团了。

退向平、浏边界。

第三团进攻浏阳也不顺利。9月11日清晨，第三团集合在铜鼓大沙洲，毛泽东检阅了部队，向全体人员作了动员。随后，第三团向浏阳白沙挺进。驻守白沙的是敌第八军的一个连哨和当地挨户团。下午4时，第三团分三路进击白沙，与敌激战一小时，敌军不支，仓皇逃往东门市。当天，毛泽东住在白沙镇学校里，表扬了第三团作战勇敢、旗开得胜、马到成功。

9月12日，第三团向东门市前进，于当日下午攻克东门市。守敌周倬营向达浒方向逃走。第三团进驻东门市，立即进行革命宣传，召开群众大会公审反动团总赖南秋和反革命分子赖晏初，将二人枪决。

败退达浒的敌周倬营经过休整，于14日向东门市反扑。单以敌周倬的兵力，第三团还是可以对付的。遗憾的是，第一团没有按计划到浏阳来，并在金坪遭到严重挫折，使第三团这里失去右路配合，平江城里的敌人两个营毫无顾忌地向东门市扑来。敌军分两路包围驻东门市的第三团，形势非常不利。第三团虽英勇抵抗数小时，无奈敌我力量悬殊，无法坚持下去。毛泽东见此情况，决定将部队分为三路，从马鞍山下撤往上坪方向。

到达上坪后，毛泽东获悉第一团已在金坪失利，召集干部会议，主张放弃原定攻打长沙的计划，暂时向江西萍乡方向转移，并致信第一团，要其尽快与第三团会合；同时致信中共湖南省委，建议停止执行长沙暴动计划。

第一团、第三团都遭到了失利，那么，第二团的情况又如何呢？

第二团由安源煤矿矿警队200多人、工人纠察队600多人和一些工人编成，按照计划于9月10日夜进攻萍乡。为了里应外合拿下萍乡，事先派出爆破队潜入城内，准备在起义部队到达时炸开城门。不料爆破队入城后被敌发现，不得不退出城外，里应外合攻城的计划无法实现。

9月11日凌晨，第二团分两路到达萍乡外围山地，天亮发起强攻。由于萍乡防守敌人火力很猛，第二团架云梯爬城，连续几次都被敌人打了下来。攻城一天，未能见效。团长王兴亚召集各营营长开会，认为起义军的任务是攻打长沙，于是决定放弃进攻萍乡，向西进攻老关。

在撤出进攻萍乡战斗前，第二团用土炮和炸药猛攻了一阵，给敌人造成工农革命军要趁黄昏攻城的假象。

老关只有20多个敌人,第二团前卫部队很快将敌解决,缴获十几支枪。

9月12日下午3时许,第二团乘火车到达醴陵,会合了醴陵的农民自卫军和起义农民,立即攻打醴陵城。醴陵城三面临河,秋天是枯水期,河水浅能够徒涉。敌人只注意到走在渌水大桥上的起义军,没有注意另一部分起义军从右翼涉水而过,直扑东门。敌人措手不及,城门被起义军夺占。大部队一拥而入,同敌人展开巷战。巷战时,起义军的炸药包起了大作用,炸得敌人抱头鼠窜。最后敌人退到一座外国教堂附近的一条狭窄道里,被全部缴械。此战俘虏敌人100多人,缴获七八十支枪。起义军砸开监狱,救出了被关押的革命同志和群众300多人。醴陵城飘扬起了革命的红旗。

当天傍晚,第二团在醴陵县城文庙前召开军民大会,宣布工农革命军有关政策。第二天,成立中国革命委员会醴陵分会,张明生任县长,县总工会、农民协会等革命团体相继恢复,醴陵革命气氛空前高涨。开国中将刘先胜在回忆中说:

"暴动,打倒国民党政府!暴动,打倒土豪劣绅!暴动,农民起来夺取土地!"的标语贴得到处都是。满街是人,有不少用红布扎着脖子,都是喜气洋洋的相互打招呼。一打听,原来都是各处逃来的共产党员和革命积极分子。他们在别的地方遭受了百般迫害,今天到了自己的城市,怎么不扬眉吐气呢![1]

在占领醴陵后,第二团听说株洲的农民自卫军也起义了,还缴到许克祥反动军队的12支枪,便派出部分兵力乘火车前往株洲。这时,株洲已经没有什么敌人了,第二团没费吹灰之力便占领了株洲城。

第二天,许克祥的部队来反扑。第八连率先发起冲击,拦腰将敌截为两段,株洲农民自卫军进行配合,将敌击退。第八连在敌后紧追,一直追

---

[1] 刘先胜:《武装起来的安源工人》,《星火燎原》(选编之一),中国人民解放军战士出版社1979年版,第156页。

到离长沙城不远的易家湾，捉到了几十个俘虏。随后，第二团其余部队、工人纠察队、农民自卫军也赶到了。

由于担心他们孤军深入，吃敌人的亏，上级命令第八连等停止追击，撤回株洲城。不久，第二团在株洲的部队奉命由心田乘火车返回醴陵。

9月14日，由于敌人集结兵力准备包围醴陵城，第二团为争取主动，撤出醴陵，折回老关，再向北进攻浏阳城。浏阳城西南是浏阳河，第二团以一路涉河进攻东门，另一路绕到浏阳西面攻击西门。守敌认为西面是长沙，不大注意。因此，第二团这路与浏阳农民自卫军会合后，由农民自卫军带领，在9月15日拂晓顺利从西门突入城里。当日早晨，第二团占领浏阳。

第二团连续攻占醴陵、株洲、浏阳，产生了麻痹轻敌思想，认为敌人不过如此，长沙也一定能够拿下，于是放松了对敌人反扑的警惕，干部、战士满街乱逛，团长王兴亚和几个营长去喝酒，团部连个管事的人都没有。9月17日下午三四点钟，浏阳农民自卫军发现城外不远处有敌人，报告团长王兴亚，王兴亚不相信。结果，第二团遭到敌人优势兵力的突然袭击，部队几乎全部溃散。

至此，相继起义的工农革命军第一师三个团都遭到失利。

9月15日，毛泽东与第三团从上坪出发，边走边等第一团前来会合。当日，经浏阳界岭进入江西铜鼓的排埠宿营。次日，又转向浏阳境内，经铁树坳进入双坑。在双坑，第三团击败了浏阳西乡张梅村地主武装的袭扰，之后到达上洪、张家坊一带。17日，部队经田心、火厂、豆田，抵达孙家嵌宿营。

再说卢德铭、余洒度率领的第一团接到了毛泽东用五倍子写在草纸上的密信后，放在明矾水中，显出的内容是告知第三团在东门市作战不利，要求在金坪失利的第一团立即与拟向萍乡转移的第三团会合。经过几天的行军，第一团也于17日赶到了孙家嵌。

第一团与第三团会合后，毛泽东主持召开前委会议，讨论军事行动问题。余洒度主张继续进攻长沙，毛泽东主张向南撤退。会议决定退往湘南。毛泽东的决断无疑是正确的。当时三个团分散行动，再照此各行其是前往进攻长沙的情况下，除了失败，没有他途。会后，第一、第三团分两路向文家市前进。

9月19日，参加湘赣边界秋收起义的第一团、第三团及第二团余部会师浏阳文家市。这时，工农革命军第一师已由原来的5000人锐减至1500人了。

湘赣边界秋收起义受挫的原因有四。

其一，缺乏集中统一的领导和指挥。工农革命军第一师的三个团分散在三个地方，没有集中到一个地方统一行动，虽有5000人，却没有形成一个有力量的拳头。三个团各自行动，起义最高领导机关前委的计划没有得到有效的执行。

其二，作为师长的余洒度不管有无革命要求，轻率收编反复无常的军阀部队，致使起义中唯一具有政治素质和军事素质的正规部队警卫团未战就遭到严重损失，没有在起义中发挥应有的作用。

其三，起义部队没有对敌作战经验，对在具有军事经验军官指挥下且武器装备又有很大优势的反动军队估计不足。如第二团起义之初比较顺利，就产生了麻痹轻敌思想，结果在敌优势兵力突然袭击下几乎全部溃散。

其四，除第一团外，第二团、第三团基本由农民自卫军、工人纠察队组成，虽有革命热情，但缺乏军事训练和组织，武器也多为梭镖和大刀。起义之后，攻打小股敌人和地主武装，夺取武器武装自己是正确的选择，进攻有相当力量的敌人防守的城镇易遭受严重损失，即使夺取也守不住。

9月19日晚，毛泽东在文家市里仁学校主持召开有师、团负责人参加的前敌委员会会议，讨论工农革命军今后的行动方向问题。会上，余洒度坚持"取浏阳直攻长沙"，并认为"取浏有把握"。[①]

攻占浏阳后进攻长沙是原定计划，也是符合中共中央主张和中共湖南省委要求的。余洒度话说得很响亮，起义部队中不少人是赞同的。但问题来了，第三团前几天刚占领过浏阳，由于麻痹、轻敌，在敌人优势兵力的

[①] 《余洒度报告——警卫团及平浏自卫军合并原委参加此次两湖战役报告略书》（1927年10月19日），中央档案馆编：《秋收起义》（资料选辑），中共中央党校出版社1982年版，第133页。

突袭下，不但浏阳丢了，部队也被打溃散了。敌人已有充分准备，遭受严重损失的工农革命军再攻浏阳，只能是凶多吉少，根本没有什么把握。因此，余洒度的主张是脱离实际和冒险的。

毛泽东认为当地农民起义没有形成巨大的声势，单靠工农革命军现有的力量不可能攻占国民党军队设防的长沙，中共湖南省委原来定的计划已无法实现[①]。据此，他主张放弃进攻长沙，把起义军向南转移到敌人统治力量薄弱的农村山区，寻找落脚点。

当时，毛泽东提出这个主张，是需要很大勇气的。自大革命失败以来，面临国民党残酷的屠杀政策，中国共产党在大批党员和革命工农、知识分子被反动派杀害的情况下，产生了一种急躁和拼命的情绪，大家认可的是进攻，要是根据敌强我弱的情况选择退却的话，极有可能背上"逃跑"的罪名。

一种是盲从、讲漂亮话，有可能使革命力量遭受严重损失，甚至使工农革命军全军覆灭，但能受到中共中央赞扬；另一种是讲实话，话不好听，有可能承担"逃跑"罪名，但能保存革命力量。毛泽东没有从个人荣辱出发，而是从保存革命力量出发，选择了后者。

余洒度是黄埔军校第二期的毕业生，自认为有行军打仗的经验，对没有从事过军事工作的毛泽东瞧不起，坚持己见。

总指挥卢德铭支持毛泽东的意见。卢德铭也是黄埔军校第二期的毕业生，并在赫赫有名的叶挺独立团任过第二营营长，资历、威望均在余洒度之上。在警卫团中，卢德铭深受广大官兵的拥护。

由于卢德铭等的支持，会议通过了毛泽东的主张，"议决退往湘南"。[②]

文家市会议的意义有二。

其一，原先分散行动的工农革命军第一师的三个团，自此开始在前委指挥下集中统一行动，形成了军事拳头。

[①] 1927年9月15日晚，中共湖南省委决定停止原来准备在9月16日发动的长沙暴动。
[②] 《苏先骏报告——关于浏阳、平江、岳阳作战经过报告书》（1927年9月17日），中央档案馆编：《秋收起义》（资料选辑），中共中央党校出版社1982年版，第51页。

其二，迈出了由进攻大城市转向农村建立革命根据地、保存和发展革命力量的第一步。

沿湘赣边界南下

毛泽东的一贯作风是部队行动之前，要进行政治动员，把领导机关的决定告诉干部、战士们，使大家在思想上能够统一。

9月20日清晨，工农革命军第一师集中到里仁学校操场上，毛泽东向大家宣布了改变行动方向的决定。他告诉大家：革命由高潮转入低潮了，我们也要变。我们的力量还不大，不能继续打长沙。以后我们的力量大了，一定会打长沙的。文家市不是久留的地方，要找个合适的落脚点，去当"山大王"。这次秋收暴动打了几个败仗，算不了什么，万事开头难，要革命嘛，就要不怕困难。

时任警卫团排长的杨立三回忆：

> 毛主席出现在部队前面。大家的视线都集中在他身上，对他的出现大家都表现得非常高兴。但因为旧部队中是不准拍掌欢迎的，使大家当时不能尽情地拍掌表示欢迎。他要部队坐下来，向部队讲话。他首先告诉我们国内情况，继而指出这次两湖秋收起义，我们的斗争才开始，打了两个小小的败仗不算什么。我们有湘鄂赣粤已经组织过的千千万万的工人和农民在和我们一道与反革命作斗争，我们的力量是伟大的，反动派并不可怕。只要我们团结得多，继续勇敢作战，我们是能够胜利的。大家听了都满面笑容，失败情绪一扫而空。部队好似有了灵魂，继续向南开进。[1]

毛泽东是在秋收起义爆发后才到起义部队的，和广大官兵还不熟悉。他深知，要领导好这支起义部队，必须尽快地和他们打成一片。

工农革命军第一师沿湘赣边界南下后，毛泽东头戴斗笠，赤脚穿着草鞋，脚趾已经溃烂，一瘸一拐地走在战士行列中，同他们谈心，鼓励他们

---

[1] 杨立三：《南昌起义时的警卫团》，罗荣桓、谭震林等：《亲历井冈山革命根据地创建》，江西出版集团、江西人民出版社2007年版，第25—26页。

勇敢向前。战士们也渐渐地对这个留着长发，身着蓝布长衫，像个教书先生的前委书记产生了好感。

工农革命军第一师南下不久，原浏阳工农义勇队中队党代表宋任穷受中共浏阳县委派遣赴南昌向中共江西省委请示工作后返回部队，带回了中共江西省委书记汪泽楷①的一封信件。他将信件交给毛泽东的同时，还转告了汪泽楷告诉他的一个消息："宁冈县有几十支枪，是我党领导的。"②毛泽东在安源张家湾会议上曾听王兴亚讲过这个情况，在宋任穷这里又得到了证实。尽管毛泽东这时还没有更详细地了解，但这个消息对于他思考部队的落脚点问题应该是有影响的。

9月22日，工农革命军第一师到达萍乡上栗村时，得知萍乡县驻有国民党重兵，不能通过，便改道经桐木到芦溪南面山地宿营。次日拂晓，部队继续南行，第一团第一营为前卫，师部率第一团第二营为本队，第三团为后卫。部队开始行动后，第三团参谋长何杰带错了路，走错方向朝西南向萍乡走了，路上遭到朱培德的部队和地主武装的伏击，部队损失数百人。危急时刻，总指挥卢德铭带领参谋胡景玉就近指挥，掩护部队转移，不幸中弹牺牲。胡景玉也同时牺牲。在突出敌人包围时，何长工被敌抓住。当时他的挎包里有一吊多铜板，于是机智地把挎包往下一甩，铜板全洒在地上了。敌人都趴在地上捡钱，何长工乘机逃脱。

卢德铭是党培养起来的为数不多的有实战指挥经验的干部，他的牺牲，是工农革命军第一师的重大损失。正是："出师未捷身先死，长使英雄泪满襟！"毛泽东痛失膀臂，愤怒地斥责侦察不力、指挥错误的第三团团长苏先骏："还我卢德铭！"

9月25日中午，工农革命军第一师到达莲花县高滩村，并收束芦溪被打散的部分队伍。毛泽东集合部队作了简短的讲话，要求大家要禁受住挫折的考验，不要被眼前一时的困难所吓倒。当晚，起义部队宿营高滩村。

听说秋收起义部队来了，中共莲花县党组织负责人甘明山、贺国庆立

---

① 此人后来成为托陈取消派。
② 《访问宋任穷同志记录》，中共湖南省委党史资料征集研究委员会《湘赣边界秋收起义》协作组编：《湘赣边界秋收起义》，湖南人民出版社1987年版，第129页。

即赶到高滩村，找到毛泽东。毛泽东不顾连续行军的疲劳，马上听取甘、贺二人关于莲花、永新一带敌情及地理情况的报告。

莲花县地处湘赣边界，东南与江西永新、宁冈接壤，西南与湖南茶陵、攸县相连。1926年，这里就建立了中共组织，负责人是朱绳武、朱亦岳、陈竞进。在党组织的领导下，工农运动蓬勃开展，各区都成立了工会、农会，并建立了拥有60支枪的农民自卫军。大革命失败后，朱绳武被反动派杀害，为了保存革命实力，农民自卫军退入上西区。9月18日，农民自卫军得知县城里的反动军队撤走，陈竞进、贺国庆即率领自卫军和群众800余人攻打县城。进入县城后，由于农民群众不懂军事作战，大轰大嗡，被路过的两个连正规敌军发现，遭遇突然袭击。结果，农民自卫军牺牲70余人，被捕90余人。这次扑城失利，农民自卫军损失59支枪，仅贺国庆保存了1支枪。

甘明山、贺国庆告诉毛泽东，守卫莲花县城的是地方保安队，有120多人，战斗力不强，希望工农革命军攻打莲花县城，救出被捕同志。

毛泽东听了汇报后，召集前委会议，一致决定攻打莲花县城。

9月26日清晨，工农革命军第一师在甘家村召开大会，处决了几个从萍乡抓来的土豪劣绅，以鼓舞士气。随后，工农革命军第一师冒雨奔袭莲花县城。

莲花县城内没有国民党正规军，只有李成荫的保安队。在当地工农群众的配合下，工农革命军爬上城墙。敌人抵挡不住，全被缴械。部队进城后，砸开监狱，救出共产党员和革命群众100多人，并打开粮仓，将粮食分给贫苦农民。大家纷纷奔走相告："莲花来了革命军！"

工农革命军第一师自文家市南下以来，一再受到挫折，加上总指挥卢德铭牺牲，大家情绪十分低落，攻下莲花县城，这种沉闷的气氛才被打破。

三湾改编

攻下莲花县城后，工农革命军第一师领导层内的问题突出起来。由于警卫团的党组织原先并不归中共湖南省委领导，师长余洒度根本没有把毛泽东任书记的中共湖南省委前敌委员会放在眼里。秋收起义爆发时，前委要他率领第一团到铜鼓与第三团会合，共同进攻浏阳，他没有按照前委命令行动，单独打平江。他自恃黄埔军校毕业，又是军事干部，认为毛泽东没有领兵打过仗，在文家市会议上，同毛泽东发生激烈争执。卢德铭是警卫团团长时，余洒度是营长。对有过独立团北伐作战经历的卢德铭，余洒度还是不敢心存不敬的。卢德铭牺牲后，余洒度更是不把毛泽东等前委领导人当成一回事。

在攻打莲花县城途中，工农革命军第一师俘虏了莲花国民党县党部书记长。打下莲花县城后，余洒度将这个书记长交给军需处长范树德，说此人可以当挑夫。范树德于是就叫此人挑了6支枪。晚上宿营时，由于范树德疏于警惕，没有注意，此人乘机逃走。毛泽东在与中共莲花县委负责人谈话时，得知此人是国民党县党部书记长，问余洒度此人现在何处。余洒度支支吾吾地说，已交辎重队当挑夫了。毛泽东又进一步查问，余洒度显得极不耐烦。毛泽东批评他，说这是一个重要俘虏，要看好，不要让他跑掉了。余洒度拒不接受毛泽东的批评，让毛泽东不要多管，结果两人不欢而散。

在莲花县城，毛泽东参加了余洒度召开的军事会议。在得知莲花县国民党县党部书记长已经跑掉后，毛泽东批评余洒度说：县保安队离城只有几公里，我们这些人的生命都交在你身上了，你还开什么会？余洒度不但不接受毛泽东的批评，反而反唇相讥："如果你怕死，今晚我派兵保护你在山上住，我可以担保无事！要是你死了，我把我的命赔给你！"

工农革命军第一师从莲花县开拔，向永新方向前进，由于天色尚早，毛泽东提议往前走十里后再宿营。余洒度认为他在工农革命军中的权威受到了挑战，私下里发牢骚说："我当什么师长，连十里路的指挥权都没有了。"

工农革命军南下这段时间，后面有敌人追赶，没有休整和补充的地方，加上疾病流行，使战斗力大减，一般干部和战士思想十分混乱。参加秋收起义的指战员们，最初都没有想到革命处于低潮时期，只是出于对屠杀工农群众的反动派的愤怒和仇恨，恨不得把这些敌人斩尽杀绝。一遇到挫折，就又产生了悲观情绪，认为革命前途无希望了，感到彷徨无依，不

笔下起风雷　胸中百万兵
土地革命战争中的毛泽东

少人离队。

余洒度不服从前委领导的问题，部队的思想混乱问题，交织在一起，困扰着毛泽东。这些问题不解决，秋收起义保留下来的火种就有可能会熄灭。用什么办法来解决呢？毛泽东决定用在部队基层建立党组织，建立党对军队的绝对领导的办法来解决。

9月29日，工农革命军第一师到达永新县三湾村。三湾村地处湘赣交界，有50多户人家，算是山区比较大的一个村子。工农革命军第一师刚到这里时，村民们不了解这支部队，都跑掉了。前委把部队分成许多小组，挨家挨户宣传，向群众说明自己是穷苦人的军队，是打土豪的，并帮助群众挑水、扫地等。群众看到这支军队的确与他们过去见过的军队不同，不祸害老百姓，于是才都陆续返回家中。

三湾村群山环抱，追敌已经被摆脱，又没有地方反动武装，比较安全。工农革命军遇到了秋收起义以来难得的休整机会，在这里停留了五天。进村当晚，毛泽东就在"泰和祥"杂货铺召开前委扩大会议，讨论部队现状及其解决措施，决定对部队实行整顿和改编。这就是中共党史、军史上著名的三湾改编。

三湾改编主要是做了这三件事。

一是把已经不足千人的部队缩编为一个团，称工农革命军第一师第一团，团长陈浩，党代表何挺颖，副党代表宛希先，副团长徐庶，团参谋长韩昌剑；下辖第一营、第三营，设特务连、卫生队、军官队、辎重队各一个，共有枪700多支。余洒度虽仍是第一师师长，但指挥权实际上被取消。原第一团改为第一营；原第三团改为第三营，原第三团团长苏先骏及团部秘书、副官、参谋等人，编成军官队，做群众工作，哪里要人，就临时调走。改编时，对于动摇不定的人，在思想教育的基础上，采取自愿的原则，愿留者留，愿走的发三元到五元路费，开证明允许他们离队，希望他们回到本地继续革命，将来愿意回来的，欢迎。

二是在部队实行民主制度，官兵平等，待遇一样，规定官长不准打骂士兵，士兵有开会说话自由。连以上建立士兵委员会。士兵委员会有很大的权力，参加部队的行政管理和经济管理，官长要受它的监督。

三是全军由党的前敌委员会统一领导。部队各级分别建立党的组织；班排设小组，支部建在连上，营、团建立党委；连以上设党代表，由同级党组织的书记担任。部队的一切重大问题，都必须经党组织集体讨论决定。

三湾改编，从组织上确立了党对军队的领导，开始改变旧军队的习气和农民的自由散漫作风，迈出了建设新型人民军队非常重要的一步。小小的三湾村，被载入了人民军队的建军史册！

经过三湾改编，工农革命军第一师虽然只剩下第一团，但精神面貌发生很大变化，战斗力反而加强了。

10月3日，工农革命军第一团从三湾村出发前，毛泽东对刚刚进行了改编的全体指战员作动员。开国大将谭政回忆说：

从人丛中出来一个又高又大的人来，头上蓄有两三寸长的头发，身上穿着一件老百姓的衣服，脚上打上一双绑带，套上一双草鞋。听说他是第二次向部队讲话，我可是第一次见着他。他以和蔼的态度，含笑的脸色，跑到部队前面。顿时会场沉寂的空气，突然呈现热烈的气氛。大家高兴地鼓起掌来，毛泽东同志说：同志们，敌人只是在我们后面放冷枪，这有什么了不起，大家都是娘生的，敌人有两只脚，我们也有两只脚，贺龙同志两把菜刀起家，现在当军长，我们有两营人，还怕干不起来吗？我们都是暴动出来的。一个人可以当敌人10个，10个人可以当敌人100，我们现在有这样几百人的部队，还怕什么？……没有挫折失败，就不会有成功……听到这里，大家忍不住嗤嗤地笑起来，显出特别兴奋的样子。队伍解散后，只看到战士们一群一群地在那里议论："毛泽东同志都不怕，我们还怕什么？贺龙同志两把菜刀能够起家，我们几百人还不能起家吗？！"[1]

毛泽东的这番话，对当时部队存在的恐慌失望情绪的转变起了很大作用，大家普遍对他产生了信任感。

---

[1] 谭政：《三湾改编前后》，井冈山革命根据地党史资料征集编研协作小组、井冈山革命博物馆编：《井冈山革命根据地》（下），中共党史资料出版社1987年版，第140—141页。

笔下起风雷　胸中百万兵
土地革命战争中的毛泽东

上井冈山

工农革命军第一团当天到达宁冈古城。毛泽东在古城文昌宫召开了两天前委扩大会议，参加的有营以上干部和宁冈县中共党组织负责人龙超清及袁文才部文书陈慕平等。会上总结了秋收起义以来的经验教训。毛泽东说：秋收起义有几个仗没有打好，兵力太分散了，不应该一个团打一个县，要南北配合起来。三个团集中到修水、铜鼓之间打浏阳就好。秋收起义虽然受了一些挫折，军事上失利了，但战略上并没有失败。我们要鼓足信心，放下担子，轻装上阵，建立后方。

这就是毛泽东的特点，虽然这时他还没有多少军事斗争经验，但善于从挫折和失败中总结教训，吸取教训，在军事上不断前进，所以，国民党军队里上过正牌军校甚至留日学军事的人都不如他，不是他的对手。

会议着重研究建立根据地问题。还在大革命失败前夕，毛泽东参加1927年7月4日召开的中共中央政治局扩大会议，当时讨论湖南农民协会和农民自卫军如何对待敌人的搜捕和屠杀问题，他就在发言中提出了保存农民武装的两种策略："a. 上山；b. 投入到军队中去。上山可以造成军事势力的基础。"[①]表明了那时他就有了"上山"思想。在莲花县城，毛泽东根据宋任穷所带中共江西省委信中嘱托，向莲花县党组织负责人询问了永新、宁冈等地的情况，于是，率领秋收起义部队上井冈山的思路开始明晰起来。

会上，龙超清先详细介绍了宁冈和边界的情况。接着，毛泽东谈了他的在罗霄山脉中段建立根据地的设想。他认为，这里在大革命时期开展过大规模的工农运动，宁冈县土、客籍革命派结合起来，曾赶跑了反动派派来的几任县长，建立了农民自卫军，成立了县政权，控制宁冈达一年之久。许克祥在长沙发动马日事变后，袁文才、王佐两部农民武装各保存了一百五六十人、60支枪，宁冈县党组织依然坚持斗争。袁文才、王佐还联合安福王兴亚及莲花县的农民自卫军，占领了永新城，解救了被关押的革

---

① 转引自中共中央文献研究室编：《毛泽东传》（1893—1949）（上），中央文献出版社1996年版，第135页。

命同志。同时,这里有自给自足的农业经济,盛产大米、油菜、竹木,可供军需。这里山势险要,易守难攻,易于藏兵,有回旋余地,并且远离南昌、长沙、武汉等中心城市,是反动统治薄弱的地方。因而,这里是建立根据地的理想地方,工农革命军在这里不仅可以保存下来,而且向外发展,可以影响湘、赣两省,甚至可以影响两省的下游。

与会多数人同意毛泽东的意见,但袁文才的代表心存疑虑,害怕工农革命军会夺取自己的地盘,提出可以接济工农革命军一些给养,请工农革命军"另择高山"。而工农革命军中也确有一些人主张解除袁文才的武装,认为他们那几十条枪,一包围缴械就完了。

毛泽东不同意这种主张,说:"谈何容易,你们太狭隘了,度量太小了。我们不能采取大鱼吃小鱼的吞并政策,三山五岳的朋友还多呢!历史上有哪个能把三山五岳的土匪消灭掉?三山五岳联合起来总是大队伍。""不能只看到几十个人、几十杆枪的问题,是个政策问题;对他们只能用文,不能用武,要积极地争取改造他们,使他们变成跟我们一道走的真正革命武装。"[①]

毛泽东的这段话表达了以下可贵的思想:其一,革命的人越多越好,队伍越壮大,革命的力量就越大;其二,自发建立起来的农民武装是有革命要求的,对他们进行积极的争取改造,是可以将他们改造成为革命武装的;其三,革命军队要想立足,必须对同盟者采取正确的策略。

就当时的情况来讲,袁文才、王佐的部队人数虽然不多,但在井冈山地区活动多年,有相当的社会基础,许多群众拥护他们。他们对这里的社会情况、地理环境非常熟悉,当地反动势力想尽一切办法企图"剿灭"他们,都无可奈何。尽管他们存在一些问题,但他们受过大革命运动的洗礼,所部被当地党组织编为农民自卫军,袁文才还参加了中国共产党。他们是能够接受教育和改造,并成为革命军队的一部分的。如果当时采取有些人所主张的那种狭隘和鲁莽的做法,与袁文才、王佐为敌,就很难设想

---

① 何长工:《改造袁、王与"双枪兵"》,井冈山革命根据地党史资料征集编研协作小组、井冈山革命博物馆编:《井冈山革命根据地》(下),中共党史资料出版社1987年版,第247页。

能在井冈山建立巩固的革命根据地。

为了消除袁文才代表的疑虑，毛泽东晓以大义，陈述利弊，并在龙超清等的帮助下，将其说服。

统一了思想后，会议确定在湘赣边界中段的罗霄山脉中段建立根据地，以井冈山为依托，以宁冈为中心开展工作；决定对原在井冈山的袁文才、王佐两支地方武装从政治上、军事上进行团结和改造，并尽快先在茅坪设立后方留守处和部队医院。

会后，毛泽东向龙超清提出，他想见见袁文才，进一步商谈有关问题。龙超清当即赶到茅坪，向袁文才转达了毛泽东的意见。袁文才没想到毛泽东这位共产党的中央干部这么谦和，表示应该见面，但将地点安排在茅坪与古城之间的大仓村林风和家里。袁文才这么安排是动了点小心思的：一是表示自己礼重朋友，亲自出去迎接；二是不让毛泽东等人进入自己的地盘茅坪，知道自己的虚实；三是试探一下毛泽东是否有诚意，有没有吞并自己部队的意图。

毛泽东从袁文才的代表陈慕平的谈话中已经知道，袁文才最看重枪，他的人可以少一个，枪却不能少一支。袁部一百五六十人，只有60支枪，有一百来人手中没有枪。于是，毛泽东向前委建议，送袁文才100支枪，将袁文才的全部人员武装起来。前委成员们听了之后，有人表示怀疑。与毛泽东素来唱对台戏的余洒度坚决反对。经毛泽东反复说明，才以多数通过。后来，余洒度脱离部队，到中共湖南省委那里告黑状，说毛泽东不执行中央打长沙的指示，逃避斗争，到山区与绿林为伍，并送了大批枪支。不明真相的中共湖南省委，向中共中央报告，说毛泽东犯了一个大错误。

为了表示工农革命军的真诚，10月6日，毛泽东一行7人，骑着5匹马到宁冈大仓村会见袁文才。

袁文才心里还是有些怕的，预先在林家祠堂里埋伏了20多人、20多支枪。袁文才、陈慕平等几人在林家祠堂门口石桥上等候毛泽东等人的到来。站在石桥上可以看得很远，袁文才的想法是，如果发现毛泽东带的人多，就说明其没有诚意，马上命令埋伏在祠堂里的人准备战斗。当他看到毛泽东只带了几个人来时，才放下心来迎上去，没有把毛泽东等人带往祠堂，而是带到林风和家里。

见面后，毛泽东说明是中共江西省委介绍来找他们的，充分肯定袁文才、王佐"劫富济贫"的革命性，并亲切地给他讲，工农革命军是共产党领导的军队，要在罗霄山脉建立根据地，进行土地革命。我们的粮食给养有困难，伤病员需要安置和治疗，希望得到你的帮助。最后，毛泽东还特别告诉袁文才，我们不是来占你的地盘，不缴你的枪，也不编你的部队，我们还要你扩大部队。你们放心守山，我们出去打仗。

双方边吃瓜子、花生边喝茶，谈得十分融洽。毛泽东当场送袁文才100支枪，这对于袁文才来说，是完全出乎意料的大礼。他的部队经营多年，也就60支枪。工农革命军一下子就送了100支枪，比他现有的枪还多出40支。袁文才非常感动，回赠工农革命军1000块银圆。其中的200块是袁文才自带的，300块是向马沅坑钟家借的，500块是在林风和家借的。他还同意工农革命军在茅坪建立后方医院和留守处，并答应上山做王佐的工作。

这天，为了款待毛泽东等人，袁文才让人杀了一头猪。

一次诚恳的见面商谈并不能完全消除袁文才的戒心，他对毛泽东说："你们既然来了，就有福同享，有难同当，伤员和部队的粮油我管，但钱宁冈有限，还需要到酃县（今炎陵县）、茶陵、遂川一带去打土豪。"[①] 这些客气的话中明显含有对工农革命军观望的意思。

在井冈山建立革命根据地，团结、争取袁文才、王佐在当时来说是必需的条件，然而，争取他们是需要一个过程的。鉴于此，毛泽东决定工农革命军主力在井冈山周围盘旋打游击，先向湖南的酃县方向挺进，筹些款子，熟悉周围环境，打探南昌起义军进入广东后的情况，把留守部门和伤病员安置在茅坪，请袁文才代管。

10月中旬，工农革命军第一团开始沿湘赣边界各县进行游击活动，目的是解决部队给养和扩大政治影响。

13日，毛泽东率领工农革命军主力抵达酃县水口村。中共酃县党组织获悉这个消息后，立即派周里去接头。毛泽东在团部驻地朱家祠会见了周

---

① 苏兰春：《回顾宁冈的革命斗争》，井冈山革命根据地党史资料征集编研协作小组、井冈山革命博物馆编：《井冈山革命根据地》（下），中共党史资料出版社1987年版，第91页。

里,详细询问了酃县党组织的情况。在得知马日事变后酃县农会和党组织掌握的武装被打散,党组织只剩一个临时支部、三个党员时,毛泽东指示周里:"要放手发动工农群众,城市依靠工人,农村依靠贫、雇农;找那些满脚都是泥巴,满脚都是牛屎的人;要发展组织,建立支部,重新武装工农。"他还向周里分析了形势,指出"革命力量虽然暂时由于机会主义的领导的恶果,被敌人打下去了,还有一段很艰苦的工作,要看到前途光明"①。

在水口村,余洒度和苏先骏不辞而别,离开了工农革命军。谭希林回忆说:"在水口时,部队的司令部驻在朱家祠。我们这个排驻在离水口三四里远的一个亭子里,担任向酃城方向的警戒任务。到水口的第三天,原师长余洒度和三团团长苏先骏开小差,经过我们的岗哨,被我们拦住了,问他们到哪里去,他们说:'我们要走,是毛委员允许我们走的。'我们说:'没有证明不能过。'结果还是把他们两个拦住,并立即报告毛委员。毛委员气量大,他说:'他们要走,就让他们走吧!'"②

余洒度后来投靠蒋介石,因贪污军饷、贩卖鸦片,被国民党处决。苏先骏到长沙后,出卖中共湘鄂赣边特委书记郭亮,1930年被红军击毙。

大浪淘沙,一些人禁不起革命处于低潮的考验,看不到革命的前途,脱离革命队伍。余洒度、苏先骏这类人离开工农革命军第一团,只能使革命队伍更纯洁。

余、苏二人离开后,毛泽东经常给干部、战士们讲革命形势,讲革命发展的前途,使大家提高了思想觉悟,特别是那些工农出身的同志,立场更加坚定了。

在水口村,毛泽东做的重要的一件事就是落实三湾改编时"支部建在连上"的原则。而落实这个原则,重要的条件是发展新党员。10月15日,毛泽东在叶家祠主持了六名新党员的入党仪式。六名新党员之一的赖毅后来回忆说:

---

① 周里:《谈井冈山斗争》,《回忆井冈山斗争时期》,江西人民出版社1979年版,第487页。
② 谭希林:《回忆井冈山斗争的几件事》,中国井冈山干部学院编:《井冈山革命根据地史料大全·军事斗争卷》(第6册),党建读物出版社、中共党史出版社2020年版,第3242页。

会议地点是在靠近水口街的一个大祠堂里。我和五班长李恒跟着党代表进入祠堂，上了阁楼。一进门，看见屋里已经有十几个人，各连的党代表都来了，其余大多数是各连的班长。毛泽东同志也来了，正和几个同志谈话。房间里放着几条长板凳，靠北墙有一张四方桌，桌上放着一盏煤油灯，桌面上压着两张下垂的长方形红纸，一张上写着入党誓词，另一张上写着弯弯曲曲的英文字"C·C·P"。我知道要举行入党宣誓了。

　　等人到齐后，毛泽东同志宣布开会。这次入党的有六人。首先由各个入党介绍人（都是各连党代表）分别介绍各个新党员的简历。接着，毛泽东同志便走到我们六名新党员面前，依次询问了许多问题，当他走到我们面前时，问我为什么要加入共产党？我说："要翻身，要打倒土豪劣绅，打倒国民党，加入党更有力量。"毛泽东同志说，你讲得很好。接着，他把那三个大家没有见过的英文字作了解释：这是"C·C·P"，就是中国共产党的意思。并逐句解释了入党誓词。然后，毛泽东同志举起握着拳头的右手，我们也举起右手，他照着誓词念一句，我们也跟着念一句："牺牲个人，努力革命，阶级斗争，服从组织，严守秘密，永不叛党。"[①]

　　宣誓结束后，毛泽东讲了话，要求新党员以后要团结群众，多做宣传，多做群众工作，要严格组织生活，严守党的秘密。临走时，毛泽东又嘱咐各连党代表，回去后抓紧发展新党员工作；要求各连都要像今天这样，分批进行新党员入党宣誓仪式。

　　不久，各连的党支部都先后建立起来。

　　在水口村期间，毛泽东从报纸上获悉南昌起义部队已在广东潮汕地区失败，同时得到了王佐同意部队上山的消息。就在这时，驻茶陵的国民党军两个团向水口村扑来。

　　10月20日，毛泽东得到情报后将部队分为两路行动：一路由第一营

[①] 赖毅：《毛泽东同志在连队发展党员》，井冈山革命根据地党史资料征集编研协作小组、井冈山革命博物馆编：《井冈山革命根据地》（下），中共党史资料出版社1987年版，第178—179页。

党代表宛希先率领第二连、第三连插向茶陵、安仁边境，袭扰敌后，迫敌回撤，然后即返茅坪；另一路则由毛泽东亲率团部和第三营、第一营第一连、特务连折入遂川县境，发动群众。

22日，毛泽东率领的一路到达遂川西部大汾镇。遂川反动靖卫团团总萧家璧写信威胁工农革命军，说这里是他的防地，要工农革命军离开，如果不走，刀枪相见。

工农革命军没有理睬萧家璧的威胁，照常派岗、宿营。深夜，工农革命军指战员由于转战奔波，进入深深的梦乡。萧家璧纠集了三四百靖卫团丁向大汾工农革命军的宿营地发起突然袭击。敌人密集的枪声响起之后，毛泽东命令第三营营长张子清、副营长伍中豪向敌人回击，抢夺大汾镇外被敌人占领的制高点，自己则率领团部和第一营第一连、特务连沿山沟绕到敌后，欲与第三营形成夹击之势，消灭前来偷袭的靖卫团。

战斗打得异常激烈。工农革命军仓促应战，加上对这里的地形不熟，抵挡不住敌人的进攻，团部与第三营的联络被敌人隔断。形势越来越不利，于是，毛泽东下令撤退。第三营与团部失去联系。

这是工农革命军非常狼狈的一战，谭政在回忆中说："第一营第一连，以及团部、特务连由毛泽东同志带领，部队虽然没有损失好多，但每一个人都很狼狈，毛泽东同志也只穿了件长袍子。大家吃了饭，他还没有吃饭，后来搞到了饭又没有东西盛，就用衣服兜，用两根树枝当筷子，这样吃饭。"[①]

部队撤到黄坳时，收集失散人员三四十人。这时，毛泽东身边只剩下几十人，稀稀拉拉地散坐在地上。休息之后继续行军，毛泽东站起来，朝中间空地迈了几步，双脚并拢，身体笔挺，精神抖擞对大家说："现在来站队！我站第一名，请曾连长喊口令！"

在遭受挫折的时刻，毛泽东坚强、镇定的精神立刻强有力地感染了战士们。他们一个个都抬起头来，鼓起战斗的勇气，充满信心，提着枪就站起队来，向毛泽东那高大的身躯看齐。

---

① 谭政：《三湾改编前后》，中国井冈山干部学院编：《井冈山革命根据地史料大全·军事斗争卷》第6册，党建读物出版社、中共党史出版社2020年版，第3242页。

不久，第一营的人也赶上来了，队伍向井冈山进发。然而，第三营却始终未见到踪影。原来，第三营在张子清、伍中豪的带领下匆忙退出战斗，走错了方向，向南转移到湖南桂东去了。之后，他们又转移到江西上犹鹅形，与朱德、陈毅率领的南昌起义军余部取得联系，得到了物资和弹药的补充，直到12月才离开朱德部，辗转到茶陵，归还工农革命军第一团建制。

10月23日，毛泽东率领部队来到荆竹山。荆竹山坐落在遂川、酃县交界处，锯齿形的笔架峰中分湖南、江西两省。因山上长满各种竹子，特别是荆竹居多，故名荆竹山。

在荆竹山，毛泽东遇到王佐派来联络的朱持柳。在朱持柳的热情安排下，工农革命军夜宿荆竹山。第二天一早，朱持柳派人急到井冈山大井，向王佐报信。

为了部队上山后能与王佐部搞好关系，防止违反群众纪律的事情发生，毛泽东在村前"雷打石"给部队讲话。他简要地介绍了井冈山的情况，又说：我们就要上井冈山了，要在那里建立根据地，大家一定要和山上的群众搞好关系，和王佐的部队搞好关系，做好群众工作，没有群众的支持，根据地是建立不起来的。于是，他宣布了三项纪律：第一，行动听指挥；第二，打土豪筹款子要归公；第三，不拿老百姓一个红薯。[①]这是工农革命军最初颁布的"三大纪律"。

10月27日，毛泽东率领工农革命军抵达茨坪，11月初到达茅坪，开始了创建井冈山革命根据地的斗争。

毛泽东在1936年10月提到从湘赣边界秋收起义到上井冈山这段历程时曾说了这样一段话：

> 因为"秋收暴动"的计划没有被中央委员会批准，又因为部队受了严重的损失，同时从城市的观点看来这个运动好像一定要失败的，现在中央委员会坚决地排斥我了，将我从政治局和前敌委员会中革

---

① 见陈士榘《三大纪律、六项注意的由来》，井冈山革命根据地党史资料征集编研协作小组、井冈山革命博物馆编：《井冈山革命根据地》（下），中共党史资料出版社1987年版，第198页。

出。湖南的省委会也攻击我,称我们为"劫掠运动"①。可是我们依然带着我们的军队,留在井冈山上,一面确切觉得我们在执行正确的路线,而以后的事实也充分证明了我们的正确。②

湘赣边界秋收起义计划制订时是以占领大城市长沙为目的的,在起义遭到挫折后,毛泽东从实际出发,没有继续执行中共中央的进攻路线,而是适时地率领部队退却到敌人力量薄弱的农村山区,才将这些珍贵的革命火种保存了下来。事实证明,毛泽东率领秋收起义部队上井冈山,在这里建立农村革命根据地,是一条保存和发展革命力量的正确道路。这条道路,代表了1927年大革命失败后中国革命的发展方向。

毛泽东率领秋收起义部队上井冈山的历史事实告诉我们,中国革命,单靠主观愿望是不行的,必须依靠实事求是、从实际出发,才能找到正确的道路。党的八七会议提出要"找着新的道路",毛泽东就是找着新的道路的代表者。

二、坚持在井冈山上

创建红色割据区域

井冈山,位于江西省西南部,地处湖南和江西两省交界的罗霄山脉中段,东接江西省泰和县、遂川县,南邻湖南省酃县,西靠湖南省茶陵县,北接江西省永新县,方圆500里,平均海拔381.5米。这里山势雄伟,千峰挺立,飞瀑流泉,树木茂密,竹林青翠,是英雄的用武之地。

---

① "劫掠运动"一词系译者从美国《亚细亚》月刊发表的斯诺文章中翻译而来。毛泽东当时的原话由翻译讲给斯诺听,自然就与中文的原意有所差别。而译者再由英文翻译成中文,与原意距离就更远了。1927年11月14日,中共中央临时政治局扩大会议通过的《政治纪律决议案》,指责湖南省委领导秋收起义犯了"旧的军事投机的错误","毛泽东同志为'八七'紧急会议后派赴湖南改组省委执行中央秋暴政策的特派员,事实上为湖南省委的中心,湖南省委所作的错误毛同志应负严重的责任,应予开除中央临时政治局候补委员"。由此看来,这句应是指"军事投机"。

② [美]埃德加·斯诺笔录,汪衡译:《毛泽东自传》,中国青年出版社2013年版,第77页。

第一章　我自岿然不动

1927年10月以前，在中国历史上不像三山五岳及黄山那么有名气的井冈山，随着毛泽东率领工农革命军的到来，在中国革命史上留下了鲜艳夺目的一页。

从攻打大城市到偏僻的山区建立根据地，这是一个伟大的战略转变。但在当时从中共中央到地方都希望革命快速胜利的思维背景下，到偏僻山沟里搞革命，许多人想不通。因此，毛泽东反复教育干部战士，坚决为建立以宁冈为中心的罗霄山脉中段政权而奋斗。谭震林在回忆中说：

> 毛主席指出：我们要作战略性的转变，千百万群众是我们的基础，要以罗霄山脉中段为依托，建立后方，轻装上阵，还要建立地方武装，收缴敌人的武器来武装我们自己。有了群众和地方武装，我们的军队就不会孤立。毛主席还说，罗霄山脉中段包括江西的莲花、永新、宁冈、遂川和湖南的酃县、茶陵六县，境内井冈山地势极为险要，还有九陇山等重要屏障，有利于武装割据，开展游击战争。边界六县盛产稻米、油、茶、木材，群众基础又好。我们可以关了东面打西面，关了南面打北面。敌人奈何我们不得。中国的形势会有大的转变，广大农村是海洋，我们像鱼，农村是我们休养生息的地方。建立以宁冈为中心的湘赣边界武装割据，意义决不限于六县，对夺取湘鄂赣三省政权都是有很大意义的。①

历史是给那些决策正确者提供机会的。毛泽东率领秋收起义部队上井冈山时，发生了国民党新军阀李宗仁与唐生智之间的战争。

国民党新军阀宁汉合流后，李宗仁的新桂系把持了国民党特别委员会的实权。桂系为了进一步扩张自己的势力打通从南京到其老巢广西的通道，决定消灭占据湖南、湖北的唐生智部。10月20日，桂系借口唐生智拒不服从特委会有关交出汉阳兵工厂武器等命令，宣布联合程潜、朱培德、冯玉祥等部，兵分四路进攻武汉。22日，唐生智宣布与南京政府断绝关系，调动军队应战。但唐部军心涣散，无心与桂系作战。桂系又通过谭延

---

① 谭震林：《井冈山斗争的实践与毛泽东思想的发展——纪念伟大的领袖毛主席诞辰八十五周年》，《回忆井冈山斗争时期》，江西人民出版社1979年版，第21页。

阎、程潜等人利用老关系联系唐部何键、张国威等人做内应。张国威阵前倒戈，唐军迅速败退西撤。至11月11日，武汉危急，唐生智决定把军队交由刘兴、李品仙、何键率领，全部开往湖南。唐生智本人宣布下野，东渡日本。11月15日，桂系军队占领武汉，唐部接受改编。至此，李宗仁与唐生智的战争以桂系的胜利告终。

李宗仁新桂系与唐生智开战后，唐生智控制的两湖军队全部投入作战，江西的朱培德也将主力调往赣北，井冈山周围各县国民党军兵力空虚，只留下战斗力不强的一些地主武装靖卫团和挨户团。毛泽东利用这个好时机领导部队进行开创井冈山革命根据地的斗争。

毛泽东把目标对准了位于井冈山西部的湖南茶陵。茶陵在北伐战争时期建立了共产党支部，并建立起农协、工会、学联、妇联等群众团体，成立了自卫军。马日事变后，茶陵农协组织被反动派破坏，中共茶陵县党组织的陈韶、谭家述、谭吉星以及陈武、谭思聪、谭普祥率领几十个同志，拥有十几条枪，以地处茶陵、酃县、安仁、桂东四县边界的潭湾山区为依托坚持斗争。他们曾在安仁边界的羊脑打了一个挨户团，缴获了2支枪、10多发子弹。另外，在茶陵、安仁、攸县边界还活跃着一支茶陵游击队。后来，这支游击队也到潭湾，与陈韶、谭家述率领的游击队合并在一起。茶陵有很好的革命基础。

为了开辟茶陵的工作，毛泽东率领工农革命军第一团到达酃县水口村时，曾命宛希先率领第一营第二、第三连前往茶陵。茶陵敌人兵力空虚，工农革命军袭击了敌县政府，抓住了反动县长。地方反动武装在工农革命军的进攻下，仓皇逃走。工农革命军只有少数人进入县城，其余都在城外警戒。进入城内的工农革命军打开了监狱，放出了被关押的农运干部和群众。

工农革命军在城内买了饭，然后出城渡河，在河对岸休息、吃饭，并把反动县长就地枪毙。

工农革命军在所到之处张贴标语和布告，宣传工农革命军是人民的军队，号召群众起来闹革命、打土豪。布告落款用的是工农革命军第一师第一团团长郭亮的名字。郭亮在大革命时期是湖南省总工会委员长，很有影响力，毛泽东告诉宛希先等人，布告用郭亮的名字是为了鼓励湖南省革命群众的情绪，让广大群众知道革命力量并没有被敌人消灭，郭亮还当了工农革命军的团长。实际上这时郭亮并未在部队。

在达到了宣传目的后，为了防止敌人反扑，工农革命军只停留了两三个小时，便主动撤出茶陵，回师井冈山，与毛泽东率领的团部会合，一同到达茅坪。

工农革命军第一团在茅坪休整了数日后，毛泽东开始思考创建井冈山红色区域问题。11月初，他在茅坪象山庵召开了永新、莲花、宁冈三县党组织负责人联席会议，一方面布置了恢复和重建边界党组织的工作；另一方面决定乘李宗仁和唐生智新军阀混战正酣之际，再次攻打茶陵。这次，毛泽东决定团部、第一营及特务连统一由团长陈浩及第一营党代表宛希先率领，举全力进击茶陵。

11月16日，攻打茶陵部队在宁冈大陇准备出发。毛泽东对工农革命军主动出击茶陵非常重视。为了鼓舞士气，毛泽东亲自赶来，给部队作动员讲话。他首先给大家讲了形势，指出宁汉军阀混战，反动军队都拉走了，山下县城空虚，正是开展革命工作的好机会。毛泽东最后说：你们马上要出发了，我是很想跟大家一起去的。他指了指自己的脚，幽默地说："可是，我的脚不让革命，这真叫没办法。"原来，自秋收起义前毛泽东遇险开始，他的脚就被磨破了。此后一直行军跋涉，迟迟不能痊愈，行动不便，所以没有随部队去攻打茶陵。

毛泽东的动员讲话使即将出征的工农革命军指战员们信心百倍。部队出发了，经宁冈睦村，进入酃县，接着继续前进，于11月17日击溃罗克绍挨户团的骚扰，当夜到达与茶陵县城一水相隔的中瑶。

11月18日早晨，工农革命军派一些战士化装成卖柴、卖菜的老百姓，混进茶陵城。他们首先解决了看守城门的士兵，其他守城敌人还没有弄清怎么回事，就乖乖地做了俘虏。敌湘东"清乡"司令罗定和反动县长刘拔克听说工农革命军来了，魂飞胆丧，立刻逃命。

占领茶陵县城后，工农革命军在旧的县衙门成立了一个县政权，派曾担任过安徽旌德县县长的谭梓生担任县长，赖毅回忆中叙说了谭梓生上任

笔下起风雷　胸中百万兵
土地革命战争中的毛泽东

县长的滑稽一幕："县长上任那天，我们在一个大坪里开了会，县长穿上长袍子，部队吹着号，一直走过茶陵街，把县长送到'县长公署'。"①

这是工农革命军建立的第一个政权。这个政权如何与旧政权相区别？该怎么做事？没有人去思考。于是，一切都照旧政府的样子，升堂审案，收税完粮。老百姓失望了，直摇头，觉得这个新政府和旧政府没有什么两样。

负责攻打茶陵行动的陈浩等完全是旧军队那套作风，穿着长袍子在茶陵县城街上招摇过市，吃喝玩乐，不打土豪，专找商会派军饷；也不做群众工作，部队每天的活动还只是"三操两讲"和"两点名"，不做应敌的准备，甚至发生了一场闹剧。一天，陈浩喝酒喝得五迷三道，碰到中瑶乡农民协会抓获转移钱财的劣绅陈老三，送县新政府处理。陈浩本不是县长，却要过一把过去县官审案的瘾，要中瑶农民协会人员击鼓告状。农民协会人员击鼓后，陈浩端坐大堂，像过去的县太爷那样将惊堂木一拍，问告何状。当农民告诉他陈老三拥有190亩地时，陈浩不给农民们撑腰，反而斥责他们不应触犯陈老三，因他不到200亩地，不算大地主。陈老三乐了，农民协会人员怒了，这个新政府究竟代表谁说话？于是，他们抓起陈老三就走。路遇宛希先，问是怎么回事。他们将事情原原本本告诉了宛希先。宛希先听完，对他们说：边界大地主少，打倒中小地主，没收一切土地归农民是毛委员的一贯主张。你们要好好看管陈老三，开展揭发斗争，发动农民起来革命！农民们听了宛希先的话，高高兴兴地走了。陈浩知道这件事，认为宛希先和他对着干，对宛希先十分嫉恨。

宛希先觉得陈浩等人在茶陵所作所为不对劲，就写信向毛泽东汇报了情况。毛泽东接信后，感到问题很严重，立即回信指示："要改变做法，召开工农兵代表大会，成立工农兵政府，保卫商店、邮局和学校。"②

毛泽东是前委书记，有了他的指示，宛希先手中就有了"尚方宝

---

① 赖毅：《工农革命军攻打茶陵的经过及其意义》，中国井冈山干部学院编：《井冈山革命根据地史料大全·政权建设卷》（第3册），党建读物出版社、中共党史出版社2020年版，第1582页。

② 谭震林：《回顾井冈山斗争历史》，井冈山革命根据地党史资料征集编研协作小组、井冈山革命博物馆编：《井冈山革命根据地》（下），江西人民出版社1979年版，第12页。

剑"。于是，他召集中共茶陵县党组织、总工会、县农民协会负责人和工农革命军各连党代表开会，宣读毛泽东的来信，重新讨论茶陵县政府的组建问题。由于来不及通过召开县工农兵代表大会方式组成县政府，遂决定由各方推选出自己的代表，组成县工农兵政府。会议推选的工人代表是谭震林，农民代表是李炳荣，士兵代表为陈士榘，并一致推选谭震林为工农兵政府主席。

谭震林是攸县人，12岁就当学徒，做印刷工人。大革命时期，任攸县总工会干事兼国民党县农工部特派员。马日事变后，谭震林在攸县无法立足，就到长沙找党组织，但一个熟人也没有找到。于是又到武汉，结果也没有找到党组织。没有办法，只好回家。攸县老家自然是无法待了，就到茶陵来，找到当学徒时的老板。老板知道他搞过工运，但不知道他是共产党员，对他说，你在这里躲一两个月是可以的，但不要到外面去，只能在店里工作，晚上出去走走还可以，不能到外面搞工运工作。就这样，谭震林留在书店里当装订工，白天在书店里干活，晚上出去活动。茶陵搞工运工作的人他都认识，他和这些同志一起进行革命活动。工农革命军第二次打下茶陵后，谭震林找到宛希先，问他怎么办。宛希先回答说：你是工人，首先组织工会。不久，县总工会成立，接着又成立了各行各业工会，推选谭震林当县总工会主席，地点设在江西会馆。担任茶陵县工农兵政府主席，是中国杰出无产阶级革命家谭震林逐渐走向政治舞台的重要一步。

11月28日，茶陵县工农兵政府正式成立。旧的"县长公署"牌匾被砸碎了，换上了崭新的"湖南省茶陵县工农兵代表会议政府"牌匾。原先委派的县长谭梓生向工农兵代表会议交了大印。茶陵县工农兵政府是井冈山革命根据地的第一个红色政权。

红色政权成立之后，紧接着成立了由陈韶任书记的中共茶陵县委。

谭震林上任茶陵县工农兵政府主席后，立即遵照毛泽东的指示，抽调工作人员和士兵组成工作队，到城郊农村发动群众，建立基层政权，打土豪，组织赤卫队，并准备分田。茶陵全县出现了轰轰烈烈的革命景象。

笔下起风雷　胸中百万兵
土地革命战争中的毛泽东

茶陵县工农兵政府的成立，是毛泽东武装夺取政权的尝试，开创了井冈山革命根据地建立革命政权的先河，为边界红色政权建设积累了初步经验。

但敌人是不会坐视茶陵革命轰轰烈烈开展的，随着桂系李宗仁与唐生智战争的结束，湘敌第八军吴尚派一个团及周围各县的反动地主武装挨户团向茶陵扑来。

工农革命军也就是一个营多点的兵力，敌众我寡，上策是主动撤回宁冈，但团长陈浩却采取最下策，命令拆除东门浮桥，固守茶陵城。

陈浩此举犯了兵家大忌，即断了自己的后路，把部队摆在那里和敌人硬拼。宛希先等人反对陈浩这样部署，陈浩不理，反而振振有词，说什么背水一战，置之死地而后生。陈浩是团长，宛希先等人无法，只好执行命令，暗地里采取防范态度。

12月26日，敌军在地主武装的配合下向茶陵城发起猛攻。工农革命军在中共茶陵县委、县工农兵政府组织的各界群众及茶陵游击队、赤卫队的配合下，据城坚守，英勇作战，屡屡击退敌人。战斗从早上持续到下午，工农革命军将茶陵城牢牢控制在手中，敌人未能越过雷池一步。

就在双方胶着的时候，中瑶方向一支部队急速赶来。这是工农革命军的部队还是国民党的部队，一时还弄不清楚。守在茶陵城内的工农革命军弹药即将耗尽，若是敌人，就很难再支持下去。于是，茶陵城内大家心里都很紧张。

与大家紧张的心情相反的是，团长陈浩以及副团长徐庶、参谋长韩昌剑、第一营营长黄子吉不但没有紧张之情，反而暗露喜色。宛希先等人联想到陈浩等人平日吃喝玩乐、私吞缴获黄金、排斥党的领导等军阀主义作风，以及第二连连长私逃、拆除东门浮桥等反常行动，疑惑这几个人是不是想投敌叛变。

宛希先的怀疑没有错，陈浩等人的确想投敌。陈浩是黄埔一期毕业生，湖南祁阳人。在茶陵的所作所为受到毛泽东严厉批评后，他心怀不满。当敌人到达安仁、攸县时，对革命悲观失望的陈浩就与徐庶、韩昌剑、黄子吉等串通一气，开始了阴谋投敌活动。当时有个叫陈明义的人找到陈浩,说:第十三军军长方鼎英是我舅舅,也是你在黄埔军校学习时的教育长。我可以为你联络,让我舅舅给你个番号,暂时存身,再图后举。陈浩怕过井冈山的艰苦生活,想到国民党那里享受荣华富贵,闻之一拍即合,立即写了一封信给方鼎英,交给陈明义暗中联络,以便适时投敌。当怀揣着升官发财大梦的陈浩听说中瑶方向来了一支部队时,便以为是驻防桂东县的方鼎英派人来接应他的,心里暗喜。

不料,这支队伍不是陈浩望眼欲穿的方鼎英的接应部队,而是工农革命军第一团在大汾遭敌袭击与毛泽东率领的团部失散的张子清、伍中豪率领的第三营。他们按照朱德的指示,返回湘赣边界。当到茶陵境内时,发现湘敌围攻茶陵城,断定城内必是工农革命军守卫,于是从后面杀向敌人。第三营是一支生力军,参加茶陵战斗后,敌人不支,溃败而去,茶陵之围遂解。

当晚,工农革命军营级干部开会讨论下一步怎么办的问题。宛希先、张子清、伍中豪等一致认为,敌人虽退去,但不会善罢甘休。天亮之后,敌人将会增加兵力,组织反扑。我军必须乘敌尚未反攻之时,回师宁冈。陈浩等人本想拖延时间,等待敌方鼎英部进逼茶陵城,以便届时投敌。但张子清、伍中豪此时兵强马壮,弹药充足,坚持撤回宁冈的力量壮大,陈浩不敢公开反对,但提出南撤,退往湘南。

由于时间紧迫,不能无休止地争论下去,当务之急是先撤出城再说,于是,宛希先、张子清、伍中豪暂时接受了陈浩南撤计划,等出城后再说。

工农革命军于半夜秘密撤出茶陵城。中共茶陵县委和游击队一起随军南撤。12月27日清晨,部队到达东向宁冈、南向湘南岔道上的湖口镇。部队经过一天作战,又经过夜行军,十分疲劳。宛希先同张子清商定,部队先在这里休息一阵,然后东往宁冈。

休息过后,部队面临去哪里的问题。宛希先、张子清、何挺颖、伍中豪要求撤回宁冈,陈浩、徐庶、韩昌剑、黄子吉主张向湘南开进,形成了势均力敌两种不同意见。陈浩知道,若部队撤回宁冈,他的投敌计划就要落空,于是他以团长的权力,以进一步扩大政治影响为借口,强令部队南撤。

笔下起风雷　胸中百万兵
土地革命战争中的毛泽东

陈浩以团长来压人，宛希先、张子清是营级干部，是下级，没有办法，只好服从，部队向南行进。危险在向着湘赣边界秋收起义保留下来的这部分工农革命军一步一步逼近。

自从宛希先来信报告了陈浩在茶陵的情况后，毛泽东就一直对茶陵方面不放心。特别是，当他得知国民党军一个团和地主武装围攻茶陵的消息后，就更加坐不住了。于是，他不顾脚疾未痊愈的情况，就让陈伯钧带领一个班护送他去茶陵。同去的还有毛泽覃、黎獬教及随从人员。12月25日，他们赶了六七十里路，夜宿茶陵境内的坑口圩。这里的农会已经成立，毛泽东一行进村时，农民们正在开会，分土豪的东西。毛泽东等为了保密，加上经过一天的行军，大家都有些累了，没有过多地打听消息，便找个地方住了下来。

次日，估计当天可以赶到茶陵，毛泽东就决定让护送他的一个班战士回宁冈。陈伯钧不愿意待在后方，想跟毛泽东到大部队中工作，让带来的一个班回井冈山，自己留了下来。

他们一行八九个人走到离茶陵二三十里的地方时，就听到重机枪和步枪激烈的枪声。他们摸不清情况，好在茶陵周围的群众都组织起来了，沿途有农民赤卫队放哨，他们一边询问情况，一边继续前进。夜幕降临了，他们没有夜间通信联络信号，又不知道部队的口令，更不知道茶陵城打了一天的仗，情况究竟有何变化，不好轻易乱闯。毛泽东决定在茶陵城东南五六里的一个小村子里暂且住下，由赤卫队派人到城边打听情况。

吃过晚饭后，大家准备休息，毛泽东对大家说，赤卫队派人去城边打听消息，还没有回来，他们虽然在村子周围放了哨，但我们还是不能疏忽大意，我们几个人最好轮流放哨。大家立刻商议轮流放哨的次序和时间，毛泽东和陈伯钧两人安排在下半夜到拂晓这段时间，以应对可能发生的紧急情况。

夜已经深了，枪声逐渐稀落。战斗结果如何呢？过了一会儿，几名到城边打探情况的赤卫队员回来了，说茶陵城东门的浮桥被拆掉了。陈伯钧再问其他情况，他们也不知道。茶陵城东门浮桥是通往井冈山的必经之路，为什么把它拆了呢？难道城内的部队连退路都不要了吗？是想守住茶陵城，还是另有打算呢？难道是敌人拆的吗？那么为什么赤卫队员没有在东门外看到敌人？一连串的问号在陈伯钧的脑海里闪现，他不由得提高了警惕，加强了村子的警卫布置。他看了看正在值班的毛泽东，毛泽东神态自若，默默地吸着烟，似乎在思考问题，判断情况。

拂晓，赤卫队队长返回村子，报告说：我军由茶陵城向南撤退了，敌人未进城。听到这个消息，大家都觉得十分奇怪，部队为什么不向井冈山方向撤退，反而向南撤退，这是什么道理？毛泽东觉得问题严重，果断决定马上向南追赶部队。

早饭来不及吃了，在当地群众的帮助下，临时把放在岸上的小船推入水中，毛泽东等人渡过河去。过河后，毛泽东催促大家，沿着茶陵通往水口的大路急匆匆奔南而行。

再说陈浩强令部队南下，许多干部战士都有情绪，行军缓慢。毛泽东等在后面急追，终于在部队刚离开湖口不久追了上来。毛泽东派陈伯钧传达命令，部队重回湖口宿营。

毛泽东是部队的最高领导，他的到来使陈浩无法再像此前那样专横，部队听令折回湖口镇。

当天晚上，毛泽东在湖口一家王姓大地主家的房子里主持召开了部队连级以上干部会议。会上，宛希先、张子清、何挺颖、伍中豪等，揭露了昨天夜里及今天早上陈浩压制正确意见、坚持南下的行为。陈浩等人竭力狡辩。说来也巧，就在会议进行之际，部队截获了方鼎英派人送给陈浩的复函。在确凿的证据面前，陈浩等人再也无法抵赖。毛泽东当场下令，逮捕陈浩、徐庶、韩昌剑、黄子吉四人。

第二天早晨，毛泽东召开工农革命军全体指战员大会，代表前委公布陈浩等人阴谋投敌的罪行，宣布撤销他们几个人的职务，任命张子清为代理团长。毛泽东还讲了革命形势，指出："革命形势很好，军阀混战，革命群众经过挫折，觉悟提高了。我们的任务是建立井冈山革命根据地，我们屁股坐在罗霄山脉，两脚伸出江西、湖南。西有茶陵、酃县，向东有遂川、万安、泰和，向南有桂东，向北有永新、莲花，周围十几个县，上

笔下起风雷　胸中百万兵
土地革命战争中的毛泽东

千万人口。"①毛泽东讲话之后，部队东返宁冈。茶陵游击队200余人也跟随工农革命军到宁冈，被编入第二营。

12月29日，工农革命军在砻市召开大会，公开处决陈浩等四个叛徒。

毛泽东真是料事如神，假如他晚去茶陵一天，陈浩等人的阴谋就有可能实现。若是这样，历史就要改写。由于毛泽东的正确决策，铲除了工农革命军内部的大毒瘤，度过上井冈山以来最惊心动魄的时刻，保留了极其珍贵的革命骨干力量和种子。

毛泽东率领工农革命军回到宁冈后，为了扩大红色区域，决定攻打遂川。1928年1月4日，毛泽东、张子清等率领工农革命军两个营从砻市出发，攻打遂川重镇大坑。行前，毛泽东进行了生动的政治动员。赖毅在回忆中说："毛委员把部队集合起来说：上次你们从井冈山西边的茶陵来，这次我们一起到东边的遂川去。那个县里敌人只有很少地方武装，不敢同我们打仗。那里有很多大土豪，银圆都埋在地下睡觉，工人农民穷得要命。到那里以后，大家都要做群众工作，要打土豪，筹款子，发动群众。"②韩伟也在回忆中说："一个风和日丽的日子，部队集合在砻市向阳的山坡上，晒着暖洋洋的太阳，听毛委员交代任务。他说：井冈山这边是湖南，那边是江西，俗话说：'没江西人不成买卖，没湖南人不成军队。'可见湖南兵多，土生土长，力量较强。而江西多是客军。与当地反动武装有矛盾，战斗力也弱些。我们来他个'雷公打豆腐——专拣软的欺'，到江西遂川去活动。"③

毛泽东的政治动员既生动，又明确。到哪里去？为什么要去？要干什么？怎么干？像一个老大哥给小弟弟亲亲切切交代做一件事，听起来明明白白，部队不打胜仗才怪呢！

毛泽东的政治动员也说明他总结了两次打茶陵的经验，及时调整根据

---

① 谭家述：《给茶陵县纪建办的信》，罗荣桓、谭震林等：《回忆井冈山斗争时期》，江西人民出版社1979年版，第305页。
② 赖毅：《毛委员教我们发动群众》，罗荣桓、谭震林等：《回忆井冈山斗争时期》，江西人民出版社1979年版，第70、71页。
③ 韩伟：《毛委员教导我们用兵作战》，罗荣桓、谭震林等：《回忆井冈山斗争时期》，江西人民出版社1979年版，第78页。

地发展战略，开始把江西作为主要发展方向。毛泽东与众不同的地方，就是善于总结，善于发现问题，及时调整和修正。

当日，工农革命军进抵遂川北部重镇大坑，这里是遂川大土豪、恶霸萧家璧的老窝。萧家璧的靖卫团在大汾偷袭工农革命军，欠下血债。听说要打萧家璧，工农革命军指战员个个摩拳擦掌，要报一箭之仇。攻击命令下达后，广大指战员英勇作战，萧家璧所部抵挡不住，狼狈逃窜。工农革命军乘胜进军，于1月5日兵临遂川城下。

驻守遂川的敌人只有一个工兵连和地方团队。他们听说凶悍的萧家璧都没有抵挡住工农革命军，知道守不住遂川城，弃城而逃。工农革命军兵不血刃便进了遂川城。

由于在此之前反动分子散布种种谣言欺骗群众，不少群众受到蒙蔽，工农革命军进入遂川城后，群众都躲了起来，店铺关门，冷冷清清。鉴于此种情况，毛泽东命令部队以排为单位，分散发动群众。

工农革命军进城后，缴获了敌人几百担白布。这些白布是解决部队军服的好东西，毛泽东当即指示运回宁冈茅坪，让余贲民负责筹备被服厂。

进入遂川后，毛泽东住在邱家祠。1月8日，毛泽东在遂川天主堂主持召开了遂川县党员会议，重建了中共遂川县委，以陈正人为书记。

毛泽东还关心遂川组建游击队的问题，召见了在大路坪砥岭天华山一带搞暴动的王次楱。他见王次楱挎着一支驳壳枪，问："你们就这一支枪？"王次楱答："还有六支，是从朱培德部六个逃兵那里收缴的。"毛泽东要他把枪拿来看看。于是，王次楱就回去叫上了王次模、王安民、王南山、王利权、王利华、康相中，让他们把枪背到毛泽东住的邱家祠。王次模回忆说：

毛委员出来后走近我们，接过枪一支一支地检查，毛委员举起枪，仔细地看了看枪筒，表扬我们保存得很好，叫我们到他住房内休息、烤火，警卫员倒了开水我们喝，给了烟我们吸。毛委员立即指示我们要组织游击队，第二天，我们就到万寿宫成立了游击队。当时人数不多，几天后，云田、枚江、巾坑等地派来了一些人，共有30多个。我们马上就去打土豪，在水坑打了土豪邓尧均，在县城打了土豪

笔下起风雷　胸中百万兵
土地革命战争中的毛泽东

刘伟才、廖会亭，在小汾缴了刘伟才父亲刘洪的一支马枪，在大园缴了半尿筒子弹。1928年1月24日，毛委员在大会上宣布王次楱为大队长，25日，我们再下乡，毛委员派毛泽覃同志，为游击队的党代表，戴奇为游击队教导员。①

毛泽东想得更远，不仅要遂川的革命斗争坚持下去，还要周围其他县的革命斗争坚持下去。这些地方的斗争和井冈山斗争联系起来，革命才能坚持下去并发展。于是毛泽东又在天主堂召开了前委、遂川县委和万安县委联席会议。前委参加的有毛泽东、宛希先、张子清等；万安县委参加会议的有曾天宇、刘光万等；遂川县委参加的有陈正人、王瑞麟、王佐农等。

会上，万安县委首先向毛泽东汇报了万安县党组织发展的历史、现状，农民起义的情况和农民武装的现状，以及以后斗争的计划。万安县大革命时期是江西省农民运动开展得最好的一个县，党组织的基础也相当好，农民自卫军在大革命失败后也基本保持下来了。但是，万安群众基础好的地方大都在靠近赣江沿岸的丘陵地区，在地形上是不利于斗争发展的。

毛泽东在会上作形势报告，批判陈独秀右倾机会主义错误，也批判大革命失败后一部分干部的悲观情绪，指出一定要走农民武装起义的道路，并着重指出建立根据地的重要性。他向万安县委提出，要把建立根据地的重点放在河西靠井冈山这一边。万安县委代表接受了毛泽东的建议。

工农革命军各部队根据毛泽东的指示，到各乡去发动群众，很快建立了一批区一级工农兵政权。毛泽东亲自到草林区做群众工作，住在肖万顺客栈。在毛泽东和工农革命军的组织发动下，草林区搞得轰轰烈烈，打了土豪黄礼瑞、郭朝宗，建立了草林区工农兵政府，主席王锡海。这样，建立遂川县工农兵政府就提上了议事日程。

---

① 王次楱：《忆遂川的革命活动》，中国井冈山干部学院编：《井冈山革命根据地史料大全·军事斗争卷》（第6册），党建读物出版社、中共党史出版社2020年版，第3295页。

第一章　我自岿然不动

为了筹建遂川县工农兵政府，毛泽东嘱咐陈正人等着手草拟《遂川工农县政府临时政纲》。陈正人等草拟出一个30多条的初稿后，送毛泽东审阅。毛泽东进行修改，尽量使条文通俗易懂，如将"不虐待儿童"改为"不准大人打小孩"；又如将"废除买卖婚姻"改为"讨老婆不要钱"。这样一改，让老百姓能够看明白，就是不识字的人也能够听明白。

1月23日，是农历大年初一，毛泽东邀请了一批工农代表在遂川县城同工农革命军联欢，欢度春节。部队唱着浏阳籍欧阳晖编的歌："过新年，过新年，你拿斧子，我拿镰，打倒萧家壁，活捉罗普泉……"[1]

次日，也就是大年初二，遂川县劳苦大众更高兴的事来了，万人参加的遂川县工农兵政府成立大会在张家祠门口的李家坪召开。王次模回忆成立大会的情景时说：

吃过早饭后，各乡武装起来的工农群众，有的打着红旗，有的扛着大刀、梭镖、鸟铳，佩戴着红色袖章，敲锣打鼓拥进会场，部队的战士坐在会场的一边。大会主席台是头天下午临时用木板搭起来的，坐北朝南，台顶上插着两面大红旗，庆祝工农兵政府成立，字写得很大，台的两边木柱上，用红纸写了对联，一边是：想当年剥削工农，好就好，利中生利；一边是：看今日斩杀土劣，怕不怕，刀上加刀。据说这对联是宣传部的同志请毛委员作的。[2]

大会在上午10时开始，毛泽东、张子清、宛希先、毛泽覃、陈正人、王遂人、王次淳、王次榛以及群众代表依次走上主席台。

毛泽东在大会上讲了话。他声音洪亮地宣布：今天的大会，是庆祝遂川县工农兵政府成立大会，是我们工农劳苦群众开始掌权的大会，我们要打倒土豪劣绅，消灭国民党反动派，就要有自己的政权。他指着王次淳说：这位就是我们的县长，西庄人，农民出身，前几天还在挑大粪，现在

---

[1] 谭政：《难忘的井冈山斗争》，中国井冈山干部学院编：《井冈山革命根据地史料大全·政权建设卷》（第3册），党建读物出版社、中共党史出版社2020年版，第1599页。

[2] 王次模：《忆遂川的革命活动》，中国井冈山干部学院编：《井冈山革命根据地史料大全·军事斗争卷》（第6册），党建读物出版社、中共党史出版社2020年版，第3296—3297页。

要当县长了。他伸出大拇指说：从前是土豪劣绅掌权。然后又伸出小拇指说：如今是工农群众当县长。但是，革命靠一个县长是不行的，还要靠大家团结，今天我们要团结一致向土豪劣绅彻底清算。

毛泽东讲完话后，台下响起了长时间的掌声，并高呼"工农革命军万岁""打倒国民党反动派"的口号。

大会通过了《遂川工农县政府临时政纲》。《政纲》共30条，包括政治、经济、军事、文化等方面。其中规定："工人、农民、士兵和其他贫民，都有参与政治的权利"；"凡工农兵平民有集会、结社、言论、出版、居住、罢工的绝对自由"；"全县工会、农民协会、工农革命军的组织到了全县以上的时候，应立即召集全县工农兵代表大会，并选举正式人民委员会，为全县执掌政权的机关"；"凡地主、祠庙、公共机关的田地、山林和一切附属"，分给"贫苦人民和退伍兵士耕种使用"；"工农平民从前的欠债、欠租、欠税、欠捐，一律停止偿还和缴纳"。[①]这是井冈山革命根据地第一个工农兵政权的纲领，是茶陵、遂川建设工农兵政权经验的初步总结。

大会宣布李杏甫为农民协会主席，蒋世良为工会主席，处决了大劣绅郭渭坚。散会后，举行了盛大的游行。

遂川工农兵政府是井冈山革命根据地的第二个县级红色政权。

在遂川期间，毛泽东指导实行保护工商业和保护中小商人的政策，调动了中小商人的积极性，活跃了经济，不仅满足了部队的需要，同时也为实行工农武装割据提供了经验。

革命形势在遂川猛烈发展，吓坏了国民党江西省政府主席朱培德。2月上旬，朱培德急令驻吉安的杨如轩第二十七师，以第八十一团和第七十九团的一个营进攻万安，进而威逼遂川；以第七十九团的另一个营进占宁冈新城，向工农革命军发动第一次"进剿"。

新城是宁冈的县城，西连砻市，南通茅坪，北扼宁冈至永新的通道。敌人占据这个井冈山地区的战略要地，对工农革命军开展武装割据威胁甚

[①] 转引自中共中央文献研究室编《毛泽东年谱》（1893—1949）（修订本）（上卷），中央文献出版社2013年版，第230—231页。

大。这股敌人开始还小心谨慎，不敢乱动。宁冈县党组织根据毛泽东的指示，组织赤卫队昼夜袭扰，使敌人一日数惊，坐卧不安。后来敌人发现只是赤卫队，没有工农革命军，便松懈了。毛泽东根据这些情况，决定率领工农革命军返回宁冈茅坪，消灭这股敌人。

2月中旬，工农革命军第一团返回茅坪，会合刚刚编为第二团的袁文才、王佐的部队，召开军事会议，制订了消灭宁冈新城敌人的计划。

2月17日深夜，毛泽东率领工农革命军第一团和第二团的一个营，悄悄赶到宁冈新城，作好一切战斗准备。

天亮以后，敌人还像往常一样，在城东的操场上进行操练。毛泽东带领工农革命军隐蔽在离操场不远的地方，等敌人架好枪支，准备做徒手操之际，命令部队一排子枪打过去。敌人顿时大乱，有的连枪都顾不得拿就逃向城里。第一连连长带领战士们，扛着梯子，背着稻草，尾追敌人至东门。转眼间，梯子搭在城墙上，突击班飞奔而上。接着，城门洞里冒出一股浓烟，烧城门的战士也得手了。工农革命军高喊："冲啊！""杀啊！"穿过浓烟烈火，冲进城内。

进攻南门的第三营也冲进来了。敌人在城里四处乱逃，企图突围，都被工农革命军压了回去，最后只好从西门逃走。当敌人庆幸逃出城时，没想到神机妙算的毛泽东早在这里有安排。埋伏在城西门外不远一片稻田的第二团一个营，在洋油桶里点上爆竹，乒乒乓乓作响，充当机关枪；并在山上插满红旗，让敌人弄不清工农革命军到底有多少人。敌人一出城，一下子蒙了，遭到第二团的迎头痛击。工农革命军前后夹击，将敌人消灭在这一片开阔的洼地。

宁冈新城战斗打得干净利索，没到中午，赣敌第二十七师第七十九团的一个营和部分地方反动武装，及敌县公署的武装，都被工农革命军歼灭。

战斗结束后，数百名俘虏被押送到茅坪，有的战士和老百姓出于对敌军的愤恨而打骂俘虏。毛泽东在茅坪攀龙书院门口召开军民大会上，宣布工农革命军宽待俘虏的政策：不打骂俘虏，受伤者给予治疗，愿留者收编入伍，要走者发给路费。经过教育，俘虏中大部分自愿留下加入工农革命军。少部分不愿留下的，给予路费释放，他们以后也做了工农革命军优待俘虏政策的宣传员。对于工农革命军的这种做法，国民党赣军第九师师长杨池生的《九师旬刊》发出"毒矣哉"的惊叹。

宁冈新城大捷，标志着工农革命军打破了江西国民党军的第一次"进剿"。

对于这次战斗，韩伟在回忆中是这样说的：

宁冈战斗，是秋收起义以来我们第一次在毛委员亲自率领下进行的战斗，也是秋收起义以来军事上的第一次大胜利。这次战斗不仅歼灭了敌人，弹药装备得到了补充，巩固和扩大了根据地，而且它的全部进程也是一堂生动的军事课：湖南的敌人来进攻了，我们便巧妙地转到江西遂川，分散兵力，积极发动群众。等敌人重兵赶来，又迅速集中兵力休整，命赤卫队袭扰宁冈敌人。我们休整好了，敌人的弱点也暴露出来了，于是便集中绝对优势兵力，把敌人彻底歼灭。毛委员的"分兵以发动群众，集中以应付敌人"的作战原则，通过这次战斗，生动活泼地体现出来了。同时也使我们较深刻地体会到，在敌强我弱的情况下，如何用兵作战。[①]

中国共产党人是在战争中学会打仗的。在同敌人作战不断受到挫折中总结教训，积累经验，形成了自己的作战原则、作战方法和战略、战术，造就了毛泽东这样的无产阶级军事家、统帅。而跟着毛泽东在战争中不断学习，成长出了一批像韩伟这样的军事指挥员、军事骨干。韩伟在1955年被授予中将军衔，他的回忆，是一个生动说明。

宁冈新城胜利之后，以毛泽东为首的中共湖南省委前委即开始筹备成立宁冈县工农兵政府。毛泽东提议，宁冈县工农兵政府设在砻市，首任主席由农民出身、在新城战斗中活捉敌县长的古城大江边村暴动队队长文根宗担任。毛泽东的提议得到前委成员和宁冈县党组织负责人龙超清的一致赞同。

---

① 韩伟：《毛委员教导我们用兵作战》，罗荣桓，谭震林等：《回忆井冈山斗争时期》，江西人民出版社1979年版，第80页。

2月21日，在砻市河东的大河洲上，十几个禾桶架着门板，搭起了一个临时主席台，上面挂着一个红色横幅，写着：宁冈县工农兵政府成立、审判反动县长张开阳大会。工农革命军指战员、宁冈赤卫队、暴动队队员和群众近万人聚集这里，参加大会。

毛泽东、张子清、宛希先、何挺颖、袁文才、龙超清等工农革命军和地方党组织负责人出席了成立大会。上午10时许，司仪萧子南宣布宁冈县工农兵政府成立大会开始，顿时会场鞭炮齐鸣，锣鼓喧天。

毛泽东首先讲话，并把新任工农兵政府主席文根宗请到台上，向大家介绍说：他就是文根宗同志。就是他，在新城战斗中活捉了张开阳，立了头功！从今天起，他就要担任大家的工农兵政府主席，大家要拥戴他，支持他，把宁冈的工作做得更好！

会上，还宣布成立中共宁冈县委，龙超清任书记；成立县赤卫大队，石敬庭任大队长。龙超清和文根宗分别代表中共宁冈县委、县工农兵政府讲了话。

会议最后一个议程是公审反动县长张开阳。文根宗以县工农兵政府主席身份宣布了张开阳的罪状，判处死刑，立即执行。

宁冈工农兵政府是井冈山革命根据地的第三个县级红色政权。

从1927年10月至1928年2月，毛泽东率领工农革命军上井冈山后，经过艰辛开拓，先后在茶陵、遂川、宁冈三县建立了工农兵政权，红色割据区域已经有宁冈全县，永新、遂川、莲花、酃县、茶陵各一小部。与此同时，宁冈、永新、茶陵、遂川四个县委和酃县特别区委先后成立，莲花县也开始建立党的组织。至此，井冈山革命根据地粗具规模。

改造袁文才、王佐部队

创建井冈山革命根据地，一个必须解决的重要问题就是改造袁文才、王佐部队问题。这个问题若解决不好，井冈山革命根据地的创建将面临严重的困难。

袁文才，原名选三，1898年生于江西宁冈茅坪马源坑村一户贫苦农民家庭，1921年考入永新县禾川中学。在旧中国人吃人的社会中，袁文才屡

笔下起风雷　胸中百万兵
土地革命战争中的毛泽东

屡遭受地主豪绅、恶霸的欺压。青少年求学时，他几次辍学。结婚后妻子又被谢姓土豪强占，继而又为捐税与豪绅结下冤仇，他迫不得已才走上了绿林道路。

1922年，时为宁冈进步学生的龙超清说服宁冈县政府，将袁文才所在的绿林武装"马刀队"收编为宁冈县总保卫团，袁文才被任命为团长。大革命时期，龙超清等策动袁文才率总保卫团起义，总保卫团改为宁冈县农民自卫军，袁文才为总指挥。1926年底，袁文才在龙超清、刘辉霄的帮助下，加入中国共产党。

袁文才虽然入了党，但并不是说真正懂得了革命道理，而是由于当时和土籍的统治阶级有矛盾，有一般的民主革命要求。陈正人在回忆中说："袁文才个人英雄主义很厉害，自己有点见解，个性也比较固执，有点看不起宁冈当时的县委书记龙超清和永新县委书记王怀，认为他们二人年纪轻，本事不大。因此，他们之间有一些矛盾，不大合得来，但是，在反对封建势力，反对土豪劣绅这一点上，他们是一致的，是相同的。"[①]

王佐，原名云辉，号南斗，1898年出生于江西遂川下庄村水坑一户贫苦农民家庭。早年学过裁缝。社会黑暗，人世艰难，王佐心里种下了对土豪劣绅的刻骨仇恨。为了反抗，王佐开始习武，练了一身好拳脚。

1923年，军阀混战，一些散兵游勇开始在井冈山一带占山为王，这就给在各种重压之下夹缝中生存的王佐展示了另外一种生存之路。一次，外号"朱聋子"的绿林武装头目朱孔阳在王佐那里裁衣服时，觉得王佐胆识过人，又有武功，便邀请他充当"水客"（眼线）。从此，王佐开始了绿林生涯。后来，王佐脱离了朱孔阳，自立山头。他带领的绿林武装以打击土豪劣绅为主要目标，经常出去"吊羊"，即抓一些有钱的富人来，迫使他们出钱来赎命。他"吊羊"也很有策略，抓远的不抓近的，井冈山周围的土豪劣绅非常痛恨王佐。尤其是永新反动土豪劣绅尹道一，更是与王佐不共戴天。

[①] 陈正人：《毛泽东同志创建井冈山革命根据地的伟大实践》，中国井冈山干部学院编：《井冈山革命根据地史料大全·政权建设卷》（第3册），党建读物出版社、中共党史出版社2020年版，第1497—1498页。

毛泽东为了改造王佐做了许多工作，用通俗而又意义深刻的话来帮助他，启发他。王佐本来有许多田，井冈山上1000多亩水田都是他的。毛泽东对他说：保持土地菩萨是不行的，不要相信真有什么土地菩萨。土地是农民开发出来的，不让农民得到耕地，农民不会拥护我们的，我们也会站不住脚，要看远一点。毛泽东还对王佐讲：你家里不愁吃不愁穿，要那么多田干什么，这样会和农民对立起来。王佐听了毛泽东的话，把地分给农民了。[①]

为了教育、改造袁文才的部队，毛泽东派陈伯钧、游雪程、徐彦刚等到那里去任连长、副连长、排长职务，帮助练兵，培养干部。陈伯钧回忆："临离部队时，我们去见毛委员。那是在一个祠堂里，神龛脚下铺着稻草，毛委员坐在地铺上，简单地向我们交代了几句：到那里要好好同人家合作，要搞好关系，听袁（文才）营长的话。注意了解当地的情况，传播革命种子。"[②]

袁文才的部队在茅坪步云山白云寺。寺前有一块大坪，可作练兵用的操场。大坪的下面便是梯田。另一边是山，长满松杉，茅草丛生，不易攀登。寺后直通山上。此地确是"安营扎寨"、便于警戒的好地方。从山下来的人，离很远就能被发现，若想接近寺周围，必须在大坪面前绕很大的弯，才能上来。如果发现敌人，袁部就可以居高临下打击敌人；若撤退，则可以掩护主力从寺后登山。而且一有敌情，老百姓会及时通知袁部作好准备。

陈伯钧等人刚到步云山，还没有正式开展工作，山下就传来国民党军进攻的消息。袁文才派人将陈伯钧等人送到一个非常荒僻的山沟茅屋"打埋伏"。所谓"打埋伏"，就是在敌强我弱的情况下，敌人一来，袁部就暂时躲避一下，待敌人走后，再出来活动。这是陈伯钧第一次听到"打埋伏"这个术语。他们被"埋伏"在一户贫苦农民家里，没有地方

---

① 参见陈正人《毛泽东同志创建井冈山革命根据地的伟大实践》，中国井冈山干部学院编：《井冈山革命根据地史料大全·政权建设卷》（第3册），党建读物出版社、中共党史出版社2020版，第1497—1498页。
② 陈伯钧：《毛主席率领我们上井冈山》，罗荣桓、谭震林等：《亲历井冈山革命根据地创建》，江西出版集团、江西人民出版社2007年版，第41页。

笔下起风雷　胸中百万兵
土地革命战争中的毛泽东

睡，四个人挤在一张木床上。10月间，正是山区秋收季节。他们几个早晨起来，喝一碗米酒，吃过早饭，就拿根棍子随房东老头到打谷场上干活。房东老头除了供他们吃喝外，什么话都不问他们。敌人撤走后，他们又回到步云山。这次"打埋伏"，是陈伯钧等人从袁文才那里学到的游击战"第一课"。

陈伯钧等人开始工作后，着重进行政治教育和军事训练。政治教育内容主要是讲时事、讲形势和革命出路问题；军事训练着重于练习射击和基本队列等。

毛泽东很关心袁文才部队的教育和改造。陈伯钧回忆："练兵期间，毛委员住在步云山上一个谢姓的小村子里，他很关心练兵，常来观看指导。当时袁文才也很听毛委员的话，他说：'毛委员讲的话中央都听，只要好好保护毛委员，将来革命还是有前途的。'"[①]

经过政治、军事训练，袁文才的部队发生很大变化，并在部队中建立了党组织和士兵委员会。

对王佐部队的改造比袁文才的部队晚些，是在1928年初。这时，毛泽东指挥工农革命军占领了遂川，何长工刚从粤北联络南昌起义军余部后返回部队，毛泽东决定派他去王佐部执行这个任务。

何长工问毛泽东：多少人去？毛泽东笑着说：又不是去打仗，要许多人去干什么，你先去做"长工"。人还是要派去的，只是现在不是时候，你的工作，就是要他们请我们的人上山。

听说只自己一个人去，何长工有些顾虑。他很清楚，王佐虽然和袁文才一样，都有劫富济贫、反抗旧势力的进步性，但阶级意识模糊，流寇思想、游民习气很浓，而且不讲政策，乱打乱杀，捉到人要拿钱来，不拿钱赎就把人杀了。他怕自己单枪匹马去，完不成这项艰巨的任务。

毛泽东看出何长工的顾虑，便鼓励他说：不要怕，去了以后，困难是有的，要边工作，边学习，不入虎穴，焉得虎子！毛泽东还说：你去做工作，他愿意革命了，自己提出要派人去，我们派人去，那时候要派多少

[①] 陈伯钧：《井冈烽火岁月》，井冈山革命根据地党史资料征集编研协作小组、井冈山革命博物馆编：《井冈山革命根据地》（下），中共党史资料出版社1987年版，第52页。

第一章　我自岿然不动

人，我们就派多少人。现在他怕我们会收拾他。我们派人多了，他会说我们要夺他的枪，夺他的权。你去做工作，他迫切要求进步，迫切要求革命，迫切要求入党，那就好了。他迫切要求派人，要一个我们可以派十个。要尽量用我们工农革命军第一团来影响他们。你去了要让他多出面，多让他讲话。他有群众，他是群众的领袖，别引起他的怀疑。毛泽东特别强调指出：我们把他们争取过来改造好了，不仅巩固了后方，同时还为今后改造旧军队摸索出一些经验。另外，边界土客籍矛盾很深，我们可以通过团结王佐、袁文才团结广大群众。

王佐听说共产党要改造他的部队，就开了一个紧急会议。王佐在会上说：共产党想改造我，我就来改造他。何长工后来回忆说："以后王佐入党宣誓的时候才坦白地对我说：'党代表，你来的时候，我们想改造你噢。'我说：'你怎么改造啊？'他说：'我们开了会，有几个办法：第一，你不抽烟，不喝酒，我们就要你抽烟，要你喝酒；第二，你不要老婆，我们就搞几个美人缠住你；第三，你不入会门、道门，我们要你喝鸡血酒，同你结拜兄弟。慢慢地把你改造过来，以后一看，你这个人了不起，你是金不换，铁打不动的。'"[①]

何长工到王佐部队后，最初工作很难做，不能随便和王佐接近或和他们一道吃饭。于是，何长工便去接近王佐的母亲、兄弟、老婆。为了多接近他们，经常替他们抱小孩。王佐报复性很强，喜欢杀人，每次要杀人时，何长工便说服他母亲去劝他，后来杀的人也少了。

王佐的死敌尹道一，是吉安等七县的联防司令。此人经常来井冈山骚扰，对工农革命军组织群众工作也有很大影响，必须铲除他。何长工得到毛泽东的指示，对王佐说，愿意帮助他报仇。王佐大喜，立即出兵袭击尹道一部，将其引上山。工农革命军一个排埋伏在旗锣坳，等王佐部将尹道一的前锋引上了山，尹道一在旗锣坳休息时，发起攻击，将尹道一击毙。从这时起，王佐对工农革命军才真正心服口服。

消灭尹道一后，正逢春节，何长工提议庆祝胜利，给全体发饷，发新

[①] 何长工：《关于井冈山斗争的三个问题》，中国井冈山干部学院编：《井冈山革命根据地史料大全·军事斗争卷》（第5册），党建读物出版社、中共党史出版社2020年版，第2824页。

衣，吃肉、喝酒。这样，工农革命军在山上军民中建立起威信。由此，何长工逐渐地接近王佐部的下级干部和士兵。

何长工抓住这个有利时机，请示毛泽东，增派了康健、萧万侠、宋任穷等到王佐部开展工作，发展党组织，筹建士兵委员会，教唱革命歌曲，进行政治文化教育，等等。

鉴于袁文才、王佐两支部队已经改造成功，毛泽东决定将他们合编，组成工农革命军第一军第一师第二团。

1928年2月上旬的一天，在宁冈大陇朱家祠堂前，工农革命军第一团团长张子清代表中共湖南省委前委，主持工农革命军第二团成立大会。前委任命袁文才为团长，王佐为副团长，何长工为党代表，贺敏学为党委书记。第二团下辖两个营，第一营营长由袁文才兼任，第二营营长由王佐兼任。从第一团派来的游雪程、徐彦刚、陈伯钧、金蒙秀、熊寿祺、陈东日、康健、萧万侠等分别在第一营、第二营担任连长、排长或党代表。

袁文才、王佐部队经过改造，汇入了工农革命军，壮大了井冈山革命根据地的革命武装力量。在半殖民地半封建社会的中国，绿林武装大量存在。创建人民军队，对具有革命要求的绿林武装进行改造，使之成为人民军队的组成部分，是革命的需要，历史已经证明是一种必然。而改造袁文才、王佐这两支武装，堪称改造绿林武装典范，为此后党在各个历史时期改造绿林武装，积累了十分宝贵的历史经验。

进行军队建设

在创建井冈山革命根据地的同时，毛泽东和前委十分重视军队建设，努力将工农革命军建设成为共产党领导下，与人民群众有着血肉联系的军队。

工农革命军在向井冈山进军途中，经常遇到的一个问题，就是老百姓对工农革命军不了解，往往一到什么地方，老百姓都逃跑得十室九空。陈士榘在回忆中说：

当时，我们虽然已经改为工农革命军，打的是五角星加镰刀斧头的红旗，但部队的服装与旧军队没有什么明显的区别。旧军队给老百姓最深刻的印象，是抓伕〔夫〕、派差给他们挑东西，拿东西不给钱，动不动打人骂人。老百姓见到"丘八"就要"跑反"，到山上去。这说明群众对军队是非常痛恨和害怕的。我们是工农革命军，但由于新改编过来，没有进行政治教育，觉悟程度不高，侵犯群众利益的事情还是时有发生。每到一处，老百姓往往是十室九空，除留少数老年人外，很难见到青壮年人。[①]

那么，如何才能改变这种状况呢？毛泽东认为部队必须担负起武装宣传队的任务，向群众宣传工农革命军是代表工农大众的利益，反抗统治阶级的革命军队，是一支与旧式军队截然不同的军队。如果不让老百姓了解工农革命军的特点，了解工农革命军与旧军队的区别，工农革命军就无法接近群众、发动群众。没有群众的支持，工农革命军就无法生存。因此，毛泽东根据群众的反映，每天都和部队讲话，要求大家沿途写标语，大家与群众说话要和气，买卖公平，不拉夫，请来夫子要给钱，不打人，不骂人，等等。

经过毛泽东的反复教育，部队的情况有所好转。但是，环境十分困难，战士们肚子实在饿了，拿老百姓一个红薯、一个鸡蛋的事还是很多。向地主土豪筹款，战士们乱拿一气，有的还拿到贫农和小商人头上去。特别是有一部分人非常散漫，不听指挥，乱说乱动，侵犯群众利益。这时，党员水平不高，也无法说服和制止这些行为。在这些日子里，毛泽东经常在战士队伍中行军，一边走，一边和战士们聊天，了解情况，并给他们讲必须依靠群众的道理。

1928年1月，毛泽东率领工农革命军占领了遂川后，除了团部和特务连留在城里外，其他部队分散发动群众。

由于部队分散行动，纪律方面出现了一些问题。一些战士借了老百姓的门板和稻草没有主动归还；有的木板模样差不多，战士们归还时往往搞错；睡过的地方，战士们离开时没有打扫干净；等等。另外，在遂川城也

[①] 陈士榘：《三大纪律、六项注意的由来》，井冈山革命根据地党史资料征集编研协作小组、井冈山革命博物馆编：《井冈山革命根据地》（下），中共党史资料出版社1987年版，第197页。

出现了工农革命军侵犯中小商人的情况。陈士榘回忆说：

> 这期间，毛委员又宣布了城市政策。在这以前，我们曾犯过一些错误，把商人、小贩的货物也没收了，甚至连药铺里称药的戥称也拿了。毛委员发觉这些情况后，立即作了纠正。他指出：我们反对封建剥削，只能没收地主的财产，保护工商业利益。如地主兼商人，就只能没收封建剥削部分，商业部分，连一个红枣也不能动。如果有些特别坏的土豪必须没收他的商店的话，就一定要出布告，宣布他的罪状。没收来的财物、粮食，尽量召集群众大会，散发给群众，以提高群众的觉悟，敢于组织起来向旧势力作坚决斗争。除了订出这项城市政策外，毛委员还不断找群众谈话，进行调查研究。然后将群众对部队的反映，归纳起来，形成革命军的行动准则。没过几天，毛委员就在遂川城里把部队集合起来，宣布了六项注意：一、上门板；二、捆铺草；三、说话要和气；四、买卖要公平；五、借东西要还；六、损坏东西要赔。[①]他特别解释说："损坏老百姓的东西，一定要赔偿，虽说打破了旧缸赔新缸，新缸不如旧缸光，但是赔总比不赔好。"[②]

这是毛泽东第一次宣布"六项注意"。工农革命军将毛泽东的"六项注意"落实在行动上，群众对工农革命军的不满情绪也就随之消失了。过去部队一到某个地方，群众便逃之夭夭，经过工农革命军广泛宣传和实际行动证明以后，群众再见到他们不仅不跑，还主动帮助他们调查土豪地主坏分子，配合他们开展工作，工农革命军和群众关系越来越密切。

4月3日，在湖南桂东县沙田圩，毛泽东针对部队受"左"倾盲动错误影响发生违反纪律的情况，集合部队进行纪律教育。他根据开辟井冈山革命根据地几个月以来从事群众工作的经验，将此前在荆竹山宣布的"三

---

① 中共中央文献研究室编的《毛泽东年谱》（1893—1949）（修订本）（上卷）第231页中记载的"六项注意"为："还门板，捆铺草，说话和气，买卖公平，不拉伕、请来伕子要给钱，不打人骂人。"

② 陈士榘：《三大纪律、六项注意的由来》，井冈山革命根据地党史资料征集编研协作小组、井冈山革命博物馆编：《井冈山革命根据地》（下），中共党史资料出版社1987年版，第199页。

大纪律"修改为：第一，行动听指挥；第二，不拿工人农民一点东西；第三，打土豪要归公；与"六项注意"合起来公布。

这是毛泽东第一次将"三大纪律，六项注意"合起来宣布，成为人民军队必须执行的铁的纪律。后来，"六项注意"又增加了洗澡避女人和不搜俘虏腰包两项内容，从而发展成为"三大纪律，八项注意"。

毛泽东不仅是"三大纪律，六项注意"的制定者，而且是力行者、监督者。张令彬回忆说："毛泽东同志同部队一起行动，在情况许可下，出发时他总是跟着后卫部队检查我们有没有上好门板，捆好铺草，问住的这家姓什么，家庭情况，烧了房东的柴没有，水缸里的水挑满了没有，地扫干净了没有。连给房东的钱放在什么地方，他都会问。他说一定要放在恰当的地方，别让别人拿走了。"①

毛泽东关于军队建设的另一项内容就是规定了工农革命军的三项任务：第一，打仗消灭敌人；第二，打土豪筹款子；第三，做群众工作。②这是他根据1927年11月第二次打茶陵的经验教训提出来的。这三项任务与"三大纪律，六项注意"结合在一起，构成了人民军队初创时期的建设准则。

从毛泽东公布"三大纪律，六项注意"和提出三项任务来看，不难看出这几个特点。

一是毛泽东善于调查发现问题。工农革命军是刚从国民革命军起义或农民自卫军参加起义编成的，或是绿林武装改造过来的。特别是刚从国民革命军起义的这一部分，当时他们身上穿的军装和旧军队的没有什么区别，老百姓判别他们与旧军队的区别，只能通过他们的言行。而工农革命军中旧军队的作风、意识，原先农民的散漫意识、旧的习气，绿林的江湖义气、是非不分、阶级意识模糊、游民习气等，若没有明确的纪律约束，在当时环境条件十分困难的情况下，侵犯群众利益的事情就会随时发生。

---

① 张令彬：《井冈山斗争的回忆》，井冈山革命根据地党史资料征集编研协作小组、井冈山革命博物馆编：《井冈山革命根据地》（下），中共党史资料出版社1987年版，第155—156页。
② 转引自中共中央文献研究室编：《毛泽东年谱》（1893—1949）（修订本）（上卷），中央文献出版社2013年版，第226页。

工农革命军是人民的军队,它的给养、服装,都需要从敌人那里夺取,而不是从群众那里夺取。若是从人民群众那里夺取,就和旧军队没有什么区别。因此,从老百姓那里取得粮食及其他用品,必须用钱去买,而且是公平买卖,绝对不能让群众吃亏。若是侵犯了群众的利益,哪怕是少数人的行为,哪怕是不甚值钱的东西,也会遭到群众的反对或反感。而遭到群众的反对,失去群众的支持,工农革命军就失去了立足的基础。毛泽东的过人之处在于善于调查,从细微处着手,找到解决的办法。因此,他制定的各项纪律,同人民的一致性很强。

二是解决问题很及时。工农革命军作为人民军队的建设,是在探索中不断进行的。将起义部队建设成人民军队,需要有一个过程。在军队成员多是穿军装的农民或本身就是农民的情况下,其存在的旧的思想意识、作风在革命实践过程中,会不断体现出来。然而,出现了问题,就要及时解决问题。解决问题若不及时,就会铸成大错。工农革命军的三项任务、"三大纪律、六项注意",都是在问题出现后,毛泽东马上提出的,并且立刻见到了效果,从而保证了部队的巩固和发展。

三是语言简单、明确。毛泽东制定和提出的纪律和任务,语言简单朴素、明确,所用词句,都是日常发生和大家常说的那些事、那些话,要干哪些事,不能干哪些事,针对性、可操作性非常强,不论文化高低,谁一听都明白。这从侧面反映了毛泽东不爱搞花架子,重视实际、实效的作风。

毛泽东提出的三项任务,制定的"三大纪律、六项注意",是在人民军队建设道路上迈出的又一重要、坚实的一大步。工农革命军执行了这些任务和纪律,不仅打了胜仗,而且广泛发动了群众,解决了经济问题,同人民群众建立了密切的鱼水关系。

三月失败

当井冈山革命根据地初步建成并有蓬勃发展趋势时,中共湘南特委代表周鲁于1928年3月初来到井冈山。

周鲁此行的任务是传达贯彻中共中央"左"倾盲动指示。湘赣边界秋收起义是中共湖南省委组织的,领导起义的前委是湖南省委任命的,为

第一章　我自岿然不动

什么中共湘南特委派代表向以毛泽东为书记的前委发号施令呢？毛泽东是八七会议选举的中共中央临时政治局候补委员，以中共中央特派员身份回湖南改组省委，又是前委书记，论党内地位，比湘南特委高出许多，湘南特委派代表来指挥毛泽东，这不是以下指挥上吗？出现这种情况，还要从当时特殊的情况说起。

毛泽东率领工农革命军上井冈山后，由于井冈山地处湘赣两省边界，工农革命军创建根据地的活动既与湖南省党组织发生关系，也和江西省党组织发生关系。作为中共湖南省委任命的前委书记，毛泽东一直是主要向湖南省委报告和请示工作。然而，在1927年冬到1928年春，中共湖南省委多次遭到严重破坏，无法对井冈山革命根据地进行指导。这时，中共江西省委虽然没有遭到破坏，且井冈山主要地处江西区域，但由于历史的隶属关系，也没有担当起指导井冈山斗争的责任。鉴于井冈山特殊的情况，中共中央于1928年3月10日致信湘鄂赣三省省委，指示："湘东之醴萍茶攸鄘与赣西南之遂川宁冈莲花诸县在工作上应有一定的密切关系，湘东特委与赣西特委，必须经常发生密切关系，如将来在这些地方的割据将会合"，"可以决定此两特委合并归湘南指挥"[①]。

中共中央的本意是协调湘赣边界两省党组织的关系，以利于井冈山革命根据地的发展，但将这个领导权交给了领导水平很低的中共湘南特委，自然就导致了错误的发生，使井冈山革命根据地受到很大损失。

周鲁是中共湘南特委军事部部长、湖南省委军委特派员。他到井冈山革命根据地后，根据中共中央1927年11月临时政治局扩大会议决议和12月31日给中共湖南省委的指示，对以毛泽东为书记的前委横加指责，说井冈山"行动太右，烧杀太少"，没有执行所谓"使小资产变成无产，然后强迫他们革命"的政策；批评毛泽东没有攻打长沙而上井冈山建根据地是"右倾逃跑""枪杆子主义"，并把临时政治局扩大会议作出的开除毛泽东中央临时政治局候补委员的决定误传为"开除党籍"；取消以毛泽东为

[①]《中央致湘鄂赣三省委信》（节录）（1928年3月10日），中共江西省委党史资料征集委员会、中共江西省委党史研究室编：《井冈山革命根据地与各地的联系》，中央文献出版社1993年版，第35—36页。

书记的前敌委员会，改组为不管地方只管军事的工农革命军第一师师委，以何挺颖为书记。这样，中国共产党湖南早期组织的建立者、中共一大代表毛泽东，反而成了"党外人士"，不能担任湘赣边界党组织的领导职务，只能担任工农革命军第一师师长。

尽管毛泽东、张子清、宛希先、何挺颖对周鲁传达的指示不理解，但他们毫无办法。"左"倾错误真是害死人呀！

为了执行中共湘南特委的指示，3月中旬，除了留少数部队驻守井冈山革命根据地外，工农革命军第一团、第二团分三路向湘南进发，策应湘南起义。部队经酃县十都，在水口、中村集合。在水口正式成立了师司令部，宣布毛泽东当师长。这是毛泽东一生中唯一一次担任军事指挥员。毛泽东对部队讲话，说："军旅之事，未知学也，我不是个武人，文人只能运笔杆子，不能动枪。秀才造反三年不成，当师长有点玄乎。可是，一个篱笆三个桩，一个好汉三个帮，三个臭皮匠，合成一个诸葛亮，要靠大家了。我们有这么多干部，大家都是党的骨干，在斗争中积累了一些经验，大家来当个参谋。当师长，就不愁不能打胜仗。"①

3月18日，工农革命军第一师各部先后抵达酃县中村。这时，中共酃县特别区委正在组织全县"三月武装暴动"，具体分工为周里负责指挥十都、九都、策源；段瑞在西乡指挥；周介甫在中村指挥；邝远喧在茅坪指挥；朱水亮在水口指挥；邝光前在八都指挥；刘平章在五都指挥。工农革命军到中村时，各地的暴动队绝大部分留在本地，抽调了200多人到这里集合，建立了酃县赤卫队。毛泽东看到湘东的运动发展很好，便向周鲁建议"到茶陵使湘东与湘南联系起来"②。周鲁同意了。于是，工农革命军就暂时留在中村，帮助地方发动群众，扩大红色区域。

在中村，毛泽东指示将中共酃县特别区委改为中共酃县县委，由刘寅生担任书记，邝光前为组织委员，周里为宣传委员。县委成立后，在中村

---

① 何长工：《伟大的会师》，井冈山革命根据地党史资料征集编研协作小组、井冈山革命博物馆编：《井冈山革命根据地》（下），中共党史资料出版社1987年版，第366—367页。
② 《中共湖南省委巡视员杜修经的报告——红四军的组成和状况，湘赣特委成立和边界分配土地情况，湘南情形》（1928年6月15日）。

街上一个店里办公。

中共酃县县委建立后,在中村周南学校,毛泽东、何挺颖召集了一次师委和酃县县委联席会议。刘寅生在会上汇报了酃县的情况。会议讨论了酃县革命斗争的进一步开展问题。在毛泽东的指导下,不久,中共中村区委、区工农兵政府、共青团酃县县委、少年先锋队等组织,相继建立起来。

这次下井冈山,由于"左"倾盲动错误,部队人心浮动,有人期盼到湘南,到大城市里享乐;有人担心回不了井冈山;有人对红色割据产生了怀疑。毛泽东根据部队的思想状况,认为有必要进行一次思想政治教育。毛泽东这时虽然成了"党外人士",但何挺颖仍把他看作前委书记,不仅同意,而且让他来主讲。

对于这次政治课,参加听讲的陈士榘在多年后仍然记忆犹新,他在回忆中说:

在酃县中村,毛委员给部队讲了一堂政治课,全团人数分两部分上课,分别讲了三天,每天都是半天听课,半天讨论,课堂设在村子前面的坂田里,插着工农革命军的红旗,大家排成三面队形,身上挂着子弹袋,肩上背着枪,坐在坂田里的禾苑上。毛委员就坐在队伍前面的一条板凳上,前面放了一张桌子,讲的题目是:中国革命的特征。

毛委员详细地讲解了中国革命的形势、任务和特点,他分析了中国是一个经过了一次革命的、政治经济发展不平衡、半殖民地的大国。中国是农业国,经济主要是靠农村,城市的一切都要农村供给,靠农村来养活。通俗地说:城市里的青石板是不长禾的,而城市是统治农村的,农村的反动统治比较薄弱,我们可以开展游击战争,革命根据地和红军[①]就能存在和发展。中国需要一个反帝反封建的资产阶级民主革命,这个革命必须由无产阶级领导才能完成。他说:现在国民党军队虽多,但它是反人民的,得不到群众的援助。官兵之间政治

---

① 当时还未叫红军。作者前面还称"工农革命军",这里称"红军"是回忆中习惯性的说法。

分歧，它的士兵群众不能自觉地为国民党拼命，这就减少了它的战斗力。我们红军虽少，但有共产党的领导和农民的援助，有强大的战斗力，革命是能够胜利的，必须以武装革命来反对武装的反革命，建立革命根据地，建立革命政权，发动群众进行土地革命。①

从陈士榘的回忆，我们仿佛看到了毛泽东在田间地头为工农革命军战士们讲课的画面；感受到浓浓湖南乡音中幽默风趣的话语，向那些文化水平不高的战士展示了中国革命发展的规律，使他们看到了光明的前途，提高了斗争的勇气，坚定了革命一定胜利的信心。

毛泽东在自己遭遇"左"倾错误的不公正待遇时，没有消极对待，而是积极工作，努力消除、解决"左"倾错误带来的问题，真正是共产党人的楷模！

工农革命军在中村有十多天时间。他们普遍发动群众，开展分配土地工作。毛泽东也像普通战士一样，置身于群众斗争的行列，并亲自为农民丈量土地，书写和插下分田的牌子。军民之间还召开了一次大会，枪毙了两个罪大恶极的土豪。

正当工农革命军在中村轰轰烈烈打土豪、分田地之际，传来湘南起义部队处境危险的消息。于是，毛泽东把工农革命军第一师分为两路，他带领第一团为左翼，挺进桂东、汝城间活动；另一路为第二团，由袁文才带领，向彭公庙、资兴方向前进。

工农革命军进军湘南后，井冈山革命根据地遭到反动武装的疯狂进攻。

在宁冈新城，反动县长张开阳的老婆在新城战斗中侥幸逃脱后，到吉安拉来了一个营的国民党军回来报复。中共新城区委书记龙芳桂率领赤卫队、暴动队与敌展开激烈战斗，终因寡不敌众，退守七溪岭一带山中坚持斗争。见到昔日张开阳的县衙成了中共新城区委、新城区工农兵政府的所在地，张开阳的老婆恼羞成怒，发疯般地喊："烧！"立时，一群反动士

---

① 陈士榘：《井冈山斗争的片断回忆》，井冈山革命根据地党史资料征集编研协作小组、井冈山革命博物馆编：《井冈山革命根据地》（下），中共党史资料出版社1987年版，第211—212页。

兵上去，点燃了中共新城区委、新城区工农兵政府。中共新城区委、新城区工农兵政府在烈火中化为灰烬。

次日，张开阳的老婆又和一群土豪劣绅领着这营敌军窜到茅坪。茅坪乡工农兵政府主席谢馈山得知情报，知道敌人来者不善，立即与乡政府干部们开会商议。会议决定谢馈山率领乡赤卫队袭扰敌人，乡政府秘书、共产党员谢甲开组织群众转移进山。当谢甲开组织最后一批群众转移时，张开阳的老婆带着一营敌军到了。随敌人前来的一个土豪劣绅认出了谢甲开，敌人便将他抓捕了。

敌人见茅坪已是人去房空，恼怒至极，放火烧了30多幢民房。接着，敌人又对谢甲开施以重刑，逼他说出茅坪群众及乡党政干部的下落。任凭敌人怎么施虐，谢甲开就是不说。凶残的敌人将谢甲开押至茅坪河边，砍去了他的双臂，然后又剖腹挖心，将其碎尸，抛入河中。敌人的残忍手段，达到了令人发指的地步！

鄀县挨户团进入宁冈睦村一带，杀人放火，无恶不作，一直从睦村烧到河桥，将上寨村烧为一片瓦砾。茶陵挨户团摸进九陇山，将蔡家田数十家群众的屋子烧掉。宁冈靖卫团将古城西沅村几十家房子烧毁。

地主豪绅依仗反动军队，到处捉拿共产党员、农民协会干部和工农革命军家属。砻市、古城等工农兵政权和党组织遭受严重破坏。遂川大汾的反动靖卫团首领萧家璧，进入根据地内，发现哪家有人参加工农革命军，就斩尽杀绝。王佐死对头尹道一的儿子尹豪民，叫嚣着"替父报仇"，挨户搜捕农民协会干部，滥杀群众。鄀县中村已分给贫苦农民的田地，尚未耕种，又被地主收了回去。中共中村区委委员周介甫，被敌人抓住杀害。残忍的敌人将他的头颅割下，挂在鄀县县城示众数天。

在敌人的疯狂烧杀之下，井冈山革命根据地除少数山区仍掌握在地方革命武装手里外，遂川、茶陵两座县城丢失，平原地带的红色区域被敌人占领一个多月。

然而，黑暗总会过去，黎明总会到来。井冈山革命根据地的党政干部、群众团体干部、革命武装和人民群众坚信，毛泽东会率领工农革命军回来的。

三、与朱德部队会师

寻找南昌起义部队

毛泽东率领秋收起义部队上井冈山后，一直关注着南昌起义军的情况。而南昌起义军的情况又如何呢？

1927年8月1日南昌起义后，按照中共中央在起义前的决定，起义军于8月3日南下广东。9月19日，南昌起义军来到三河坝。起义军在这里分兵，主力前往潮州、汕头地区，朱德奉命率领第十一军第二十五师和第九军教育团约4000人留守这里，准备抗击从梅县前来进攻起义军的敌军。

在朱德的指挥下，10月2日夜至5日夜，起义军在三河坝同四倍于己的敌人战斗三天三夜。朱德认为，经过三天三夜的坚守，大量杀伤敌人，掩护主力进军潮汕地区的任务已经完成；起义军伤亡也很严重，为了保存实力，必须立即撤出战斗，前去潮汕追赶主力。

10月6日清晨，朱德和周士第率领约2000人的起义军，撤出三河坝，向潮汕地区挺进。

当日晚，朱德率领部队到达饶平县城以北的茂芝村。第二天一早，遇见第二十军教导团参谋长周邦采带领的从潮安退下来的200多名官兵，得知起义军主力在潮汕失败的消息。

10月7日，朱德在茂芝全德中学主持召开干部会议。根据主力在潮汕失败和敌情分析，会议决定，部队隐蔽北上，穿山西进，直奔湘南。这时，由于从潮汕地区退下来的零散部队陆续加入，部队人数有2500余人。

10月下旬，南昌起义军余部经筠门岭到达赣南安远县天心圩时，部队只剩下七八百人。

朱德在天心圩召开全体人员大会，宣布这支军队今后由他和时任第七十三团指导员的陈毅来领导。接着，他坚定地说：虽然革命是失败了，我们的起义军也失败了，但是，我们还要革命的。要革命的跟我走！不愿继续奋斗的可以回家！不勉强！只要有十支八支枪，我还是要革命的！针对部队存在的低沉情绪，朱德指出：大家要把革命的前途看清楚。1927年的中国革命，好比1905年的俄国革命。俄国革命在1905年失败后，是黑暗的，但黑暗是暂时的。到了1917年，革命终于成功了。中国革命也会有个"1917年"的，只要保存实力，革命就有办法。你们要相信这一点。①

朱德讲话之后，陈毅接着讲："南昌起义是失败了，南昌起义的失败不等于中国革命的失败。中国革命还是要成功的。我们大家要经得起失败局面的考验，在胜利发展的情况下，做英雄是容易的，在失败退却的局面下，做英雄就困难多了。只有经过失败考验的英雄，才是真正的英雄。我们要做失败时的英雄。"②

朱德、陈毅的讲话，点燃了大家心中的火焰，鼓起了坚持革命斗争的勇气。

经过天心圩对部队进行思想整顿，广大官兵的情绪开始好转，思想混乱的现象得到了遏制。虽然一些不坚定分子离开了，但留下来的都是革命思想坚定的精华。

10月底，朱德、陈毅率领南昌起义军余部经信丰到大庾（今大余）。

在大庾，部队进行了整顿。先是由陈毅主持，整顿党、团组织，重新登记了党、团员，成立党支部。当时，部队中有五六十名党员，人数不到士兵人数的十分之一，实行将党、团员分配到各个连队去的办法，可加强党在基层的工作。这项措施对于部队的建设是有重要意义的。

在整顿党、团组织的同时，部队进行了统一整编。鉴于师已成了空架子，部队被编成一个纵队，下辖七个步兵连和一个迫击炮连、一个重机枪连。

11月上旬，朱德、陈毅率领部队向湘、粤、赣三省交界处的赣南崇义上堡、文英、古亭一带山区转移。

部队在向西转移的路途中，破坏群众纪律，甚至敲诈勒索、抢劫财物的事情时有发生。尽管这是少数人的行为，但往往一只老鼠坏一锅汤，严

---

① 中共中央文献研究室编：《朱德年谱》（新编本）（上），中央文献出版社2016年版，第92页。

② 粟裕：《激流归大海——回忆朱德同志和陈毅同志》，《星火燎原》（选编之一），中国人民解放军战士出版社1979年版，第91—92页。

重破坏了起义军的形象。

鉴于部队存在的纪律问题比较突出，到上堡地区后，朱德、陈毅把整顿部队纪律放在重点位置。为此，部队明确规定募款和缴获全部归公，只有没收委员会才有权没收财物，并对广大官兵进行了自觉遵守纪律的教育。

在整顿纪律的同时，还进行了军事训练。为了提高部队的军政素质，每隔一两天上一次大课，小课则天天上。为了适应客观要求，开始向游击战方向转变。起义军的指挥员多是原叶挺独立团的，不少是黄埔军校毕业生。他们参加的战斗，都是按照正规战的战法。起义军的战士，多数参加过北伐战争，打的也是正规战，南昌起义后，打的仍然是正规战。在敌强我弱的情况下，起义军虽然作战勇敢，给敌人以重大杀伤，但这种光知道"击"、硬打硬拼的战法，往往自己损失也十分严重。朱德针对新情况，提出了"不是采取过去占大城市的办法，而是实事求是，与群众结合，发动群众起义，创造革命根据地"的办法；在战术上则改变为："有把握的仗就打，没有把握的仗就不打，不打就'游'"[①]；"从打大仗转变为打小仗"，"把一线式战斗队形改为'人'字战斗队形"[②]。战略战术方向的转变，对于起义军的保存和发展有重大的意义。正如朱德所说："方向正确，革命力量就能够存在，而且还能得到发展。"[③]

"赣南三整"后，部队的组织状况和精神面貌都发生了很大变化，团结成了一个比较巩固的战斗集体。这时人数只有七八百人，比起茂芝会议后出发的人数，也就是其三分之一。但就整体而言，这支队伍经过严峻的考验，质量更高了，是大浪淘沙保留下来的精华，具有顽强的生命力，是敌人扑不灭的革命火种。

南昌起义军余部经过"赣南三整"，部队稳定住了，但物资供应依然十分困难。11月的赣南山区，天气阴冷，起义军的广大官兵还是穿着短裤和褴褛的单上衣，没有毯子，没有鞋袜，粮食供应不足，蔬菜无着，弹药

---

① 《在编写红军一军团史座谈会上的讲话》（1944年），《朱德选集》，人民出版社1983年版，第125页。
② 《从南昌起义到上井冈山》（1962年6月），《朱德选集》，人民出版社1983年版，第394页。
③ 《在编写红军一军团史座谈会上的讲话》（1944年），《朱德选集》，人民出版社1983年版，第125页。

得不到补充，伤病员没有药治。如何克服这些困难，是朱德、陈毅面临的问题。

上堡整训期间，朱德从报纸上偶然看了国民革命军第十六军从广东韶关移防到与崇义相邻的湖南郴州、汝城一带的消息。第十六军军长范石生，在南昌起义前同共产党保持着统一战线关系，该军内有共产党组织，他本人也有同起义军联合一起进入广东之意。南昌起义军南下后，周恩来曾给朱德写了组织介绍信，以备可能同范石生部发生联系时候用。朱德同陈毅商议后，便写信给范石生，希望合作。

朱德与范石生的代表经过谈判，双方达成如下协议：1. 同意朱德提出的部队编制、组织不变，要走时随时可以走的原则；2. 起义军改用第十六军第四十七师第一四〇团的番号，朱德化名王楷，任第四十七师副师长兼第一四〇团团长（不久，范石生又委任朱德为第十六军总参议）；3. 按一个团的编制，先发一个月的薪饷，并立即发放弹药、被服。随后，湘赣边界秋收起义军第三营改称国民革命军第十六军第四十七师第一四一团，张子清任团长。

范石生认真执行了这些协议，朱德说："他接济我们十万发子弹，我们的力量又增强了。他还一个月接济万把块钱、医生、西药、被单。"[1]

杨至诚在回忆当时获得被服、装备的情况时说："大家都忙开了，领东西，发东西，热闹得简直像过年。每人一套草绿色的新棉衣，外带一件绒线衣（士兵是棉线的），水壶、军毯、绑腿、干粮袋，连子弹袋都换了新的。军官还发了武装带，指挥刀和二十元毫洋的薪饷（士兵是五元）。子弹拼命背，每个士兵都背了二百发，各大队还带了几箱子储备的。"[2]

12月间，南昌起义军余部又从资兴南下，进入粤北，驻扎在韶关西北40里的犁铺头。起义军这次开往韶关，是按照中共广东省委的指示，支援广州起义。但他们到粤北时，坚持三天的广州起义已经失败了。于是，朱

---

[1] 转引自中共中央文献研究室编：《朱德传》（修订本），中央文献出版社2000年版，第116页。
[2] 杨至诚：《艰苦转战》，《星火燎原》（选编之一），中国人民解放军战士出版社1979年版，第118页。

德就抓住这个难得的机会，抓紧部队练兵。练兵时，朱德亲自上课，要求部队抛弃旧的队形，改为梯次配备的疏开队形，以减少队伍密集受到敌人强火力的杀伤；要求指挥员重视对敌情的搜索和侦察，没摸清敌人情况时不要动手；要求士兵熟悉手中的武器，一定要做到不靠近敌人不开枪，打不中敌人不开枪。

犁铺头练兵，使起义军的军事素质日渐提高，提高了战斗力，为此后发展提供了条件。

还在1927年10月初，毛泽东就派何长工离开工农革命军找中共湖南省委和衡阳特委联系，并打听南昌起义军的下落。

10月5日，何长工从井冈山出发，于10日到达长沙。在长沙，他向中共湖南省委报告了秋收起义的经过。中共湖南省委指示他不必再去找衡阳特委了，要他绕道粤北去联系革命力量。何长工遵照中共湖南省委的指示，于12月中旬辗转来到广州，准备由那儿经粤北返回井冈山。不料这时广州起义爆发，敌人调江西、湖南的队伍向广东集中，进行镇压，从广州到韶关的火车不通。何长工在旅馆老板的掩护下，躲过敌人的疯狂搜捕。10天后，他搭上火车，夜间来到韶关。

连续几个月的奔波，浑身都是脏兮兮的，下车住进旅馆，何长工马上就去洗澡。范石生第十六军驻扎在韶关，恰好有几个军官和何长工一起洗澡。澡堂子里水汽蒙蒙，谁也看不清谁，只听几个军官在议论："王楷的队伍到犁铺头了，听说他原来叫朱德，是范军长的老同学。"另一个人说："同学是同学，可是那是一支把暴徒集中的部队，我们对他有严密的戒备。"

说者无心，听者有意。何长工听到他们议论朱德的部队，抑制不住内心一阵激动，自己一直打探的南昌起义保留下来的部队原来在这里！

何长工没心洗澡了，匆忙结了账，看看钟表，已是凌晨1时多了。犁铺头地处韶关和乐昌之间，距韶关约40里，他心急如焚，顾不得天黑路远，马上离开韶关向西北方向走去。

到达犁铺头后，看见起义军的哨兵，何长工便说他要见朱德。哨兵把他送到司令部。最先接见他的是一个留着长发、一脸大胡子的青年军官。

他把何长工带进里屋。何长工一眼便看到了在华容一起工作过的蔡协民，不由得大喊一声："老蔡，想不到在这儿碰到你！"扑上去和他握手。蔡协民没有思想准备，也大吃一惊，说："老何，你怎么来了？"经过蔡协民介绍，何长工才知道大胡子青年军官是朱德的参谋长王尔琢。何长工开玩笑地对王尔琢说："你这把胡子，简直像马克思。"蔡协民解释说："王尔琢同志立了誓，革命不成功，就不剃头不刮胡子呢！"

就在他们谈笑的时候，朱德从里屋出来了。蔡协民把何长工介绍给他。朱德亲切同何长工握手，并自报姓名："朱德。"何长工也见到了曾一起留法勤工俭学的陈毅。多年后，何长工对他与朱德的会面记忆犹新。他在回忆中说：

我把毛泽东同志上井冈山，直到我这次由广州脱险，意外地找到此地来的经过，向他报告了。朱德同志高兴地说："好极了。从敌人报纸上看到了井冈山的消息。我们跑来跑去，也没有个地方站脚，正要找毛泽东同志呢，前些天刚派毛泽覃同志（毛泽东同志的胞弟）到井冈山去联系了。"接着他详细地询问了秋收起义、广州起义的情况，问井冈山的环境怎样？群众多不多？[①]

第二天，朱德给何长工一封介绍信和一些路费，同他握手道别，希望他赶快回到井冈山，和毛泽东联系，报告起义军正在策动湘南起义。

何长工到犁铺头来，使朱德和毛泽东相互了解了情况，为此后两支部队会师创造了条件。

具有历史意义的会师

1928年1月上旬，国民党广东省当局发觉朱德部队隐蔽在范石生部，要他解除朱德部的武装。范石生不忘旧谊，通知朱德撤离。这时，朱德也接到中共广东省委的通知，要他率部脱离范石生第十六军，到广东省东江地区的海丰、陆丰县境和广州起义军会合。

[①] 何长工：《伟大的会师》，《星火燎原》（选编之一），中国人民解放军战士出版社1979年版，第214—215页。

笔下起风雷　胸中百万兵
土地革命战争中的毛泽东

朱德、陈毅率部撤离范石生部后，准备按照中共广东省委的意见，去东江与广州起义军余部会合。但部队到仁化县时，发现国民党第十三军正开往仁化东面的南雄，切断了部队前往东江的路。鉴于此，朱德当机立断，在收集广州起义一部分失散人员后，折向湘南，准备发动酝酿已久的湘南起义。

1月11日，朱德、陈毅率部智取宜章，揭开了湘南起义的序幕。

1月13日上午，中共宜章县委在城内西门广场召开群众大会。朱德在大会上简要报告了暴动经过，并根据中共广东省委的指示，郑重宣布将起义军改名为"工农革命军第一师"，朱德任师长，陈毅任党代表，王尔琢任参谋长，蔡协民任政治部主任。

宜章暴动之后，国民党广东省当局命令发动马日事变、双手沾满工农革命群众鲜血的独立第三师师长许克祥前去"进剿"。

智取宜章后，朱德当然会想敌人不会善罢甘休。他根据南昌起义后起义军没有同当地农民运动结合而失败的教训，在春节前夕就把部队秘密撤离宜章城，隐蔽乡间，休整队伍，准备迎接敌人的到来。中共宜章县委派人向朱德、陈毅报告了许克祥部前来"进剿"的情报后，朱德冷静分析了情况，指出：敌强我弱，我们决不可采取南昌起义后那种死打硬拼的办法，同敌人拼消耗。应该灵活机动，扬长避短，用游击战结合正规战的打法，去战胜敌人。大家同意朱德的意见，决定避实就虚，诱敌深入，主动撤退，寻找有利战机。

1月31日，朱德运用游击战和运动战相结合取得坪石大捷，工农革命军以不足2000人，俘虏了敌人1000多人。在坪石三里长街上，到处是敌人丢下的步枪、机关枪、迫击炮、山炮和各种弹药、器材以及炊事锅灶等军用品。许克祥成了朱德的"运输大队长"。朱德回忆说："这一仗打得很好，我们抓了很多俘虏，其中一部分补充了我们的部队。特别是在坪石，把许克祥的后方仓库全部缴获了，补充和武装了自己，不仅得到了机关枪，而且得到了迫击炮和大炮。可以说，许克祥帮助我们起了家。"[①]

[①]《从南昌起义到上井冈山》（1962年6月），《朱德选集》，人民出版社1983年版，第397页。

坪石大捷，是以少胜多的典型战例。

坪石大捷后，湘南革命形势迅速高涨。朱德、陈毅率领工农革命军第一师和各县农军密切协同，先后占领了郴州、永兴、耒阳、资兴、桂阳、安仁等县城。攸县、酃县也先后举行了暴动。影响所及，临武、嘉乐、衡阳、常宁以及江华、永明都有局部暴动。宜章成立了工农革命军第三师，郴州成立了工农革命军第七师，耒阳成立了工农革命军第四师，永兴、资兴各建一个独立团。先后成立县苏维埃政府的有宜章、郴州、永兴、资兴、耒阳、安仁、桂东等。3月16日至20日，在永兴县太平寺召开了湘南工农兵代表会议，成立湘南苏维埃政府，中共湘南特委书记陈佑魁担任苏维埃政府主席，朱德、陈毅等当选为湘南工农兵代表会议执行委员。

湘南起义，是继南昌起义、湘赣边界秋收起义、广州起义之后，中国共产党领导的最大一次起义。100多万农民群众参加了起义，建立起广大的苏维埃区域，刮起了一场猛烈的红色风暴，给大革命失败后处于低沉状态的革命群众以极大的振奋。

就在湘南起义形势大好之时，"左"倾盲动错误却发展起来。

1927年11月的中共中央临时政治局扩大会议，标志着"左"倾盲动错误在中共中央占统治地位。中共湖南省委积极贯彻中共中央临时政治局扩大会议精神，在1927年11月30日的第18号通告中要求各地暴动，夺取政权，提出："我们的暴动政策是各县各乡尽量暴动！没收，屠杀，兴起广大的群众。"[①]

中共湘南特委积极贯彻省委的上述指示并且在斗争中不断升级，在发动农民起来插标分田和惩治反革命中提出"杀杀杀，杀尽土豪劣绅"的口号，导致惩治镇压的扩大化。当军阀战争暂时停止，湘南面临湘、粤两省敌人联合进攻时，中共湘南特委又在"使小资产变为无产，然后强迫他们革命"的精神指导下，提出了"焦土战略"，硬性推行焚烧湘粤大道两侧30里以内的房屋和烧毁郴州等县城的决定。他们愚蠢地认为，这样做就能使敌军到了湘南后无房可住，无法立足。他们哪里知道这样做，老百姓也

[①]《中共湖南省委通告第十八号——加紧发展各地暴动夺取政权》（1927年11月30日）。

没有地方住了，心里会怎么想。

执行中共湘南特委焚烧决定的结果，是郴州发生了严重的"白带子"杀"红带子"事件。3月12日，中共郴州县委在城内城隍庙召开群众大会，说服群众执行焚烧房屋的决定。到场许多人迅速扯下颈上的红带子标志，换上事先准备好的白带子，杀死了县委书记夏明震及县干部、群众组织负责人等多人。顿时全场形成了一场"白带子"杀"红带子"混战，当场死伤200多人。接着，"白带子"们离开城隍庙，在大街上见"红带子"就杀，见商店就抢，相继捣毁县总工会和少先队等驻地。

当天下午，土豪劣绅散布"城里的工人要杀农民""共产党要烧郴州方圆50里的民房"等谣言，煽动数千农民包围了已搬迁到郴州城外东塔岭的中共郴州县委机关，将县委机关洗劫一空。

郴州事件发生后，陈毅受命带领工农革命军第一师一个营赶往郴州。陈毅到时，郴州城内和郊区已被"红带子"控制，城郊的五里碑、栖凤渡尚未平息。陈毅率领部队在农军配合下，平息了那里的"白带子"。

这次事件，郴州工农革命组织损失惨重，除了良田、上坳等少数基本区没有被破坏外，其他无论城乡，都遭受一场由于错误的焚烧举措而发生的浩劫。

在湘南革命形势一片大好的情况下，中共湘南特委推行"左"倾盲动的烧杀政策，使党与群众的关系受到很大损害，丧失了革命发展的大好时机。这是十分痛惜的！朱德曾指出："湘南暴动之时，正好军阀白崇禧和唐生智之间发生战争，形势对我们是很有利的。如果政策路线对头，是有可能继续扩大胜利，有条件在某些地方稳得住脚的。但是由于当时'左'倾盲动路线的错误，脱离了群众，孤立了自己，使革命力量在暴动之后不久，不得不退出了湘南。"[1]

鉴于湘、粤军阀纠集了七个师，从湖南衡阳和广东乐昌两个方向进逼湘南的情况，为了保存工农革命军，避免在不利条件下同敌人决战，朱德决定率领工农革命军退出湘南，上井冈山。

---

[1] 朱德：《从南昌起义到上井冈山》，《朱德选集》，人民出版社1983年版，第398页。

第一章　我自岿然不动

毛泽东率领工农革命军第一师在鄜县中村时,得知朱德、陈毅率领的南昌起义军余部在湘南起义后遭到强敌的追击,正向井冈山方向撤退,于是立刻派袁文才、何长工率领第二团西进资兴,接应从郴州撤出的湘南农军;自己率第一团在桂东、汝城方向阻击国民党追击部队。

4月8日,陈毅率领中共湘南特委机关、各县县委机关和工农革命军第一师的部分部队以及第三师、第七师共4000余人到达资兴县城。在这里,陈毅等同袁文才、何长工率领的工农革命军第二团会合。

这时,毛泽东率领第一团进占汝城。陈毅和何长工接到毛泽东的指示,要他们立即撤回井冈山。毛泽东本人带第一团在后面掩护,并正由汝城向鄜县撤退。

4月中旬,陈毅、何长工带领部队,一起向沔渡进发,与朱德率领的主力部队会合。见到朱德后,何长工说:"我们拼命向南打,想不到你撤得这么利索。"朱德笑眯眯地说:"你们的行动,直接掩护了我们的撤退。"接着,又问何长工,"毛泽东同志在哪里?"何长工报告说:"毛泽东同志担任后卫,还得三四天才到。"

见面之后,何长工与袁文才率领工农革命军第二团先回到砻市,将部队布置在东边,向江西方面警戒,然后将附近的后方机关及广大群众动员起来,为朱德、陈毅部队的到来筹备房子和给养。

不久,朱德、陈毅率领湘南起义军一部分直属部队从沔渡经睦村也到达了砻市,分别驻在附近的几个小村子里。不久,毛泽东率领工农革命军第一团从湘南的桂东、汝城返回砻市。湘南起义军的主力部队,也从安仁、茶陵一带开来了。

毛泽东回到砻市,马上就到龙江书院去见朱德。35岁的毛泽东,42岁的朱德,两个历史伟人在这里第一次见面、握手。见证这历史时刻的何长工在回忆文章中叙述了当时的情景:

毛泽东同志和朱德同志会见地点是宁冈砻市的龙江书院。朱德、陈毅同志先到了龙江书院,当毛泽东同志到来时,朱德同志赶忙偕同陈毅等同志到门外来迎接。我远远看见他,就报告毛泽东同志说:"站在最前面的那位,就是朱德同志。左边是陈毅同志。"毛泽东同志点点头，微笑着向他们招手。

快走进龙江书院时，朱德同志抢前几步，毛泽东同志也加快了脚步，早早把手伸出来。不一会，他们的两只有力的手掌，就紧紧地握在一起了，使劲地摇着对方的手臂，是那么热烈，那么深情。①

朱德、毛泽东在龙江书院第一次握手，开始了他们长达48年的亲密战友生涯。他们联手，取得了中国革命胜利，建立了新中国。毛泽东任中华人民共和国主席，朱德任副主席。时人将朱德、毛泽东称为"朱毛"，许多人还以为"朱毛"是一个人。

握手之后，两人进到龙江书院屋里，毛泽东把井冈山的干部介绍给朱德，朱德也将湘南来的干部向毛泽东作了介绍。

谈了一阵军情后，毛泽东热情地说："趁'五四'纪念日，兄弟部队和附近群众开个热闹的联欢大会，两方面的负责同志和大家见见面。"说着，他让何长工负责准备大会的有关事项，并特别强调："要多动员些群众来参加。"

接下来，毛泽东同朱德、陈毅共同商议成立工农革命军第四军的问题。根据毛泽东的意见，确定了以罗霄山脉中段为根据地，发动群众斗争，实行土地革命，向北发展，向南游击的方针。关于这个计划，毛泽东在1936年10月曾这样告诉斯诺："1928年5月（应为4月——引者注），朱德来到井冈山，我们的力量合并起来了。我们共同拟了一个计划，要建立一个六县的苏维埃区，我们要稳定和加强湘赣粤三省接境区域的共产党政权，并以此为根据地逐渐发展到更广大的区域中去。"②

毛泽东和朱德会面之后，又在龙江书院召开了两支部队连以上干部会议。根据中共湘南特委决定，两支部队合编为工农革命军第四军，朱德任军长，毛泽东任党代表，王尔琢任参谋长。下辖三个师：原湘南工农革命军第一师、第三师改编为第十师，朱德兼任师长，宛希先任党代表，原

---

① 何长工：《伟大的会师》，《星火燎原》（选编之一），中国人民解放军战士出版社1979年版，第219—220页。
② ［美］埃德加·斯诺笔录，汪衡译：《毛泽东自传》，中国青年出版社2013年版，第79页。

第一章　我自岿然不动

湘南工农革命军第一师所部改为第二十八团，第三师改为第二十九团；井冈山工农革命军第一师改为第十一师，张子清任师长（因酃县战斗负伤未到职，由毛泽东兼），何挺颖任党代表，原第一团、第二团，分别改为第三十一团、第三十二团；湘南工农革命军其他各部组成第十二师，陈毅任师长，蔡协民任党代表[①]。接着，召开了工农革命军第四军党的第一次代表大会，选举产生第四军军委，毛泽东担任书记。中共第四军军委由23人组成，委员有毛泽东、朱德、陈毅、宛希先、何挺颖、袁文才、王尔琢、何长工等。全军实行毛泽东在三湾改编提出的建军制度，在第十、第十二师连以上各级开始建立党组织，设立党代表，建立士兵委员会。

就在两军会师之时，湖南、江西两省国民党军发动对井冈山第二次"进剿"。江西国民党军第三十一军第二十七师第七十九团由永新推进到龙源口，第八十一团开始由遂川城向永新拿山移动，企图在驻湖南酃县和茶陵的国民党军第八军第一师的配合下，进入宁冈和井冈山，寻求工农革命军作战。

毛泽东闻讯后，即召开中共工农革命军第四军军委会议，与朱德、陈毅等根据敌情，采取避敌主力，攻击侧翼，声东击西，集中兵力歼敌一路的作战方针。会议决定朱德、陈毅、王尔琢率领第十师第二十八团、第二十九团担任主攻，在遂川方向迎战敌第八十一团，相机夺取永新县城；毛泽东、何挺颖、朱云卿率领第十一师第三十一团，到宁冈、永新交界的七溪岭阻击向宁冈进攻的敌第七十九团。

4月底，朱德、陈毅、王尔琢率领军部和第二十八团、第二十九团经茨坪、下庄、小行州，迅速向南挺进。第二十九团赶到黄坳，与敌第八十一团一个先头营相遇。激战两小时，第二十九团一举击溃了敌人的先头营，缴获50多支枪，挫了国民党军队的锐气。

第二十九团得胜后，军部率领第二十八团上来了，继续前进，当天下午到达遂川五斗江。从黄坳逃回拿山的溃敌向其团部报告，说在黄坳遭到农军的袭击，并说农军没有什么武器，都是些梭镖，敌团长周体仁一听，

[①] 此说采取何长工《伟大的会师》，当代中国出版社1991年出版的《陈毅传》采取江华回忆说为邓允庭。

立即率领两个营向五斗江反击。

敌人进入第二十八团的包围圈后，团长王尔琢一声令下，全团出击，枪弹齐飞，敌人顿时溃不成军。朱德、陈毅、王尔琢见敌人溃逃，率部乘胜追击，一口气追至拿山。当晚，部队在拿山宿营。

次日，在朱德的指挥下，部队向永新奔袭，中午时分，在永新城外的北田附近追上了逃敌。这时，敌第二十七师师长杨如轩命令守永新城的第八十团出城救援，企图挽回败局，可是其部士气已经大挫，在工农革命军的猛烈冲杀下，全线败退，逃往吉安。工农革命军乘胜占领永新。这是第一次占领永新，即"一打永新"。

永新是一个比较富裕的县城，缺衣少食的工农革命军在这里得到了很大的补充。工农革命军在永新召开了庆祝胜利大会，宣告成立永新县工农兵政府。这是井冈山革命根据地成立的第四个县级红色政权。会后，按照毛泽东、朱德的布置，第二十八团留在永新就地休整，第二十九团和第三十一团在永新境内分兵发动群众，协助当地工农兵政府成立农民协会，组织赤卫队、暴动队，打土豪分田地，毛泽东把这个经验概括为："分兵以发动群众，集中以对付敌人。"

正向龙源口开进的敌第七十九团，听到第八十团惨败的消息后，害怕被歼，也向吉安退去。至此，赣军对井冈山革命根据地的第二次"进剿"被彻底粉碎。

两支工农革命军队伍刚会师，就初试锋芒，得到一个"开门红"，为会师联欢大会献了一份厚礼！

5月4日，这是一个井冈山革命根据地喜气洋洋的日子。在砻市南边的一个草坪上，有一个用门板和竹竿搭的主席台，两旁插满了写着"庆祝两支革命部队胜利会师""打倒国民党反动派"的标语板。会场四周插满了鲜艳的红旗。

一大早，人们就川流不息地向会场走来。不到上午10时，20里外的部队也都赶到了。会场挤满了人，有部队，有群众。10时，由党、政、军、工、农各界组成的主席团，走上主席台。何长工担任大会司仪，宣布大会开始！

第一章　我自岿然不动

陈毅是大会执行主席，他在讲话中说：今天是"五四"纪念日，我们今天来开大会庆祝两支部队的胜利会师，是有特别重要的意义的。接着，陈毅宣布：根据第四军军委的决定，全体部队改编为中国工农革命军第四军，军长是朱德同志，军党代表是毛泽东同志。陈毅还宣布了第四军下辖各师、团领导的名单。

朱德在讲话中指出："我们党领导的两支革命武装的会合，意味着中国革命的新的起点。参加这次胜利大会师的同志，一定都很高兴。可是，敌人却在那里难过。那么，就让敌人难过去吧，我们不能照顾他们的情绪，我们将来还要彻底消灭他们呢！这次胜利会师，我们的力量扩大了，又有了井冈山作为根据地，我们就可以不断地打击敌人，不断发展革命。"[①]

毛泽东在讲话中指出了两军会师的意义，分析了工农革命军的光明前景。他说：我们工农革命军不光要打仗，还要发动群众，组织群众。现在我们虽然在数量上、装备上不如敌人，但是我们有马列主义，有群众的支持，不怕打不过敌人。毛泽东还生动形象地说："敌人并没有孙悟空的本事，即使有孙悟空的本事，我们也有办法对付他们，因为我们有如来佛的本事。他们总逃不出如来佛的手掌！我们要善于找敌人的弱点，然后集中兵力专打这一部分。十个指头有长短，荷花出水有高低，敌人也是有弱有强，兵力分布也难保没有不周到的地方。我们抓住敌人的弱点，狠狠地打一顿，打胜了，立刻分散躲到敌人背后'捉迷藏'。这样，我们就能掌握主动权，把敌人放在手心里玩。"[②]

会上，毛泽东还代表第四军军委宣布"三大任务"和"三大纪律、六项注意"。

朱德、毛泽东井冈山会师，无论在中国现代史、革命史，还是在党史、军史上，都是一件意义重大的事情。他们两人的合作，对中国革命事

[①] 何长工：《伟大的会师》，《星火燎原》（选编之一），中国人民解放军战士出版社1979年版，第221页。
[②] 何长工：《伟大的会师》，《星火燎原》（选编之一），中国人民解放军战士出版社1979年版，第221—222页。

业产生的影响是无法估量的。他们领导下的军队，是任何一支国民党军队都闻风丧胆的军队。

朱德、毛泽东井冈山会师，为井冈山革命根据地、为中国革命发展提供了条件。

打破敌人第三次、第四次"进剿"

中国工农革命军第四军成立后，国民党江西省政府主席朱培德急令杨如轩率领第二十七师全部由吉安反攻永新；另加派王均第七师一个团，杨池生第九师一个团，由樟树调防湘赣边界。敌军的具体部署是：第二十七师师部、第七十九团和第九师的第二十七团一个营进扑永新，其余近四个团南渡禾水，由龙源口向宁冈进攻。5月中旬，赣军向井冈山革命根据地发动第三次"进剿"。

毛泽东、朱德根据敌情，决定采取"敌进我退，声东击西"的战术，待敌进入根据地内再消灭他。

毛泽东、朱德命令第二十八团主动撤出永新，退回根据地的中心宁冈。第二十九团在永新南面的高桥、天河一线，不断骚扰敌人。第二十九团与敌保持一定距离，敌人不来，他们不走；敌人来了，就抵抗一下，慢慢撤退，牵着敌人的鼻子走，疲惫敌人。

为了把敌人引出来，分而歼之。第三十一团第一营于5月16日从永新西乡出发，经莲花边境向湖南茶陵的高陇奔袭，摆出主力西出湖南的架势，迷惑敌人。高陇是湘赣边界的重要通道，湖南国民党军队派有重兵防守。第一营没有得手，营长员一民不幸牺牲，双方呈相持状态。接着，朱德、陈毅等率领第二十八团从宁冈赶到高陇增援，在界首附近同第三十一团第一营会合后，立即向守军发起猛烈攻击。经过两小时激战，歼敌一个多连，缴枪百余支。

工农革命军出击高陇的行动，果然迷惑了驻永新的敌人。杨如轩不知这是毛泽东、朱德的"声东击西"妙计，以为工农革命军主力已西去湖南，根据地内兵力空虚，便放心大胆地向根据地腹地进犯，命令主力南渡禾水，企图乘虚进占宁冈；同时命令第七十九团团长刘安华前往西乡，出

第一章 我自岿然不动

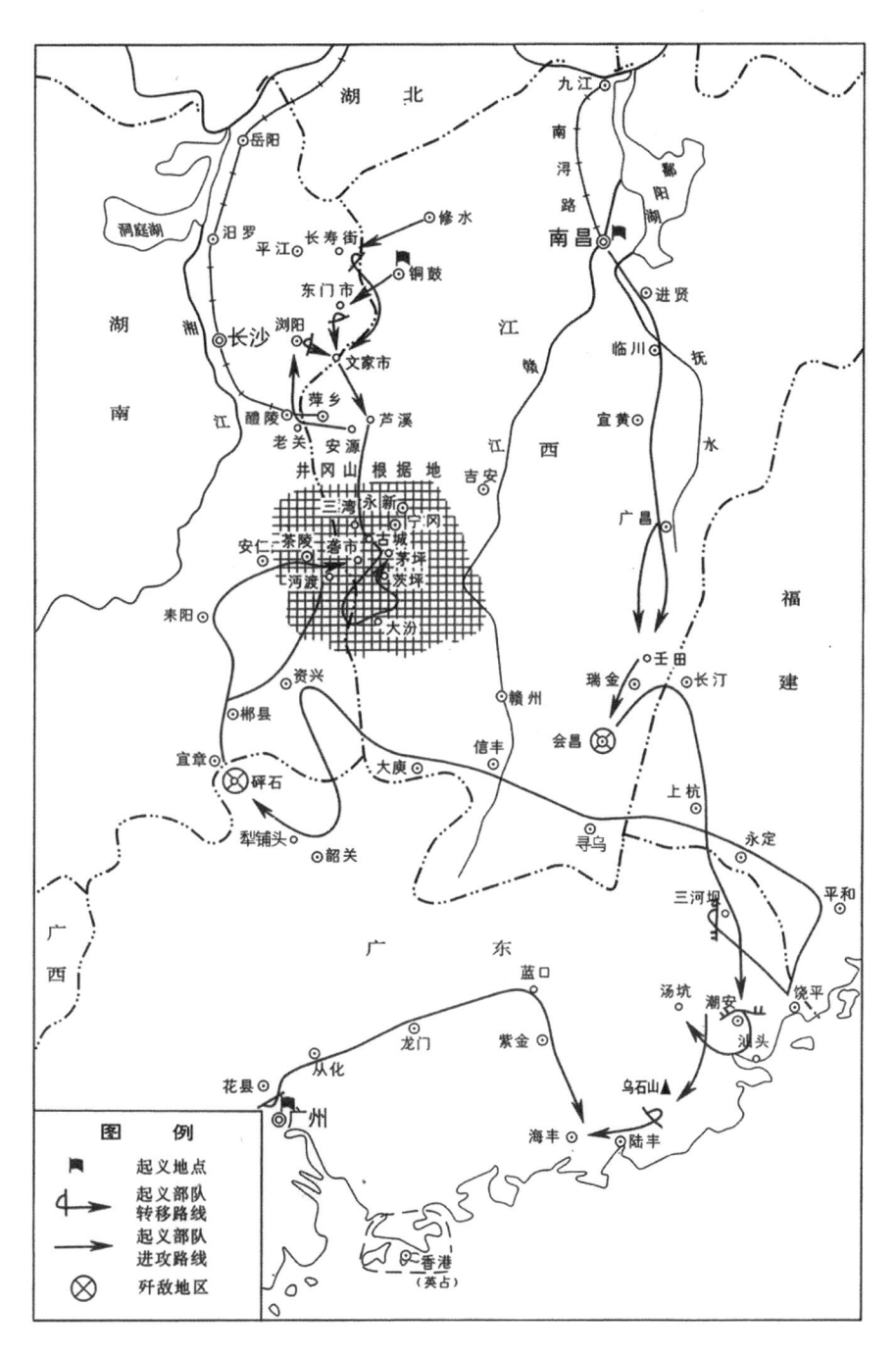

南昌、秋收(湘赣边)、广州起义及向井冈山进军示意图

击浬田、龙田。杨如轩本人则随师部和一个特务营坐镇永新城督战。

毛泽东这时在宁冈，得知赣军主力离开永新城后立刻给朱德、陈毅写信，要他们率领部队迅速折回，东袭永新；同时命令第二十九团、第三十二团及宁冈、永新地方武装赶往新、老七溪岭，利用有利地形，阻击敌人北进。

接到毛泽东的来信，朱德、陈毅召开营以上干部会议。为了使大家明白这次行动的目的，朱德在会上形象地告诉大家："打他的心脏，打他的指挥机关，打他的脑袋瓜子，一个铁掌把他的脑壳打碎，他们就完了。我们今天走几十里路，明晚奔袭永新城。如果你们同意，就准备爬城头，准备楼梯。"[①]朱德、陈毅率领第二十八团和第三十一团第一营从高陇出发，突然向东袭击。

经过一天100多里的行军，部队到达离永新县城30里的浬田，在此宿营。浬田地主武装将工农革命军的情况报告永新城内的杨如轩，杨如轩即派第七十九团向浬田进攻。朱德、陈毅率部用了一小时就将敌人击溃，并击毙了敌团长刘胡子。

工农革命军乘胜追击到永新城，将杨如轩第二十七师师部和一个团击溃。杨如轩从城上跳下逃命，被流弹击伤。

工农革命军在一天内连打两个胜仗，第二次占领永新，缴获迫击炮七门、山炮二门，银圆20余担，彻底粉碎了赣军的第三次"进剿"。

粉碎了赣军的第三次"进剿"，井冈山革命根据地得到巩固，加强根据地建设提上议事日程。5月20日，在茅坪召开了湘赣边界党的第一次代表大会，出席大会的有毛泽东、朱德、陈毅、谭震林、陈正人、宛希先以及永新、宁冈、遂川、茶陵、酃县、莲花和工农革命军第四军党组织的代表60多人。毛泽东在会上作了重要报告，总结创建井冈山革命根据地的经验，批评了右倾悲观思想，反对逃跑主义，重申建设罗霄山脉中段政权的方针，提出深入土地革命，加强革命根据地建设、军队建设和党组织建设的任务，初步回答了一些人提出的"红旗到底打得多久"

---

① 转引自中共中央文献研究室编：《朱德传》（新编本），中央文献出版社2006年版，第152页。

的疑问。这是关系到中国革命根据地和工农革命军能不能存在与发展的基本问题。大会经过讨论，统一了思想，坚定了建设井冈山革命根据地的决心和信心。

大会选举产生了中共湘赣边界特委，毛泽东任书记。中共湘赣边界特委的成立，使边界各县的党组织有了中心，有了统一的领导机构，对井冈山革命根据地的建设产生了重要作用。鉴于毛泽东担任了中共湘赣边界特委书记，原先他任的第四军军委书记一职改由陈毅接任。

为了统一领导湘赣边界各县工农兵政权，在宁冈茅坪建立了湘赣边界工农兵苏维埃政府，袁文才任主席。在中共湘赣边界特委和湘赣边界工农兵苏维埃政府的领导下，边界各县开展起轰轰烈烈的土地革命。

5月25日，中共中央发出第51号通告，指示："在割据区域所建立之军队，可正式定名为红军。"[1]6月4日，中共留守中央在致朱德、毛泽东并前委的信中指示："关于你们的军队，你们可以正式改成红军。"[2]以后，中国工农革命军第四军就改名为"中国红军第四军"，简称"红四军"。

这时，毛泽东、朱德还根据敌强我弱、以弱胜强只能采用游击战术的原则，总结南昌起义、秋收起义以来工农革命军多次作战的经验，总结出"敌进我退，敌驻我扰，敌疲我打，敌退我追"的十六字诀，为后来红军整个作战原则的形成奠定了基础。

6月上旬，朱培德奉蒋介石之命又对井冈山革命根据地发动了第四次"进剿"。这次朱培德以第九师师长杨池生为总指挥，率领第九师三个团和第二十七师两个团，采取"分进合击"的战术，向边界地区大举推进。朱培德还向蒋介石请求命令湖南当局派兵配合。在南京政府的严令下，湘军吴尚第八军第二师三个团，向鄢县、茶陵进逼，企图从西面骚扰井冈山革命根据地，配合赣军进攻。

---

[1]《中央通告第五十一号——军事工作大纲》（采用广东省委扩大会议军事问题决议案内容）（1928年5月25日），中央档案馆编：《中共中央文件选集》（第四册），中共中央党校出版社1989年版，第233页。

[2]《中央致朱德、毛泽东并前委信》（1928年6月4日），中央档案馆编：《中共中央文件选集》（第四册），中共中央党校出版社1989年版，第253页。

面对敌情,毛泽东、朱德命令红四军从永新撤出,集结宁冈休整,待机歼灭敌人。毛泽东、朱德、陈毅分析敌情,认为湖南国民党军队数量多且战斗力较强,江西国民党军虽有五个团,但经过几次打击,有畏惧心理,他们定下了对湘敌取守势,对赣敌取攻势的方针,决定集中兵力对付赣军杨池生和杨如轩部,对湘军第八军第二师取守势。

6月20日,毛泽东、朱德、陈毅在宁冈古城召开连以上干部会议,制定具体迎敌方案,决定以第二十八团、第二十九团和第三十一团第一营为主力,统由朱德、陈毅、王尔琢率领,利用宁冈北面屏障新、老七溪岭有利地形,打击来犯赣军,另以袁文才、王佐率领第三十二团在宁冈、酃县边境活动,牵制湘敌,并广泛动员根据地群众支前参战。

次日,朱德、陈毅、王尔琢率领第二十八团、第二十九团和第三十一团第一营移驻宁冈新城,密切注视赣军动向。22日,毛泽东率领第三十一团第三营前往永新西乡的龙团、潞江一带发动群众骚扰赣敌和牵制湘军。当日,毛泽东给中共红四军军委写信,通报赣敌由永新出动向宁冈猛进的情况,并提出了破敌策略。朱德、陈毅接到毛泽东的信后,立即由陈毅主持召开营以上干部参加的军委扩大会议,讨论并确定具体作战方案。会议期间,袁文才报告进驻酃县、茶陵、攸县的湘敌第八军无行动迹象。这消息太好了,说明湘、赣两省当局原定的"会剿",湖南当局并没有履行协定,变成了赣敌单方面的"进剿"。既然西线无战事,那么红四军就可以放心大胆地对付东面的赣敌了。会议作出了以朱德率领第二十九团和第三十一团第一营守新七溪岭,以陈毅、王尔琢率领第二十八团守老七溪岭的作战方案。

6月23日,朱德率领第二十九团和第三十一团第一营,占领新七溪岭的有利地形,阻击杨池生部的李文彬团;陈毅、王尔琢率领第二十八团,赶往老七溪岭迎击杨如轩的两个团;袁文才率领第三十二团一部和永新赤卫大队,从武功潭一带侧击敌人。

第二十八团在老七溪岭遭到了先到达的敌军阻击,虽然多次组织猛烈冲击,但因敌占据有利地形均未奏效,被压迫在老七溪岭下。于是,陈毅、王尔琢重新组织力量,利用地形狭窄敌无法展开和疲惫松懈之机,再次发起猛烈冲击，终于冲破了老七溪岭敌军防御，并乘胜向敌纵深追击，将敌一部歼灭，大部冲散，一举捣毁了敌设在白口村的前方指挥所，转向龙源口迂回。

新七溪岭上的赣军李文彬部，听到红军夺取了老七溪岭的消息后，惧怕被歼，准备逃走。朱德抓住这一有利时机，组织第二十九团和第三十一团第一营发起全面进攻。李文彬招架不住，带着部队冲向龙源口，打算夺路而逃。

朱德率领第二十九团、第三十一团第一营，从新七溪岭乘胜追击，在龙源口会同第二十八团，将赣军团团围住。经过激烈的肉搏战，红军歼灭赣军一个团，击溃两个团，缴获步枪400余支，重机枪1挺，取得了井冈山革命根据地创建以来最辉煌的胜利。

龙源口大捷后，红四军乘胜第三次进占了永新县城，彻底粉碎了国民党赣军对井冈山革命根据地的第四次"进剿"。

粉碎了国民党赣军的第四次"进剿"后，井冈山革命根据地迅速扩大到宁冈、永新、莲花三县全境，吉安、安福各一小部分，遂川的北部，酃县的东南部。红色割据区域的面积达7200多平方公里，有50多万人口。

朱德、毛泽东两支部队会师，两个月时间，连续打破国民党赣军一次比一次规模大的"进剿"，迎来了井冈山革命根据地的全盛时期。

四、进行反"会剿"

八月失败

粉碎赣军第四次"进剿"后，红四军抓住赣军受到重创，一时无法发动反攻的短暂时机，将各部队分兵发动群众，开展土地革命，建立红色政权，扩大红军和地方武装：第二十八团开往安福，第二十九团开往莲花，第三十一团在永新的石灰桥、吉安的天河一带活动。

鉴于永新在井冈山地区各县中人口多，经济发达，有兵源，有粮食，有给养，又有宁冈作为后方，毛泽东把主要工作放在"大力经营永新"

上，决心抢在国民党军队反攻以前，争取一个月的时间把永新根据地建立起来。他从红四军中抽出大批干部，并把遂川、茶陵、酃县的负责人集中在永新一县加紧工作。

为了"大力经营永新"，毛泽东自己也三次到永新县西乡的塘边村。当时，中共永新县委、县工农兵政府机关也在这里。毛泽东和中共永新县委书记刘真同住一户贫农家中，从事调研和试点工作。毛泽东在这里先后住了40多天，领导分田，总结分田经验，制定了分田临时纲领17条。

红四军分兵发动群众和经营永新都取得了明显成效，不仅建立了各种党群组织，深入了土地革命，而且地方武装赤卫队、暴动队发展到七八千人；同时还建立了九陇山军事根据地，使井冈山革命根据地多了一道军事屏障。

就在井冈山革命根据地稳步发展之际，一场"左"倾错误袭来，打断了根据地的发展进程。

这场"左"倾错误的来源是中共湖南省委，直接执行者是杜修经。

杜修经是湖南慈利人，1925年入党，1926年曾任中共华容县委书记。1927年冬，中共湖南省委遭到破坏，醴陵农民武装起义建立起来的革命政权也遭到失败，杜修经被调到中共醴陵县委当书记。不久，他又担任了中共湘东特委兼安源市委的秘书。

1928年4月，杜修经第一次上井冈山。当时中共中央派了一个懂爆破技术的同志去井冈山，另外还有一个湘潭的同志也要上山去，他们三人同行。但到了安源去莲花县的必经之路南坑后，恰好碰上国民党团防队，受到盘问。他们回答说是去莲花做生意的。团防队说前面没有什么生意可做了。他们三人怕引起怀疑，不敢再往前走，只好折回。

回到安源没有多久，中共湖南省委又派杜修经上井冈山联络。这次是他一个人去，途中遇到朱培德的部队"清乡"。敌人盘问他，他说自己是安源工人。敌人向他要工符，杜修经说自己是临时工，没有工符。敌人准备把他押到安源去对质，他在途中乘乱逃走。

5月下旬，中共湖南省委再派杜修经上井冈山。他在沿途交通员的护送下，昼伏夜行，顺利到达茅坪，见到了毛泽东，将中共湖南省委给湘赣边界特委和红四军的指示信交给了毛泽东。这封指示信介绍了湖南的形势,"要求红军应有个休息、训练的地方,要有一个根据地;而且要把这个根据地巩固好"①。毛泽东看了指示信后说,就该是这样。在井冈山,毛泽东先是让陈毅主持红四军军委召开一次会议,接着又召开了一次部队干部会议,让杜修经传达了中共湖南省委的指示,并带着他到根据地各处看了看。

杜修经回到安源后,于6月15日向中共湖南省委递交了一份《红四军的组成和状况,湘赣特委成立和边界分配土地情况,湘南情形》的报告。杜修经在这份报告前两部分介绍了红四军的情形和湘赣边界特委的情形,在第三部分介绍了湘南的情形。报告只是叙述过程,对于井冈山革命根据地能够坚持下来的经验没有作更多的介绍。他在报告中认为:"边界特委工作日益扩大,实际上一切工作与指导都集中在泽东同志身上,而泽东同志又负军党代表责,个人的精力有限,怎理得这多,实际上也就有很多地方顾及不到了。"建议"目前派得力的人去参加特委工作,并加派干部参加各县委",还建议"省委应注意派几个干部去参加军委,使军委健全起来,对各团的工作有计划地去督促和指导"。关于湘南情形,杜修经在报告中说:"现在二十九团有几个同志请求回去工作,我已许他,在打开鄙县时便走,并要泽东同志与之详谈军事运动中我们应注意之要点。""离宁冈时,已嘱边界特委今后应尽可能派人去湘南。"②

中共湖南省委在贺昌的主持下,讨论了杜修经的报告后,于6月19日写了一封给湘赣边界特委和红四军军委的指示信。指示信接受杜修经的建议,要求湘赣边界特委和红四军军委"应即派少许武装,冲过敌人防线(沿小路),立即与他们发生联系",并表示,"以罗霄山中脉为根据地的计划,省委完全同意";"积极地发展罗霄山中脉周围各县的暴动,造成以工农为主力的割据局面。同时须根据省委前次的指导,积极向湘南发

---

① 杜修经:《四上井冈山》,井冈山革命根据地党史资料征集编研协作小组、井冈山革命博物馆编:《井冈山革命根据地》(下),中共党史资料出版社1987年版,第420页。
② 《中共湖南省委巡视员杜修经的报告——红四军的组成、状况,湘赣特委成立和边界分配土地情况,湘南情形》(1928年6月15日)。

展并向萍乡推进,以与湘东相联系"。①

同一天,中共湖南省委认为前一封指示信对一些重要问题没有说透,又给中共湘赣边界特委和红四军军委写了一封指示信。这封信尤其重视扩大根据地问题,认为:"你们应采取积极向外发展的策略,一切经济的(米粮、布匹……)、军事的(如浑之②)困难的问题,都可解决。目前只有宁冈一县完全在赤色政权之下,而宁冈全县周围不过百余里,永新县城及近郊尚在敌人手中,其他边界各县(茶陵、攸县、鄘县、遂川……)均在白色恐怖势力之下,如此宁冈则孤立无援,四方八面在敌军包围之中,异常危险。"指责"上次战败杨如轩,已占领永新县城,而不四方搜索,歼灭敌人残余势力,反而畏惧退缩,使敌人又得重新占领县城,团结残部,准备反攻,成为心腹之患,在战略上、工作上均为错误。莲花县城仅有敌军枪支五六十支,你们亦未注意向此方向发展。如此均证明过去确犯有极严重的保守观念,缺乏积极发展的决心,事实上使所谓罗霄山中段的政权无从建立"。指示"你们必须很有计划地善于利用四军的军力努力向外发展,于最短时间首先努力促进这一区域的割据,肃清湘赣边各县的反动势力,由普遍的大规模割据,进而争夺县城,完全〔成〕此割据计划"。指示信同意"进攻鄘县的计划",要求在胜利后,"应快速回茶、攸发展,向莲花推进,解决县城及四乡敌军武装,相机进攻永新"。"以后四军须集中力量向湘南发展,与湘南工农暴〈动〉相一致,进而造成湘南割据,实现中央所指示的割据赣边及湘粤大道的计划。"③

中共湖南省委这封指示信无视敌我力量悬殊,把只有3000余人的红四军当作可以横扫国民党数万军队的无敌之师;把红四军从实际出发,稳步、波浪式地向外发展看作"极严重的保守观念"。中共湖南省委急躁、冒进的思想又开始冒头。不过,这封指示信还没有马上要求红四军向湘南冒进,而是要等占领了鄘县、茶陵、攸县、永新后再向湘南挺进。

---

① 《中共湖南省委给湘赣边特委及四军军委的信——对付二次"会剿"的策略与红军的改造,边界各县土地革命、游击战争、发展党的组织与加强特委指导等》(1928年6月19日)。
② 可能指军火。
③ 《中共湖南省委致湘赣边特委及四军军委的信——扩大根据地、红军建设及分配土地问题》(1928年6月19日)。

中共湖南省委派袁德生带着这两封指示信上了井冈山。

但在过了五天以后，中共湖南省委的急躁、冒进错误又有了新的发展。6月初，国民党新军阀第二次"北伐"占领北京后，占领了奉系军阀张作霖的地盘。曾经合作对奉军作战的蒋介石、冯玉祥、阎锡山和李宗仁、白崇禧四派新军阀之间的矛盾又尖锐起来，驻湖南的各派军阀部队争夺也很激烈，中共湖南省委对全国形势和湖南军阀内部之间冲突进行研判，得出的结论是：各派军阀"已由明争暗斗而进到短兵相接的时期"，"并且有爆发新的战争的可能——蒋桂两系的战争"①。据此，中共湖南省委认为："目前从平江沿湘赣边到湘南的暴动，已经有大的开展了，特别是在这一个区域内，完全具备了爆发胜负〔利〕的暴动条件。"于是制订了大规模的暴动计划，暴动分为平江、铜鼓、修水；浏阳、醴陵、萍乡；茶陵、攸县、酃县、莲花、遂川、永新、宁冈；耒阳、永兴、资兴、郴州等四个区域，并指示红四军："应即向湘南发展，与三十、三十三团相结合，留一部分武装在宁冈，并分配少许枪支给宁冈，永新，莲花的工农群众。到湘南后，首先用全力帮助耒阳，资兴，永兴，郴州的党部，发动四县的广大群众，然后向茶陵，攸县，酃县，安仁发展，以与湘东相联系，造成从平江沿赣边到湘南的割据。"并强调："在四军内应与同志的保守观念奋斗，目前只有积极地向湘南发展才有出路，才能解决一切军事的经济的财政的困难。"②

中共湖南省委一封接一封发出指示信，在盲动错误的道路上大踏步前进，杜修经在多年后的回忆中曾自责说："我从井冈山回到安源后，便向湖南省委作了汇报，这些汇报跟省委当时作出错误的决定是有关系的。我到井冈山时，只是单纯地看到军事上的现实，只看到我们有多少人和武器，敌人有多少人和武器，仅仅看到这些情况。在这期间，毛泽东同志有经验总结，但未被我所理解所认识，对这支武装的存在；边区的成绩是如

---

① 《中共湖南省委给各特委、各县委、四军军委的信——目前军阀战争与群众暴动的形势和实现鄂湘粤大道沿赣边割据的工作布置》（1928年6月24日）。
② 《中共湖南省委给各特委、各县委、四军军委的信——目前军阀战争与群众暴动的形势和实现鄂湘粤大道沿赣边割据的工作布置》（1928年6月24日）。

何取得的；对边区长期革命斗争的经验和经受的锻炼；对如何来决定我们的行动等都很不理解，很不认识。所以在汇报时，我只单纯地讲军事，没有汇报土地革命、政权建设等问题。会上很快地就作出了决定。当作出错误的决定之后，我才在会议的末尾提到了一些边区是如何组织苏维埃的，如何进行土地革命等简单情况。当时贺昌就对我说：这些你怎么不首先汇报呢？所以，我的汇报对省委作出错误的决定是有关系的，为什么要红军大队往湘南呢？因为当时湖南省委与江西省委没有什么联系，站在湖南的立场当然要求去湘南，便于省委的工作，这也是作出错误决定的原因之一。"①

中共湖南省委作出错误决定的确与杜修经的汇报有关系。杜修经的汇报主要表现在三点：其一，对井冈山革命根据地和红四军的介绍只是一般叙述，使中共湖南省委对井冈山革命根据地和红四军的状况感到悲观；其二，是说中共湘赣边界特委和红四军军委领导力量薄弱，需要加派干部；其三，是说红二十九团一些人愿回湘南，建议湘赣边界特委派人去湘南。因之，使中共湖南省委得出了湘赣边界特委和红四军在根据地发展问题上保守、急需加强领导力量的结论。

但是，仅仅杜修经的汇报还不能够使中共湖南省委在盲动错误的道路上越走越快。最主要的原因还是在于中共湖南省委对国民党新军阀占领北京后的矛盾和湖南各派军阀的矛盾进行分析后，对湖南革命形势作了过高估计，头脑高度发热。

6月26日，中共湖南省委分别给中共湘赣边界特委和红四军军委发出指示信。在给中共湘赣边界特委的信中指示："四军攻永新敌军后，立即向湘南发展，留袁文才同志一营守山"；"泽东同志须随军出发，省委派杨开明同志为特委书记，袁文才同志参加特委"。②在给红四军军委的信中指示：占领永新后，"立即向湘南发展，与三十、三十三团相联合，帮

---

① 杜修经：《四上井冈山》，井冈山革命根据地党史资料征集编研协作小组、井冈山革命博物馆编：《井冈山革命根据地》（下），中共党史资料出版社1987年版，第424页。
② 《中共湖南省委给湘赣边特委的指示信——红四军向湘南发展，杨开明同志任特委书记》（1928年6月26日）。

助湘南党部努力于最短时间发动耒阳,永兴,资兴,郴州的群众力量以造成四县的乡村割据,对衡阳取包围形势,然后用全力向茶陵、攸县、酃县、安仁发展,以与湘东暴动相联系","军队到湘南后还有一个最重要的任务,就是红军的充实与扩大","四军可立即扩充到十二团"。还指示:"出发湘南时四军军委应取消,另成立前敌委员会指挥四军与湘南党务及群众工作。""前敌委员会省委指定下列同志组织之:泽东,朱德,陈毅,龚楚,乔生及兵士同志一人,湘南农民同志一人组织之。前委书记由泽东同志担任,常务委员会由三人组织,泽东、朱德、龚楚。并派杜修经同志前来为省委巡视员,帮助前委工作。"[①]

6月底,杜修经怀揣着两封中共湖南省委的指示信,与省委新委派的中共湘赣边界特委书记杨开明一起动身,前往井冈山革命根据地。

杜修经、杨开明进入莲花境内时,就听到了红四军粉碎赣军第四次"进剿"的消息。到莲花县城时,红四军第二十九团已进入莲花在做群众工作。杜、杨二人见到了第二十九团团长胡少海和党代表龚楚,比较详细地了解到龙源口大捷及占领永新县城的情况。红军战士们告诉他俩,毛泽东、朱德都在永新城。于是,杜修经和杨开明在莲花城分手,他去永新,杨开明去宁冈。

6月30日,杜修经到达永新县城。交通员把他领到毛泽东的住地。当时,毛泽东正在主持召开中共湘赣边界特委、红四军军委、永新县委的联席会议,见到杜修经,忙迎上来说:"你来了好。我们的一切问题都解决了。"

会议继续开,杜修经回忆说:"在这次会议上,我首先表明了省委决定的不适宜,然后传达了省委的决定。""当时毛泽东同志听了,面色顿时沉闷。但仍继续主持会议。对于省委的决定,由于我的表态,会上没有发生争论,只就省委的这个决定不适宜处作了讨论,并通过了不执行省委意见的决议。此外,还着重讨论必须在一个星期内,如何加速永新全境的

---

① 《中共湖南省委给红四军军委的指示信——红四军向湘南发展,取消军委成立前委统一指挥红军及湘南党的工作》(1928年6月26日)。

笔下起风雷　胸中百万兵
　　土地革命战争中的毛泽东

基层政权建立，土地革命，发展武装建设以及筹款等项工作。"①

　　7月4日，针对中共湖南省委脱离实际的指示，毛泽东代表中共湘赣边界特委、红四军军委给中共湖南省委写报告，陈述了红四军不能去湘南的理由。1. 红四军正根据中共中央和中共湖南省委批准的计划，建设以宁冈为大本营的根据地，洗刷"近于流寇"的"遗毒"，永新、宁冈二县的群众已普遍起来，不宜轻率变动。2. "湘省敌人非常强硬，实厚力强，不似赣敌易攻。""故为避免硬战计，此时不宜向湘省冲击，反转更深入了敌人的重围，恐招全军覆灭之祸。"3. "宁冈能成为军事大本营者，即在山势既大且险，路通两省，胜固可以守，败亦可以跑"，"实在可以与敌作长期的斗争，若此刻轻易脱离宁冈，'虎落平阳被犬欺'，四军非常危险"。4. 过去全国暴动，各地曾蓬勃一时，一旦敌人反攻，则如水洗河，一败涂地。这都是"不求基础巩固，只求声势浩大"的缘故。因此，我们全力在永新、宁冈工作，建设罗霄山脉中段的政权，求得巩固的基础，这"绝非保守观念"。5. 湘南各县经济破产，土豪打尽，四军此刻到湘南去，经济困难绝不可能解决。6. "伤兵增到五百，欲冲往湘南去，则军心瓦解，不去又不可能，此亦最大困难问题之一。"因此，毛泽东在最后写道："上项意见，请省委重新讨论，根据目前情形，予以新的决定，是为至祷！"②

　　永新联席会议后，毛泽东、朱德等指挥红四军转战于永新、莲花、安福和吉安边境，分兵发动群众，扩大井冈山革命根据地。

　　就在这时，湘赣国民党军对井冈山革命根据地和红四军发动了第一次"会剿"。敌军的兵力部署是：湖南以吴尚第八军的三个师参加"会剿"；江西以王均第三军、金汉鼎第三十一军各一个师和刘士毅独立第七师参加"会剿"。两省敌军约定于7月7日同时行动，分别向宁冈和永新进攻，夹击红四军。

---

① 杜修经：《八月失败》，井冈山革命根据地党史资料征集编研协作小组、井冈山革命博物馆编：《井冈山革命根据地》（下），中共党史资料出版社1987年版，第524页。
② 转引自中共中央文献研究室编：《毛泽东传》（1893—1949）（上），中央文献出版社1996年版，第181—182页。

湘敌吴尚第八军为避免同红四军主力作战，乘红四军分兵在莲花、安福、吉安边境发动群众之机，提前于7月4日行动，以第一师、第二师由酃县、茶陵进入宁冈，当日集结于砻市，9日移至新城，10日全部经新七溪岭进入永新南西南部地区，等待与江西"会剿"军会合。

敌人这次是两省"会剿"，面临新情况，如何应对？毛泽东在永新一所学校里主持召开了各部队营以上干部会议。针对一些干部流露出的对宁冈敌人打还是不打的犹豫不决态度，毛泽东主张一部分队伍继续做巩固永新的工作，另一部分去收复宁冈。毛泽东说：一定要把宁冈的敌人赶走。经过讨论，会议最后作出打宁冈敌人的决定，集中第二十八团、第二十九团、第三十一团于龙源口东南的绥远山一带，侧击由宁冈进入永新之湘敌第八军。

7月11日，红四军各团到达预定地区。然而，出现了意想不到的情况，敌军与红军错道而过，已经离开了宁冈，向永新方向去了，红四军扑了个空。红四军军委立即改变部署，决定由毛泽东率领第三十一团，对付即将进入永新的江西敌军；朱德、陈毅率领军部和第二十八团、第二十九团进攻湖南酃县，威逼茶陵，迫使湘敌第八军退出"会剿"，回援其后方，达成目的后，立即返回永新，与第三十一团一起对付赣敌，彻底粉碎湘赣两敌的"会剿"。

次日，朱德、陈毅率领第二十八团、第二十九团和军部特务营，一举攻下酃县县城。湘敌在永新还没有站稳脚跟，见后院起火，便于14日匆匆退回高陇。赣军虽然推进到永新，但与湘军会师的计划没有实现，又受到红军第三十一团的不断骚扰，处在进退维谷之中。一切都在按照红四军的反"会剿"计划顺利进行，态势良好。

第二十八团、第二十九团打下酃县后，原计划北攻茶陵。但是，吴尚第八军已经被迫由宁冈、永新一带返回茶陵，红军调动湘敌回防的目的已经达到了，再执行攻打茶陵的计划已经没有必要，于是，朱德、陈毅决定改变攻打茶陵的计划，率领部队折回宁冈，增援永新。

然而，就在这时，意外发生了！第二十九团的一些官兵不愿返回宁冈，要求："打回老家去！""就地闹革命！"第二十九团是湘南起义后成立的宜章农军第三师改编的，乡土观念十分严重，上井冈山后，由于当地经济条件有限遇到了一些生活困难，他们不愿意在井冈山地区继续过艰苦的生活，一心想回家乡去。杜修经于5月下旬第三次上井冈山时，第二十九团就有一些人向他流露出这种情绪。当时，对井冈山斗争情况不了解的杜修经，就冒冒失失答应过这些人的要求。因此，杜修经对于这些闹着要回湘南去的人是支持的。

第二十九团党代表龚楚，是要求回湘南的狂热鼓吹者，要各连士兵委员会负责人在部队中造成"非回湘南不可"的声势。就在7月12日当晚，第二十九团士兵委员会召开秘密会议，决定在第二天由鄜县去湘南。

朱德、陈毅得知第二十九团内部出现情况后，立即写信给留在永新的毛泽东，并且召开红四军军委扩大会议，对第二十九团要求返回湘南的行动加以阻止。

7月15日，为了整顿红军的纪律和确定部队的行动方向，红四军军委在沔渡召开了扩大会议。会上，朱德表示不同意去湘南。龚楚竭力主张把部队拉到湘南去。他振振有词地说：围魏可以救赵，我们到湘南，把敌人引过来，可以促进毛泽东率领的部队在永新发展。[①]

这时，随队的杜修经有很大发言权。他是中共湖南省委的代表，在有两种不同意见的情况下，他的意见就有举足轻重的作用。遗憾的是，他是去湘南的支持者。杜修经回忆这次会议时说："会上提出要到湘南去，重提执行湖南省委的决定，这时，主要是二十九团，逃避斗争，欲回家乡的影响，对当时敌情并不清楚，也没有考虑到边界党的路线的正确，群众基础好，怎么与敌周旋的有利条件，便贸然决定去湘南，并谓'围魏可以救赵'。就是说，我们主力去湘南，敌人主力也会紧追我们，从而会减轻边界的压力。这些错误的认识，对我也有一定的影响，反认为去湘南，还是有利的。因此，在会上，我并没有坚持永新联席会议的精神，反对去湘南，对二十九团的欲回家乡的情绪，不知是政治动

[①] 转引自中共中央文献研究室编：《朱德传》（新编本），中央文献出版社1996年版，第167页。

摇,是逃避斗争。"①

杜修经主张到湘南,使部队中的农民意识更加狂热。在此种情况之下,红四军军委十分为难,迁就了主张去湘南的意见,改变返回永新的决定,同意第二十九团去湘南的要求。但考虑到第二十九团单独回去,孤军奋斗难以支撑,决定第二十八团同去湘南。但第二十八团的士兵不大愿意去湘南。杜修经看到此情景,也觉得事大,需要征求毛泽东的意见,建议部队推迟一天行动,等他去特委找到毛泽东商议后再行动。龚楚在散会后对杜修经说:等你一天,你不来,我们就走了。

次日,杜修经赶到茅坪,恰好毛泽东上午去永新了,只见到特委书记杨开明。杨开明听杜修经讲了情况以后,也没有作慎重考虑,就说:"决定了,就走吧!老毛那里,我跟他说。"杜修经马不停蹄赶回部队,这时,天已经黑了,看到许多战士在休息。他们问杜修经到底走不走,杜修经说:"走!"

7月17日,第二十八团和第二十九团从沔渡南下湘南。

毛泽东接到朱德、陈毅的信后,得知部队要去湘南,便派中共茶陵县委书记黄琳(江华)带着他的亲笔信去追赶部队。为什么派江华去送信?据江华自己说,是要他去劝部队打茶陵,打了茶陵再回永新。江华从永新县城跑到郴县,一口气跑了100多里,总算追上部队,把信交给了杜修经。杜修经看信时,陈毅在旁边。他看完后交给陈毅。毛泽东这封信苦口婆心地说:罗霄山脉中段的政权必须坚持,绝不能放弃。现在形势的发展对坚持井冈山革命根据地的斗争、建设巩固的罗霄山脉中段的政权十分有利。如果此刻离开边界去湘南,必然会被敌人各个击破。毛泽东在信中希望朱德、陈毅耐心说服部队,不要前去湘南,留在边界坚持斗争。陈毅看完信后,杜修经问他怎么办,陈毅表示宿营后,晚上开军委会议决定。

部队宿营后,军委决定就地休息一天。第二天召开连以上干部会议,杜修经主持会议。会上争论十分激烈。朱德提出按照毛泽东的意见,不去

---

① 杜修经:《八月失败》,井冈山革命根据地党史资料征集编研协作小组、井冈山革命博物馆编:《井冈山革命根据地》(下),中共党史资料出版社1987年版,第525页。

湘南，劝说大家回去解永新之围，说井冈山离这里不远，只需两三天时间就到了。龚楚力主去湘南，主持会议的杜修经支持龚楚的意见。

杜修经在会上提出：以第二十八团、第二十九团到湘南去，第三十一团、第三十二团到边界，这样一面可以分散敌人"会剿"的目标，一面湘南工作也可以进行。于是军委召集扩大会议，决定照湖南省委指示，将军委改为前委，因毛泽东在永新，由陈毅代理书记，毛泽东以军党代表名义指挥第三十一团、第三十二团，前委指挥第二十八团、第二十九团往湘南。

7月24日，红军攻打郴州。郴州城内是范石生补充师的部队，全是新兵，不经打，红军很快占领了郴州。进入郴州后，红二十九团士兵便不听指挥，忙着理发、吃东西。当晚，敌人发起反攻，红二十九团仓促集合，结果乱成一团，被打散，只剩下二百来人，编入红二十八团。

7月25日，朱德、陈毅、杜修经、王尔琢带领部队撤到资兴布田村，接着又退到桂东、资兴、汝城之间的龙溪十二洞。

红四军大队离开湘赣边界后，赣军11个团从吉安、安福进攻永新。毛泽东在永新县境内一面动员群众组织起来、武装起来，实行坚壁清野；一面把第三十一团分东、北、中三路，每路成立行动委员会负责指挥，用一个团兵力，充分依靠地方赤卫队、暴动队和广大群众，利用地形熟悉、敌情较明等条件，采取以逸待劳、四方游击等方式，牵制赣军11个团近一个月。后来，赣军发现红四军主力已去湘南，便发起猛攻，第三十一团和地方武装从永新城郊区及周围撤走，随后又丢失了莲花、宁冈。敌人疯狂烧毁房屋，屠杀人民。土豪劣绅乘机报复，分了田的地方，面临收割季节，又被他们霸占。

这时，湖南国民党军第六军与江西国民党军第三军为争夺地盘发生火并，参加对井冈山革命根据地"会剿"的国民党军相继退去。湘赣两省的敌军的第一次"会剿"草草收场。

8月中旬，中共湖南省委又派袁德生给中共湘赣边界特委送来指示信。信中认为"红军向湘东发展的战略在目前形势上是绝对的正确，红军四军应很迅速地毫不犹豫地取得萍、安，武装安源工人，建立豫〔赣〕

边、湘东、平江各区暴动的联系,与湘南暴动相呼应"。[①]

中共湖南省委这个指示又是坐在屋子里空想出来的。红四军主力去了湘南,留下来的第三十一团抵挡不住赣军11个团的进攻,丢失了边界的各县县城与平原地区,处境已经非常艰难。如果执行向湘东发展的指示,必然会遭受更严重的损失。

毛泽东召开了连以上干部参加的特委扩大会议,讨论中共湖南省委的指示。这时,大家从郴州回来的农民那里知道,红四军主力在湘南已经失败。会议经过讨论,拒绝中共湖南省委要红四军去湘东的指示,决定由毛泽东率领第三十一团第三营前往湘南迎回红军大队,留下第三十一团第一营、特务连会同第三十二团坚守井冈山。

为什么在毛泽东的领导下革命力量就能发展?细思起来,就是不盲目执行上级指示。当上级指示来的时候,他总是要认真思考一下,是否符合当地实际情况。他非常清楚,在敌强我弱的严酷武装斗争环境中,思考问题的出发点首先是要保存自己,其次才是发展。如果盲目执行上级指示,一着不慎,就会遭受惨重损失。而这种损失是无论怎样检讨都无法挽回的。

8月18日,朱德、陈毅等率领第二十八团一部打下桂东县城。8月22日,毛泽东、宛希先率领第三十一团第三营进入桂东县城。第二十八团同第三十一团第三营分别一个多月,再次相见,分外亲切和高兴。有人甚至称这是"第二次会师"。

毛泽东到桂东县城后,派人去东水红四军军部,同朱德、陈毅取得联系。朱德、陈毅、杜修经即由沙田到桂东县城见到毛泽东。陈毅向毛泽东报告了部队失控和先胜后败的情况,并作了自我批评。毛泽东对他说:"打仗就如下棋,下错一着马上就得输,取得教训就行了。"

第二天,毛泽东在桂东唐家大屋召开有营以上干部参加的前委扩大会议。会议中,湘军吴尚第八军第三师两个团在桂东挨户团的配合下,分两路袭击桂东县城,将第二十八团和第三十一团第三营隔开。毛泽东和朱

[①] 《中共湖南省委给湘赣边特委的指示信——全国与湖南的形势,红四军应坚决向湘东发展》(1928年7月20日)。

德立刻指挥第二十八团第一营和第三十一团第三营冲出城去，占据有利地形，进行阻击。战斗一直打到天黑，打退湘敌多次进攻后，红军随即撤出县城，转移到沙田附近的寨前。在这里，中断了的前委扩大会议继续进行。会上总结了第二十八团、第二十九团南下湘南的教训，批评了杜修经的错误，决定红四军返回湘赣边界，继续坚持罗霄山脉中段的政权。会上撤销了按中共湖南省委指示组织的前委，另组织行动委员会，以毛泽东为书记。会议决定将引导第二十九团返回湘南的主要责任人杜修经、龚楚留在湘南，组织中共湘南特委，进入资兴龙溪，继续领导资兴、汝城、桂东、安仁各县的赤卫队，以此为基础，开展湘南工作。

在回井冈山途中，王尔琢因第二十八团第二营营长袁崇全叛变而牺牲。这是继卢德铭之后，朱毛部队又一重大牺牲。痛失一位战将，毛泽东十分痛惜，写了一副挽联："一哭尔琢，二哭尔琢，尔琢今已矣！留却重任谁承受？生为阶级，死为阶级，阶级后如何？待到胜利方始休！"[①]毛泽东的挽联代表了红四军全体指战员对他们的参谋长的悼念之情。

9月8日，毛泽东、朱德、陈毅率领红军大队回到了井冈山。

井冈山这边，在毛泽东率领第三十一团第三营离开之后，湘赣国民党军又发动了第二次"会剿"，留守井冈山的何挺颖、朱云卿等指挥第一营会同袁文才、王佐率领的第三十二团坚守井冈山。袁文才率领一部防守鄱县通向茅坪山路。王佐防守八面山、双马石、朱砂冲、桐木岭四个哨口。第一营的第一连、第三连防守黄洋界。8月30日，敌军四个团向黄洋界连续发动了四次冲锋，都被红军打退。参加黄洋界保卫战的刘型回忆说："下午4时许，我们把二十八团留在茨坪修械厂修理的一门较好的迫击炮也抬来了，安放在我指挥阵地附近。我们向敌人发了三发炮弹，第三发正落在敌人的指挥所驻地——腰子坑爆炸了。敌人原以为我主力红军不在山上，听见炮响，又以为我主力红军已经回到井冈山，吓得魂飞魄散。夜间，敌人利用云雾弥漫，我无法下山追击的时刻，逃之夭夭，跑到鄱县境内去了。我们阻止了敌人的进攻，保卫了井冈山，取得了黄洋界保卫战的

[①] 《萧克回忆录》，解放军出版社1997年版，第106页。

胜利。"①

黄洋界保卫战的胜利,使井冈山革命根据地"八月失败"的阴影中透出一抹亮色。毛泽东听到这个消息,欣喜之余,写下千古传唱的《西江月·井冈山》:

山下旌旗在望,
山头鼓角相闻。
敌军围困万千重,
我自岿然不动。

早已森严壁垒,
更加众志成城。
黄洋界上炮声隆,
报道敌军宵遁。②

黄洋界由此成为井冈山革命根据地最有代表性的地标,现在大家到井冈山学习、接受革命教育,都必到这里参观。

"八月失败",谁之过?

始作俑者应是杜修经。他到井冈山后,在没有和毛泽东、朱德等沟通的情况下,便答应第二十九团一些人回湘南去。这样做是非常轻率和不负责任的,助长了那些要回湘南的人错误思想的发展。他回到安源后,在给中共湖南省委的报告中,对根据地的建设经验没怎么谈,把问题讲了一堆,造成中共湖南省委对井冈山革命根据地的悲观误判。以省委巡视员身份参加井冈山革命根据地领导层工作后,杜修经不坚决拥护永新联席会议的决定,反而支持第二十九团一些回湘南的错误要求,以致铸成第二十九团解体的大错。杜修经应对"八月失败"负直接责任。第二十九团的党代表龚楚,是回湘南的竭力鼓吹者。他作为红四军领导层成员,对"八月失

---

① 刘型:《黄洋界保卫战前后》,井冈山革命根据地党史资料征集编研协作小组、井冈山革命博物馆编:《井冈山革命根据地》(下),中共党史资料出版社1987年版,第408页。
② 中共中央文献研究室编:《毛泽东诗词集》,中央文献出版社1996年版,第14页。

败"负有不可推卸的重要责任。

中共湖南省委在井冈山革命根据地的发展问题上，犯了急躁、冒进错误，不顾红四军的实际情况，总希望红四军能够不停地到处出击，扩大根据地。特别是，在国民党新军阀占领北平后，中共湖南省委对本省的政治局势和敌我力量作了过于乐观的判断，恨不得革命马上在湖南全省取得胜利，犯了"左"倾盲动错误。中共湖南省委给中共湘赣边界特委和红四军出击湘南的指示，给了第二十九团一些人要求回湘南的依据。中共湖南省委还要求红四军出击湘东。要不是毛泽东的抵制，红四军和根据地"八月失败"的损失会更大！中共湖南省委对"八月失败"要负有领导责任。

从更深层的原因来讲，是当时第二十九团不少官兵的农民意识。他们到井冈山后，不愿过艰苦的生活，逃避斗争，总想回乡。不让回湘南，就发牢骚、说怪话，自由散漫。攻下郴州后，抢战利品，不顾正在作战，就去理发、吃东西，无组织、无纪律。当时中国是一个处在半殖民地半封建社会的农业国，军队士兵绝大多数是农民，红军也不例外。建设无产阶级政党领导下的军队，如何解决部队中的农民意识问题，是中国共产党人面临的课题。

重振雄风，恢复根据地

井冈山革命根据地虽在"八月失败"中受到严重挫折，但红四军主力第二十八团和第三十一团损失不大。红四军虽然伤些皮肉，但骨头还在。吃一堑，长一智，正如陈毅所说，红四军"在一个失败之后，政策方面较前进步，单独军事行动，打硬仗，忽略地方武装，冒进观念等，皆渐次改变，军队有相当休养，各种组织有极切实的整顿，军队训练亦有进步，边界群众组织亦逐渐恢复"[①]。

部队经过一段休息、整顿、训练后，即开始恢复根据地的行动。9月13日，红四军在遂川赤卫队的配合下，攻克遂川县城。此战，打败了赣军刘士毅部五个营，缴枪250余支，俘敌营长以下官兵200余人，敌人余部退

---

① 《陈毅关于朱毛红军的历史及其状况的报告（一）》（1929年9月1日），中央档案馆编：《中共中央文件选集》（第五册），中共中央党校出版社1990年版，第753—754页。

往赣州。在战斗中，红军击毙了杀害王尔琢的袁崇全。为王尔琢报了仇，红军战士们真是人心大快。这个可恶的叛徒，想投靠敌人获取荣华富贵，没想到这么快就得到了他应有的下场。可见，背叛人民没有什么好结果。

攻克遂川，是红四军回师井冈山后重振雄风，取得的首战胜利。

9月24日，赣军李文彬部从泰和县赶来增援，刘士毅部独立第七师也从赣州开来，企图夹击红四军。敌众我寡，红四军遂撤出遂川，于9月26日返回井冈山上的茨坪。

这时，红四军的手下败将杨如轩和杨池生两部调到吉安整编，国民党第五师第十四旅周浑元部接替两杨"进剿"井冈山的任务。

10月1日，周宗昌带着六个连的兵力，准备血洗茅坪。岂知，毛泽东、朱德早在坳头陇布下伏击圈。当敌人全部进入伏击圈后，朱德一声令下，埋伏在两侧高山上的红军如饿虎扑食般冲下来，一举将敌消灭，活捉了周宗昌。之后，红军乘胜收复宁冈，取得了第二次战斗的胜利。

红军在坳头陇吃掉敌人一个营后，赣军李文彬错误地估计情况，认为红军将进攻永新，匆忙从遂川出发，绕道泰和增援永新，在遂川只留下独立第七师一部。朱德、陈毅经过周密研究，决定杀敌人一个回马枪，进攻遂川解决部队给养问题。10月3日，朱德率领第二十八团再攻遂川，留守遂川的敌人不敢恋战，仓皇出逃。红军不战再下遂川，筹集到1万块大洋和大批物资，然后分五路游击，发动群众，分配土地，重建党组织和苏维埃政权，壮大地方武装。

周浑元乘红四军主力在遂川，派第二十七团于10月底从永新再次进犯宁冈新城，企图占领茅坪，进攻井冈山。李文彬部两个团在刘士毅独立第七师的配合下进攻遂川。第二十八团不与敌人硬碰，于11月2日退出遂川，回师井冈山，准备以迅雷不及掩耳之势，进攻兵力较弱的宁冈、永新之敌。11月9日，第二十八团、第三十一团一部在毛泽东、朱德的指挥下，由茅坪出发，攻击宁冈新城之敌。红军攻势凶猛，歼敌一个营。赣军余部向龙源口逃窜，红军紧追不舍，再战龙源口，又歼灭敌人一个营。一天之内，红四军歼敌两个营，俘敌100多人，缴获枪支160余支，并乘胜第四次占领永新新城，取得了第三次战斗的胜利。

笔下起风雷　胸中百万兵
土地革命战争中的毛泽东

红四军主力返回井冈山后，三战三捷，粉碎了国民党军队对井冈山革命根据地的第二次"会剿"，扭转了"八月失败"后的被动局面，收复边界大部分地区，红四军发展到近5000人。

红四军主力返回井冈山后，为什么能够取得三战三捷的胜利？主要是利用湘、赣两省国民党军队之间利害关系不一致、行动不协调之弱点，集中兵力打击对红军威胁最大的赣敌。同时，利用灵活机动的战术，避强击弱，牢牢抓住作战主动权，忽南忽北，调动敌军，创造战机，各个击破。这表明，红四军的游击战术运用越来越纯熟。红军不但壮大了，而且战术也发展了。

毛泽东、朱德在井冈山的斗争引起了中共中央的重视。6月4日，中共中央发出致朱德、毛泽东并前委信[①]，指出："数月来，你们转战数千里与反动势力奋斗，中央对于你们在这种刻苦的劳顿的生活中而能努力不懈的工作甚为欣慰。"信中介绍了国内局势和各地武装斗争情况，批评了盲动错误，提出："你们的任务就是在湘赣或赣粤边界，以你们的军事实力发动广大的工农群众，实行土地革命，造成割据的局面，向四周发展而推进湘鄂赣粤四省暴动局面的发展。"并指出："中央前此依江西省委的提议主张你们向赣南发展占领赣南夺取吉安为屏障，这一计划如果在事实上有胜利的把握，那当然在政治上有更大的影响，而且可以与广东的北江联系，但如无胜利的把握而且地理上如果不及赣西湘赣边界之可进可守，那么，你们仍然是以选择你们现在已经占领的地方为根据地为适宜。"信中指示："中央认为有前敌委员会组织之必要。前敌委员会的名单指定如下：毛泽东，朱德，一工人同志，一农民同志，及前委所在地党部的书记等五人组织，而以毛泽东为书记。前委之下组织军事委员会（同时即是最高苏维埃的军事委员会），以朱德为书记。"并规定："如前委在江西境内时受江西省委指导，在湖南境内时受湖南省委指导，同时与两个省委发生密切关系。"[②]

---

① 据李维汉回忆说："这封信是中央（留守）发的，也可能在秋白、恩来出国前曾讨论过。"
② 《中央致朱德、毛泽东并前委信》（1928年6月4日），中央档案馆编：《中共中央文件选集》（第四册），中共中央党校出版社1990年版，第239、251、256—257页。

中共中央这封指示信对毛泽东、朱德领导的红四军的发展是有积极作用的，主要表现在：其一，对他们领导红四军的奋斗历程给予了肯定；其二，对于他们活动的区域，只是提出了建议，没有硬性规定，这使红四军可以有自己视情况决定自己活动区域的空间；其三，以中央的名义组织前敌委员会，使红四军有了在活动区域内领导地方党组织的权力，有了更多的自主决定行动方向的权力，也可以更好地处理同湘、赣两省委关系；其四，明确毛泽东为前敌委员会书记，朱德为军事委员会书记，从而确定了毛泽东、朱德在红四军中的领导地位，也为此后毛泽东、朱德在红军中的领导地位提供了基础。

当然，这封指示信也有不足之处，如错误地要在红四军中"取消党代表"制度。[①]

由于交通的关系，毛泽东收到中共中央这封指示信时，已是11月初了。11月6日，在茨坪召开了中共湘赣边界特委扩大会议。会上，根据中共中央指示信，成立了中共中央红四军前敌委员会，由毛泽东、朱德、谭震林（地方党部书记）、宋乔生（工人同志）、毛科文（农民同志）组成，毛泽东为书记。

11月14日，红四军党的第六次代表大会在宁冈新城召开。大会历时两天，讨论了政治、军事、党务等项重要问题，并作出相应决议。大会"选举了二十三人的军委，朱德为书记（照中央指定），对内是军中党的最高机关，隶属前委。对外是边界苏维埃军事委员会，指挥红军及地方武装"[②]。

毛泽东等没有机械地执行中共中央的指示，而是根据实际情况坚持自己的意见。关于党代表问题，前委认为"党代表制度，经验证明不能废除"，理由是"特别是在连一级，因党的支部建设在连上，党代表更为重要。他要督促士兵委员会进行政治训练，指导民运工作，同时要担任党的支部书记。事实证明，哪一个连的党代表较好，哪一个连就较健全"。党

[①] 李维汉：《回忆与研究》（上），中共党史资料出版社1986年版，第251页。
[②] 转引自中共中央文献研究室编：《朱德传》（修订本），中央文献出版社2006年版，第180页。

笔下起风雷　胸中百万兵
土地革命战争中的毛泽东

代表伤亡太多，前委还"希望中央和两省委派可充党代表的同志至少三十人来"①。

还在红四军主力返回井冈山不久的10月4日至7日，中共湘赣边界第二次代表大会在茅坪召开，通过了《政治问题和边界党的任务》等决议，选举成立了以谭震林为书记、陈正人为副书记的中共湘赣边界特委。

中共中央红四军前委、中共湘赣边界特委和中共红四军军委，构成了井冈山革命根据地的领导模式。

11月25日，毛泽东在给中共中央的报告中，汇报了组建中共红四军前委和军委的情况，并将井冈山革命根据地创建以来的情况作了一个全面的汇报②。这个报告再加上他为中共湘赣边界党的第二次代表大会起草的《政治问题和边界党的任务》的决议③，提出并阐述了一个重要命题——"工农武装割据"。

毛泽东率领秋收起义部队上井冈山创建根据地一年多来，经历了风风雨雨，既有成功的经验，又有失败的教训。当初对于上井冈山，党内有非议；跟随上井冈山的人，也有对红军能不能站住脚持怀疑态度者。在白色政权的包围中，红色政权能否长期存在并发展？这是一个非常现实的问题，也是一个重大的理论问题，必须在总结经验教训的基础上予以回答。

毛泽东在上述给中共中央的报告和为湘赣边界党的第二次代表大会起草的决议中，根据中国社会和中国革命的特点，论证了红色政权能够长期存在并发展的主客观条件。第一，中国是帝国主义间接统治的经济落后的半殖民地国家。半封建的地方性的农业经济（不是统一的资本主义经济）和帝国主义对中国实行划分势力范围的政策，使反动统治阶级内部继续不断地发生分裂和战争。这种分裂和战争既然总是继续不断，小块区域的红色政权就能够利用这种矛盾而发生并长期坚持下来。第二，红色政权在小块地区发生，是和大革命运动的影响有密切关系的。

---

① 《毛泽东选集》（第一卷），人民出版社1991年版，第64页。
② 这份报告被收入《毛泽东选集》（第一卷）中，篇名为《井冈山的斗争》。
③ 《毛泽东选集》（第一卷）中《中国的红色政权为什么能够存在？》是决议的第一部分。

这样的政权首先发生和能够长期生存的地方，就是在大革命过程中工农群众曾经发动起来的地方。第三，小块红色区域能否长期存在，还取决于全国革命形势是否向前发展。中国革命形势是跟着国内买办豪绅阶级和国际资产阶级的继续分裂和战争而必然继续向前发展的，所以红色政权不但能够长期存在，而且会继续发展。第四，有相当数量的正式红军的存在，是红色政权存在的必要条件。第五，共产党组织的有力量和它的政策的不错误，更是一个要紧的条件。此外，还需要有便利于作战的地势和能提供足够给养的经济力等。

阐明工农武装割据的局面长期存在和发展的条件是非常重要的，只有正确回答这个问题，才能既同那种怀疑红色政权能够存在的右倾悲观思想划清界限，又同那种头脑发热认为可以无条件地在农村发动武装暴动的"左"倾盲动错误划清界限。

毛泽东科学地阐明，工农武装割据就是党领导之下的武装斗争、土地革命和根据地建设的密切结合：武装斗争是中国革命的主要形式，没有革命的武装斗争，就不能有效地进行土地革命和发展革命根据地；没有土地革命，红军战争就得不到群众的支持，革命根据地也就不能巩固和发展；不建设革命根据地，武装斗争就没有后方依托，土地革命成果就无法保持。当时就全党来说，还没有解决以农村为工作中心问题，但工农武装割据的思想提出，为解决这个问题找到了办法。

毛泽东在给中共中央的报告中，还提出了一个非常重要的问题，即在思想上建党的问题。他指出："我们感觉无产阶级思想领导的问题，是一个非常重要的问题。边界各县的党，几乎完全是农民成分的党，若不给以无产阶级的思想领导，其趋向是会要错误的。"[①]

毛泽东提出了问题，这时还没有找到解决问题的具体办法，但是，只要注意到了问题的存在，找到解决问题的办法就不遥远了。

这就是毛泽东与众不同、英明的地方。他总是及时发现问题，善于总结经验，对大家迷茫、疑惑的问题给予回答。他对井冈山革命斗争经验

---

① 《毛泽东选集》(第一卷)，人民出版社1991年版，第77页。

笔下起风雷　胸中百万兵
土地革命战争中的毛泽东

进行总结，提出工农武装割据的思想，是对全党探索中国革命道路的重大贡献。

柏露会议

井冈山革命根据地粉碎敌人第二次"会剿"不久，1928年12月11日，一支红军队伍来到井冈山。这就是彭德怀、滕代远率领的红五军。

7月22日，在彭德怀、滕代远等领导下，国民党军独立第五师第一团在平江起义。黄公略、贺国中也先后率部参加起义。这是在革命低潮时期中国共产党成功地在国民党军队中发动的一次重要起义。

平江起义后，起义部队改编为红军第五军第十三师，彭德怀任军长兼第十三师师长，滕代远任党代表。

平江起义极大地震动了湖南国民党当局，立即以八个团兵力向平江进攻。7月30日，红五军撤出平江城，转战于湘鄂赣边。

红五军活跃于湘、鄂、赣三省交界地区，对长沙、武汉、南昌威胁巨大，国民党三省反动当局欲除之而后快。11月，湖南国民党军约15个团集结于平江，湖北国民党军三个团进入通山，江西国民党军三个团抵达修水、铜鼓，准备对红五军发动"会剿"。中共湘鄂赣特委和中共红五军军委得悉后，决定红五军按照中共湖南省委要其主力南下井冈山与红四军会合的指示，彭德怀、滕代远率领第一、第三纵队，南下井冈山地区；黄公略率领第二纵队200多人，依托平、浏、修、铜之间的山区，坚持湘鄂赣边的斗争。

从报纸上得知红五军向井冈山转移的消息后，毛泽东、朱德派何长工率领红四军军部特务营和独立营前往莲花县迎接。在莲花县城北约40里处，何长工率领的部队与红五军主力会合，于12月1日到达砻市。毛泽东见到彭德怀，高兴地说："你也走到了我们一条路了。"

红五军到井冈山后，两军在砻市召开了隆重的庆祝会师大会。时为红五军中队长的李寿轩回忆说：

会师大会是在宁冈城外的一个广场上举行的，会场上临时搭起一个台子。当我们整队入场时，首长们还没有来到，我们即挨次列在台前等待着。

忽然一阵热烈的掌声,毛党代表和朱德军长来了,人们争先恐后望着。我坐在前头,看得很真切。毛泽东同志和朱德同志,都穿着一身灰布军服,头上戴着五角星帽子,脚上穿着草鞋,一见我们,立刻含笑向我们挥手,那亲切、慈爱、充满胜利信心的笑容,真是让人一辈子也忘不了。

领导同志们一齐走上台去,因为台子搭得比较简陋,也没有想到会上去这么多人,竟一下子将台压垮了。我们立刻七手八脚地又把它搭了起来。正在这时,人群里有人说话了:"哎呀,这可是不吉利呀,今天会师就垮台了。"这句话,大概让朱军长听到了,他笑嘻嘻地跑上台去,朝着大伙说:"同志们,不要紧,刚才台垮了,但是我们立刻又搭起来了,无产阶级的台是垮不了的!"

在会上,毛泽东同志分析了国内外的形势。当他说到"今天,我们红四、红五军胜利地会师了,我们的革命的力量更加强大了"时,会场又掀起了一片热烈的掌声。我感到毛泽东同志说出了我们千百个战士蕴藏在心中的话。

接着,彭军长、滕党代表,都在会上讲了话。最后,朱德军长站起来,他是那样乐观而又充满信心地说:"同志们,我们革命是一定要胜利的。今天,我们有红四军、红五军,将来,我们会有几十个军,我们能够粉碎敌人的'围剿',最后胜利一定是我们的。"

当时,在敌众我寡,敌强我弱的困难形势之下,首长们的这些充满乐观情绪的讲话,大大地鼓舞了我们广大士兵的胜利信念。①

红四军、红五军会师,进一步增强了井冈山地区工农武装的力量,不仅震惊了江西、湖南两省国民党当局,也使国民党南京政府逐渐感觉到它已成为心腹之患。11月7日,蒋介石任何键为湘、赣两省"会剿"代理总

---

① 李寿轩:《从九都山到井冈山》,《星火燎原》(选编之一),中国人民解放军战士出版社1979年版,第268—269页。

指挥，金汉鼎为副总指挥，由湘、赣两省集中了六个旅约3万人兵力，于1929年1月1日分五路向井冈山革命根据地发动第三次"会剿"。同时，对井冈山革命根据地实行严密的经济封锁。

1929年1月4日，中共红四军前委在宁冈柏露村召开有中共红四军军委、中共红五军军委、中共湘赣边界特委、各地方党组织，以及红四军、红五军代表共60多人参加的联席会议。这次会议有两项议程，一是传达中共六大决议，二是讨论如何应对湘、赣两省国民党军队的第三次"会剿"。

1928年6月18日至7月11日，中国共产党第六次代表大会在苏联首都莫斯科郊区五一村召开。中共六大为什么要经过遥远的路途跑到别国去召开呢？主要是因为国内白色恐怖太严重。开全国代表大会需要100多名代表参加，若在国内开，很难保证万无一失。若要有失，中国共产党的中央领导机关就有可能遭受灭顶之灾，党的一批地方领导干部也会遭到严重损失。因此，经与共产国际协商并得到批准，中共六大在万里之遥的莫斯科召开。中共六大，是中国共产党历史上唯一一次在国外召开的全国代表大会。

中共六大分析了大革命失败后中国的政治经济状况，明确指出中国仍然是半殖民地半封建社会，中国现在阶段的革命性质是资产阶级民主革命，批评了混淆民主革命与社会主义革命界限的所谓"不断革命"论的观点。大会指出，当前中国的政治形势是处于两个革命高潮之间，即低潮时期，革命的发展具有不平衡性。

大会总结过去革命斗争的经验教训，提出反对"左"、右两种错误倾向。大会决议案在指出大革命失败的客观原因的同时，进一步批评了党的领导机关的右倾机会主义错误，认为这种错误是造成大革命失败的主要原因，其要害是放弃革命领导权。决议案在基本肯定大革命失败后党所进行的斗争的同时，批评了"左"倾盲动错误，并着重指出，盲动主义和命令主义是当前使党脱离群众的主要危险倾向。

中共六大也有不足之处，存在对中国社会的阶级关系缺乏正确认识、把党的工作重心放在城市、对中国革命长期性估计不足、在组织上片面强调党员成分无产阶级化和党的领导机关工人化等缺点。尽管如此，党的六大的路线基本上是正确的，各地贯彻执行后，革命出现了新局面。

由于井冈山革命根据地与中共中央通信联络困难，中共六大闭幕后差不多五个来月，会议的文件才送到中共红四军前委。大家学习和讨论了党的六大文件后，以前弄不清楚的问题弄清楚了，心里亮堂多了。参加柏露会议的彭德怀回忆说："我对这次会议印象很深，认识了中国革命形势是处于两个革命高潮之间，而不是什么不断高涨；对民主革命的性质、任务，党的十大纲领①等有了比较深刻的认识。前委对反对盲动主义解释得很详细，平江起义后，我对于乱烧、乱杀的盲动主义很有反感，觉得把房子烧了，人民住到哪里去？红军也没有房子住。反革命是人而不是房子。占领修水时，渣津、马坳一带的群众已有初步发动，我军转移后，被平江游击队狗队长（老百姓这样称呼）把那块地方烧光。半个月后红军再去，农民挂白带子，对我们打土炮，封锁消息。当时盲动主义者叫这些群众为反水，对反水群众不是争取而是镇压。完全不检查自己的错误，反而把错误当作真理，把执行错误政策的说成是坚决革命，把反对错误政策的同志，说成是对革命不坚决，军阀出身靠不住。'六大'解决了这些问题，是使人高兴的。"②

联席会议上，大家认为"六次大会的决议案非常正确，我们欢跃地接受"③。会议决定油印500余本，发给各地党组织。

在中共六大通过的《苏维埃政权的组织问题决议案》中，关于"对土匪的关系"部分规定："暴动前可以同他们联盟，暴动后则应解除其武装并消灭其领袖。与土匪或类似的团体联盟，仅在暴动前可以适用。暴动之

---

① 中共六大通过的《政治议决案》提出了"中国革命现在阶段的政纲"：1.推翻帝国主义的统治；2.没收外国资本的企业和银行；3.统一中国，承认民族自决权；4.推翻军阀国民党的政府；5.建立工农兵代表会议（苏维埃）政府；6.实行八小时工作制，增加工资，失业救济与社会保险等；7.没收一切地主阶级的土地，耕地归农；8.改善兵士生活，发给兵士土地和工作；9.取消一切政府军阀地方的捐税，实行统一的累进税；10.联合世界无产阶级和苏联。
② 《彭德怀自传》，解放军文艺出版社2002年版，第117页。
③ 《红军第四军前委给中央的信》（1929年3月20日），《毛泽东军事文集》（第一卷），军事科学出版社、中央文献出版社1993年版，第56页。

笔下起风雷　胸中百万兵
土地革命战争中的毛泽东

后宜解除其武装并严厉地镇压他们。""他们的首领应当作反革命的首领看待，即令他们帮助暴动亦应如此。这类首领均应完全歼除。"①

这些规定对绿林出身的袁文才、王佐来说非常不利。毛泽东在传达这段内容时，由于他们也在场，便说"休息一下"，没有念下去。

由于事关井冈山革命根据地的安定问题，毛泽东召集朱德、陈毅、彭德怀、谭震林、陈正人及宁冈县委书记龙超清和永新县委书记王怀等开了一个小范围的会。会上，毛泽东说，对于中共六大的这些规定要根据具体情况执行，要对袁文才、王佐作具体分析。他认为，袁文才本来就是党员，不能杀。王佐这个人虽然原来不是党员，但过去是和豪绅对立的，现在又经过改造，入了党，性质起了变化。毛泽东还说，由于王佐得到了改造，欢迎和拥护我们，帮助我们在井冈山安了家，不能杀他，没有理由杀他。

王怀和龙超清与袁文才、王佐有矛盾，主张杀袁、王二人。毛泽东对他们反复做工作，强调执行中共六大决议，应该根据具体情况作具体分析，不应机械执行。最后，"会议决定不杀袁、王"②。

毛泽东能够从实际出发，具体分析执行中共六大决议，别人就不一定了。这是中共六大决议精神在井冈山革命根据地传达后产生的消极方面的影响，也为袁文才、王佐后来被错杀埋下伏笔。

传达完中共六大决议后，会议重点讨论了如何粉碎湘赣国民党军第三次"会剿"的部署。这时，红四军的经济状况更加困难，指战员穿的还是草鞋、单衣，无盐吃，每人每天三分钱的伙食费也无法解决。与会者在如何粉碎敌人这次"会剿"应采取的方针上看法不一。有的主张到根据地外线打，仿照从前粉碎敌人"会剿"的办法猛攻一路，消灭一股敌人，其他敌人就不敢轻举妄动。但敌人这次来势凶猛，各路敌人都比红军多几倍甚至十几倍，而且武器也比红军好得多，这样打对红军不利。有的主张让

---

① 《苏维埃政权的组织问题决议案》（1928年7月10日），中央档案馆编：《中共中央文件选集》（第四册），中共中央党校出版社1990年版，第399页。
② 陈正人：《毛泽东同志创建井冈山革命根据地的伟大实践》，中国井冈山干部学院编：《井冈山革命根据地史料大全·政权建设卷》（第3册），党建读物出版社、中共党史出版社2020年版，第1499页。

敌占我根据地，红军转移到敌人后方去，使敌人在根据地内，地形不熟，没有群众，变成聋子和瞎子，红军再择其弱点，不断打击敌人。但这样根据地就会遭到严重破坏，红军就会失掉有利地形和同根据地人民群众的联系，也不妥当。有的人主张死守井冈山，凭有利地形和人民群众的积极支援，依靠红军官兵的英勇善战，同敌人做拼死斗争。但这种办法也行不通，因为井冈山五大哨口范围不大，红军人多施展不开，日子一长，弹药和生活供应就会成为问题，万一被敌人攻破，会没有退路。

大家七嘴八舌，意见不一，怎么办？何长工回忆说：

> 毛委员认真听取了大家的意见，详细地分析了各种情况后，他认为井冈山这块根据地一定要守，不能轻易丢失，但不是死守，要采取积极行动，要善于钻敌人的空子，敌人大军围困井冈山，后方必然空虚，有隙可乘。他说："我们的办法是，一部分守山，主力出击，打到敌人后方去。敌人从这边打进来，我们从那边打出去，打他一个太极圈。这样就牵制了敌人，分散了他们的精力，顾了这边，顾不了那边；敌人不但不能消灭我们，反而被我们钻了空子，发展了新的根据地。这就是东方不亮西方亮，南方起云有北方，条条道路通胜利，就看看走得对不对。"毛委员的英明论断，得到全体同志赞成和拥护。[①]

会议决定采取"攻势的防御"方针，由彭德怀、滕代远率领的红五军和袁文才、王佐率领的红四军第三十二团守山，毛泽东、朱德率领红四军主力第二十八团、第三十一团和军直属队出击赣南，以打破敌人的经济封锁。由于井冈山地势险要，工事坚固，"八月失败"时只留少数兵力仍能守住，又估计红四军下山后，将会吸引开相当数量的进攻井冈山的国民党军队，会上把这种方针称为"围魏救赵"。

为便于统一指挥，会议还将红四军、红五军合编，红五军改编为红四

---

① 何长工：《坚持斗争在井冈山上》，中国井冈山干部学院编：《井冈山革命根据地史料大全·军事斗争卷》（第5册），党建读物出版社、中共党史出版社2020年版，第2832页。

军第三十三团[①]，彭德怀任红四军副军长兼第三十三团团长，滕代远任红四军副党代表兼第三十三团党代表。红四军留下一批干部充实第三十三团和地方党政机关。

寒冬腊月，一场大雪，雄伟的井冈山银装素裹。雪后，毛泽东、朱德、陈毅等率领红四军主力3600多人，于1929年1月14日离开井冈山革命根据地，走向转战赣南的新征程！

[①] 此处采取中共中央文献研究室编《朱德传》中的说法，也有"红五军改编为红四军第三十团"一说。

第二章
赣水苍茫闽山碧

一、艰苦转战赣南、闽西

艰苦赣南行

赣南，是红四军陌生的地区。由于脱离根据地流动作战，再加上过去与地方党组织联系不多，缺乏他们的接应和当地群众的配合，红四军挺进赣南后接连受挫，处境非常困难。

红四军下井冈山后先消灭了大汾的敌人，然后经左安、营前一直向南，每天行军五六十里。沿途经过的村庄、集镇，老百姓生活十分困苦。尽管红四军经济也十分困难，缺衣少食，但指战员严格遵守群众纪律，不给贫苦的群众增加负担。

红四军争取沿途群众的支持，以军长朱德、党代表毛泽东的名义发布了《红军第四军司令部布告》，并发表了《中国共产党红军第四军军党部宣言》，宣传共产党和红军的革命宗旨是：打倒列强、打倒军阀、统一中华。布告还宣传中国共产党在民主革命时期的各种政策，主要有："地主田地，农民收种，债不要还，租不要送。""增加工钱，老板担任，八时工作，恰好相称。""城市商人，积铢累寸，只要服从，余皆不论。""敌方官兵，准其投顺，以前行为，可以不问。"并号召全国人民为推翻国民党反动政府和夺取全国革命胜利而奋斗。

1929年1月18日，红四军抵达崇义县杰坝。当晚，毛泽东、朱德、陈毅等召集崇义县共产党员周然、陈必凯等10余人座谈调查，布置他们开展工作。次日，红四军打开崇义县城，救出了被反动派关押的工农群众。晚上，毛泽东与朱德一起在县城张家祠召集部分党员和进步青年，开座谈会，讨论发动群众开展革命斗争问题。20日，红四军军部工农运动委员会在崇义县城召开军民大会，毛泽东在会上发表演讲，号召群众起来，打倒土豪劣绅，建立工农政权。

1月21日，红四军向大庾进发。大庾没有国民党正规军，只有地方武装保安团，听说红军大队人马来了，吓破了胆，弃城而逃。22日，红四军顺利进入大庾县城。大庾旧称"南安府"，比较富庶，部队在大庾住下来，打土豪筹款，改善生活。

红四军下井冈山后，赣敌李文彬第二十一旅和刘士毅独立第十五旅从遂川尾追而来。红四军估计到敌人会来进攻，中共红四军军委在大庾天主教堂召开党的活动分子会议，讨论打还是不打问题。参加会议的有毛泽东、朱德、陈毅、林彪、何挺颖等。会上有两种意见。多数人主张打，其中包括第二十八团团长林彪、党代表何挺颖。尤其是何挺颖，坚决主张打。少数人认为不能打，但在多数人主张打的情况下，也不好坚决反对。最后，军委会议决定迎战李文彬第二十一旅。

迎敌的决定是仓促作出的，红四军既没有摸清敌人进攻的方向，也没有搞清敌人进攻的时间。次日，红军侦察员突然报告，说敌人追来了。红四军立即出大庾城迎敌，第二十八团担任主攻。由于林彪事先连地形都没有看，部队出大庾城四五里路就和敌人接触了。

李文彬第二十一旅是朱培德较有战斗力的部队，并且已经占领了天柱山、惜母岭等有利地形。第二十八团与敌交火后，发现敌军数倍于己，火力强大，林彪与党代表何挺颖商议，要组织全团撤退。何挺颖坚决反对撤退，亲自率领部队向敌军发起猛烈反击。打退敌人两次进攻后，何挺颖身负重伤,被几个战士抬下来。部队失去指挥,纷纷后退。此时,林彪不仅不指挥部队反击,反而随溃退的部队往后退。

红二十八团退到离大庾城不远的地方,遇到前来查看的毛泽东和陈毅。毛泽东愤怒地斥责林彪,要其指挥部队抵抗,林彪面有难色。在此危急时刻,朱德组织驻守城内的军部独立营从东门外沿小河赶到,向占据天柱山的敌军反击。第三十一团团长伍中豪也带领部队迅速控制县城东面制高点,掩护军部和辎重队向城南撤退。

红四军同优势兵力的敌人激战到下午,终不能抵挡住敌人的进攻,只好撤出城外,各部向预先指定的集合地点广东南雄乌径转移。仓促撤退中,军部工作人员跟随第三十一团机炮连及第二十八团被打散的部队行动;毛泽东、朱德与前委机关及军部失去联系,随第三十一团撤退;第三十一团与第二十八团主力也失去联系。

在转移到南雄平顶坳时,第三十一团遭到追赶而来的国民党军第十五旅第二十九团和第三十团的袭击,重伤在身的何挺颖坠马牺牲。

何挺颖的牺牲,使红四军痛失一位领导骨干,是一个重大损失。

大庾之战后,红四军沿九连山北麓向东急行。朱德与特务营营长毕占云亲自殿后。萧克在回忆当时的情况时说:

> 那一带都是崇山峻岭,偶有村寨,也是些少数民族。时值数九寒冬,部队在冰冻寒天中行走,很多人衣着单薄,大部分人穿草鞋。群众没有受红军的影响,有的逃跑,即便不跑,对我们也是怀疑的。地主武装还来骚扰。我们既要对付后面穷追不舍的敌人,又要克服自然界的重重困难。这一段行军很危险,也很艰苦。①

红四军到广东南雄乌径时,又遇到一次很大的险情。朱德回忆道:"到了乌径,天也要黑了,都很疲倦了,就讲讲话,开开会,就都在平坝子上露营了。可是当时敌人却来了,正在晚上九点钟。我们丝毫不晓得,还〈以〉为敌人也十分疲乏,休息整理,准备进攻。就在这时,这里地方党支部派出去的侦探把这消息带来了。我们即刻惊起,出发,连号都没

---

① 《萧克回忆录》,解放军出版社1997年版,第113页。

笔下起风雷　胸中百万兵
土地革命战争中的毛泽东

吹。是冬天露营，所以说走就走了。这一次红军的命运那是极端危险的了。如果没有地方党的支部，那一下就会被敌人搞垮了。"①

红四军在乌径避免一次极大危险的事例说明，有没有地方党组织的支持，差别是非常大的。毛泽东后来经常以此事例说明，红军做群众工作、建立地方党组织的重要性。

避免了一次危险，又一次危险来临了。

离开乌径后，红四军先到南雄的界址，再折入江西信丰县境。关于这一段的艰苦情况，陈毅后来在向中共中央写的报告中说："沿途皆两省交界，红军没有群众帮助，行军宿营侦探等事非常困难，敌人又有样轮班穷追政策，我军为摆脱敌人，每日平均急行九十里以上，沿途经过山领〔岭〕皆冰雪不化困苦加甚"，"连战四次皆失利"。②

红四军在信丰只休息了一夜，便经安远进入寻乌境内。1月31日，红四军在寻乌菖蒲圩与中共寻乌县委书记古柏取得联系。古柏向毛泽东和朱德汇报了寻乌和赣南革命斗争情况，建议红四军转向寻乌项山罗福嶂，在闽、粤、赣三省交界的大山里寻找一个落脚点。根据古柏的建议，2月1日，毛泽东、朱德率领红四军直奔罗福嶂，经留车、青龙、双茶亭，当晚在项山的圳下村宿营。在这里，红四军遇到了下井冈山以来最严重的一次危险。

2月2日凌晨，敌刘士毅部突然袭击圳下村。枪声起时，红军还以为是村中老百姓放鞭炮。待谭震林和江华听清是枪声时，敌人已经冲到离军部仅十几米的地方。谭震林和江华一边组织抵抗，一边命警卫员赶紧叫醒毛泽东，并通知朱德撤退。

毛泽东被枪声惊醒后，由警卫班掩护从后山突围出去。村中有一条小河，河上有座小桥，桥上、桥下挤满了争相过桥的红军战士，一片混乱。毛泽东飞快上前，朝挤在桥头的红军战士们大喊："不要跑，要抵抗敌人！"但声音太小，无人理睬。这时，毛泽东夫人贺子珍赶到。贺子珍

---

① 转引自中共中央文献研究室编：《朱德传》（修订本），中央文献出版社2006年版，第186页。
② 《陈毅关于朱毛军的历史及其状况的报告（一）》（1929年9月1日），中央档案馆编：《中共中央文件选集》（第五册），中共中央党校出版社1990年版，第755页。

佩带有手枪，毛泽东向贺子珍要过手枪，朝天开了一枪，大喊道："不要跑！要抵抗敌人！"贺子珍与毛泽东一起喊。警卫班上来了，大家齐声大喊："不要跑！要抵抗敌人！"警卫班依托河沿向追来的敌人进行射击。这时，原先混乱的战士们也镇静下来，纷纷加入抵抗的行列。敌人被顶住了，毛泽东在警卫员的掩护下，涉水过河上山。

关于圳下遭袭，粟裕是这样回忆的：

> 凌晨，我们在项山受到刘士毅部的突然袭击。那次第二十八团担任后卫，林彪当时担任第二十八团团长，他拉起队伍就走，毛泽东同志、朱德同志和军直机关被抛在后面，只有一个后卫营掩护，情况十分紧急。毛泽东同志带着机关撤出来了，朱德同志却被打散了，身边仅有五名冲锋枪手跟随。敌人看到有拿冲锋枪的，认定有大官在里面，追得更凶，越追越近。朱德同志心生一计，几个人分作两路跑，自己带一个警卫员，终于摆脱险境。这时我们连到达了一个叫圣公堂的地方，听说军长失散了，我们万分着急，觉得像塌了天似的，情绪很低沉、恐慌。因为军长威信很高，训练、生活、打仗又总是和我们在一起，大家对他有很深的感情。下午四点朱军长回来了，此时部队一片欢腾，高兴得不得了，士气又高涨起来了。但不幸的是军长的爱人伍若兰同志却被敌人抓了去，惨遭杀害。我们看到朱军长把伍若兰同志为他做的一双鞋子一直带着，很受感动。①

对于朱德圳下脱险的情况，还有一种更具体的回忆："朱德同志身穿一件军大衣，他身边有个卫士挂了花，不能走。朱德很留恋他，跑了几步，还回来看他。"跑了一里多路，到一条小河边。"因为小桥又软又小，部队涉水而过。这时正是严冬腊月，雪花满地。毛泽东同志、朱德同志也同战士一样，在寒冷刺骨的水中过了河。"②

陈毅在圳下突围时大衣来不及穿在身上，披着急走，被突然冲上来

---

① 《粟裕战争回忆录》，解放军出版社1988年版，第81—82页。
② 黎崇仁、谢甫鹏：《圳下战斗与罗福嶂会议》，陈毅、肖华等：《回忆中央苏区》，江西人民出版社1981年版，第52—53页。

的敌人一把抓住大衣。幸亏大衣是披在身上的,陈毅机智地把大衣往后一抛,正好罩住了敌人的脑袋。当敌人弄掉罩在头上的大衣时,陈毅已经逃远了。也有回忆说:"陈毅同志被敌抓住,他用拳头打倒两个敌人,摆脱了危险。"①

圳下遭袭,是红四军下井冈山挺进赣南后最危险的时刻,几位领导人历险,党和红军的历史差点儿被改写。但圳下遭袭的过程,恰恰反映出毛泽东和他的战友遇到紧急情况时镇静、勇敢、机敏的特质。有这样的领导人,红四军能够发展壮大是必然的。

圳下脱险后,红四军冒着大雪,翻越了几座大山,到达闽、粤、赣三省交界的罗福嶂。罗福嶂是一个有几十户人家的山村,四周几十里都是高山,中间是一片狭长的盆地。这里地势险要,只要堵住路口,敌人就很难冲上去。

红四军在罗福嶂得到了休息的机会,前委召开会议,就部队的领导体制、行动方向进行了讨论。井冈山时,前委有大量的地方工作需要领导,所以有军委专管军队。现在暂时没有固定的地区做地方工作,前委可以全力管军队工作,与会人员认为不需要领导机构叠床架屋,军委可以暂时停止办公,军委机关可以改为军政治部,由前委直接领导红四军。为了解决部队给养和宿营困难,与会人员认为部队有必要分成两个有独立机动作战能力的单位,于是提出将红四军所属部队改编为第一、第三纵队。第一纵队由第二十八团、特务营组成,纵队长为林彪,党代表为陈毅;第三纵队由第三十一团编成,纵队长为伍中豪,党代表为蔡协民,必要时军长朱德、军党代表毛泽东分别率领第一、第三纵队行动。毛泽东不同意立即分兵,认为分兵活动容易被敌人各个击破,此事议而未决。事实证明,毛泽东的意见是正确的。关于行动方向问题,这时红四军已经得知吉安东固一带有江西红军独立第二团,遂决定逐步向东固转移,以便能够找到有党组织、有群众的地区休息,安置伤员,并可以拊吉安敌军之背,救援井冈山的红军。

---

① 陈茂:《从井冈山出发向赣南闽西挺进》,罗荣桓、谭震林等:《回忆井冈山斗争时期》,江西人民出版社1979年版,第559页。

前委会议刚结束,中共寻乌县委书记古柏前来通知,国民党"追剿"军正在前来包围罗福嶂。于是,红四军从罗福嶂出发,向北走寻乌、澄江、会昌,之后转入瑞金境内的拔英、武阳一带,渡过绵江。赣敌刘士毅穷追不舍。刘士毅曾得意地向"会剿"军总司令致电报捷:朱毛部"自寻乌属之吉潭附近被职旅给予重创后,即狼狈向项山罗福嶂逃窜",仍未能立足。刘士毅宣称:该旅现正分路堵截"追剿","以绝根株"。[①]

物极必反,当红四军连遭失利、困难到极点的时候,转机即将来临;刘士毅得意忘形,也就是厄运即将到来的时候。

2月8日下午,据守瑞金的国民党福建省防军混成第二旅郭凤鸣部一个营望风而逃,红三十一团进占瑞金。午后3时,毛泽东派张宗逊带一个连保护贺子珍进入瑞金城收集报纸。毛泽东、朱德、陈毅等和军直属队在距城5里路的一片小松林中等待。黄昏时分,贺子珍、张宗逊收集完报纸从城内出来,被追敌刘士毅部先头部队发现。敌人一边开枪,一边追赶。贺子珍抱着报纸骑马狂奔,张宗逊指挥部队顽强抵抗。在小松林等待贺子珍、张宗逊他们的毛泽东、朱德、陈毅等人再次处于非常危险的境地。紧急时刻,朱德抽出手枪要亲自上阵阻击,被毛泽东拦住。陈毅见状,高呼:"军直属队跟我来!"带着军直属队30余人与张宗逊带领的一个连一起抵抗敌人,将敌人击退,掩护毛泽东、朱德向黄柏圩撤退。

2月9日,红三十一团撤出瑞金。在城外,红四军第一纵队被优势敌人严密围住。危急时刻,朱德命令第一支队跟着他从中间突破,第二、第三支队左右配合,向敌人反冲锋。第一纵队冲出敌人包围圈后,同第三纵队会合,到达瑞金北部的大柏地、隘前一带。

刘士毅闻风追来。陈毅、林彪命令第二支队队长萧克、党代表胡世俭率部阻击敌人。敌人暂时不敢前进,胡世俭却不幸牺牲。

这天正是农历除夕,大柏地的老百姓因不了解红军,逃跑一空。部队连续20多天被敌人追赶,战士们憋了一肚子的火,不免要发些牢骚,甚至提出要与敌人拼命。当晚,前委召开会议,决定在大柏地打伏击战。

---

① 上海《民国日报》1929年2月9日。

笔下起风雷　胸中百万兵
土地革命战争中的毛泽东

大柏地是一条10余里长的峡谷，山高林密，是打伏击的好场所。前委决定利用大柏地的地形，布置一个长形"口袋阵"，以主要兵力埋伏在通往宁都的道路两侧高山密林中，以一部分兵力引诱刘士毅进入伏击圈。粟裕回忆道：

> 这时朱军长、毛委员已发现追击之敌刘士毅的第十五旅孤军突出的弱点，且大柏地地形有利，故决定再在大柏地有计划地打一仗。这天正是阴历年除夕（二月九日），我们闯到土豪家，把土豪准备的年夜饭吃个精光。吃饱喝足以后，我们离开大柏地，埋伏在石板道两旁山上的树林里。朱德同志安排一些人挑着担子停在道上，装作掉队人员，要他们见到敌人就向埋伏区里跑。……第二天大年初一，我们继续设伏待敌。那天，下起了毛毛雨，雨停后又起风，风停了又下雨，衣服湿了刮干，刮干又淋湿，时间显得漫长。①

2月10日下午3时，立功心切的刘士毅两个团大摇大摆来到大柏地，红四军一部把敌人诱进"口袋阵"底部，东、西两路伏兵向后迂回，扎住了"口袋"。这是关系到红四军主力下井冈山后生死存亡的关键一仗，紧急关头朱德亲自带队冲在前头，连平时不摸枪的毛泽东，也提枪带警卫排向敌军阵地冲锋。在朱德、毛泽东两位最高首长的带领下，全军将士奋勇作战。由于弹药缺乏，红军用刺刀、枪托同敌人搏斗，甚至连树枝、石块都用上了。战至第二天下午，红军全歼被围敌军，俘虏正副团长以下800余人，缴枪800余支，机关枪6挺，刘士毅率领残部退往赣州。

大柏地一战，红四军一改原先被敌人追着打的被动局面，取得了作战主动权。1929年9月1日，陈毅在给中共中央的《关于朱毛军的历史及其状况的报告》中谈到大柏地之战时说："是役我军以屡败之余作最后一掷击破强敌，官兵在弹尽援绝之时，用树枝石块，空枪与敌在血泊中挣扎始获最后胜利，为红军成立以来最有荣誉之战争。"②

---

① 《粟裕战争回忆录》，解放军出版社1988年版，第83页。
② 《陈毅关于朱毛军的历史及其状况的报告（一）》（1929年9月1日），中央档案馆编：《中共中央文件选集》（第五册），中共中央党校出版社1990年版，第755页。

第二章 赣水苍茫闽山碧

红四军在大柏地的胜利,一扫下井冈山后连续受挫的阴影,在毛泽东心中留下了深深的印记。四年之后,毛泽东经过大柏地时,写下了《菩萨蛮·大柏地》:

赤橙黄绿青蓝紫,
谁持彩练当空舞?
雨后复斜阳,
关山阵阵苍。

当年鏖战急,
弹洞前村壁。
装点此关山,
今朝更好看。①

2月12日,红四军向宁都挺进。国民党军第十四军军长赖世璜的弟弟赖世琮率一个保安团驻守宁都县城,红四军在大柏地痛击刘士毅后,赖世琮闻风丧胆,弃城而逃。2月13日,红四军不费一枪一弹便占领了宁都县城。宁都是赣南比较大的县城,过去是一个州治。红四军找到当地商会,筹集到5000元,买了布,补充了给养,每人还发了5角零用钱。

红四军在宁都住了一天,就出发前往东固。第三纵队为前卫,毛泽东随第三纵队行军,朱德、陈毅随第一纵队在后。2月19日,红四军到达东固。

东固位于吉安县城东南120余里,与泰和、兴国、吉水、永丰等四县交界,四面环山,地势险峻,物产丰富。这里远离国民党反动统治的中心,是开展武装割据的好地方。中共赣西南党组织在这里领导开展武装斗争,先后建立了红二团和红四团,创建了革命根据地。当地老百姓有一个说法:"上有井冈山,下有东固山。"②

红四军指战员进入东固地区后,立即感受到这里同赣南其他地方的不

---

① 中共中央文献研究室编:《毛泽东诗词集》,中央文献出版社1996年版,第44页。
② 曾山:《赣西南苏维埃时期革命斗争的历史回忆》,陈毅、肖华等:《回忆中央苏区》,江西人民出版社1981年版,第13页。

笔下起风雷　胸中百万兵
土地革命战争中的毛泽东

同。萧克回忆说："从南隆往西走就到了大山环绕的东固。这时，群众和游击队都到街上欢迎我们。他们没有打红旗，但那种热烈动人的场面真叫人感动。"①

2月20日下午，红四军与红二团和红四团在东固螺坑召开了会师大会。陈毅主持大会，李文林向东固军民逐一介绍了红四军领导人，红二团、红四团官兵鸣号举枪致敬。毛泽东和朱德先后登上用四张八仙桌拼成的讲台，发表讲话。毛泽东传达了中共六大文件，毛泽东在会上说：目前军阀混战将起，是我们发展的大好时期，胜利一定属于我们。毛泽东赞扬了红二团、红四团和东固人民在革命斗争中所取得的成就。朱德在讲话中说："国民党反动派天天说打朱、毛，可是朱、毛越打越多，你们都成了朱、毛。"②朱德的讲话引来大家一阵欢乐的笑声。

会师后，红四军向红二团、红四团赠送了一批枪支，并决定留下毛泽覃、谢唯俊帮助他们工作。红二团和红四团向红四军赠送了2000块银圆，以及一部分子弹、衣物。

为祝贺东固会师，陈毅兴奋地赋诗："……东固山势高，峰峦如屏障。此是东井冈，会师天下壮。"③

红四军在东固得到了休整和补充，安置了伤病员。萧克在回忆中说："东固的群众非常好，我们住在东固的时候，他们送米、送菜、送柴，保证了我们3000多人的吃、住、用，使我们得到了下山以来最好的一次休息。"④粟裕也在回忆中说："由于有了这块根据地军民的掩护，我们从从容容地休整了一个星期，恢复了体力。"⑤

红四军在东固期间，对部队进行了改编，将第一纵队改编为两个纵队，即把第三、第四支队分出来，成立第二纵队，纵队长胡少海，党代表

---

① 《萧克回忆录》，解放军出版社1997年版，第116页。
② 李祖轩：《江西红军独立第二团、第四团》，陈毅、肖华等：《回忆中央苏区》，江西人民出版社1981年版，第41页。
③ 《红四军军次葛坳突围赴东固口占》(1929年2月)，《陈毅诗词选集》，人民文学出版社1977年版，第4页。
④ 《萧克回忆录》，解放军出版社1997年版，第117页。
⑤ 《粟裕战争回忆录》，解放军出版社1988年版，第83页。

彭祜。

按照原定计划，红四军在东固休整、补充后准备打回井冈山去。就在这时，毛泽东和朱德从中共赣西特委那里得到一个坏消息：井冈山革命根据地已经失守，彭德怀、滕代远已率守山的红四军第三十三团从井冈山突围，前来赣南游击。这样，柏露会议决定的"围魏救赵"计划就无法实现。在敌情方面，一直尾追红四军的赣军李文彬部赶到东固，吉安的张与仁旅也进窥东固。前委认为，东固地形民情条件固然很好，但红四军战斗力尚未完全恢复，红二团、红四团尚未与优势兵力的敌人正规军作过战，缺乏战斗经验，红军若以东固为阵地同强敌作战是不利的，将会使这个地区原来秘密割据的优势完全丧失。据此，毛泽东、朱德、陈毅等研究后，"乃决定抛弃了固定区域之公开割据政策，而采取变定不居的游击政策（打圈子政策），以对付敌人之跟踪穷追政策"。[1]

多年后，萧克在回忆录中说："这个决定有重要意义，原先我们都有一种在固定地区作长期斗争的思想，认为只有'固定区域的公开割据'才是正确的，现在这个决定，实际突破了红军初创时期在认识上的片面性和局限性，为以后在闽赣两省大范围的游击行动，以至最后创立中央苏区，打开了一条道路。"[2]

丢失井冈山革命根据地原本是件坏事，毛泽东等人认真分析局势，从实际出发，权衡利弊，寻找出另外一条路来，坏事反而变成了好事。这就是辩证唯物主义者，能在不利的局势下，综合各种条件、因素，作出正确的决策，将坏事变成好事。

制定创建根据地新战略

1929年2月25日，经过简短时间休整的红四军离开东固，又踏上了新的征程。

红四军离开东固后，沿闽赣边界转移。当时，曾有人提出各纵队分路

---

[1]《红军第四军前委给中央的信》（1929年3月20日），中国井冈山干部学院编：《井冈山斗争时期文献导读》，党建读物出版社2015年版，第144页。
[2]《萧克回忆录》，解放军出版社1997年版，第118页。

笔下起风雷　胸中百万兵
土地革命战争中的毛泽东

走,毛泽东不同意,认为那样容易被敌人各个击破,坚持集中行动。

这时,蒋介石同控制两湖的新桂系军阀矛盾激化,蒋桂战争已处于一触即发的状态,江西国民党军纷纷北调,准备参加对桂系的作战,顾不上再"追剿"红军,赣南兵力空虚,红四军遇上了难得的发展良机。

就在红四军离开东固的前一天,中共福建省委在写给中共中央的报告中,建议"红军暂时开到闽西长汀、上杭一带来作一短时间的休息,是有可能的,因为汀杭与赣粤相距较远,同时福建的反动统治力量比较弱"。中共福建省委还指示上杭、武平、长汀三县县委设法同红四军联系,把当地的军政情况报告红军,"同时把省委的意见提供给他们参考"。[①]

中共福建省委写给中央的这个报告毛泽东等不可能会看到,但这时他们也把红四军挺进方向锁定了闽西。毛泽东等人的决策是非常正确的,从而抓住了历史的机遇。

红四军离开东固后,掉头向东,经永丰、乐安、广昌、石城,进入瑞金的壬田市。3月中旬,红四军前卫走到瑞金东面约30里的虎头嘴,发现敌人从东南来堵截红军。当时支队长萧克不了解东来之敌的虚实,恰好纵队党代表陈毅来支队直接掌握情况。在陈毅的同意下,部队立即转向东南,进入闽西,插到了古城与长汀南的四都。这并不是军部预定的方向,但在游击战争时期,军部规定前卫纵队的领导人,可以根据情况临时决定全军性的行动方向。

四都是个重山环抱、两条大路交叉的小镇,没有敌军驻守,但有中共地下组织。红四军准备在这里稍事休整。不料第二天上午9时,驻守长汀的敌郭凤鸣部一个团的兵力沿着大路气势汹汹向红军进犯。

郭凤鸣是土匪出身,闽西封建割据的三个"土皇帝"之一,盘踞在瑞金、长汀一带。当地人民提起郭凤鸣,莫不恨之入骨。开辟根据地,鼓舞群众革命斗志,必须消灭郭凤鸣。

毛泽东和朱德分析了这一情况后,召集各纵队负责人开会研究作战方案,最后决定利用红军善攻的特点,主动迎击,打乱敌人进攻步骤,变被

[①]《中共福建省委给中央的信》(1929年2月24日),转引自中共中央文献研究室编:《朱德传》(修订本),中央文献出版社2006年版,第192页。

动为主动。

萧克回忆说：

> 军部决定迎战这股敌人。我支队奉命担任正面主攻。敌人占领了对面一座山，中间隔着一条小河，河上有座桥。那时是冬天枯水季节，河水很浅。战斗打响后，我支队有的从桥上过去，有的干脆涉水，很快冲过了河。敌人虽然在山上，但火力不强，连机关枪都没有。我们展开队伍，呈扇面往上冲，敌人也有一部向我冲，副支队长温朝盛率一排多人从右侧突击，敌退却，我部乘胜迅速前进，占领敌中间阵地。这时，一支队也从右边打了上来，敌人完全垮了。[①]

这是红四军第一次同闽西地方小军阀交手。通过这一仗，红四军摸清了闽西敌人的底牌——武器差，战斗力不强。广大指战员对消灭郭凤鸣信心大增，纷纷说："就算郭凤鸣是三头六臂，也逃不出咱们红军的手掌。"

中共长汀县委负责人段奋夫赶到红四军军部，在随后召开的前委扩大会议上，汇报了长汀县和郭凤鸣的情况。段奋夫说，闽西党的基础较好，1928年党组织领导的几次暴动虽然失败了，但每个农会会员还保存着"三毛钱的驳壳"——匕首，在党的领导下坚持地下斗争。敌人方面，郭凤鸣、陈国辉、卢新铭三个小军阀，各霸一方，互不相让。毛泽东、朱德听完大家汇报，又征求了大家的意见，决定进攻长岭寨，夺取长汀城，彻底消灭郭凤鸣部。

长岭寨离长汀城30里，山高林密，毛竹丛生，地势十分险要，是长汀南的重要屏障，红四军攻占长汀的必经之路。郭凤鸣的一个团在四都被红四军击溃后，他亲自率领部队占据此山，企图凭险阻止红军进攻长汀。

3月14日晨8时，红四军兵分三路向长岭寨发起攻击。在红四军的猛烈进攻下，据守山头的敌人一个团很快就被打得四处溃逃，敌团长拼命举枪高喊："打，谁退我就枪毙谁！"但敌士兵早已魂飞魄散，纷纷扔下武器，四处逃窜。只有敌旅部企图顽抗，死不缴枪。毛泽东与朱德指挥红四

[①] 《萧克回忆录》，解放军出版社1997年版，第108—110页。

笔下起风雷　胸中百万兵
土地革命战争中的毛泽东

军主力分兵合击，敌人终于不支，被全部歼灭。此战，红四军俘敌2000余人，缴获各种枪500多支，迫击炮3门，炮弹100多发。郭凤鸣在指挥向红军攻击时左腿中弹，由两名马弁搀扶着逃到牛头村一片栗树园中的茅坑内躲藏，后被打扫战场的红军战士搜出，红军连长王良一枪将其击毙。

当日下午，红四军押着俘虏，抬着郭凤鸣的尸体，浩浩荡荡开进长汀城。城内有些老百姓开始还不相信郭凤鸣已被打死，等看到郭凤鸣的尸体，始才相信。于是奔走相告，轰动全城。他们高兴地说："郭凤鸣被打死了，这回没有后患了，起来干吧！""苦日子可熬出头了！""红军前天还在江西，今天就到这里，真是神兵！"

长汀系旧汀州府治，是闽赣边界的重镇。汀州城建在武夷山下、汀江之滨。汀江是闽西最大的一条河流，经过上杭流入广东，再汇入韩江，从潮汕出海，水运极为方便。因此，汀州又是闽西物资集散地，商业和手工业比较发达，是商贾云集之地，也是闽西富庶的中等城市。

红四军自成立后，都是在湘、赣、闽、粤边界的大山里行动，还没有进入过像长汀这样的城市。为了防止违反群众纪律的现象发生，毛泽东在当地中共组织的帮助下，邀请长汀城里的钱粮师爷、老衙役、老裁缝、老教书先生、老佃农等各阶层人士，召开各种座谈会和调查会，了解长汀的政治、经济情况和风俗民情，为红四军制定了各项城市政策。红四军发布的《告商人及知识分子》指出："共产党对城市的政策是：取消苛捐杂税，保护商人贸易。在革命时候对工商人酌量筹款供给军需，但不准派到小商人身上。城市反动分子（军阀的走狗、贪官污吏、国民党指导委员、工贼、农贼、学贼）的财物也要没收。乡村收租放息为富不仁的土豪搬到城市住家的，他们的财物也要没收。至于普通商人及一般小资产阶级的财物，一概不没收。"并提出了"商人起来帮助工农阶级"，"学生起来帮助工农阶级"，"商人只要赞助革命，共产党就不没收他们的财产，并保护他们营业自由"[1]等口号。

红四军指战员在长汀严格执行纪律和城市政策，秋毫无犯，深得人民

---

[1]《告商人及知识分子》（1929年），中国井冈山干部学院编：《井冈山斗争时期文献导读》，党建读物出版社2015年版，第138、139页。

群众拥护。毕占云在回忆中说：

　　进城后，我们和以往一样，自觉地遵守毛党代表制定的"三大纪律八项注意"和城市政策。那时物资供应艰难，没有军服。打土豪分来一些衣裳，也不管长的短的，有啥穿啥。而且经过长期行军作战，已经脏破不堪。洗洗缝缝吧，又只有身上的一件，没有换的。没办法，只好利用开大会的时间，洗晒上衣；开小会时洗晒下衣。群众看我们这样困难，仍然买卖公平，秋毫无犯，深受感动，说："有这样的部队，革命一定成功！""红军真是穷人的队伍！"[①]

　　红四军入城后，在长汀党组织的帮助下，按照城市政策，没收10余家反动豪绅的财产，罚得款子2万余元，并向当地资本千元以上的商人筹借了3万元军饷，两者相加，共5万元。前委遂讨论决定：通过邮局的地下党员罗旭东，汇一笔款子给上海的党中央作活动经费；派负责军需的宋裕和带上500元前往大柏地，赔偿群众在战斗中的损失；发给官兵每人4元大洋作零用钱；购置了布匹，用缴获敌人的被服厂，赶制了4000套军服。红军战士每人发了一套崭新的灰军装，一顶带红五星的军帽，一个挎包，一副裹腿，两三双"陈嘉庚胶皮鞋"。毛泽东、朱德和战士们一样，也是第一次穿上这么整齐的红军服装。这是红四军第一次有了统一的军装，队伍拉出来，齐刷刷一色带有红五星的八角帽，灰布军装，显得特别精神，威武雄壮。

　　红四军在长汀期间，还依据东固秘密割据的经验，帮助长汀党组织秘密发展党员，比原来扩大了两倍；并建立了秘密农民协会，成立了总工会；召开了各界代表会议，选举产生了长汀县革命委员会。这是闽西第一个红色政权。

　　为了适应新形势，红四军根据中共六大决议的要求，将原有的工农运动委员会改为政治部，由毛泽东兼任政治部主任；每个纵队设政治部，由党代表兼任主任；支队、大队两级不设政治部。

　　攻占长汀后，红四军下一步该如何行动，这是一个急需解决的问题。

[①] 毕占云：《三战闽西》，《星火燎原》（选编之二），中国人民解放军战士出版社1979年版，第20页。

笔下起风雷　胸中百万兵
　土地革命战争中的毛泽东

3月20日，毛泽东在长汀"辛耕别墅"主持召开了前委扩大会议，讨论红四军下一步的战略方针问题。会上，大家讨论了江西、福建、浙江等南方各省的政治经济状况，针对蒋桂战争即将爆发的有利时机，"决定四军、五军及江西红军第二、第四团之行动，在国民党混战的初期，以赣南闽西二十余县为范围，从游击战术，从发动群众以至于公开苏维埃政权割据，由此割据区域以与湘赣边界之割据区域相连接"。[1]

这是一个视野开阔、富有远见的战略决策。赣南闽西地域宽阔，境内山峦起伏，树木茂密，回旋余地很大，适合红军大部队纵横驰骋，开展游击战争；党和群众基础很好，物产比较丰富，能够为坚持武装割据提供足够的人力、物力支持；国民党军队力量薄弱，并且离中心城市远，交通不便，军队来往集聚都很困难。这个战略决策的实施，为红四军的发展壮大和创建赣南、闽西根据地打下坚实的基础，实际上也是后来形成中央苏区的蓝图。

红四军自下井冈山以来，经历了最困难的时期，损失了200余支枪、600余人，并且牺牲了何挺颖等多名重要干部。他们的鲜血没有白流，换来了正确的发展战略！

开创赣南红色割据局面

红四军在长汀期间，国民党新军阀蒋桂战争爆发了。由于江西的国民党军北调参战，赣南兵力空虚。同时，中共红四军前委得知彭德怀率领由井冈山突围的红三十三团经过转战已到达赣南，遂决定全军迅速回师赣南。

4月1日，毛泽东、朱德率领红四军进驻瑞金，与井冈山革命根据地丢失后转战到这里的红三十三团会合。彭德怀向前委汇报了撤出井冈山的经过。毛泽东说：这次很危险，不应该决定你们留守井冈山。

会合后，红三十三团被编为红四军第五纵队，由彭德怀以红四军副军长名义进行指挥，拟在数日后返回湘赣边界，收集失散旧部，恢复红色政权，与赣南取得联络，仍属前委指挥。

---

[1]《红军第四军前委给中央的信》（1929年3月20日），中国井冈山干部学院编：《井冈山斗争时期文献导读》，党建读物出版社2015年版，第142页。

第二章 赣水苍茫闽山碧

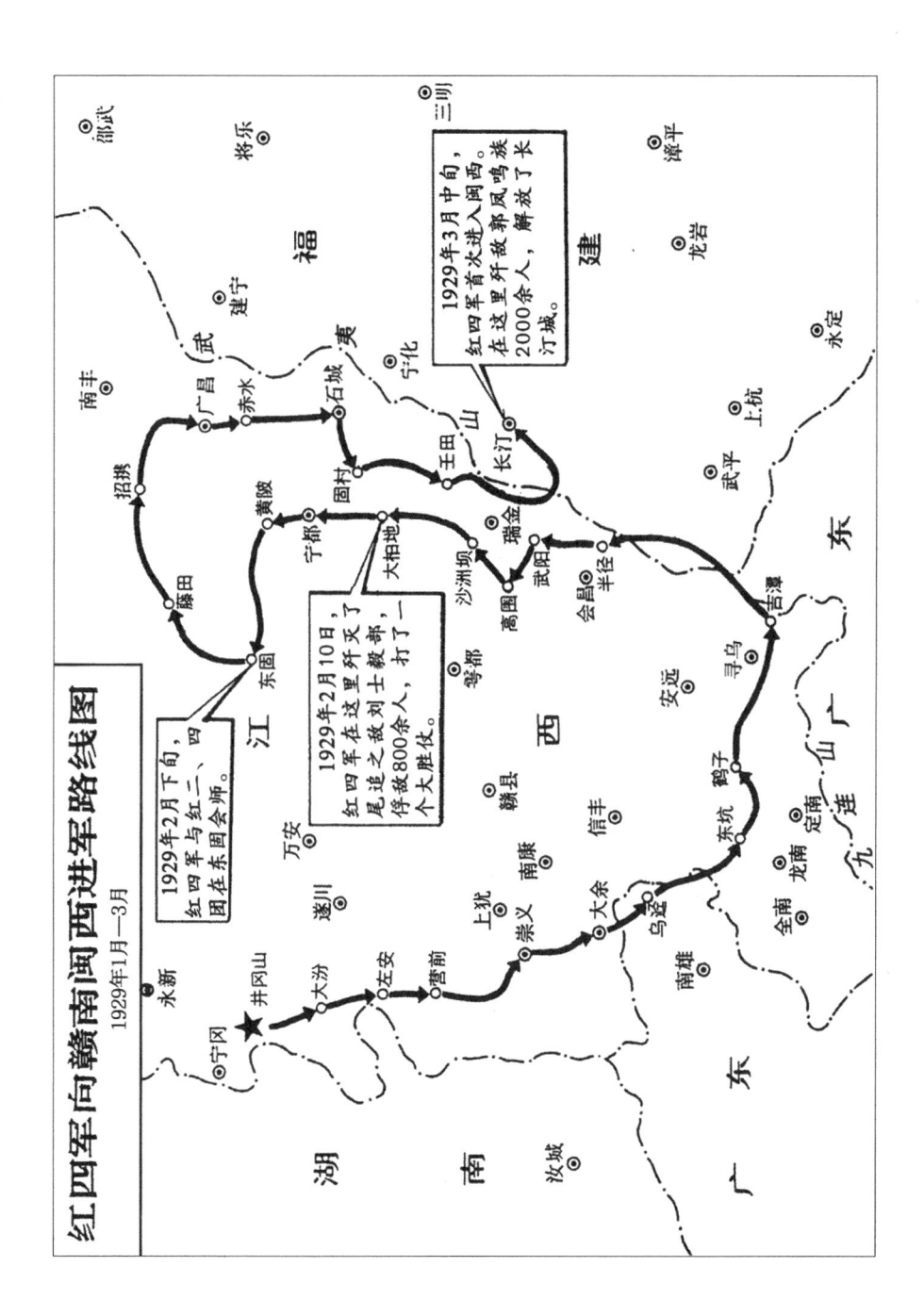

笔下起风雷　胸中百万兵
土地革命战争中的毛泽东

在瑞金，红四军前委收到中共中央的"二月来信"。这封来信是根据共产国际领导人布哈林的意见写的。周恩来曾说，布哈林在中共六大上所作的报告中，"对中国苏维埃、红军运动的估计是悲观的。他认为只能分散存在，如果集中，则会妨害老百姓利益，会把他们最后一只老母鸡吃掉，老百姓是不会满意的。他要高级干部离开红军，比方说，要调朱德、毛泽东同志去学习"。[①]远在莫斯科的布哈林哪里了解中国红军的斗争情况？这是个完全脱离实际的馊主意。但是，中共中央是共产国际的一个支部，得听布哈林的。因此，中共中央的"二月来信"要求"将红军的武装力量分成小部队的组织散入湘赣边境各乡村中进行和深入土地革命"，认为这样才能"避免敌人目标的集中"；并要求朱德、毛泽东"离开部队来中央"，以免"徒惹敌人更多的注意"[②]。

这时，正是红四军蓬勃发展之际，分散行动，不仅将使红四军作为赣南、闽西革命的拳头力量消于无形，丧失有利的发展良机，更可能被敌人各个击破。况且朱德、毛泽东是红四军的灵魂和核心。二人离去，必将使红四军失去灵魂和核心，红四军将会岌岌可危。没有当时战斗力、政治素质最强的红四军，中国革命将会怎样？不堪设想！显然，机械地执行中央的指示，将会铸成大错！

敢于从实际出发，敢于说真话，敢于担当的毛泽东，自然不会机械地执行中央这个指示。

毛泽东将中共中央的"二月来信"送给彭德怀看，彭德怀表示，时局紧张，主要负责人不能离开部队。

4月5日，毛泽东主持召开中共红四军前委会议，讨论"二月来信"。会后，毛泽东代表前委给中共中央复信，指出："中央此信对客观形势及主观力量的估量都太悲观了。三次进攻井冈山表示了反革命的最高潮。然至此为止，往后便是反革命高潮逐渐低落，革命高潮逐渐生长。我党的战

[①] 周恩来：《关于党的"六大"的研究》（1944年3月3日、4日），《周恩来选集》（上卷），人民出版社1984年版，第184页。

[②] 《中央给润之、玉阶两同志并转湘赣边特委信——关于目前国际国内形势和党的军事策略》（1929年2月7日），中央档案馆编：《中共中央文件选集》（第五册），中共中央党校出版社1990年版，第35、37页。

斗力组织力虽然弱到中央所言，但在反革命潮流逐渐低落形势之下，恢复一定很快，党内干部分子的消极态度也会迅速地消灭。群众是一定倾向我们的。"并认为："我们感觉党在从前犯了盲动主义极大的错误，现实却在一些地方颇有取消主义的倾向了。"

针对中共中央把领导城市工人运动、建立产业工人支部作为主要工作，忽视农村游击战争的观点，毛泽东指出："农村斗争的发展，小区域苏维埃之建立，红军之创造与扩大，亦是帮助城市斗争、促成革命潮流高涨的条件。""抛弃城市斗争沉溺于农村游击主义是最大的错误，但畏惧农民势力发展，以为将超过工人的领导而不利于革命，如果党员中有这种意见，我们以为也是错误的。因为半殖民地中国的革命，只有农民斗争不得工人领导而失败，没有农民斗争发展超过工人势力而不利于革命本身的。"

对于中共中央要求红四军分兵问题，鉴于过去因分兵遭受挫折的教训，毛泽东坚决不同意。自下井冈山后，红四军内部也有一些人主张分兵，由于毛泽东坚持，才没有分兵。而事实也证明，毛泽东不分兵的主张是对的。因此，毛泽东在给中共中央的复信中据理力争，认为过去多次实行分兵"都是失败的"，"五军在平、浏，四军在边界在湘南，因分兵而被敌人击破者共有五次之多"。"愈是恶劣环境，部队愈须集中，领导者愈须坚强奋斗，方能应付敌人。""此次离开井冈山向赣南闽西，因为我们部队是集中的，领导机关（前委）和负责人（朱、毛）的态度是坚决奋斗的，所以不但敌人无奈我何，而且敌人的损失大于他们的胜利，我们的胜利则大于我们的损失。"

毛泽东也不同意中央要求他和朱德离开红四军，但他婉转地说："中央若因别项需要朱毛二人改换工作，望即派遣得力人来。我们的意见，刘伯承同志可以任军事，恽代英同志可以任党及政治，两人如能派来，那是胜过我们的。"①

不久，蒋桂战争爆发，中共中央也意识到"二月来信"的不妥之处，改变了其中所提的一些意见。此事证明，在通信联络困难，中共中央与地

---

① 《红军第四军前委给中央的信》（1929年4月5日），《毛泽东军事文集》（第一卷），军事科学出版社、中央文献出版社1993年版，第59、60、61、62页。

方信件来往需要差不多两个来月的情况下，在地方从事武装斗争领导者从实际出发，决定斗争策略的重要性。

4月8日，毛泽东主持召开有中共赣南特委和中央军事部派来的罗寿男参加的前委扩大会议。会议正式同意彭德怀率领所部返回井冈山，恢复湘赣边界根据地。这也是为了实现前委3月20日在"辛耕别墅"制定的"以赣南闽西二十余县为范围，从游击战术，从发动群众以至于公开苏维埃政权割据，由此割据区域以与湘赣边界之割据区域相连接"发展战略。红四军前委扩大会议关于原红五军的行动决策，事实证明是很正确的。原红五军此后在恢复湘赣边界革命斗争、开辟湘鄂赣根据地中发挥了极为重要的作用，并且逐渐发展成为红三军团，成为红军中一支劲旅。

前委扩大会议作出的另一个决策就是红四军在赣南实行近距离分兵，发动群众打土豪、分田地，发展地方武装，建立红色政权，巩固并扩大赣南革命根据地。

会后，朱德率领第一、第二纵队与军部，毛泽东率领第三纵队，实行分兵活动。

4月中旬，朱德率领第一、第二纵队攻打宁都。宁都守敌赖世琮上次不战而逃，这次却率领六个连坚守宁都城，红军围了六天六夜，没有攻下来。红军硬攻不行，改为智取，才算把宁都城给攻了下来。

打下宁都城后，红四军军部决定在四周大力发动群众，建立地方武装和红色政权。

毛泽东带领第三纵队到兴国县城发动群众，并开展社会调查，指导建立兴国革命委员会。他在兴国的一项重要活动，就是制定兴国《土地法》。兴国《土地法》规定："没收一切公共土地及地主阶级的土地归兴国工农兵代表会议政府所有，分给无田及少田的农民耕种使用。"[1]毛泽东在井冈山制定的《土地法》是规定"没收一切土地"[2]，兴国《土地

---

[1] 《土地法》（1929年4月），中国井冈山干部学院编：《井冈山斗争时期文献导读》，党建读物出版社2015年版，第120页。

[2] 《土地法》（1928年12月），中国井冈山干部学院编：《井冈山斗争时期文献导读》，党建读物出版社2015年版，第118页。

法》中关于没收土地的规定是根据中共六大决议进行的一个正确的原则性改动。

为了推动兴国《土地法》的实行,毛泽东还在潋江书院崇圣祠办了一期土地革命干部训练班。毛泽东告诫党员干部:要像和尚念叨"阿弥陀佛"一样时刻念叨群众。这是让那些文化水平不高的干部时刻将群众利益挂在心上的最通俗而又最经典语言!

红四军分兵做群众工作,扩大根据地,取得了明显成效。从4月中旬到5月中旬,于都、兴国、宁都三县建立起了县级革命政权,工农武装割据局面初步形成,赣南革命形势如火如荼。

二、制定建党建军的伟大纲领

红四军三打龙岩

红四军于3月中下旬占领长汀,动摇了闽西反动统治,极大地鼓舞了闽西地方党组织和人民的斗争情绪,各种革命活动更加积极地开展起来。闽西党组织掌握的武装力量也积极活动,永定溪南、金丰的红色武装攻进了湖雷,赶走了敌人,策应红四军的行动。

当时,中共闽西特委设在上杭城水南,特委书记邓子恢到长汀去找毛泽东,中途听说红四军已回师赣南,旋又返回水南。于是,特委将闽西党组织、斗争情况及敌我情况,写了一封详尽的信,派人送给毛泽东,信中迫切要求红四军再次到闽西活动。

中共红四军前委接到中共闽西特委的信后,在瑞金召开了扩大会议,决定利用有利时机,再次入闽,开创闽西革命新局面。

毛泽东、朱德写了两封信,派前委委员宋裕和先行出发到闽西。一封信交给邓子恢,告诉他红四军正向闽西进军,要求特委准备策应;另一封信送交上杭地方武装领导人傅柏翠,要他们在庙前等候,商讨红四军下一步行动计划。

邓子恢接到信后,立即通知各县,准备暴动响应。

笔下起风雷　胸中百万兵
土地革命战争中的毛泽东

5月中旬，毛泽东、朱德率领红四军从瑞金出发，再次入闽。毕占云回忆：

一踏上闽西土地，立即感到与前次大不相同了。濯田、水口和涂坊等地的群众，见到我们纷纷献茶、送干粮（红薯）；青年人争先参加红军，老年人焚香祈祷，盼望我们多打胜仗。人们称红军是"命根子""救命菩萨"。当时闽西天气已经十分炎热，但群众的热情鼓舞了我们，使我们忘却了酷热和疲劳。[①]

这时，蒋桂战争虽然以蒋胜桂败而结束，但粤军徐景堂部又宣布反蒋，向控制广东的"南天王"陈济棠开战。广东战云又起，盘踞在闽西、闽南的小军阀们也很快卷了进去。蒋介石命令陈国辉率领第一混成旅主力离开龙岩，随驻漳州的新编第一师张贞部赴广东与徐景堂作战。闽南、闽西国民党军主力先后调走，驻地空虚，正是红四军开辟闽西红色区域的好时机！

红四军到达庙前后，毛泽东、朱德在庙前孔清祠会见上杭地方武装领导人傅柏翠等，听取他们关于闽西敌情的介绍。弄清情况以后，毛泽东、朱德决定暂时不去攻打长汀，而是出敌不意直取龙岩，再打永定或漳州，甩开李文彬，消灭陈国辉，相机打击张贞，以便扩大红军在闽西的影响。为了争取时间，红四军不在庙前久留，立即向龙岩进发。要求傅柏翠率部做好后方侦察，阻击追敌，掩护红四军进攻龙岩。

红四军离开庙前后，经古田向龙岩挺进，于5月22日黄昏到达离龙岩西30里的小池圩。当晚，毛泽东、朱德在小池圩的"赞生店"召开军事会议，听取中共闽西特委派来的代表介绍龙岩城内陈国辉部的情况。是时，龙岩城里只有陈国辉的旅部和特务连、机枪连防守，兵力不足500人，对红四军来说是小菜一碟。毛泽东在会上指出：陈国辉部队有许多致命的弱点，内部腐败，士兵都拖家带口，贪生怕死。我军是为人民而战，士气旺盛，消灭敌人是有把握的。前委当即作出攻打龙岩计划：红四军第一、第三纵队沿通往龙岩的公路，从正面奔袭龙岩；第二纵队从左翼占领龙岩北

[①]　毕占云：《三占闽西》，《星火燎原》（选编之二），中国人民解放军战士出版社1979年版，第22页。

门外的北山，对龙岩实施包围夹击。

龙岩是闽西的政治、经济、文化中心，盘踞这里的陈国辉部，原系闽南一股打家劫舍、残害百姓的土匪部队。北伐军入闽时，陈国辉率部投靠何应钦。消灭陈国辉，是龙岩群众的迫切要求。

5月23日上午7时许，红四军第一、第三纵队占领龙岩城郊的龙门圩，打垮了陈国辉的第一补充营，跟踪追击，突破龙岩西门，首先攻入龙岩城；第二纵队按照计划，占据北门外的制高点，居高临下，向城内发起猛烈攻击。守敌见势不妙，弃城向漳平永福逃窜。上午9时，龙岩已在红四军手中。这次战斗，除逃跑少部分敌人外，红四军击毙敌官兵90余人，俘虏330余人，缴获机关枪2挺、驳壳枪23支、步枪549支，子弹35担、迫击炮弹9担。这些缴获，无论是对于急需补充和发展的红四军，还是龙岩地方武装来说，都太重要了。

红四军占领龙岩之后，一些同志对于没有全部消灭敌人感到遗憾，毛泽东对他们说：把敌人打跑也是胜利。再说，我们有办法让他回来。朱德接着说：跑了和尚，跑不了庙。准备好吧，还有机会消灭他！两位领导人风趣的话，给大家很大鼓舞。

邓子恢、张鼎丞在回忆文章中说：红四军占领龙岩后，"在城里展开了宣传活动，街上张贴满了标语、布告。毛泽东同志亲自在龙岩第九中学向学生讲话。又拨了一二百条步枪给龙岩县委，装备龙岩游击队。这一来，龙岩地方武装的实力便空前地增加了，更有力地配合主力展开了活动"[①]。

红四军于当天下午撤离龙岩，继续奔袭张贞部的总兵站永定城。当晚，红四军又顺利地占领了永定县的坎市。

5月25日，红四军在张鼎丞领导的地方武装配合下，占领了永定县城。27日，在永定城关南门坝召开了万人祝捷大会，毛泽东、朱德、陈毅先后讲话。会上宣布成立永定县革命委员会，张鼎丞任主席。这是闽西成立的第二个县级红色政权。会后，红四军和当地群众拆除了永定县城墙。

---

① 邓子恢、张鼎丞：《闽西的春天》，《星火燎原》（选编之二），中国人民解放军战士出版社1979年版，第31页。

笔下起风雷　胸中百万兵
土地革命战争中的毛泽东

红四军到永定后，从龙岩败逃到漳平永福的陈国辉残部，于5月25日返回龙岩。毛泽东、朱德判断张贞、陈国辉主力仍在广东，一时难以回援，决定派第三纵队二打龙岩，调动陈国辉主力回援，待机加以消灭；第一、第二纵队分别留在永定坎市和龙岩西郊龙门一带，继续发动群众。

红四军第三纵队在伍中豪、蔡协民、罗荣桓率领下，在龙岩地方游击队、暴动队配合下，于6月3日拂晓攻入龙岩城。守敌原本是红四军的手下败将，见红四军又杀回马枪，被吓破了胆，不敢抵抗，又逃回了漳平永福。5日，红军和闽西地方革命武装在龙岩中山公园召开群众大会，宣布成立龙岩革命委员会，邓子恢任主席。这是闽西第三个县级红色政权。

正在广东参加军阀战争的陈国辉，得知自己的老巢被红军端了之后，震惊万分，于是率部日夜兼程由粤返闽。红四军得悉这个消息后，主动撤离龙岩，转攻驻守上杭白砂的敌卢新铭部钟铭清团，引诱陈国辉主力回到龙岩，再待机加以消灭。为了向陈国辉示弱，红四军以小股部队沿途阻击陈国辉的部队，边打边退。陈国辉果然上当，还真以为自己很厉害，红四军害怕与他交手，必定会退到赣南去。6月6日上午，陈国辉回到龙岩，竟得意忘形，举行"祝捷大会"，放假三天。

白砂在上杭县城东北，是上杭的一个大集镇，系上杭通往龙岩的咽喉之地。3月郭凤鸣部主力在长岭寨被红四军歼灭后，其部团长卢新铭收集郭凤鸣的残部，给自己加官晋级做了旅长，盘踞上杭。红四军攻打龙岩时，卢新铭派出钟铭清团驻守白砂，作为前哨阵地，以防红四军进攻上杭。钟铭清团对外号称一个团，实际兵力也就一个营而已。

6月5日，毛泽东、朱德于在龙岩、上杭交界处大池召开各纵队负责人会议，定下了攻打白砂作战计划。同时，集结部队，严密封锁消息，为进攻白砂作好充分准备。

6月7日，是农历五月初一，正逢白砂举行抬"定光古佛"的庙会。由于红四军消息封锁得好，钟铭清对红军来临毫无察觉。红军突然发起进攻后，钟铭清一下子就蒙了。钟部仓促抵抗少许，便纷纷溃退。经过一小时战斗，红军俘虏100余人，缴枪100余支、火炮2门。钟铭清只带了二十来名随从逃回上杭。卢新铭听了钟铭清报告白砂丢失经过后，知道了红四军的厉害，龟缩在上杭城里，生怕红四军前来攻城。

白砂战斗结束后，为了麻痹陈国辉，红四军故意显示出向江西退却的迹象。6月10日，毛泽东、朱德率领红四军沿着通往赣南的大道，开往连城新泉。红四军在新泉休息一周，一面整训，一面深入农村发动群众。

陈国辉得知红军开到新泉，对红军将撤回赣南更加深信不疑，防守也懈怠下来。

消灭陈国辉部的时机已经成熟，红四军于6月18日秘密开抵龙岩附近的小池。毛泽东主持召开中共红四军前委会议，研究第三次攻打龙岩的作战计划。

红四军这次打龙岩，采取了秘密突袭的办法。朱德回忆说："我们到离城三十里左右的大池、小池集中，敌人还不晓得就去打。夜晚十一点钟出发，三十里走完将将天亮。敌人一旅三千多人，我们有六千多人，统统用上去。我带两个团在左面，另一个团在右面。切断通漳州的道路，正面安上一个新编成的团。将将天光亮，恰恰完成了对城的包围。"[1]

6月19日拂晓，在陈国辉部出操时，红四军第三次攻打龙岩的战斗打响了。红四军的攻击从北门开始，伍中豪率第三纵队突袭松涛山，抢占了敌人设在制高点上的机枪阵地。进攻北门战斗打响后，第一纵队第一支队猛扑花山锣石鼓阵地，消灭一营敌人，为进攻南门扫清道路。

此时，进攻西门的战斗也在激烈进行，敌军凭借街道房屋负隅顽抗。由于是巷战，若红军使用兵力多，则施展不开；若使用兵力少，则因自己的刺刀、手榴弹少，同有刺刀、手榴弹的敌人肉搏，很是吃亏。激战了两个钟头，红军虽给敌人以重大杀伤，但战斗进展不大，自身伤亡也不少。就在这时，从红四军军部传来破敌妙计。毕占云回忆：

在这紧要关头，军部来令：掏墙挖洞，消灭敌人。

"掏墙挖洞"，战士们管它叫"打老鼠"。顿时，各个班排逐屋逐房地展开了"挖洞"战，迅速将敌人压缩在几座大院里。我们一面

---

[1] 转引自中共中央文献研究室编：《朱德传》（修订本），中央文献出版社2006年版，第206页。

猛攻，一面开展政治攻势。敌人眼看不支，纷纷放下武器，摇晃着小白旗向我军投降。①

从毕占云的回忆，我们不禁为红军的新战法而拍案叫绝！

西门战斗胜利不久，红四军第一纵队也越过河上的浮桥，突入龙岩南门。两周前，陈国辉还没有把红四军放在眼里，这时尝到了红军的厉害，见势不妙，带着少数亲信化装逃向漳州。

红四军第二次入闽，在一个多月时间里，连续三次攻克龙岩，连克永定、白砂、新泉，闽西革命形势一片大好。

刘安恭到红四军掀风波

红四军下井冈山挺进赣南后的一段时间里，屡屡遭到挫折，处境非常艰难。于是，红四军内部，包括领导干部中，对井冈山时期及下井冈山后的一些政策和做法产生了各种不同的看法，对红军中党的领导、民主集中制、军事和政治的关系、红军和根据地建设等问题，争论一直不断，并于4月前委会议后，又逐渐发展到基层。这时，一个人从上海来到红四军，又把争论推向了顶端。这人便是刘安恭。

刘安恭，字季良，四川永川（今重庆永川）人，1899年生于一官宦人家。其父曾在1911年辛亥革命后率领群众推翻清朝永川县政权，被推选为该县第一届民选县长。刘安恭幼时随父迁居省城成都，在此接受中等教育。1917年在父亲支持下留学德国，进入柏林大学攻读电机工程专业。1924年回国，先是在成都电话局任职，不久去万县，就任杨森第二十军参谋。同年参加中国共产党。1926年去南昌。1927年参加南昌起义。起义军南下广东后，他到上海，被党派往苏联高级射击学校学习。1929年回国后，被中共中央派到红四军工作。

对于刘安恭来到红四军，萧克有这样的回忆：

1929年4月，红四军打下宁都后，住了几天。一天，我们在军部开会，一个陌生人进来，经介绍才知道是刘安恭。他给我们作报告，讲

---

① 毕占云：《三占闽西》，《星火燎原》（选编之二），中国人民解放军战士出版社1979年版，第24页。

中央精神，还讲政治经济学，有一句话我到现在还记得："资本家采用不停止传送带这种技术方法搞生产合理化，使任何工人一秒钟都不能休息。"刘安恭在旧军队当过团长，又在苏联学过军事，是有指挥经验的，他也曾给我们讲军事。①

前面说过，红四军下井冈山后，由于脱离了原来的根据地，每天行军打仗，军情紧急，前委和军委重叠，罗福嶂会议决定军委暂停办公，权力集中于前委。后来，随着赣南、闽西革命局面的开展，军队和地方的工作都增加了，前委决定成立临时军委。

由于刘安恭在旧军队当过团长，并在苏联学过军事，有一定军事经验，又是中央派来的，就以他为临时军委书记兼政治部主任。刘安恭初来乍到，没有经历过创建革命根据地的严峻考验，对红军的斗争形式没有多少了解，当了军委书记以后，就开始发飘，用苏联那一套来衡量红四军的领导体制，对毛泽东从实际出发的一些主张任意指责，嫌以毛泽东为书记的前委管得太多。更加离谱的是，刘安恭在他主持的军委会议上竟作出了一条规定：前委只讨论行动问题，不要管其他事。这个决定使前委成为空架子，无法开展工作。前委是上级，军委是下级，下级作决定限制上级的权力，究竟谁管谁呀？因此，决定一出，上下议论纷纷。对此事的议论，又引发了大家对过去的争论重提。时任红四军政治部秘书长的江华后来在有关回忆文章中说："这时，原来在井冈山时期即存在的关于红军建设问题又开始议论起来，一些不正确的非无产阶级思想也颇有表露。"②

5月底，毛泽东在福建永定县湖雷主持召开前委会议时，有些人对前委领导提出了很多意见，并要求恢复正式的军委。这样，设不设军委问题，成为会议争论焦点。一种意见认为，既有四军，就要有军委，建立军委是完成党的组织系统。持这种意见的人指责前委"管得太多""权力太集中""包办了下级党部的工作""代替了群众组织"，甚至指责前委是"书记专政"，有"家长制"的倾向。另一种意见认为，赣南、闽西的苏区尚未发展，地方工作不多，前委工作的重心还在军队，"军队指挥需要

---

① 萧克：《"朱毛红军"侧记》，《近代史研究》1990年第5期。
② 江华：《关于红军建设问题的一场争论》，《党的文献》1989年第5期。

集中而敏捷",由于战斗频繁和部队经常转移,由前委直接领导和指挥更有利于作战,不必设立重叠的机构,并批评在前委之下、纵委之上硬要成立军委实际上是"分权主义"。

这次会议,不仅意见未能统一,反而使争论扩大起来。毛泽东感到自己难以继续工作。

6月8日,中共红四军前委在白砂召开扩大会议,讨论要不要设立军委问题。毛泽东在会上提出了一份书面意见,列举了红四军党内存在的主要问题,并提出如果这些问题不解决,他不能担负这种"不生不死"的责任,请求马上更换书记,让他离开前委。会议在对取消临时军委进行表决时,参加会议的41人中,以36票赞同、5票反对通过了取消临时军委的决定。这样,刘安恭的临时军委书记一职自然免去,政治部主任一职后来也由陈毅接任。

这次前委扩大会议决定召开中共红四军第七次代表大会,以统一认识,解决分歧,结束争论,以利革命。但在当时,解决问题的条件不成熟,指导思想上也存在缺点,即前委把各方面的争论意见原文印发给各党支部,并号召"同志们努力来争论"。这样做,使争论更加激烈,难以达到统一认识。由于毛泽东提出辞职,前委决定由陈毅代理前委书记,主持筹备中共红四军七大。[①]

在要不要军委这个具体问题的争论背后,实质上是一场关于党和军队关系问题的争论。江华在回忆文章中指出:"所谓党和军队的关系问题,主要是由于当时红军还建设不久,其大部分是从旧式军队脱胎出来的,而且是从失败环境中拖出来的,旧军队的旧思想、旧习惯、旧制度带到了红军队伍中来。因而,一部分人习惯于旧军队的领导方式,对党对军队的领导不赞成,有怀疑。他们强调'军官权威',喜欢'长官说了算',相反认为现在是'党太管事了','党代表权力太大',提出'党不应管理一切','党所过问的范围是要限制的','党支部只管教育体制';并主张'司令部对外',政治部只能'对内',对军队只能指导,不能领导,

---

[①] 《陈毅传》编写组:《陈毅传》,当代中国出版社1991年版,第101页。

等等。这些都严重影响了党对军队绝对领导权的建立。""在这场争论中军内存在的单纯军事观点、流寇思想、极端民主化和军阀主义残余等非无产阶级思想有所抬头。"①

白砂会议后,红四军党内争论更严重了,萧克回忆说:

6月中旬,我们在新泉住了七八天,连以上尤其是支队、纵队干部天天开会,老是争论那几个问题。这中间,林彪和刘安恭起了不好作用。

七大前林彪给前委写了一封信,意思是有前委就不要军委,还说设立军委"这是个无耻的阴谋"。我们读了后都不高兴。要不要军委,是组织形式的问题,哪里说得上是"无耻阴谋"。

刘安恭采取的一些做法也很不合适,如他"把四军党分成派",并且说成是拥护和反对中央的两派。在争论发生后,又提出用"完全选举制度及党内负责同志轮流更换解决纠纷"。这些论调更助长了争论。一时间,由下而上,大家议论纷纷。如:

对"党管理一切、一切归支部"的提法有意见,认为支部不能管得太细。"党管一切"和"党管理一切"有没有区别?指导和领导有没有区别?行政上的事,管得那么细,有什么好处?等等。②

林彪给前委的信究竟是什么内容呢?中共中央文献研究室编的《朱德传》(修订本)有关内容是这样写的:

当时,林彪是红四军第一纵队司令员。他在白砂会议开会前五小时(一说是三小时)写信给毛泽东,含沙射影攻击朱德。他在信上说:"现在四军里实有少数同志的领袖欲望非常高涨,虚荣心极端发展。这些同志又比较在群众中是有地位的。因此,他们利用各种封建形式成一无形结合〔派〕,专门吹牛皮地攻击别的同志。这种现象是破坏党的团结一致的,是不利于革命的,但是许多党员还不能看出这种错误现象起而纠正,并且被这些少数有领袖欲望的同志所蒙蔽阴谋,〈附〉和这些少数有领袖欲望的同志的意见,这是一个可叹息的

---

① 江华:《关于红军建设问题的一场争论》,《党的文献》1989年第5期。
② 《萧克回忆录》,解放军出版社1997年版,第123页。

笔下起风雷　胸中百万兵
土地革命战争中的毛泽东

现象。"平时，林彪也常散布对朱德的流言蜚语。朱德同士兵的关系历来很亲密，林彪却指责说朱德"拉拢下层"。这些挑拨性的言辞，加深了红四军内的意见分歧。①

毛泽东根据前委"各作一篇文章，表明他们自己的意见"的要求，于6月14日给林彪复信，并送交前委。复信将红四军党内存在的问题和争论原因，归纳为"个人领导与党的领导""军事观点与政治观点""小团体主义与反对小团体主义""流寇思想与反流寇思想""罗霄山脉中段政权问题""地方武装问题""城市政策与红军军纪问题""对时局的估量""湘南之失败""科学化、规律化问题""四军军事技术问题""形式主义与需要主义""分权主义与集权""其他腐败思想"等14个问题。他指出红四军还没有能建立起党的绝对领导的原因是：第一，红四军的大部分是从旧式军队脱胎出来的，便带来了一切旧思想、旧习惯、旧制度；第二，这支部队是从失败环境中拖出来结集的，原来党的组织很薄弱，因此造成了个人庞大的领导权；第三，一种形式主义的理论从远方到来。毛泽东在信中批评了不要建立巩固的根据地的流寇思想，指出流寇思想历来在红军中是很厉害的。流寇思想产生于红四军中的游民部分，党与这种思想曾经作过许多斗争，但它的尾巴至今还存在，这种思想影响到城市政策与红军军纪。信中还指出：红四军中向来有些同志偏于军事观点，同站在政治观点即群众观点上的人意见不合。毛泽东在信的最后指出："四军党内显然有一种建立于农民、游民、小资产阶级之上的不正确的思想，这种思想是不利于党的团结和革命的前途的，是有离开无产阶级革命立场的危险。我们必须和这种思想（主要的是思想问题，其余是小节）奋斗，去克服这种思想，以求红军彻底改造，凡有障碍腐旧思想之铲除和红军之改造的，必须毫不犹豫地反对之，这是同志们今后奋斗的目标。"②

毛泽东这封信，闪烁着思想建党、政治建军的光辉，尽管这时大家还未认识到，但时间会证明这些思想是正确的、是真理。

---

① 中共中央文献研究室编：《朱德传》（修订本），中央文献出版社在2006年版，第212页。
② 《给林彪的信》（1929年6月14日），《毛泽东文集》（第一卷），人民出版社1993年版，第74—75页。

6月22日，经过仓促准备的中共红四军七大在龙岩城内国民小学召开。出席会议的除前委委员及大队以上党代表外，还有部分军事干部和士兵代表，有四五十人。会议由军政治部主任、前委代理书记陈毅主持并作报告。陈毅从党的利益出发，以团结为重，对党内的争论进行了必要的调解工作。他批评了刘安恭、林彪二人，强调了要提高党员政治水平，反对一切非无产阶级政治意识，但没有解决争论中的是非问题。

毛泽东、朱德在会上作了发言。会场空气紧张热烈，有什么意见都可以讲。代表们对几位领导提出了很多意见，有的意见比较中肯，有的意见偏激夸大。

大会通过了《红军第四军第七次党代表大会决议案》，选举了新的前委，毛泽东、朱德、陈毅、林彪、伍中豪、傅柏翠及各纵队的士兵代表共13人为前委委员，陈毅当选为前委书记。会前，毛泽东曾向前委建议：通过总结过去斗争经验的办法以达到统一认识，解决红军建设中存在的主要问题，以提高红军的政治素质和战斗力。这个建议没有被采纳。大会只进行了一天，原定两个议题只讨论一个"党内争论问题"，另一个"分兵问题"则留下"由新前委讨论"。

红四军党的七大所作的决议对许多具体问题的结论是正确的或比较正确的，但错误地否定了毛泽东提出的党对红军的领导必须实行集权制（当时对民主集中制的称谓）和必须反对不要根据地的流寇思想的正确意见。通过的决议说，"流寇思想和反流寇思想的斗争，也不是事实"，还把"集权制领导原则"视为"形成家长制度的倾向"。

决议对刘安恭和林彪都作了批评。认为刘安恭"把四军党分成派，说朱同志是拥护中央指示的，毛同志是自创体系到不服从中央指示。这完全不是事实，是凭空臆断的"。认为林彪在白砂会议前给毛泽东写那样内容的信，"这是不对的"，"不要离开党而谈党的严重问题，因为这样不但不能解决党内纠纷而更之加重"。指出林彪信中的词句"未免过分估量，失之推测。这是错误的"。[①]

---

① 《红四军第七次代表大会决议案》（1929年6月22日），转引自中共中央文献研究室编：《朱德传》（修订本），中央文献出版社2006年版，第213页。

笔下起风雷　胸中百万兵
土地革命战争中的毛泽东

红四军党的七大决议也批评了毛泽东、朱德。会议认为毛泽东是前委书记，对争议应多负些责任，给予党内"严重警告"处分。

毛泽东本是中共中央指定的前委书记，中共红四军七大上却没有选他，而是选举陈毅为前委书记，原因是什么呢？萧克在回忆中如是说：

在选举前委书记时，大多数代表投了陈毅的票。我也在内。为什么大家选陈毅而没有选毛泽东或朱德呢？

毛泽东、朱德、陈毅在红军初创时期，都积极探索中国革命道路，寻找人民军队由小到大，由弱到强的发展方向。大的方面，如要建立革命根据地，建立地方武装，建立群众组织，建立革命政权，等等是一致的。但当时朱毛对一些问题认识不一致，在我们看来，尽管这些意见多属认识和工作方法上的不同，可是给部队造成了一定的影响，对他们俩人的威信也有些影响。陈毅在大敌当前，出面调解朱毛的矛盾，基本上稳定了局面是对的。于是选举陈毅担任前委书记。①

江华曾这样评价红四军党的七大："那时召开七大是完全必要的，是想统一认识，解决分歧，结束争论，加强团结，以利革命。七大的决议，对井冈山时期的一些历史问题和红四军实行的一些制度等结论，也是基本正确的。七大并非一无是处。至于七大未能解决分歧，这也是客观的历史局限性所决定，并非任何个人的主观意志所能转移。""总之，我国国情复杂得很，在我军初创时期，大家都没有经验，在探索革命道路的过程中出现分歧，发生一些曲折，是不可避免的。"②

红四军党的七大后，前委派毛泽东带着谭震林、蔡协民、江华、曾志等去上杭蛟洋指导中共闽西特委召开闽西党的第一次代表大会。失去了灵魂和核心的红四军，将面临一段艰难的路要走。

一个误传的消息

毛泽东以中共红四军前委特派员的身份到闽西指导地方工作时，中共

---

① 《萧克回忆录》，解放军出版社1997年版，第124页。
② 江华：《关于红军建设问题的一场争论》，《党的文献》1989年第5期。

闽西特委在上杭蛟洋正准备召开党的第一次代表大会。毛泽东到蛟洋后，发现会议的准备工作还不够充分，提议会议推迟一周召开，由会议代表先在本地区进行调查。他本人也参加调查活动，并为大会制定符合实际情况的方针政策作准备。

在乡下，毛泽东亲自提问、亲自记录，并用比较法启发会议代表们。

毛泽东问：民国十三年地主收租多少？现在是民国十八年了，收租又是多少？会议代表们回答：民国十三年地主收租占农民收获量的百分之三十到百分之四十，现在增加到百分之六十到百分之七十了。

毛泽东又问：民国十三年布、盐、洋油是么子价钱？现在又是什么价钱？贵了，还是便宜？会议代表们回答：民国十三年布是六分钱一尺，如今贵到二角四分一尺；盐原来一角买三斤，如今贵到一角一斤；民国十三年洋油一角一斤半，现在是一角只能买十二两①，东西哪样不贵？

毛泽东边把数字写在黑板上，边说：你们知道吗？为什么物价贵了？为什么地租重了？主要是帝国主义和反动派相勾结，军阀混战。他们通过加租加税把经济危机转嫁给人民，自己从中捞一把。

他指着黑板上的数字，告诉会议代表们：你们看，地主如此加租、增价，老百姓如何不苦！怎么办？只有革命，打倒反动派，分田分地，地租取消了，苛捐杂税取消了，老百姓高兴不高兴？肯定高兴。拥护共产党吗？当然拥护。群众高兴，群众拥护，革命也就有希望了。

经过充分的调查准备，8月20日至29日，中共闽西第一次代表大会举行，毛泽东在会上作政治报告。邓子恢、张鼎丞回忆当时的情景说：

> 毛泽东同志讲话时，赞扬了闽西的革命斗争。他在指出闽西党今后的基本任务是巩固和发展闽西红色根据地以后，便高声地向全场代表问道："能不能巩固？"
>
> 大家都满怀热情地回答："能！"
>
> 毛泽东同志又侧着头问道："有什么条件？"这一问，把大家问住了，会场上一片寂静。

---

① 旧称，一斤为十六两。

笔下起风雷　胸中百万兵
土地革命战争中的毛泽东

这时，毛泽东同志拿起粉笔，就在主席台的黑板上，写下了这样六个条件：

一、闽西根据地已有八十万群众，经过长期斗争，而且暴动起来了；

二、闽西各县有了共产党，这个党与群众建立了亲密的联系；

三、闽西各县已建立了人民武装——红军、赤卫队；

四、闽西粮食可以自给；

五、闽西处于闽粤赣三省边沿〔缘〕，山岭重迭〔叠〕，地形险阻，便于与敌人作战；

六、敌人内部有矛盾，可以利用。

接着，他又告诉大家巩固根据地的三条基本方针，这就是：一、深入进行土地革命；二、彻底消灭民团土匪，发展工农武装，有阵地地波浪式地向外发展；三、发展党，建立政权，肃清反革命。

毛泽东同志的指示，方向明确，内容深刻，大大提高了闽西党的水平，也鼓舞了大家的斗争信心。[①]

大会在毛泽东指导下总结了闽西土地革命的经验，通过了《土地问题决议案》。这个决议案比井冈山《土地法》和兴国《土地法》又有新的发展：对大小地主区别对待，地主也可"酌量分与土地"；对富农土地只没收"自食以外的多余部分"，"不过分打击"；对中农"不要予以任何的损失"；"对大小商店采取一般的保护政策"；在土地分配上，以乡为单位，在原耕基础上"抽多补少"，"按人口平均分配"。会后，闽西苏区600多个乡按照这个决议案进行土地革命，约80万贫苦农民分得了土地。农民的革命积极性空前高涨。

指导中共闽西第一次代表大会，彰显了毛泽东的作风：脚踏实地，调查研究，以简单明了生动的语言，清楚的条理，告诉大家要做什么、怎么做。不像那些教条主义者，满口都是些抽象名词，大家听了一头雾水，不

[①] 邓子恢、张鼎丞：《闽西的春天》，《星火燎原》（选编之二），中国人民解放军战士出版社1979年版，第32—33页。

知道怎么回事，回去以后不知该怎么做。

会议以后，毛泽东因患疟疾病倒了，由上杭蛟洋转移到苏家坡。以后，又到永定金丰山区养病。这期间，红四军打破了闽、粤、赣三省国民党军对闽西苏区的第一次"会剿"，攻克了素有"铁上杭"之称的上杭城。

9月下旬，朱德在上杭城太忠庙主持召开红四军党的第八次代表大会。前委致信毛泽东，要他出席大会。毛泽东回信表示，红四军党内是非不解决，我不能随便回来；再者，身体不好，就不参加会了。[①]这封回信送到上杭，前委给了毛泽东党内"警告"处分，并要他马上赶来。毛泽东只得坐担架到上杭。但他到时，会议已经结束。大家见毛泽东确实病得不轻，让他继续养病。

红四军党的八大，本意是想解决七大没有解决的一些争论问题。由于陈毅到上海向党中央汇报工作尚未回来，毛泽东因病未能参加会议，前委不健全，会议又没有作好必要的准备，事前不能拿出一个意见，就让大家讨论。结果，会议开了三天，大家七嘴八舌，毫无结果。萧克回忆说："在此期间，林彪和熊寿祺[②]也闹矛盾，林彪一连写了三封信，要求辞职。前委专门开了一次会，解决他俩的矛盾，朱德说：'不要再吵了！'"[③]会议最后进行前委选举，为了要各纵队都有前委成员，决定选举17人，在大会上临时推选，把新由中央派来工作的同志张恨秋、谭玺、郭化若等都选为前委委员。

10月上旬，毛泽东移住上杭临江楼继续治病。经过当地一位名医吴修山的十多天治疗，毛泽东的病情好转起来，心情也逐渐好转。正值农历九月九日重阳节，毛泽东看到院中菊花盛开，当即词意大发，填了一首《采桑子·重阳》：

人生易老天难老，
岁岁重阳。

[①] 中共中央文献研究室编：《毛泽东传》(1893—1949)(上)，中央文献出版社1996年版，第204页。
[②] 时任红四军第一纵队党代表，与林彪是搭档。
[③] 《萧克回忆录》，解放军出版社1997年版，第125页。

笔下起风雷　胸中百万兵
土地革命战争中的毛泽东

今又重阳，
战地黄花分外香。

一年一度秋风劲，
不似春光。
胜似春光，
寥廓江天万里霜。[①]

10月下旬，毛泽东随中共闽西特委机关撤出上杭县城，转往苏家坡，又休养了一个多月。

疟疾在当时来说，是非常难缠的疾病，在转移苏家坡途中，毛泽东对随行的曾志说，看起来我这个人命大，总算过了这道"鬼门关"。

毛泽东的存在，是国民党反动当局的一块"心病"。当他们听说毛泽东患病后，高兴至极，甚至造谣毛泽东已死于肺结核。在信息不畅通的年代，闽西苏区的消息传到中共中央就需要两个月的时间，传到共产国际时间就更长了。共产国际听到毛泽东病逝的误传，于1930年初在《国际新闻通讯》上发了一个1000多字的讣告，其中对毛泽东作了很高的评价：

据中国消息，中国共产党的奠基者，中国游击队的创立者和中国红军的缔造者之一的毛泽东同志，因长期患肺结核而在福建前线逝世。……这是中国共产党、中国红军和中国革命事业的重大损失。……毛泽东同志是被称之为朱毛红军的政治领袖。他在其领导的范围内完全执行了共产国际六大和中共六大的决议。

……作为国际社会的一名布尔什维克，作为中国共产党的坚强战士，毛泽东同志完成了他的历史使命。[②]

这件事虽然闹了个笑话，但折射出毛泽东在中国革命和中国共产党中的重要地位，说明了一个事实，即只要是一个实干家，作出了成就和贡

---

① 中共中央文献研究室编：《毛泽东诗词集》，中央文献出版社1996年版，第22页。
② 转引自中共中央文献研究室编：《毛泽东传》(1893—1949)(上)，中央文献出版社1996年版，第205页。

献，谁都会承认的。毛泽东不仅没有像讣告中说的"完成了他的历史使命"，而且在勇往直前，为中国革命作出更加辉煌的成就和贡献！

古田会议

中共红四军七大后，根据中共中央来信要红四军派领导干部去上海出席中央政治局召集的军事会议并汇报红四军情况的指示，前委派陈毅前往上海，由朱德代理前委书记。

陈毅在中共闽西特委书记邓子恢的陪同下，经上杭、龙岩到厦门，开始了赴上海汇报工作之旅。

8月下旬，陈毅抵达上海，很快同中共中央接上头，并向中共中央政治局常委李立三报告了红四军党的七大的情况。李立三听完汇报后表示，他会尽快向政治局报告，并要陈毅尽快写几种上报的书面材料。

中共中央对红四军的发展一直非常关心。在陈毅到达上海之前，中共中央已收到中共福建省委派秘密交通送来的红四军党的七大决议案和毛泽东、刘安恭等的信件。8月13日，中共中央政治局开会讨论红四军的问题，认为红四军党的七大决议案有些是正确的，有些是不正确的；刘安恭的信将毛泽东、朱德分成两派，许多是不符合事实的，在故意制造派别。会议决定，由周恩来起草一封致红四军前委的信，要他们努力与敌斗争，军委暂时可以不设立，军事指挥由军长、党代表管理，调刘安恭回中央。

8月21日，中共中央发出由周恩来起草的给红四军前委的指示信，指出："红军不仅是战斗的组织，而且更具有宣传和政治的作用"，红军"必须采取比较集权制"，党的书记多负责任"绝对不是家长制"，事事"要拿到支部去讨论解决——这是极端民主化的主张"。信中批评红四军党的七大侧重于解决内部纠纷是不正确的，"前委同志号召'大家努力来争论'"和"刘安恭同志企图引起红军党内的派别斗争"[①]是错误的。这封指示信发出时，陈毅已离开闽西，到了厦门，未能看到。

李立三在8月27日向中共中央政治局扼要报告了与陈毅谈话的内容。

---

① 转引自中共中央文献研究室编：《周恩来传》（1898—1949）（修订本），中央文献出版社1998年版，第236页。

政治局决定专门召集一次会议，听取陈毅作详细报告。

8月29日，中共中央政治局会议听取了陈毅全面、详细的报告后，鉴于红四军的经验和问题极为重要，决定以李立三、周恩来、陈毅三人组成委员会，由周恩来召集负责起草对红四军工作的指示文件。

9月1日，陈毅写完了李立三代表党中央要求写的五个书面材料：《关于朱毛军的历史及其状况的报告》《关于朱毛红军的党务概况报告》《关于朱、毛争论问题的报告》《关于赣南、闽西、粤东江农运及党的发展情况的报告》《前委对中央提出的意见——对全国军事运动的意见及四军本身问题》。这些材料完整、客观地反映了红四军的组成、发展、党的组织状况、成功经验、存在的不足等，充分体现了陈毅对革命事业高度负责的态度。这些材料为中共中央了解红四军斗争历史，找到红四军内部发生争论的症结，并作出正确判断，给中共红四军前委发出正确指示，起到了重要作用。

周恩来对陈毅提供的《关于朱毛军的历史及其状况的报告》非常重视，由他主持创办的中共中央军委机关刊物《军事通讯》在创刊号上全文刊登了这份报告。编者按指出："这是很值得我们宝贵的一个报告，朱毛红军这个'怪物'，在我们看了这个报告以后，都可一目了然。朱毛红军在编制、筹款、政治军事训练、官兵平等、开支公开与群众关系等方面的经验，都是在中国'别开生面'，在过去所没有看过听过的。"[①]编者按还要求各地红军、各地方党组织学习红四军的经验。

近年来，俄罗斯方面新公布的档案资料表明，陈毅的《关于朱毛军的历史及其状况的报告》还被送到了共产国际，引起了共产国际的高度重视。1930年4月15日，大革命时期曾任苏联驻华顾问的马马耶夫，在共产国际执行委员会东方书记处处务会议上专门作了《中国的游击运动》的报告。马马耶夫在介绍中国红军斗争情况时，把重点放在毛泽东、朱德率领的红四军上。他所依据的材料，就是陈毅的《关于朱毛军的历史及其状况的报告》。马马耶夫的报告肯定了中国共产党在农村领导武装斗争的成

---

① 中共中央文献研究室编：《周恩来年谱》(1898—1949)，中央文献出版社、人民出版社1989年版，第177页。

绩，肯定了毛泽东、朱德领导的红四军无论各方面都是中国工农红军中发展最好的一支队伍。马马耶夫的报告对共产国际将指导中国革命的方针以城市为中心转向以农村为中心产生了重要影响。

陈毅的《关于朱毛军的历史及其状况的报告》，对中国各支红军的发展，对共产国际指导中国革命方针的转变，都起了重要作用。

8月29日中央政治局会议后，李立三、周恩来便一次次来到陈毅下榻的英租界四马路新苏旅馆客房，阅读陈毅写的关于红四军的各种材料，然后同陈毅一同讨论。

周恩来对红四军党的第七次代表大会和前委扩大会议在处理领导内部分歧问题时的缺点提出了四点批评：第一，红军是生长于与敌人肉搏中的，它的精神主要的应是对付敌人，前委没有引导群众对外斗争，自己不提办法，而将问题交下级讨论，客观上有放任内部斗争、关门闹纠纷的精神；第二，没有从政治上指出正确路线，使同志们得到一个政治领导来判别谁是谁非，只是在组织上来回答一些个人问题；第三，这次扩大会议、代表大会的办法，是削弱了前委的权力，客观上助长了极端民主化的发展；第四，对朱、毛问题没有顾及他们在政治上责任的重要；公开摆到群众中，没有指导地任意批评，而一般同志的批评大半又是一些唯心的推测，这样不但不能解决纠纷，而且会使纠纷加重。并且周恩来指出：朱、毛两人仍留前委工作，毛泽东应仍任前委书记，并须使红四军全体同志了解并接受。

陈毅以中共中央8月21日给红四军前委的指示信为基础，按照周恩来、李立三多次谈话的精神，代中共中央起草了一封指示信，经周恩来审定后，以《中共中央给红四军前委的指示信》（九月来信）名义发出。

九月来信详细分析了军阀混战的政治形势，总结红四军及各地红军的斗争经验，说明了红军在中国革命中的重要地位和作用，强调："先有农村红军，后有城市政权，这是中国革命的特征，这是中国经济基础的产物。如有人怀疑红军的存在，他就是不懂得中国革命的实际，就是一种取消观念。如果红军中藏有这种取消观念，于红军有特殊的危险，前委应该坚决地予以斗争，以教育方法肃清。"

笔下起风雷　胸中百万兵
土地革命战争中的毛泽东

关于红四军活动的区域，指示信认为："在目前反动政局走向崩溃过程中，在全国革命高潮未来时，红军此时主要地采取粤、湘、赣、闽四省边界游击的策略是对的，但要注意使这四个区域的赤色势力联系起来。"

指示信指出："目前红军的基本任务主要有以下几项：一、发动群众斗争，实行土地革命，建立苏维埃政权；二、实行游击战争，武装农民，并扩大本身组织；三、扩大游击区域及政治影响于全国。"

针对红四军有人把集权制称为"家长制"的观点，指示信指出："党的一切权力集中于前委指导机关，这是正确的，绝对不能动摇。不能机械地引用'家长制'这个名词来削弱指导机关的权力，来为极端民主化掩护。前委对于一切问题毫无疑义又应先有决定后交下级讨论，绝不能先征求下级同意或者不作决定俟下级发表意见后再定办法，这样不但削弱上级指导机关的权力，而且也不是下级党部的正确生活，这就是极端民主化发展到极度的现象。"

对于红四军中存在的非无产阶级意识问题，指示信认为："红军的来源只有收纳广大的破产农民，此种农民固然有极浓厚的非无产阶级意识表现，但只有加强无产阶级意识的领导，才可以使之减少农民意识，绝不是幻想目前红军可以吸收广大工人成分改变红军倾向的。"提出"纠正一切不正确的倾向。红军中右倾思想如取消观念、分家观念、离队观念与缩小团体倾向，极端民主化，红军脱离生产即不能存在等观念，都非常错误，皆源于同志理论水平低，党的教育缺乏"。强调指出："这些观念不肃清，于红军前途有极大危险，前委应坚决以斗争的态度来肃清之。"[①]

10月1日，陈毅带着中共中央的指示信，踏上了返回红四军的路。临行前，周恩来嘱咐他：回去后，要请毛泽东复职，并召开一次党的会议，统一思想，分清是非，作出决议，维护毛泽东和朱德的领导。

陈毅离开上海后，于4日到达香港，6日到达汕头，11日到达丰顺中共东江特委所在地，同特委开会研究中央指示红四军进入东江的工作。之后，他继续北行，走梅县南部山区，绕过梅县，一路了解敌军分布情况。

---

① 《中共中央给红军第四军前委的指示信》（1929年9月28日），《周恩来选集》（上卷），人民出版社1984年版，第32、33、37、38、40—41页。

第二章 赣水苍茫闽山碧

当他从梅县到蕉岭时,意外路遇正向南开进的红四军第一纵队。原来,红四军已经在中共福建省委的督促下,执行中共中央的指示出击东江。得知红四军军部在松源,陈毅立刻赶到梅县松源。

陈毅和朱德会面后,首先询问了毛泽东的情况。朱德告诉他毛泽东在上杭养病尚未回来,并说,毛泽东离开后,大家感到全军政治上失掉了领导的中心,便联名写信请毛泽东回来主持前委工作,他本人也表示希望毛泽东回前委工作。但毛泽东回信说不能回来。①陈毅向朱德详尽地介绍了在党中央的所见所闻和感受,以及讨论决定红四军问题的经过。当晚,红四军前委召开会议,听取陈毅传达中共中央指示,并研究东江的情况。会议根据中共中央的指示,致信毛泽东,请他回红四军重新担任前委书记;同时考虑到毛泽东因病一时不能返回部队,决定暂由陈毅代理前委书记。

10月25日,红四军占领梅县县城。但在当日下午,即遭敌人三个团反扑,红四军被迫撤出,退入丰顺县的马图与东江红军会师。

在马图,红四军前委才得知两广军阀混战已经结束,粤军已经能够腾出更多的力量对付红军。东江地区原来留有蒋光鼐部两个旅,陈济棠又将蔡廷锴部从广西梧州调回东江,敌军力量强劲,形势对红四军日渐不利。

在马图休整完毕,如果红四军撤回闽西,这次出击东江损失还不算大,然而,一个不实的情报误导红四军前委作出了一个错误的决定。情报说,粤军占领梅县后,只留一个教导团驻守县城。以当时红四军三个纵队的力量来说,吃掉敌人一个团还是不成问题的。朱德和陈毅等决定出敌不意,杀一个"回马枪",反攻梅县,计划打开梅县后,部队开到兴宁、五华一带活动,看时局再定下一步计划。

10月31日,朱德、陈毅率领红四军进攻梅县县城。梅县县城内实际上有国民党军两团兵力防守,且占据制高点,红军组织两次突击均未奏效。

红四军的攻城战斗持续至傍晚,终因在城内街中无阵地立足和部队

---

① 关于此事,《萧克回忆录》第125页是这样说的:"当时,陈毅到中央汇报工作去了,毛泽东因病离开了部队,由朱德代理前委书记。朱既要指挥部队进行反'会剿'作战,又要抓党的建设和政治工作,有些应付不过来。我们也感到,由于毛泽东的离开,部队的领导和政治思想工作受到了削弱。那时,大家一致认为,毛对政治工作有办法。二支队副党代表张恨秋就给毛泽东写信,请他回红四军。但毛回信说,他不能回来。"

缺乏巷战经验，伤亡较大。为避免更大的牺牲，红四军主动撤出战斗。随后，朱德、陈毅决定部队退出东江，经广东平远石正进入赣南寻乌。在这里整顿部队，安置伤病员200余人。

红四军这次冒进东江，攻打梅县，造成重大损失。在回师闽西途中，原来在上杭收编的俘虏兵大部分逃走了。红四军的兵力损失三分之一，减员约1000人，第一、第二、第三纵队实行缩编。这是红四军继1928年"八月失败"后又一次重大损失。后来，朱德称这是当时"接受主观主义瞎指挥的第二次的失败教训"。

1929年11月初，红四军由寻乌回师闽西，18日到达上杭官庄。朱德、陈毅在官庄召开前委会议，"决定扩大闽西赤色区域，建立闽西政权的政策"。[①]会议还决定立即攻打长汀。会后，朱德、陈毅致信毛泽东，请他立即回红四军主持前委工作。11月23日，红四军再占长汀。

在蛟洋养病的毛泽东于11月下旬接到中共中央九月来信和朱德、陈毅请他回前委主持工作的来信。这时，毛泽东的身体正在恢复，便随前来迎接的部队回到长汀。

11月28日，毛泽东主持召开了中共红四军前委扩大会议，中共福建省委巡视员、组织部部长谢汉秋和中共东江特委的代表也先后到会。会议除同意前委官庄会议决议外，还深入分析了红四军的一般情况，认为部队此时不加以整顿和训练，必定难以执行党的政策，遂决定进行整训。会议还规定12月的工作主要是：召开中共红四军第九次代表大会，建立红四军的政治领导，纠正红四军党内的各种错误倾向。

毛泽东一回到红四军，部队就有了政治上的主心骨，做事有章有法，一切都走上了正轨。

会后，毛泽东给中共中央写信，告知："我病已好"，"遵照中央指示，在前委工作"。"四军党内的团结，在中央正确指导之下，完全不成问题。陈毅同志已到，中央的意思已完全达到。惟党员理论常识太低，须

---

① 转引自中共中央文献研究室编：《朱德年谱》（新编本）（上），中央文献出版社2016年版，第165页。

赶急进行教育。"①

红四军是全国最强的一支红军队伍,领导班子出现了问题,中共中央在陈毅离开上海后十分惦记,收到毛泽东的信后,看到陈毅已回到红四军,领导班子之间的矛盾和隔阂顺利得到了解决,十分欣慰,在给广东省委的信中说:"润之现已复职,中心的政治亦已确立,此稍可使中央放心。"②

为了开好中共红四军第九次代表大会,毛泽东、朱德、陈毅在长汀会议后立即开展调查研究工作。毛泽东还在长汀召开工人座谈会,征求他们对红军的意见。

这时,闽、粤、赣三省国民党军对闽西革命根据地发动第二次"会剿",赣军金汉鼎部由赣入闽,向长汀袭来。毛泽东、朱德、陈毅率领红四军第一、第二、第三纵队于12月3日开赴连城新泉,与第四纵队会合,在此进行为期十天的政治、军事整训。

毛泽东、陈毅为了解部队真实情况,冒着严寒深入连队座谈,同基层指战员们展开讨论。大家无拘无束,畅所欲言。毛泽东十分重视对党内情况的调查,多次召开各级党组织书记、组织委员、宣传委员和各级党代表会议。他还带领一些干部到周围进行农村社会调查,为起草中共红四军九大决议准备材料。

朱德负责军事整训。部队举办了基层军事干部训练班,朱德亲自上课,言传身教,开展军事技术、战术训练。他还主持制定了红军的各种条例、条令等法规,为克服红四军的各种倾向,提高战斗力,开好中共红四军九大创造了条件。

12月中旬,赣军金汉鼎部占领长汀后,向连城新泉一带逼近。红四军前委为集中精力开好九大,决定留一部分部队在新泉一带警戒来犯敌人,其余部队向苏区中心撤退,以便安全举行九大。

---

① 转引自中共中央文献研究室编:《毛泽东年谱》(1893—1949)(修订本)(上卷),中央文献出版社2013年版,第288页。
② 《中央关于红四军问题致广东省委信》(1930年2月1日),中共江西省委党史研究室等编:《中央革命根据地历史资料文库·党的系统》(第1册),中央文献出版社、江西人民出版社2011年版,第714页。

笔下起风雷　胸中百万兵
土地革命战争中的毛泽东

红四军前委和军部机关移驻到上杭县的古田镇。古田地处上杭、龙岩、连城三县交界地方，有三条大道与外界相通，地势险要，易守难攻。这一带群众基础很好，已经建立起苏维埃政权。前委选择这里开红四军党的第九次代表大会，是一个比较理想的地方。前委移驻古田后，召开了各级党代表联席会议。时任第二纵队第四支队第十二大队党代表的赖传珠回忆说：

我们开到古田后的一天，忽然接到通知，要我到军部开会。

到了军部一看，各支队、纵队的党代表全到了。此外还有一部分大队的党代表。一打听，才知道这是毛党代表召开的一次联席会，要了解部队里存在着哪些不良倾向，准备召开红四军第九次党的代表大会。

果然，毛党代表主持开会了。他首先讲了这次会议的意义，指出：这次会议是为了彻底肃清红四军党内存在着的各种不正确倾向，把红四军建成一支真正的人民军队。他列举了存在于红四军党内的各种非无产阶级思想和不良倾向之后，鼓励大家打消顾虑，充分发表意见。毛党代表讲话之后，便分组讨论。我参加了研究如何克服非组织观点的小组。

听了毛党代表的讲话，一致认为这是一个英明的决定。因此大家对各种不良倾向和错误思想，进行了充分揭发和批判。

在我们分组讨论时，毛党代表不断深入到各个小组，具体指导。他一面听我们发言，一面还作记录，并不时向我们提出一些问题：你们那里有多少人有这种思想？这是什么思想？这种思想应该怎样纠正？……当时，我们的水平还很低，虽然知道这些思想不对，但却不能提高到理论上来认识和分析。每当我们回答不出来的时候，毛党代表便耐心地进行分析、解释，启发大家认识产生这些错误的根源及其危害性，提高大家的认识，指出克服的办法。

在毛党代表的亲自领导下，经过十多天的讨论，大家不但对产生错误思想的根源及其危害性取得了一致的认识，而且找到了纠正的方法。这次会议虽然才开了十多天，但是我却感到就像进了一次学校，各方面有了很大的提高。我回到十二大队之后,立即召开了支部委员会,传达了会议的精神,对本大队存在的问题作了初步检查,并决定以支部委员会的名义,向全大队重申不许打骂士兵等纪律。①

赖传珠的回忆说明了几点。其一,中共红四军九大召开作了充分的准备。从11月28日毛泽东主持前委扩大会议,作出12月主要工作是召开中共红四军第九次代表大会的决定,到会议的召开,历时整整一个月,时间上是很从容的。其二,召开了各种座谈会,尤其是各级党代表联席会议,通过调查研究,摸清了红四军中存在的各种错误倾向。其三,采取正确的民主方式,指导大家打消顾虑,畅所欲言。与极端民主化,让大家进行无原则、解决不了问题的争论形成鲜明对照。其四,对各种非无产阶级思想进行梳理,分析其危害性,找出纠正办法。其五,将各级党代表分成不同小组,研究纠正各种错误倾向的办法。这样相当于办了一个理论和实践相结合的培训班,提高了政治工作人员的理论水平,便于他们在实际工作中纠正部队中的错误倾向和非无产阶级思想。

由此可见,毛泽东在为中共红四军九大作准备时的特点是:接地气,合理科学,细致系统,问题找得准,纠正方法具有很强的可操作性。

毛泽东根据中央九月来信精神和红军创建以来的经验,以及对红四军状况的调查,为红四军党的九大起草决议案,陈毅参加了决议案的起草工作。

12月28日、29日,在毛泽东、朱德、陈毅主持下,中共红四军第九次代表大会(古田会议)在古田曙光小学(原为廖氏宗祠)举行。出席大会的代表共120余人,包括一些基层干部和士兵代表。

大会秘书长陈毅宣布开会,毛泽东首先代表前委作了政治报告,并有多次讲话。他不仅谈了苏区和红军,还谈了国内局势和当时所了解的国际局势。毛泽东的报告内容丰富,具体生动,深入浅出,说理透彻,代表们听了受到极大教育和鼓舞。

接下来,朱德作了军事报告,陈毅传达了中央九月来信和中央关于反

---

① 赖传珠:《古田会议前后》,《星火燎原》(选编之二),中国人民解放军战士出版社1979年版,第37—38页。

对托洛茨基、陈独秀取消派的决定，还专门作了关于废止肉刑和反对枪毙逃兵的报告。

与会代表们热烈讨论了中央九月来信和会议的各个报告，共同总结经验教训，进一步统一了思想认识。最后，一致通过了《中国共产党红军第四军第九次代表大会决议案》（古田会议决议）。

古田会议决议由八个决议案组成，其中最重要的是关于纠正党内错误思想的决议。古田会议决议系统地回答了建党、建军的一系列根本问题，不仅把中央九月来信的精神具体化，而且发展了中央九月来信的内容。

古田会议决议的中心思想是要用无产阶级思想进行军队和党的建设。

在军队建设方面，决议明确规定了红军的性质、宗旨和任务，指出，"中国的红军是一个执行革命的政治任务的武装集团"[1]，这个军队必须服从于无产阶级思想领导，服务于人民革命斗争和根据地建设。这个规定，从根本上划清了新型人民军队同一切旧式军队的界限。从这个基本观点出发，决议阐明了军队同党的关系，指出军队必须绝对服从党的领导，必须全心全意地为着党的纲领、路线和政策而奋斗，批评了那些认为军事和政治是对立的，军事不要服从政治，或者以军事指挥政治的单纯军事观点。决议再次提出红军必须担负起打仗、筹款和做群众工作这项"三位一体"的任务，即"除了打仗消灭敌人军事力量之外，还要担负宣传群众、组织群众、武装群众、帮助群众建立革命政权以至于建立共产党的组织等项重大的任务"。决议规定了红军政治工作和政治机关的重要地位，批评了"军事好，政治自然会好""军事政治二者是对立的"[2]等错误观点，强调加强红军政治工作，特别是加强政治教育。决议还规定了红军处理内外关系的准则，提出要军队内部实行民主制度，要建立官兵一致的新型关系。

在党的建设方面，决议着重强调加强党的思想建设的重要性，并从红

---

[1] 《中国共产党红军第四军第九次代表大会决议案》（1929年12月），《毛泽东文集》（第一卷），人民出版社1993年版，第79页。
[2] 《中国共产党红军第四军第九次代表大会决议案》（1929年12月），《毛泽东文集》（第一卷），人民出版社1993年版，第79页。

四军党组织的实际出发,全面地指出了党内各种非无产阶级思想的表现、来源及纠正办法。为了加强党的思想建设,决议强调要注重调查研究,坚决反对各种形式的主观主义;强调必须"教育党员用马克思列宁主义的方法去作政治形势的分析和阶级势力的估量,以代替主观主义的分析和估量";"使党员注意社会经济的调查和研究,由此来决定斗争的策略和工作的方法,使同志们知道离开了实际情况的调查,就要堕入空想和盲动的深坑"。[①]为了有效地纠正各种错误思想,决议提出要加强党内教育特别是党的正确路线的教育和开展党内的正确批评。决议在着重强调党的思想建设的同时,又指出必须加强党的组织建设,必须坚持党的民主集中制,反对极端民主化、非组织观点等错误倾向,并提出了加强各级组织的工作等要求。

为了保证党员质量,决议提出了以后发展新党员的条件:"(1)政治观念没有错误的(包括阶级觉悟);(2)忠实;(3)有牺牲精神,能积极工作;(4)没有发洋财的观念;(5)不吃鸦片、不赌博。"[②]强调只有符合全部五个条件的人,才能够介绍其入党。介绍人首先要审查被介绍人是否确实具备这五个条件,经过必需的介绍手续。介绍入党后,要详细告诉新党员支部生活要求及应遵守的要点。介绍人对所介绍人应当负责。党支部要派人同发展对象谈话,考察其是否具备入党条件。

从上述发展新党员规定的五项条件看,语言朴素、易懂,涵盖了对新党员思想政治、品格、作风等方面的要求。同时,决议所规定的入党程序也非常严格。这些规定是从当时红四军的实际状况出发作出的,体现了保持党的先进性、纯洁性的要求。

大会选举出新的前委,毛泽东、朱德、陈毅、李任予、黄益善、罗荣桓、林彪、伍中豪、谭震林、宋裕和、田桂祥等11人为正式委员,杨岳彬、熊寿祺、李长寿等3人为候补委员,毛泽东为前委书记。

---

① 《中国共产党红军第四军第九次代表大会决议案》(1929年12月),《毛泽东文集》(第一卷),人民出版社1993年版,第84、85页。
② 《中国共产党红军第四军第九次代表大会决议案》(1929年12月),《毛泽东文集》(第一卷),人民出版社1993年版,第90页。

笔下起风雷　胸中百万兵
土地革命战争中的毛泽东

中国是半殖民地半封建国家，工业基础十分薄弱，产业工人不多且集中在沿海和中心城市，占绝大多数人口的是农民及其他小资产阶级。中国共产党搞武装斗争，学习苏俄，先占领中心城市。由于反动统治的力量在城市十分强大，所有以占领城市为目的的武装起义都失败了。没有办法，毛泽东等共产党人转入敌人统治力量薄弱的农村山区开展武装斗争，建立革命根据地，但问题又来了。在农村，产业工人微乎其微，红军要不断发展壮大，并要置红军于党的绝对领导之下，必须在部队中不断发展党员，因而大量的农民和其他小资产阶级分子涌进红军队伍、涌进党的队伍。这样，红军和红军中党的组织，必然受到来自农民和小资产阶级以及其他非无产阶级思想影响。这些非无产阶级思想严重地妨碍党的路线的贯彻执行。

在城市搞武装斗争不行，在农村进行武装斗争，红军和红军中的党组织又受到各种非无产阶级思想的困扰，似乎形成了一个无法解开的死结，怎么办？

在联共（布）、共产国际的思维中，共产党是工人阶级先锋队，是与工人阶级紧密地联系在一起的。作为无产阶级政党建设的一般原理，这本身是没有错的。但是，它们往往把共产党和党员主要为工人成分机械地联系起来，担心中国共产党长期在农村会丧失无产阶级先进性，变成农民党。因此，它们要求中国共产党把工作重心放在城市，片面强调加紧在工人中发展党员，提拔工人出身的党员到领导岗位。很显然，按照它们的要求是不能解决中国共产党的问题的，在实际中是行不通的，中国革命是无法进行的。

在农村游击战争的环境中，在党员成分主要是农民的条件下，如何克服非无产阶级思想，把党建设成为无产阶级先锋队，把以主要是穿军装的农民组成的军队建设成为一支无产阶级领导的新型人民军队，这个难题，被毛泽东主持起草的古田会议决议破解了！

萧克在谈到古田会议决议时曾说："这个决议是毛泽东根据中央九月来信内容并结合红四军的实际主持起草的，它总结了从南昌起义开始两年多来的建军经验，划清了我军与旧式军队的界限。总结的经验有高度原则性，有理论的系统性，也很具体、实在。对红军的错误倾向，不仅提出了问题，而且有的放矢地提出了纠正的方法，针对性强，有废有兴，有破有立，文辞质朴，没有空谈阔论。直到今天，不仅在原则上，而且在许多具体规定上对我军建设尤其是政治工作，仍有现实意义。"[1]

2022年7月，经中共中央批准出版的《中国共产党的一百年》，对古田会议作了这样的评价：

古田会议决议是中国共产党和红军建设的纲领性文献，是党和人民军队建设史上的重要里程碑。古田会议确立了马克思主义建党建军原则，确立了军队政治工作的方针、原则、制度，提出了解决把以农民为主要成分的军队建设成为无产阶级性质的新型人民军队这个根本性问题的原则方向，使军队实现了浴火重生、凤凰涅槃。古田会议奠基的军队政治工作对军队生存发展起到了决定性作用。

党对军队的绝对领导，是人民军队永远不变的军魂。这一根本原则和制度，发端于南昌起义，奠基于三湾改编，定型于古田会议，是人民军队完全区别于一切旧军队的政治特质和根本优势。千千万万革命将士矢志不渝听党话、跟党走，在挫折中愈加奋起，在困苦中勇往直前，铸就了拖不垮、打不烂、攻无不克、战无不胜的钢铁雄师。[2]

三、找到中国革命新道路

以城市为中心，此路不通

大革命失败后，半殖民地半封建的中国，革命该走怎样的道路？在国际共产主义运动历史上，还没有像中国这种情况的国家，无产阶级及其政党领导取得革命胜利的经验。因此，像俄国十月革命那样，以城市为中

---

[1] 《萧克回忆录》，解放军出版社1997年版，第127—128页。
[2] 中共中央党史和文献研究院：《中国共产党的一百年》（新民主主义革命时期），中共党史出版社2022年版，第114—115页。

笔下起风雷　胸中百万兵
土地革命战争中的毛泽东

心，武装起义首先是占领中心城市，当时在一个时期内是全党的共识。联共（布）、共产国际也是以城市为中心指导中国革命的。中国共产党组织、领导的南昌起义、秋收起义、广州起义以及各地的一系列起义，都是以占领中心城市为目标。然而，在帝国主义和封建主义相勾结，敌我力量对比悬殊，反动统治力量在城市非常强大的情况下，中国共产党人不可能像俄国十月革命那样，通过首先占领中心城市来取得革命在全国的胜利。所以，当时党组织领导的所有以占领中心城市为目标的起义很快都失败了。这些起义失败后的余部，转移到远离国民党统治中心的偏僻农村和山区，才得以生存和保留下来。

实践证明，中国革命走以城市为中心的道路是行不通的。但是，在20世纪20年代后期到30年代前期，国际共产主义运动和中国共产党内部盛行把共产国际决议和俄国革命经验神圣化的倾向，要突破这种束缚，开辟中国革命的新路，仍是需要一个过程。

联共（布）、共产国际以城市为中心指导中国革命最典型的事例是广州起义。当时联共（布）和共产国际派了四名代表指导广州起义，他们是共产国际代表诺伊曼，中共中央军事部苏联顾问谢苗诺夫，苏联驻广州总领事波赫瓦林斯基、副领事哈西斯。广州起义是诺伊曼报请联共（布）最高领导机关，并经过斯大林的亲自批准后才举行的[①]。可见，当时联共（布）、共产国际对于占领广州这个南方最大的城市的重视程度。但是，广州起义仅坚持了三天就失败了。

广州起义的失败说明在中国按照俄国十月革命占领中心城市的模式是不行的，但联共（布）、共产国际的领导人不这么看。1928年6月9日，中共六大在莫斯科召开前夕，斯大林在同周恩来、瞿秋白等中共领导人的谈话中虽然正确地指出：中国革命是"两个革命高潮"的"中间时期"，"广州暴动不是革命高涨之开始，而是革命退后之结束"。但又认为"大城市都在反革命手里"，"假使我们〈掌〉握住主要城市，此时才可说高

[①] 见中共中央党史研究室第一研究部译：《共产国际、联共（布）与中国革命档案资料丛书·联共（布）、共产国际与中国苏维埃运动》（1927—1931）（第7卷），中央文献出版社2002年版，第169—171、173页。

涨"。"假使我们视为潮流高涨了，则我们应即能抓住重要城市以为中心。""游击战争能从为土地革命〈作〉斗争〈的〉分子中集中军队的力量，其意义为工人用。假使我们能从农运中吸收几万军队，集中到一个或几个城市，其意义将更重大。无论如何，农民不会指导工人，不会指导革命，而需要工人阶级指导他。"[1]可见，斯大林的谈话把占领主要城市作为革命高涨的标志，强调了中心城市在中国革命中的决定性作用。在他看来，在农村实行土地革命、开展游击战争中建立起来的军队，其意义也在于集中到城市，为工人阶级之用，接受工人阶级的领导，服从占领中心城市的需要。

根据斯大林的谈话精神，中共六大通过的《政治议决案》虽然也认为："农民斗争，则至今保存的苏维埃政权的根据地（南方各省）及其少数工农革命军，更要成为这一新的高潮的重要成分。"但强调"城市领导作用的重要，和无产阶级群众的高潮，都将要表现他的决定胜负的力量"。[2]

中共六大以后，中国共产党把主要精力放在城市，尤其是在产业工人比较集中的大城市开展工人运动。由于中心城市是反动统治力量最强的地方，国民党当局以严重的白色恐怖打击党领导下的工人运动，因此，城市工人运动成就与预期目标相差甚远。1929年8月1日前夕，共产国际指示中国共产党开展"八一国际红色日"，并希望在全国范围，"首先应该在像哈尔滨、武汉、奉天、北京、天津、香港和广州这些工业中心区域进行"。然而，令在中国直接指导中共中央的共产国际执行委员会远东局失望的是："党在这些地方（上海除外）很少做工作，8月1日几乎是在劳苦群众中无声无息的情况下度过的。整个党的工作仅限于散发党的传单。无论中央还是我们都没有得到关于在这些地方（上海除外）要举行集会、群

---

[1] 《周恩来对斯大林同瞿秋白和中共其他领导人会见情况的记录》（1928年6月9日于莫斯科），中共中央党史研究室第一研究部译：《共产国际、联共（布）与中国革命档案资料丛书·联共（布）、共产国际与中国苏维埃运动》（1927—1931）（第7卷），中央文献出版社2002年版，第477、479—480、482页。

[2] 《政治议决案》（1928年7月9日），中央档案馆编：《中共中央文件选集》（第四册），中共中央党校出版社1989年版，第313页。

笔下起风雷　胸中百万兵
土地革命战争中的毛泽东

众大会、示威游行或罢工的消息。"远东局认为"出现这种情况，完全是党的过错"。"八一运动的这个主要不足，不能用警察和技术条件来作解释。这里暴露出了那个可悲的情况，即中共在中国还没有牢固的有工作能力的中心。"[1]那么上海举行了罢工行动，情况怎样呢？7月14日，有5000多名工人群众进行了游行示威。然而，从7月14日起，上海国民党当局加紧了防范行动，"上海逐渐变成了军营。警察徒步和骑马巡逻队不断地在城里转来转去，工人区以至一些工厂还有专门的巡逻队。开始进行大逮捕和搜查"。就是在这样严重的白色恐怖下，党组织又于7月26日在英日领事馆前领导1000多人进行示威活动。示威活动遭到了国民党反动当局的残酷镇压，逮捕了500多人，其中有50名党员。共产国际远东局对参加示威活动的人数少非常不满意，认为"出现了个别的机会主义"，"在铁路员工、自来水工人那里，在兵工厂和电车工人那里表现非常明显，在这些最重要的中心区域，我们的同志以各种借口（会开枪射击，会指责我们搞破坏活动，群众不愿意，等等）拒绝率领群众上街，回避号召群众举行罢工"。上海罢工、示威活动不理想，远东局不认为是严重的白色恐怖的结果，仍然认为重要的原因是"我们党同广大工人群众联系不够，省委和中央未能扩大工厂支部网，未能对工厂里的党员进行教育"。[2]

1930年的五一国际劳动节，党又领导了各大城市的罢工示威活动，遭到国民党反动当局的残酷镇压，情况比1929年搞的"八一国际红色日"更糟糕。5月18日，共产国际远东局给共产国际执行委员会东方书记处的信中报告："5月1日前几天，正当反动派策划的反革命行动猖獗一时之际，上海总罢工委员会召开代表会议，几百名代表（约700人）前往租界

---

[1]《共产国际执行委员会远东局关于中国开展八一国际红色日情况的决议》(1929年8月于上海)，中共中央党史研究室第一研究部译：《共产国际、联共（布）与中国革命档案资料丛书·联共（布）、共产国际与中国苏维埃运动》（1927—1931）（第8卷），中央文献出版社2002年版，第151页。

[2]《共产国际执行委员会远东局关于中国开展八一国际红色日情况的决议》(1929年8月于上海)，中共中央党史研究室第一研究部译：《共产国际、联共（布）与中国革命档案资料丛书·联共（布）、共产国际与中国苏维埃运动》（1927—1931）（第8卷），中央文献出版社2002年版，第154、155页。

的一座大楼，但由于出现错误，来到这座大楼的只有一部分代表（约120人），他们当场全部被捕。遗憾的是，被捕者中正好有沪西38家工厂的代表。5月1日前夕上海被捕的积极分子和同情者约400人，而沪西企业中我们的积极分子有四分之三被捕。全国工人联合会的印刷厂被暴露，被捕者在狱中惨遭毒刑拷打。""我们在5月1日只组织了几个规模不大的示威游行，这些游行队伍立即就被警察驱散了。"其他中心城市的五一行动损失更惨重。远东局在信中说："武汉代表会议100名代表均遭逮捕，北京80名代表被捕。天津、青岛、哈尔滨等地的情况也大致如此。据全国大致统计，光是各城市五一行动中被捕者约1000人，主要是积极分子。湖北省委书记惨遭杀害，四川省委全体成员均遭逮捕，3人遭处决，新组建的满洲省委也遭逮捕，据说有几名已被处决。福建省委被破坏。"对此，共产国际远东局也承认，这些地方的党组织"没有充分估计到敌人的力量，我们可以说是不断地把代表送到警察的手里"。①

以城市为中心的结果，只能使中国革命屡屡受挫。而要中国革命取得胜利，必须开辟新道路。

星星之火，可以燎原

与党在城市工作连遭挫折相比，革命根据地却风景这边独好。党在领导红军战争和革命根据地建设的过程中，通过艰辛的探索，到1930年上半年，逐步解决了中国革命的新道路问题。

大革命失败后，党在领导各地起义的过程中，初步提出了相机占领某个县或几个县、建立革命政权、实行武装割据的思想。中共六大、六届二中全会，虽然在总的方针上是以城市为中心，但也肯定了农村根据地和红军在中国革命中的重要作用，关注其发展。1929年9月，中共中央给红四军的指示信中指出，"统治阶级在乡村力量的薄弱"，红军在农村的斗争

---

① 《共产国际执行委员会远东局给共产国际执行委员会东方书记处的信》（1930年5月18日于上海），中共中央党史研究室第一研究部译：《共产国际、联共（布）与中国革命档案资料丛书·联共（布）、共产国际与中国苏维埃运动》（1927—1931）（第9卷），中央文献出版社2002年版，第148、149页。

笔下起风雷　胸中百万兵
土地革命战争中的毛泽东

发展下去，"将必然要成为全国革命高潮的动力之一"①。1930年4月，周恩来指出，"农民游击战和土地革命"，这是当时"中国革命的主要特征"②。同年5月，中共中央机关刊物《红旗》发表署名为周子敬的来信，明确提出党应以大部分力量甚至全副力量去发展乡村工作；认为革命势力占据广大农村之后，即可以联合起来包围城市，封锁城市，用广大的农村革命势力以向城市进攻。这样，革命必然可以得着胜利。

这些事实说明：以农村为工作重点，到农村去发动农民，进行土地革命，开展武装斗争，建设革命根据地，是1927年大革命失败后中国发展的客观规律所要求的。农村包围城市、武装夺取政权这条革命新道路的开辟，依靠了党和人民的集体奋斗，凝聚了党和人民的集体智慧。而毛泽东，则在这条道路的开辟过程中作出了最卓越的贡献。

在创建井冈山革命根据地的过程中，毛泽东明确指出："以农业为主要经济的中国的革命，以军事发展暴动，是一种特征"；并且"建议中央，用大力做军事运动"③。武装斗争之所以成为中国革命的一种特征，是因为在半殖民地半封建的中国，反动统治者总是依靠赤裸裸的军事暴力来维持其统治的。在中国，没有资产阶级民主制度，共产党是不可能经过合法斗争来教育群众、积蓄革命力量的。党要领导人民群众起来革命，就必须拿起武器进行战斗。

如前所述，1928年5月、10月，毛泽东主持湘赣边界党的第一、第二次代表大会，已经提出工农武装割据的思想，并且对于中国农村区域小块红色政权能够存在和发展的原因进行了论证，从而给予从事农村斗争的同志以重要的理论武装，使之增强了建设农村革命根据地的信心和决心。不过，这时他还没有形成全党应把工作中心放在农村的思想，也还是认为要以城市工作为中心，并且是抱着影响和配合城市工作的目的而主张在湘赣边界创造根据地的。在红四军进军赣南、闽西的实践中，特别是从1929年

---

① 《中共中央给红军第四军前委的指示信》(1929年9月28日)，《周恩来选集》(上卷)，人民出版社1984年版，第33页。
② 转引自中共中央党史和文献研究院著：《中国共产党的一百年》(新民主主义革命时期)，中共党史出版社2022年版，第116页。
③ 《毛泽东选集》(第一卷)，人民出版社1991年版，第79页。

到1930年，毛泽东更加深刻认识到建立巩固的农村革命根据地的重要性。此时，农村游击战争已经广泛发展，并且有力地显示出它在中国革命中所占据的突出地位。实践证明，中国革命要走上胜利发展的道路，必须把工作中心放在农村。当共产国际和中共中央还认识不到这一点时，毛泽东从中国实际出发，经过探索并总结经验，提出了以农村为中心的思想。

毛泽东提出以农村为中心思想的契机是林彪给他写的一封信。

1930年元旦，红四军第一纵队司令员林彪分别给毛泽东和陈毅写了一封信。林彪为什么要写这封信呢？前面已述，林彪在红四军党的七大前后没有起什么好作用，他攻击军长朱德，挑拨毛泽东与朱德之间的关系，受到陈毅等人的批评。陈毅从上海回来在红四军中传达中共中央九月来信精神，特别是红四军党的九大后，决议案中提出纠正党内的错误倾向，林彪的思想有所触动，主动给毛泽东和陈毅写信，一是向前委和军部祝贺新年；二是建议新前委召开一次扩大会议，前委同志各作自我批评，也表示希望大家对他多批评帮助，使他有较快的进步。

陈毅对林彪的进步表示欢迎，很快给林彪复信，予以鼓励，并对林彪的主要缺点提出了批评。

毛泽东接到林彪的信后，前思后想，没有很快复信。毛泽东认为，林彪信中流露出的一种对时局悲观情绪不是他一个人独有，而是具有一定的代表性，觉得有必要通过党内通信的方式，对这种悲观情绪进行分析，对红四军广大指战员进行形势与任务的教育。经过深思熟虑，毛泽东于1月5日在古田赖房村"协成店"给林彪写了复信[①]。信中说：

林彪同志：

新年已经到来几天了，你的信我还没有回答。一则因为有些事情忙着，二则也因为我到底写点什么给你呢？有什么好一点的东西可以贡献给你呢？搜索我的枯肠，没有想出一点什么适当的东西来，因此也就拖延着。现在我想得一点东西了，虽然不知道到底于你的情况切合不切合，但我这点材料实是现今斗争中一个重要的问题，即使于你

---

① 这封信后来以《星星之火，可以燎原》为题收入《毛泽东选集》（第一卷）。

笔下起风雷　胸中百万兵
土地革命战争中的毛泽东

的个别情况不切合,仍是一般紧要的问题,所以我就把它提出来。①

接下来,毛泽东认为林彪"对于时局的估量是比较的悲观",指出"去年五月十八日晚上瑞金的会议席上,你这个观点最明显"。批评林彪"不相信革命高潮有迅速到来的可能",在行动上"不赞成一年争取江西的计划,而只赞成闽粤赣交界三区域的游击","没有建立赤色政权的深刻的观念,因之也就没有由这种赤色政权的深入与扩大去促进全国革命高潮的深刻的观念"。指出林彪"认为在距离革命高潮尚远的时期做建立政权的艰苦工作为徒劳,而有用比较轻便的流动游击方式去扩大政治影响,等到全国各地争取群众的工作做好了,或做到某个地步了,然后来一个全国暴动,那时把红军的力量加上去,就成为全国形势的大革命。你的这种全国范围的、包括一切地方的、先争取群众后建立政权的理论,我觉得是于中国革命不合适的"。

毛泽东分析,林彪这种理论的来源,"主要是没有把中国是一个帝国主义最后阶段中互相争夺的半殖民地一件事认清楚"。他认为林彪对于时局估量比较悲观的原因,是"把主观力量看得小一些,把客观力量看得大一些",并指出"这亦是一种不切当的估量","必然要产生另一方面的坏结果"。

毛泽东在分析了中国社会特点和总结了各地红军、游击队和根据地建设的经验之后,指出:"红军游击队及苏维埃区域之发展,它是半殖民地农民斗争的最高形式,也就是半殖民地农民斗争必然走向的形式。""朱毛式、贺龙式、李文林式、方志敏式之有根据地的,有计划地建设政权的,红军游击队与广大农民群众紧密地配合着组织着从斗争中训练着的,深入土地革命的,扩大武装组织从乡暴动队、区赤卫大队、县赤卫总队、地方红军以至于超地方红军的,政权发展是波浪式向前扩大的政策,是无疑义地正确的。必须这样,才能树立对全国革命群众的信仰,如苏俄之于全世界然;必须这样,才能给统治阶级以甚大的困难,动摇其基础而促进

---

① 《毛泽东给林彪的信》(1929年1月5日),中央档案馆编:《中共中央文件选集》(第六册),中共中央党校出版社1989年版,第553页。

其内部的分解；也必须这样，才能真正地创造红军，成为将来大革命的重要工具之一。总而言之，必须这样，才能促进革命的高潮。"

为了说明革命发展的局势，毛泽东用了一句中国老话："星星之火，可以燎原。"他指出："中国是全国都布满了干柴，很迅速地就要燃成烈火；'星火燎原'的话，正是现时时局的适当形容词。只要看一看各地工人罢工、农民暴动、士兵哗变、商人罢市、学生罢课之全国形势的发展，就知道已经不仅是'星星之火'，而距'燎原'的时期，是毫无疑义的不远了。"

信的最后，毛泽东以形象的语言形容中国革命高潮快要到来，说："它是站在地平线上遥望海中已经看得桅杆尖头的一支〔只〕航船，它是立于高山之岭〔巅〕远看东方光芒四射喷薄欲出的一轮朝日，它是躁动于母腹中的快要成熟了的一个婴儿。"①

毛泽东在这封信中，实际上提出了把党的工作重心由城市转移到农村，在农村地区开展游击战争，深入进行土地革命，建立和发展红色政权，待条件成熟时再夺取全国政权的关于中国特色革命新道路的思想。

毛泽东阐明的农村包围城市、武装夺取政权道路的思想，是对马克思列宁主义关于武装夺取政权学说的重大发展，从而为复兴中国革命和争取中国革命的胜利指明了唯一正确道路。

四、风展红旗如画

入赣消灭唐云山旅

1930年初，红四军面临着一个严重的问题：给养困难。中共红四军前委决定：朱德率领第一、第三、第四纵队到连城一带筹款，毛泽东率领第二纵队暂留古田策应和处理善后工作。与此同时，毛泽东从古田到蛟洋红军医院看望伤病员，请地方党组织负责人在红四军离开当地后妥善安置这

---

① 《毛泽东给林彪的信》（1929年1月5日），中央档案馆编：《中共中央文件选集》（第六册），中共中央党校出版社1989年版，第553、554、555、563页。

笔下起风雷　胸中百万兵
土地革命战争中的毛泽东

些伤病员。

1930年1月5日，朱德率领红四军第一、第三、第四纵队从古田抵达连城，筹款以解决粮饷问题。毛泽东指挥第二纵队开往龙岩小池，打击前来"会剿"的闽敌刘和鼎第五十六师先头部队，掩护红四军主力转移。第二纵队完成阻击任务后，返回古田。

朱德率领红四军第一、第三、第四纵队到连城筹款后，国民党赣军从新泉跟踪追到连城县境，切断了朱德率领的红四军主力同暂时留在古田的毛泽东率领的第二纵队之间的联系。

朱德和红四军其他领导干部对形势进行冷静的分析，认为如果红四军离开闽西转入江西，可以迫使敌人这次"会剿"的主力金汉鼎部回援江西。这样，闽西革命根据地受到的敌军压力就会减轻，得到巩固和扩大，对闽西的工作有利。且红四军主力入赣后，又可以打通闽西、粤北、赣南三角地区的联系，扩大革命根据地。

朱德将和大家商议后的意见通报毛泽东后，果断决定部队实行转移，进入赣南，威胁金汉鼎部后方，调动赣敌回援。

1月9日，朱德率领红四军主力从连城出发，经清流、归化向江西方向急进。1月10日，红四军主力到达宁化县。由于敌人追得很紧，红四军主力没有在宁化停留多久，便翻过武夷山，进入江西石城县境。1月16日，朱德指挥红四军主力攻占广昌，而后向西开赴宁都东韶地区。

毛泽东率领的红四军第二纵队，拟按原定计划开向龙岩梅村，与此时还与在连城的红四军主力联络。就在部队还未离开古田时，毛泽东接到中共闽西特委书记邓子恢送来的急信。信中通报了闽西军民反"会剿"的情况，要求红四军留下一个纵队在闽西游击，帮助地方消灭敌人，巩固刚建立的红色政权。毛泽东对送信人说，敌人是跟着我们走的，不会停留在闽西跟你们走。他当即写了八个字："离开闽西，巩固闽西。"这八个字增强了中共闽西特委保卫闽西苏区的信心。以后闽西苏区反国民党三省"会剿"的情况确如毛泽东判断的那样，邓子恢、张鼎丞在回忆中说：

红四军一走，敌人失掉目标，加之闽西各地开展了游击战争，敌人到处挨打，因而广东敌人裹足不前，江西敌人仓皇撤退。剩下个刘和鼎,又因福州政变,只好溜之大吉。嚣张一时的"三省会剿",就这样黯然收场。

敌人这次"会剿",不但没有动摇闽西群众的革命信心,相反地却更加提高了他们的阶级觉悟。闽西党组织根据毛泽东同志所确定的战略方针、路线和政策,根据闽西的客观情况和主观力量,在军事建设、土地革命及财政经济各方面,都作了艰巨的工作,因而局面大为开展。各县都先后召开了工农兵代表大会,成立了红色政权。又在纵横三百多里的地区内,解决了五十多个区、六百多个乡的土地问题,约有八十万人得到了土地。一九三〇年三月十八日(巴黎公社纪念日),召开了闽西第一次工农兵代表大会,制定了各种法令,成立了闽西革命政府。这期间,是一九二六年以来,闽西革命局面的全盛时期。[①]

就在毛泽东率领红四军第二纵队向龙岩前进途中,得知朱德已率红四军向宁化方向前进,便连夜追赶,经清流、归化、宁化,翻过武夷山,进入江西境内。就在这时,毛泽东接到黄公略报告赣西南红军发展情况的信,立即召开前委会议研究决定,成立红六军,调陈毅、宋裕和前去协助黄公略做筹备工作。

1月19日,红四军第二纵队进入广昌县县境,20日在广昌县赤水击溃广昌靖卫团,活捉国民党广昌县县长。在广昌,毛泽东又得到消息,红四军主力正在宁都东韶,于是立即带领部队赶往东韶。24日,红四军第二纵队经洛口到东韶,同先期到达的主力会合。1月30日,是农历正月初一,毛泽东以这次从闽西到赣南的转移经历写了一首词《如梦令·元旦》:

宁化、清流、归化,
路隘林深苔滑。
今日向何方,
直指武夷山下。
山下山下,

[①] 邓子恢、张鼎丞:《闽西的春天》,《星火燎原》(选编之二),中国人民解放军战士出版社1979年版,第34—35页。

笔下起风雷　胸中百万兵
土地革命战争中的毛泽东

风展红旗如画。①

红四军四个纵队在东韶会合后，毛泽东、朱德立刻决定在赣南分兵发动群众，深入土地革命，开展游击战争，扩大革命根据地。这次分兵预定15天，是古田会议后红四军第一次分兵。古田会议的成果很快就在这次分兵中体现出来。第一纵队、第三纵队在朱德、毛泽东的率领下，先后攻克乐安、永丰。第四纵队占领宁都县城，歼敌300余人，并帮助中共宁都县委分配土地，建立苏维埃政权，组建赤卫队，发展苏区。

这时，蒋介石同阎锡山的矛盾日趋尖锐化，把第七师由江西调到皖北，江西境内兵力大大减弱。而在这时，江西革命武装力量突飞猛进发展。1930年1月，江西红军独立第二、第三、第四、第五团在东固地区合编为红六军（同年7月改为红四军），在吉安到泰和的赣江两岸活动。红五军主力也由湘鄂赣地区开到吉安、泰和一带活动。敌我力量此消彼长，赣西南地区革命大发展的好机会到来了！

为了抓住有利时机，促进赣西南革命形势发展，2月6日至9日，毛泽东主持召开中共红四军前委、赣西特委（因会议提前一天进行，赣南特委代表团未能赶上参加）和红五军、红六军军委联席会议（史称"陂头会议"，也称"二七"会议）。

毛泽东在会上作了关于政治形势和今后任务的报告。会议分析了以江西为中心的闽、粤、浙、赣、湘五省武装斗争形势，讨论了扩大苏维埃区域、深入土地革命、发展工农武装等问题。会议认为，江西反动派内部矛盾加剧，赣西南革命形势发展很快，江西有首先胜利夺取全省政权之可能。据此，会议确定赣西南党的主要任务是：扩大苏区、深入土地革命、扩大工农武装。

会议决定集中红军第四、第五、第六军夺取江西全省政权，第一步先打吉安；打吉安的第一步是占领与吉安为掎角的吉水、安福、泰和等县；由红四军攻取吉水。为实现这一任务，统一领导红军和地方党组织，会议将红四军前委扩大为领导红四军、红五军、红六军和赣西南、闽西、粤东

---

① 中共中央文献研究室编：《毛泽东诗词集》，中央文献出版社1996年版，第24页。

江革命根据地的中共共同前敌委员会,毛泽东任书记;红四军另成立军委,调潘心源任军委书记(未到任,由熊寿祺代理)。会议还决定成立红军第六分校,朱德任校长,毛泽东任政治委员。

值得注意的是,陂头会议成立共同前委并没有上级的指示,而是毛泽东等根据赣西南及其闽西、粤东江的革命实际情况,整合这几块革命根据地的红军力量成立的,有利于集中统一领导,发展壮大红军,巩固和扩大革命根据地。

陂头会议又一次表现出毛泽东善于从实际出发抓住历史机遇、勇于创新、敢于决断的非凡胆略和能力。会议作出的决定,不仅对赣西南、闽西革命根据地的巩固和扩大产生了重要作用,而且为此后红一方面军和中央革命根据地建立打下坚固的基础。

毛泽东后来同斯诺谈到陂头会议时曾说:"1930年2月7日,在江西南部召开了一个重要的地方党会议,讨论苏维埃今后纲领。""对于这个新的纲领,农民报以热烈的拥护,这有助于我们在后来的几个月中打败国民党军队围剿的斗争。"[1]

2月14日,毛泽东、曾山、刘士奇署名发布《关于占领吉安建立江西苏维埃政府》的通告。通告对红四军、红五军、红六军的行动作出部署。

根据陂头会议的军事计划,毛泽东、朱德在会后立即率领红四军由滕田地区向吉安推进,同黄公略的红六军会合,准备先占吉水,后取吉安。行军途中,毛泽东为冒雪行军的壮观情景所感染,又填了一首词《减字木兰花·广昌路上》:

漫天皆白,
雪里行军情更迫。
头上高山,
风卷红旗过大关。

此行何去?

---

[1]《毛泽东一九三六年同斯诺的谈话》,人民出版社1979年版,第60页。

笔下起风雷　胸中百万兵
土地革命战争中的毛泽东

　　赣江风雪迷漫处。

　　命令昨颁，

　　十万工农下吉安。①

　　词中明显表现了毛泽东对革命大发展的乐观态度。

　　蒋介石得知朱毛红军逼近吉安，急忙命令成光耀旅死守吉安，金汉鼎部伺机占领宁都，湘军朱耀华旅开至乐安，戴岳旅在南丰、乐安之间集结；同时，急调唐云山独立第十五旅火速开赴江西，于2月20日抵达吉水县城至乌江镇一线。国民党军队对红军形成包围圈，形势骤然严重。

　　由于吉水地处乌江北岸，红军涉渡困难，加之这一带又是当地地主掌握的会道门武装红枪会活跃地区，红军在此作战不利。于是，毛泽东、朱德决定放弃原定进攻吉水的计划，改为诱敌深入、相机歼敌，撤至富田地区休养待机。

　　唐云山号称"铁军"，还没有吃过红军的苦头，发现红军向富田撤退，不知是毛泽东、朱德的诱敌之计，还以为是红军怯阵，为立头功，不顾其他各路国民党军还在原地未动，便分三路冒进到距富田40里之水南、值夏、富滩一线。

　　敌人送上门来，毛泽东、朱德立即作出消灭唐云山旅的作战部署。2月24日凌晨3时，红四军和红六军第二纵队悄悄从富田出发，以一部牵制值夏、富滩之敌，主力直扑水南。晨7时，敌人两个营正在吃早饭，红军发起猛烈攻击。敌人遭到突然袭击，慌忙丢下碗筷，拼命向值夏、富滩逃命。红军穷追猛打，将蜂拥过桥的敌人扫落水中。仅半小时，红军就将水南两营敌人全部歼灭。

　　25日拂晓，红军以一部向敌侧后施家边迂回，抄敌后路；主力向值夏、富滩之敌发起猛攻。激战一整天，红军再歼敌两个营。残敌两个营，在唐云山的带领下，仓皇从施家边附近抢渡赣江，逃回吉安。在红军面前，唐云山旅根本不是什么"铁军"，而是一堆"烂豆腐"！

---

① 中共中央文献研究室编：《毛泽东诗词集》，中央文献出版社1996年版，第27页。

此次战斗，红军共歼灭唐云山部四个营，俘敌1600余人，缴获步枪近2000支、机枪24挺、迫击炮8门、子弹百余担。

这一胜利，有力地促进了赣西南革命形势的发展。不久，以曾山为主席的赣西南苏维埃政府宣告成立。红四军在这一战中，诱敌深入方针初见成效，为此后大规模反"围剿"作战积累了作战经验。

寻乌调查

打垮唐云山旅后，红四军和红六军第二纵队在值夏休息数日。以毛泽东为书记的共同前委决定红四军全部和红六军第二纵队乘胜北进，由吉水、新干直下樟树。到樟树后，如不能北入南昌即由樟树折回抚州，到湘东一带活动；同时，以各县赤卫队进驻吉水、永丰，扩大赣西苏维埃区域。然而，当红军进至吉水乌江南岸时，遇到水涨不能徒涉，同时发现国民党军第十八师两个旅和唐云山旅残部已集结于永丰、吉水一线，阻击红军北进。毛泽东在乌江南岸主持召开共同前委扩大会议，调整部署，决定红军退回水南休整。

到水南后，共同前委与中共赣西南特委召开联席会议，讨论下一步军事行动。联席会议决定，红军经广昌进入福建建宁，取得给养补充后，再看事态变化决定以后的行动。根据这一决定，毛泽东、朱德率领红四军和红六军第二纵队，于3月10日到达东固，准备向广昌开进。这时，获悉兴国和雩都（今于都）一带没有敌军，雩都北乡群众正准备攻打土围子里的靖卫团。毛泽东、朱德决定改变原定计划，不去广昌，乘兴国、雩都一带敌人兵力空虚之机移师兴国。

红四军和红六军第二纵队移师兴国后，又得到消息，原驻赣州的敌金汉鼎部已全部调往福建打地方军阀卢兴邦，赣州空虚。国民党军队之间内讧，是夺取赣州的好时机。毛泽东、朱德得悉这个消息，决定留红六军第二纵队在兴国发动群众，红四军乘虚攻打赣州。岂料攻打赣州战斗打响后，发现得到的情报不准。原先得到的情报是赣州只有靖卫团数百人，正规部队也就一营人，使毛泽东、朱德认为以红四军收拾这些敌人是不费多大劲的。而实际上赣州守敌是第七十团全部，有数千人。

笔下起风雷　胸中百万兵
土地革命战争中的毛泽东

赣州城高大坚固，加之贡江和章江环城交汇，易守难攻，有"铁城赣州"之称。3月16日，毛泽东、朱德指挥红四军从东门、南门、西门三面发起攻击。由于守敌凭借坚固城池抵抗，红军缺乏攻城的重武器，多次攻城均未奏效。为避免强行攻城造成重大牺牲，红四军遂撤出战斗。

鉴于蒋介石正忙于在北方准备同阎锡山、冯玉祥的大战，没有分身术对付南方红军，且金汉鼎主力入闽，毛泽东、朱德经过分析形势后，提出应该抓住这个时机，实行"分兵游击"的方针，对红四军、红五军、红六军的行动作出了新的部署：以三个月为期，分散在赣南、赣西、闽西、东江、湘鄂赣等广阔地域内，发动群众，全面开展土地革命，分配土地，建立政权，扩大红军和地方武装，把闽、赣、粤三省的苏维埃区域联系起来。

对于这次打赣州失利，毛泽东、朱德及时于3月19日总结了经验教训，认为一是对敌情判断不准确，二是对地形未预先观察，三是事先未充分准备，四是上下决心不一致，五是战场报告不确实，六是不按时实行总攻，七是部分指挥官指挥不适当。红四军司令部发出训令，要求各部队都召开军官会议，认真总结经验教训，并报告司令部。

每仗之后总结经验教训，是毛泽东治军的一大特色。对于广大红军指战员来说，他们是在战争中学会打仗的。他们绝大多数没有上过军校，进入人民军队后，军事技术是从最基本开始的。人民军队在制订作战计划或具体某一战斗方案甚至某一攻坚方案时，与旧军队根本不同的是充分发扬军事民主。战前发动大家讨论，把问题和困难摆出来，献言献策；战后无论胜利还是失利，都总结经验教训。如此往复，红军指战员们成长很快。在红军这个大学校中，许多文化程度不高甚至大字认识不了几个的人，后来成为战功赫赫的将军。

毛泽东、朱德率领部队到达唐江镇以后，立即召开红四军干部会议，部署下一步行动。这时，赣军金汉鼎部第六十八团、第六十九团开来进攻红四军。毛泽东、朱德指挥部队经过激战后，于3月23日攻克南康，25日攻克大庾。在大庾，毛泽东召开有信丰、南康、崇义、上犹、南雄等六县共产党活动分子会议，讨论发展武装斗争、开展土地革命、建立革命根据地问题。根据会议决定，成立红军第二十六纵队，并建立这一地区的苏维埃政权。

4月1日，毛泽东、朱德乘军阀混战、广东空虚之机率领红四军主力向广东南雄进发，打通粤赣边境。在梅岭关，红四军与粤军一个团遭遇，歼敌两个营，俘虏数百人，缴获大批枪支弹药。红四军乘胜追击，当天攻克粤北重镇南雄。

红四军在南雄数日，广泛发动群众，筹措给养。这时，好消息传来，赣军金汉鼎部发生兵变。毛泽东、朱德认为这是打击敌人、扩大赤色区域的好时机，立即率领红四军回师江西。4月10日，红四军主力在地方武装的配合下，攻占信丰县城，歼敌1700余人。17日，红四军从信丰新田圩出发，经安远进驻会昌县城。

4月下旬，为打通赣南苏区与闽西苏区的联系，毛泽东、朱德率领红四军第一纵队和寻乌县的红十团，攻克寻乌的澄江，歼灭反动地主武装1000多人。5月2日，红军又攻克寻乌县城，扫清了通往闽西的道路。此后，红四军第一、第二、第四纵队以寻乌为中心，在江西安远和广东平远一带发动群众，筹措给养，开展游击战争。

在寻乌期间，鉴于古田会议已经召开近半年，为了总结部队近半年来执行古田会议决议的经验，毛泽东、朱德在寻乌县的马蹄岗召开红四军大队以上干部会议。会议总结出红军管理教育的七条原则：第一，干部要处处以身作则，作战士的表率；第二，干部要深入群众；第三，干部要时刻关心战士，体贴战士；第四，干部要学会发动战士自己教育自己，管理自己；第五，说服教育重于惩罚；第六，宣传鼓动重于指派命令；第七，赏罚要分明。

有了好的决议、好的制度，不是摆个样子看的，关键在执行、抓落实。毛泽东、朱德总结近半年来古田会议决议执行经验，制定七条原则，是对古田会议决议的深入和发展，无疑进一步推动了红四军的建设。

毛泽东利用红四军在寻乌、安远、平远分散发动群众的机会，在中共寻乌县委书记古柏的帮助下，连续开了十多天的调查会，作了他有生以来最大规模的社会调查。这次调查，毛泽东后来整理成《寻乌调查》，共五

笔下起风雷　胸中百万兵
土地革命战争中的毛泽东

章39节8万多字。这个调查，对寻乌县的地理交通、经济、政治、各阶级的历史和现状，进行了全面系统而详细的考察分析。不仅调查了农村，而且调查了城镇，尤其调查了城镇的商业和手工业状况及历史发展过程和特点。通过寻乌调查，毛泽东懂得了城市商业情况，掌握了分配土地的各种情况，为制定正确对待城市贫民和商业资产阶级的政策，为确立土地分配中限制富农的"抽肥补瘦"原则，提供了实际依据。

在进行寻乌调查时，毛泽东还写了《调查工作》[①]一文。在文章的开篇，毛泽东即提出："没有调查，没有发言权。"指出："许多的同志都成天地闭着眼睛在那里瞎说，这是共产党员的耻辱。"强调"离开实际调查就要产生唯心的阶级估量和唯心的工作指导"，"它的结果，不是机会主义，就是盲动主义"。他批评"许多巡视员，许多游击队的领导者，许多新接任的工作干部，喜欢一到就宣布政见，看到一点表面，一个枝节，就指手画脚地说这也不对，那也错误。这种纯主观地'瞎说一顿'，实在是最可恶没有的。他一定要弄坏事情，一定要失掉群众，一定不能解决问题"。那么，如何才能解决问题呢？毛泽东的结论是搞调查研究。"召集那些明了情况的人来开个调查会，把你所谓困难问题的'来源'找到手，'现状'弄明白，你的这个困难问题也就容易解决了。"因而，他要求那些抱着"本本""饱食终日，坐在机关里面打瞌睡"的人，"迅速改变保守思想"，"到斗争中去"，"到群众中作实际调查去"！并大声疾呼："中国革命斗争的胜利要靠中国同志了解中国情况。"[②]

毛泽东发出"中国革命斗争的胜利要靠中国同志了解中国情况"的呼声，倡导调查研究中国国情，深刻阐明了坚持马克思主义思想路线、坚持理论与实践相结合的重要性，在当时来说，无疑是振聋发聩的，表现出巨大的理论勇气和开辟新道路、创造新理论的革命首创精神。

---

① 1961年3月11日，毛泽东将这篇文章印发给他在广州召开的一次会议，并作了以下说明："这是一篇老文章，是为了反对当时红军中的教条主义思想而写的。那时没有用'教条主义'这个名称，我们叫它做'本本主义'。"这篇文章被收入《毛泽东著作选读》（甲种本）时，题为《反对本本主义》。1991年收入《毛泽东选集》（第2版）。
② 《毛泽东选集》（第一卷），人民出版社1991年版，第109、110、112、115、116页。

赣南、闽西苏区连成一片

闽西苏区在粉碎国民党军队第二次三省"会剿"后迅猛发展，形势喜人。1930年3月下旬以邓子恢为主席的闽西苏维埃政府成立后，做的第一件事便是采用升级的办法，将各县赤卫团升编为正规红军，组建了中国工农红军第九军，军长邓伟，政治委员高静山。全军下辖六个团：龙岩红一团、上杭红二团、永定红三团、连城红四团、长汀红五团，以后上杭又编组了红六团。

5月上旬，中共中央指示闽西红军编为第十二军。据此，闽西红九军改称红十二军，军部领导人也作了调整，军长邓毅刚，政治委员邓子恢。全军仍辖六个团，原红九军第一、第二、第三、第四、第五、第六团依次改为第一〇〇团、第一〇一团、第一〇二团、第一〇三团、第一〇四团、第一〇五团。全军共3000余人，2000余支枪。

5月中旬，奉中共中央和中共福建省委之命，红十二军全部向广东东江地区出击，闽西苏维埃政府抽调各县赤卫军部分武装，组建红二十军，以胡少海为军长，黄苏为政治委员。全军最初编为三个纵队：龙岩赤卫军编为第一纵队，700人、400支枪；上杭赤卫军编为第二纵队，600人、400支枪；永定赤卫军编为第三纵队，700人、400支枪。后来又增编了两个纵队：连城赤卫军编为第四纵队，300人、200支枪；长汀赤卫军编为第五纵队，900人、500支枪。此外，武平游击队200人、150支枪；平和游击队200人、150支枪，也编入红二十军序列。全军3600人、2200支枪。红二十军组建后，主要活动于闽西苏区各县，巩固和扩大根据地。

这时，蒋介石和阎锡山、冯玉祥的中原大战打得正酣，无力顾及南方各省日趋活跃的红军。福建军阀张贞、卢兴邦、刘和鼎之间又自相火并，打得不亦乐乎，形势对闽西苏区非常有利。毛泽东、朱德决定按原定计划第三次挥戈入闽，打通闽赣之间的联系，巩固扩大闽西苏区，并取得部队给养补给。

6月1日，毛泽东、朱德率领红四军主力冒着炎炎烈日，从寻乌出发，经吉潭、剑溪，越过闽赣边界的崇山峻岭，进入福建武平县境，在溪头圩击溃武平钟文才保商队。次日，红四军与红六军第二纵队会合进占武所，随即不费一枪一弹占领了武平县城。

由闽西子弟兵组建的红四军第四纵队，回到自己的家乡格外高兴，于6月1日发表《红军第四军回闽报告工农贫苦群众书》，欣喜而又自豪地向自己家乡的父老乡亲报告了他们随红四军主力离开闽西征战江西半年来的战绩，以及江西革命的大好形势，表示今后要和闽西父老兄弟一起，与红十二军等一起并肩作战，打破地方保守主义、保守观念，继续努力奋斗，向外扩大战果。

6月5日，红四军政治部发布《红军第四军各级政治工作纲领》，对军、纵队、支队政治部和大队政治委员的工作内容与工作方法作出了明确规定，使红军的政治工作机构和工作制度更趋完善。

这时，占据长汀的金汉鼎第十二师调集兵力至汀江岸边的上杭回龙、官庄一线，企图阻挡红四军向长汀前进。6月上旬末，红四军从武平出发，在上杭县官庄击溃金汉鼎部周志群新编第十四旅，并一路追击，再度占领长汀。至此，赣南、闽西革命根据地连成一片。

至此，毛泽东在长汀"辛耕别墅"绘制的"以赣南闽西二十余县为范围，从游击战术，从发动群众以至于公开苏维埃政权割据"的蓝图基本实现，赣南、闽西"风展红旗如画"。

五、抵制"左"倾盲动错误

李立三脑子发烫

1930年春夏，中国革命根据地和红军蓬勃发展，呈现出一派喜人形势。然而，就在这时，又一次"左"倾错误向年轻的中国共产党袭来。

为什么会出现新的"左"倾错误，这还得从当时的国内、国际政治形势说起。

在国内，国民党统治集团内部矛盾进一步激化。1930年1月，阎锡山、冯玉祥、李宗仁等开始磋商反蒋,并于3月达成以阎锡山为首的反蒋联盟,着手准备反对蒋介石的战争。5月上旬,阎锡山、冯玉祥在中原和鲁西南三个战场,李宗仁、张发奎在湘粤桂边,发起了对蒋介石集团空前规模的战争。这次国民党新军阀之间的中原大战和湘粤桂边战争,双方投入兵力达100万以上,总耗资达5亿元,波及中原和华南广大地区。

国民党新军阀大规模的混战,加深了全国各阶层人民的苦难,也削弱了新军阀自身的力量,客观上为革命力量发展提供了有利条件。

这时,中国共产党从大革命失败后严重的困境中走出来,农村革命根据地和红军进一步发展、扩大,城市工作也有一定恢复和发展。从总体上看,革命斗争局面相比大革命失败时有明显好转,但敌强我弱的形势并没有根本性改变,更没有形成中国革命的高涨,帝国主义和国民党反动统治集团的力量仍然相当强大,它们对革命势力的防范还很严密。

在国际上,1929年资本主义世界爆发空前严重的经济危机,使一些发达资本主义国家的工人运动和群众斗争有了较大发展。这些国家中一部分知识分子向往社会主义的倾向迅速增强。但世界资本主义的统治并未临近崩溃,也没有随着经济危机的爆发而形成世界范围的革命高潮。

国内、国际形势对中国革命有利,中共中央是看到了。那么对这些有利形势该如何判断?该采取什么样的斗争方针?中国共产党是共产国际的一个支部,共产国际是中共中央的上级,在政治上、理论上都不成熟的中共中央,自然要听共产国际的指示。

1929年2月、6月、8月和10月,共产国际执行委员会连续向中共中央发来含有"左"倾错误主张的指示信和决议案。特别是10月26日的指示信,认定"中国进到了深刻的全国危机的时期","工人运动的新潮正在高涨,这是革命新浪潮的发动","农民运动以及其中的游击战争运动,正在复兴"。"现在已经可以并且应当准备群众,去实行革命的推翻地主资产阶级联盟的政权,而建立苏维埃形式的工农独裁,积极地开展着并且日益扩大着阶级斗争的革命方式(群众的政治罢工,革命的示威运动,游击战争,等等)。"认为"党内的主要危险,现在是右倾的机会主义情绪和倾向"。①

1930年1月11日，中共中央政治局通过《接受国际一九二九年十月二十六日指示信的决议》。2月26日，中共中央发出第七十号通告，对革命形势作了过高估计，认为"目前全国危机是在日益深入，而革命新浪潮是在日益开展"。全国群众斗争"走向平衡发展的道路"。根据这种估计，通告提出："目前党的总任务毫无疑义的是更加重了党之争取群众动员群众组织群众以准备武装暴动。"要求在"变军阀战争为国内的阶级战争"的口号下，执行"以推翻国民党统治，以建立苏维埃政权"为"目前总的政治路线"。②通告改变中共六大制定的积蓄力量的策略，要求各级党组织执行集中力量积极进攻的策略，组织工人政治罢工、地方暴动和兵变，并集中红军进攻大城市。

中共六大后，因工人出身被选为中共中央政治局主席、常务委员会主席的向忠发并没有领导能力，中共中央的工作实际上由周恩来主持。1929年底，中共中央同共产国际远东局在如何看待中国的富农、游击战争、赤色工会等问题上产生了意见分歧，争论激烈。由于这些争论无法解决，中共中央决定派周恩来赴莫斯科向共产国际汇报。1930年3月初，周恩来前往莫斯科。在这期间，中共中央的工作实际上由中央政治局常委、中央宣传部部长李立三来主持。

李立三工作有魄力，但有遇事不太冷静爱冲动的缺点。他认为革命形势已在全国成熟，在《红旗》《布尔塞维克》等党的机关刊物上发表《新的革命高潮前面的诸问题》等多篇文章，提出关于中国革命的一系列"左"倾观点。他后来反思说："遗憾的是我没有深刻理解斯大林同志的谈话，否则我后来在1930年革命运动重新高涨时可能不至于犯下我最大的

---

① 《共产国际执委致中共中央委员会的信——论国民党改组派和中国共产党的任务》（1929年10月26日国际政治秘书处通过），中共中央党史研究室第一研究部编：《共产国际、联共（布）与中国革命档案资料丛书·共产国际、联共（布）与中国革命文献资料选辑》（1927—1931）（第11卷），中央文献出版社2002年版，第578、579、585页。
② 《中央通告第七十号——目前政治形势与党的中心策略》（1930年2月26日），中央档案馆编：《中共中央文件选集》（第六册），中共中央党校出版社1989年版，第25—28页。

政治错误。我的错误在很大程度上是盲动主义方针的再现，给党和中国革命再一次造成了很大的危害。"①

6月11日，中共中央政治局召开会议，通过了由李立三起草的《目前政治任务的决议》（《新的革命高潮与一省或几省的首先胜利》）。决议对革命形势作了错误估计，认为"中国经济政治的根本危机，在全国任何一处都是同样继续尖锐化，没有丝毫根本的差别"，"在中心城市爆发了伟大的工人斗争，必然形成全国革命高潮"，"必须在准备全国革命高潮之下，来争取一省与几省的胜利"。决议还认为，"空前的世界大事变与世界大革命的时机，都在逼近到我们的前面了"，中国革命一爆发就会"掀起全世界的大革命"②，中国革命将会在这一最后决战中取得完全胜利。

在对革命形势所作的这种错误估量的基础上，决议认为当前党已经不需要逐步积蓄和准备革命力量了，因为群众已经不要小干，只要大干，也就是只要武装暴动，而且是全国性的武装暴动。决议机械地照搬俄国十月革命的经验，认为只要在产业区域或政治中心突然爆发一个伟大的工人斗争，就可以立即通过武装起义实现一省或几省的首先胜利，建立全国性的政权，进而取得全国所有省区的胜利。

决议还提出，一旦革命在一省与几省取得胜利，不但要没收外国在华企业，而且要没收中国资产阶级的企业，从工农专政进到无产阶级专政。

决议还不点名地批评毛泽东："想'以乡村包围城市'，'单凭红军来夺取城市'，是一种错误的观念。"要求："红军的战略与战术，不只是要坚决进攻打击敌人的主力，向着主要城市与交通道路发展，根本改变他过去的游击战术，而且要在变军阀战争为消灭军阀的革命战争，准备一省或几省首先胜利的总的计划之下，有配合地，有组织地实现他的军事作

---

① 《李立三自述》（1940年），中共中央党史研究室第一研究部编：《李立三百年诞辰纪念集》，中共党史出版社1999年版，第588页。
② 《新的革命高潮与一省或几省首先胜利》（1930年6月11日政治局会议通过目前政治任务的决议），中央档案馆编：《中共中央文件选集》（第六册），中共中央党校出版社1989年版，第121、122、116、117页。

笔下起风雷　胸中百万兵
土地革命战争中的毛泽东

战的任务。"①

这次中央政治局会议表明，李立三"左"倾冒险错误在中共中央取得了统治地位。

会后第四天，即6月15日，中共中央致信中共红四军前委，劈头盖脸地一顿指责：

四军前委：

（一）中央过去曾经屡次把新的路线传递给你们，写了几次信，同时又委托蔡申熙同志口头传递，虽然我们的信都比较简单，蔡同志口头传达又不充分，但完全都是根据中央的路线，可是这一个路线，直到现在你们还完全没有懂得，还是在固执你们过去的路线。

（二）你们固执过去的路线，主要的原因是你们没有了解整个革命形势的转变。这的确也难怪你们，因为你们处境太偏僻了。……

（三）党对于红军的策略，亦完全是针对着这一个形势。现在红军的任务，不是隐避于农村中作游击战争，它应当积极进攻，争取全国革命的胜利，并且应当准备大规模的国内战争以及与帝国主义的战争。

（四）我们过去对于四军的指示，完全是基于革命形势的转变，与中央对红军的新的策略的基础。你们因为没有了解现在革命的形势，所以不能明白中央的指示。你们过去的路线是对的，的确也获得了成功，但是你们在今天还固执过去的路线，完全是错误了！因为革命形势已竟〔经〕转变。同时你们过去也有错误，这些错误在今天表现着尤为严重：你们现在完全反映着农民意识，在政治上表现出来机会主义的错误。你们的错误：（一）站在农民的观点上来作土地革命，如像你们认为："农村工作是第一步，城市工作是第二步"的理论……你们没有懂得，现在土地革命已走入更高的阶段——准备夺取全国胜利的时期。土地革命的彻底完成，只有推翻豪绅资产阶级国民党的统治才有可能，你们因为反映了农民意识，所以忘却了这一个真

---

① 《新的革命高潮与一省或几省首先胜利》（1930年6月11日政治局会议通过目前政治任务的决议），中央档案馆编：《中共中央文件选集》（第六册），中共中央党校出版社1989年版，第123、132页。

理。（二）你们的割据观点，这同样是一个农民观点，如像你们认为先完成三省边境割据再打南昌……你们提出打南昌与中央指出争取一省或数省首先胜利的立场，完全不同。你们的意见是错误，尤其是你们打南昌的理由更包括着严重的错误。（三）你们对于资产阶级更完全是一种机会主义的路线，如你们提出保护大小商人的口号，以及不强迫缴商团的武装，要注重你们所谓的秩序，这完全是武汉时代的机会主义的残留，你们应当完全站在阶级利益上来转变这一个策略，你们这一个机会主义错误与第四个错误有密切关联的。（四）你们对于帝国主义更是机会主义的观点，你们非常怕帝国主义，所以过去我们指示你们到东江，你们说东江帝国主义力量大，中央指示你们应当准备争取一省或数省的首先胜利，向南昌发展，争取武汉的胜利，你们说武汉帝国主义力量大，不可能。……你们只看到帝国主义要压迫中国革命的事实，并没有看到帝国主义动摇的加速，与国际革命运动正在成熟。你们因为对帝国主义的不正确估量，所以对于革命因为帝国主义做出取消的结论，这是一个极严重的错误。（五）你们应当深刻地了解自己的错误，按照中央的指示转变你们今后的路线。你们一定要坚决地猛烈地扩大红军，要决心歼灭军阀力量。但在这里我们还申明一句，我们现在所提出向中心城市与交通区域进攻的战略，与你们过去有的同志主张打大城市的理论完全不同的。

中央新的路线到达四军后，前委须坚决按照这个新的路线转变，四军的路线转变对于全国有极大的意义，希望四军能坚决地执行，如果前委有谁不同意的，应即来中央解决。[1]

在这封指示信中，李立三把所有对毛泽东等淤积的不满都一股脑地发泄出来，给毛泽东扣了"农民意识""机会主义""怕帝国主义"等一顶顶大帽子。

为了督促红四军执行中共中央的"新路线"，李立三派涂振农前往闽西。6月21日，涂振农到达长汀县城。这时，中共红四军前委和中共闽西

---

[1]《中央致四军前委的信——关于执行新的中央路线问题》（1930年6月15日），中央档案馆编：《中共中央文件选集》（第六册），中共中央党校出版社1989年版，第137—141页。

笔下起风雷　胸中百万兵
　　土地革命战争中的毛泽东

特委正在召开联席会议，讨论红军如何在政治上、思想上、组织上开始从游击战向运动战转变及红军的整编工作和闽西地方工作等问题。由于涂振农是带着中共中央指示来的，自然就成了会议的主角。连续两天，都是由涂振农在会上作传达中共中央精神的报告。对于中共中央的指示，作为下级的中共红四军前委是必须得接受的，于是，联席会议决定集中红军，先打下吉安，作为进攻南昌、九江的根据地，同时在打吉安进攻南昌的口号下，发动赣西南猛烈扩大红军。

对于涂振农传达的中共中央指示，毛泽东、朱德有疑虑。后来朱德曾对史沫特莱说过：

毛泽东和我对于整个方案都表示怀疑，但是我们久居山区多年，能够得到的有关国内和国际局势的情报很不全面。在这种情况下，我们不得不接受我们中央委员会的分析。我们知道资本主义世界的经济萧条，我们笼统地知道中国的情况比辛亥革命以前清朝执政时还糟糕。中央委员会认为全国已经处在总起义的前夕，我们只好接受。

除了毛泽东和我之外，很少人反对李立三路线。我们别无选择，只有接受。……①

红一军团成立及北上

根据中共中央的指示，长汀联席会议按照新的编制原则，将红军第四、第六、第十二军整编为红军第一路军（不久改称"红一军团"），朱德任总指挥，毛泽东任政治委员。同时，以毛泽东、朱德等组成中共红军第一路军前敌委员会，毛泽东任书记。红一军团下辖三个军：第四军，林彪任军长，彭清泉（潘心源）任政治委员；第六军，黄公略任军长，陈毅（后蔡会文）任政治委员；第十二军，伍中豪任军长，谭震林任政治委员。全军团共2万余人②。不久，又将闽西、赣南和赣西南的红二十军和红

---

① ［美］史沫特莱著，梅念译，胡其安、李新校注：《伟大的道路》，东方出版社2005年版，第324—325页。
② 这个数字来自中国工农红军第一方面军史编审委员会编的《中国工农红军第一方面军史》。中共中央文献研究室编的《毛泽东传》（1893—1949）称红一军团成立时为1万多人。

三十五军等地方部队，归属红一军团建制。会议还根据中共中央的指示，把原来决定向赣东游击、进攻抚州的计划，改变为集中力量，积极进攻，准备夺取九江、南昌。

同时成立中国革命军事委员会，统一指挥红军的军事行动和政权建设工作，毛泽东任主席。

此外，红四军第四纵队、红十二军第一纵队和闽西苏区部分地方武装合编为红军第二十一军，邓毅刚任军长（后为胡少海），李任予任政治委员，全军共3500余人，担负扩大与巩固闽粤赣苏区的任务。

这次整编和红一军团的建立，适应了红军由以游击战为主向以运动战为主的战略转变，对于红军和苏区的壮大和发展具有重要意义。

6月22日，朱德、毛泽东签发命令："本路军有配合江西工农群众夺取九江、南昌以建设江西政权之任务，拟于七月五日以前全路军开赴广昌集中。"[1]

长汀群众听说毛泽东、朱德将率领红军北上，在城南郊举行欢送大会。当时总共才20多万人口的长汀，到会群众就有三四万之多，许多群众都是从数十里外赶来的，可见朱毛红军与人民群众的情谊有多深！

6月23日，朱德、毛泽东率领部队由长汀出师北上。6月25日，进入江西石城县境。红军1万多人马浩浩荡荡开来，石城县城国民党守军自知不是对手，弃城而逃，红军随即进入县城。离开石城后，红一军团经广昌、瑞金，于7月9日到达兴国。在兴国平川中学操场召开了北上誓师大会，朱德、毛泽东在大会上讲了话。

红一军团这一次大张旗鼓行动，自然惊动了国民党江西省当局。由于蒋介石正与阎锡山、冯玉祥进行中原大战，江西国民党军兵力不足，江西省政府主席兼第九路军总指挥鲁涤平得知红军夺取南昌、九江的计划后，立即命令南昌、九江、吉安等城市加紧修筑工事。蒋介石又调第十八师两个旅返回江西，加强防务。

按照原定计划，红一军团先打吉安。7月14日，涂振农以中共中央特

---

[1] 转引自中共中央文献研究室编：《朱德传》（修订本），中央文献出版社2006年版，第245页。

派员身份召开了中共红一军团前委和赣西南特委联席会议。与会人员认为，吉安的国民党军队正凭险死守待援，工事坚固，如果硬攻，没有大炮等攻坚重武器的红军将会遭受很大伤亡。于是会议决定主力红军暂不进攻吉安，改向吉水、永丰、樟树前进。

7月20日，红一军团进入永丰城。当天下午，朱德、毛泽东发出第二期推进计划表，这个计划表没有提出具体部署进攻南昌，表明他们在执行中共中央命令时，采取了视实际情况而定的灵活方针。7月24日拂晓，红一军团向樟树镇发起进攻，歼灭国民党军两个营，缴枪近200支，俘虏100余人。

打下樟树镇，红一军团下一步是东夺抚州，还是按照中共中央指示北取南昌、九江？这时，中共中央特派员涂振农已经离开了红一军团总部，毛泽东可以灵活选择行动方向。毛泽东于7月25日召开中共红一军团前委扩大会议，讨论行动方向问题。会议从缴获的国民党军作战文件中得知敌军在江西的配置情况，认为如按中共中央命令直接进攻南昌，敌军第十八师两个旅正处在红军东部侧后，威胁较大，南昌城郊池塘较多，又有坚固工事，不易攻克。那么进攻抚州行不行呢？此时抚州有敌人两个团，敌戴岳部则有由新淦渡河来樟树之势。若去进攻抚州，抚州敌人必然弃城而逃，红军只能得到一个空城。若在樟树伏击前来之敌，则没有消灭敌人的把握。红军若在樟树停留，则有遭敌三个旅夹击的可能。针对敌情，会议决定既不向北直取南昌、九江，也不向东进攻抚州或在樟树附近伏击可能由抚州、阜田增援南昌的鲁涤平部队，而是向西渡过赣江，绕道逼近南昌。7月26日拂晓4时，红一军团渡过赣江，向北前进，攻占高安、上高等十余县。

7月30日，红一军团挺进到离南昌30里处。南昌敌军修筑了层层坚固的防御工事，毛泽东从实际出发，没有硬攻南昌，而是派红十二军代理军长罗炳辉带领两个纵队，于8月1日攻击南昌对岸的牛行车站，隔江向南昌城鸣枪示威，以纪念八一南昌起义三周年。南昌守敌龟缩在城内，一枪不还。罗炳辉返回军团总部后，向毛泽东、朱德报告，说南昌国民党军队防务严实，不宜进攻。毛泽东、朱德立即下令撤围南昌，进至安义、奉新一带,休息、整顿、筹款,进行扩大红军工作。

从长汀出发北上这一个多月以来,毛泽东、朱德不盲目机械地执行中共中央进攻南昌、九江的命令,始终坚持从实际情况出发,不断灵活机动地使用兵力,不断改变进军方向,不攻坚,不硬打,不但避免了李立三"左"倾冒险错误统治的中共中央指令占领南昌、九江可能造成的严重损失,而且使红军得到了很大发展。红一军团由出发北上时的1万来人发展到1.8万人,为此后开展大规模反"围剿"战争打下了基础。

成立红一方面军,再攻长沙

还在7月下旬,由湘鄂赣苏区主力红军组建起来的红三军团,在彭德怀、滕代远率领下取得平江反攻作战胜利,并于7月27日乘虚占领长沙。

8月7日,毛泽东、朱德从报纸上得知彭德怀率领的红三军团攻克长沙的消息后,决定红一军团继续西进,向红三军团靠拢。

8月10日,朱德、毛泽东发布红一军团命令,规定各军于15日以前到达万载县城集中。红一军团各部集中后,毛泽东、朱德于8月18日率领部队由万载到达湘赣边界的黄茅。在这里,毛泽东、朱德得悉,红三军团在敌人优势力量的进攻下,已于8月6日退出长沙,正在平江长寿街及其附近转入防御。何键部十团以上的兵力正向红三军团追击,其中敌第三纵队司令兼第十七旅旅长戴斗垣率领四个团,孤军突出地盘踞在浏阳县的文家市和孙家塅一线。

毛泽东、朱德立即召开红一军团高级干部会议,决定乘戴斗垣旅立足未稳,迅速奔袭文家市,歼灭该敌。随即,朱德、毛泽东发出作战命令,规定各部队全线攻击时间为20日拂晓。

8月19日,红一军团根据朱德、毛泽东的部署,兵分四路进入阵地。20日拂晓,红一军团各部突然向文家市发起猛攻,经过近一小时的激战,全歼戴斗垣旅。粟裕在回忆这次战斗经过时说:"记得八月十九日那天天气特别热,我们的部队黄昏时出发,急行军跑了三十五公里,从一条河的中段游了过去,二十日拂晓,一下子就冲到了敌人的阵地前面,其气势好比从天而降。敌人措手不及,打了不到一小时,戴斗垣一个旅就被歼灭

笔下起风雷　胸中百万兵
土地革命战争中的毛泽东

了。戴斗垣被打死了，俘虏了敌一千多人。"[①]

此战，红一军团缴获步枪1400多支，水机关枪20多挺，手机关枪和轻机关枪17挺，驳壳枪100多支，得到了相当大的补充。这是红一军团建立后作战取得的第一个重大胜利，有力地支援了红三军团。

然而，在这时却发生了一件令毛泽东非常惋惜的事。事情是这样的：敌军在逃跑时，丢下了一部电台。红军战士看到上面都是些电钮、电键、指示灯之类，不知道这"洋玩意儿"是什么东西，觉得没有什么用，就给砸了。殊不知这东西是"顺风耳"。这时，红一军团还没有建立无线电通信，要是有它，只要摁摁电键，一阵"嘀嘀嗒嗒"，上级或下级就知道什么意思了，不用派人跑来跑去送信。毛泽东得知这个情况后，说这是游击主义的破坏性，要制止战争中的破坏性，非经过长期深入的教育不可。

红三军团从长沙退到平江长寿街不久，彭德怀接到中共万载县委来信，告知红一军团已转移到万载境内。彭德怀立即派袁国平前往万载联络。袁国平返回后，带来红一军团要红三军团向永和市进击配合红一军团进攻文家市的信件。8月中旬，红三军团主力由长寿街出发，向永和市方向进击。

由于从长寿街到万载往返需四天时间。红三军团接信后立即行动，但到永和市时，因红一军团歼灭戴斗垣旅，驻守这里的敌人已在两天前退向长沙去了。

红一军团在文家市战斗后，按照预先与红三军团的约定，于8月23日北进到永和市，与红三军团胜利会师。这是毛泽东、朱德与彭德怀的第三次会合。当天，红一军团前委和红三军团前委召开联席会议。会上，红三军团前委提议成立红一方面军和总前委。彭德怀提议红三军团所辖之第五、第八军编为红一方面军建制，便于统一指挥。联席会议决定成立红一方面军，一致同意朱德任总司令，毛泽东任总政治委员，彭德怀任副总司令，滕代远任副总政治委员，朱云卿任参谋长，杨岳彬任政治部主任，辖红一、红三军团；成立以毛泽东、朱德、彭德怀、滕代远、黄公略、林

[①]《粟裕战争回忆录》，解放军出版社1988年版，第90页。

彪、谭震林等为委员的中共红一方面军总前敌委员会，毛泽东任书记；成立毛泽东、朱德、彭德怀、滕代远、黄公略、林彪、谭震林等为委员的中国工农革命委员会，毛泽东任主席，统一领导红军和地方工作。

红一方面军成立后，下一步将如何行动？还在8月10日，李立三"左"倾冒险错误统治下的中共中央给长江局写信，严厉指责红三军团攻下长沙后没有"向武汉发展"，"这是很严重的错误"，"不仅是军事上的失策，而且是政治上极大的损失"。并称："据报常德又被我们占领，九江亦在垂危，南昌更为易得，这在客观上更促进武汉暴动之更快实现。在这形势下五军仍须积极反攻长沙，猛烈地扑灭何键，采取进攻策略，进占岳州，向武汉进迫；二、六军亦须向武汉进攻，在必要时，即使未下沙宜，亦应超沙宜攻汉阳；一军更应切断京汉线，进攻武汉；三、四军如下南昌、占九江，则应与八军取联络，逼武汉，以使在红军的进攻下取得与工人力量的汇合。在敌人忙于应战时，武汉举行伟大的暴动，以夺取武汉。"①

毛泽东、朱德对攻打中心城市持反对的态度。他们深知，以红军现有的装备攻打敌人坚固防守的中心城市，意味着将有许多红军干部、战士付出鲜血和生命，会拼光好不容易才积攒下来的革命本钱。在8月23日召开的中共红一方面军总前委会议讨论长江局指示时，毛泽东对再攻长沙表示疑问，朱德也明确反对。

然而，由于有红三军团此前占领过长沙的经历，红一方面军总前委中不少委员认为以红一方面军之力，拿下长沙当无问题。滕代远回忆说："当时我们认为，第一次三军团2万多人也打下了长沙，现在4万人还不能去打吗？"②

中共中央有命令，红一方面军总前委内部多数委员又主张再攻长沙，红三军团此前占领过长沙，红一军团刚歼灭戴斗垣旅，全军士气正旺，毛泽东、朱德尊重大家的意见，会议遂决定红一方面军再攻长沙。

----

① 转引自中共中央文献研究室编：《朱德传》（修订本），中央文献出版社2006年版，第251页。
② 《滕代远回忆有关罗坊会议的情况》，赵泉钧等编著：《罗坊会议》，浙江大学出版社1993年版，第35页。

笔下起风雷　胸中百万兵
土地革命战争中的毛泽东

8月24日晚11时，毛泽东与朱德发布红一方面军向长沙推进的命令。次日，红一方面军分三路向长沙开进。经过四天的行军，红一方面军各部于8月29日先后进抵长沙东南近郊，对长沙取包围之势。

当红一方面军向长沙推进的时候，何键率领三个旅于8月28日由浏阳县撤回长沙，同原来留守长沙的一个旅会合。此外，何键又调其他援军进入长沙防守。这样长沙敌人的防守兵力达31个团之多。敌人修筑了欧式的重层配备的防御工事，碉堡、壕沟和电网等共有八九层之多。

敌人兵力处于优势，又凭借坚固的工事进行防守，红军该怎么打？毛泽东、朱德当然知道，红军没有重武器，特长是野外作战，若弃长用短，硬攻敌人的坚固防御工事，必将遭受重大损失。因此，毛泽东与朱德决定将敌诱出工事，逐个加以消灭。8月31日，毛泽东与朱德发出命令："长沙敌军仍依据工事向我顽抗中"，"方面军仍拟诱歼敌军于其工事之外，然后乘胜攻入长沙"。[①]

按照红一方面军总前委的命令，红三军团（欠第五军第一师）在杨家冲、龙山塘、西塘冲、黄虎冲一带歼灭从板石港渡河之敌后，沿铁路、公路向长沙南关攻击前进；红五军第一师向猴子石佯攻，配合红一军团歼灭猴子石出犯之敌；红一军团主力从天际岭、许家冲、洞井铺、燕子岭、东山等地歼灭由猴子石出犯之敌；红一军团第三军为总预备队。然而，守敌采用"老虎不出洞"的办法，龟缩在工事里，红一方面军主力未获得歼敌战机。

9月1日，毛泽东与朱德下达向长沙总攻击的命令。命令规定：2日晚7时全线向敌攻击，红三军团（欠第十六军）于当日晚移到东山、栗塘一带，并架设浮桥，2日向乌梅岭右翼进攻；红一军团（欠第四军）由井洞铺、莫家坡向乌梅岭左翼进攻；红三军团炮兵团位于石坝附近，支援红一、红三军团进攻作战；红十六军由东屯渡、湖绩渡沿新河向北关进攻，红四军为总预备队。攻击奏效后，占领黄土岭之红一军团继续向右扩大战果；占领乌梅岭的红三军团应沿雨花亭敌阵地向黄土岭扩张，占领二里牌；红十六军沿铁路向四十九标敌阵地扩大战果。

[①]《红一方面军关于诱敌出工事外消灭之然后乘胜攻入长沙的命令》(1930年8月31日午后于白田铺)，赵泉钧等编著：《罗坊会议》，浙江大学出版社1993年版，第197页。

次日，红一方面军各部队按照总部部署冒雨发起进攻，广大指战员发扬英勇顽强、不怕牺牲的革命精神，向敌人展开猛烈冲杀，但被敌人阻在电网之外。进攻受阻，红军中有人想起了古代的火牛阵，在牛尾巴上绑起鞭炮，点响后，牛向前蹿，部队跟着向前冲。结果敌人机枪一扫，没有被打倒的牛掉过头来，反而冲散了红军自己的部队。

萧克在回忆录中对"火牛阵"有详细的描述：

长沙有城墙，敌人在城外设防，还有电网，我们没有攻城的重武器，便硬着头皮打，各种手段都使出来了，甚至连战国时期田单的"火牛阵"都用上了。说起来也好笑，原以为牛尾巴上挂了响炮，就会驱使牛向前走，冲敌人的电网和防御工事，谁知我们花了一千多块大洋，买了二三十头牛，晚上攻打敌人时，点燃牛尾巴上的响炮后，受惊的牛根本不受我们操纵，向两边跑，甚至掉回头冲我们自己的阵地，造成混乱。[1]

用"火牛阵"攻击敌人阵地，这是人民军队历史上唯一一次"古为今用"战法，表现出当时只有落后武器装备的红军攻打敌人坚固防守中心城市的无奈。

"火牛阵"不奏效，红军还采取过"土坦克"的办法。红军从群众那里买来许多打禾的木桶，将每只禾桶装上两只轱辘，用浸湿的棉被蒙在上面来挡敌人的子弹。这种办法被称为"土坦克"。攻击开始后，红军战士们推着"土坦克"向敌阵地冲去。然而，这种办法也因敌人的火力阻击而失利。

何键见红军进攻受阻，误认为反攻时机已到，于9月3日拂晓对红军实行反攻，其独立第七旅由湘江西岸观音港渡江向大托铺、跳马涧、螽斯港攻击红军侧背；新编第三十一师、第十六师一个团和第十九师两个团由猴子石、新开铺出动，向东山抄击；新编第五师和第七十七师分别由杨家山、湖绩渡出击；第十五师、第十六师（欠一个团）、第十九师（欠两个团）坚守要塞，以火力支援出击部队。5时，敌新编第三十一师第一、第二旅分别由猴子石、新开铺出动，10时许进到横塘、石牌岭、石人冲、姚

---

[1] 《萧克回忆录》，解放军出版社1997年版，第137—138页。

家湾。接着,即向俞家坡、洞井铺、高桥、黄泥塘、燕子岭、许家冲、烂泥冲、石马铺等地进犯。

在敌新编第三十一师张牙舞爪向红军反扑时,敌新编第五师和第七十七师在原地未动。中共红一方面军总前委根据敌情,于11时命令红三军团监视正面之敌,红一军团第三军及第四军、第十二军各一部由石马铺、洞井铺向敌新编第三十一师发起进攻,红四军主力在林家咀、陈家冲一带,向敌独立第七旅发起进攻。激战到下午5时,红军将两敌击溃。这次战斗,共歼敌一个多团,毙敌900余人,俘敌1000余人。

9月5日,红一方面军总部侦知敌第十九师第五十五旅和被红四军击溃的敌独立第七旅分别到易家湾、大托铺、回龙铺的湘江对岸,准备偷渡湘江偷袭红军侧背;防守长沙城的敌军一部由黄土岭、洞井铺向红军反扑;东山一带之敌,坚守工事策应。敌人此举,正是红军求之不得。毛泽东、朱德决心歼灭出击之敌,发出命令:"第一军团任歼灭由大托铺、易家湾之线偷渡来袭之敌。须于明(6日)晨由现地进至朱家岭左亘与田心桥迄东南之线,相机歼灭大托铺、易家湾之线之敌。""第三军团任歼灭由长沙城及东山两路出击之敌,应于明日黄昏前全部(十六军在内)相机移至同仁堂、白茅堂、盘石坝、斑竹圩以至朱家岭东端一带,与第一军团在朱家岭附近部队十二军确取联络。""湖南赤卫军应移至蠡斯港、鹿芝岭迄至镇头市之线,任后方输送交通及牵制东山之敌。"①

在9月3日被红军歼灭一个多团的何键学乖了,命令部队坚守工事没有出动。红一方面军歼灭敌第五十五旅和独立第七旅的计划未能实现。

在诱歼敌人的计划不能实现的情况下,毛泽东与朱德于9月10日9时下达了第二次总攻命令,指出:"敌何键部仍盘踞长沙城垣依据工事向我防御中,罗霖师现在雷公岭一带。""方面军决强攻该敌,夺取城垣,并决定于本晚8时向二里牌、乌梅岭、黄土岭一带之阵地施行总攻击。"具体部署为:"第三军团(缺十六军)任右翼之攻击","第一军团任左翼攻

---

① 《红一方面军关于诱歼两路出击之敌的命令》(1930年9月5日午后11时于白田铺总部),赵泉钧等编著:《罗坊会议》,浙江大学出版社1993年版,第215页。

击"。①红十六军担负牵制雷公岭之敌罗霖师任务。

晚8时，红一方面军主力向敌发起总攻。广大红军指战员冒着敌人密集的弹雨，英勇地向敌连续冲锋了四五次，仍未能冲破敌人的阵地。

鉴于长沙敌军工事坚固，红一方面军两次总攻均未奏效，诱歼敌人不能实现，又得知蒋、阎、冯中原大战已接近尾声，蒋介石已开始调集兵力增援长沙，毛泽东、朱德认为不能再继续攻长沙了，若继续攻下去，不但难以奏效，而且会使红军遭受重大损失。于是，毛泽东于9月11日在易家湾召开有中共湖南省委代表参加的总前委扩大会议，讨论撤围长沙问题。这时，从中共长江局的来信得知，国民党李宗仁、张发奎部队已开到湘潭。大家认为，李、张部队到湘潭不是打何键的，而是进攻红军，红军有腹背受敌的危险，从而下决心从长沙撤围。那么撤围后退到哪里去呢？对此，会上有四种意见：一是认为不应该放弃对长沙的进攻计划，可由株洲萍乡铁路撤退，以消灭后面的敌人；二是撤退到岳州；三是撤退到江西袁州；四是撤围长沙，改打南昌。最后由毛泽东作总结，会议决定先退到株洲、萍乡，休整待机。②

9月12日，毛泽东、朱德发布命令，指出："张桂军有到湘潭说，株洲有十九师之一部说。""方面军以先消灭张桂军及何健〔键〕再夺长沙进攻武汉之目的。拟占领萍、攸、醴、株等处待机。"③

毛泽东、朱德发出这个命令很有策略，当时部队中一些人对撤围长沙想不通，对于想不通的同志可以慢慢做思想工作，当务之急是先撤围长沙再说，避免不必要的损失。

次日，红一方面军总部、红一军团、红三军团转移到株洲、醴陵、萍乡、攸县地区，就地休整、筹款和做群众工作。

---

① 《红一军团强攻长沙城的命令》（1930年9月10日午前9时于田心桥总指挥部），赵泉钧等编著：《罗坊会议》，浙江大学出版社1993年版，第218页。
② 《关向应在中央政治局会议上发言记录》（1930年10月14日），转引自中共中央文献研究室编：《毛泽东传》（1893—1949）（上），中央文献出版社1996年版，第233页。
③ 《红一军团拟占萍攸醴株等处待机的命令》（1930年9月12日5时半于新桥），赵泉钧等编著：《罗坊会议》，浙江大学出版社1993年版，第220页。

笔下起风雷　胸中百万兵
土地革命战争中的毛泽东

不打南昌打吉安

红一方面军到达株洲后，部队缴获了国民党政府内部印发的中共中央和中央军委8月初的一封信。信中提道："第一军团的任务是夺取南昌、九江，占领南浔铁路，建立江西政权及全国性政权，封锁长江，向右进攻南京、向左保障武汉胜利。""第三军团在江西工作一个时期后，再去湖南或湖北。"[1]这封信落入国民党手中，中共中央和中央军委的战略意图自然暴露无遗，国民党当局肯定会有针对性地作好充分准备。红一方面军若再按照中共中央和中央军委这封信的指示行动，就落入国民党军布好的圈套。然而，红一方面军部分干部主张立即进攻南昌、九江；一些干部又主张在湘鄂赣坚持斗争，再攻长沙。对此，彭德怀在回忆中说：

当时三军团方面有人提出打南昌，也有人反对。反对者的理由是：长沙既未打开，又去打南昌。南昌守敌虽不及长沙之多，但工事不弱；且城周多水池、湖泊，地形不利于进攻，而利于防御；蒋、冯、阎军阀战争已停止，敌军将要向我进攻，我应准备在赣湘两江之间，各个歼灭敌人。至于打南昌或长沙，那时再看具体情况。另一派说，在湘赣两江之间进行机动作战，是打拳战术，打来打去胡子都白了，还取不到湘赣两省政权。[2]

9月13日，毛泽东主持召开中共红一方面军总前委会议，初步总结围攻长沙的经验教训，并决定红一军团攻取吉安，红三军团攻取峡江、新淦。会后，红一方面军沿株萍铁路从湖南挺进江西。

红一方面军到达醴陵后，毛泽东以红一军团前委书记名义给中共中央写信，报告了红一方面军攻打长沙的经验教训。毛泽东在信中说："此次攻长沙不克，其原因有三：（1）未能消灭敌之主力于打工事之前，敌共有31团之众，我在文家市、猴子石两役虽已消灭敌兵5团以上，但大部队

---

[1] 转引自中共中央文献研究室编：《毛泽东传》（1893—1949）（上），中央文献出版社1996年版，第234页。
[2] 《彭德怀自传》，解放军文艺出版社2002年版，第162—163页。

尚未消灭，即退入城壕，因此敌有余力守城；（2）群众条件不具备，城内无工人暴动，无士兵暴动以为响应，粤汉路、株萍路及对河群众没有起来，不能断绝敌人之水陆交通，不能封锁敌人之经济及军事运输；（3）技术条件不具备，敌人之工事是欧式的重层配备，铁丝网、壕沟等计八九层，我们只有肉搏没有重炮火破坏敌之工事，交通器具如无线电等我们也没有，以致两个军团联络不好，因而失机。"毛泽东认为，上述三点中，以第一点为主要原因。在信中，毛泽东还说："前次我们从永丰经过樟树镇、生米街、牛行车站，没有一个支部，没有一处有组织的群众予红军的行动以帮助。瑞州等处亦然，行军一个月之久，完全是单纯的军事行动。依我们的经验，没有群众条件是很难占领中心城市的，也是很难消灭敌人的。"[①]很明显，经过再攻长沙不克的经验教训，毛泽东已经深切认识到，在当时各种条件都不具备的情况下，红军强攻敌人防守力量雄厚的中心城市是不可能取得成功的。

红一方面军经过几天休整后，毛泽东与朱德于9月23日在萍乡发布命令，令红一军团遵照方面军命令攻取吉安城，限令总部各直属队及第四军于24日移至安源工作三天，27日全军团（缺第十二军）由安源、萍乡两处向袁州（今宜春）前进，经袁州到吉安城北之90里之田阜附近集中；第十二军由攸县照原计划到吉安城北集中待命。

9月24日，毛泽东、朱德率领红一方面军司令部抵达安源。在安源期间，毛泽东到红三军团驻地同领导干部谈话，并召开了军队干部和安源地方党干部联席会议，对安源工作作出指示。当天，毛泽东、朱德出席了由安源工人举行的欢迎红军大会。会后三天之内，有千余名安源工人参加红军，其中有一百个矿工挑着一百担炸药参军，成立了红军第一个工兵连。9月27日，红一军团（缺第十二军）由安源、萍乡两处向袁州开进。

红一方面军虽然踏上了攻打吉安的征程，但那些不想打到"胡子都白了，还取不到湘赣两省政权"的同志思想问题并没有解决。他们急于

[①] 《毛泽东：给中央的报告》（1930年9月17日于醴陵），赵泉钧等编著：《罗坊会议》，浙江大学出版社1993年版，第226、227—228页。

笔下起风雷　胸中百万兵
土地革命战争中的毛泽东

取得攻下中心城市的胜利。9月28日，红一方面军到达袁州后，毛泽东召开了中共红一方面军总前委会议。会上，发生了激烈的争论。滕代远回忆说：

> 会上，毛主席提出先打吉安的主张，但三军团的一部分干部却提出了不打长沙就去打南昌。那时我们水平低，觉悟不高，立三路线的盖子也没有揭开，盲目地相信中央，看到主席不同意去打南昌，就质问，你又不打长沙，又不打南昌，你执不执行中央路线？①

有些与会同志，还给毛泽东上纲上线，说："先打吉安后打南昌，就是不执行中央的指示，就是断送中国革命高潮。"②

毛泽东耐心地做这些同志的工作，告诉他们：吉安是赣西南一个城市，又是敌人的一个据点，但敌人只有一个师在那里驻守，力量较弱，其他地方都是地方武装，吉安周围都是苏区，形成一座孤城，打下吉安使苏区连成一片，对巩固发展根据地意义重大。朱德支持毛泽东的意见，并与毛泽东一起做说服工作，统一认识。会议最后确定仍按原计划不打南昌，以红一军团攻打吉安，红三军团进攻樟树并担任警戒任务。

9月29日，毛泽东与朱德发出命令："本军团（缺十二、二十两军）照原计划拟于明（30日）日由此地（宜春城）出动，经分宜向吉安前进。"③

毛泽东与朱德发出命令的当晚，一个肩负重要使命的人来到红一方面军司令部。此人叫周以栗，时为中共中央长江局军事部部长。

周以栗和毛泽东是老相识，并在大革命时期协助毛泽东领导过农民运动。他到红一方面军司令部，是传达中共中央长江局指示的，说长江局已经查明，李宗仁、张发奎的部队并没有到达湘潭，要红一方面军回去再打

---

① 《滕代远回忆有关罗坊会议的情况》，赵泉钧等编著：《罗坊会议》，浙江大学出版社1993年版，第356—357页。
② 《何长工回忆罗坊会议前后的几个问题》，赵泉钧等编著：《罗坊会议》，浙江大学出版社1993年版，第363页。
③ 《红一军团由宜春出发，到达阜田集中的命令》（1930年9月29日午后6时于宜春），赵泉钧等编著：《罗坊会议》，浙江大学出版社1993年版，第240页。

长沙。

周以栗此行还带来了中共中央8月29日给长江局并转湖南省委、湘鄂赣前委及行委的一封指示信。信中说：

据报载三、四、五、八军已取得联络，并已逼近长沙。我们估计红军再度占领长沙必在目前。因此，学琅同志对第一次占领长沙经过的报告，中央有大体上的讨论（详细的教训和讨论留待以后），并根据此结论，先（行）对于你们有下列的紧急指示。

（一）我们预料你们既然取得联络，必然有过会议，讨论再度占领长沙问题。如果你们是决定以三、四、五、八军的主力军集中进攻长沙，而以小部队留守赣省，牵制南昌、九江之敌，并通知二、六军逼近武长线以切断敌联络线为任务，这一战略无疑是正确的，望你们照此战略执行。你们执行时须特别注意五件事。①将何键及在湖南之主要部队完全予以消灭，不让湖南敌人再有机会集聚力量反攻（你们上次不及时穷追何键，让其聚集力量反攻，是绝大错误）。②应立即与二、六军取得联络，二、六军发展方向应以主力进攻岳州，截断武昌〈长〉铁路，切断湘鄂敌人的联络，只以小部队威吓牵制常德之敌力（有可能，当然进占常德）。③长沙一占领，岳州必须在二、六军联络之下取得。湘东主要敌力击溃与消灭后，便应调转主力击溃江西主要敌军，进一步做到占领南昌、九江，使湘、赣苏维埃能配合而巩固地向前发展。④在湘、赣主要敌人击溃的条件下，红军应向着武汉中心前进。中央指示在湘、赣包围我们主要敌力还没击溃以前，我们不应轻于冒进武汉。我们应巩固地向前发展，有配合有联系地向前发展。⑤在军力的配备上，最要紧的是你们应集中主力在一起，同时你们无论在攻取长沙或反攻南昌时，你们都应切实联络与指挥赣西南的红军同时动作。

…………①

---

① 《中共中央给长江局并转湘省委、湘鄂赣前委及行委的信——关于占领长沙的战略与政策的指示》（1930年8月29日），赵泉钧等编著：《罗坊会议》，浙江大学出版社1993年版，第185—186页。

笔下起风雷　胸中百万兵
土地革命战争中的毛泽东

毛泽东、朱德等作出了撤围长沙的决策，使红一方面军避免了遭受更严重的损失，是非常及时和正确的。而这时周以栗却来传达了长江局要求红一方面军回攻长沙的指示，这是要把红一方面军往"虎口"中送！

周以栗是中共中央长江局派来的代表，既是传达长江局的指示，也是传达中共中央的指示，说服他改变态度非常重要。红一方面军内部本来一些同志坚持打长沙或打南昌，周以栗若坚持要求红一方面军回打长沙，由于他带有"尚方宝剑"，势必形成回打长沙的主导性意见。

毛泽东和这位大革命时期一起做过农民运动的老同事谈了一个通宵，终于用事实说服了他。周以栗放弃了原先的想法，接受毛泽东的正确主张。

9月30日，毛泽东再次主持召开中共红一方面军总前委会议。周以栗在会上没有坚持红军回打长沙，转而说服部分干部不打长沙，暂时也不要打南昌，而先打吉安。由于周以栗的身份，会议终于作出决定："夺取江西政权，一军团以很短时间攻下吉安，建立江西省苏维埃政府，补充新兵筹措给养等。三军团则占领清江县城及其附近，封锁赣江，筹款发动群众，整理补充等。"[1]

经过一番周折，袁州会议最终放弃了回打长沙的打算，也没有采取立刻进攻南昌、九江的冒险计划。

10月2日，毛泽东与朱德发出红一军团"4号拂晓总攻吉安城"[2]的命令。次日，毛泽东与朱德又发布红一军团总攻吉安命令，指出："本军团有攻取吉安消灭邓英部队，汇合赣西南群众力量直下南昌、九江以建立江西政权，封锁长江、进攻南京、保障武汉暴动胜利之任务，决于4号拂晓总攻吉安城，限于5号拂晓前夺取吉安城。"具体部署为，"第四军担任左翼，向螺子山、真君山间之敌阵地攻击"；"第二十军任正面，向真君山、天华山之线之敌佯攻，左与第四军右与第三军确取联络，归第四军军

---

[1] 《毛泽东：给中央的信》（1930年10月14日夜于吉安城），赵泉钧等编著：《罗坊会议》，浙江大学出版社1993年版，第258页。

[2] 《红一军团进攻吉安的命令》（1930年10月2日午后8时于阜田总部），赵泉钧等编著：《罗坊会议》，浙江大学出版社1993年版，第241页。

长林彪指挥";"第三军（缺一个纵队）与第十二军共任右翼，向神冈岭、天华山之线之敌攻击"。①

红一方面军开进吉安境内后，遇到从中共中央开会回来的赣西南党组织负责人李文林。李文林告诉毛泽东，中央还是要红一军团去打南昌的。毛泽东很平静地对他说：我们准备去打吉安，你看，队伍已经向吉安开去了！箭已离弦，自然是不能回头的。李文林没有办法，说那也只好这样了。

当红十二军经安福向吉安前进时，军长伍中豪不幸中弹牺牲。

红一方面军总攻吉安时间定在10月4日拂晓，但在10月3日晚，担任左翼进攻的红四军攻城心切，未等红三军完全进入阵地、红十二军尚差一天路程到达，就急忙发起攻击。随后，红二十军和红三军也按预定计划打响。红四军占领了城北雷公桥，一个连打开了北城门。因红十二军未赶到，红三军未集中全部投入战斗，对城西南敌人阵地攻击不力，使得敌邓英部得以从城西南抽调兵力增援城北，打进北城门的红军一个连被迫退回城外。红二十军攻占了真君山后，与敌军展开激烈的争夺战。

10月4日下午2时，红十二军赶到投入战斗。当晚9时，毛泽东与朱德命令各部乘夜色再次向敌发起总攻，首先从城西突破敌人阵地，直插城中心中山大街。城内敌人惧怕被歼，邓英早已令城内保安团、警察队接替了东门、北门防守阵地，并偷偷将船只集中在白鹭洲待命。当红军攻进城时，邓英已率领所部从白鹭洲登船，向清江、南昌方向逃窜。红军发现敌人乘船逃跑，立即沿岸追击，截获小船4只，俘敌200余人。午夜，吉安城被红军占领。次日，红三军团占领了清江县城。

从1929年11月至1930年8月，赣西南红军和人民群众曾先后八次围攻过吉安，都没有打下。这次，红一军团终于打下了吉安，拔除了国民党反动军队长期盘踞的赣西南地区重要据点，当地人民群众异常高兴。红军攻占吉安的第二天，赣西南各县的赤卫军、青少队，从十几里、几十里的地方赶来观光，走了一批，又来一批。他们身扛红缨枪，脖子上系着红带

---

① 《红一军团总攻吉安的命令》（1930年10月3日午后2时于山前总部），赵泉钧等编著：《罗坊会议》，浙江大学出版社1993年版，第243页。

子，有的还扛着大红旗。大家都显得无比兴奋，像过盛大的节日一样。这种情景形成了自土地革命战争以来最热烈、最壮观的群众场面。

10月7日，中共红一方面军总前委和中共赣西南特委在吉安召开"庆祝吉安暴动胜利大会"，有13万群众和红军将士参加。毛泽东、朱德等红军领导人出席大会并发表了热情洋溢的讲话。在这次大会上，正式宣布江西省苏维埃政府成立，曾山任主席。

此后，中共红一方面军总前委和工农革命委员会召开地方党组织负责人扩大会议，决定李文林等13人组成中共江西省行动委员会，李文林任主席，赣西、赣南、赣东、赣东北、赣西北等地区设立行动委员会。

红一方面军占领吉安后，在吉安及其周围地区一面休整，一面开展群众工作，组织群众，建立基层政权；打土围子，肃清反动势力；开展土地革命，分配土地。经过短期工作，就有8000多名青壮年踊跃参加红军。之后，红军又续攻泰和、安福、吉水、峡江、新淦、清江等地，使赣江两岸几十个县的红色政权连成了一片。整个赣西南地区成了红彤彤的世界！这对此后开展赣西南革命斗争，形成中央苏区，具有十分重要的意义。

第三章
横扫千军如卷席

一、确定反"围剿"方针

罗坊会议

1930年9月24日至28日，由从苏联回国的瞿秋白、周恩来主持，在上海召开了扩大的中共六届三中全会。会上，周恩来作《关于传达国际决议的报告》和《组织报告》，瞿秋白作政治问题讨论的结论。会议接受共产国际七八月关于中国问题的一系列决议，通过《关于政治状况和党的总任务议决案》《对于中央政治局报告的决议》等，并改选了中央政治局，又因中央委员会中一些成员牺牲，补选了中央委员、候补中央委员和中央审查委员。这次补选，把毛泽东重新选为中央政治局候补委员，把朱德选为候补中央委员。会议还决定建立苏区中央局。这些措施不仅说明共产国际和中共中央对红军游击战争及农村革命根据地的地位有了一定的新认识，而且对以后中国革命的发展有着不可忽视的积极作用。

中共六届三中全会通过的决议，批评李立三等对帝国主义和国民党反动统治崩溃的形势作了不切实际的估量，对革命形势发展的速度和革命力

笔下起风雷　胸中百万兵
土地革命战争中的毛泽东

量的现状作了过高的估量，对不平衡发展的规律观察不清，不重视建立巩固的根据地和扩大红军，忽视对大城市和产业中心区更广大群众的发展与组织。决议指出，当前的主要任务是：巩固、发展苏维埃区域和红军，加强党在白区的工作，组织工人的经济斗争和政治斗争，积极发动农民的各种斗争和国民党军队的哗变，并努力准备武装暴动；白区同苏区的斗争，要互相联系，为在苏区最有保障的区域建立苏维埃中央政府而斗争。

李立三在会上作了自我批评，承认了错误，接着便离开中央领导岗位。

中共六届三中全会后，在瞿秋白、周恩来等领导下，李立三"左"倾冒险错误在实际工作中逐步得到纠正。

由于红一方面军和中共中央没有电讯联系，通过秘密交通线传达会议精神，需要层层传递、辗转周折，颇为耗费时日，因而毛泽东、朱德等还不知道中共六届三中全会的情况。红一方面军打下吉安后，不少干部仍坚持按照李立三"左"倾冒险错误统治下的中央决定去打南昌、九江。但毛泽东从攻打长沙失利的教训中已经认识到，这样做是不能取得成功的。考虑到中共中央和红一方面军许多干部打南昌、九江热情很高，一时还难以说服，毛泽东和朱德于10月13日发出红一军团北上向清江集中的命令，指出："本军团有进攻南昌、九江消灭鲁涤平敌军，夺取江西全省政权，向左保障武汉暴动胜利，向右进攻南京，以促成全国直接革命之任务，决于明日开始北上，以四天行程分两路到达清江附近集中。"[①]

10月17日，红一方面军总部到达峡江县城。毛泽东召开总前委会议。会议在讨论时局问题时，毛泽东已经敏锐地觉察到严重的局势即将到来。他最了解蒋介石，知道蒋介石在中原大战取胜后，会立即调集重兵以空前规模"围剿"红军。会后，他在给中共湘东特委的信中说："对于时局，我们认为统治阶级的军阀混战，暂时决不能调和停顿。但也不会继续扩大到底。""我们不能离开阶级立场来分析，以为军阀混战会扩大下去，继续到底。要知道阶级矛盾超过统治阶级内部矛盾时，反动统治阶级，必联

---

① 《红一军团移师北上向清江集中的命令》（1930年10月13日午后1时于吉安城总部），赵泉钧等编著：《罗坊会议》，浙江大学出版社1993年版，第256页。

合起来进攻革命。"①这表明,毛泽东已经预见到国民党军要对红军进行大规模进攻了。

峡江会议后,朱德、毛泽东发布命令:"方面军以直占南浔路待机略取九江、南昌之任务,第一步拟先歼灭高安当前之敌而占领之。"②值得注意的是,这个命令对南昌、九江只是"待机略取",是否攻打,要看形势发展和具体情况而定。这就是毛泽东的高明之处,有时候,大家的弯子一下子是难以转变的,一步一步地来,让大家转弯子有一个过程。

在这几天,毛泽东通过各方面了解敌人动向,搜集敌人情报。阅读报纸,是了解敌情的重要手段。毛泽东每到一地,就派人收集报纸,每天要花费很多的时间翻阅报纸。

蒋介石对于共产党领导的红军不断发展如坐针毡,无奈自己身陷于各派军阀集团的不断混战中,抽不出身来,只好将"剿灭"红军的任务交给地方军阀。然而,这些地方军阀实在无用,多次发动"进剿""会剿"不但没有将红军消灭,反而使红军像滚雪球般越滚越大,尤其是毛泽东、朱德率领的红一方面军,已经发展到4万来人。中原大战和湘粤桂边战争之后,蒋介石终于从走马灯似的新军阀混战中走出来,有机会腾出手来对付共产党和红军了。当然,他首先要消灭的就是毛泽东、朱德指挥的红一方面军。10月20日前后,蒋介石将其第七十七师、新编第五师、第五十师和第六路军的第二十四师、第八师分别由湖南、河南调入江西境内,连同原驻江西的第十八师、新编第十三师、独立第十四旅,共集中了七个师又一个旅,兵力达10万之众。另外,蒋介石又令在武汉休整的第十九路军(辖第六十师、第六十一师)准备进入江西。他以国民党江西省政府主席、第九路军总指挥鲁涤平为陆海空军南昌行营主任,统一指挥以上各部,向红一方面军扑来。

10月22日,红一方面军总部到达清江县的太平圩时,得到了国民党

---

① 毛泽东:《给湘东特委的信》(1930年10月19日夜于峡江县),赵泉钧等编著:《罗坊会议》,浙江大学出版社1993年版,第264页。
② 《红一方面军进攻高安的命令》(1930年10月19日午后7时于峡江城外竹山下总部),赵泉钧等编著:《罗坊会议》,浙江大学出版社1993年版,第262页。

笔下起风雷　胸中百万兵
土地革命战争中的毛泽东

军谭道源师已全部开到南昌，许克祥部及第五师熊式辉部先头部队在10月19日相继开赴九江，金汉鼎、毛炳文两部也准备入赣的消息。这些迹象表明，毛泽东对敌情的判断是正确的。红一方面军将面临新的严峻考验。

第二天，毛泽东在太平圩主持召开红一方面军总前委会议。会议根据大批国民党军入赣和敌公秉藩师驻守南昌，张辉瓒师驻樟树、丰城一线，邓英师在抚州，湘敌罗霖部驻袁州的情况，决定：红一方面军"先在袁水与瑞州河之间布置工作，以主力沿袁水配置，发动这一带的群众筹措给养，竭力准备与敌决战的条件，暂以7天为期。"[1]发现敌情后，毛泽东、朱德及时进行先期准备，使广大红军干部战士在物质上、心理上都有所准备。

25日，毛泽东、朱德率领红一方面军总部转移到新余罗坊镇陈家闹。在一家染布店中，毛泽东主持召开红一方面军总前委和中共江西省行动委员会联席会议。此即关系到中央苏区[2]第一次反"围剿"成败的"罗坊会议"。

时为中共江西省行动委员会宣传部部长的陈正人回忆说：

> 罗坊会议是一次很重要的决策会议。当时出席会议的人不多，我记得有毛主席（前委书记）、朱德（红一方面军总司令）、周以栗（党中央长江局派来的代表）、林彪（红四军军长）、罗荣桓（一军团四军政委）、滕代远（三军团政委）、彭德怀（三军团军团长）、杨岳彬（一方面军总政治部主任）、袁国平（三军团政治部主任）、何长工（红八军军长），还有地方干部李文林（江西省行委书记）、曾山（江西省苏维埃政府主席）和我（省行委宣传部部长）。会议前后开了好多天，进行了七八次。多半是从下午开始，一直到晚上结束。会议期间，敌人的飞机经常来，有时白天也会在外面树底下开。

---

[1] 《红一方面军在袁水与瑞州河之间工作待机的命令》（1930年10月24日），赵泉钧等编著：《罗坊会议》，浙江大学出版社1993年版，第278页。

[2] 1930年10月24日，中共中央政治局会议讨论通过了《关于苏维埃区域目前工作计划》，确定："湘鄂赣联接到赣西南为一大区域，要巩固发展它为苏区的中央根据地。"这是中共中央文件中第一次出现"中央根据地"。后来，人们亦称中央根据地为中央苏区。这个苏区是毛泽东、朱德率领的红一方面军创造的革命根据地，也是全国最大的革命根据地。

会上讨论的中心问题是：打不打南昌和如何粉碎敌人的进攻。①

李立三"左"倾冒险错误统治中共中央时，曾让红一军团攻打南昌、九江，会师武汉。针对一些同志主张红一方面军进攻南昌，毛泽东根据当时敌我力量对比情况，科学分析形势，在会上提出："在强大的敌人进攻面前，红军决不能去冒险攻打南昌，南昌是敌人重兵驻守的地方，红军还没有足够的力量去攻打城市，红军必须采取'诱敌深入'的作战方针，退却到根据地，选择好战场，创造有利条件，充分依靠人民群众，实行人民战争，把敌人放进来，才能集中力量消灭敌人。"②

中共江西省行委书记李文林不同意毛泽东提出的"诱敌深入"作战方针，仍主张打南昌、九江，会师武汉。他认为："不打南昌、会师武汉，就是违背中央精神，就会断送中国革命。"③指责毛泽东的"诱敌深入"是保守主义，认为把敌人引入根据地，人民要遭受很大损失。

李文林是江西吉水人，渴望红军占领省会城市，迅速取得革命在江西一省的首先胜利，而看不到全国这时的局势已经发生了明显变化，国民党新军阀空前的大混战——中原大战已经结束，中国反动统治阶级内部的纷争随着蒋介石的胜利而暂告一段落，蒋介石正在加紧部署对共产党领导的红军和根据地的"围剿"，尤其是对毛泽东、朱德指挥的红一方面军的大规模军事"围剿"，更加严峻的形势即将到来。李文林坚持要求红一方面军攻打南昌的主张，代表着中共江西省行委一些人的意见。

参加会议的红三军团有些同志不同意东渡赣江，认为东渡赣江，诱敌深入根据地内部，对根据地人民危害很大，提出"夹江而阵"，即红三军团在赣江西岸，红一军团在赣江东岸，分头对付敌人的"围剿"。认为这样"既可以集中消灭敌大部队，也可以团为单位分散于湘赣边、湘鄂赣

---

① 《陈正人回忆罗坊会议》，赵泉钧等编著：《罗坊会议》，浙江大学出版社1993年版，第374—375页。
② 《陈正人回忆罗坊会议》，赵泉钧等编著：《罗坊会议》，浙江大学出版社1993年版，第375页。
③ 《陈正人回忆罗坊会议》，赵泉钧等编著：《罗坊会议》，浙江大学出版社1993年版，第375页。

笔下起风雷　胸中百万兵
土地革命战争中的毛泽东

边、鄂东南区进行游击战，对将来夺取湘鄂赣三省政权都有利"。①

为了说服大家，毛泽东明确地指出："此次蒋介石调取兵力要大举进攻革命，敌人利在速战，使红军深入白色区域，然后包围袭击。我们就是利用敌人的弱点，看明敌人毒计，站在主动地位来定战略。我们所采取的大规模决战，诱敌深入赤色区域，配合群众，这是实际消灭敌人，实际进攻南昌、九江，争取革命胜利的唯一正确策略。"②

鉴于一部分同志认为退却到根据地会丧失土地，会打烂人民的坛坛罐罐，毛泽东用"将欲取之，必先予之"的道理，说明只有丧失才能不丧失，以一时的丧失才能换取消灭敌人，然后再收复失地。他说：不在一部分人民家中一时地打烂些坛坛罐罐，就要使全体人民长期地打烂坛坛罐罐。惧怕一时的不良政治影响，就要以长期的不良影响做代价。

朱德坚决支持毛泽东的"诱敌深入"方针，指出在强大的敌军已经集结在南昌、九江周围的情况下，红军不能以卵击石冒险攻打南昌、九江，只能实行"诱敌深入"的作战方针，东渡赣江，在革命根据地内关门打狗。朱德认为，从全局看是敌强我弱，湘敌强，赣敌弱，红军要避实就虚，"诱敌深入"，以弱胜强。朱德告诉大家：赣江西岸夹在湘、赣江之间，机动范围小。而赣江之东呢？地跨闽、浙、赣边界，有大山，回旋余地大，在根据地内实行群众的战争，想怎么打，就怎么打。

值得称道的是周以栗。他完全站到毛泽东边，以中共中央长江局代表的身份劝说大家，不要打南昌、九江。他的特殊身份使其意见很有分量。

彭德怀、罗荣桓、曾山、陈正人等也支持毛泽东的主张。

由于李文林和红三军团部分同志仍坚持反对"诱敌深入"的方针，特别是红三军团政治部主任袁国平态度尤其坚决，联席会议没有就"诱敌深入"方针达成一致意见。但是会议对打不打南昌、九江问题基本上达成了共识。第二天，联席会议一致通过了《目前政治形势与方面军及江西党的任务》的决议，确定红一方面军的军事战略为"在吉安、南昌之间一带

---

① 《彭德怀自传》，解放军文艺出版社2002年版，第164页。
② 《何长工回忆罗坊会议前后的几个问题》，赵泉钧等编著：《罗坊会议》，浙江大学出版社1993年版，第368页。

地区发动广大的人民群众，筹措给养，同时加紧后方的群众调动与给养筹措，准备与敌人作大规模的决战，消灭敌人主力，实现全省胜利"。①

10月30日，红一方面军总部得到情报，国民党各路军队已经出动，向根据地推进。军情如火，考虑再召开中共红一方面军总委和江西省行动委员会联席会议讨论这个问题，李文林等人一时也难以转弯子，必然是无休止的争论，难以形成一致意见，毛泽东果断召集中共红一方面军总前委会议，确定了"诱敌深入"的作战方针；并决定整个红一方面军东渡赣江，由原来在湘江、赣江之间转移到回旋和发展余地都大得多的赣江以东广大区域活动，寻机打破国民党军的"围剿"。

进行"兴国调查"

在罗坊会议召开期间，毛泽东还插空搞了一次调查活动。

1930年10月下旬，兴国县向红一军团输送了700多名农民当红军。他们来到新余县罗坊彭家洲。

彭家洲是一个小圩镇，镇上有两排店铺，每个店铺前都有一个乘凉的木棚子。街外两侧有两个大草洲，乌桕树长得枝叶茂盛。街后是一条大河，河对岸就是罗坊集镇。这些准备参加红军的新兵就住在靠河边店铺的房子里。

参加毛泽东调查会的8个兴国农民之一、当时是红军后备队第八连代理连长的温奉章后来在回忆时说：

10月26日，刚吃过早饭，一位传令兵来到我们住的地方说："哪几位是后备队的负责人？毛委员有事找他们商量。"当时，我们听到毛委员要找我们心里很高兴，于是，我和傅济庭、李昌英、陈侦山、钟得五、黄大春、陈北平、雷汉香等八个人跟着传令兵从我们住房的左边，朝着斜对面那排店房走去，这是一家一排六开间的木行店，门口插了一面红旗，还有岗哨，传令兵带我们走进靠南边的一间房子

---

① 《目前政治形势与一方面军及江西党的任务》（1930年10月26日），赵泉钧等编著：《罗坊会议》，浙江大学出版社1993年版，第291—292页。

笔下起风雷　胸中百万兵
土地革命战争中的毛泽东

说："毛委员在楼上。"我们上了楼，转了一个弯，到了靠北边的那间楼上，楼上很宽敞，光线也很明亮，正对面墙上有一个大圆形石窗子，靠窗下面，铺了一张用长凳架的木板床，床上有两床红色军毯，一垫一盖，床对面放了一张桌子，侧面有四个铁皮文件箱。毛主席正坐在床上看报纸，身穿灰色军装，见我们来了，立刻放下报纸和我们一一握手，招呼我们坐下，然后笑着对我们说："你们是从兴国来的吧！"接着一个一个地问了我们的名字、住址和队伍住宿的情况，随后又问："你们带来的队伍，是补充队还是后备队？来了多少人？"大家回答说："来了八个连，七百多人，都是后备队，不是补充队。"毛主席接着又问："你们队伍是怎样搞起来的？"我们简单地作了回答。开始时，我们几个人都很拘谨，说话也很注意，所以只扯了一些家常。①

　　第一次见面，毛泽东只是和大家认识一下，简单了解一下情况。10月29日，调查会正式进行，地点仍然是第一次见面的那家木行店，不过换了一间屋子，是靠北面的第二间。屋子正中，放着一张长方形的桌子，周围摆了一些长凳，便于大家围着坐。桌子上放了一盏马灯，还放了一些茶水。屋子四周墙壁上还写着"打土豪，分田地！""打倒蒋介石！"等标语。

　　开会时，毛泽东先把所调查的事项告诉大家，让大家作好准备。之后，毛泽东便一个一个地问。他很仔细地问了八个人的家庭成分、历史、有多少人口和田地，生活情况怎样，欠不欠债，等等。

　　毛泽东问过大家家庭情况以后，又以永丰区为重点，对当地的土地情况、社会上各个阶级及其在土地斗争中的表现，都作了详细的调查。毛泽东仔细问了各阶级的人数，其中多少贫农、雇农、中农；有多少地主、富农、土豪劣绅；土豪劣绅中，杀了的有多少，跑了的有多少；各个阶级占用多少土地和财产，地主、富农有哪些剥削形式；土地革命中，雇农、贫农、中农得到了哪些利益；游手好闲、算命打卦的人数有多少，拐脚瞎

---

① 《温奉章回忆毛泽东开兴国调查会》，赵泉钧等编著：《罗坊会议》，浙江大学出版社1993年版，第384—385页。

眼的残疾人有多少；等等，都作了细致的统计。温奉章等8人凑了一下情况，把永丰区四个乡的总人数情况汇总，报告给毛泽东。他们告诉毛泽东："贫雇农革命最坚决，地主富农不老实，破坏革命。"

毛泽东还问了永丰区四个乡的土质、山林和水源等方面的情况。8位农民告诉毛泽东：这里土质一般，主要农作物是稻谷、番薯、豆子和花生。水源落在尾头。第一、第二、第四乡水旱灾都有，第三乡大部分是山田，水浇不到。靠近泰和县一带的山林较好，树木长得都很茂密，其他地区都是不长草的"走沙山"。

毛泽东把8个农民所讲的情况，都一一亲自作记录，有不清楚的地方，停下笔来仔细询问，直到他完全弄清楚为止。最后，毛泽东将调查的情况反复念给他们听，看有没有不符合的地方。等大家都认可了、没有意见了，才定下来。

在调查会上，毛泽东对8个农民非常热情，亲自给他们倒茶、递水、递烟，还买了橘子、花生招待他们；还请他们吃饭，和他们一块拉家常，气氛十分轻松愉快，调查会往往开到深夜，大家都不觉得累。

这时天气已经逐渐凉了，毛泽东得知他们8人都未带被子，让警卫员拿了五匹白布，给他们每人做了一床被子。8位兴国农民非常高兴。

1931年1月下旬，毛泽东在宁都小布将这次调查活动结果整理成《兴国调查》，全文分为：八个家庭的观察、本区旧有土地关系、斗争中的各阶级、现在土地分配状况、土地税、苏维埃、农村军事化等七个部分，共4万多字。《兴国调查》把永丰区的整个社会情况摸了个底朝天。

毛泽东在《兴国调查》前言中写道："永丰区位于兴国、赣县、万安三县的交界，分为四个乡，旧凌源区为第一乡，洞江区为第二乡，三坑区为第三乡，江团区为第四乡，以第二乡之永丰圩为本区政治经济中心。""这一区介在兴、赣、万之交，明白了这一区，赣、万二县也就相差不远，整个赣南土地斗争的情况也都相差不远。"指出："实际政策的决定，一定要根据具体情况，坐在房子里面想象的东西，和看到的粗枝大叶的书面报告写着的东西，绝不是具体的情况。倘若根据'想当然'或不合实际的报告来决定政策，那是危险的。过去红色区域弄出了许多错误，都是党的指导与实际情况不符合的原〔缘〕故。所以详细的科学的实际调查，乃非常之必需。"①

毛泽东在《兴国调查》前言中表达了两个意思：其一，兴国永丰区土地斗争具有代表性，摸清了永丰区的情况，也就基本了解赣南土地斗争的情况；其二，脱离实际，必然会想当然地制定错误的政策。制定政策，必须调查研究，根据实际情况。

那么，毛泽东为什么要在军情紧急时，抽出时间，对这8个兴国农民进行调查呢？究其主要原因，仍然是与诱敌深入作战方针密切相连的。因为诱敌深入是将敌人引到根据地内部关门打狗，打的是一场人民战争。人民群众支持不支持，将决定这个作战方针的正确与否。毛泽东通过对兴国8位农民的调查，摸清了赣南具有代表性的永丰区的情况，也就摸清了赣南农民的情况，从而摸清了赣南农民群众对反"围剿"斗争的基本态度。通过这次调查，毛泽东更坚定了"诱敌深入"作战方针的信心。

时任红一方面军总部参谋处处长的郭化若后来的回忆很能说明问题，他说："第三次反'围剿'以后，毛主席要退到永丰区，我问毛主席为什么要退到永丰区去？主席说，永丰区很好，我调查过。今天看了《兴国调查》就完全明白了。"②

二、雾漫龙冈千嶂暗

向根据地中心退却

中共红一方面军总前委确定"诱敌深入"方针后，毛泽东与朱德于1930年11月1日发出命令："方面军以原任务拟诱敌深入赤色区域，待其疲惫而歼灭之，决以主力移到赣江东岸，相机取樟树、抚州，发展新淦、吉水、永丰、乐安、宜黄、崇仁、南丰、南城各县工作，筹措给养训练部

---

① 《毛泽东农村调查文集》，人民出版社1982年版，第182—183页。
② 《郭化若回忆罗坊会议前后》，赵泉钧等编著：《罗坊会议》，浙江大学出版社1993年版，第383页。

队。"①令红三军团为中路军,由彭德怀、滕代远指挥,迅速渡过袁水南岸集中队伍,于5日在新淦对河附近渡赣江向樟树前进,相机掠取樟树,并在樟树通丰城、新淦两大道附近筹款20万元,发动群众,以后之集中地在永丰之藤田附近;令红四、红十二军为右路军,由林彪、杨岳彬指挥,经崇仁向抚州前进,相机掠取抚州,在南丰、南城、崇仁、宜黄各处工作,筹款40万元,发动群众,以后集中地在乐安之招携市附近,如中路军受优势之敌威逼时,则应提早集中时间向中路移靠,以便应敌;令红三军为左路军,由黄公略、蔡会文指挥,担任赣江西岸一带地区扰敌工作,与红二十军及中路军取得联系,牵制敌人进攻吉安;令红二十军在吉水、永丰、新淦一带工作,须经常与总部确取联络。

命令下达后,红三军团和红一军团,分别在11月5日和6日迅速渡过赣江。7日,彭德怀、滕代远指挥红三军团开入永丰行动。

毛泽东与朱德暂时分手,由峡江前往吉安,参加中共江西省行委和中共赣西行委扩大会议,对赣江以西地区如何坚持斗争和撤离吉安作了部署。朱德率领红一方面军总部,从峡江县城东渡赣江。

就在红一方面军各部队东渡赣江之时,国民党军队以先到的七个师和一个旅分三路纵队,采取"并进长追"的战术,向红军进攻。11月7日,敌人推进到红军原来所驻的袁水两岸时,红军已东渡赣江,扑了个空。

国民党军发现红军主力已经东渡赣江,立即改变部署:留下第三纵队在赣江西岸,第一、第二纵队尾随红军主力东渡赣江,企图寻找红军主力作战。

这时,蒋介石为了督促鲁涤平"剿共",亲自乘飞机由南京飞赴南昌。当晚,蒋介石在下榻处百花洲召开会议。新编第五师师长公秉藩在回忆中说:

参加这次会议的有何应钦、鲁涤平和江西省政府委员、国民党江西省党部党务特派员段锡朋等。……蒋介石报告国内形势说:"讨

---

① 《红一方面军移师赣江东岸分散工作筹款的命令》(1930年11月1日于新余罗坊之园前村),赵泉钧等编著:《罗坊会议》,浙江大学出版社1993年版,第300页。

逆军事胜利结束,乘胜消灭共产党是目前首要任务。"他要求部属效法曾国藩"剿捻"的刽子手本领,要在短期内"肃清共产党"。因为蒋介石的气焰很高,大家都十分严肃,不敢咳嗽,不敢动弹。会开了很长时间,江西省政府的一位委员坚持不住,从会议桌上溜了下去,被抬出百花洲,听说不久就死了。会后还发了《曾胡治兵录》和"剿共"手本。[①]

鉴于国民党军发现红军主力已经东渡赣江,并作好了准备在赣江东岸寻找红军主力作战的部署,为了继续"诱敌深入",朱德以少数兵力配合地方武装,迟滞和迷惑敌人,指挥主力部队转移到苏区边沿的永丰县藤田、招携一带。旋即,毛泽东同总前委秘书长古柏、秘书谢唯俊由吉安前往永丰藤田,与朱德会合。

由于左路军的行动出现问题,毛泽东与朱德于16日在永丰城发出给左路军训令,指出:左路军退至油田,让敌军到吉安并分散后始予攻击,实为错误之处置。倘敌军一入吉安,则我群众之勇气必大丧,而我左路军更陷于被动之地位。现由各方报告判断,敌军分路前进之兵力仍甚薄弱,其推进途中最多仍只能集结两团左右,实予我军以各个击破之好机。虽全方面军出击时机尚未成熟,而各路军一有好机会,则应尽各种方法击破敌之前进部队,以促成全方面军出击之时机。中路军、右路军已分付此种任务。否则,亦应尽诸种手段牵制或阻止其前进,以延时日。指令:左路军应即以主力进驻洛口,右翼之前进部队应进至白沙、鹊桥一带,阻敌入扰阜田,左翼先头应进至大行山北坑一带,将来从此出击,以集结兵力攻破分宜前进之敌为宜。

11月18日至20日,各路敌军分别进到吉安、吉水、永丰、乐安、宜黄、南城等地,寻求红军主力作战,结果又扑了个空。国民党军新编第二十三师进入吉安时,完全未经战斗。敌师长罗霖在吉安谎报军情,说该师经过激烈战斗,才占领吉安。蒋介石在南京接到电报十分高兴,通令嘉

[①] 公秉藩:《记龙冈战斗溃败经过》,文闻编:《"围剿"中央苏区作战密档》,中国文史出版社2007年版,第10—11页。

奖罗霖，将新编第二十三师番号升级为第七十七师，犒赏该师2万元。

红一方面军牵着敌人的牛鼻子兜圈子，使敌人扑了两次空。但红军退却的终点应该放在哪里？毛泽东、朱德经过认真分析战场形势后认为，红军刚转入运动战，必须慎重初战，不在没有十分把握的情况下同敌人决战。红军主力与其退却到苏区边沿地区，不如退却到苏区中心更为有利。为使红军在退却中不过于疲惫，毛泽东、朱德决定分两步走：第一步，先将敌军诱到苏区中部的东固、南垅、龙冈地区；第二步，再将他们诱到苏区腹地的黄陂、小布、洛口一线，在这里相机歼敌。

红军退到苏区中心后，向苏区边缘区推进的敌人第三次扑空。急于在蒋介石面前表现的鲁涤平命令张辉瓒第十八师、公秉藩新编第五师向东固，谭道源第五十师向源头，毛炳文第八师、许克祥第二十四师向洛口等处展开攻击。此外，还命令吉安的罗霖第七十七师及驻防各地的军队均就地相机堵击，并命令驻闽西的刘和鼎第五十六师及湘粤赣边境的军队随时准备堵截，企图一举"剿灭"红一方面军主力。鲁涤平也太高估自己了，要知道，他的对手是毛泽东！

国民党军队一进入苏区，就陷入困境。在人烟稀少的大山中，既找不到向导，又找不到粮食，不得不等到后方补给接上后再前进。他们就像没头苍蝇一样到处乱撞，却找不到红军的踪影。时为国民党第五十师上士文书的罗文浪回忆当时的情景说：

中央苏区实行坚壁清野……我们驻在源头时，大米运不进来，掳掠些稻谷，但找不到推砻和舂具，磨子也不全，费尽力气弄出点大米来，里面还有许多稻谷。我早晨看到士兵解的大便，里面有很多的谷子没有消化。其次，是找不到一个壮年男子汉，行军时因为没有很好的向导，时常走错了路，在荒僻的山中上不得，下不得。[①]

红军却恰恰相反，人民群众不断把得到的情报送给他们，因而对国民党军队的一举一动掌握得清清楚楚。这时国民党军分布的情况是：最西边

---

① 罗文浪：《第五十师在中央苏区东韶溃败记略》，文闻编：《"围剿"中央苏区作战密档》，中国文史出版社2007年版，第24页。

罗霖第七十七师，驻在吉安，隔在赣江以西；最东边的是刘和鼎第五十六师，驻福建建宁，不一定入赣。东、西两头相距800里。这800里中间，敌军分两大路：敌之右路军是张辉瓒第十八师、谭道源第五十师和公秉藩新编第五师；敌之左路军是朱绍良指挥的毛炳文第八师和许克祥第二十四师。敌第十九路军第六十师进到万安、第六十一师进到泰和。这样在红军集结地北面的敌军，实际上只有三个师，且分占三处：西边张辉瓒师进占东固、南垅，公秉藩师在张辉瓒师后面的富田；中间的谭道源师进到源头；东边许克祥师进至洛口，毛炳文师进到广昌，其先头进到头陂。敌军分散、疲惫、士气低落。

红一方面军的情况是：红一、红三军团加上红二十二军缩编的第六十四师，共约4万人。部队经过整训，政治工作做得普遍深入，士气高涨。苏区内广大人民群众已经组织起来，并能封锁消息，掩护和支援红军作战。同时，苏区一些地方独立团也能配合作战。这些情况表明，红军歼敌条件日渐成熟。

歼灭敌第十八师，活捉张辉瓒

12月上旬，红一方面军总部到达黄陂后，毛泽东主持召开了总前委扩大会议，讨论反"围剿"作战方案。大家认为，敌军虽然有10万人，但都不是蒋介石的嫡系部队。在正面三处敌军中，张辉瓒第十八师和谭道源第五十师是鲁涤平的嫡系，也是这次"围剿"的主力军。如果打掉了张辉瓒、谭道源两个师，敌人的"八百里连营"就被切断了，使之成为远距离之两群，其"围剿"便可基本打破。从兵力上讲，张辉瓒、谭道源两师各约1.4万人，红一方面军则有4万人，一次打敌人一个师，兵力数量上占优势，取得胜利有把握。那么打毛炳文、许克祥两师行不行呢？不行。第一，地区居民条件不够好；第二，打了后再向西，则张辉瓒、谭道源、公秉藩三个师势必靠拢集中，不易取胜，全战役不易解决。因此，会议决定先打张辉瓒师或谭道源师。

取得反"围剿"胜利，将人民群众动员起来参战是关键。为了动员苏区广大军民充满信心迎接即将到来的战斗，中共红一方面军总前委和总部将毛泽东在黄陂会上的发言《八大胜利的条件》作为反"围剿"宣传材料印发。12月25日，苏区军民在宁都县小布召开了反"围剿"誓师大会。毛泽东亲自为大会写了一副对联："敌进我退，敌驻我扰，敌疲我打，敌退我追，游击战里操胜算"；"大步进退，诱敌深入，集中兵力，各个击破，运动战中歼敌人"。会上，毛泽东以这副对联为题，具体生动地解释了"诱敌深入"的必要和好处。他还分析了敌必败、我必胜的六个条件：1. 苏区军民一致，人民积极援助红军，这是最重要的条件；2. 红军可以主动选择最有利的作战阵地，设下陷阱，把敌人关在里面打；3. 红军集中了优势兵力，可以一部分一部分地歼灭敌人，一口一口把敌人吃掉；4. 可以发现敌人的薄弱部分，拣弱的打；5. 可以把敌人拖得筋疲力尽，然后再打；6. 可以造成敌人的过失，乘敌之隙，加以打击。

这就是毛泽东的特点，语言简单明了，说服力很强，让普通干部群众都明白，从而极大地增强了苏区军民粉碎敌人"围剿"的信心和决心。

为了达到全歼敌人的目的，最好的办法是歼灭敌人于运动中。即等待敌人发生错觉、兵力分散、离开工事、进入红军的有利地形，发起突然攻击，一举将敌歼灭。

毛泽东、朱德最初的目标是锁定谭道源师。12月24日，红一方面军得到情报，谭道源大肆拉夫，准备出发，向小布前进。小布地形有利于设伏，是个歼敌的好机会。26日拂晓，红一方面军轻装向北前进，在小布设伏。为不使目标暴露，部队严格规定：白天不许煮饭，前线指挥员都不许带马。但红军从早晨等到黄昏，未见敌人出现。当晚部队撤回。第二天半夜，红军又去小布设伏，等了一整天，仍未见到敌人，只好再次撤回。两天跑了两次空，一些人就说起怪话来。毛泽东认为红军反攻的第一个战斗关系重大，影响全局，必须打胜，必须在敌情、地形、人民等各方面条件都有利于我而不利于敌的情况下才能动手。"否则宁可退让，持重待机。机会总是有的，不可率尔应战。"事后才明白，谭道源全师已经集合好队伍，准备向小布前进。其先头部队已经出发，但一反革命分子从苏区内部跑出去向谭道源告密，说小布埋伏了许多红军。谭道源怕得要死，立即下令停止出发，并将已经出发走了相当远的先头部队追了回去。这样，谭道源暂时逃过了一劫。

在红一方面军主力在小布设伏准备打谭道源师的时候,毛泽东、朱德派红十二军军长罗炳辉率领该军第三十五师会同地方武装,将张辉瓒师一步一步从东固引向龙冈。他们指示罗炳辉:在诱敌过程中,只许打败,不许打胜。

12月28日,朱德、毛泽东发布命令:"张辉瓒师经善和、藤田到达潭头,现向上冈、龙冈推进中。""方面军决改换目标,横扫在我左翼当前之敌(张辉瓒部及许、公、罗各师)。"[①]29日,朱德、毛泽东率领红一方面军主力转移到黄陂西面的君埠及其以北一带,隐蔽待机。这样,在伏击谭道源师未成的情况下,毛泽东、朱德又把目标锁定为张辉瓒。

张辉瓒是这次"围剿"中央苏区的急先锋,正处于骄狂之时,哪知其军事生涯将要画上句号!

在湘军中,张辉瓒的资历也是很老的。早年先后毕业于湖南兵目学堂、湖南讲武堂、保定陆军军官学校。1908年,留学日本陆军士官学校。1912年,任湖南都督府参谋。1917年,参加护法运动,任游击司令。1918年,任湘军兵站总监、第四区守备司令。1921年,任湘军第四混成旅旅长、湖南警务处处长,参加过驱除张敬尧运动。1923年,任建国湘军总司令部军务委员、第九师师长。建国湘军被编为国民革命军第二军后,历任第四师师长、第二军副军长。1928年10月,第二军缩编为第十八师,鲁涤平为师长,张辉瓒为副师长。随鲁涤平入赣后,任南昌卫戍司令、第九路军第十八师师长。这个简历说明,张辉瓒是鲁涤平最得力的干将,受到鲁涤平的器重。因而,张也在这次"围剿"中格外卖命,力图为鲁涤平在蒋介石面前挣得本钱。

张辉瓒的第十八师进占东固后,即命令戴岳第五十二旅向南垅推进。戴岳回忆说:

沿途有小接触,我李月峰团一排长受伤。红军似在迟滞我军行

---

① 《红一方面军红字第11号命令——决定横扫左翼敌张辉瓒及许公罗各师的命令》(1930年12月28日午后9时于黄陂),赵泉钧等编著:《罗坊会议》,浙江大学出版社1993年版,第342页。

动,或者是诱我深入。我到南垅的次日,与主任参谋练光枢到附近侦察地形,发现荆棘丛中隐匿妇幼不少,我彼时未惊动他们,并为一妇女赶回一头小猪。根据沿途找不到食物和用具等情况,知道苏区已采取空室清野的措施。在南垅停约三天,没有发生战斗。12月29日,部队到达龙冈。龙冈位于丰县城南约180华里,集镇上铺屋有300余家。当时,市面上不但找不到食物,且寂无一人(师部到达后,搜出一中年男子,即指为奸细,把他枪毙了),惟遥见远山红旗隐约,我认为情势是相当严重的。当日下午5时许,张辉瓒率王捷俊的第五十三旅及师直属部队(计有炮兵营、工兵营、特务营、骑兵连)开到龙冈。先一日,我曾写信给张,请他全部开来,不必留兵。他不听,仍留朱耀华的第五十四师在东固,说是维护后方交通。晚9时许,师部召开军事会议(师部驻在集镇上一铺屋内),张辉瓒首先说明谭道源师望援甚切,本师奉命驰援,定于次日继续前进,问我们有无意见。我建议停留一天,急电朱耀华旅于次日午前赶来龙冈,电公师于次日开达表湖(距龙冈8华里),两个师齐头并进,互相策应,可立于不败之地。张说:"救兵如救火,应迅速前进,不宜迟疑。"我再询问红军的情况,张说红军已与谭师相隔很近,恐已接触等语。我又力争说:"据判断,红军原想诱谭师深入山谷,以便一举予以歼灭,及见谭师不进,且择地构筑工事,解决比较困难(我到东固后,曾电第五十师副师长兼第一四九旅旅长岳森,告以红军行动,说红军似系诱我深入,不宜轻进);又侦知我师前来增援,如两师会合,解决更不容易,势必暂时以少数兵力牵制当前之敌,其主力则以迅雷不及掩耳的手段先来解决我师,然后再回头打谭师……"张坚持迭电谭师催援,想已接触的成见,指我为判断错误,并谓命令已下达,各师明日须遵令前进,不得延误。当时,参加会议的师代参谋长周纬黄因病未发言,旅长王捷俊表示惟命是听。其他各副旅长等见张态度坚决更不敢持异议,会议于是结束。[①]

---

① 戴岳:《记第一次"围剿"中央苏区的龙冈之役》,文闻编:《"围剿"中央苏区作战密档》,中国文史出版社2007年版,第4—5页。

张辉瓒很快就为他的刚愎自用付出代价。

红军转移到君埠地区后，当天黄昏得到情报，东固敌张辉瓒率师部和两个旅同日已进到龙冈，其另一个旅仍在东固。预料敌人次日可能向君埠前进。龙冈和君埠之间有个黄竹岭，敌人东进必须仰攻该山。这时，敌谭道源师仍在源头，毛炳文师则移到洛口、平田、东山坝一带。毛泽东得知这一情报非常高兴，认为敌人已经被调动，立即下定决心，抓住战机，在敌前进中将其消灭。当晚8时，毛泽东、朱德命令红一方面军主力第二天由君埠向龙冈运动，利用有利地形，趁敌军立足未稳，突然发起进攻，将其围歼于龙冈山区，并在军事上作了周密部署。

12月30日拂晓，担任正面迎击敌军的红三军第七师，进到预定阵地。毛泽东和朱德率领总部少数参谋人员，进入设在小别山的指挥所。这时天色尚早，满山都是雾，只见群峰雾锁，枫叶霜红，曙光初照，落叶满山。不久，旭日东升，群山雾散。前沿阵地居高临下，看得很清楚，敌张辉瓒部早饭后即从龙冈出发，向东前进。上午9时，张辉瓒师先头戴岳旅进到龙冈以东的小别村附近登山时，早在这里隐蔽待机的红三军第七师突然发起猛烈攻击。

这时，尚在龙冈的张辉瓒，对红军情况一点也不知道，错误地判断红军主力还远在黄陂、小布一带，戴岳旅所遇到的不过是游击队，不是红军主力。因而，张辉瓒既没有及时增援前方，也不戒备侧翼，而是命令戴岳旅拼命抵抗。战斗打到中午时分，戴岳旅逐渐展开两个团的兵力，战斗一时打得相当激烈。正面迎击戴岳旅的红三军第七师，实际上只有一个团的兵力，是由江西地方武装才升级整编的，装备差，火力弱，迎敌有些吃力，向总指挥部请求增援。这时，总指挥部附近只有一个连的警卫兵力，并已分散担任警戒和掩护大小行李，没有兵可派出增援，于是派了一个参谋处长去了解情况。朱德告诉指挥部的人员说：凡是部下请求增援，就必须派兵去，多少总要派。没有兵就派将。参谋处长到了第一线师指挥所位置，据师长说：有个新俘虏不久的班长，企图率领一班人投降，当即被班里战士打死，前线已经稳定。不久，红三军第八师、第九师和红十二军的一部分，向戴岳旅的两翼发起猛烈攻击。

戴岳旅在红军三面进攻之下，支持不住，向张辉瓒告急。张辉瓒派出一个团前去增援，还没有进入阵地，就同戴岳旅一起被全歼。敌副旅长洪汉杰、团长李月峰毙命，戴岳夹在士兵中逃出。

下午3时，左路红十二军、右路红四军和红三军团一部，在毛泽东和朱德的指挥下，已按预定计划分别迂回到龙冈侧后，占领当地山头，截住张辉瓒部主力四个团的退路，切断了他们同东固、富田的联络，从背后向龙冈发起攻击。整个龙冈被红军紧紧围住，张辉瓒部已插翅难逃。下午4时许，红军发起总攻，张辉瓒指挥部队往西北突围，突不出去。红军迅速冲进张辉瓒的师部，活捉了第五十三旅旅长王捷俊。张辉瓒慌乱之中换上士兵衣服逃跑，被搜获。

龙冈大捷，擒获张辉瓒，毛泽东非常兴奋，在《渔家傲·反第一次大"围剿"》中写道：

万木霜天红烂漫，
天兵怒气冲霄汉。
雾满龙冈千嶂暗，
齐声唤，
前头捉了张辉瓒。[1]

全歼张辉瓒部后，毛泽东、朱德即从黄竹岭下山，沿大路向龙冈走去。郭化若在回忆中说：

正在夕阳无限好的时候，毛主席健步走到了龙冈大坪上，只见已经放下武装的一堆俘虏，集合在大坪的一边，站成正方形队。这时有人把张辉瓒捆绑着带过来，他换着士兵穿的灰布棉军衣军裤，帽子不见了。送他来的人说，他才被俘虏时，隐瞒身份，说是个书记官，当场就被一起的俘虏揭发。他一路走，一路有人发出叫打声。他走过来时，俘虏队中立刻有两个人走了出来，猛打了他两个耳光，口里还说："你压迫我们够了！现在我不怕你了！"我们劝阻了，并给他松了

---

[1] 中共中央文献研究室编：《毛泽东诗词集》，中央文献出版社1996年版，第33页。

绑。张辉瓒一见毛主席就鞠躬敬礼，口称"润之先生"，说他过去怎么见过面，说了些别后钦慕景仰的话。毛主席叫他一起就地坐下，简单地对他谈了些革命道理和革命形势，又问了一些敌军内部的情况。张辉瓒还表示，情愿捐款、捐药、捐枪、捐弹，请求免他一死。毛主席交代要好好看管他，不要杀。[①]

毛泽东留着张辉瓒，一方面是让其做其他湖南军阀的工作，另一方面是用他为红军换取急需的经费、武器、弹药和药品。当时中共中央和中央军委就释放张辉瓒一事也同意和国民党方面进行谈判，并已派李翔梧携涂作潮前往南昌就谈判一事与张辉瓒的家属进行接触。然而，由于张辉瓒在东固血债累累，民愤实在太大。当时听到红军活捉了张辉瓒的消息，宜黄、兴国、乐安，还有很远的信丰老百姓，都赶来看，要求一定要杀张辉瓒。1931年1月28日，在东固召开公审张辉瓒大会，根据群众要求将其处决。老百姓觉得还不解气，将张辉瓒的头割下来，放在一个小木笼里，上面还插了一面三角旗，写着："这是张辉瓒的头。"然后，将这个笼子放在一只用几块破匾钉成的小木筏上，丢入赣江，让它漂到南昌去。李翔梧和涂作潮从报纸上得知张辉瓒被处决的消息，机警撤回上海。

击溃谭道源师

张辉瓒师近1万人在龙冈地区被红军歼灭后，鲁涤平急忙电令在源头的谭道源师迅速向东转移，向洛口的许克祥第二十四师和头陂的毛炳文第八师靠拢，以免被红军各个击破。毛泽东、朱德早已料到谭道源师一定会向东逃跑。为了在谭道源师同许克祥、毛炳文两部靠拢前将其消灭，毛泽东、朱德在1931年元旦率部向东，当天赶到小布。

谭道源得知红军追来，1月2日一早率部从源头东逃。第二九八团是后卫，该团第三营掩护行李和卫生队。在9时左右抵达牛角湾时，听到了枪声，第三营营长罗廖依，不知道第十八师在龙冈被歼灭，错误地认为是地

[①] 郭化若：《"诱敌深入"，活捉张辉瓒》，《星火燎原》（选编之二），中国人民解放军战士出版社1979年版，第74页。

方赤卫队来截尾巴，就将部队展开抵抗。没想到是红军正规部队，战斗不到两小时，该营和第二营一个连及团卫生队就被歼灭三分之二，营长和第七连连长翻越大山逃跑，第八、第九连连长和机关炮连连长全部被俘。当晚，谭道源主力到达东韶。谭道源师到达东韶是准备按照鲁涤平的电令，向洛口的许克祥师靠拢的，但许克祥师这时已退到头陂同毛炳文会合。谭道源无奈，只得在东韶匆忙赶修工事，抵抗红军追击。谭师的第二九五团刚到东韶，又与追击的红军发生小接触。

1月2日晚10时，毛泽东与朱德下达命令："方面军决于明晨追击东韶之敌，然后次第扑灭朱逆绍良部之许（2团）、毛（2旅）2师，以树政治上之声威。"[1]命令下达后，各路红军立即向东韶急进，追击谭道源师。1月3日上午，担任中路的红十二军先头部队首先同敌人接战。随后，红军主力很快赶上来，发动猛攻。

谭道源师除了第二九八团残部作预备队外，其余五个团都投入应战。谭道源部因前一天刚到东韶，立足未稳，饥饿疲惫，工事也未完全修好，仓促应战，在红军的猛烈进攻下，无力招架。红军发动了一次又一次冲锋，谭道源的部队不断后退。红军的包围圈不断紧缩，连谭道源的师部也在红军的火力之下。战至下午3时许，敌人阵地被红军突破。谭道源趁红三军的迂回部队尚未赶到预定地点时，率残部突围。红军在追击中消灭逃敌3000余人，谭道源残部向南丰方向溃逃。罗文浪后来回忆此时的情景时说："一些部队向东北逃窜，我也跟着跑。到了一个大山口，回头望东韶，全师部队已溃不成军。漫山遍野地乱窜，行李和雪白的光洋，丢在地上，也没有人弯腰去捡。所谓久经战场的第五十师就这样悲惨地崩溃了。"[2]

东韶战斗后，参加"围剿"中央苏区的其他各路国民党军队仓皇退走。

---

[1] 《红一方面军胜字第2号命令——追击敌谭道源师的命令》（1931年1月2日午后10时于小布），赵泉钧等编著：《罗坊会议》，浙江大学出版社1993年版，第348页。
[2] 罗文浪：《第五十师在中央苏区东韶溃败记略》，文闻编：《"围剿"中央苏区作战密档》，中国文史出版社2007年版，第24页。

笔下起风雷　胸中百万兵
土地革命战争中的毛泽东

红一方面军在五天之内连续打了两个胜仗，歼敌1.3万人，缴获各种武器1.2万件，电台2部，胜利地打破了国民党军的第一次"围剿"。

毛泽东、朱德指挥红一方面军粉碎国民党军对中央苏区的第一次"围剿"，是自红军创建以来同国民党军队作战取得的空前的大胜利，在全国引起强烈震动。中共中央政治局于1931年2月通过的《给中国红军及各级党部训令》高度赞扬了这个胜利，认为："红军一、三集团军与江西劳动群众，在苏维埃政权之下的一致行动，得到了出人意外的结果。他们在伟大的中国革命发展史上，已经写上了新的光荣的一页。"①

中央苏区第一次反"围剿"胜利，不仅使六届四中全会后的中共中央感到"出人意外"，而且使共产国际远东局委员、中共中央军事顾问组负责人盖利斯兴奋异常。1931年2月10日，盖利斯在给共产国际执行委员会东方书记处军事委员会主席别尔津的信中报告："朱德、毛泽东、彭德怀几乎收复了自己原有的阵地"，"粉碎了对我们的第一次大规模进攻，这是无可争辩的事实。蒋介石关于消灭苏维埃运动的种种期限都已成为泡影"。他还神采飞扬地说："第一次围剿的结果，我们的部队大大增强了……上海的情绪也高涨了。""第一、三军团大大改善了自己的物质状况。"②

建立红一方面军无线电队

在第一次反"围剿"中，红一方面军在消灭张辉瓒师时，缴获了一部电台。鉴于红一军团战士此前在湖南浏阳文家市砸烂缴获敌人电台的行为，毛泽东、朱德发布消灭谭道源师命令时，特意指出，胜利后，须注意收缴敌人的无线电机不准破坏，还应收集无线电台机务人员、话务员等。1931年1月3日，红一方面军在追歼谭道源师时，又缴获一部电台。红一方面军缴获的这两部电台，其中从张辉瓒那里缴获的那部，发报机被砸

---

① 《给中国红军及各级党部训令》（1931年2月中央政治局通过），中央档案馆编：《中共中央文件选集》（第七册），中共中央党校出版社1991年版，第143页。
② 《盖利斯给别尔津的信》（1931年2月10日于上海），中共中央党史研究室第一研究部译：《共产国际、联共（布）与中国革命档案资料丛书·联共（布）、共产国际与中国苏维埃运动》（1927—1931）（第10卷），中央文献出版社2002年版，第56、57、58页。

坏了，从谭道源那里缴获的那部是完整的。这样，红一方面军有了一部半电台。

红军在缴获张辉瓒第十八师电台时，还俘虏了配属该师的国民党交通兵团无线电第一大队第五分队（番号为KFF）。其中，有队长李仁忠（改名李三毛），报务员王净（原名吴人鉴）、吴如生（原名罗世镕）、韦文宫（原名韩侬冠），机务员刘盛炳，文书李家驹，架线班班长李国梁和两名架线员，以及"借读"人员刘寅（原名刘达瑞）。1月2日，这些人被送到了红一方面军总部。

这些人员刚被俘时，由于对红军的政策不了解，心里很害怕。虽然红三军政治部的同志向他们讲了共产党和红军的政策，并让他们和红军战士同吃同住，使他们情绪稍稍稳定些，但他们内心还是疑虑重重。

为了使被俘的无线电人员为红军工作，1月3日下午，毛泽东和朱德接见了他们。刘寅回忆当时的情况说：

地点是在去小布路上的一个祠堂里。我们当时见到的有朱总司令、毛总政委、朱云卿参谋长等领导同志。参谋处长郭化若介绍了我们的情况之后，毛总政委非常和蔼地对我们说，无线电是个新技术，你们学了这一门很有用，也很难得，现在你们参加了红军，就要把这些技术用来为工人农民服务。希望你们为建立红军通信努力工作。[1]

毛泽东同这些国民党通信兵的谈话，和蔼、诚恳，使他们心中感到热乎乎的，解除了心中的疑虑，自愿加入红军。这样，红一方面军总部首先有了电台。刘寅曾这样说："后来有人说我们是大炮欢迎过来当红军的，用现大洋买来干革命的，这不符合事实。我们所以能留在红军，并且能长期安心地做红军的无线电通信工作，有我们自身的经济与社会原因，更主要的是由于朱总司令和毛总政委等老一辈无产阶级革命家的亲切教诲、英明领导和他们对待知识分子和技术人员的正确政策。"[2]

---

[1] 刘寅：《在战斗中成长》，中国人民解放军总参谋部通信部编研室：《红军的耳目与神经》，中共党史出版社1991年版，第82页。

[2] 刘寅：《在战斗中成长》，中国人民解放军总参谋部通信部编研室：《红军的耳目与神经》，中共党史出版社1991年版，第82页。

笔下起风雷　胸中百万兵
土地革命战争中的毛泽东

1月中旬，红一方面军总部成立无线电队，总部开始派了一个姓王的同志任代理队长，是个共产党员，30多岁，江西抚州人，曾在国民党统治区学过几个月的无线电，但没有在机上实践过。大家称他为"王代队长"。没过几天，"王代队长"调走了，方面军总部正式任命王诤为队长，冯文彬为政治委员。无线电队有100多人，除电台技术人员外，还有监护排、运输排、炊事班等。

红一方面军总部参谋处处长郭化若分管电台的业务工作，副官长杨立三帮助解决物质生活问题。刚开始电台人员晚上同其他红军战士一样，睡在稻草上，杨立三看到了，立即把自己的大红毯子送给他们。后来，杨立三还派人专门给电台人员每人做了一套新棉衣。

为了照顾电台人员的生活，红一方面军总部还专门为电台规定了一些制度，如津贴制、夜餐制等。技术津贴是专门为技术人员制定的，医生、修理技师、无线电通信人员都有，充分体现了总部领导对技术人员和知识分子的关心。当时，红军战士一天只有三个铜板的生活费，而对无线电技术人员却给了很高的生活待遇。担任无线电队队长的王诤，每月待遇是50块银圆。其他人每月40元、30元不等。无线电技术人员同普通红军战士的待遇差距这么大，令他们都感觉过意不去，于是联名给方面军总部写信，请求免发技术津贴。后来接替郭化若任方面军总部参谋处处长的左权亲笔复函，表扬了无线电技术人员的这种精神，同时说明对待技术人员在生活上应有所照顾。考虑大家的要求，后来总部把技术津贴酌减一些，王诤的50元减为30元，30元的减为20元。方面军总部供给部的同志考虑银圆比较重，不便携带，特意把银圆换成金戒指。

无线电技术在当时来说，确实是高科技。无线电技术人员，是稀缺人才。毛泽东等方面军总部首长，是把他们当"心尖子""宝贝"来特别呵护的。

红一方面军有了电台后，因其中一部电台不能发报，因此不能进行两地联络，于是就利用电台办了两件事。一件事是抄收国民党中央社发的新闻，翻译出来供方面军总部领导参阅。因当时苏区看报纸很困难，消息很闭塞，自从有了电台后，这种局面一下子改变了。每天抄收新闻，便形成了电台的一项制度。当时，国民党军电台在通报中常用简语谈话，每到驻地就要互相询问"QRC？"（你部驻在何地？）和回答"QRC？……"（我部驻在……）。部队出发时，拍发"我台奉命立即出发"，"请即停止联络，我们立即出发，×小时后再见"。国民党军电台人员放心大胆地拍发这些简语谈话时，可能做梦也想不到，红军能够准确无误地听到他们这些谈话。而听到、听懂他们用暗语谈话的人，恰恰是他们昔日的同行，现在是红军的无线电技术人员王诤、刘寅等人。王诤、刘寅等通过收听敌人电台的通报对话，了解敌人的动向，准确地向毛泽东、朱德和作战部门提供情报，起到了技术侦察兵作用，成了红一方面军的"千里眼、顺风耳"和"秘密武器"。

毛泽东、朱德还从红军发展角度出发，决定开办无线电培训班。红一方面军总部特意发出无线电培训班招生命令，要求各部队选调可造就的青年到总部无线电队学习，以便扩充无线电队组织，迅速建立红军无线电通信。

2月初，第一期无线电培训班在宁都小布开办。无线电队队长王诤、政治委员冯文彬仍为培训班负责人。学员共有12个，均是从各军选调的有文化、政治上也比较好的青年，其中最小的只有十四五岁。他们是：胡立教、李赤华（女）、李建华（女）、曹丹辉、钟贞一、温亮彰、李立田、骆炳林、吴慕林、周淼、肖英、钟佩兰（女）。

培训班的教员由王诤、吴如生、韦文宫、刘寅等担任。后来吴如生、韦文宫调红三军团电台，培训班就主要由王诤、刘寅担任。王诤本人经过正规无线电学校学习，技术比较全面，机务、报务都能教。刘寅则教收报、发报和文化课。

培训班的条件很差，没有固定的教室，借用当地老百姓堂屋或在大树下上课，把门板、床板两头用石头支起来当课桌。最困难的就是学习用的器材太缺，只有一个电码练习器和两个电键。由于电键不够用，学员们的左手大拇指就成了练习用的"电键"。由于国民党的经济封锁，铅笔、纸张也是"宝贝"，学员们用得非常爱惜。

毛泽东对这个训练班很关心，开学后的第一堂政治课就是他亲自讲的。朱德经常到训练班和学员们谈心。时任红一方面军总政治部代理主任周以栗也经常到训练班作形势报告或上党课。

在十分简陋的条件下，在方面军总部的关心，教员、学员们的共同努力下，共用四个月的时间，就培养出了红军第一批电台人员。这些学员结业后，立即成为红一方面军总部无线电队人员，参加中央苏区第二次反"围剿"斗争，并屡屡立下奇功。

三、向东横扫七百里

二十万军重入赣

对中央苏区"围剿"的失败，是鲁涤平27年军事生涯中最惨痛的失败。他赖以坐稳国民党江西省主席位置的资本——第十八师、第五师，一个主力被歼，一个受到重创。他的左膀右臂——张辉瓒、谭道源，一个被俘后遭到处决，一个因吃败仗而一蹶不振。难怪鲁涤平听到失败的消息后痛哭流涕好几天。军队是军阀的命根子，鲁涤平在"围剿"中央苏区中损兵折将，将自己的本钱几乎丢光，知道自己以后的日子不会好过。

1931年1月2日，蒋介石这一天是很忙的，在南京搞新年团拜活动、阅兵、接见外宾等。完事后，前往上海。到上海后，蒋介石心里惦记着江西"剿共"之事，不由得心烦意乱。当天，他在日记中记道："此来上海，心甚郁闷，尤以赤匪猖獗，内部未宁为虑。"

1月3日，即传来了张辉瓒第十八师主力在龙冈被歼灭的消息。当天，蒋介石在日记中哀叹："军队全在将领，如将领不得人，则军队愈多，愈可顾虑。"4日，蒋介石便急急忙忙赶回了南京。

就在蒋介石回南京的第二日，接到了鲁涤平报告"围剿"中央苏区失利的消息。蒋介石当日在日记中写道："詠安[①]乃张皇失措如此，如此将领，焉得不败？"于是，蒋介石复电鲁涤平，要求："镇静勿慌！"

---

① 鲁涤平的号。

蒋介石决定换将，于2月初任命军政部部长何应钦兼任陆海空军总司令南昌行营主任，组织对中央苏区的第二次大规模军事"围剿"。

蒋介石给何应钦的任务是要在三个月内消灭红一方面军主力，即从1931年3月初开始，到5月5日"国民会议"召开以前，要攻克红一方面军的根据地，以期在"国民会议"上献礼，向与会者显示，自己不但能够战胜国民党内的竞争对手，而且能将红军"剿灭"，树立自己在国民党内的绝对权威。

何应钦被蒋介石任命为陆海空军南昌行营主任后，即偕行营参谋长贺国光赴南昌驻百花洲。2月4日，何应钦改组南昌行营，分别召集各路军总指挥开会，检讨第一次"围剿"中央苏区失败的原因和制订第二次"围剿"计划，王金钰、孙连仲、朱绍良等参加会议。第十九路军总指挥蒋光鼐因病在广州未参加会议。最后，会议决定如下作战方针：以右路军全力"扫荡"东固、龙冈红军；南路军占领兴国为据点，进攻崇贤、江背等地。此后，各路军即会攻宁都，寻求红军主力聚而歼之。在战略上，吸取第一次"围剿"孤军深入招致失败的教训，采取稳扎稳打，先求稳当，次求变化，步步为营，紧缩包围，分进合击，相互策应的方针。

何应钦的具体作战部署为：

以王金钰第五路军为右路军，辖五个师，分为两个纵队，于4月上旬分别由吉安、吉水、永丰南进，先以主力占领东固、龙冈地区，再会攻宁都；

以孙连仲第二十六路军为之中路军，下辖三个师，由宜黄、乐安分两路出发，于4月上旬先从沿线"扫荡"，进占洛口、南团之线，构筑据点，而后会攻宁都；

以朱绍良第六路军为左路军，下辖五个师，于4月上旬以主力先占领广昌，并以一部兵力进占头陂、新安、白水之线，构筑据点，待右路军"扫荡"东固、龙冈地区后，再会攻宁都；

以蒋光鼐第十九路军为南路军，下辖两个师又一个独立旅，以兴国为据点，先攻占龙冈、城冈、江背之线，策应右路军会攻宁都。

其他地方守备部队共六个师、一个旅，具体配置为：第五十二师由江西南昌进驻清江至峡江一线,新编第十三师守江西南丰、南城,第五十六师守福建建宁、江西安远,新编第十四旅守福建宁化,新编第二师守福建长汀、连城,第四十九师守福建上杭、武平。另以粤系第八路军所辖第六十二师由广东蕉岭进入福建,协助第四十九师"清剿"粤闽边区。

按照2月4日制定的作战部署,从2月中旬开始,第五路军从河南郑州调至江西修水、武宁、萍乡、宜春地区后,于3月集中于吉安、吉水、永丰地区;第二十六路军从山东济宁调至江西,集中于崇仁、宜黄、乐安地区;第六路军集中于江西南城、南丰地区;第十九路军集中于江西兴国地区。南昌行营直辖的各师、独立旅则分别配置于赣江、抚河及闽西地区守点守线,作为策应部队。

这次"围剿",蒋介石还动用了为数不多的空军,其航空署下辖的第一、第三、第五分队,分别进驻南昌、樟树、吉安地区,协助各路军作战。

国民党军对中央苏区的第二次"围剿"共18个师又3个旅,约20万人,比上一次"围剿"的兵力多出了一倍,且有空军助阵,并由既有中国军事教育背景,又喝过东洋墨水,且有多年实战经验的何应钦指挥,中央苏区面临着比第一次反"围剿"更为严峻的考验。

3月上旬,红一方面军总部侦知国民党军即将对中央苏区发动第二次"围剿",并通过电台准确掌握了敌人的部署。3月17日,毛泽东与朱德发出红一方面军红字第一号训令《为争取第二期作战胜利军事上应准备的工作》,对第一次反"围剿"战前、战中、战后红军部队中存在的缺点和问题,进行细致分析和认真总结;并对第二次反"围剿"准备中部队动员、训练、给养等方面应做的工作,提出明确要求。

3月20日,毛泽东以总政治部主任身份在宁都黄陂发布第四号通令,要求红军各部队以及苏区各县、区、乡、村都开展动员大会、誓师大会,深入进行政治动员,做好反对敌人第二次"围剿"的准备工作。

根据毛泽东发布的通令精神,中共赣西南特区委、江西省苏维埃政府先后召开会议,对反"围剿"的政治动员和支前工作作了具体部署。与此同时,苏区广大农民也掀起了为保卫苏区和土地革命果实而参军参战的热潮，从而为反"围剿"胜利奠定了坚实的群众基础。

  二十万军重入赣，
  风烟滚滚来天半。
  唤起工农千百万，
  同心干，
  不周山下红旗乱。[1]

  毛泽东这几句诗词，形象地反映了当时苏区军民信心百倍迎接第二次反"围剿"的情景。

反"围剿"战略方针之争

  1931年1月，项英通过秘密交通线来到中央苏区后，即根据中共中央的决定，在宁都小布成立中共苏区中央局，项英任代理书记，毛泽东、朱德、曾山为委员。同时成立以项英为主席的中央革命军事委员会，朱德、毛泽东担任副主席。毛泽东兼任政治部主任。原先的中共红一方面军总前委撤销。这样，中央苏区领导层发生了重大变化。

  来到中央苏区之前，项英主要是从事工人运动和白区地下工作，与军事工作很少沾边，更没有创建根据地的经验。由于他刚从上海来到中央苏区，军事上又是外行，虽然担任中央革命军事委员会主席，但不好意思指手画脚，在军事指挥上毛泽东仍然起主要作用。

  1931年3月18日，项英主持召开中共苏区中央局第一次扩大会议。会议主题是讨论第二次反"围剿"战略方针问题。这次"围剿"，国民党军兵力达20万，红一方面军比上次反"围剿"时兵力略有减少，共有3万余人。从双方兵力上来讲，大约是六比一。兵力如此悬殊，红军面临的形势比上次要严峻得多。对此，有人对取得第二次反"围剿"胜利没有信心，主张红一方面军撤离根据地，另寻出路。毛泽东坚决反对这种主张，认为凭借根据地内的有利条件，红军一定能够打破国民党军的第二次"围剿"。由于两种意见相持不下，讨论没有结果，未能就反"围剿"的战略

---

[1] 中共中央文献研究室编：《毛泽东诗词集》，中央文献出版社1996年版，第33页。

笔下起风雷　胸中百万兵
土地革命战争中的毛泽东

方针作出决定。

就在项英离开上海后,中共中央也发生了大事。1931年1月7日,中国共产党扩大的六届四中全会在上海召开。在共产国际代表米夫的干预下,会议在极不正常的气氛中进行。会议以批判三中全会的所谓对于"立三路线"的"调和主义"为宗旨,强调反对"右倾""依然是党内主要危险",决定"改造充实各级领导机关"。瞿秋白、周恩来等在会上受到严厉指责。原先不是中央委员、缺乏实际斗争经验的26岁的王明补选为中央委员,而且一跃成为政治局委员。

中共六届四中全会以后,中共中央的领导权实际上由得到米夫支持的王明操纵。四中全会没有任何积极的建设性作用,反而在中国共产党纠正李立三"左"倾盲动错误后不久,又开始了以王明为主要代表的"左"倾教条主义错误在中共中央的统治,且达四年之久,给中国革命事业带来深重的灾难,中央苏区也深受其害。

中共六届四中全会后,为了贯彻会议精神,王明控制下的中共中央开始向各革命根据地派遣代表团,其中,任弼时、王稼祥、顾作霖被派往中央苏区。

1931年1月28日,任弼时、王稼祥由中央交通员肖桂昌护送,乘日本轮船经海路前往中央苏区。共产国际远东局经与中共中央协商后,中共中央军事顾问组的盖利斯及马雷舍夫与任弼时和王稼祥乘船同往中央苏区。然而,盖利斯和马雷舍夫却因故没有成行。肖桂昌在回忆中说:"中央决定我送两个外国人进苏区,那时因船票手续没办妥,外国人不能走。"[①]

幸亏出了纰漏,盖利斯和马雷舍夫没能经秘密交通线前往中央苏区。盖利斯轻视中国革命根据地创建者的军事指挥能力,本身没有中国红军游击战争的经验,却把自己看得比中国同志高明。这时中共苏区中央局正因第二次反"围剿"作战方针问题发生严重分歧,盖利斯和马雷舍夫若到了中央苏区,很难听进毛泽东、朱德等的正确意见,必然在军事上独断专行,瞎指挥,致使中央苏区第二次反"围剿"失利。或许,等不到第五次

---

① 《肖桂昌历史自传》(1944年5月9日),中共广东省委党史研究室、中共汕头市委党史研究室编:《红色交通线》(内部出版),第46页。

反"围剿"，或许中央苏区历史甚至是中国革命历史这时就会拐弯！阴差阳错，盖利斯和马雷舍夫这次没能去成中央苏区，毛泽东、朱德迎来了指挥反"围剿"胜利的空间。

由于国民党军的"围剿"，这时闽西苏区和赣南苏区被分割开来，任弼时、王稼祥和顾作霖①组成的中共六届四中全会后的中央代表团到达宁都已是4月上旬了。他们到后参加了苏区中央局的领导工作。4月17日，中共苏区中央局第一次扩大会议在宁都青塘继续举行，中央代表团传达了中共六届四中全会精神，同时也肯定了毛泽东、朱德等人以前的工作。

这时，国民党大军压境，最迫切的问题还是要确定反"围剿"的战略方针。然而，与会人员不但没有就战略方针问题达成一致意见，反而分歧比上次开会时更加严重了。为什么会这样呢？问题出自中央代表团带来的1931年3月2日《中央给一三集团军总前委，第二集团军前委，各军前委，各特区军委，各集团军与各军的军长政治委员的公函——关于第二次反"围剿"的补充指示》。这个指示一方面说："在战略上，当着敌人力量尚未集中的时候，我们必须利用敌人的弱点，击溃敌人的一方。如能诱敌深入，聚而歼灭他，这也是可采用战略。"另一方面又说："我们最主要的任务是在任何情形之下，不要使红军的基本力量受着摧残，必须非常慎重地应付决定胜负的战斗。""若遇环境不利，不能作殊死战的时候，为着阻止敌人的猛攻，应一面继续战斗，以掩护基本部队的撤退（基本军，师，团），以便建立新的苏维埃运动根据地。"指示认为，在此情形之下，江西红军"可退至湘南，粤桂北，及贵州东南"。②

刚到中央苏区时，不懂军事的项英还不好意思随便发表意见。有了中共中央的指示，项英等人有了依据，认为敌我力量悬殊，敌军的严密包围难以打破，竭力主张将红军主力转移到根据地以外去。担任会议记录的苏区中央局秘书长欧阳钦在回忆中说："当时一些人受了第三国际布哈林

---

① 顾作霖先到闽西苏区，任弼时、王稼祥到闽西后与他会合，然后一起去赣南宁都。
② 《中央给一三集团军总前委，第二集团军前委，各军前委，各特区军委，各集团军与各军的军长政治委员的公函——关于第二次反"围剿"的补充指示》（1931年3月2日），中央档案馆编：《中共中央文件选集》（第七册），中共中央党校出版社1991年版，第157、158页。

笔下起风雷　胸中百万兵
土地革命战争中的毛泽东

的影响（第三国际挂帅的是斯大林，但做实际工作的是布哈林等人），主张退出中央苏区，到四川去，说斯大林都讲过四川是最好的根据地。"[1] 还有一些人主张"分兵退敌"，采取"削萝卜"战术。即红军分散行动，不在根据地打，碰到一小股敌人，就打一下，认为这样做"一则可以使敌人包围落空，一则目标转移，可以退敌"。毛泽东主张继续依托根据地的有利条件，就地诱敌深入。红军钻到敌人中间去，寻找敌人弱点，打击敌人。同时，毛泽东也反对分兵，认为集中兵力才能各个击破敌军，指出分兵不但不能退敌，反而会给红军带来更大的困难。毛泽东的意见被主张"削萝卜"的人讥讽为"钻牛角"[2]。会上，赞同毛泽东的意见的只有朱德、谭震林等人，处于少数地位。

战略方针的正确与否决定着中央苏区反"围剿"的胜败和红一方面军的前途，实际上也决定着中国革命的前途。参加苏区中央局扩大会议的人员中，不少是刚到中央苏区，没有经历过第一次反"围剿"，缺乏军事斗争经验，这样关起门来决定反"围剿"战略方针，确有"秀才谈兵"的味道。毛泽东觉得这样开会不行，提议扩大会议参加者的范围，让那些参加过第一次反"围剿"的高级干部参加会议，得到了苏区中央局的同意。应该说，苏区中央局此举是非常明智的。

会议再开时，参加者除了苏区中央局成员外，扩大到了各军军长、政治委员，有时参谋长、政治部主任也参加会议。果然，会议的情况发生了变化。毛泽东在发言中分析了敌我形势，指出红军打破国民党军这次"围剿"的条件比上一次反"围剿"还要好，胜利的可能性更大。与会许多红军高级干部支持毛泽东、朱德的意见，主张坚决在根据地内打破敌人的"围剿"。原先主张分兵的同志也同意先打一仗后视情况再分兵。

在根据地内打的问题初步解决之后，会议转入讨论先打哪一路敌人的问题。林彪等人主张先打蒋光鼐、蔡廷锴的第十九路军，理由是第十九路

---

[1] 欧阳钦：《回忆苏区中央局"青塘会议"》，陈毅、肖华等著：《回忆中央苏区》，江西人民出版社1981年版，第160页。

[2] 《关于第七届候补中央委员选举问题》（1945年6月10日），《毛泽东在七大的报告和讲话集》，中央文献出版社1995年版，第230页。

军只有两个师，孤立地驻在兴国，距离其他各路军较远。由于第十九路军是这次"围剿"中战斗力最强的部队，为了说明要打强不能打弱的理由，林彪搬出了旧的战略原则："只有战略进攻者可以自由选择进攻的时间和目标（或地域），而战略防御者，则必须以主力对敌之主力。不打败敌之主力，即不能完成战略防御的任务。"林彪等人忽视了第十九路军不但是各路敌军中最强者，而且他们到了兴国相当久的时间，完成了防御工事，两个师又集中在一起，不易分割。如果红军去打兴国，实际上是攻坚，放弃红军打运动战的长处。如果一时打不下来，北面的敌人一下压过来，红军就要吃亏。即使打下兴国，北面的敌人势必靠拢，也难以打破敌人"围剿"。

有人建议先打朱绍良的第八路军，理由是：朱绍良、毛炳文、胡祖玉都是蒋介石的亲信。但打朱绍良第八路军就得向西扫，西边为赣江所限，打光之后，无发展余地。彭德怀主张打小的，即打分散边缘之敌。毛泽东认为各路敌人中，南路的第十九路军最强，先打南路，没有绝对胜利的把握，且红军主力从东往西打，西面限于赣江，回旋余地小。他也不同意彭德怀打小的主张，认为"打小的接连打上七八仗，自己把自己拖疲劳了，还不能解决全战役问题"[①]。他提出把红军主力向西拉到富田、东固一带，诱敌深入苏区腹地，然后自西往东先打弱敌王金钰、孙连仲部。尤其是王金钰部是北方的部队，虽然有五个师，人数虽多，但水土不服，不善于爬山。杂牌军各怀鬼胎，对红军恐惧，士气不振，内部矛盾多，便于打。先打垮他，向东横扫过去，在闽赣交界的建宁、黎川、泰宁一带，扩大根据地，征集资财，不但可以粉碎敌人的"围剿"，也为以后的战争创造条件。毛泽东的主张，可以简单概括为"柿子拣软的捏"。为什么先打弱敌？毛泽东会后同总部参谋处处长郭化若的闲谈中道出"天机"："先打弱敌的道理，是古已有之的。《管子》中说：'故凡用兵者，攻坚则韧，乘瑕则神。攻坚则瑕者坚，乘瑕则坚者瑕。'（《管子·制分》）不

[①] 何长工：《回忆三次反"围剿"前后的几次重要会议》，陈毅、肖华等：《回忆中央苏区》，江西人民出版社1981年版，第133页。

笔下起风雷　胸中百万兵
土地革命战争中的毛泽东

是古人早已讲过了吗？"①

由于毛泽东讲得合理，分析细致，终于说服了大家，会议采纳了毛泽东提出的先打弱敌的作战方针。

4月19日，朱德、毛泽东发出首先歼灭敌王金钰部的命令。红军各部队在龙冈一带集中完毕，又向西推进20公里，在群众条件和地形都十分好的东固地区隐蔽待机。

鉴于一些同志仍主张"打一仗再分兵"，4月30日，中共苏区中央局根据毛泽东的提议在东固又一次开会讨论反"围剿"的问题。后来，欧阳钦根据任弼时指示赴上海向中共中央汇报中央苏区的情况，他在《中央苏维埃区域报告》中谈到这次会议时写道："由泽东同志先报告，这一次讨论的精神则完全转变了，认为目前全国革命是高涨的，我们应该采取积极进攻策略，敌人包围我们的军事力量虽多，但有许多弱点，如在包围的军阀与军阀不一致，指挥不统一，他们军官与士兵中间不一致，兵士不愿打红军，没有群众条件，地势不熟，给养运输非常困难。我们在军事力量的对比上，虽然很小，但我们有几个优点：第一，红军好，此时士兵群众斗争情绪非常之高，干部非常热烈，红军上下一致的团结力非常坚强，大家都是摩拳擦掌的要打；第二，群众好，群众得到了土地革命的利益，又被敌人摧残，斗争情绪当然好，对红军是极端拥护；第三，地势好，我们对于这带地势都非常熟悉，我们可以占领优越的地势以进攻敌人。现在敌人有这多弱点，我们有这多优点，我们是可以以少胜众的，在历史上以少胜众的事实很多，革命的军队要能以少胜众，所以当时最后决定的策略是'坚决的进攻，艰苦的奋斗，长期的作战，以消灭敌人'。并且承认过去的'分兵'的策略是机会主义。"②

至此，中央苏区第二次反"围剿"的战略方针终于定下来了。任弼时、王稼祥等组成的中央代表团在这场争论中，经过反复听取各方意见，

---

① 《郭化若回忆录》，军事科学出版社1995年版，第64页。
② 欧阳钦：《中央苏维埃区域报告》（1931年9月3日），中共江西省委党史研究室等编：《中央革命根据地历史资料文库·党的系统》（3），中央文献出版社、江西人民出版社2011年版，第1753—1754页。

最终支持了毛泽东的主张。后来，毛泽东在谈到这场争论时说："当时，我们感觉到如果没有代表团，特别是任弼时、王稼祥同志赞助我们，反对'削萝卜'的主张就不会那样顺利。""如果没有代表团，特别是王稼祥同志，赞助我们、信任我们——我和总司令，那是相当困难的。"[①]

历史已经远去，试想如果没有毛泽东坚持、力争实施正确的战略方针，耐心说服大家，以及朱德等人的鼎力支持，恐怕红一方面军等不到1934年10月第五次反"围剿"失败，早在1931年4月就要实施战略转移了！而那时红一方面军才3万多人，没有什么思想上和物质上的准备，广大干部战士还没有对"左"倾教条主义错误有更深刻的认识，一旦撤离根据地长途行军至粤桂北或贵州东南或四川，就要冲破国民党军的重重封锁，后果是不堪设想的。

歼灭公秉藩师

"围剿"中央苏区的国民党军右路军王金钰五个师于1931年4月开始行动。5月初，王金钰到南京参加"国民会议"，前线指挥事务交参谋长齐向辰负责，吉安的总部后方事务由总参议冯铸青负责。王金钰赴南京前将第二十八师与第四十七师第一三九旅编为第一纵队，以齐向辰为司令官，由吉安进攻富田、固陂圩；以第四十三师编为预备队，由吉水进占水南以东之白沙；以第五十四师编为第二纵队，以第九军副军长兼第五十四师师长郝梦龄为司令官，由永丰进占沙溪，主力控制于藤田。

红一方面军在东固地区密集隐蔽集结后，西面的敌王金钰部第四十七师和第二十八师由吉安进至富田陂下一带，北面郭华宗第四十三师由吉水进至水南、白沙（距东固约70里），南面的蒋光鼐、蔡廷锴第十九路军仍在兴国县城。红军逼近作战目标王金钰部所在地隐蔽待机，大胆地和敌人靠得这么近，三面都有敌人，一些人担心，毛泽东却胸有成竹。

红一方面军在东固等了20多天，为的就是等敌王金钰部脱离富田巩固阵地，便于歼灭敌人于运动中。但是，王金钰部就是躲在富田巩固的工事

[①] 《关于第七届候补中央委员选举问题》（1945年6月10日），《毛泽东在七大的报告和讲话集》，中央文献出版社1995年版，第230页。

里不动。红军也得到情报,蒋介石曾多次催促王金钰"进剿",但皆因大雨冲垮了道路、桥梁,延误了出动的时间。

5月11日,何应钦命令第五路军在15日前要占领东固,以树各路之先声,会同其他路进攻宁都。5月12日,第五路军第一纵队司令官齐向辰即下令第四十七师第一三九旅由富田出发,经九寸岭、观音崖向东固搜索前进;令第二十八师公秉藩部,由固陂圩出发,经中洞、桥头江、山坑、东固岭向东固搜索前进,限15日占领东固。

5月13日,红军得到敌人右路军出动的情报,晚10时15分,毛泽东与朱德发出命令,要各军作好迎击敌人的准备。

5月14日黄昏,红一方面军总部电台截获了敌人一份重要情报。事情是这样的:驻在富田的公秉藩第二十八师师部电台同该师驻吉安留守处电台通报时,用明码说:"我们现驻富田,明晨出发。"吉安台问:"到哪里去?"富田台答:"东固。"[①]

敌人是欺负红军没有电台,竟然放心大胆地用明码电报。令他们没有想到的是,这时红一方面军总部刚刚建立无线电队。敌公秉藩第二十八师师部电台同该师驻吉安留守处电台用明码通报,就撞在了红一方面军总部无线电队的枪口上。无线电队队长王诤立即把截获的这个重要情报报告总部。这时,毛泽东、朱德还得知了王金钰部的右翼部队正分两路东进的情报。

毛泽东、朱德根据敌情经过商议决定采取一个大胆的行动——"钻牛角尖",即红军主力从北面的敌郭华宗师和南面的蒋光鼐、蔡廷锴第十九路军之间的50里空隙中隐蔽西进,以两翼包抄的方式攻击敌军后背,消灭王金钰的第四十七师和第二十八师。5月14日晚8时,毛泽东与朱德发出了攻击从富田出动的敌军的命令。郭化若在回忆中这样写道:

方面军书面的合同命令,当晚八时许拟就后,经毛主席亲自修正,为了保密,分别由高级干部亲自送给红四军、红三军和红三军团

[①] 《曹丹辉日记》,中国人民政治协商会议江西省委员会文史资料研究委员会编:《江西党史资料》(第18辑)(内部出版),第182页。

的军政首长，当夜连军参谋长也不知道命令的内容，只知道明天出发。当时作战部署经第二天（十五日）补充指示略为修改后，是这样的：红三军团（附三十五军）为左路军，担任迂回包抄，令十五日进至江头树隐蔽，严密封锁消息，十六日向固陂、富田攻击前进。红三军为中路，沿东固通中洞大道前进，迎击公秉藩部。红四军附六十四师和十二军为右路军，以四军担任第一梯队，十二军任第二梯队，分两路抢占九寸岭和观音崖（由富田到东固四十里，中间横一大山，只有两条大路，一经九寸岭，一经观音崖，两处均系要隘路，正在敌我前进的正中间）正面迎击敌人。十二军原来担任的钳制郭华宗四十三师和总预备队的任务撤销。①

"钻牛角尖"是一个出奇制胜的战术，问题的关键在于"牛角尖"能否钻通，钻通了"牛角尖"而又不被敌人发觉。5月15日，红一方面军各部开始行动，总部仍驻墩上。但毛泽东还不放心，思考如何用更好的办法歼灭敌人。半夜，毛泽东亲自来到红三军军部，和红三军军长黄公略一起寻找熟悉当地情况的向导进一步调查西进路线情况。经过调查，发现东固至中洞大路的南侧，有一条过去不知道的小路。毛泽东立即改令红三军沿这条小路秘密前进，包围敌公秉藩师的右翼。这一改变，对歼灭该师有重要作用。

5月16日拂晓，红一方面军总部由墩上出发，沿中洞的大路前进。这时，毛泽东等率领总部部分人员已登上东固至中洞大路北侧的白云山。因为时间紧迫，毛泽东在一个小镇上留下一张字条，将红三军改变行军路线的情况通知朱德，并要朱德率领总部也上白云山。但朱德尚不知道这个改变，仍按照原来的路线前进。总部特务连走在前面，当到达白云山下时，同正在东进的公秉藩师先头部队遭遇。朱德立刻命令特务连在林木丛生的山坡上进行阻击。公秉藩先后以三个营的优势兵力猛扑过来。朱德指挥特务连且战且退，引着敌军向前走了2里多地。毛泽东在白云山上听到山下

---

① 郭华若：《横扫七百里的辉煌胜利》，《星火燎原》（选编之二），中国人民解放军战士出版社1979年版，第92页。

笔下起风雷　胸中百万兵
土地革命战争中的毛泽东

有激烈枪声，立即指挥部队从山上扑下来，将敌击退。毛泽东和朱德一起登上白云山，指挥全军战斗，毛泽东一边走一边告诉朱德和总部人员，他一早登上白云山时，山头还是一片白云。看来，白云山是名不虚传。

这时担负中路的红三军已沿山间小路前进到中洞南侧，在草丛中隐蔽前行。因红军行动秘密，苏区人民严密封锁消息，国民党军队进入苏区后，像瞎子、聋子一样，得不到一点红军的消息，始终没有发现红军主力的影子，还认为红军主力远在宁都地区，大摇大摆地向东行进。当公秉藩师的后卫部队全部离开中洞后，红三军像猛虎一样从高山上压下来。公秉藩师刚从北方调过来不久，不习惯于南方的山地作战。红军突如其来的攻击，敌公秉藩师一下子给打蒙了，乱成一团，四处逃散，没怎么抵抗就缴了枪。被俘的敌军官兵想不到红军会突然出现，惊呼："你们是从天上飞下来的呀！"战至下午4时许，红军歼灭公秉藩师大部。

与此同时，左路的红三军团也迂回到固陂，消灭公秉藩的兵站，并于当夜从侧后攻入富田。经过一昼夜的激战，公秉藩的第二十八师全部被歼灭，公秉藩被俘。这个狡猾的家伙，冒充营部书记，混在士兵中没有被红军发觉，而且一样受到优待，领了三块银圆被释放了。副师长王庆龙被击毙。次日上午9时，红三军也进入富田。

敌上官云相第四十七师王冠英旅在5月12日奉第一纵队司令官齐向辰命令由富田出发，向九寸岭推进。由于这一带道路被红军破坏，该旅只得边修路边前进，行动极为迟缓。5月16日，该部进至九寸岭、观音崖一带，即遭红军伏击，伤亡惨重。该旅在第一纵队司令官齐向辰指挥下突围，于5月17日向永丰方向溃逃，沿途又被红四军、红十二军追击，全旅伤亡、被俘3000余人。

毛泽东、朱德在白云山上，对战局的进行情况了如指掌，特别是无线电台发挥了重要作用。战斗开始后，白云山能够听到右前方观音崖、九寸岭方向激烈的枪声。打了一阵，枪声就逐渐由东向西移去。毛泽东和朱德从枪声判断，红军两路已先后夺得隘口前进了。中洞方向一阵激烈枪声后，设在半山腰的红一方面军总部的电台接收机里，传出了公秉藩师部电台发出的明码"SOS"求救的呼声，毛泽东、朱德就知道敌公秉藩师部已被红三军包围了。接着，第四十七师师部电台也发出求救的呼声。后来，求救呼声听不到了，总部便判断战斗已经结束。电台，在反"围剿"战斗中立了头功、大功！

歼灭公秉藩师后，红三军缴获了敌人师部无线电队全部人员和电台，黄公略派了一个参谋带领一个特务连专门看押。这是红一方面军最期待、最宝贵的战利品！

白沙、中村，连战皆捷

王金钰右路军第四十三师，在师长郭华宗的指挥下，于第一二七旅、第一二八旅占领吉水的白沙后，构筑据点工事，其一部进占白沙以南的大源坑、潭头。5月18日，红军主力猛攻水南。王金钰部第四十七师残部退往水南，其惊慌情绪使原驻水南的郭华宗一个团更加惊慌，很快被红军击溃。19日，红一方面军乘胜追击，围攻白沙，歼灭敌第四十七师残部和郭华宗第四十三师一个旅，共俘敌3000余人，缴枪2000余支。红一方面军取得第二个战斗的胜利。

这时，驻在藤田地区的是王金钰右路军第五十四师。藤田是一个盆地，四面多山，难守易攻。第五十四师全师集中藤田后，师长郝梦龄怕红军在消灭第四十三师后进攻藤田，于5月20日改变固守计划，连夜开拔，分两路向永丰退却。

高树勋师属于中路军，从4月下旬开始南进。该师三个旅由乐安经招携、小树岭，向东韶前进。施积枢第八十一旅为先头，其余依次为池峰城第八十旅和王恩布第七十九旅。第二十七师进入苏区后，完全失去耳目，找些当地老百姓询问红军情况，一问三不知，陷于孤立境地。

5月18日，高树勋率领第二十七师师部到达南团，接到中路军总指挥孙连仲转来的南昌行营电报，要他驰援在藤田的第五十四师。高树勋立即决定19日由南团取道中村向藤田前进。

由南团向藤田的途中，都是崇山峻岭、羊肠小道。第二十七师官兵都是北方人，不善于爬山，叫苦不迭，一天从早到晚只能走四五十里。

白沙战斗结束后，毛泽东与朱德指挥红一方面军继续向东横扫。5月

21日，敌第二十七师先头第八十一旅到达中村，高树勋则率领师部到达坳子岭。到达中村的第八十一旅遭到红军的猛烈攻击，激烈的战斗中，敌第八十一旅先头团团长王广田被红军击毙，该团也伤亡惨重。高树勋得到消息后，立即率师部和池峰城旅向中村急进，到达中村已经日薄西山。高树勋考虑到道路如此难走，参加夜战不利，决心在中村利用简易工事抵抗红军。于是，高树勋令施积枢旅固守阵地，池峰城旅在中村东面占领阵地，王恩布旅在中村停止待命，所有非战斗部队撤退到大金竹。

22日拂晓，红军在毛泽东与朱德指挥下，分两路包抄中村。此时，因郝梦龄第五十四师已从藤田撤到永丰，高树勋第二十七师去藤田增援第五十四师已成为多此一举，孙连仲电高树勋，令该师速向东陂撤退；同时，孙连仲还电令驻洛口附近的第二十五师李松龄部向草台冈北撤。

这时，高树勋部就是想跑也跑不了了，红一方面军由西南把四面皆山、中间是平地的中村团团包围起来。在红军的猛烈进攻之下，高树勋第二十七师师部及其直属部队和池峰城旅旅部及其直属部队，狼奔豕突，七零八落，无法组织战斗，各部依据房屋、田园、沟渠各自为战。红一方面军全歼该先头旅，重创高树勋师师部。高树勋见势不妙，丢掉部队，弃马夺路，穿山越岭，直到大金竹才停下来收容部队。中村东面的池峰城旅也已土崩瓦解，退到大金竹。

高树勋收拾其残部后向乐安溃退。孙连仲立刻命令李松龄第二十五师于23日由东韶撤往宜黄。红军取得第三次战斗——中村战斗胜利。

攻克广昌、建宁

担任左路进攻任务的国民党军第六路军朱绍良部，除将新编第十三师路孝忱部留在南丰、南城间维持后方联系，作为战略预备队外，其余所辖第五师、第八师、第二十四师、第五十六师按南昌行营的命令，在5月15日以前先后攻占广昌及其以南的头陂、新安、白水之线。朱绍良的第六路军总部则驻在广昌督促各师修筑工事，搜购粮草，作南进的备战。5月23日，朱绍良得悉高树勋部被红军重创北撤的情况，判定红军必然东进围攻广昌，随即下令第八师向广昌以南集结，第五师从头陂退回广昌待命。

中村战斗结束后，红一方面军的领导机构有所调整。这种调整对反"围剿"作战是有利的。中共苏区中央局成立后，撤销了中共红一方面军总前委。第二次反"围剿"作战开始后，中共苏区中央局不便随军行动，留在龙冈。而前方红军行动和战地地方工作繁重，若事事都要请示苏区中央局，就会不可避免地贻误战机。为了前方作战的需要，5月24日，在南团重新成立中共红一方面军临时总前委，以毛泽东为书记，朱德、彭德怀、林彪、黄公略、谭震林、周以栗为委员。

5月25日晚，毛泽东在宁都和广昌交界处的洛口圩严坊村召开临时总前委第一次会议，决定方面军主力在第二天开到广昌县城西北的苦竹集中，准备全力攻击朱绍良部的毛炳文、许克祥、胡祖玉三个师。

5月26日，朱绍良令许克祥第二十四师派出一部先撤至甘竹、白舍；第八师毛炳文部派出一部先撤至傅坊占领掩护阵地；第五师和第八师主力分别担任广昌城西北和西南一带高地的守备。作为总掩护退却的部队，第六路军总部及第二十四师主力在广昌城内作退却的准备。

这天，毛泽东、朱德率领红一方面军总部抵达苦竹后，得到敌人动向的情报。当天晚8时，毛泽东在苦竹召开临时总前委第二次会议，讨论是按原计划打南丰还是先占广昌。会议经过讨论，决定改变原定攻打南丰的计划，于27日进攻广昌。

次日清晨，天空下起了蒙蒙细雨，红一方面军主力直逼广昌城下，从北、西、南三面发起猛烈攻击。敌第五师师长胡祖玉到阵地上视察时，被红军机枪击中胸部，伤势十分严重。敌第五师官兵顿时军心惶惶。敌第六路军总指挥朱绍良强作镇静，勉强维持到当天晚上才下令分路向南丰撤退。

28日，守广昌城的敌第五师主力无心恋战，向南丰逃走。红一方面军歼灭胡祖玉第五师一个团，占领了广昌，取得第四次战斗胜利——广昌战斗胜利。

5月28日上午10时，毛泽东在广昌城北的沙子岭主持召开临时总前委第三次会议，讨论红军下一步行动问题。会议认为，因通往南丰的桥梁已被破坏，此时如向南丰追击逃敌已追不上。从战略上和形势上，红军都应追击敌刘和鼎第五十六师，夺取建宁城，以便以后筹款。

笔下起风雷　胸中百万兵
土地革命战争中的毛泽东

会后，毛泽东、朱德立即率领红一方面军总部和红三军团、红十二军，日夜兼程东进，直指建宁城。

5月30日下午，刘和鼎在建宁外围发现红军在各山头活动，即令各守军进入阵地，破坏通往宁化、石城的两座木桥。

5月31日天色未明，红军包围建宁城，突然发起攻击。尤其是溪口方面，红军攻击更是猛烈。战至下午，敌第一六七旅旅长刘尚志支持不住，守溪口的部队溃退下来。这样，红军占领了建宁河对岸的炮台山高地。

此时，守卫接龙桥的敌军乱成一团，争先逃命。当这些溃兵逃离接龙桥二三里路时，敌第三三六团团长汤霖喝令："弟兄们！师长尚在城内未退出来，赶快冲回去，违者枪毙！"这时溃兵逃命要紧，无人听汤霖命令，继续奔逃。

由于红军已经堵住了通往泰宁的大道，第五十六师残兵败将退向将乐县。真是兵败如山倒，第三三六团团长汤霖被红军击毙，第三三二团、第三三三团、第三三六团被红军全部歼灭，其余残部一口气退到海口对面的大山。刘和鼎在建宁无路可走，脱下军装，带了两个卫士，在河边抢了一个打谷桶，想顺流而逃，但为红军火力所阻击，撞碎在岩滩上。刘和鼎落水后，被卫士救上岸，狼狈逃到将乐。

建宁之战，红军歼灭敌人三个多团，夺取建宁城，缴获大批西药和其他军用物资。红一方面军又夺取了第五次战斗也是最后一次战斗的胜利。

从5月15日至31日，红一方面军打一仗，胜一仗，连续打了五个胜仗，攻城拔寨，无坚不摧，如风卷残云般自西至东横扫700里，歼敌3万余人，缴枪2万余支，使国民党军对中央苏区的第二次"围剿"灰飞烟灭。

红一方面军第二次反"围剿"胜利，沉重打击了蒋介石的气焰，国民党各路军队被迫撤离中央苏区的中心区域。

毛泽东在第二次反"围剿"胜利后更是喜悦，禁不住诗兴大发，又写了一首《渔家傲·反第二次大"围剿"》：

白云山头云欲立，
白云山下呼声急，
枯木朽株齐努力。

第三章 横扫千军如卷席

枪林逼,

飞将军自重霄入。

七百里驱十五日,

赣水苍茫闽山碧,

横扫千军如卷席。

有人泣,

为营步步嗟何及！①

国民党军对中央苏区第二次"围剿"失败后,内部纷争愈演愈烈,搞得蒋介石焦头烂额。以至于蒋介石跑到南昌召开高级军官会议,大骂部属们无能,甚至痛哭失声。

国民党统治集团内部纷争为红军实施反攻、向外发展、扩大苏区提供了好机会。6月2日晚,红一方面军临时总前委召开会议。会议在毛泽东的主持下,分析打破第二次"围剿"后的形势,认为国民党军各路军现已退出中央苏区的中心区域,暂时转入战略防御;两广的反蒋军队正准备进军湖南同蒋系军队作战。在这种形势下,"蒋(介石)有先对付两广的必要,对我们有改守势之可能"。②红一方面军应抓住这一有利时机,转入战略进攻。据此,会议决定红一方面军的战略进攻分三期进行。

会后,毛泽东、朱德按照会议决定,率领红一方面军实施第一期工作计划,指挥主力向北推进到宜黄和南丰、南城、黎川之间,以及建宁、泰宁的闽赣边境,在这些地区积极开展发动群众、扩大红军、建立苏维埃政权和筹款等工作。

不久,形势发生了新变化,蒋介石有对两广军阀采取守势而对红军发动新的进攻的迹象。鉴于此,毛泽东等及时改变原定部署,决定主力向东推进到闽西和闽西北地区开展工作。为什么到这些地方开展工作?主要是因为这一带地势偏僻,受到敌人威胁较小;山地纵横,无河川阻隔,最适

---

① 中共中央文献研究室编:《毛泽东诗词集》,中央文献出版社1996年版,第40页。
② 《总前委第六次会议纪要》(1931年6月2日),转引自中共中央文献研究室编:《朱德传》(修订本),中央文献出版社2006年版,第299页。

宜造成新战场；有款可筹，一年内不愁给养；群众很多，可以扩大红军。从以后反"围剿"的事实看，不能不佩服毛泽东的远见。同时，红一方面军临时总前委还决定红三军（欠第九师）进到雩都（今于都）、会昌地区开展工作，坚强后方建设。

按照红一方面军临时总前委的决定，6月下旬，红三军第九师位于南丰、宜黄之间地区，监视南丰、宜黄之敌；红四军第十二师位于南丰以南地区监视南丰敌人；红三军团以建宁、泰宁、将乐为工作区域，以顺昌、邵武、光泽为筹款区域；红四军（欠第十二师）以归化、清流、连城为工作区域，以沙县、永安为筹款区域；红十二军以宁化、长汀、石城为工作区域；红三军（欠第九师）以雩都、会昌为工作区域；方面军总部驻建宁。为了加强南线领导，红一方面军临时总前委于6月21日建议并经中共苏区中央局批准，组成以陈毅为书记的中共南路工作委员会，领导红三军军委和中共赣西南特委；组成以周以栗为书记的中共闽赣边工作委员会，领导红十二军军委、红三十五军军委和中共闽赣边特委。

红一方面军经过不到一个月的时间，分兵在赣东、赣南、闽西、闽西北的广大区域，发动群众，扩大苏区，筹集了大量给养和款项，整训部队，组建新部队，为即将开始的第三次反"围剿"斗争准备了条件。

四、将敌人拖瘦、拖死

千里回师赣南

国民党军对红一方面军和中央苏区连续两次"围剿"失败，使蒋介石受到沉重打击。于是蒋介石决定调整内部矛盾，决心集中更多的兵力"剿共"。1931年6月6日，蒋介石发表《告全国将士书》，声称要"戒除内乱""剿灭赤匪"；并发誓，"幸而完此夙愿，决当解甲归田"，否则"就舍命疆场"。[①]

[①] 转引自中国工农红军第一方面军史编审委员会：《中国工农红军第一方面军史》，解放军出版社1993年版，第236页。

6月21日,蒋介石自南京乘军舰西上南昌,准备组织对中央苏区第三次"围剿"。前两次"围剿",参加"围剿"的部队杂牌军居多,第三次"围剿",蒋介石决心调自己的嫡系部队参战,图谋一举将红一方面军歼灭。于是,蒋介石一面命令原在中央苏区周围的部队固守阵地,并令第六、第二十六路军"恢复南城、南丰间交通,准备再度围剿"[①];一面令其嫡系部队赵观涛第六师、蒋鼎文第九师、卫立煌第十师、罗卓英第十一师、陈诚第十四师,共10万人,由河南、湖北等省迅速进入江西,担任"围剿"主力军。蒋介石还亲自披挂上阵,任"剿匪"总司令,任命何应钦为前线总司令,同时聘请英、日、德等国军事顾问。至6月底,国民党军原在中央苏区周围的部队和新调来的部队,总兵力达23个师又3个旅,共30万人。

这次"围剿",蒋介石一改第二次"围剿"采取"稳扎稳打,步步为营"的战略方针,采取"长驱直入"的战略方针,企图依仗绝对的优势兵力,首先击破红一方面军主力,然后再深入进行"清剿",捣毁中央苏区。

为了实施新战略,蒋介石把"围剿"军编成左翼和右翼两个集团军。其具体部署是:

左翼集团军,由何应钦兼任总司令,指挥赵观涛第一路进击军(由第六师编成)、陈诚第二路进击军(由第十八军军部及其第十一、第十四师编成)、朱绍良第三军团(由第六路军指挥部及其第五、第八、第二十四师编成)、蒋鼎文第四军团(由第九师编成);

左翼集团军基本上是蒋介石的嫡系部队,任务是从南城方面向中央苏区实施进攻,寻求红一方面军主力作战。蒋介石对左翼集团军寄予很大希望,认为,"以重兵贯注左翼,更以强大的部队控制于黎川、建宁、南丰之间,防止赤匪由闽边而来,抄袭我主力之侧背";

右翼集团军,由陈铭枢任总司令,指挥由第十九路军指挥部及其第六十、第六十一师和第五十二师编成的蔡廷锴第一军团,由第二十六路军

---

① 王多年主编:《反共戡乱》(上篇)(第一卷),台湾黎明文化事业股份有限公司1982年版,第228页。

笔下起风雷　胸中百万兵
土地革命战争中的毛泽东

指挥部及其第二十五、第二十七师编成的孙连仲第二军团，由第五路军指挥部及其第四十七、第五十四师编成的上官云相第三路进击军。右翼集团军从吉安、永丰、乐安方面向中央苏区实施进攻，协同左翼集团军"进剿"。

蒋介石还以第十师和攻城旅组成总预备军，由卫立煌任总指挥，位于临川地区，准备随时加入进攻作战；空军第一、第三、第四、第五、第七队分驻南昌、樟树、吉安等机场，由临时空军指挥部指挥，支援左、右翼集团军作战。另以第七十七、第二十八师和第十二师第三十四旅位于吉安、泰和、万安、赣州等地，担任"清剿"、维护后方和赣江之交通，并拦阻红军西渡赣江任务；第二十三师、第七十九师（由原新编第十三师改编）和骑兵第一师位于南城、宜黄、崇仁、抚州、樟树地区，担任"清剿"和维护后方交通任务；第四十九、第五十六师和新编第四旅位于闽赣边境，防堵红军东进。此外，调驻河南的第五十三师南下江西，准备集中吉安待机。

蒋介石把留在南丰、宜黄以南地区活动的红军误认为是红一方面军主力，令何应钦迅速发起进攻，并令总预备军之第十师归左翼集团军指挥。6月30日，何应钦由南昌到达抚州。7月1日，国民党军开始进攻，左翼集团军第一、第二路进击军由南城以北地区出发，向南丰、黎川之线推进；5日，占领黎川，迫近南丰；6日，第一路进击军向张村、康都前进，第二路进击军向大洋源前进，第十师主力进驻黎川，一部进占德胜关。第三军团在掩护第一、第二路进击军进占黎川后，由南城、南丰地区出发，进占新丰及其南北地区。第四军团为左翼军团军预备队，集结于抚州、南城地区，准备策应第一线的作战。13日，第一、第二路进击军进占广昌。19日，第二路进击军进占宁都城，第一路进击军进占宁都固村。随后，第二路进击军由宁都分经青塘、赖村向西推进，第一路进击军由固村经宁都城向黄陂推进。在左翼集团军向中央苏区长驱直进的同时，右翼集团军之第一军团由吉安、吉水地区出发，向富田、东固、崇贤前进；第三路进击军由永丰地区出发，向沙溪、莲塘前进；第二军团由乐安、宜黄地区出发，向招携、宁都前进。

国民党军从第二次"围剿"失败到第三次"围剿"开始，中间只隔了一个月，比前两次"围剿"时间间隔短得多。毛泽东虽然预见到国民党军肯定会发动第三次"围剿"，但没有料到它在第二次"围剿"刚遭受失败后会来得这么快。当国民党军开始进攻时，红军没有来得及作充分准备：广大指战员在经过苦战之后，尚未得到休整，兵员也没有得到补充，总兵力只有3万余人；部队远离根据地中心区，正分散在闽西北和闽西一带做群众工作和筹款，一时间没能集中起来。

面对国民党军第三次"围剿"来得快、来势更加凶猛，毛泽东与朱德十分沉着冷静，有条不紊地收缩部队，依照"诱敌深入"的方针对付敌人。最初，毛泽东与朱德曾设想在闽赣边界布置战场，消灭进犯敌军一路，再及其他。但他们很快发现敌人这次"围剿"规模之大和来势之猛超乎预料，于是立刻放弃原来计划，一边指挥留驻赣南的部分红军，在地方武装和人民群众的配合下，开展游击战争，牵制敌军前进；一边指挥在闽西和闽西北地区的红军主力，迅速收拢部队，回师赣南，诱敌深入到兴国、雩都、宁都、瑞金等群众条件良好的地区，"避敌主力，打其虚弱"，打破这次大规模"围剿"。

7月上旬，毛泽东与朱德将红一方面军主力在闽赣边界收拢后，急行军回师赣南。由于国民党军推进的速度很快，左翼集团军的陈诚部主力在13日占领了建宁以西的广昌，红一方面军主力从闽西、闽西北驻地直接向预定的作战地区宁都、兴国一带，就要同敌军主力相遇。毛泽东与朱德如果真这么做了，那就正中了蒋介石寻找红军主力进行决战的计谋了。正在南丰、南城督战的蒋介石可就真要笑了。毛泽东与朱德根据敌情，决定采取"磨盘战术"，绕过敌军进攻的锋芒，从中央苏区南部插入敌人背后。这就需要实行千里大迂回，沿闽赣边界的武夷山脉到根据地南部的瑞金，再折向西北。

7月10日前后，毛泽东与朱德率领红一方面军主力由闽西、闽西北驻地出发，从敌人的左侧，沿闽赣边界的武夷山脉向西急进。时值盛夏，烈日当空，天气热得似乎一点就着火，红军在闽赣边界的崇山峻岭千里跋涉，十分艰苦，但情绪十分饱满。开国上将李志民在回忆中说：

这是一次大规模的战略行动，也是一次艰苦的进军。从福建西部

笔下起风雷　胸中百万兵
土地革命战争中的毛泽东

地区，绕过整个根据地南部，到赣南的瑞金、兴国，全程一千多里。部队分路出发，以急行军速度，沿着闽西、赣南的山岭小道向西疾进。七月，正是盛夏季节，战士们背负着全部行装，在烈日下行军，一个个汗流浃背。脚下的石板路，被火热的太阳一晒，脚落上去烙得钻心地疼；阳光的反射烤得人喘不过气来。这时早稻还没有收割，正是青黄不接的时候，大兵团行动，粮食也很困难。有时粮食不足，部队只好喝点稀饭充饥。尤其困难的是病员增多了，中暑的、发疟疾的、拉痢疾的，这个没好，那个又病倒了，收容队一天天在扩大。

但是，千难万险也难不倒英雄的红军战士。他们从第一、第二次反"围剿"的亲身体验中懂得了一条道理：为了打胜仗，就一定得走路。当时，部队流传着的所谓"胜利在脚""走路出胜利"的口号，便是对这个道理的简明扼要的解释。为了胜利，大家都自觉地忍受着一切困难，衣服被汗水浸透了，把汗水拧掉；草鞋磨破了，用破布把脚包起来，或者干脆打赤脚；饿了，把皮带扎紧点；病了，把病号们组织起来，提前出发，走在部队的先头，互相搀扶前进。在行军行列里，战士们时而开起政治讨论会，时而进行文化学习。特别是行军鼓动工作，更是活跃。道边的山石上、树干上到处是标语口号。每到难走的地方，军团"火线剧社"的同志们或者师宣传队的宣传员们就出现了，道旁留声机吱吱呀呀地唱着，宣传员们唱歌、呼口号，鼓动着战士们前进。每当休息的时候，哪怕只有十几分钟，士兵委员会的骨干分子们也在进行鼓动工作，来个小演出，唱段山歌，或者班排之间进行一次唱歌比赛。山谷里、树林里，到处升腾起歌声和欢笑，疲劳和酷热就被忘得干干净净。

经过连续十来天的行军，部队完成了千里回师的任务，经过石城、瑞金，来到了老根据地——兴国。[①]

李志民的回忆说明红军统帅和指战员们之间的高度一致性。毛泽东之

[①] 李志民：《奇兵制胜》，《星火燎原》（选编之二），中国人民解放军战士出版社1979年版，第107—108页。

所以敢于作出实行千里大迁回的决策，是缘于对自己部队的了解。指战员们执行任务时，能够正确认识到自己的使命，因此能够调动他们所有的能量来完成这个任务。在过去一切旧军队所不可能做到的事情，在红军却能够做到。这样的军队，打胜仗是必然的。

7月24日，红一方面军主力到达雩都县北部的银坑，与由广西突围后转战到江西的红七军及原在赣南的红三军等会合。接着，又继续向西北隐蔽转移，于28日到达兴国西北的高兴圩，完成了绕道千里、回师赣南的战略任务，为转入反攻创造了条件。

红一方面军主力千里大迁回完全出敌不意，这是蒋介石怎么也想不到的！他的噩梦，就此开始！

出敌不意，三战三捷

国民党军进入根据地后，到处乱撞，寻找红军主力作战，却屡次扑空。7月底，蒋介石、何应钦发现红一方面军主力已集中在它的侧背兴国地区后，立即集中了九个师的兵力，分数路向兴国扑来，企图消灭红军主力于赣江东岸。

面对气势汹汹的敌人，毛泽东与朱德率领部队到达高兴圩的当天，立刻召开军事会议，讨论作战方针。会议决定："由兴国经万安突破富田一点，然后由西而东，向敌之后方联络线上横扫过去，让敌主力深入赣南根据地置于无用之地，定此为作战之第一阶段。及敌回头北向，必甚疲劳，乘隙打其可打者，为第二阶段。此方针之中心是避敌主力，打其虚弱。"①

原先得到的情报是富田一带只有三个团防守，但当红军主力开始北上时，忽然发现陈诚、罗卓英两个师已先于红军赶到富田。这是蒋介石的嫡系部队，装备好，战斗力比较强，红军准备夺取富田的计划已无法实现。敌情发生变化，毛泽东与朱德当机立断，率部重返高兴圩，另寻战机。

8月上旬，敌人四面迫近，红一方面军主力隐蔽在高兴圩及其附近几十里的地区。白天，敌人依仗空中优势，派飞机不断地扫射、轰炸，为其

---

① 《毛泽东选集》（第一卷），人民出版社1991年版，第219页。

笔下起风雷　胸中百万兵
土地革命战争中的毛泽东

地面上的陆军部队壮胆。红军处境非常危险,但各部队却看不到丝毫慌乱的情绪,大家都在作夜行军的准备。广大干部、战士相信自己的领导者毛泽东、朱德有对付敌人的妙计。

毛泽东与朱德对当前敌情作了冷静的分析,认为陈诚、蔡廷锴、赵观涛和蒋鼎文等部战斗力强,不易突破,而东面由龙冈向良村、莲塘进犯的上官云相的第三路进击军(由第二次"围剿"时的王金钰残部改编而成)不是蒋介石的嫡系,战斗力较弱。于是,毛泽东、朱德决定将原定迂回敌军侧后的计划改为实行中间突破,向东面的莲塘、良村方向突进。这是一个大胆出敌不意的行动,当然也是险中求胜的决策,表现出朱、毛二人具有别人都无法企及的胆略。按照这个计划,红军主力要在南北都有强大的敌军,中间只有40里的空隙中穿过。

为了实施这个大胆的计划,毛泽东与朱德以部分红军会同地方部队和赤卫队,伪装红军主力,向西佯动,示形于敌,把敌陈诚、赵观涛、蒋鼎文各部吸引到赣江边去,把蔡廷锴部牵制在兴国北面。8月5日晚,毛泽东、朱德趁赵观涛部和陈诚部被吸引到赣江边的万安、良口地区的机会,率领红一方面军主力在夜幕的掩护下,开始了从崇贤和兴国两地敌军之间40里的空隙处穿插行动。李志民回忆这次行动时说:

夜行军的准备工作是严格按照上级的规定进行的。一切能够发光的东西都要隐蔽好。白铁油桶用烟熏黑,白马穿上了伪装衣。一切能发响声的用具,像铁锹、锅铲,都用布包好。行军纪律异常严格:不准讲话,不准咳嗽,不准吹号、吹哨子;前后联络用扎在左臂上的白毛巾作识别;不准设置路标,碰到岔路一律用标兵;行军中的向导,除由政府审查选派外,要求各连从本地人中选出人组成向导队……

天将黄昏,前卫部队开始行动了。我简单地向部队作了动员之后,便决定观察一下部队行进的情形。我向着路边一块突出的山石走去,老远就看到团长龙昌汉同志那瘦小结实的身影。他停立在那里,正目不转睛地望着山道上向东疾进的部队。我走到他的身边,好半天,他才低声说:"老李啊,真叫人担心,要是哪一点检查不到……"他摇了摇头,没有说下去。

"没有关系。"为了安慰他也为了安慰自己,我说:"战士遵守纪律是很自觉的;再说,已经检查了好几遍了!"

他的心情我是完全理解的。这的确不是一次平常的行动。据确实的侦察,在我们东南是蒋鼎文的第九师、韩德勤的五十二师和独立旅,北面是蔡廷锴师和蒋光鼐师,西面是赣江,东、南、北三面敌人共有十二个师逼近我们,东南面与北面敌军相距不过四十里。按照总部的计划,我军三万人马就要偃旗息鼓、衔枚疾走,在一夜之间从这四十里的空隙中穿插过去,向东北方向插入敌后,实行中间突破,打上敌人。这样大部队的隐蔽行军,如果有一点响声或者一丝亮光暴露了目标,作战计划便有遭到破坏的危险。黑暗里,战士的影子在飞速地闪过。没有人说话,没有人咳嗽,甚至连粗声喘息也听不到,只有脚步的沙沙声急促地、有节奏地响着。眼看一个连过去了,没有发现任何破绽。我俩几乎是同时松口气:"走吧!"

天亮的时候,部队停止行进了。各部在林木茂密的山岭上分散隐蔽起来。

…………

整整一天,我们都隐蔽在丛林里。隐蔽的命令较之夜行军的命令还要严格:如有暴露,按级负责。命令被认真地执行了。早晨,我和龙团长登上一座山崖,极目望去,只见晨风吹拂着树头、竹梢,鸟儿安详地飞过。到处是一片宁静。看着这如画的景象,不禁为我们红军战士那高度自觉的遵守纪律的精神而感到自豪——这不是一连一营,而是整整三万大军啊!

天亮了没有多久,三架敌机来到了山岭的上空,嗡嗡地低飞着、盘旋着,而密林中红色战士们却正呼呼地进入了甜蜜的梦乡。敌机盘旋数圈后,显然什么也没有发现,垂头丧气地向北飞走了。整个白天,不断有敌机在上空盘旋侦察。但是,就在这绿荫覆盖着的山岭上,一场大战的准备工作正在进行。竹林里,灌木丛中,战士们成连成排地聚集在一起,擦枪,打草鞋,开会,作战斗动员……人们不时地拨开树丛仰望天空,盼着太阳快点落下去。

笔下起风雷　胸中百万兵
土地革命战争中的毛泽东

难耐的白天过去了，暮色里，部队像一股股暴发的山洪，钻出树林，奔下山岗，向着东北方向的莲塘涌去。[①]

作为亲历者，李志民回忆的细致描写使读者有身临其境的感觉。这种几万人的神不知鬼不觉的穿插行动，也只有毛泽东和朱德才能够想出来、做出来。国民党军队的指挥者是无论如何也想不到、做不到的。毛泽东、朱德为什么能够总打胜仗，就是他们总是不会按照国民党蒋介石所预料的那样出牌，总是出敌不意，出奇制胜。

8月6日午前，红一方面军主力到达莲塘，跳出了敌军主力的包围圈。国民党军对于红军主力的东进行动一点也没有察觉。红军一到莲塘，就发现上官云相的第三路进击军第四十七师第二旅正大摇大摆、毫无戒备地开向莲塘。这时，国民党第一、第二路进击军在红十二军第三十五师、红三十五军和地方武装的牵引下，正向西扑向赣江边，寻找红军主力作战，上官云相这个旅态势比较孤立，成了红军嘴边的一块"肥肉"。毛泽东、朱德决定集中兵力迅速歼灭该敌。7日拂晓，红军主力突然发起猛攻。敌人不知道红军是从哪里冒出来的，仓促应战。经过两小时战斗，红军全歼该旅和上官云相听到枪声后派来侦察的一个营，击毙敌旅长谭子钧。上官云相只带了两三个副官和几个马弁逃回龙冈。红一方面军取得第三次反"围剿"的首战胜利。

上官云相在遭到红军主力突然攻击时，发十万火急的电报向郝梦龄的第五十四师求救，说第四十七师在莲塘地区与大部红军相遇，请求第五十四师迅速兼程向莲塘前进增援。第五十四师接到这个电报，意见不一。第五十四师在第二次"围剿"中，已经领教到红军的一些惯用战法：红军若是不战，就让国民党军连一个人也看不到；红军要是战时，就以迅雷不及掩耳之势，将被攻击的国民党军一举歼灭。当时，第五十四师师部的多数参谋人员根据红军的惯用战法估计，认为第四十七师等不到第五十四师到达，就会被消灭。第五十四师南进，不是增援，而是"送

[①] 李志民：《奇兵制胜》，《星火燎原》（选编之二），中国人民解放军战士出版社1979年版，第109—111页。

礼"。这些人除了悲观、恐惧外，拿不出任何办法。但第五十四师也有个别人员认为，上官云相不是张辉瓒，不是王金钰，他会支持三五天的，能等到第五十四师到达。副师长魏我威虽然知道危险，但认为当军人的到这个时候不能说别的，只有打上去，死里求生。师长郝梦龄与上官云相都是保定陆军军官学校第六期毕业，有同窗之谊。他认为从任务上，从道义上，绝不能置第四十七师于不顾。于是，郝梦龄不计成败利害，决定向莲塘前进增援第四十七师。于是，第五十四师变更向古龙冈前进的方向，直奔莲塘而去。

莲塘战斗后，毛泽东与朱德指挥红一方面军主力挥戈北向，乘胜进取良村。朱德带领一个警卫排向良村插去，在途中与正由良村增援莲塘的郝梦龄第五十四师第一六〇旅遭遇。按预定计划，林彪指挥的红四军应该先占领路旁的山头，但他们没有按时到达，被郝梦龄部抢先占领了。朱德到达山脚下时，才发现这个情况。尽管朱德身边只有几个参谋人员和一个警卫排，但他并不怯阵，立即指挥投入战斗，一直坚持到大部队赶到。

国民党第五十四师第一六〇旅是在不期而遇的情况下被迫进入战斗的，一下子就被红军打得晕头转向。红军歼灭敌第一六〇旅一个团，击毙敌旅长张銮诏，残敌向良村溃退。

先头部队发生战斗后，第五十四师副师长魏我威到前线去指挥，师长郝梦龄在良村一面指挥后续部队向遭遇点两侧支援，一面让师部在良村停下来。红军攻势很猛，不得已，郝梦龄亲自上前线指挥。

良村处在一个山间小盆地的盆底上，四周都是山地，易攻不易守，郝梦龄、魏我威指挥第五十四师企图守住良村四周山地。

第五十四师官兵同红军作战，本来心就虚。不久，守卫良村四周山地的一些部队就溃退下来，向北逃跑。因为师长、副师长均不在良村师部，所以师部人员不敢自动逃走。转眼间，他们见前线部队大部都向北溃退，师部人员也乱糟糟地向北逃去。等部队逃到良村北面的一个路口时，红军已经把良村完全包围起来。红军的主力仍继续向北反击第五十四师的残部。

郝梦龄和高参孔繁沄在良村南督战，看到全师溃败，知道战局已无可挽回，就利用残余部队的掩护，退到龙冈。副师长魏我威在部队崩溃后，仍一面后退，一面收容残兵，进行顽抗，结果被红军击毙。当天下午1时，红军攻占良村，歼灭该师大部。

一天进行莲塘、良村两战，红一方面军共歼灭敌人两个多旅，俘敌3500余人，缴获长短枪3100余支，机关枪40余挺，迫击炮14门，电台2部，马200余匹，各种子弹30余万发。

莲塘、良村战斗胜利后，红一方面军指战员士气高涨。而连吃败仗的国民党军则士气一落千丈。毛泽东与朱德决定趁热打铁，再歼龙冈敌人。这时，龙冈驻有国民党军周浑元第五师四个团、郝梦龄第五十四师两个团，还有从莲塘、良村溃退去的四个团，共八个团的兵力。8月8日下午2时，朱德、毛泽东命令红一方面军于9日拂晓向龙冈发起总攻击。当部队行进时，得知龙冈守军已有准备，在驻地周围修了许多坚固的工事；又获悉毛炳文第八师刚刚从君埠、南陵地区撤回黄陂。在此情况下，攻打敌人坚固防守的龙冈显然是不可取的，毛泽东、朱德立即改变原计划，不去龙冈，出其不意去黄陂攻打立足未稳的毛炳文师。

经过三天急行军，8月11日清晨，红一方面军主力到达黄陂附近。红四军、红十二军担任主攻，从黄陂南侧攻击；红三军团、红七军向黄陂东侧迂回，断敌后路，阻击东面增援之敌。12时，红四军、红十二军主力冒着大雨发起攻击，一举突入黄陂，激战至下午1时许，歼敌两个团。红三军团、红七军也从东侧攻击黄陂。下午3时，敌师长毛炳文率残部分向洛口、宁都突围。红军乘胜追击10公里，又歼其一部。

黄陂战斗真是一场速战速决的漂亮仗，红一方面军俘敌4000余人，缴获长短枪3000余支，机关枪30余挺，迫击炮11门，电台1部，各种子弹40余万发。而红军仅牺牲80余人，伤300余人。

从8月7日至11日，毛泽东与朱德指挥红一方面军五天之内连续打了莲塘、良村、黄陂三个胜仗，共歼敌万余人，从被动中夺得了主动。黄陂战斗后，红一方面军主力转到君埠以东君岭脑地区，利用战斗间隙进行休整。

声东击西

红一方面军三战三捷，蒋介石气急败坏，命令其第一、第二路进击军和第一军团掉头向东,向黄陂地区猛扑过来,企图集中优势兵力,围歼红军主力于黄陂地区。

就在黄陂战斗中,红一方面军从毛炳文师部缴获一份第六师师长赵观涛和第十师师长卫立煌发出的紧急电报,称这两个师已向黄陂地区开来。毛泽东与朱德根据这份紧急电报和其他有关情报分析,认为国民党军主力被部分红军向西引到赣江边后,未找到红军主力,已发现中了调虎离山计,莲塘、良村两次战斗后,他们发现红军主力在黄陂一带集结,肯定会向黄陂扑来,红军不宜在黄陂久留。于是,毛泽东与朱德命令部队于当夜离开黄陂,向君埠地区隐蔽待机。

毛泽东、朱德神机妙算,果然,第二天敌赵观涛第六师、卫立煌第十师、许克祥第二十四师和高树勋第二十七师就进占黄陂。然而,红军已无踪影,敌人又扑了个空。接着,国民党其他部队也很快从四面八方向黄陂、君埠开来,形成一个包围圈,企图一口吃掉红一方面军主力。局势一下子又严峻起来,红一方面军面临着自第一次反"围剿"以来最危险的境地。

8月13日晚,毛泽东在君埠召开军事会议,商讨对策。会上,毛泽东主张红军应该避免同超过自己数倍的敌军决战,而要采取"声东击西"的战术,用一部分兵力继续向东引开敌军,掩护主力秘密西进,回到兴国隐蔽待机。上次红一方面军以一部分兵力把敌人向西引开,主力东进;这次是以一部分兵力把敌人向东引开,主力西进,真是载入中国军事史册的精妙一计!毛泽东的主张得到与会人员一致同意。

定下"声东击西"的妙计,如何才能使国民党军中计?抚州是国民党军在赣东"围剿"中央苏区的前进基地,蒋介石、何应钦特别害怕抚州落入红军之手。其实,毛泽东、朱德是不会以红军的劣势武器装备进攻敌人坚固设防城市的,但针对蒋介石、何应钦这个心理,他们命令红十二军伪装成红军主力,大张旗鼓地向乐安佯动,使国民党军产生错觉,以为红军主力要北攻抚州,吸引他们向东北方向调动。

这是一个非常奇特的现象!8月15日夜间,两支敌对的军队,毛泽东、朱德率领红一方面军主力悄悄地由君埠地区向西急进,而国民党军却正由西向东开进。在蒋光鼐第一军团和陈诚第二路进击军之间,有一条宽

笔下起风雷　胸中百万兵
土地革命战争中的毛泽东

20里的缝隙，红军准备从这条缝隙中穿插过去。这两部敌人有二十来万，3万人的红军从这狭小的缝隙中通过，能不能不被敌人发现，不少人都在心里暗暗捏一把汗。

10天前，红军主力是在夜间由西向东进，这次却是由东向西进，且敌人两部之间的缝隙比上次还窄一半，上演了令人拍案惊奇的一次夜行军。红军在大山丛中，沿着一条小河沟蜿蜒西进，一会儿走上山腰，一会儿又下到谷底。开始还有小路，走着走着没有路了，钻进荒僻的丛林草莽之中。借着稀疏的星光，可以看到新砍的树桩和灌木根部。部队便攀藤附葛，在这新辟的山道上行进。就在不远的山头上，"嗒嗒嗒，嗒嗒嗒"，敌人的机枪声盲目地扫射着，为自己壮胆。敌人打着手电筒行军，电光一闪一闪的。在红军前进的队伍中，不断传来低沉的命令。红军已经走到两路敌人的间缝了，两翼不到10里便是敌军。

在这次危险的行军中，红一方面军最高指挥者的状况将对全军产生了重要影响。那么，毛泽东与朱德这次行军情况如何呢？请看李志民的描述：

走着走着，前面突然停住了，队伍靠着路边休息。过了一会，从前卫方向返回一小队人马，挨着我们身边走过去。在几个侦察员后面，我们看见一个魁梧的身影，在快步走着，偶尔还停住脚，向战士们问几句什么。我们看得清清楚楚，正是总政治委员毛泽东同志。这时，队伍里立时活跃起来，干部和老战士认出是谁，都低声传告着："看见了没有？是毛总政委呀！""毛总政委亲自带着我们，没问题，一定能安全地跳出去！"原来是前面走不过去了，毛总政委带着人另找路线。后来听说，整整一夜，毛总政委和朱总司令、叶总参谋长都拿着指南针走在部队的前面，披荆斩棘，开辟道路，带领部队前进。看见毛总政委和朱总司令亲自带领部队前进，部队更加快了脚步，伤病员也咬牙坚持着紧跟上队伍。[①]

[①] 李志民：《奇兵制胜》，《星火燎原》（选编之二），中国人民解放军战士出版社1979年版，第116页。

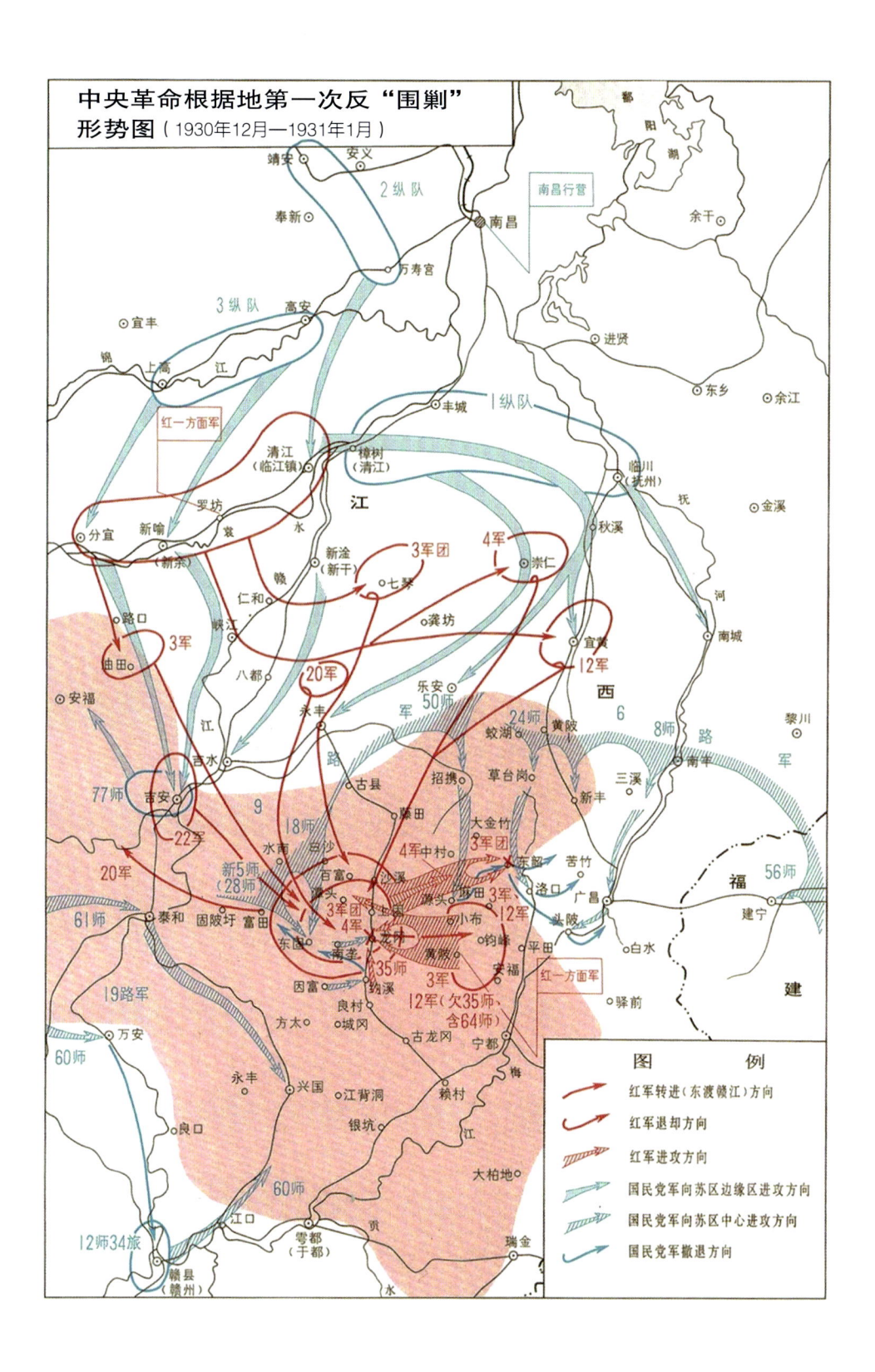

中央革命根据地第一次反"围剿"形势图（1930年12月—1931年1月）

图	例
→→	红军转进（东渡赣江）方向
⇒	红军退却方向
▨▶	红军进攻方向
⇒	国民党军向苏区边缘区进攻方向
⇒	国民党军向苏区中心进攻方向
⇒	国民党军撤退方向

中央革命根据地第二次反"围剿"形势图

(1931年4月—5月)

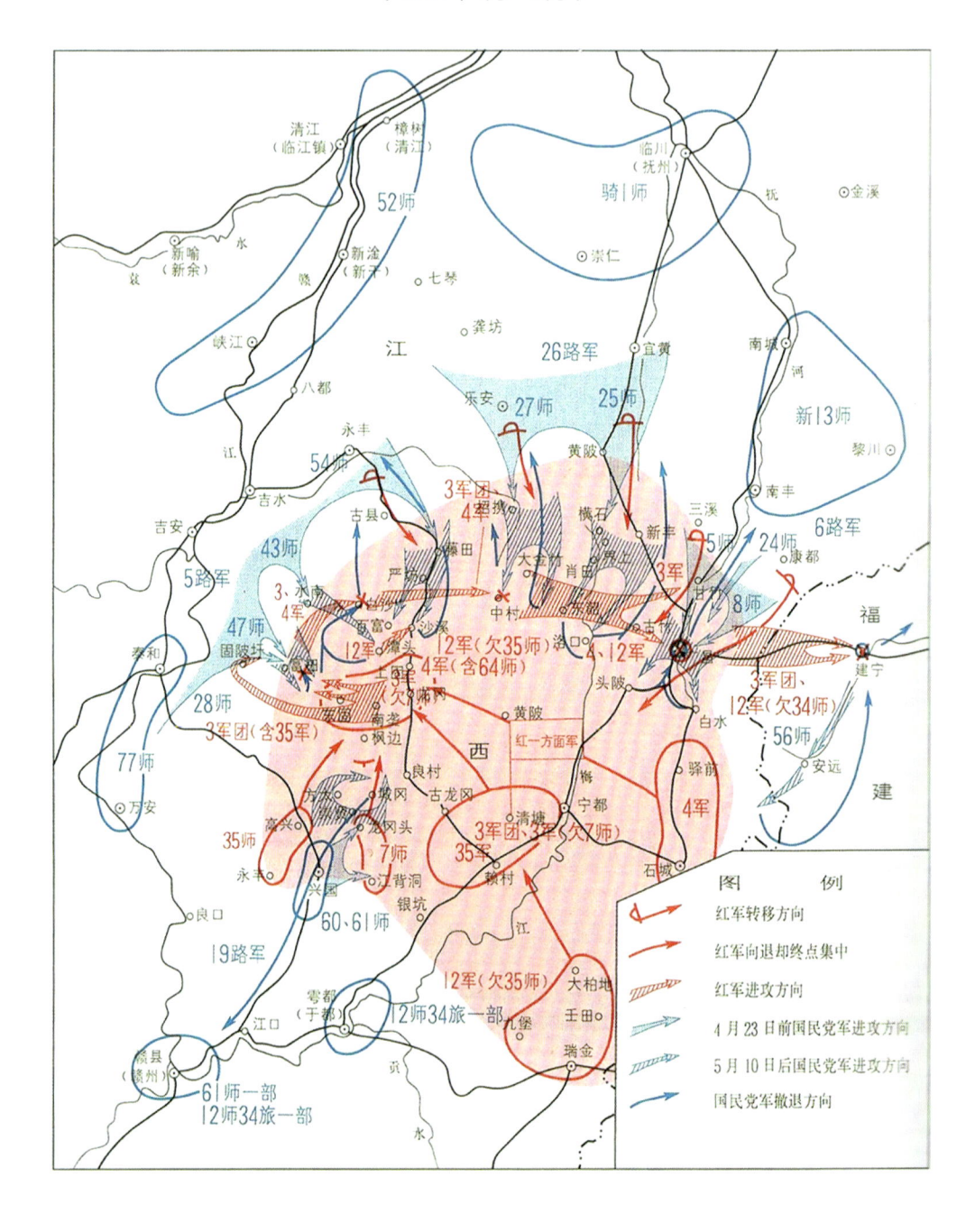

中央革命根据地第三次反『围剿』形势图（1931年7—9月）

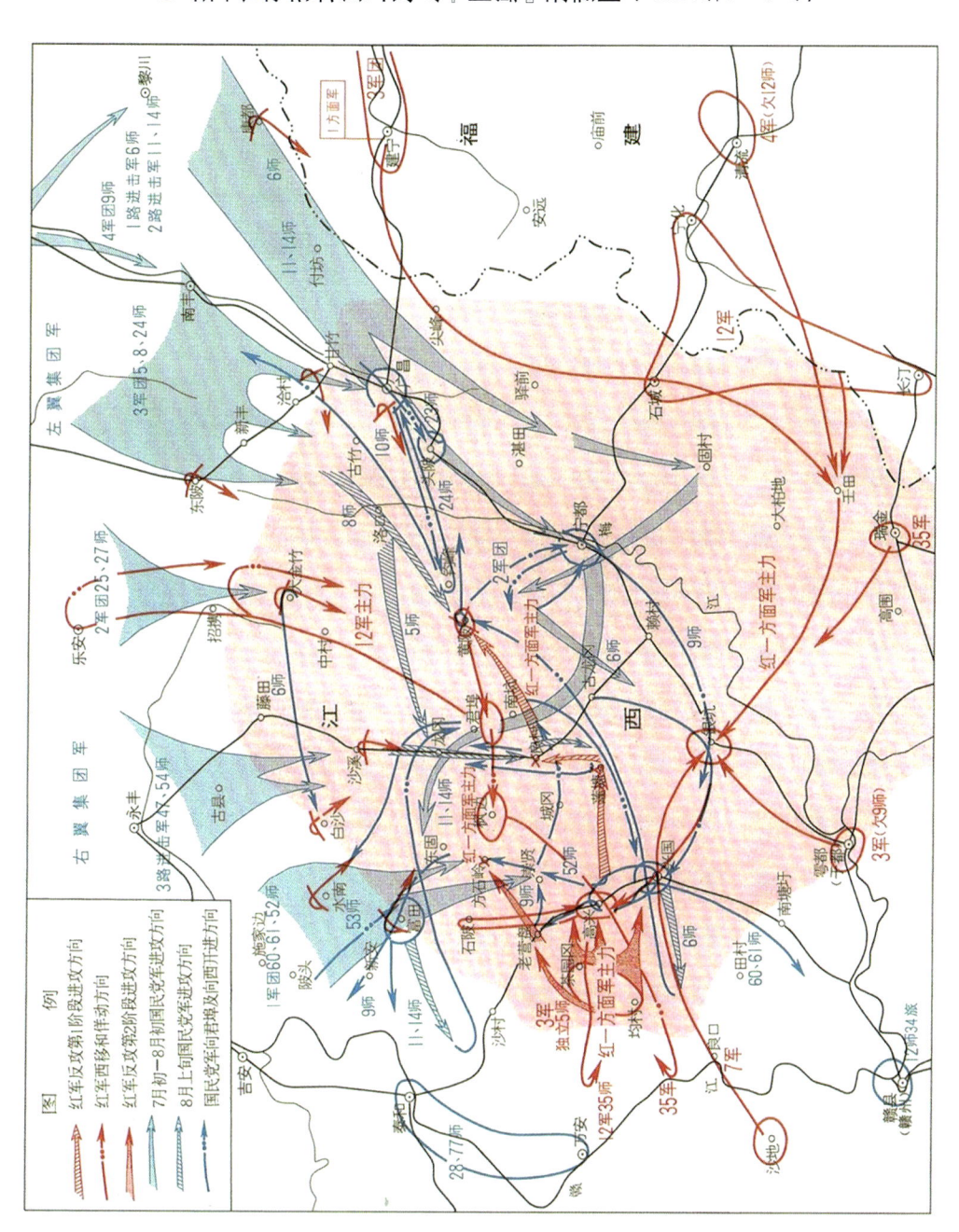

毫无疑问，毛泽东、朱德走在部队的最前面，开辟道路，带领部队前进，极大地提高了干部、战士突出重围的信心。

经过一夜的急行军，红一方面军主力终于跳出敌军的包围圈，到达兴国东北部的白石、枫边地区，隐蔽在深山密林中，一边休整，一边静观敌军动向。

担任掩护红军主力向西转移任务的红十二军，在军长罗炳辉、政治委员谭震林的带领下，相机占领了乐安城。这下，蒋介石、何应钦更深信不疑这是一支主力红军，并判断红军主力将进攻抚州，急令卫立煌第十师由黄陂火速回抚州，又令赵观涛第六师、罗卓英第十一师、陈诚第十四师等部由黄陂、君埠地区向北追击红十二军，准备决战。红十二军牵着敌人的鼻子，专拣危险、难走的路走。红军没有重武器且善走山路，在山间行走如飞。敌人带着许多重武器，在大山里行动困难，被拖了半个月，累得贼死，苦不堪言，也找不到红军主力的踪影。一个国民党军官在一封家书中抱怨说："这一月来，无论官兵差不多没有不病的。肥的拖瘦，瘦的拖死。至于山高路险，跌死的人马以及病后被土匪杀死的官兵，总和起来比出发时候的人数差不多要少三分之一。"[①]

8月底，被毛泽东、朱德"声东击西"之计迷惑的蒋介石、何应钦才发现红一方面军早已西去，急令"进剿"军主力掉头向西。当国民党"进剿"军喘着粗气再到兴国北部地区寻找红军主力决战时，红一方面军主力已在白石、枫边地区从容休整半个月了。

不与敌人硬碰，毛泽东与朱德于9月初率领红一方面军主力继续西移，转移到兴国、万安、泰和三县之间的均村、茶园冈山区隐蔽集结。当国民党"进剿"军主力开到兴国北部时，又是扑了个空。

国民党军在中央苏区东来西往，所到之处，遇到老百姓坚壁清野，吃不上，喝不上，睡不香，疲劳至极。蒋介石希冀迅速消灭红一方面军的美梦破灭。

[①]《白军官长的九封信》，中国人民政治协商会议江西省委员会文史资料研究委员会编：《江西党史资料》（第19辑）（内部出版），第237—238页。

第三次"围剿"灰飞烟灭

就在蒋介石几十万军队陷入中央苏区泥潭之时,广西、广东国民党当局举起反蒋旗帜,进兵湖南。蒋介石不得不结束对中央苏区的第三次"围剿"。9月4日,何应钦按照蒋介石的决定,命令左、右翼两集团军实行退却。

按照何应钦的命令,蒋鼎文第九师、韩德勤第五十二师、蒋光鼐的第六十师和第六十一师,由兴国高兴圩、老营盘向泰和、吉安撤退。敌退我追,正是歼灭敌人的好时机,毛泽东与朱德决定出敌不意歼灭正在运动中的蒋鼎文师和蒋光鼐的两个师,然后相机扩大战果。

9月6日晚,毛泽东与朱德命令红一方面军主力各部分左、中、右三路,向高兴圩、老营盘急进。当晚,各路红军进入预设阵地。

次日拂晓,蒋鼎文第九师正沿着高兴圩至老营盘大道向北撤退,红三军和独立第五师迅速出击。红三军第七师首先抢占了敌人必经的黄土坳,切断了敌先头旅与后续部队之间的联络,从北、南、西三面包围了这个先头旅,发起猛烈攻击。战至下午2时,干净利索地全歼该旅,俘敌2000余人,缴获长短枪2000余支,机关枪35挺,迫击炮10门,各种子弹60余万发,电台1部。

与此同时,红三军团、红四军、红三十五军向高兴圩的蒋光鼐两个师发起攻击。红七军进逼兴国,钳制敌第五十二师,保障方面军主力在高兴圩地区作战。攻击高兴圩之敌的红军各部,与敌激战至8日,毙伤敌2000余人。由于蒋光鼐部战斗力比较强,且又先占据了有利地形,而红军兵力不够集中,徒涉高兴圩以西河流时遭到较大伤亡,战斗打成对峙局面。为争取主动,毛泽东与朱德命令部队撤出战斗,转至茶园冈、均村、永丰地区整理待机,以红三军和独立第五师在老营盘阻敌北撤。高兴圩地区之敌因伤亡比较大,且对红军情况不明,遂就地加修工事,固守整顿。

蒋鼎文电告了蒋介石第九师和蒋光鼐两个师遭受红军严重打击后,蒋介石一方面埋怨两部只相隔20里而不互相配合;另一方面又"阿Q式"地自我安慰,说:"第九师之独立旅与第十九路军,死伤虽大,但赤匪伤亡,数倍于我,赤匪受此打击,不难歼灭。"于是,蒋介石命令第六、第九师，由龙冈向高兴圩东北夹击。

国民党军队在老营盘、高兴圩战斗中受到红军的打击后，不敢再走这条路北撤，改变了北撤路线。毛泽东与朱德于9月11日晚9时命令红军主力向东急进，进行追击。

9月上旬，国民党军韩德勤第五十二师，奉命向兴国县城前进。到达兴国县城后，发现这是一座空城。由于找不到吃的，第五十二师只好杀骡马充饥。在兴国待了三天后，韩德勤接到命令，要该师护送蒋鼎文第九师到泰和整理。可以离开兴国这空空如也的地方，第五十二师的官兵这下高兴了。他们没想到，厄运即将降临。

9月13日，第五十二师改归第四军团指挥，奉命向第九师余部靠拢，朝东固北撤。15日拂晓，红军主力赶到东固以南的方石岭、张家背附近，抢先控制有利地形。韩德勤第五十二师六个团和蒋鼎文第九师一个炮兵团进入红军伏击圈。红军乘敌不备，发起攻击，激战几小时，将敌人全部消灭。韩德勤被俘后，扮成伙夫逃走。旅长王付乾、团长甘达潮被击毙。参谋长罗铁华、旅长张忠频、团长刘嘉树被俘。方石岭战斗俘敌5000余人，缴获长短枪4500支，机关枪70挺，各种子弹120万余发，马200余匹。至此，国民党军对中央苏区的第三次"围剿"被彻底粉碎。

在第三次反"围剿"中，红一方面军在地方武装和根据地人民群众的配合下，如鱼得水，灵活机动穿插于敌人重兵集团之间，先后进行了莲塘、良村、黄陂、老营盘、高兴圩、方石岭六次战斗，除高兴圩打成平手外，都取得很大胜利，歼灭国民党军17个团，共3万余人，缴获长短枪1.5万余支。蒋介石曾夸口，"三个月消灭共产党"，被毛泽东、朱德重重打脸。

在方石岭战斗之后，红三军军长黄公略指挥部队转移时在吉安东固六渡坳遭遇敌机轰炸，不幸牺牲。黄公略是从平江起义、创建湘鄂赣革命根据地中走出的一位红军杰出将领，毛泽东非常欣赏他，在所写的《蝶恋花·从汀州向长沙》中曾有："赣水那边红一角，偏师借重黄公略。"[1]

为纪念黄公略，中共苏区中央局曾在东固地区设立公略县，在瑞金

---

[1] 中共中央文献研究室编：《毛泽东诗词集》，中央文献出版社1996年版，第29页。

建立"公略亭",并将红军第二步兵学校命名为"公略步兵学校",以志纪念。

中央苏区第三次反"围剿"胜利后,毛泽东、朱德决定以一部分地方武装监视北面的国民党军队,主力红军则移到以瑞金为中心的地区,向闽西北和赣西南开展工作。红军拔除了许多地主武装盘踞的"土围子",发动群众,使党、团组织和苏维埃政权恢复和建立起来。其间,红军主力和地方武装攻占了会昌、寻乌、安远、信丰、广昌、连城、上杭、武平等县城,使赣西南和闽西根据地再次连成了一片,中央苏区发展到包括瑞金、雩都、兴国、泰和、吉安、吉水、永丰、乐安、宜黄、南丰、广昌、宁都、石城、会昌、寻乌、信丰、赣县、长汀、连城、武平、上杭、永定、龙岩、漳平、宁洋(后撤销)、宁化、清流、归化等28县的地境,总面积5万多平方公里,人口250余万,形成全国最大的苏区。

中华苏维埃共和国主席

中央苏区第三次反"围剿"取得胜利,苏区得到巩固和扩大。与此同时,鄂豫皖、湘鄂西、湘赣、湘鄂赣、赣东北等苏区也都取得反"围剿"胜利,发展到相当规模,召开第一次苏维埃全国代表大会,建立苏维埃中央政府提上了议事日程。

还在一年多前,按照共产国际的意见,中共中央就决策建立全国性苏维埃政权。1930年2月4日,中共中央发出关于召集全国苏维埃区域代表大会的第68号通告。5月下旬,全国苏维埃区域代表大会在上海秘密召开,大会通过《目前革命形势与苏维埃区域的任务》《土地暂行法》《扩大红军与武装农民》《苏维埃组织法》《告农民书》《劳动保护法》《告全国工人书》《告劳动妇女书、青年书》《援助东方被压迫民族革命决议案》等。主席团作出决议:1930年11月7日在上海召开第一次全国苏维埃代表大会,成立中华苏维埃共和国临时中央政府。

由于6月党内出现了李立三"左"倾冒险错误,召开第一次全国苏维埃代表大会的工作进展缓慢。

8月19日,周恩来被共产国际派遣回国后,推动了李立三召开第一次全国苏维埃代表大会的行动。8月27日至28日,中共中央政治局听了周恩来传达共产国际包括召开苏维埃代表大会在内的指示后,表示完全同意共产国际的建议。8月29日,中共中央给中共中央长江局并转中共湖南省委、中共湘鄂赣前委及行委的一封指示信中,提出了苏维埃中央政权、中共苏区中央局和革命军事委员会组成人员的名单。在这份名单中,以向忠发担任中华苏维埃共和国中央工农革命委员会常务委员会主席。

9月中旬,第一次苏维埃全国代表大会中央准备委员会正式成立。会议讨论通过了中央准备委员会临时常委会的工作报告、政治宣言、第一次全国工农兵代表大会选举条例及议事日程;讨论通过了《中华苏维埃共和国国家根本法(宪法)大纲草案》《劳动保护法》《土地暂行法》等;规定苏维埃全国代表大会的名称为"中华工农兵会议(苏维埃)第一次全国代表大会",中央政府的名称为"中华苏维埃共和国临时中央政府委员会"。鉴于准备工作还没有就绪,中央准备委员会决定将原定于1930年11月7日在上海召开的中华苏维埃第一次全国代表大会推迟至1930年12月11日广州起义三周年纪念日召开,开会地点也由上海移至毛泽东、朱德创建的苏区。

由于不久国民党军对中央苏区连续发动军事"围剿",致使第一次全国苏维埃代表大会一再延期。

1931年2月20日,在中央政治局会议上,周恩来代表政治局所属的苏区委员会提出了一个约30人的苏维埃共和国临时中央政府执委候选名单。会议在讨论苏维埃共和国临时中央政府主席时,有人提议由向忠发担任,毛泽东、项英为副主席。但刚从苏联回国,以列席身份参加政治局会议的张闻天却有不同看法,表示:"我觉得特生(向忠发——引者注)做政府主席是没有必要的。"[①]王明接着说:"苏维埃主席问题,确是一个大的问题,需要全国有威信的,因此我觉除特生以外没有别的人,但他又不在苏区,同时在秘密条件下又不妥当,这是要注意的。"[②]在讨论中,与会

---

① 中共中央党史研究室张闻天选集传记组编、张培森主编:《张闻天年谱》(1900—1976)(上卷)(修订本),中共党史出版社2010年版,第83页。
② 中共中央文献研究室编:《任弼时传》(修订本),中央文献出版社2004年版,第244页。

者明确了两项基本条件：一是要有全国威望，二是在苏区工作。这样，苏维埃临时中央政府主席一职就落在领导创建中央苏区的毛泽东身上。向忠发也表态，同意张闻天的意见，觉得毛泽东可做主席。会议最后决定，苏维埃临时中央政府主席人选与共产国际远东局商量后决定。

中央苏区第三次反"围剿"胜利后，中共苏区中央局召开第一次苏维埃全国代表大会、成立中华苏维埃共和国的工作紧锣密鼓进行，但这时中央政府组成名单上仍未作最后决定。10月11日，中共苏区中央局电告中共中央："全苏大会在11月7日召开，苏区党代表大会在11月1日召开。中央局、政府名单，请讨论决定。"[①]

由于此事比较急，在没有得到中共中央回复的情况下，苏区中央局又致电中央，请求"中央政府名单请速讨论决定电告"。"望派一政治局委员，最好是工人同志来苏区主持中央政府工作。"[②]此电说明，苏区中央局这时还不知道中央政治局关于苏维埃临时中央政府主席人选的讨论情况，仍是按照共产国际选拔工人出身任领导干部的思维方式，希望中共中央派一个工人出身的政治局委员到中央苏区任苏维埃临时中央政府主席。

不久，中共中央回电："人民委员会主席一人决定毛泽东，副主席二人张国焘与江西苏维埃政府主席。革命军事委员会设主席团，决定朱德、王稼祥、彭德怀，朱德为主席。"[③]

尽管目前并未见到中共中央与共产国际远东局商讨苏维埃临时中央政府主席人选的有关档案资料，但从中共中央这封电报中明确毛泽东为苏维埃临时中央政府主席，可以断定是2月20日中央政治局讨论苏维埃临时中央政府主席人选后，与共产国际远东局商讨的结果。

---

① 《苏区中央局真电》（1931年10月11日），中共江西省委党史研究室等编：《中央革命根据地历史资料文库·党的系统》（3），中央文献出版社、江西人民出版社2011年版，第1792页。

② 《苏区中央局10月电——报告全苏大会日期、各地代表到会情形及苏区党大会的日期与议程》（1931年10月），中共江西省委党史研究室等编：《中央革命根据地历史资料文库·党的系统》（3），中央文献出版社、江西人民出版社2011年版，第1814页。

③ 《中央致苏区中央局第一号电——政府执委、军委主席团、各部部长名单》（1931年10月），中共江西省委党史研究室等编：《中央革命根据地历史资料文库·党的系统》（3），中央文献出版社、江西人民出版社2011年版，第1815页。

确定毛泽东为苏维埃临时中央政府主席，是对毛泽东在党内的威望，对他为武装斗争、创建人民军队和革命根据地作出巨大贡献的肯定。可以说，毛泽东任即将成立的中华苏维埃共和国临时中央政府主席是众望所归。

那么，中华苏维埃第一次全国代表大会在中央苏区什么地方召开呢？中共苏区中央局锁定了瑞金。

还在9月28日，毛泽东、朱德率领中共苏区中央局和红一方面军总部进驻瑞金叶坪，毛泽东首次会见了中共瑞金县委书记邓小平。通过邓小平的介绍，中共苏区中央局和红一方面军总部对瑞金及其周边各县的情况有了更多的了解。根据了解到的情况，中共苏区中央局和红一方面军总部领导一致认定，留驻瑞金"居中指挥"为宜。于是，瑞金就成了中央苏区的政治中心，也就成为召开中华苏维埃第一次全国代表大会的所在地。

为了做好召开中华苏维埃全国第一次代表大会的具体工作，中共苏区中央局成立了大会筹备处，下设秘书股、会务股、宣传游艺股、保卫股等机构。项英负责会务准备，任弼时负责人事安排和大会代表选举等工作。

会场选定在叶坪谢氏宗祠。这是一幢明代建成的青砖灰瓦半寺式建筑，颇为结实、宽敞。项英遵照毛泽东的指示，征得村中谢氏长辈同意之后，请来泥木工匠进行改建，并组织人员精心布置，使其成为一个庄严的会场。

叶坪村东北有一片刚收割完毕的晚稻稻田，大会筹备处找人开辟平整为阅兵场，并用竹木临时搭建了一座阅兵台，供大会开幕时阅兵之用。

鉴于国民党军有飞机，为防备大会开幕时遭到敌人飞机的空袭，大会筹备处根据毛泽东等人的提议，安排中共长汀县委在长汀城郊搭建了一个苏维埃代表大会的假会场，以迷惑敌机。同时，将红军阅兵式、授旗授奖章仪式等大型户外活动安排在早晨7时以前结束，以确保大会安全召开。

1931年11月7日，这是一个载入史册的日子。中华苏维埃第一次全国代表大会在瑞金叶坪村隆重开幕。

这天早晨，东方微明，叶坪阅兵广场已是人声鼎沸。根据中共中央的要求，庆祝中华苏维埃第一次全国代表大会隆重召开，中国工农红军第一

笔下起风雷　胸中百万兵
土地革命战争中的毛泽东

次举行阅兵典礼。红三军、红四军、红七军、红十二军和红三军团各派出一个营，中央军事政治学校学员，瑞金县赤卫队、少先队，接受检阅。毛泽东、朱德、项英、任弼时等中央苏区领导人和红军将领在主席台检阅受阅部队。参加大会的代表和瑞金前来观礼的群众，站在检阅台两侧观看。红军受阅部队迈着坚定、整齐的步伐，似滚滚铁流经过检阅台，毛泽东、朱德等频频挥手致意。人民群众也情绪高涨，欢声雷动。

当日下午，大会开幕式在叶坪谢氏宗祠举行。出席大会的正式代表和列席代表610余人（湘赣、湘鄂赣苏区代表还没有赶到，不在其内）聚集大厅参加开幕式。这是中国共产党自成立以来，规模最大、人数最多，且是在自己控制的地区召开的第一次代表大会，说明中国共产党的事业越来越兴旺发达，充满勃勃生机。

大会推选毛泽东、项英、任弼时、朱德等37人为主席团成员，随后由主席团执行主席宣布中华工农兵苏维埃第一次全国代表大会正式开幕。

项英在大会上致开幕词。在开幕式上，宣读了毛泽东的题词："苏维埃为工农劳苦群众自己管理自己生活的机关，是革命战争的组织者与领导者。"

开幕式之后，中共苏区中央局在瑞金的7名委员：毛泽东、项英、任弼时、朱德、王稼祥、顾作霖、邓发，在叶坪村合影留念。一些大会代表和工作人员也纷纷合影留念，留下具有历史意义的美好瞬间。

中华工农兵苏维埃第一次全国代表大会开幕这天，有10余架敌机在长汀、瑞金轰炸，投弹百余枚，炸毁房屋百余栋，死伤数十人，所幸大会没有受到任何损失。毛泽东果然料事如神！

当晚，叶坪村和瑞金城同时举行提灯晚会，庆祝中华工农兵苏维埃第一次全国代表大会的召开。到会群众人山人海，红光满天，到处都是喜庆、欢乐的海洋，盛况空前。提灯晚会接连进行了3天。

大会历时14天，于11月20日闭幕。大会期间，发表了《中华苏维埃共和国临时政府对外宣言》《中华苏维埃第一次全国代表大会告全中国工人与劳动民众》《中华苏维埃共和国第一次全国工农兵代表大会宣言》，一致通过了《中华苏维埃共和国宪法大纲》《中华苏维埃共和国劳动法》

《中华苏维埃共和国关于经济政策的决定》《关于中国境内少数民族问题的决议案》等法律、法规和条例，选举出毛泽东、周恩来、朱德等63人为苏维埃政府中央执行委员会委员。

11月20日，在大会闭幕式上，毛泽东致闭幕词。他指出："临时中央政府在目前时局之下，在大会所付托的使命之下有三大任务"，"第一，是组织革命战争"；"第二，是巩固扩大革命根据地"；"第三，是创造一支大而有力的红军"。号召工农劳苦群众"用战争武装自己，用战争打倒敌人"！指出"战争〈是〉使我们得到解放的唯一有效的方法"①。

闭幕式同开幕式一样隆重，作为红四军特务营代表参加闭幕式的刘辉山回忆说：

下午三点钟，会议主席宣布开会。在热烈的掌声和欢呼声中，毛主席讲话了。他告诉我们：红旗不倒就是我们的胜利，敌人的破产；红军的发展，是保证红色政权存在的必要条件。现在建立了红色政权，将来还要巩固和扩大，以促进全国革命高潮的到来。……

这是一个幸福的时刻。我紧抱着怀里的枪，仰着脸，目不转睛地望着毛主席那魁伟的身躯，和那温厚、纯朴的脸，听着他那平静而充满自信的声音，我觉得浑身都充满力量。就是他，创造和教养了我们红军，并指挥红军以少胜多，以弱胜强，粉碎了蒋介石一次又一次的"围剿"，消灭了大量敌军，从而建立、巩固和扩大了红色根据地，建立了自己的政权。就是他，将领导我们获得更大的胜利。我们都记下了他的话，并以雷样的掌声表示对自己领袖的热爱。

接着，朱德总司令等首长也相继讲了话。当会议主席宣布大会结束时，整个会场立时欢腾起来，口号声、欢呼声响成一片。大家都为中国人民第一次建立自己的中央政权，人民真正当家作主而兴奋、而欢呼……

游行开始了。我们红军战士们穿着灰色军衣，领口缀上黑边红

---

① 毛泽东：《第一次全国苏维埃代表大会闭幕词》（1931年11月20日），中共江西省委党史研究室等编：《中央革命根据地历史资料文库·政权系统》（6），中央文献出版社、江西人民出版社2013年版，第114、115页。

笔下起风雷　胸中百万兵
土地革命战争中的毛泽东

底的领章,胸前佩着椭圆形红色的"中国工农红军"的符号,戴着八角帽,手持带着明晃晃刺刀的步枪,排成六个方队,整齐、雄壮、精神抖擞,以刚健的步伐走在浩浩荡荡的游行队伍的最前列。当通过主席台时,毛主席亲切地向我们频频招手,全场群众也热情地向我们欢呼。这是领袖和人民给予我们的荣誉和奖赏。我们把手臂甩得更直,步伐也更加整齐和有力。我们要用行动证明:我们不仅能消灭敌人,开辟革命根据地,而且还能继续粉碎敌人的"围剿",保卫新政权。接着通过主席台前的有儿童团、红军大学、赤卫队等等。当我们离开会场很远时,还听到人群中"毛主席万岁!""工农民主政府万岁!"的呼声,如波涛奔腾,久久不息。[①]

这个回忆,真实、生动地再现了中华工农兵苏维埃第一次全国代表大会闭幕式的盛况,读之使人身临其境,深深地感受到人民群众发自内心地欢庆自己的中央政权诞生。

两天之后,在叶坪村外一片茂密的树林里,毛泽东主持召开了中央执行委员会第一次全体会议。会议按照苏维埃组织法规定的程序,选举毛泽东为中央执行委员会主席和人民委员会主席。人们开始称毛泽东为"毛主席"。这时还只有苏区的干部、党员、人民群众称"毛主席"。18年后,毛泽东在天安门城楼上宣布中华人民共和国成立时,伴随着《东方红》的歌曲声,"毛主席"在960万平方公里的中华大地上,已经是家喻户晓的称呼。在中华民族史上,在现代中国,"毛主席"是影响深远的一个名词。

[①] 刘辉山:《欢庆红色中央政权的诞生》,《星火燎原》(选编之二),中国人民解放军战士出版社1979年版,第145—146页。

第四章

遭到"左"倾打击、排挤

一、东路军入漳奏凯歌

"左"倾教条主义方针在中央苏区推行

1931年4月,中共中央政治局候补委员、参与领导中央特科工作的顾顺章在武汉被捕叛变。6月,中央政治局常务委员会主席向忠发在上海被捕叛变。这两个人的叛变给中共中央机关和中央领导人的安全造成极大威胁。在周恩来等人的领导下,党采取果断行动,迅速将中央机关和中央主要领导人转移到安全地带或撤离上海。王明于10月前往莫斯科,周恩来于12月底到达中央苏区的中心瑞金。在他们离开上海前的9月下旬,由于在上海的中央委员和政治局委员都已不到半数,根据共产国际远东局的提议,在上海成立临时中央政治局,由博古、张闻天、康生、陈云、卢福坦(后叛变)、李竹声(后叛变)六人组成,博古、张闻天、卢福坦三人任中央常委,博古负总的责任。这个中央临时领导机构,随后得到共产国际的批准。以博古为首的临时中央,继续贯彻执行"左"倾教条主义的方针。

当中央苏区第三次反"围剿"胜利的消息传到上海后,博古等人欣喜若狂,于1931年9月20日作出决议案,认为:"目前中国政治形势的中心

笔下起风雷　胸中百万兵
土地革命战争中的毛泽东

的中心，是反革命与革命的决死斗争。"号召"党更加十百倍地努力去领导苏维埃运动与工农红军及千百万劳苦群众去更热烈地更英勇地取得国内战争的胜利"。要求各苏区"尽可能的把零碎的分散的苏区打成一片"，"要扩大苏区至中心城市"①。

决议案中带宣传口号性的语言充分体现了博古的特点，说明以他为首的中共临时中央对革命形势判断非常乐观。

恰在这时，发生了日本侵略中国东北的九一八事变，博古等人虽然正确地判断："东三省的占据，像电火一样燃烧了千百万工农群众的以至小资产阶级的反帝热情，使他们为了中国民族的自由与独立而斗争。"但又不正确地认为苏区反"围剿"胜利，国民党统治区人民抗日救亡运动兴起，"国民党的统治的崩溃，正在加速进行着"。②中国革命危机逐渐成熟，革命浪潮的高涨，"必然要根本推翻外国帝国主义及中国豪绅地主资本家国民党的反动统治，建立工农兵苏维埃政权"。③年轻的博古，面对新情况，对全国形势盲目乐观的估量，把理想当成现实，其指导方针必然向更"左"的方向迅猛发展。

中央苏区连续三次反"围剿"胜利，让共产国际刮目相看。1931年11月15日，在米夫的主持下，共产国际执行委员会东方书记处召开扩大会议，由不久前到莫斯科任中共驻共产国际代表团团长的王明报告中国局势。

王明的报告称：由于红军取得的胜利和中华苏维埃临时中央政府的成立，"目前，党向苏区提出一项任务，要他们竭尽全力争取一省或数省内首先取得胜利，先是江西"，并在报告中提出了占领中心城市问题，主张红军"在军事方面训练城市作战行动"。

---

① 《由于工农红军冲破第三次"围剿"及革命危机逐渐成熟而产生的党的紧急任务》（1931年9月20日中央决议案），中央档案馆编：《中共中央文件选集》（第七册），中共中央党校出版社1991年版，第406、409、411页。

② 《由于工农红军冲破第三次"围剿"及革命危机逐渐成熟而产生的党的紧急任务》（1931年9月20日中央决议案），中央档案馆编：《中共中央文件选集》（第七册），中共中央党校出版社1991年版，第405、406页。

③ 《中国共产党为日本帝国主义强暴占领东三省事件宣言》（1931年9月20日），中央档案馆编：《中共中央文件选集》（第七册），中共中央党校出版社1991年版，第397页。

第四章　遭到"左"倾打击、排挤

王明报告的最后，是他最拿手，也是共产国际最爱听的语言："以中央为首的我们党，在共产国际的领导下，在斯大林同志的领导下，近来已取得一些巨大的胜利。我们坚信，在列宁主义的旗帜下我们必将在全中国取得胜利。"[①]

王明的报告，令米夫感到十分兴奋和鼓舞。11月20日，米夫给斯大林写信，认为联共（布）和共产国际过去曾指示"中国红军在开始时期不要占领大城市"，但现在形势不同了，中央苏区连续三次取得反"围剿"的胜利，"给红军提供了扩大苏区，展开攻势，不停留于占领相应中心城市的可能性，而依我看还有必要性"。

无论是米夫，还是王明、博古，谈起中央苏区第三次反"围剿"胜利时，将中央苏区反"围剿"的胜利归之于斯大林、共产国际的领导，归之于中共六届四中全会后的中央指示，实际上是在标榜他们自己的"功劳"。他们永远也不会认识到，中央苏区连续三次取得反"围剿"的胜利，是毛泽东等抵制他们的教条主义方针，从实际出发制定正确的战略方针，并采取正确的战术，指挥红军勇敢作战的结果。

米夫、王明在莫斯科进行遥控，博古在国内贯彻执行，开始向各根据地推行向中心城市进攻的方针。

随着"左"倾教条主义方针在各苏区的推行，毛泽东由于一贯从实际出发、实事求是的作风，日子越来越不好过了。

1931年11月1日至5日，根据中共临时中央的指示，在中央代表团的主持下，中央苏区党的第一次代表大会（赣南会议）在江西瑞金叶坪村召开。毛泽东以苏区中央局代理书记的身份出席了会议。这次会议，对根据地问题、军事问题、土地革命路线问题展开了争论。毛泽东坚持认为，中央苏区从实践中形成的一整套路线和方针是正确的，是符合苏区实际情况的。与会的几个中心县委书记也举出大量事实来支持毛泽东的

[①]《共产国际执行委员会东方书记处扩大会议速记记录》（1931年11月15日于莫斯科），中共中央党史研究室第一研究部译：《共产国际、联共（布）与中国革命档案资料丛书·联共（布）、共产国际与中国苏维埃运动》（1931—1937）（第13卷），中共党史出版社2007年版，第69、70、71、72页。

笔下起风雷　胸中百万兵
　　土地革命战争中的毛泽东

看法。

还在8月30日，中共中央在致苏区中央局并红一方面军临时总前委的指示信中指出："中央苏区现时最严重的错误是：缺乏明确的阶级路线与充分的群众工作。""例如你们容许地主残余租借土地耕种，对于富农只是抽肥补瘦，抽多补少，而不实行变换富农肥田给他坏田种的办法"，"犯有富农路线的某些错误"。"红军直到现在还没有完全抛弃游击主义的传统与小团体观念，这与红军已在进行规模战争与担负着争取一省几省首先胜利的任务是不相称的。"①

中央代表团以这个指示对中央苏区工作的指责为"尚方宝剑"，将毛泽东等说得一无是处。

会议在"国际路线"的旗号下，通过了中央代表团起草的五个决议案。由于中央苏区连续三次反"围剿"胜利的事实摆在那里，谁也无法否认，因而决议案在原则上进行了肯定，认为"中央苏区是获得了伟大的成功。红军围绕着广大群众的力量，击破了帝国主义国民党三次'围剿'，战胜了几十万的白军，开辟了战争史中的新纪元"。几句肯定话之后，接着便是："中央区虽然有了这些伟大的成功，但中央区至今还存在着许多严重的错误与缺点。"②表示"完全同意"中央指示信对中央苏区的批评，并从各个方面加以展开。

在思想理论上，决议案把毛泽东坚持从实际出发、反对本本主义指责为"狭隘经验论"。认为中央苏区"党内流行一种狭隘的经验论调，实际上是反理论的倾向而形成的一种事务主义的现象"。③上纲上线地说："狭义的经验论"，"根本〈否〉认马克思列宁主义的理论，单凭自己的狭小经验和短小眼光来分析各种问题，这完全是农民的落后思想，事实上

---

① 转引自中共中央文献研究室编：《毛泽东年谱》（1893—1949）（修订本）（上卷），中央文献出版社2013年版，第352页。
② 《政治决议案——中央苏区第一次党代表大会通过》（1931年11月1日—5日），中央档案馆编：《中共中央文件选集》（第七册），中共中央党校出版社1991年版，第452页。
③ 《党的建设问题决议案——中央苏区第一次党代表大会通过》（1931年11月1日—5日），中央档案馆编：《中共中央文件选集》（第七册），中共中央党校出版社1991年版，第467页。

会要走到错乱的非阶级路线的前途上"。①

在土地革命问题上,决议案接受共产国际和中共中央提出的"地主不分田,富农分坏田"的"左"倾方针,指责毛泽东主持召开的"二七会议""虽然反对了露骨的富农路线,虽然在土地问题上进了一步,但其'抽多补少','抽肥补瘦','分配土地给一切人'是模糊土地革命中的阶级斗争,也同样地犯了富农路线的错误"。认为此种土地分配办法"使土地革命不能深入,使贫苦农民或者根本没有得到土地革命的利益(如没有分配土地的地方),或者没有得到最大的利益,而使富农偷取土地的果实。这些错误,使农村中的阶级斗争与对阶级的关系的认识模糊起来"。②

在根据地发展问题上,决议案将"傍着发展"的正确方针当作右倾保守来反对,主张中央苏区急速发展。认为"中央区的根据地还是很流动的,与闽西苏区只是在最近才能贯通,与河西苏区仍是隔离的"。要求"中央区与湘赣苏区以及赣南的零星苏区必须于最短时间内贯通,再进一步与赣东北、湘鄂赣边苏区贯通,这样来扩大并巩固苏维埃根据地"。③在这里,决议案完全把主观愿望当成现实,无视敌我力量对比,把发展根据地看成轻而易举的事。

在红军建设问题上,决议案指责古田会议决议确立的党对军队的绝对领导是"党包办一切",认为"党包办一切的结果,把红军中军事政治机关,失去其独立系统的工作,变成了不健全的残废机关。这种由党来包办一切的根源,仍然是国民党以党治国的余毒"。④提出:"红军中包办一切军队行政的各级党的委员会应即取消。各级党的组织应当由各军政

---

① 《红军问题决议案——中央苏区第一次党代表大会通过》(1931年11月1日—5日),中央档案馆编:《中共中央文件选集》(第七册),中共中央党校出版社1991年版,第487页。
② 《政治决议案——中央苏区第一次党代表大会通过》(1931年11月1日—5日),中央档案馆编:《中共中央文件选集》(第七册),中共中央党校出版社1991年版,第448页。
③ 《政治决议案——中央苏区第一次党代表大会通过》(1931年11月1日—5日),中央档案馆编:《中共中央文件选集》(第七册),中共中央党校出版社1991年版,第452、458页。
④ 《红军问题决议案——中央苏区第一次党代表大会通过》(1931年11月1日—5日),中央档案馆编:《中共中央文件选集》(第七册),中共中央党校出版社1991年版,第486页。

治部管理。"①并认为红一方面军"直到现在还没有完全脱离游击主义的传统","忽视阵地战和白刃战"②,游击主义是大规模作战的"绝大障碍",强调"红军的一切建设,必须根据当前和将来作战的环境和任务转变过来,建筑在大规模的作战基础上,反对游击主义的传统"③。

决议案要求:"要集中火力反对右倾";"在实际工作当中,要与一切立三路线影响和党内主要危险——右倾机会主义作最残酷的斗争"。④

决议案对中央苏区工作的批评虽然没有点名,但与会者心知肚明,矛头是对准毛泽东的。"狭隘经验论""富农路线""游击主义""右倾机会主义",一顶顶大帽子,是扣给毛泽东的。

中央代表团真是在闭着眼睛说话,他们也不想想,如果毛泽东如此不堪,红一方面军连续三次取得反"围剿"的胜利难道是从天上掉下来的吗?

会议根据中共临时中央的指示,设立中央革命军事委员会,取消红一方面军总司令和总政治委员、总前委书记名义。毛泽东的苏区中央局代理书记也被解除,由项英任代理书记。这样,就把毛泽东排除在中央苏区红军的领导地位之外。

即便如此,中共临时中央仍不满意,认为赣南会议对毛泽东批判得很不够。1932年5月20日,中共临时中央给苏区中央局的电报中批评中央代表团在这次会议中没有完全贯彻中央的"进攻路线"和"反右倾"纲领,认为"自我批评的发展,在大会及其前后都没有充分的发展,两条路线的斗争,尤其非常薄弱,大会上反对所谓狭隘的经验论,代替了反机会主义的斗争,这些都是党大会最主要的错误与缺点"。⑤

---

① 《党的建设问题决议案——中央苏区第一次党代表大会通过》(1931年11月1日—5日),中央档案馆编:《中共中央文件选集》(第七册),中共中央党校出版社1991年版,第478页。
② 《政治决议案——中央苏区第一次党代表大会通过》(1931年11月1日—5日),中央档案馆编:《中共中央文件选集》(第七册),中共中央党校出版社1991年版,第453页。
③ 《红军问题决议案——中央苏区第一次党代表大会通过》(1931年11月1日—5日),中央档案馆编:《中共中央文件选集》(第七册),中共中央党校出版社1991年版,第488页。
④ 《党的建设问题决议案——中央苏区第一次党代表大会通过》(1931年11月1日—5日),中央档案馆编:《中共中央文件选集》(第七册),中共中央党校出版社1991年版,第483页。
⑤ 《中央给苏区中央局的指示电》(1932年5月20日),中央档案馆编:《中共中央文件选集》(第八册),中共中央党校出版社1991年版,第220—221页。

第四章 遭到"左"倾打击、排挤

红一方面军粉碎第三次"围剿",中央苏区党应做的事情是总结成功经验,迎接国民党军新的军事"围剿"。然而,中央代表团主持的赣南会议不但没有做,反而把毛泽东的成功经验当作错误来批判,这就使中央苏区此后反"围剿"斗争更加曲折艰难。

是否攻打赣州之争

中央苏区第三次反"围剿"胜利后,红一方面军得到很大发展,部队素质有了进一步提高,武器装备也有很大改善,苏区区域进一步扩大。蒋介石在九一八事变后采取对日妥协退让政策,激起全国人民反对,掀起了抗日爱国热潮。爱国学生纷纷走上街头集会请愿、宣传禁售日货。许多大、中学生,还到南京向国民政府请愿,但遭到反动军警的压制和阻拦。在中日民族矛盾上升的情况下,一度依附于国民党的民族资产阶级和上层小资产阶级也改变政治态度,反对对日妥协投降,主张抗日救国,指责蒋介石对日实行"无耻的镇静政策和不抵抗主义"。

声势浩大的群众抗日救亡运动,冲击着国民党的反动统治,引起国民党内各派系之间的矛盾激化。汪精卫、孙科、陈济棠、李宗仁等反蒋派利用全国要求抗战的民气,向蒋介石集团发动猛烈的攻击,一时形成了浓厚的倒蒋气氛。蒋介石陷于不利的政治形势中,又玩起了以退为进的把戏,于12月15日被迫辞去国民政府主席及行政院院长职务。蒋介石的"下野",使中央苏区迎来空前的向外发展好时机。

1931年底,中共苏区中央局召开会议,讨论中央苏区扩大方向和红军作战行动时,毛泽东提出"沿福建、广东、江西和湖南边界上的三山建立苏区的计划"。苏区中央局的一个成员反对这个计划,指责"在目前的政治形势下,这是规避占领大城市"。他提出,"我们应该在赣江两边之间建立联系并在它的上游占领最重要的城市",认为"目前的形势对我们有利。我们应该同过分害怕攻占大城市的右倾机会主义作斗争"。[①]这个意

---

① 《周恩来、王稼祥、任弼时和朱德给中共中央的电报》(1932年5月3日于瑞金),中共中央党史研究室第一研究部译:《共产国际、联共(布)与中国革命档案资料丛书·联共(布)、共产国际与中国苏维埃运动》(1931—1937)(第13卷),中共党史出版社2007年版,第146页。

笔下起风雷　胸中百万兵
土地革命战争中的毛泽东

见得到了苏区中央局的其他成员的赞同，决定红军攻打赣州。

周恩来由上海到达瑞金就任中共苏区中央局书记后，就红军作战方向问题征求毛泽东的意见。毛泽东根据国民党军固守坚城和红军武器装备差等情况，表示红军不能去攻打中心城市，建议向苏区东北方向发展，反对攻打赣州。周恩来到中央苏区前，曾主张攻打赣州，同毛泽东交换了意见后，致电上海的中共临时中央，明确表示：进攻中心城市有困难。中共临时中央复电：原议不变，攻打城市不能动摇；如果不能打下南昌，至少要在抚州、吉安、赣州中选一个城市打[①]。

在中共临时中央的压力下，1932年1月上旬，周恩来主持召开中共苏区中央局会议，讨论中共临时中央所指示的在抚州、吉安、赣州中选择一个城市攻打问题。会上，许多人认为抚州及其周围有朱绍良部十个师，吉安及其周围有陈诚五个师，在三个城市的比较中，只有赣州守军少，并且同周围其他军队的联系不密切。这样，转了一圈，又回到了打赣州的问题上。

毛泽东还是坚持不打赣州，在发言中说，赣州是赣南的政治经济中心，是闽、粤两省的咽喉，是敌军必守的坚城；它三面环水，只有南面是陆地，四周城墙高大厚实，地势十分险要，素有"铁赣州"之称，1930年3月中旬，红四军曾围攻赣州三天，没有攻下，只得撤围；现在赣州南北部都屯集着国民党的重兵，以红军现有的力量和技术装备很可能久攻不克，还是以不打为好。即使要打，也只能采取"围城打援"的战术。

忠言逆耳，毛泽东的忠告被那些头脑发热的中共苏区中央局成员当成耳旁风，他们根据中共临时中央的指示，坚持要打赣州。毛泽东成为少数，建议他们再听听前线指挥员的建议。项英立马说：在第一次苏维埃代表大会时，我曾问过彭德怀，可以不可以打赣州？彭德怀回答："赣州守军马旅估计有六千人，地方靖卫团两千人，共八千人，如有时间，蒋介石又不来增援，是可以打下的。"[②]

项英拿彭德怀的意见堵毛泽东的嘴，毛泽东也不好再说什么。会议

[①] 中共中央文献研究室编：《周恩来传》(1898—1949)(修订本)(上)，中央文献出版社1998年版，第304页。
[②] 《彭德怀自述》，解放军文艺出版社2002年版，第180页。

遂按照多数人的意见，决定攻打赣州。这是苏区中央局执行中共临时中央"进攻路线"的第一个军事行动。

其实，彭德怀说的可以攻打赣州是有条件的，一是敌人兵力薄弱，二是有时间，三是赣州敌人得不到增援。项英却忽视了彭德怀所强调的条件。

那么，彭德怀为什么同意条件许可的情况下打赣州呢？他在回忆中说：

> 当时我想，赣州城是赣南的商业中心（三四万人口），也是反动中心。打下赣州，对发展和巩固赣南十二县（赣县、南康、大余、上犹、崇义、信丰、龙南、定南、全南、寻乌、安远、会昌）有利；又能使湘赣苏区连成一片，巩固后方，使中央苏区形势更好，党中央[①]和中央苏维埃政府在瑞金就比较安全；红军再向北发展，不仅无后顾之忧，而且有了一个新的态势，更有利于机动作战。这样，我们占江西省一大半：即南有中央苏区，西北有湘鄂赣边区，东北有闽浙赣边区，左有湘赣边区作依托。[②]

彭德怀的想法代表了一部分红军高级指挥员和苏区中央局成员的想法。

1月10日，中革军委发布攻取赣州军事训令，任命彭德怀为前敌总指挥，中革军委政治部主任王稼祥等赴前线督战。有人对毛泽东坚持不打赣州表示不满，在途中还说，打下赣州再和毛泽东算账。

1月中旬，毛泽东在瑞金叶坪主持召开苏区中央局主要成员会议，报告中央苏区三次反"围剿"的情况和九一八事变后的全国形势。他在报告中指出：日本帝国主义大举侵华势必引起全国的抗日高潮，国内阶级关系必将发生变化。

毛泽东这个观点无疑是正确的，若能高度重视，对于苏区党决定发展战略有重要的意义。不料，却遭到了与会的中央代表团成员的指责，说：

---

① 彭德怀的回忆有误，中共临时中央这时还在上海，尚未迁入中央苏区。
② 《彭德怀自述》，解放军文艺出版社2002年版，第180页。

笔下起风雷　胸中百万兵
土地革命战争中的毛泽东

"日本占领东北主要是为了进攻苏联，不作此估计就是右倾机会主义"，"我们必须提出武装保卫苏联"，否则"就是典型的右倾机会主义"。

面对来势很猛的批评，毛泽东保持沉默。会议气氛尴尬，中途更换主持人。

这次会后不久，毛泽东向苏区中央局请病假休养。苏区中央局同意他的请求，苏维埃临时中央政府的工作暂由项英负责。1月下旬，毛泽东带着警卫班到瑞金城郊的东华山古庙休养。

东华山是一个山清水秀、树木葱郁的好地方。满山的古松，一条山间小道弯弯曲曲通往山顶。穿过一座小桥，一座古庙隐现在树丛之中。古庙不大，一间厅堂，两侧各有一间耳房。毛泽东就下榻在古庙厅堂的左耳房。房内陈设简单，一张桌子，两把椅子。桌旁放着两只铁皮公文箱。木床上铺着一条带绦子的浅红色线毯，上面是白粗布床单，叠着一条旧棉被和一条红色旧毛毯。

难得有这么个休养时间，毛泽东在东华山埋头读书。其中一本是列宁著的《共产主义运动中的"左派"幼稚病》。这本书是徐特立在赣南会议后送给他的。毛泽东把这本书连读了两遍，深有感触，认为列宁批评的"左派"共产主义者，中国也有。他们都一样，喜欢喊口号，表面上格外革命，实际上对怎么想出办法，解决问题，发展革命，毫无办法。

毛泽东不仅自己读书、看报，还每天花几个小时教警卫班战士学文化。他亲自排了一个学习表，贴在墙上，上午学习文化，两小时；下午学习时事，两小时；晚上自习，一小时。

东华山下黄沙村的群众，听说苏维埃临时中央政府主席毛泽东在山上休养，经常带着鸡、鸡蛋来到古庙看望他。毛泽东就像家人一样，和他们坐下来拉家常，以便从他们口中了解群众对苏维埃政府的要求和存在的问题。

身在东华山休养，毛泽东心中仍然关注着两件大事：一件是日本继续扩大对中国的侵略，另一件是红军攻打赣州的情况。

上东华山后没有几天，毛泽东从报纸上看到日军进攻上海的一·二八事变和上海军民奋起抵抗的报道。于是，他起草了《中华苏维埃共和国临时中央政府宣布对日战争宣言》。宣言指出："日本帝国主义，自去年

'九一八'以武力强占中国东北三省后,继续用海陆空军占领上海嘉定各地,侵扰沿海沿长江各埠,用飞机大炮屠杀中国人民,焚烧中国房屋,在东北及淞沪等地,被损害的不可数计,这种屠杀与摧残,现在仍在继续发展。"严正宣告:"中华苏维埃共和国临时中央政府特正式宣布对日战争,领导全中国工农红军和广大被压迫民众,以民族革命战争,驱逐日本帝国主义出中国,反对一切帝国主义瓜分中国,以求中华民族彻底的解放和独立。"①由于宣言仍未提"武装保卫苏联"的口号,所以拖到4月15日才得以在《红色中华》报上发表。

确如毛泽东所预料那样,红军攻打赣州遭到挫折。赣州不仅坚固,而且守敌兵力比估计的多出一倍。守卫赣州的是国民党第三军第十二师第三十四旅,旅长马崑,下辖第六十七团、第六十八团和一个独立连,全旅兵力3000余人。另有从赣南各县逃亡到赣州城的地主武装5000人左右。他们把坚固的赣州城作为救命稻草,随时准备和红军拼命。此外,还有警察队、商民自卫团等武装。所有武装加起来,兵力万余人,枪近万支。红军从2月4日开始包围赣州,2月13日、22日,3月4日,发动的三次攻城均以失利告终。而这时敌第十一师师长罗卓英率3万多人赶到赣州附近,其中两个团通过浮桥进入赣州与马崑部会合,攻城红军处于腹背受敌的不利境地。

3月上旬的一天早晨,天空下着蒙蒙细雨,项英骑马从瑞金赶到东华山。项英还没说话,毛泽东就已经猜到了什么。

项英递给毛泽东一份电报,告诉他赣州前线接连受挫的消息。电报是中革军委发给毛泽东的,要他暂停休养,到赣州前线参加决策。

项英走后,以大局为重的毛泽东立即吩咐警卫班,收拾东西,准备下山。当日下午,毛泽东带着警卫班,冒雨赶回瑞金。

在瑞金,毛泽东复电前线指挥部,提议大胆起用起义才两个月、原来被作为预备队的红五军团,以解红三军团之围。当晚,毛泽东又从瑞金出发,日夜兼程,赶到赣县江口前线指挥部。朱德一见到毛泽东,便告诉他:按照你的意见,已把预备队红五军团拉上来,在红四军的支援下,使

---

① 《中华苏维埃共和国临时中央政府宣布对日战争宣言》(1932年4月15日),中央档案馆编:《中共中央文件选集》(第八册),中共中央党校出版社1991年版,第636、637页。

红三军团脱出困境。

从2月4日起到3月7日止，中央红军这次攻打赣州历时33天，不仅没有攻下，还伤亡3000多人。

3月9日至13日，周恩来在江口塘村主持召开了有中共苏区中央局成员、中革军委成员和红军各军团主要负责人参加的中共苏区中央局扩大会议。毛泽东在听取各军团负责人关于攻城情况的汇报后，对攻城的重大伤亡和造成的红军政治声威的严重损失感到非常愤慨，批评攻打赣州城的行动是"李立三路线的继续"。认为"今年年内不可能占领大城市，必须向其他的农村推进"。

在讨论红军下一步行动方针时，毛泽东主张红军主力向敌人力量比较薄弱、党和群众基础较好、地势有利的"东北方向扩大苏区"，再次建议"在福建、江西、浙江和安徽的边界地区建立大片苏区"。这样一方面可以延缓敌人对苏区的"围剿"，使苏区发展壮大；另一方面可以使中央苏区与闽浙赣苏区连成一片。同时，以抗日民族革命的口号声援上海一·二八事变，推动全国抗日救亡运动。

毛泽东这种主张，是要转入外线的进攻作战，以"出击求巩固"。毛泽东的主张和关于苏区发展方向的建议被批评为"百分之百的右倾机会主义"政治路线，"低估了目前的形势，完全背离了共产国际和〈中共〉中央的指示"。[①]认为红军攻打赣州是依据中共临时中央和中共苏区中央局的决议，在政治上是正确的；胜败是兵家常事，现在虽从赣州撤围了，并不是不再打赣州了；红军还是要执行中央的"进攻路线"，要夺取中心城市，主张红军开到湖南去。

会议否定了毛泽东的意见，也没有把部队开到湖南去，决定红军"夹赣江而下"，向北发展，相机夺取赣江流域的中心城市或大城市；以红一、红五军团组成中路军，在赣江东岸活动，先北上赤化宜黄、乐安等

---

① 《周恩来、王稼祥、任弼时和朱德给中共中央的电报》（1932年5月3日于瑞金），中共中央党史研究室第一研究部译：《共产国际、联共（布）与中国革命档案资料丛书·联共（布）、共产国际与中国苏维埃运动》（1931—1937）（第13卷），中共党史出版社2007年版，第147页。

地，再攻抚州，毛泽东以临时中央政府主席和中革军委委员身份率中路军行动；以红三军团、红七军组成西路军，开赴上犹、崇义一带，赤化湘赣边界各县，并向北发展进逼吉安。

攻打赣州失利，并没有让苏区中央局一些人认识到自己的错误。

红军东路军占领龙岩、漳州

江口会议后，红军中路军在林彪、聂荣臻的率领下于3月16日从赣县长洛向宁都行动。这时，福建是国民党军事力量的薄弱环节，除张贞的第四十九师外，其他都是些地方保安部队。闽西的红十二军刚占领上杭、武平两县，敌人守城的地方保安部队被击溃后退往广东。随中路军行动的毛泽东依据闽西敌情发生的变化，主张中路军改变行动方向，转向闽西。他向红一军团领导人林彪、聂荣臻阐述了自己的意见，得到林、聂的支持。林、聂向中革军委报告，建议中路军的行动方向改向闽西。红一军团随即进抵闽西长汀待命。

3月27日、28日，周恩来在瑞金主持召开中共苏区中央局会议讨论中路军的行动方向问题，决定将红军中路军改为东路军，由毛泽东以临时中央政府主席身份率领攻打闽西龙岩，并向东南方向进军。这是周恩来对毛泽东支持的结果。但中共苏区中央局同意红军东路军的行动是"解决资金问题"，"在漳州募集资金后"，再"回过头来进攻广东来犯福建和江西之敌"。①

会后，毛泽东赶到长汀，在红一军团团以上干部会上作了东征动员。毛泽东告诉大家：我们的新任务，是经闽西向闽南方向发展。他指出："闽南逼近厦门，当前日寇的势力已到达厦门，我进军闽南，对日寇侵略阴谋是一个打击。我军以实际行动贯彻我党抗日主张，无论对国内、国外，都将产生极大的政治影响。同时应该看到，我们中央根据地沿赣江向

---

① 《周恩来、王稼祥、任弼时和朱德给中共中央的电报》（1932年5月3日于瑞金），中共中央党史研究室第一研究部译：《共产国际、联共（布）与中国革命档案资料丛书·联共（布）、共产国际与中国苏维埃运动》（1931—1937）（第13卷），中共党史出版社2007年版，第147页。

笔下起风雷　胸中百万兵
土地革命战争中的毛泽东

北没有多少发展余地，国民党'剿共'的大本营就设在南昌。如今向西发展，有赣江梗阻，大部队往返不方便。向南发展则必然会和广东部队的主力顶牛。只有向东发展最有利。向东则一来有闽西老根据地作依托；二来闽南尚有广阔的发展余地，是一个最好的发展方向。因此决定趁第三次反'围剿'胜利以后敌人暂时无力组织新的进攻的空隙，乘红军大胜利的余威，……打到外线去，打到闽南去，发展根据地，扩大我军的政治影响，并获得物资补给。"[1]

毛泽东在长汀进一步了解福建境内情况后，于3月30日致电周恩来，提出一个大胆的设想：远离根据地，直下漳州。电文说：

恩来同志：

（一）电悉。政治上必须直下漳泉，方能调动敌人，求得战争，展开时局。若置于龙岩附近筹款，仍是保守局面，下文很不好做。（二）据调查，漳州难守易攻，故我一军团及七师不论在龙岩打得着张贞与否，均拟直下漳州。（三）粤敌从大埔到龙岩胁我后路只须五天；五军团从信丰到龙岩须十五天，故若待已知粤敌入闽，然后调动，必迟不及。（四）一军团已开至汀东之新桥休息，以乱敌探耳目，候七师取齐，即先向东行。五军团可随后入闽，但至迟四月二十日须先到龙岩待命。十三军亦须入闽，位于龙岩坎市，保障后路。现一军团前进，后路完全空虚，七师望催兼程来汀，若七师不取齐，一军团下漳州更单薄。（五）我明日去旧县晤谭（震林）、张（鼎丞）。

　　　　　　　　　　　　　　　　　　　　　　泽东
　　　　　　　　　　　　　　　　　　　　　酉三十日[2]

打赣州，毛泽东极力反对，这时，他又极力主张打漳州，为什么？这个电报实际上说得明明白白。赣州城墙坚固，三面环水，易守难攻，南北又有强力援兵；漳州相反，易攻难守，周围又无强力援兵。

---

[1]《聂荣臻回忆录》，解放军出版社2007年版，第111—112页。
[2] 转引自中共中央文献研究室编：《毛泽东传》（1893—1949）（上），中央文献出版社1996年版，第284页。

第四章 遭到"左"倾打击、排挤

对于攻打漳州，有些人很有顾虑，惧怕红军主力远离苏区后整个苏区被敌占去。周恩来接到电报后，立刻从瑞金赶到长汀，在4月1日召开作战会议。毛泽东在会上阐述了这次战役的政治意义。他还说明："中央红军进攻漳州的任务是消灭张贞师，收缴军事物资，帮助当地开展游击战争。任务完成后，就回师中央苏区，并不是要长期占领漳州。"①会议还听取了中共福建省委关于漳州地区情况的报告。中共福建省委代理书记罗明回忆："他（指毛泽东——引者注）还听取了我汇报漳州张贞部队的新情况。毛泽东对军事情况很重视调查研究，对军事重点地形很细致地查问。我记得他指着军事地图上漳州城北的一道桥，问有关情况，我尽自己所知，作了回答。"②最后，会议同意毛泽东提出的龙岩、漳州战役计划，具体部署了前后方的各项工作。

会后，周恩来留驻长汀，组织兵力，筹集给养，保障前线需要。毛泽东听说红十二军占领上杭，为组织好龙岩、漳州战役，在会后带领警卫排，星夜从汀江赶往上杭。

夜晚行船，警卫战士们都为毛泽东的安全而担心。吴吉清回忆："这时候，我们的心情都一样，望着这滚滚的江面和乌云密布的夜空，有谁不为主席的安全着急呢？"但毛泽东风趣地对船工说："老人家！我们顺流而下，正用得着大风大浪。当年，诸葛亮费了多大的劲，才借来东风啊！今天，我们不必登上七星坛，风就来了，这还不是个便宜事儿？您就放心大胆地开船好啰！"船行途中，遇到敌人残部放冷枪，警卫排立刻紧张起来，作好战斗准备。毛泽东非常镇静，让他们把枪收起来，不慌不忙地说："敌人打冷枪是搜索情况，我们只装没听见，这样就是胜利。不要忘记，我们今晚只唱'借东风'，不唱'草船借箭'。留着这伙残敌，让我们的赤卫队收拾好了！"③

毛泽东在上杭经过调查，致电周恩来，建议："敌一部既入闽，我直捣漳泉部队必须更迅速更集中，否则敌占先着，我军将进退维谷。五军团

---

① 《罗明回忆录》，福建人民出版社1991年版，第110页。
② 《罗明回忆录》，福建人民出版社1991年版，第110页。
③ 吴吉清：《在毛主席身边的日子里》，江西人民出版社1983年版，第100、103、104页。

笔下起风雷　胸中百万兵
土地革命战争中的毛泽东

全部必须立即出发，取直径急行军……于十四日到龙岩。""中央局、军委宜移长汀。"①

在上杭，毛泽东还向谭震林、张鼎丞等布置了配合红军东路军东征龙岩、漳州的任务。

4月2日，红一军团离开长汀，经河田、涂坊等地，于4月7日到达白砂。这天，毛泽东也由上杭赶到白砂。

4月9日，红一军团全部到达龙岩西部约50里的大池圩。部队一面休息，一面侦察敌情。经过侦察，得知龙岩城内是张贞第四十九师两个团和少量的地方民团武装，战斗力并不强。毛泽东与林彪、聂荣臻等研究后决定，直接向龙岩攻击前进。

次日拂晓，红十五军为先头，红四军跟进，乘敌不备，向龙岩发起攻击。红十五军先消灭了小池的少量敌人，即向龙岩外围的要点考塘前进。考塘守敌有一个团及一个补充营，凭借工事和炮楼进行顽抗，红十五军团进攻受阻。红四军随即沿两侧进行攻击，将考塘之敌包围歼灭，于当天占领龙岩。

龙岩之战，红一军团歼灭张贞部一个多团，为漳州战役胜利开了一个好头。

4月11日，毛泽东在龙岩主持召开红一军团师以上干部会议，总结龙岩战斗经验和研究下一步行动计划。

战后必须总结经验教训，这是毛泽东的一贯作风。毛泽东在会上说：龙岩战斗胜利的原因是：在白砂休息了一天，集结了兵力，不顾次要的敌人，集中兵力直取龙岩；在大池圩隐蔽宿营，不去有敌人守备的小池，达到了攻其不备的目的。教训是：红十五军第四十五师解决小池前哨之敌行动还不够迅速，致使龙岩有一部分敌人来得及逃跑，未能全歼。与会者都同意毛泽东的分析。

会议在讨论下一步行动时，毛泽东与大家一致的意见是：张贞第四十九师共有九个团，在龙岩仅被我军消灭不到两个团。张贞与闽南地主

---

① 转引自中共中央文献研究室编：《毛泽东传》（1893—1949）（上），中央文献出版社1996年版，第285页。

资本家关系极深，当地的交通与通信联络均比较方便，不会轻易撤退，一定会在闽南某地集中兵力与红军决战。于是，会议决定的部署是：由罗炳辉率领的红十二军在闽粤边的上杭、武平地区警戒粤敌，保障后路和右侧翼；红一军团在龙岩休息，让敌集中，待红五军团赶到，东路军主力会合以后向集中之敌进攻。

红五军团于4月14日赶到龙岩后，毛泽东决定以红十三军驻守龙岩，负责保障龙岩至漳州的战勤供应运输线，以红三军与红一军团一起参加进攻漳州战斗。这个行动计划报告中革军委并得到了批准。

毛泽东再次强调，红军进占漳州，绝不是长驻久留，要求部队和地方各级干部必须在思想和行动上有准备。

漳州位于九龙江下游，濒临大海，水陆交通便利，商贸发达，是闽南重镇。漳州地势平坦，没有城墙，组织防御比较困难。这时，敌张贞的部队全部退守漳州。红军东路军主力即由龙岩出发，经和溪、龙山一线，于4月15日进抵漳州西北40多里的马山。

4月16日，红军东路军总部在毛泽东的带领下，在马山组织了敌情地形侦察，确定了红军进攻部署。据侦察，张贞防守漳州的兵力为第四十九师第一四五、第一四六旅加地方靖卫团、保安队等共八九千人。两个旅的主力部署在漳州西北天宝到南靖一线，一部分敌人控制漳州市内，其主阵地在大尖山、十二岭到天宝以北。这一带地势险要，山岭起伏，北扼天宝大山，南靠宽阔的龙江，要进攻漳州，必先突破这一线阵地。

根据敌人的防守情况，毛泽东和红军东路军总部确定以红四军主攻敌人天宝阵地；以红十五军助攻宝林到南靖一线的敌人；以红三军为预备队；红五军团率第十三军驻守龙岩，维护后方交通；闽西红十二军进至上杭、武平、永定地区，监视粤军行动，保障东路军主力右后方安全。

4月17日，红四军越过龙江支流东溪，到达大尖山北的南坪、内洞一线进攻出发阵地，红三军也进到这一地域。红军本拟在17日即发动攻击，但老天爷不凑趣，17日、18日连降大雨，河水陡涨，视界迷蒙，而且道路和地形都不熟悉，因而推迟进攻时间。19日拂晓，红军发起进攻。担任主攻的红四军先头第十一师在第十师的配合下，向杨梅岭、十二岭和风霜岭的敌人阵地发起猛烈进攻。红十一师师长刘海云、政治委员刘亚楼,系林彪、聂荣臻麾下猛将,下辖三个团。第三十三团是先头团,已在4月17日由政治委员刘忠和副团长陈东生率领,克服河水暴涨的困难,抢先渡过东溪。全师进攻后,第三十三团掩护第三十一、第三十二团渡过东溪展开,接着受命担任从正面配合红十师攻占大尖山东侧的敌人阵地,而后直插漳州城郊的天宝。红三十二团由政治委员杨成武率领,在红三十三团后跟进,扩大战果。红三十一团由团长吴皋群和政治委员宋成泉率领,绕到敌后攻击大尖山守敌。

整个进攻漳州城的战斗几乎都是按照东路军总部预定的作战计划实现的。红军与漳州城郊大尖山到天宝一线据险顽抗的张贞一个旅展开激战。天宝敌阵地被红军攻占后,守敌的防线即全面崩溃,一个旅被红军全歼。此时,敌人从漳州城派一部分兵力增援,遭到红军迎头痛击,立马缩了回去。红十五军在助攻方向的进展也很顺利。由政治委员左权亲率第四十四师打前锋,佯攻宝林桥,强渡芗水,配合主攻部队把沿途各点敌人歼灭或击溃。张贞见漳州守不住了,急令将城中弹药库破坏掉,率残敌向漳浦、泉州、厦门方向逃窜。

4月20日,红军东路军占领漳州,然后又相继占领了离厦门不远的石码(今龙海)和漳州以北的长泰,以南的漳浦、云霄、平和。

漳州战役,红军东路军歼灭敌张贞第四十九师大部,俘敌1600余人。张贞从此一蹶不振,其残部大部分逃到了诏安,长期未能恢复战斗力。

4月21日,毛泽东在漳州主持召开了师长、师政治委员以上干部会议,讨论下一步工作。第一,红十五军在南靖至天宝一线,红三军、红四军在漳州附近进行下列工作:收集战利品,搜查反革命分子,重点是搜查反动党政军机关、旅馆和地主豪绅住宅;向群众进行宣传,分发谷物给群众,扩大红军政治影响;向地主豪绅筹款。第二,严格执行入城纪律,不许拿非公用品,不许打破东西,维持革命秩序。第三,军事上随时准备打击入闽的粤敌。

4月22日下午,红三军、红四军和总部连以上干部在漳州城内听毛泽东作报告。毛泽东总结了前一阶段作战的经验,布置了下一阶段的任务。

他很风趣地说：有人说我们红军只会关上门打狗，怀疑我们在白区不能打仗，可是你们看，我们在白区不是打得很好嘛！

打下漳州后，红军的重要任务是筹款。红四军在漳州、石码、长泰等地，红三军在漳浦，红十五军在天宝、南靖等地发动群众，打土豪、扩大红军、筹粮筹款。尽管入城前，已经宣布了有关纪律，但仍有无意中违反纪律的情况发生。比如，语言不通引起的隔阂。福建历史上称"百越"，很闭塞，隔一个县，讲的语言就不同。红军初到闽南，闽西人也不太懂闽南话，结果闹出不少误会。再如，漳州一带，侨眷很多，比较有钱，穿戴也比较阔气。红军战士多来自偏僻的农村，见到穿毛料丝绸、拿文明棍、戴眼镜的，就误认为他们是土豪，把他们抓了起来。

毛泽东发现了这些情况后，召开了连支部书记以上的会议。他在会上说，你们打土豪错了很多，有的不是土豪，属于华侨。你们为什么会搞错？只看现象，不看本质。第一个原因，没有认真地很好地调查研究。没有调查研究，就没有发言权，更没有抓人权。第二个原因，听不懂本地话。越是听不懂本地话，就越要调查研究。

根据毛泽东的指示，各部队把抓错的人都放了。通过这件事情，部队得到了一次深刻的教训，即办事要注意调查研究。

在漳州，毛泽东搜集到一大批书籍和报刊，特别是搜集到不少马列主义的哲学、政治经济学等理论著作。这些书被运到中央苏区后，毛泽东不但自己读，还推荐给其他人看。

漳州是福建一个比较繁华的城市，红军在漳州筹款100多万元，还有大量布匹、粮食、食盐等。这些钱和物资绝大多数运到中央苏区的中心瑞金和长汀，解决了苏区和红军在财政上、物资上都很紧缺的困难。此外，还动员了近千名群众参加红军，并调拨了几百条枪给闽南游击队，编成中国工农红军闽南独立第三团，推动了闽南红色斗争的发展。红军东路军的行动，巩固和扩大了中央苏区东南部。

聂荣臻晚年在回忆录中总结了毛泽东指挥漳州战役的战略战术特点和占领漳州后的策略思想，他说：

打赣州，没有打下来，吃了个大苦头。打漳州，打下来了，吃了

笔下起风雷　胸中百万兵
土地革命战争中的毛泽东

一个甜头。两者相距一个多月。两相比较，究其原因，赣州，是敌人的强点，又有国民党大部队增援，再加上我们侦察警戒疏忽，所以吃了亏，毛泽东同志一开始就不主张打。漳州，是敌人的薄弱点，毛泽东同志赞成我们打，并且亲自指挥我们打，取得了胜利。所以，选择敌人的弱点打，应该是我们处于劣势的部队绝对要遵守的一个军事原则。此外，即使漳州打下来了，也不能引申说凡城市都可以打。普遍地攻打城市，在当时条件下显然是错误的。"争取一省与数省首先胜利""夺取中心城市"等口号显然更是战略性的错误。

这是我跟随毛泽东同志东征领会的战略思想。

毛泽东同志在战术指挥上也有很多特点。第一，他很注意调查研究。对敌情、地形以至民情风俗都是亲自找人或到现场作调查。这次打漳州，认为漳州"易攻难守"，就是他调查得来的结果。他在调查的基础上，又善于把握全局，捕捉战机，迅速定下决心。他还很注意分析、研究、判断，摸敌人的规律，寻找敌人的弱点，迅速行动。第二，他制造假情况，给敌人一些虚设的"示形"，以便调动敌人或麻痹敌人，出敌不意。比如这次作战，用毛泽东同志自己的话来说，就是做了许多"乱敌探耳目"的动作。这次打龙岩是"不顾坎市，直取龙岩"，而且是在"大池圩宿营，不去小池"，所以达到了击敌不备的目的。第三，他很注意集中优势兵力。这次决定打漳州，是他建议把五军团从江西调来，才形成作战拳头的。第四，他很注意总结经验教训。在龙岩，在漳州，他都亲自给干部作总结。第五，他也讲民主，大的军事行动，都尽可能事先征询我们意见，然后再作出决定。

毛泽东在开辟闽南新区所制定的方针，更帮助我学到了很多宝贵的策略。其策略思想的基础是从实际情况出发，不因占领漳州冲昏头脑，不因占领漳州而背上包袱。占领漳州后，本来局面很大，可是他估计我们力量有限，不可能长期占领。所以他确定在新区工作的方针是"公开宣传，秘密组织"。只是在原先有游击武装基础的地区开展武装斗争，即"以龙溪为中心，向南靖、云霄、平和、漳浦等五县扩大游击战争，创造小红军、建立小苏区"。在漳州，"只散发谷物，而不建立政权,不分土地"。

漳州战役,是我第一次在毛泽东同志直接领导下,带兵打仗和做群众工作,他一系列正确的战略、战术和政策思想,以及他的领导才能,都给了我深刻的印象,使我由衷地钦佩。[1]

聂荣臻上述总结说明,同国民党军队作战,是人民军队军事骨干成长的最好军事学校,而毛泽东则是最好的军事教官。他言传身教,教会人民军队的指挥员如何同反动军队作战,带出了一大批能征善战的将帅。在红军东路军行动中,聂荣臻从毛泽东那里学到了从前没有学到的东西,终身受用。

二、被迫离开红军领导岗位

共产国际表示:"用同志式的态度"对待毛泽东

毛泽东率领红军东路军攻打龙岩、漳州时,项英到上海,向中共临时中央汇报赣南会议情况。4月11日,中共临时中央常委会听取项英汇报。在他讲到中央苏区"狭隘经验论障碍新路线的执行"时,一个中央常委当即插话:"中央区的领导,我以为对于目前中国革命的基本问题是民粹派的观点,是离开布尔什维克认识的。中央区是以为目前的革命是农民或贫民的革命(虽然没有在文件上表示出来),这是与国际指出目前是民主的革命工农专政、无产阶级领导权的意义是原则上的不同。这在土地问题上、党的问题上、职工决议上、反帝问题上都表现出来。因此,中央区的领导是脱离了布尔什维克党的路线的。"另一个常委说:"狭隘的经验论,毋宁说是机会主义障碍路线的执行。"会议认为赣南会议批评毛泽东的"狭隘经验论"是远远不够的,必须上升到反对"机会主义"的路线高度[2]。

4月14日,中共临时中央发出《中央为反对帝国主义进攻苏联瓜分中

---

[1] 《聂荣臻回忆录》,解放军出版社2007年版,第119—120页。
[2] 中共中央文献研究室编:《毛泽东传》(1893—1949)(上),中央文献出版社1996年版,第290页。

国给各苏区党部的信》,重申"日本占领满洲是帝国主义新的瓜分中国的开始,是进攻苏联的具体的危险的步骤";提出"扩大苏区,消灭国民党的武力,是与帝国主义决战的准备,是民族革命战争胜利的先决条件,是真正的拥护苏联的革命争斗"。信中认为:"右倾机会主义的危险是各苏区党目前的主要危险",要求对"右倾作最坚决无情的争斗"①。

根据中共临时中央的指示,在4月下旬召开的中共苏区中央局会议认为,"毛泽东的错误是机会主义的","决定同毛泽东的错误进行斗争,并在党的机关报上进行批评"。由于毛泽东在漳州前线,没有参加会议,苏区中央局决定"当毛泽东回来时,将召开〈中共苏区〉中央局会议"②。

中共苏区中央局将临时中央指示信的精神电告漳州前线的毛泽东。毛泽东接到电报后,不同意临时中央对形势的分析和对党内任务规定及党内主要危险的判断,于5月3日复电苏区中央局,"中央的政治估量和军事战略,完全是错误的"③,并提出了自己的意见。苏区中央局则认为临时中央的指示信完全正确,于5月11日作出决议,认为"目前事变的发展,更加证明了国际与中央分析的完全正确",表示要彻底纠正"右倾机会主义错误"④。

中共苏区中央局将同毛泽东的不同意见报告中共临时中央后,中共临时中央又转报共产国际。5月15日,共产国际执行委员会政治书记处委员会会议讨论了毛泽东同中共苏区中央局和中共临时中央的分歧问题,并向中共临时中央作出有关指示。5月27日,中共临时中央致电共产国际执行

---

① 《中央为反对帝国主义进攻苏联瓜分中国给各苏区党部的信》(1932年4月4日),中央档案馆编:《中共中央文件选集》(第八册),中共中央党校出版社1991年版,第201页。
② 《周恩来、王稼祥、任弼时和朱德给中共中央的电报》(1932年5月3日于瑞金),中共中央党史研究室第一研究部译:《共产国际、联共(布)与中国革命档案资料丛书·联共(布)、共产国际与中国苏维埃运动》(1931—1937)(第13卷),中央文献出版社1996年版,第147—148页。
③ 《毛泽东军事文集》(第一卷),军事科学出版社、中央文献出版社1993年版,第271页。
④ 《中共苏区中央局关于领导和参加反对帝国主义进攻苏联瓜分中国与扩大民族革命战争运动周的决议》(1932年5月11日),中央档案馆编:《中共中央文件选集》(第八册),中共中央党校出版社1991年版,第209、218页。

第四章 遭到"左"倾打击、排挤

委员会政治书记处委员会,表示:"对毛泽东的态度,我们完全同意你们的指示,你们的意见将转告给〈中共苏区〉中央局。"①

共产国际关于毛泽东与中共苏区中央局和中共临时中央分歧的指示具体内容是什么,在公布的档案中还查不到这份文件,但从中共临时中央于1932年10月7日给中共苏区中央局的电报中可以看到其基本内容。这份电报中说:"至于同毛泽东同志的分歧,我们再重复一遍:请尝试用同志式的态度争取他赞成积极斗争的路线。""不进行反对毛泽东的公开讨论。"②

同4月14日指示信和5月20日《中央给苏区中央局的指示电》都要求反对"右倾机会主义"相比,中共临时中央这份电报要求中共苏区中央局对待毛泽东的态度发生很大变化,答案就是共产国际要求中共临时中央和中共苏区中央局以同志式的态度对待毛泽东。由此可以看出,共产国际指示的主要内容为:1.肯定了中共临时中央的"积极斗争的路线",但没有把毛泽东的主张定性为"右倾机会主义";2.要求对毛泽东要采取同志式的态度,反对在党报上进行公开批评。

6月初,毛泽东从前线返回。中共苏区中央局召开会议,传阅了共产国际指示信。会议"一致同意中央的指示,坚决揭露了以前的错误,进行了深刻的自我批评,确定了当前政治工作的积极进攻方针和在江西省取得首先胜利的行动方针"。毛泽东"深刻承认了自己以前的错误,完全放弃了自己向东北扩张的意见"。会后,中共苏区中央局给中共临时中央报告情况的电报中说:"所有问题都迎刃而解了","我们的讨论是在同志式的气氛中进行的,只限于中央局委员之间。这并不妨碍毛泽东的领导工

---

① 《中共中央给共产国际执行委员会政治书记处委员会的电报》(1932年5月27日于上海),中共中央党史研究室第一研究部译:《共产国际、联共(布)与中国革命档案资料丛书·联共(布)、共产国际与中国苏维埃运动》(1931—1937)(第13卷),中共党史出版社2007年版,第156—157页。
② 《中共中央给中共苏区中央局的电报》(1932年10月7日于上海),中共中央党史研究室第一研究部译:《共产国际、联共(布)与中国革命档案资料丛书·联共(布)、共产国际与中国苏维埃运动》(1931—1937)(第13卷),中共党史出版社2007年版,第213、214页。

作。目前我们正齐心协力地执行中央的指示，不会再有任何冲突"。①

共产国际指示的效果还是明显的。中共苏区中央局原定等毛泽东从前线回来后召开会议，准备对他的"右倾机会主义"展开无情斗争，由于有了共产国际的指示，会议变成了"在同志式的气氛中进行"，毛泽东还能继续进行"领导工作"。当然，由于共产国际肯定了中共临时中央的积极进攻方针，毛泽东也放弃了向苏区东北方向发展的意见。这次会议后，毛泽东同中共苏区中央局关于苏区发展方向和红军作战行动的分歧和争论暂时平息。中共苏区中央局派毛泽东"去前线策划军事行动"，毛泽东本人"也希望去前线"。这时，毛泽东身体不好，"失眠，胃口也不好。但他和部队一起活动，在主持作战行动时精力充沛，富有才华"。②6月10日，周恩来给中共临时中央的电报反映了会后毛泽东的精神状态。

参与指挥进攻作战

国民党政府于1932年5月5日签订屈辱的《淞沪停战协定》之后不久，蒋介石就正式宣布"攘外必先安内"为国民党处理对内、对外关系的基本国策，立即部署对南方革命根据地红军的第四次"围剿"。蒋介石亲任鄂豫皖三省"剿匪"总司令，调集30万军队，准备对鄂豫皖发动第四次"围剿"；另以10万兵力向湘鄂西根据地发动进攻。与此同时，以何应钦为赣粤闽边区"剿匪"总司令，指挥江西、广东、福建、湖南的国民党军队钳制中央苏区红军的力量，为大举进攻中央苏区作准备。

6月初，国民党军在中央苏区周围集中了40个师以上的兵力，粤军乘中央红军实行东、西两路分兵之机，以第一军军长余汉谋指挥的19个团大部侵入赣南。根据中革军委的决定，毛泽东率领东路军撤离漳州、龙岩，回师赣南。

---

① 《中共苏区中央局给中共中央的电报》(1932年6月9日于瑞金)，中共中央党史研究室第一研究部译：《共产国际、联共(布)与中国革命档案资料丛书·联共(布)、共产国际与中国苏维埃运动》(1931—1937)(第13卷)，中共党史出版社2007年版，第164页。
② 《周恩来给中共中央的电报》(1932年6月10日于瑞金)，中共中央党史研究室第一研究部译：《共产国际、联共(布)与中国革命档案资料丛书·联共(布)、共产国际与中国苏维埃运动》(1931—1937)(第13卷)，中共党史出版社2007年版，第166页。

第四章 遭到"左"倾打击、排挤

东路军回师赣南后，中共苏区中央局长汀会议决定恢复红一方面军番号，仍辖第一、第三、第五军团，朱德兼任红一方面军总司令，叶剑英和王稼祥分别兼任参谋长和政治部主任。毛泽东没有恢复红一方面军总政治委员的职务，仍以临时中央政府主席名义在前方主持大计。

根据中共临时中央和中共苏区中央局关于"解决入赣敌军"的意图，红一方面军总部组织了南雄、水口战役。7月上旬，红一方面军在赣粤边界的南雄、水口等地击溃粤军15个团，使粤军全部退出赣南，并在此后较长一段时间不敢再向赣南进犯。这就使中央苏区的南部基本得到稳定，为后来红一方面军在反"围剿"中北线作战解除了后顾之忧。

水口战役的教训是前方误报敌情，红军兵力不集中，只将敌军击溃，没有歼灭大量敌军，自身伤亡比较大，打成了一场消耗战。

南雄、水口战役后，按照中共临时中央6月5日的军事训令，红一方面军应立刻从赣州上游西渡赣江，沿江北上，夺取赣州、吉安，以打通与湘赣苏区的联系。

几个月前，红军打赣州遭到重大损失也没有攻下来，难道还要去重蹈覆辙？不按中共临时中央的训令，下一步该指向哪里？这时，红一方面军各部队正在信丰一带一面休整，一面打土豪筹款，待命行动。

7月21日，周恩来以中共苏区中央局代表身份由后方来到信丰红一方面军总部，同毛泽东、朱德、王稼祥商讨后，认为这一计划难以实现，因为当时国民党军队已经集结40个团以上的兵力，准备阻止红军西渡赣江。7月25日，周恩来、毛泽东、朱德、王稼祥联名致电中共苏区中央局："我们再四考虑，认为赣州上游敌军密接，在任何一点渡河出击赣敌，都有被敌人截断危险，如攻新城、南康，将引起宁、赣敌人分进合击，或隔江对峙，造成更不利条件。""因此，决在赣江下游先取万安，求得渡河，解决陈、罗[①]等四个师主力，以取吉安等城市。但此行动须极迅速秘密，我们决后天开始集中行动。"[②]

[①] 指陈诚、罗卓英，当时分别任国民党赣粤闽边区"剿共"总司令部第二路军司令官和第二路军第十一师师长。
[②] 《周恩来军事文选》（第一卷），人民出版社1997年版，第153页。

笔下起风雷　胸中百万兵
土地革命战争中的毛泽东

到前方之前，中共苏区中央局提议周恩来兼任红一方面军总政治委员。他到前方后，很快发现红一方面军总部组织方面的问题，即毛泽东以中央政府主席名义在前方，"实在不便之至"，"只能主持大计"，不能发挥毛泽东在指挥作战方面的"经验与长处"，且自己任总政治委员后，出现多头指挥的状况，将使毛泽东"无事可做"[①]。7月25日，周恩来与毛泽东、朱德、王稼祥致电中共苏区中央局，提议："为前方作战指挥便利起见，以取消政府主席一级，改设总政治委员为妥，即以毛（毛泽东——引者注）任总政委。"鉴于中革军委、中共苏区中央局代表、红一方面军总部的职权范围存在不清问题，电报还建议："作战指挥权属总司令、总政委，作战计划与决定权属中革军委，关于行动方针中央局代表有权决定，会议只限于军委会议。"[②]

由于中共苏区中央局坚持要周恩来兼任红一方面军总政治委员，7月29日，周恩来再次写信给中共苏区中央局，坚持要毛泽东任红一方面军总政治委员，强调"有泽东负责，可能指挥适宜"，并提议以周恩来、毛泽东、朱德、王稼祥四人组织"最高军事会议"，"以周为主席，负责解决一切行动方针与作战总计划"。[③]

红一方面军于8月上旬先后到达兴国、雩都地区后，国民党军第十四师、第五十二师也沿着赣江西岸北进，在8月上旬到达遂川地区，第二十八师向万安集结，准备阻止红军西渡赣江。针对新的敌情，8月初，周恩来、毛泽东、朱德、王稼祥等在兴国的竹坝召开军事会议。接着，中共苏区中央局也在兴国召开会议，讨论红一方面军的行动方向问题。毛泽东在会议上提出后方的中共苏区中央局"不要干涉前方的军事行动"。会议经过争论，同意毛泽东提出的外线作战要在有胜利把握的情况下进行的建议，决定红一方面军主力在赣江以东地区北上作战，先消灭乐安、宜黄之敌，再打由赣江以西和由南城、南丰等地来援之敌，进而威逼和夺取吉安、抚州，以配合鄂豫皖、湘鄂西根据地红军反"围剿"斗争。中共苏区

---

① 《周恩来军事文选》（第一卷），人民出版社1997年版，第159页。
② 《周恩来军事文选》（第一卷），人民出版社1997年版，第151页。
③ 《周恩来军事文选》（第一卷），人民出版社1997年版，第159页。

中央局会议还接受了周恩来的建议，决定在前方组成由周恩来任主席，毛泽东、朱德、王稼祥为成员的最高军事会议，负责决定前方的行动方针和作战计划；毛泽东任红一方面军总政治委员。

8月8日，中革军委根据中共苏区中央局兴国会议精神下达发动乐安、宜黄战役的训令，指出："从目下敌军配备上与行动上看来，判断敌军是以遏制我军渡过河西贯通湘、赣之目的，将主力摆在河西，赣东敌军数量较少，其中以乐安、宜黄方面为最薄弱"，"应该针对着北路的'围剿'敌军布置较弱与我军运动较有利的一面，集结本方面军的全力，以坚决、迅速、秘密的行动，首先消灭乐安、宜黄方面之高树勋所部"。[1]周恩来、毛泽东、朱德、王稼祥率红一方面军佯作向西行动以迷惑国民党军，主力却秘密北上，经过八天行军，于8月中旬到达乐安招携一线。由于是在苏区行军，群众条件好，乐安、宜黄敌人未发现红军行动。

8月15日，毛泽东与朱德签发攻击乐安训令。17日，红军攻克乐安，全歼敌第二十七师第八十旅3000余人。接着，周恩来、毛泽东、朱德、王稼祥指挥红一方面军乘胜前进，直抵宜黄城下。20日，红军攻克宜黄，俘敌5000余人，缴获枪支4000余件。22日，红十二军乘虚占领南丰，缴获大批米、面、汽油等物资。

红军按原定计划进至南城附近，准备攻取南城。侦察得知，敌人已经集结17个团的兵力坚守城内工事，城外地形于红军作战又极为不利，毛泽东、朱德遂决定撤围南城，就近发动群众，伺机歼敌。

乐安、宜黄战役，行动隐蔽，出敌不意，各个击破，速战速决，是毛泽东与周恩来、朱德、王稼祥等共同组织指挥的一次成功战役。此役全歼国民党军第二十七师，创造了一周内连克三城的战绩，不仅调动了江西的国民党军，而且直接援助了鄂豫皖、湘鄂西两苏区红军的反"围剿"作战。

乐安、宜黄战役能够取得胜利，是毛泽东与周恩来、朱德、王稼祥从实际出发，改变中共苏区中央局要求红一方面军在赣江以西同敌人决战的冒险计划，坚持求歼兵力比较薄弱敌人的正确方针的结果。

---

[1] 转引自中共中央文献研究室编：《朱德传》（修订本），中央文献出版社1996年版，第343页。

笔下起风雷　胸中百万兵
土地革命战争中的毛泽东

宁都会议

红一方面军进行乐安、宜黄战役时，鄂豫皖和湘鄂西苏区的第四次反"围剿"进入异常艰苦阶段。乐安、宜黄战役后，在下一步应采取何种行动方针以减轻鄂豫皖、湘鄂西等苏区的压力问题上，中共苏区中央局在前方和在后方的成员之间发生严重分歧。

按照原定计划，红一方面军在乐安、宜黄战役之后，应北攻抚州。但此时敌人担心红军北攻抚州、威胁南昌，正由武汉、南昌、吉安等地赶来增援。根据这些新情况，毛泽东与周恩来、朱德、王稼祥当机立断改变预定计划，主动撤退至东韶、洛口一带休整，寻找战机。对于这一决策，在后方主持中共苏区中央局的领导人于9月7日致电周恩来，批评红一方面军"不迅速向西求得在宜黄以西打击陈（诚）吴（奇伟）则是缺点"，"撤退东（韶）洛（口）"，"再撤退宁都青塘待敌前进，我们认为是不正确的决定"，"这给群众以十二分不好影响"。[1] 电报要求红一方面军袭取永丰。

中共苏区中央局看到鄂豫皖、湘鄂西两苏区反"围剿"形势吃紧，就要求红一方面军不顾实际去冒险攻击敌人拥有重兵的城镇。殊不知，红一方面军的作战，是对鄂豫皖、湘鄂西两苏区反"围剿"斗争战略配合，只有胜利，才能起到配合和支援的作用；如果失利，不仅起不到配合和支援作用，反而中了敌人的圈套。

9月8日，周恩来复电中共苏区中央局，说明："我军五日始在东、洛集中完毕，西袭永丰不仅体力未恢复，落伍更多，并且敌军已先臻安防我西进，五十二、四十三、五十九各师又均在永、吉附近，袭取永丰将成为不可能。""在目前，湘鄂西受损失，敌加紧进攻鄂豫皖，对中区前线进攻正在计划之时，我中区红军仍应以积极准备以陈、吴为主要目标。至如何布置，须看这几天敌军行动。"[2]

---

[1] 转引自中共中央文献研究室编：《毛泽东传》（1893—1949）（上），中央文献出版社1996年版，第295页。

[2] 《周恩来军事文选》（第一卷），人民出版社1997年版，第174、175页。

根据国民党军队在中央苏区北线部署的实际态势,周恩来、毛泽东、朱德、王稼祥于9月23日致电中共苏区中央局并转中共临时中央,对红一方面军下一步的行动问题提出意见:

目前红军的行动最好能立即出击敌人,开展闽北,发展局势,振兴士气,并给鄂豫皖、湘鄂西以直接援助。但出击必须有把握胜利与消灭敌人一部,以便各个击破敌人,才是正确策略,否则急于求战而遭不利,将造成更严重错误。

现在敌人固守白区城市据点,在吉水、永丰、乐安、宜黄、南城、南丰、黎川一线城市周围,还有广大区域未曾赤化……在白区还不易打击与消灭敌人三个较强的师的靠拢行动。故如再打乐安、宜黄两城,两三天东西北三面敌人可集中至少五个师兵力来增援合击。同时吴奇伟、周浑元也决不如高树勋之易攻。如攻里塔圩,敌力较弱将退入南丰城,南丰工事甚坚,可据守以待更大的援兵,届时援兵过多,将使我不能击敌一面,攻永丰城则更逼近敌之大量增援部队。

由此,我们认为在现在不利于马上作战的条件下,应以夺取南丰、赤化南丰河两岸尤其南丰至乐安一片地区,促敌情变化,准备在运动战中打击与消灭目前主要敌人为目前行动方针。……①

周恩来、毛泽东、朱德、王稼祥的电报,正确解释了红一方面军如何才能支援鄂豫皖、湘鄂西斗争的关系,但中共苏区中央局根本听不进去,于9月25日致电周恩来、毛泽东、朱德、王稼祥,指责:

这在实际上将要延缓时间一个月以上。将于鄂豫皖、湘鄂西与更直接的河西十六军、八军积极而艰苦的行动,不是呼应配合的。而且更给敌军以时间来布置。分散亦有被敌袭击危险,于我们不利,可以演成严重错误。……我们认为,红军主力配合现联系力量积极地出击敌军,先去袭击乐安之九十师给以打击,并求得消灭此敌。如因有敌三面增援之困难,十分不易得手,则可主力由南丰、黎川之间,突击

---

① 《周恩来军事文选》(第一卷),人民出版社1997年版,第183—184页。

笔下起风雷　胸中百万兵
土地革命战争中的毛泽东

或佯攻南城，引出南丰之敌而消灭之。①

中共苏区中央局领导真是不可理喻！他们不懂军事，只知执行中共临时中央要红一方面军向北攻、占领中心城市的指示，又见鄂豫皖、湘鄂西等苏区局势严重困难，便在后方纸上谈兵，不顾敌情地要求红一方面军贸然出击作战！

军事作战岂能儿戏？一着不慎，满盘皆输。接到苏区中央局电报，周恩来、毛泽东、朱德、王稼祥立即在同日回电，仍坚持原来意见：

（一）现在如能马上求得战争，的确对于鄂豫皖、湘鄂西是直接援助，并开展向北发展的局面，我们对此已考虑再四。但在目前敌情与方面军现有力量条件下，攻打增援部队是无把握的，若因求战心切，鲁莽从事，结果反会费时无功，徒劳兵力，欲速反慢，而造成更不利局面。

（二）如攻乐安，以过去经验，急切不易得手，必引起西路敌强大增援，内外夹击，将陷于不利，由黎川佯攻南城，有大河相隔，佯攻无作用，无法打增援部队。……

（三）我们认为打开目前困难局面，特别要认识敌人正在布置更大规模的进攻中区，残酷的战争很快就要到来，必须勿失时机地采取赤化北面地区，逼近宜、乐、南丰，变动敌情，争取有利于决战以消灭敌人的条件。……②

周恩来、毛泽东、朱德、王稼祥考虑到前后方的意见分歧很大，电报上各说各的理，况且电报受到字数限制，难以把双方的理由说明白，很难尽快统一认识，因此，他们在电报中建议立刻在前方召开中共苏区中央局全体会议，共同讨论目前红一方面军的行动方针等问题。前方领导人的用意在于，后方领导人到了前方后，能够更清楚地了解敌情，便于达成共识。

9月26日，中共苏区中央局复电前方领导人，指示红一方面军要再次北攻由吴奇伟第九十师防守的乐安，并告知中共苏区中央局委员项英、邓

---

① 转引自中共中央文献研究室编：《朱德传》（修订本），中央文献出版社1996年版，第347页。
② 《周恩来军事文选》（第一卷），人民出版社1997年版，第189—190页。

发已去闽西参加会议，且前方领导人还要随军前进，不能开中共苏区中央局全体会议。

当天，周恩来、毛泽东、朱德、王稼祥给中共苏区中央局回电，明确表示不同意中共苏区中央局北攻乐安的意见，理由是此时据守乐安的吴奇伟师比高树勋当时守乐安的一个旅兵力又强很多，上次攻高树勋一个旅防守的乐安，还花两天的时间，这次如三天还攻不下来，西来的援敌必然赶到，红军会遭到内外夹击的不利处境。电报最后提出，中共苏区中央局全体会议，等项英、邓发从闽西回来后，仍以到前方开为好，并建议会议日期最好在10月10日以前。

中共苏区中央局全体会议不能马上开，毛泽东与朱德根据前方最高军事会议的决定，于同一天向全军发出在敌人尚未大举进攻前向北工作一时期的训令。训令对当前敌情作了全面分析，提出："我们中区工农红军为要造成胜利的进攻，以粉碎反革命的大举进攻的优越条件，决定备战的在这一向北地区做一时期（十天为一期）争取群众，推广苏区以及本身的教育训练工作。"这是一个符合前线实际情况的正确决策。

这个训令惹恼了中共苏区中央局后方成员，加之中共苏区中央局又收到中共临时中央7月21日长信和9月下旬要求在敌军合围前的"击破一面"的指示电，于9月29日复电前方负责人，指责这个训令"完全是离开了原则，极危险的布置"，决定"暂时停止行动，立即在前方开中央局全体会议"。[①]9月30日，中共苏区中央局又致电周恩来，质问："方面军是不是向北行动？"严厉地说：一切离开原则完成目前任务的分散赤化观点，"应给以无情的打击"。[②]

中共苏区中央局后方负责人认为，前后方出现意见分歧主要是毛泽东的原因，在9月30日给中共临时中央的电报中说："毛泽东同志对扩大中央苏区、占领中心城市和争取〈革命〉在一省或数省首先胜利的斗争表现

---

① 转引自中共中央文献研究室编：《毛泽东传》（1893—1949）（上），中央文献出版社1996年版，第296页。
② 转引自中共中央文献研究室编：《朱德传》（修订本），中央文献出版社2006年版，第349页。

笔下起风雷　胸中百万兵
土地革命战争中的毛泽东

动摇。他的扩大苏区到……东部山区的机会主义路线仍在继续，他常常试图加以实施，忽视党的领导。"认为"虽然莫斯克文同志[①]在那里，但他实际上很难贯彻〈苏区中央〉局的意见，从根本上改变他们的活动"。表示："为了军事领导人观点的一致，我们坚决而公开地批评毛〈泽东〉同志的错误，并想把他召回到后方〈中央〉苏维埃政府中工作。"[②]这样，中共苏区中央局又回到了4月对待毛泽东的态度。

10月3日至8日，中共苏区中央局全体会议在宁都小源召开。《苏区中央局宁都会议经过简报》称，这次会议"开展了中央局从未有过的反倾向斗争"。"批评了泽东同志过去向赣东发展路线与不尊重党领导机关与组织观念的错误，批评到前方同志对革命胜利估计不足，特别指示〔出〕泽东同志等待观念的错误"，强调"要及时和无情地打击一切对革命胜利估计不足，对敌人大举进攻的恐慌动摇失却胜利信心、专去等待敌人进攻的右倾主要危险"[③]。

宁都会议争论的焦点是前线的作战方针问题。毛泽东坚持9月26日训令的观点，不同意红军无条件地离开苏区出击强敌。中共苏区中央局的一些成员，根据中共临时中央的历次指示，批评前方"表现对革命胜利与红军力量估量不足"，"有以准备为中心的观念，泽东表现最多"。会上指责毛泽东对"夺取中心城市"方针的"消极怠工"，是"上山主义""东北路线"。把毛泽东提出的"诱敌深入"方针，指责为"守株待兔""专去等待敌人进攻的右倾主要危险"。

宁都会议是对毛泽东算总账的会议，把憋了半年的对毛泽东的恼怒全都发泄了出来。

中共苏区中央局提出将毛泽东召到后方，但周恩来不同意，朱德、王稼祥也不同意。周恩来深深地知道毛泽东的高超军事指挥能力，说："泽

[①] 周恩来。
[②] 《中共苏区中央局给中共中央的电报》（1932年9月30日于瑞金），中共中央党史研究室第一研究部译：《共产国际、联共（布）与中国革命档案资料丛书·联共（布）、共产国际与中国苏维埃运动》（1931—1937）（第13卷），中共党史出版社2007年版，第210页。
[③] 《苏区中央局宁都会议经过简报》（1932年10月21日），中央档案馆编：《中共中央文件选集》（第八册），中共党史出版社1991年版，第530页。

第四章　遭到"左"倾打击、排挤

东积年的经验多偏于作战,他的兴趣亦在主持战争","如在前方则可吸引他贡献不少意见,对战争有帮助"。因此,他提出了两种办法,要求选择其中之一:一种是由他负主持战争全责,毛泽东仍留前方助理;另一种是毛泽东负指挥战争全责,他负责监督行动方针的执行。但与会一些人认为毛泽东"承认与了解错误不够,如他主持战争,在政治与行动方针上容易发生错误"。毛泽东因不能得到中共苏区中央局的全权信任,坚决不赞成后一种办法。会议最后通过了周恩来提议毛泽东"仍留前方助理"的意见,但又同时批准毛泽东"暂时请病假,必要时到前方"①。这就实际上解除了毛泽东在红军中的职务。

会后,毛泽东准备到长汀福音医院疗养,他对王稼祥说:算了吧,我们是少数,还是服从多数吧!对向他送别的周恩来表示:前方军事急需,何时电召便何时来。

在宁都会议举行期间,中共临时中央常委会于10月6日讨论中共苏区中央局9月30日来电报告的问题。第二天,中共临时中央致电中共苏区中央局,在肯定了"积极进攻路线"后,重申"请尝试用同志式的态度争取他(指毛泽东——引者注)赞成积极斗争的路线","不进行反对毛泽东的公开讨论"。②表示"现在我们反对将他从军队中召回,如果他服从党的纪律的话。目前采取这一步骤,会给红军和政府造成严重的后果。要保证领导的一致。这是斗争成功的前提"。要求中共苏区中央局"速发给我们补充信息,不要等到〈一切〉事实既成之后"。③

10月8日,时任共产国际远东局书记的埃韦特向共产国际执行委员会书记皮亚特尼茨基报告了中共苏区中央局领导层的分歧情况。他的意见

---

① 《苏区中央局宁都会议经过简报》(1932年10月21日),中央档案馆编:《中共中央文件选集》(第八册),中共中央党校出版社1991年版,第530页。
② 中央档案馆编的《中共中央文件选集》第八册543页为"公开讨论泽东的观点",但对照1932年10月8日共产国际远东局书记埃韦特给皮亚特尼茨基的报告中有"这里的中央主张进攻策略,但反对撤销和公开批评〈毛泽东〉(〈1932年〉10月7日交换的电报你们已经收到)"之语,"公开讨论泽东的观点"不是中共临时中央的原意。
③ 《中共中央给中共苏区中央局的电报》(1932年10月7日于上海),中共中央党史研究室第一研究部译:《共产国际、联共(布)与中国革命档案资料丛书·联共(布)、共产国际与中国苏维埃运动》(1931—1937)(第13卷),中共党史出版社2007年版,第213—214页。

笔下起风雷　胸中百万兵
土地革命战争中的毛泽东

是:"毛泽东的总方针是错误的","江西领导采取进攻策略的政治方针是正确的。必须保证对这一方针的普遍承认。必须说服毛泽东相信这一方针的正确性,并尽可能采取和善的方式"。他批评中共苏区中央局"在〈事先〉未作准备和未告知我们的情况下,作出了撤销职务和公开批评的决定",认为"不用说,对问题的这种态度在目前会向敌人暴露我们的弱点,不用尽所有其他可能解决问题的办法,不认真作准备〈更不用说得到您的同意〉,是不能作出这种决定的。毛泽东迄今还是有声望的领袖,因此为实行正确路线而与他进行斗争时必须谨慎行事。所以我们反对决定的这一部分。要求消除领导机关中的意见分歧,反对目前撤销毛泽东的职务。我们要使他改变观点"。[①]

可见,埃韦特虽然认为毛泽东主张的方针是错误的,但不赞同中共苏区中央局对待毛泽东的方式,反对解除毛泽东的红军领导职务。这一点是值得赞扬的。

中共临时中央和共产国际远东局在对待毛泽东的态度上是一致的,说明他们就此事进行过沟通。中共临时中央的指示电发给中共苏区中央局时,宁都会议已经结束。可以说,宁都会议解除毛泽东在红一方面军的领导职务,将他召到后方,是在没有得到共产国际远东局和中共临时中央指示的情况下,造成的一个既成事实,不符合组织程序,是严重错误的。

10月12日,中革军委通令:"为了苏维埃工作的需要,工农红军第一方面军兼总政治委员毛泽东同志暂回中央政府主持一切工作,所遗总政治委员一职,由周恩来同志代理。"而在14日,红一方面军发布的战役计划上,最后仍列三个人的署名:"总司令朱德,总政委毛泽东,代总政委周恩来。"周恩来在计划上注明:"如有便,请送毛主席一阅。"10月26日,中共临时中央任命周恩来兼红一方面军总政治委员。

宁都会议迫使毛泽东离开红军领导岗位,削弱了红一方面军的领导力量,给此后红军建设和中央苏区反"围剿"作战造成重大损失。

---

① 《埃韦特给皮亚特尼茨基的报告》(1932年10月8日于上海),中共中央党史研究室第一研究部译:《共产国际、联共(布)与中国革命档案资料丛书·联共(布)、共产国际与中国苏维埃运动》(1931—1937)(第13卷),中共党史出版社2007年版,第217—218页。

三、主持苏维埃临时中央政府工作

长汀福音医院养病

宁都会议之后,毛泽东于10月中旬抵达长汀,住进福音医院养病。

福音医院原是英国教会开办的。1925年五卅运动时,汀州群众纷纷举行示威游行,英国医生吓跑了,傅连暲被推举为院长。傅连暲是个有进步思想的医生,南昌起义军南下经过长汀时,他与汀州全城的医生以福音医院为中心,为起义军治疗伤员。腿部受伤面临被截去危险的陈赓,就是在傅连暲的谨慎、细致治疗下,奇迹般地保住腿的。1929年3月,毛泽东、朱德率领红四军占领长汀时,傅连暲为红四军全军接种牛痘,制止天花在红四军流行。红四军撤离长汀后,他的福音医院继续为革命战争服务,收治红军伤病员,成为不挂牌的"红军医院"。

傅连暲为毛泽东检查了身体,通过X光发现,他的肺部有钙化点,这说明他患过肺结核,之所以发低烧,可能是过于劳累的结果。于是,傅连暲建议毛泽东在医院休养几个月。

毛泽东住进了福音医院附设的老古井休养所。这是傍山的一栋淡红色两层花园小楼房。休养所里还有周以栗、陈正人,他俩也是被"左"倾路线排挤、打击者。有共同的语言,三人几乎每天都在一起聚谈。

毛泽东还利用休养的时间看书、看报。他让傅连暲给他订了上海的《申报》《新闻报》,广州的《超然报》《工商日报》等,从中了解国际、国内形势。

毛泽东住进福音医院没有多久,中共福建省委代理书记罗明也住进来了。罗明因随红军东路军进攻漳州时跌伤了腰部,住院开刀治疗。

尽管毛泽东受到"左"倾教条主义者的排挤,但他仍然关心中央苏区红军和人民的安危。当罗明的伤好转之后,毛泽东找他谈话。罗明回忆:

有一天,毛泽东同志找我谈话,他总结概括了三次反"围剿"斗争取得胜利的经验,然后指出,福建和江西一样,应加紧开展广泛的地方游击战争,以配合主力红军的运动战,使主力红军能集中优势

笔下起风雷　胸中百万兵
土地革命战争中的毛泽东

兵力，选择敌人的弱点，实行各个击破，消灭敌人的有生力量，粉碎敌人的第四次"围剿"。他还指出，在杭、永、岩（上杭、永定、龙岩）老区开展游击战争，牵制和打击漳州国民党第十九路军和广东陈济棠部队的进攻，对于粉碎敌人的"围剿"、保卫中央苏区是十分重要的。[①]

毛泽东和罗明谈了整整一上午。

第二天，罗明出院，立即召开会议传达毛泽东同他谈话的内容。参加会议的有张鼎丞、谭震林、李明光、郭滴人、李坚真等。与会者一致拥护毛泽东的指示，并决定派罗明为特派员，去杭、永、岩领导进一步开展游击战争。罗明离开期间，由刘晓主持中共福建省委工作。

中共福建省委会议之后，罗明辗转长汀、新泉、上杭、永定等县，分别召开了各县县委扩大会议，向当地干部传达贯彻毛泽东的指示，检查、部署了工作。随后，罗明与方方、谭震林等在杭、永、岩前线组成了中共前敌委员会，具体领导政治动员和军事行动。由于中共福建省委按照毛泽东的游击战争战略战术积极开展斗争，有效地打击了敌人，保卫了苏区，干部和群众受到很大鼓舞。

罗明积极贯彻毛泽东的指示，引起博古的极大反感和不快。

1933年1月，由于推行"左"倾教条主义错误方针，党在白区的工作受到很大损失，中共临时中央在上海待不下去了，迁往中央苏区。博古等人前往瑞金途经上杭白砂时，见到罗明，责问：你是省委代理书记，不领导全省工作，来杭、永、岩干什么？罗明说：我是按照毛泽东同志的指示并经省委决定，来这里重点开展游击战争的。博古又问：你对中央的新指示有何意见？罗明答：没有听到传达。博古的怒火往上蹿，一脸阴沉地问：你对当前斗争有什么意见？罗明说：苏区的革命战争要和白区的抗日斗争结合起来，应根据苏维埃临时中央政府和中革军委提出的抗日、民主和停止进攻苏区三项条件，同各党派、各军队联合起来共同抗日。博古听不下去了，打断罗明的话，说：吃饭了，不谈了。

[①]《罗明回忆录》，福建人民出版社1991年版，第120页。

这次见面，罗明表现出积极拥护毛泽东的指示，对中共临时中央的进攻路线无动于衷，使博古对他产生了非常不好的印象，而且对毛泽东非常不满。经过长汀时，有人向博古提议，去看一下正在养病的毛泽东，博古一脸鄙视地说：毛泽东有什么可看的。

博古等人到瑞金后不久，就在福建苏区发动了一场反对所谓"罗明路线"的斗争。罗明在1933年1月21日向中共福建省委写了《对工作的几点意见》，认为红军应向敌人力量薄弱的地方发展，以巩固和扩大苏区。处在苏区边缘区的地方武装应先打击当地的地主武装，对国民党正规军不要硬打，要采取游击战、运动战，从打小仗中锻炼和提高红军战斗力；主张要有计划、有步骤地扩大红军，不能一味削弱地方武装去"猛烈扩大红军"；对边缘区、新区工作的指导应不同于巩固的中心区域，不能把中心区域的工作方式千篇一律地照搬到边缘区、新区来。罗明的这些主张，是从福建苏区的实际情况出发提出的正确意见。但博古错误地认为这是取消中央进攻路线的逃跑退却路线，在党内立刻开展所谓反对以罗明为代表的机会主义路线的斗争，并撤销了罗明的中共福建省委代理书记的职务。

随后，中共临时中央又在江西错误地开展反对邓小平、毛泽覃、谢唯俊、古柏的斗争，即反对"江西罗明路线"的斗争，撤销他们四人的党内外一切职务，将他们下放到基层劳动。

反"罗明路线"和反对邓、毛、谢、古的斗争，实际上反对的是以毛泽东为代表的正确主张。毛泽东在《中国共产党第七次全国代表大会的工作方针》报告中曾说，"反罗明路线就是打击我的，事实上也是这样"。[①]

领导中央苏区经济建设

1933年2月中旬，在长汀福音医院休养了四个月的毛泽东，奉中共临时中央与苏区中央局合并后成立的中共中央局之命，回到瑞金主持苏维埃临时中央政府工作。

毛泽东回瑞金时，向傅连暲建议，将福音医院改编为中央红色医院，

---

① 《毛泽东在七大的报告和讲话集》，中央文献出版社1995年版，第14页。

笔下起风雷　胸中百万兵
土地革命战争中的毛泽东

并搬到瑞金去。傅连暲欣然同意。

回瑞金不久，毛泽东就派人到长汀将福音医院及傅连暲全家搬到瑞金。他在看望傅连暲时说：这个医院，是我们的第一个医院，由你当院长。医院任务很重，你要当好这个院长，首先得有一个观点，为伤病员服务。这个医院除了给红军看病外，也要给老百姓看病。又说，对疾病的预防和治疗要结合进行，要教育大家讲卫生。

傅连暲正式参加红军后，于1938年加入中国共产党。他尽心尽力为党中央领导人、人民军队高级将领、广大指战员和人民群众治伤治病，有"红色华佗"之美誉。他还为人民军队培养了大批医务人员，为党和人民的卫生事业作出了重大贡献，1955年被授予中将军衔。

毛泽东回到瑞金时，正是中央苏区第四次反"围剿"关键时刻，他非常关心反"围剿"的进行。红一方面军在周恩来、朱德的指挥下，顶住中共临时中央和中共苏区中央局命令他们强攻南丰的压力，运用和发展以往反"围剿"作战的成功经验，于2月28日和3月1日在黄陂地区经过两次激战，将国民党军第五十二师、第五十九师几乎全部歼灭，俘虏敌师长李明、陈时骥。以毛泽东为主席的中华苏维埃临时中央政府致电朱德总司令、周恩来总政治委员，庆贺红一方面军全体指战员取得胜利，指出这是粉碎敌人第四次"围剿"的伟大开端。

3月21日至22日，红一方面军又在草台岗歼灭国民党军第十一师大部及第九师一部。

至此，红一方面军共歼灭国民党军三个师，俘敌1万多人，缴枪1万多支，取得了中央苏区第四次反"围剿"的胜利，并且创造了红军战争史上前所未有的大兵团伏击歼敌的范例。

国民党为了消灭红一方面军和中央苏区，在发动大规模军事"围剿"的同时，加紧经济封锁，企图使中央苏区军民"不能存一粒米、一撮盐、一勺水的补给"，造成经济枯竭，无法生存下去。比如，敌人严禁白区商人与苏区通商，对于盐、布实行专卖，规定每人每月只供应食盐六两（当时十六两为一斤）。对西药药材控制更加严格。抓到私运盐、布、西药的人，轻者没收物资、剃眉毛、罚苦役二年至三年，重者则以"通匪"罪杀头。

第四章 遭到"左"倾打击、排挤

敌人的严密经济封锁,再加上中共临时中央"左"倾政策推行到中央苏区来,导致中央苏区的经济困难越来越大。1933年春,中央苏区工商业凋零,食盐、布匹、药品等日用品奇缺,价格昂贵,部分地区因缺粮而发生饥荒。

毛泽东主持中央临时政府工作后,为了扭转经济严重困难的局面,决定先从健全领导机构入手。他主持召开的人民委员会决定苏维埃政府设立各级国民经济部,委任邓子恢兼任中央国民经济部部长。

4月,苏维埃临时中央政府国民经济人民委员部成立,下设计划局、调查统计局、粮食调剂局、合作社指导委员会、国营企业局和对外贸易处。中央国民经济人民委员部成立及其运转,切实加强和统一了苏区经济建设的领导和管理,对中央苏区经济建设开展起了重要作用。

为了广泛动员苏区人民开展大规模的经济建设运动,全面部署中央苏区的经济建设工作,苏维埃临时中央政府先后两次召开大会:一次是南部17县经济建设大会,8月12日至15日在瑞金举行;另一次是北部11县经济建设大会,8月20日至28日在博生县(今宁都县)举行。

毛泽东在南部17县经济建设大会上作了题为《粉碎敌人五次"围剿"与苏维埃经济建设任务》的报告。报告分为两个部分:1.四次"围剿"的粉碎与五次"围剿";2.粉碎五次"围剿"与苏维埃经济建设任务。这个报告的部分内容以《必须注意经济工作》为题收入《毛泽东选集》第一卷。

毛泽东在报告中指出:"革命战争的激烈发展,要求我们动员群众,立即开展经济战线上的运动,进行各项必要和可能的经济建设事业。"报告批评"有些同志认为革命战争已经忙不了,哪里还有闲工夫去做经济建设工作,因此见到谁谈经济建设,就要骂为'右倾'"。"认为在革命战争环境中没有进行经济建设的可能,要等战争最后胜利了,有了和平的安静的环境,才能进行经济建设"[①]的错误观点,指出这些意见是不对的,应该立刻改正。

---

① 《毛泽东选集》(第一卷),人民出版社1991年版,第119页。

笔下起风雷　胸中百万兵
土地革命战争中的毛泽东

在指出苏区还有许多地方政府没有着重讨论经济建设问题的情况之后，毛泽东强调要在"全体政府工作人员中，在广大工农群众中，造成一种热烈的经济建设的空气"。"我们要使人民经济一天一天发展起来，大大改良群众生活，大大增加我们的财政收入，把革命战争和经济建设的物质基础确切地建立起来。"①

毛泽东在报告中认为，经济建设运动的开展，不是几十人、几百人的事情，而是需要有几千人、几万人去做的事情；要把干部组织起来、训练起来，送到经济建设阵地上去，组织发动群众，号召群众购买公债、发展合作社、调剂粮食、巩固金融、发展贸易。在动员群众过程中，要反对官僚主义、命令主义的工作方式，要采用宣传群众、说服群众的方式。

毛泽东这个报告也在北部11县经济建设大会上由中央国民经济部副部长吴亮平进行了宣读。

两次经济建设大会之后，在中央苏区各级苏维埃政府的组织领导下，各地掀起了群众性的经济建设热潮，各项建设逐步发展起来。

农业生产是根本，毛泽东把农业生产作为最重要的任务来抓。王观澜回忆：

毛泽东同志抓政府工作时，抓得很紧。农业生产当时主要是劳力问题，雇零工平时一天要三至四毛，到割禾时，一天两三元也雇不到。红军家属虽有耕田队帮忙，但也时常发生不能及时解决耕种的问题。地方工作越先进，参军的人越多，壮劳力就越少，生产就越困难。所以，毛泽东同志重点抓了创办劳动互助社、犁牛合作社，常亲自讲演，予以提倡、推广。换工本来民间早有习惯，犁牛合作社是以查出多余的牛为基础发展起来的。有一个章程，对使用管理和喂养耕牛都有具体规定。但农忙时，劳力还感不足，以后就发动妇女参加劳动，抓典型，奖励推广，江西妇女原没有下田的习惯，通过动员，妇女的生产积极性调动起来了，成了一支生力军，就这样，解决了农业生产中劳力不足的问题。一九三三年，全苏区农业生产平均增产一成

---

① 《毛泽东选集》(第一卷)，人民出版社1991年版，第121、122页。

半，红军给养有了保证，一九三四年那一年，农业生产也是大丰收。①

毛泽东重视的另一个经济问题是苏区的对外贸易。苏维埃临时中央政府在发出的打破敌人经济封锁告群众书中号召："我们必须把财力人力集中起来，去争取前方战争的胜利。""应该想出许多办法输出我们的土产，去输入油盐洋布，我们应该大家集股组织消费合作社，寻找交通小道到白区去，有组织地去进行买卖，使敌人无法封锁我们。"②毛泽东在南部17县经济建设大会上作的报告中要求"恢复钨砂、木头、樟脑、纸张、烟叶、夏布、香菇、薄荷油等特产过去的产量，并把它们大批地输到白区去"，从而使这些产品出口"卖得适当的价钱，又从白区用低价买得盐布进来，分配给人民群众，这样去打破敌人的封锁，抵制商人的剥削"。③

当时，处于中央苏区核心区域的兴国、宁都、雩都、会昌、信丰、瑞金等县，都是粮食、食油、生猪、柴火、钨砂等物资的产区，这些物资都要运输到白区，换取钱款，购买苏区军民所需要的东西，特别是食盐，每月都需要30万斤。

为了加强同白区的贸易往来，苏维埃临时中央政府国民经济部对外贸易总局在赣县江口、闽西汀州、会昌乱石圩、吉安值夏设了四个分局，各省、县国民经济部也分别设立了对外贸易局。江口镇离赣州60里，是赣江上游的交通中心，每逢三、六、九是圩日。起初，白区商人不了解苏区对外贸易政策，不敢到江口来做生意。江口分局在当地苏维埃政府的帮助下，在苏区边界到处张贴标语，宣传苏区外贸政策。白区商人了解到苏区外贸政策后，越来越多的人到江口来做生意。时任江口分局局长的姚名琨回忆：

> 每圩都有赣州商人的成百条货船，载着一船一船的盐和布到江

---

① 王观澜：《中央苏区的土地斗争和经济情况》，陈毅、肖华等：《回忆中央苏区》，江西人民出版社1981年版，第220—221页。
② 《中华苏维埃共和国临时中央政府为打破敌人对苏区的经济封锁告群众书》（1932年2月26日），中共江西省委党史研究室等编：《中央革命根据地历史资料文库·政权系统》（7），中央文献出版社、江西人民出版社2013年版，第620页。
③ 《毛泽东选集》（第一卷），人民出版社1991年版，第121、122页。

口圩来,还有肩挑的商人,先后共计有几百人,有时达五六百人到江口来做买卖。由于我们讲信用,并且根据货物缺乏的情况,确定货物的利润。因此,白区商人觉得和苏区做生意,有利可图,都愿意来。……那时,由于没有电话联络,我们就从江口通往瑞金中央根据地的途中,建立了十二个交通联络哨和一支三十多人的运币(银洋)队伍。中华苏维埃共和国对外贸易总局计划要采购什么货物,只要开出购货单,由各个联络哨传递给我们,我们就照计划去采购。①

与此同时,苏区还秘密派人到国民党统治区开设商店和采购站,然后把货物通过秘密交通线运进苏区。

由于采取这些措施,沟通了中央苏区同国民党统治区之间的商品流通,活跃和发展了苏区经济。正如毛泽东指出的那样,"发展苏区的对外贸易","是发展国民经济的枢纽"②,在打破敌人的经济封锁中起了重要作用。

除了农业和外贸外,中央苏区的财政、金融、手工业、兵工等以及邮电、交通、医药、卫生等公共事业也都有一定发展。

中央苏区的经济建设,是在极端困难的战争环境中进行的。在当时,革命战争是中心任务,经济建设是服从、围绕这个中心任务进行的。被排挤出红军领导岗位的毛泽东,用另外一种方式支持中央苏区的反"围剿"斗争,并满足着人民群众的物质需要,推动苏区的巩固和发展。他开创性地提出的经济政策,不仅在经济建设中起了重要作用,而且形成了根本不同于半殖民地半封建社会的新民主主义经济的雏形。

长冈乡、才溪乡调查

毛泽东主持苏维埃临时中央政府工作后,在领导经济建设的同时,在

---

① 姚名琨:《对外贸易局江口分局》,陈毅、肖华等:《回忆中央苏区》,江西人民出版社1981年版,第346—347页。
② 《中华苏维埃共和国中央执行委员会与人民委员会对第二次全国苏维埃代表大会的报告》(1934年1月24—25日),中共江西省委党史研究室等编:《中央革命根据地历史资料文库·政权系统》(8),中央文献出版社、江西人民出版社2013年版,第1348页。

政权建设方面也投入了很大精力。

为了加强对全国革命的领导,开展新局面,总结两年以来全国苏维埃运动的经验,1933年6月8日,苏维埃临时中央政府执行委员会作出召开第二次全国苏维埃代表大会的决议。决议规定:"第二次全苏大会以前应改选各级地方苏维埃。"[1]

开好二苏大,搞好各级地方苏维埃的改选工作十分重要。为此,7月21日,苏维埃临时中央政府执行委员会作出关于重新划分行政区域的决定,对市、乡、区管辖区域、人口分类作了具体规定。

这次重新划分行政区域,主要是缩小管辖规模,目的在于使苏维埃政权"和每个革命群众接近,每个革命群众都要参加政权"[2]。以前的行政区域管辖面积过大,很不便利群众参加政权,因此苏维埃临时中央政府决定重新划分行政区域,新增设了洛口、龙冈、杨殷、彭湃、赤水、长胜、西江、门岭等8个县,要求在开始选举前完成划分工作。

8月9日,苏维埃临时中央政府执行委员会第四十七次会议通过《苏维埃暂行选举法》实施决议。当日,毛泽东与项英等颁布《中华苏维埃共和国中央执行委员会训令第二十二号——关于此次选举运动的指示》。训令指出:"这次选举是从乡苏市苏,一直到中央执行委员会,完全实行改选。"要充分发动群众,"吸引尽可能多的工人、农民及贫民分子积极地参加选举"。"对于候选名单,选举委员会应作充分的事先准备。""实行选举时,须按名逐一提出,逐一讨论,逐一表决,使选民尽量发表意见,使革命的民主精神充分体现出来。""在选举大会开会之前,须将选举提案的草案准备好,并普遍公布出去,使选民看了草案好充分准备意见。""提案的内容,要能够充分表现当地群众对于自己生活,对于政府

---

[1] 《中央执行委员会关于召集第二次全苏大会的决议》(1933年6月8日),中共江西省委党史研究室等编:《中央革命根据地历史资料文库·政权系统》(7),中央文献出版社、江西人民出版社2013年版,第777页。

[2] 《人民委员会第四十六次会议》(1933年7月22日),中共江西省委党史研究室等编:《中央革命根据地历史资料文库·政权系统》(7),中央文献出版社、江西人民出版社2013年版,第861页。

笔下起风雷 胸中百万兵
土地革命战争中的毛泽东

的法令政策，对于革命战争的意见。"①训令还对区、县、省三级苏维埃代表大会的召开作了具体规定。

为了动员开展选举运动，毛泽东于9月6日在瑞金主持召开中央苏区南部18县选举运动会议，作了《今年的选举》报告。这次会议之后，中央苏区选举运动便普遍开展起来，在9月、10月达到了高潮，11月上旬基本完成。在选举中，许多地方参加选举的人占选民总人数的百分之八十以上，有的地方达到百分之九十以上。妇女享有同男子平等的权利，在代表中一般占百分之二十以上。

在开第二次全国苏维埃代表大会之前，毛泽东为了准备会议报告，进行了两次社会调查。他选择调查的对象是乡苏维埃政权。因为"一切苏维埃的实际执行都在乡苏与市苏"，"而不了解乡苏与市苏的工作，简直就不能真正领导苏维埃工作"②。

11月中旬，毛泽东在临时中央政府秘书长谢觉哉的陪同下，率中央政府检查团来到兴国的长冈乡。

长冈乡属兴国上社区，共有4个自然村，437户1784人。毛泽东一行一到长冈乡，就在乡列宁小学召开调查会。参加调查会的长冈乡苏维埃主席李奎应回忆说：

调查会上摆设了一张八仙桌，两条长脚凳，其余的都是短的八仙桌凳。还为调查会烧了茶，用茶桶装，用瓦茶壶递茶，毛泽东同志使用自己带来的茶盅，其余的人用粗饭碗。点的是清油灯，用竹子做的高灯柱。

徐海章是当年的代表主任，调查团的人吩咐他去通知三个乡（长冈、榔木、石门）的乡主席和当地的代表主任晚上开会。八点钟左右，开会的人都来了，共有八个。会议开始后，毛泽东同志问我们各人负什么责任？问消费合作社是什么时候办起来的？办社的经过情况

---

① 《中华苏维埃共和国中央执行委员会训令第二十二号——关于此次选举运动的指示》（1933年8月9日），中共江西省委党史研究室等编：《中央革命根据地历史资料文库·政权系统》（7），中央文献出版社、江西人民出版社2013年版，第905、906、907页。
② 《毛泽东农村调查文集》，人民出版社1982年版，第286页。

怎样？合作社如何接济群众？等等。我们一一作了回答。接着，毛泽东同志又问各乡主席干些什么工作？各乡主席向毛泽东同志汇报了扩红、推销公债、优待红属、组织担架队和慰劳队的情况。会议一直开到十一点多钟。

第二天，我随同调查团到了乡苏维埃政府，并叫乡苏的两三个工作人员带去塘背。在路上有座三四根木头搭起的小桥。桥面很小，有的桥栓也断了，行走不方便。毛泽东同志说要赶快修理好。在群塘，毛泽东同志问了优属及推销公债的情况，还沿途看了生产。在从群塘往火叉塘的路上，我们碰到刘长秀，毛泽东同志便问她去哪里？家中有几个人吃饭？刘长秀告诉毛泽东同志，说她丈夫当红军去了，大的儿子也当红军去了，家中无米，政府便从公略县办来米接济她。上午，调查团又到马荣海家调查，还到长冈岭捡花生，毛泽东同志问"今年生产好吗"？群众说"很好"。

下午，检查团又转到燕子窝。在燕子窝口上，有些群众在种油菜，一边种，一边唱山歌。检查团看了，很高兴。接着，检查团的同志也下田劳动，做畦种油菜，劳动了一个下午。[1]

毛泽东率领调查团在长冈乡结束调查后，又与谢觉哉、王观澜等，带着警卫员陈昌奉、吴吉清及中央通信排一个警卫班，从瑞金出发到长汀，乘船沿汀江而下，经河田、三洲、水口、回龙至官庄，然后步行到福建上杭县上、下才溪乡进行调查。

上、下才溪乡属于才溪区，其中上才溪523户2318口人，有雷屋、洋下、中兴、上屋4个自然村；下才溪乡503户2610口人，有樟坑、下坑、发坑、孙屋4个自然村。

毛泽东到后先住在才溪区苏维埃政府隔壁的工会靠东边的房子。卧室里陈设简陋，只放了一张桌子和一张竹椅；桌子上放着一盏马灯，一个铜墨盒，一支毛笔，一支红蓝铅笔；床是用门板加两块木板和两条长凳搭起

---

[1] 李奎应：《忆毛泽东同志作长冈乡调查》，陈毅、肖华等：《回忆中央苏区》，江西人民出版社1981年版，第409—410页。

来的，上面铺些稻草，稻草上放了块油布，油布上再铺块白被单；晚上盖的是一条夹白布被单和一条半棉半毛的水红色毯子，实在冷时再把穿的棉大衣盖上。

毛泽东办公的地方是所住的房子的上厅，摆了两张方桌，三四个双人凳和一个马扎。警卫人员睡在下厅临时搭起的几个铺上。

毛泽东一行到才溪区的第二天上午，在区苏维埃政府召开了区委书记、区苏维埃政府主席和各部部长会议。他认真听了干部关于才溪群众在扩大红军、优待红属、生产支前、文化教育、物价对比情况后，与干部进行了热烈的讨论，并亲自作了详细的记录。

之后，毛泽东还在区苏维埃政府召开了工人代表、贫农代表和耕田队长等调查会。

在工人代表调查会上，毛泽东关心地询问了才溪区工会的组织与生活情况，并热情地鼓励他们干革命要坚决、勇敢，不要怕牺牲，要搞好物资交流，粉碎敌人的经济封锁。

在贫农代表调查会上，毛泽东了解了群众的生产和生活情况，特别强调毛竹的作用，说：毛竹的用途很大，能造纸出口，换回盐、布，又能编箩筐，每家每户都少不了它，连扁担也是竹子做的。大家要少吃笋，保护好竹林。

在耕田队长调查会上，毛泽东向他们了解了农业耕田队和劳动合作社的情况，叮嘱大家要搞好生产，保证大家吃饱饭。首先要保证红军吃饱饭，才能打败国民党白军，保卫革命根据地。

除了在区苏维埃政府开调查会外，毛泽东一行还到了上、下才溪乡调查，详细了解乡苏维埃政权的组织建设情况和农业劳动力、消费合作社、粮食合作社、犁牛合作社情况，以及推销公债、文化教育、暴动前后群众生产变化等情况。

在才溪调查期间，毛泽东还利用空余时间访问了贫苦农民和红军家属。有一次，毛泽东访问一户群众，正碰上他们一家在吃饭。户主就端出几碗地瓜请毛泽东和警卫员吃。毛泽东指着几种不同品种的地瓜问："这几种地瓜哪种产量高？"户主说："水红皮黄心的产量高。"毛泽东又问:"是本地种吗?"户主告诉他:"是从广东引来的。"毛泽东便选了一个水红皮黄心的地瓜吃,边吃边对户主说:"这种地瓜产量高又好吃,明年要多种。"

临离开前,毛泽东吩咐警卫员买了几十斤地瓜带走,准备办公到深夜肚子饿时煮几个当消夜。有一次,毛泽东召开代表调查会,代表没吃饭就来了,他吩咐警卫员陈昌奉:"把饭让给代表吃,我们煮地瓜吃。"

毛泽东从群众家门口经过,看到群众在劈柴,对群众说:"让我来试试好吗?"他一边劈柴一边问:"一担柴能卖多少钱?可以换回多少米、盐、布?大家都砍柴又要烧又要卖,将树砍了,栽不栽树?"群众回答:"我们这里四周都是山,没有想这么多。"他告诉群众,要有计划地砍柴,今年砍这块山,明年砍那块山,要边砍边栽树,烧柴要节约。

在20世纪30年代,毛泽东就注意到农村的生态环境平衡和可持续发展问题,不能不佩服他非常有远见。

一次,毛泽东看到群众把山上的泉水用竹笕引到自己家里用,便说:"这是群众的创造,很好。"他对随同的区乡干部说:"可以用这种办法把山上的泉水引到旱田里去,把旱田变成水田,就可以种稻子了。"

有意思的是,在才溪,毛泽东还接受了一次"考试"。吴吉清回忆:

当主席调查完第二个村庄来到第三个村庄时,我们遇上了一位有趣的房东老大爷。那天上午,主席走得很疲倦,我们打开行李后,就想请他休息一会儿。不料主席却发现房东老大爷正蹲在院子里整理稻秧,一边自言自语地说着什么,就向我们递了个眼色,说:"你们没有看见?房东老大爷要考'劳动状元'了。"

主席说罢,只简单地洗了洗脸,就领着我们下地去给老大爷插秧。

巧的是,房东老大爷真有其意。他把我们领到田里后,问道:"同志,你们会栽禾么?"

主席笑了笑说:"请您多加指教!"说着,他就脱下草鞋,挽起了裤腿,又向我们招呼道:"我们来个竞赛,看谁栽得快,栽得匀,栽得直。"我们一拥下田,劳动竞赛就开始了。

这时,房东老大爷见我们干活都有股子虎劲儿,就笑盈盈地站在

笔下起风雷　胸中百万兵
土地革命战争中的毛泽东

地边上看着。看了一会儿,当发现我们真都是庄稼内行,就急忙回家去了。直到正午叫我们回家吃饭时,他横竖看了看主席插的那一片稻秧,才笑呵呵地伸出一个大拇指,夸奖主席说:"同志,您是这一分的!"①

下午,毛泽东又带领警卫员帮助房东老大爷耕地。房东老大爷对毛泽东赞不绝口,说他耕过的地又好又均匀,直得像一条线,要吴吉清、陈昌奉等人好好学习。

看到毛泽东是个种地的好把式,房东老大爷和他像老朋友一样推心置腹地聊天,说心里话。

毛泽东在上、下才溪乡调查了十多天。离开才溪前,他召开了一个干部会,鼓励干部们:你们能深入群众,和群众打成一片,既能和群众一起闹革命,又能帮助群众解决困难,这很好。才溪的工作做得不错,是个模范乡,要保持下去,不要骄傲。

毛泽东在长冈乡、才溪乡调查,有这几个特点。

其一,所调查的人员具有广泛性。其中,有区、乡一级的干部,有一般工作人员,有工、农及其他方面的代表,有普通群众和红军家属。

其二,调查的方式是多样的。其中,有区、乡和各方面代表的汇报、讨论;有实地考察,发现问题,及时解决,看到创造,及时推广;有到群众家里进行访问,有与普通群众交朋友、谈心。

其三,参加各种劳动。上至苏维埃临时中央政府主席毛泽东,下至警卫员,都在调查期间参加劳动,与群众打成一片。

可以看出,毛泽东长冈乡、才溪乡调查是全面、深入、真实、接地气的。这样的调查结果无疑是准确、可靠的。

毛泽东回到瑞金后,先后写出了《兴国长冈乡的苏维埃工作》和《上杭县才溪乡的苏维埃工作》调查报告。第二次全国苏维埃代表大会召开后,这两个调查报告以《乡苏工作的模范(一)长冈乡》和《乡苏工作的

---

① 吴吉清:《在毛主席身边的日子里》,江西人民出版社1983年版,第126—127页。

第四章　遭到"左"倾打击、排挤

模范（二）才溪乡》为题①印发给大会代表。

毛泽东在《乡苏工作的模范（一）长冈乡》中指出："我们的任务是提出了"，"问题是怎样动员群众去完全地实际地实行这些任务与计划"。"现在许多地方的苏维埃机关中，发生了敷衍塞责或者强迫命令的严重错误，这些苏维埃同群众的关系十分不好，大大障碍了苏维埃任务与计划的执行。另一方面，无数的下级苏维埃工作同志，又在许多地方创造了许多许多动员群众的很好方法，他们与群众打成一片，他们的工作收到了很大的成效。"他认为，应"把这些好的经验收集整理起来，传播到广大区域中去"。"反对官僚主义的最有效方法，就是拿活的榜样给他们看。"他称赞长冈乡是"苏维埃工作的模范"，可以提供"给一切落后的乡苏、市苏"，"使他们的工作提高到先进乡苏、市苏的地位，团结千百万群众于苏维埃周围，争取一切苏维埃工作适合粉碎敌人'围剿'的要求"②。

在《乡苏工作的模范（二）才溪乡》中，毛泽东全面总结了才溪乡苏维埃工作的经验，尤其重视与群众联系最紧密的村苏维埃政权建设。他指出："乡的中心在村，故村的组织与领导成为极注意的问题。将乡的全境划分为若干村，依靠于民众自己的乡苏代表及村的委员会与民众团体在村的坚强的领导，使全村民众像网一样组织于苏维埃之下，去执行苏维埃的一切任务，这是苏维埃制度优胜于历史上一切政治制度的最明显的一个地方。"③

在第二次全国苏维埃代表大会上，毛泽东在所作的《中央执行委员会对第二次全国苏维埃代表大会的报告》④中，阐述了革命战争与关心群众生活之间的关系。他指出："我们现在的中心任务是动员广大群众参加革命战争"，"因为革命战争是群众的战争，只有动员群众才能进行战争，

---

① 这两个调查报告在1941年收入《农村调查》一书时，分别题为《长冈乡调查》和《才溪乡调查》。
② 《毛泽东农村调查文集》，人民出版社1982年版，第286、287页。
③ 《毛泽东农村调查文集》，人民出版社1982年版，第336页。
④ 这个报告的部分内容收入《毛泽东选集》(第一卷)，题为《关心群众生活，注意工作方法》。

只有依靠群众才能进行战争"。"领导农民的土地斗争,分土地给农民;提高农民的劳动热情,增加农业生产;保障工人的利益;建立合作社;发展对外贸易;解决群众的穿衣问题,吃饭问题,住房问题,柴米油盐问题,疾病卫生问题,婚姻问题。总之,一切群众的实际生活问题,都是我们应当注意的问题。"这些问题做好了,"广大群众就必定拥护我们,把革命当作他们的生命,把革命当作他们无上光荣的旗帜。国民党要来进攻红色区域,广大群众就要用生命同国民党决斗"。

毛泽东得出的结论是:"真正的铜墙铁壁""是群众,是千百万真心实意地拥护革命的群众"。"真正的铜墙铁壁,什么力量也打不破的,反革命打不破我们,我们却要打破反革命。在革命政府周围团结起千百万群众来,发展我们的革命战争,我们就能消灭一切反革命,我们就能夺取全中国。"[1]

毛泽东在报告中赞扬长冈乡和才溪乡苏维埃工作做得好,长冈乡青壮年男子百分之八十参加了红军,才溪乡青壮年男子百分之八十八参加了红军。他们不仅在扩红方面,在购买公债、解决群众生活困难等方面也做出很大成就。认为"这样的乡政府,是真正的模范乡政府"[2],号召大家要向他们学习。

真正的铜墙铁壁是群众,是毛泽东革命、建设的理念。毛泽东为什么能够建设一支令国民党军闻风丧胆的人民军队?从这个理念我们就不难认识。

苦涩的查田运动

毛泽东主持苏维埃临时中央政府工作后,中共临时中央给他的一个任务就是查田。

毛泽东决定对查田运动采取经过调查、进行试点、取得经验、逐步推广的办法。在查田运动开始前,他于1933年3月派中央土地部副部长王观澜先在苏维埃临时中央政府所在地叶坪乡搞试点。

毛泽东亲自到叶坪乡视察,听取王观澜的汇报,指示:要广泛深入

---

[1] 《毛泽东选集》(第一卷),人民出版社1991年版,第136—137、139页。
[2] 《毛泽东选集》(第一卷),人民出版社1991年版,第138页。

地发动当地群众，认真地宣传、贯彻党的土地政策，依靠贫雇农，联合中农，组织起来解决问题。查田运动绝不是一件寻常小事，而是一个群众性的伟大的革命斗争，是一场激烈的阶级斗争，只有在党的正确领导下，把群众组织起来，团结一致，分清敌我，才能最大限度地发挥群众力量，把斗争推向前进，把各项工作做得更好。要注意掌握政策，注意不要把有轻微和短暂剥削行为的富裕中农也当剥削阶级对待，以致侵犯他们的利益，扩大打击面。

王观澜遵照毛泽东的指示，使叶坪乡的查田工作沿着健康的轨道发展。他回忆说：

> 这个乡原来是个落后乡，什么工作都搞不起来。徐特立同志是当时中央苏区的教育部副部长，在叶坪试办一所学校，动员群众上学，但很少有人来。扩大红军及其它工作也一样，缺乏生气，死气沉沉。经过查田运动，群众充分发动起来了，把隐藏的地主、富农挖了出来，全乡劳苦群众每人大约平均多分了九分地。还健全了支部，组织了贫农团和雇农工会，各项工作都搞起来了。实践证明，土地问题的彻底解决是当时做好一切工作的中心环节。[①]

王观澜在叶坪查田试点工作取得经验后，毛泽东和苏维埃临时中央政府及时组织工作团将叶坪乡的查田经验推广到云石山、壬田、武阳三个区，并扩大试点成果，继续摸索经验，进而在瑞金全县展开。

5月，毛泽东将一部分地区开展查田运动的情况和经验向中共苏区中央局进行了汇报。6月1日，毛泽东与项英等发布《中央政府关于查田的训令》。训令决定首先在瑞金、会昌、博生[②]、零都、胜利、石城、宁化、长汀等8县发动查田运动，规定"查田运动中要坚决执行阶级路线。以农村中工人阶级为领导，依靠着贫农，坚决联合中农，向着封建半封建势力作坚决的进攻，把一切冒称'中农''贫农'的地主富农完全清查出来，

[①] 王观澜：《中央苏区的土地斗争和经济情况》，陈毅、肖华等：《回忆中央苏区》，江西人民出版社1981年版，第317页。
[②] 宁都起义领导人之一赵博生于1933年1月在战斗中牺牲，为纪念他，中华苏维埃共和国临时中央政府将宁都县改名为博生县。

笔下起风雷　胸中百万兵
土地革命战争中的毛泽东

没收地主阶级的一切土地财产，没收富农的土地及多余的耕牛农具房屋，分配给过去分不够的及尚未分到田的工人贫农中农，富农则分较坏的劳动份地"①。

从上述规定看，查田运动是毛泽东内心非常苦涩的一个产物。王观澜在回忆中央苏区查田运动的文章中说："对查田运动，毛泽东同志从来就是主张争取百分之九十五以上的人，地主也要分田，富农的财物不动，多余的部分（房子、田地）分给农民。""王明却相反，主张地主不分田，把地主扫地出门，富农分坏田，没收富农财产。"②还在毛泽东主持临时中央政府之前，中共临时中央的"地主不分田""富农分坏田"的"左"倾土地政策就已经开始在中央苏区推行。毛泽东还在长汀福音医院养病时，苏维埃临时中央政府土地人民委员部于1933年2月1日发布的训令第二号就规定："田未分好，或分得不好的地方：如会昌，石城，安远，寻邬③，博生，南广，薪〔新〕泉，宁化等县，要马上发动群众，重新分田"；"要使豪绅地主分不到一寸土地，富农分不到一丘好田"④。很明显，苏维埃临时中央政府查田的训令中关于地主、富农土地没收问题的规定延续了土地人民委员会部这个训令中的规定，非毛泽东所愿。

6月2日，中共苏区中央局作出《关于查田运动的决议》。决议把毛泽东领导创建赣南、闽西根据地时形成的"抽多补少，抽肥补瘦"土地分配办法称为"对于土地问题的解决不正确路线"，因而造成在苏区"许多区域中，土地问题还没有得到澈〔彻〕底的解决"⑤。这个论断使查田运动

---

① 《中央政府关于查田运动的训令》（1933年6月1日），中共江西省委党史研究室等编：《中央革命根据地历史资料文库·政权系统》（7），中央文献出版社、江西人民出版社2013年版，第759页。
② 王观澜：《关于查田运动的一些回忆》，陈毅、肖华等：《回忆中央苏区》，江西人民出版社1981年版，第323页。
③ 今寻乌。
④ 《中华苏维埃共和国临时中央政府土地人民委员会部训令第二号——春耕计划》（1933年2月1日），中共江西省委党史研究室等编：《中央革命根据地历史资料文库·政权系统》（7），中央文献出版社、江西人民出版社2013年版，第604页。
⑤ 《苏区中央局关于查田运动的决议》（1933年6月2日），中央档案馆编：《中共中央文件选集》（第九册），中共中央党校出版社1991年版，第206页。

很难在健康的轨道上运行。

尽管处境十分艰难,毛泽东还是竭力使查田运动朝着正确的方向发展。为了具体指导查田运动的开展,6月17日至22日,毛泽东在瑞金叶坪苏维埃临时中央政府大厅主持召开瑞金、会昌、零都、胜利、博生、石城、宁化、长汀等8县的县、区苏维埃负责人查田运动大会。

在大会上,毛泽东作了《查田运动的群众工作》报告,具体阐述了这次运动的策略和方法。

对查田运动,毛泽东最担心的是阶级划分问题,特别强调大家要将什么是地主,什么是富农,什么是中农弄清楚。关于富农与地主的区别,他指出:"富农自己劳动,地主自己不劳动,所以对地主取消灭的政策,对富农则取削弱的政策。因此消灭富农的倾向是错误的,同时不应该把富农成分当作地主待遇。"关于中农与富农的区别,他指出:"联合中农,是土地革命中最中心的策略,中农的向背,关系土地革命的成败。"而当时最需要注意的问题是侵犯中农利益,"为了联合中农不侵犯中农利益起见,要提出'富裕中农'来说明它,要着重说明富农与中农交界地方,使富裕中农稳定起来"。因而,他要求大家"不使中农弄成富农,富农弄成地主"[①]。

在查阶级的工作方法上,毛泽东有针对性地要求大家注意这几个方面的问题:

(一)查田运动是查阶级,不是按亩查田。按亩查田,要引起群众恐慌,是绝对错误的。

(二)查阶级是查地主富农阶级,查剥削者,查他们隐藏在农民中间而实在不是农民的人,查这些少数人,决不是查中农、贫农、工人的阶级。因此不得挨家挨户去查,挨家挨户去查要引起群众恐慌,是绝对错误的。

(三)查阶级之前,一定要经过宣传的阶段,即讲阶级的阶段,不经过公开地普遍地讲阶级就动手去查,要引起群众恐慌,是绝对错

---

① 《毛泽东文集》(第一卷),人民出版社1991年版,第269、270、271页。

误的。

（四）查阶级要发动工会、贫农团的会员及其他群众多数人去查，要群众查了随时报告贫农团与查田委员会，不应该只是少数人去查，少数人去查要引起群众恐慌，是绝对错误的。[1]

对于通过阶级这个问题，毛泽东要求大家采取慎重的态度。他说："通过阶级就是决定阶级成分，是对这个人决定'生死'的时候，故要十分谨慎。一定要是查清楚了的才能提出通过。"为此，他提出了贫农团大会讨论、乡查田委员会审查、区土地部决定、本人村子群众大会赞成通过四个步骤，并强调："如果过去有通过错了的，如把中农当富农，富农当地主，地主当富农，应该推翻原案。要在群众大会上说明过去错误了，现在改正的理由，取得群众的满意。""如果将错就错，不肯改正，那是完全不对的。"[2]

8县查田运动大会后，中央苏区的江西、粤赣、福建等地也分别召开了所属各县的查田运动大会，对查田行动作出部署。

七八月，查田运动在中央苏区广泛开展。最初是纠正分假田、分田不彻底，查出了一些漏划的地主、富农，土地分配情况得到了改善。但在"左"倾教条主义方针在中央苏区全面推行的大气候之下，随着查田运动的迅速发展，便开始出现"左"的偏向，且有愈演愈烈的趋势。许多地方把大量中农特别是富裕中农当富农加以打击，把不少富农当地主加以打击，发生了严重侵犯中农利益、消灭富农经济的错误。

王观澜回忆："在查田运动中，王明'左'倾路线实行地主不分田，不给予生活出路，扫地出门，肉体上消灭政策。这样，有的地主就上山为匪；富农分坏田，在经济上消灭。这样，他们也很不满意。某些群众从狭隘的眼前利益出发，是高兴这样做的。为了多分，有的地方还侵犯富裕中农的利益，没收时，甚至晚上去没收，说是怕鸡子跑掉。有的还把耕牛没

---

[1] 《毛泽东文集》（第一卷），人民出版社1991年版，第271页。
[2] 《毛泽东文集》（第一卷），人民出版社1991年版，第272、273页。

收后杀死吃掉。"①

有的地方把革命前五六年甚至十几年请过长工或者请过一两年长工的富裕中农也放在富农一类。侵犯中农利益，弄得中农十分恐慌。瑞金城区按亩查田，有的中农跑到苏维埃政府，请求把自己改为贫农，理由是中农很危险，挨上去就是富农，改为贫农，离富农就远一点。

针对查田运动中出现"左"倾错误偏向，毛泽东于8月29日在《斗争》报上发表《查田运动的初步总结》一文，在肯定了查田运动取得的成绩后，着重指出："侵犯中农的倾向是最严重的危险"，是"'左'的机会主义倾向"。要求"已经没收了中农的土地财产的地方，苏维埃人员要向当地中农群众公开承认自己的错误，把土地财产赔还他"。同时他还谈道，不少地方把富农当地主来对待，"这一错误的来源，是由于抹煞富农的劳动力"，"对富农的不正确观念，也无疑要影响到中农上去"。②

9月8日，中共临时中央作出《关于查田运动的第二次决议》，承认查田运动中"侵犯中农的事实到处发生着"，"把富农当地主打的事实也个别的发现"，"责成中央政府党团和各省委县委对中央负责纠正查田运动中的各种错误"③。

10月10日，临时中央政府批准毛泽东在6月下旬起草的《怎样分析阶级》的文件，并通过他主持制定的《关于土地斗争中一些问题的决定》，同时予以公布。

《关于土地斗争中一些问题的决定》对20个问题作了明确的、具体的规定，其中主要是如何划分地主与富农，如何划分富农与富裕中农，以及对待知识分子的政策等。决定指出："富农自己劳动，地主自己不劳动或只有附带劳动，故劳动是区别富农与地主的主要标准"；"构成地主成分

---

① 王观澜：《中央苏区的土地斗争和经济情况》，陈毅、肖华等：《回忆中央苏区》，江西人民出版社1981年版，第318页。

② 转引自中共中央文献研究室编：《毛泽东传》（1893—1949）（上），中央文献出版社1996年版，第316、317页；中共中央文献研究室编：《毛泽东年谱》（1893—1949）（修订本）（上），中央文献出版社2013年版，第410页。

③ 《中央关于查田运动的第二次决议》（1933年9月8日），中央档案馆编：《中共中央文件选集》（第九册），中共中央党校出版社1991年版，第337、339页。

的时间标准,以暴动时为起点,向上推算,连续过地主生活满三年者,即构成地主成分"。"富裕中农与富农不同的地方,在于富裕中农一年剥削收入的分量,不超过其全家一年总收入的百分之十五,富农则超过百分之十五。"决定还规定从事非剥削别人的工作的知识分子是"脑力劳动者,应受到苏维埃法律的保护"[1]。

毛泽东与项英等签署的苏维埃临时中央政府公布的《关于土地斗争中一些问题的决定》的命令中要求:"凡在1933年10月10日以前各地处置之阶级成分有不合本决定者,应即依据本决定予以变更。"[2]

毛泽东的《怎样分析阶级》和《关于土地斗争中一些问题的决定》的规定很明确、很细致,具有很强的可操作性,发下去之后,很快取得成效。如胜利县原来划定地主、富农2116家,根据上述两个文件复查后,有1300多家改为中农和贫农。会昌县乌径区,由富农改划为中农的有35家,改划为贫农的有4家,由地主改划为富农的有18家。王观澜回忆:"当时,于都县在王明路线统治下搞扩大化,全县划了一千五百家地主、富农。""我到于都后,按照毛泽东同志《怎样分析阶级》的文件对照,实际上只有九百户可以划为地富。"[3]

经过毛泽东的努力,查田运动开始向健康的道路发展。然而,"左"倾领导者又掀波澜。

1934年1月,中共六届五中全会在瑞金召开,毛泽东没有参加这次全会。博古主持会议并作报告,将"左"倾错误发展到顶点,号召"集中火力反对主要危险的右倾机会主义",把毛泽东在土地问题上的一系列主张指责为"富农路线"。博古等还决定张闻天代替毛泽东任人民委员会主

---

[1] 《中华苏维埃共和国中央政府关于土地斗争中一些问题的决定》(1933年10月10日),中央档案馆编:《中共中央文件选集》(第九册),中共中央党校出版社1991年版,第549、550、551—552、561页。

[2] 《中华苏维埃共和国中央政府人民委员会命令第四十九号——公布关于土地斗争中一些问题的决定》(1933年10月10日),中共江西省委党史研究室等编:《中央革命根据地历史资料文库·政权系统》(7),中央文献出版社、江西人民出版社2013年版,第1035页。

[3] 王观澜:《关于查田运动的一些回忆》,陈毅、肖华等:《回忆中央苏区》,江西人民出版社1981年版,第323页。

席，周恩来不同意，表示"似无此必要"，但博古坚持原议。

1月下旬召开的第二次全国苏维埃代表大会上，毛泽东虽然继续当选为中央执行委员会主席，但人民委员会主席一职由中共中央提议的张闻天担任。这样，毛泽东就不再继续主持中央政府的工作。

3月15日，张闻天签署人民委员会训令，训令认为《关于土地斗争中一些问题的决定》发布后，"各地查田运动又发生了许多严重的问题，许多地方的苏维埃政府竟抛弃了继续开展查田运动的工作，而忙于'纠正'过去在查田运动中甚至在查田运动前的一些过'左'的错误，并且给了地主富农以许多反攻的机会"。为此规定："在暴动后查田运动前已经决定的地主与富农，不论有任何证据不得翻案，已翻案者作为无效。"提出："在继续开展查田运动中必须坚决反对拿'算阶级'来代替查阶级，拿百分数的计数代替阶级斗争。""必须坚决打击以纠正过去'左'的倾向为借口，而停止查田运动的右倾机会主义。""右倾机会主义是目前的主要危险。"①

这个训令明显是针对毛泽东前一段纠正查田运动出现"左"倾错误的，致使步入健康轨道的查田运动，又朝着"左"倾道路急速发展。

查田运动中"左"倾政策又一次大力推行，不仅过分打击了地主、富农，严重地侵犯了中农的利益，而且破坏了农业生产力，打击了农民的生产积极性，造成根据地严重缺粮，扩大红军遇到困难，加重了中央苏区的困难局面。

毛泽东不再主持临时中央政府工作后，博古等仍将他视为推行"左"倾方针的障碍，于1934年3月下旬以"毛泽东长时间患病""已停止工作"为由，向共产国际执行委员会书记皮亚特尼茨基请示，派毛泽东去莫斯科"作为出席代表大会②的代表"③。

---

① 《人民委员会训令——关于继续开展查田运动的问题（中字第一号）》（1934年3月15日），中共江西省委党史研究室等编：《中央革命根据地历史资料文库·政权系统》（7），中央文献出版社、江西人民出版社2013年版，第1471、1472页。
② 指共产国际第七次代表大会。
③ 《李竹声给皮亚特尼茨基的电报》（1934年3月27日于上海），中共中央党史研究室第一研究部译：《共产国际、联共（布）与中国革命档案资料丛书·联共（布）、共产国际与中国苏维埃运动》（1931—1937）（第14卷），中共党史出版社2007年版，第101页。

笔下起风雷　胸中百万兵
土地革命战争中的毛泽东

4月3日，共产国际执行委员会政治书记处政治委员会会议听取了中共中央关于毛泽东因病是否适宜去苏联的电报，决定："认为他不宜来莫斯科。必须尽一切努力在中国苏区将他治好。只有在中国苏区绝对不能医治时，他才可以来苏联。"[①] 4月9日，共产国际执行委员会政治书记处政治委员会致电埃韦特："〈我们〉反对毛泽东出行，因为我们不认为能够使他在旅途中免遭危险。即使需要大笔开支，也绝对需要在苏区组织对他的治疗。只有在完全不可能在当地医治和有病死危险的情况下，我们才同意他来莫斯科。"[②]

共产国际不同意毛泽东到苏联治病，这个决定是完全正确的。就算毛泽东能安全到达莫斯科，对中国革命造成的损失也是不可估量的。毛泽东留在中央苏区，即使他被排挤出领导岗位，也能以他的正确主张影响他人。事实也会证明他是正确的，从而使原先追随"左"倾错误的同志觉醒。若毛泽东离开中央苏区到莫斯科，历史就会是另外一个样子。

四、东方欲晓，莫道君行早

保护萧劲光

对中央苏区第四次"围剿"失败后，蒋介石立即准备第五次"围剿"。经过半年精心的策划、准备，1933年9月，他调集100万军队"围剿"各苏区，自任总司令，首先以50万兵力，分路"围剿"中央苏区。

蒋介石这次"围剿"，采取持久战与"堡垒主义"新战术，实行"以

---

① 《共产国际执行委员会政治书记处政治委员会会议第367（Б）号记录》（1934年4月3日于莫斯科），中共中央党史研究室第一研究部译：《共产国际、联共（布）与中国革命档案资料丛书·联共（布）、共产国际与中国苏维埃运动》（1931—1937）（第14卷），中共党史出版社2007年版，第102页。
② 《共产国际执行委员会政治书记处政治委员会给埃韦特的电报》（1934年4月9日于莫斯科），中共中央党史研究室第一研究部译：《共产国际、联共（布）与中国革命档案资料丛书·联共（布）、共产国际与中国苏维埃运动》（1931—1937）（第14卷），中共党史出版社2007年版，第104页。

守为攻，乘机进剿，运用合围之法，兼采机动之师，远探密垒，薄守厚援，层层巩固，节节进逼，对峙则守，得隙则攻"①的作战原则，企图依托堡垒逐步紧缩中央苏区，消耗红军有生力量，而后寻求红军主力作战，彻底消灭红一方面军，摧毁中央苏区。

民党军发动空前规模的第五次"围剿"时，中央苏区红军主力有8万多人，地方红军和赤卫队等群众武装也较前有发展。尽管形势空前严峻，如果红军能够正确估计形势，利用有利条件，针对敌方采取的新策略，灵活运用历次反"围剿"的成功经验，即采取积极防御的方针，集中优势兵力，扬我之长，攻敌之短，在运动战中各个歼灭敌人，打破敌人这次"围剿"仍然是可能的。

中央苏区第五次反"围剿"开始不久，共产国际军事顾问、德国人李德来到中央苏区。

在李德到瑞金的当天晚上，博古和张闻天就到李德处看望。据李德说，博古和张闻天向他简要地介绍了中央苏区的经济、政治和军事形势，并告诉李德，就在这天黎川被国民党军占领。博古和张闻天认为，闽赣军区司令萧劲光在黎川不战而弃，带领部队仓皇撤退，是过了时的游击战方法的回潮。这种战法必然会导致苏区战略重点甚至大片地区丢失，而且很难再从敌人手里夺回来。博古和张闻天还告诉李德，1933年初就发生过中共福建省委代理书记罗明和其他政治、军事领导，在一次国民党第十九路军的进攻中，逃跑似的慌忙撤退，当时失去的苏区各县一直到现在才得以收复。他们给李德打"预防针"，说毛泽东对这个问题反应很敏感，他同罗明和萧劲光执行的是同一条路线。

就在这天晚上，博古、张闻天同李德商议了他的工作问题。三人一致同意，由李德主管军事战略、战役战术领导、训练以及部队的后勤组织等问题。李德参加政治局及其常委讨论军事问题的会议。

李德来了，第五次反"围剿"的仗该怎么打？国民党军在对中央苏区进行第四次"围剿"时，已在苏区的外围地区及部分苏区内部的重要

---

① 转引自中国工农红军第一方面军史编审委员会：《中国工农红军第一方面军史》，解放军出版社1993年版，第409页。

笔下起风雷　胸中百万兵
土地革命战争中的毛泽东

交通线修筑堡垒；另外，还在其所占据城市的城外构筑水泥碉堡并铺设铁丝网。李德认识到这种情况"会给红军造成新的困难局面"。对于红军过去的战术，李德颇有微词，认为："即便在组成了正规部队并以老苏区为根据地的地区，红军也还未能摆脱游击战的思想和作战方法。这就使得红军能够轻而易举地夺取一些新的地区和防御较差的城市，但也很容易很快失守。他们回避决定性的战斗，不去强攻设防的据点。在这方面已有明显的转变，但还远远不够。"他还认为："每一种战术方针肯定都有自己优势的一面，但各种不同战术方针的冲突实际上会导致这样一种状况：即使红军取得许多局部胜利，但迄今为止它们很少能取得决定性的战略优势。"①

李德表达了这样的理念：其一，红军要从游击战向正规战转变；其二，红军占领了城市要守住；其三，红军要强攻敌人设防的据点，进行决定性战斗，取得战略优势。

博古非常赞同李德的这种作战理念，因此，对李德言听计从，并把中央苏区第五次反"围剿"作战指挥大权完全交给他。

然而，共产国际有关中央苏区第五次反"围剿"作战的指示与李德的作战理念不同。1933年9月29日，共产国际执行委员会政治书记处政治委员会致电中共中央并埃韦特，指示："中央苏区的主力不应参与阵地战，它们应该进行运动战，从两翼实行夹击。中央苏区要有预备力量，以对付任何突然袭击。考虑到蒋介石后方防御薄弱，你们必须把自己的行动与红军部队的行动结合起来，尽可能广泛地开展积极的游击运动，组织破坏活动，破坏敌人后方工作，干扰敌人有步骤地准备实施打击和其前线部队实行佯攻。"②

---

① 《布劳恩关于中央苏区军事形势的书面报告》（1932年3月5日于上海），中共中央党史研究室第一研究部译：《共产国际、联共（布）与中国革命档案资料丛书·联共（布）、共产国际与中国苏维埃运动》（1931—1937）（第13卷），中共党史出版社2007年版，第340页。
② 《共产国际执行委员会政治书记处政治委员会给中共中央的电报》（1933年9月29日于莫斯科），中共中央党史研究室第一研究部译：《共产国际、联共（布）与中国革命档案资料丛书·联共（布）、共产国际与中国苏维埃运动》（1931—1937）（第13卷），中共党史出版社2007年版，第509—510页。

第四章 遭到"左"倾打击、排挤

共产国际提出的红军应进行运动战、不应进行阵地战的作战方法和破坏敌人后方的工作建议基本上是正确的。博古、李德没有把共产国际的指示放在心上,他们一门心思放在如何收复黎川上。

黎川位于闽赣边界,东连福建光泽、邵武,南达福建建宁、泰宁,西通江西南丰、南城,北出江西金溪、贵溪,战略地位十分重要,由闽赣军区部队防守。第五次反"围剿"开始前,闽赣军区司令员兼政治委员萧劲光曾建议红军主力集结于黎川东北的光泽、资溪一带,从翼侧打击进攻黎川之敌,而不死守黎川。毛泽东也认为应该放弃黎川,诱敌深入建宁、泰宁地区,集中红军主力,在运动中加以歼灭。然而,博古等人却要部队死守黎川,不能丧失苏区的一寸土地。国民党军三个师来攻,闽赣军区的部队几乎都调去配合东方军作战,防守黎川的兵力只有一个70多人的教导队和一些地方游击队,而这时红一方面军由彭德怀指挥的东方军正在围攻将乐、顺昌,由林彪、聂荣臻指挥的中央军正在永丰、乐安作战,无法赶来。萧劲光没有办法,只得将部队撤出黎川,避开敌人的攻势。

国民党军占领黎川后,加速构筑工事,巩固黎川与资溪桥、硝石之间的联络,以全力完成其由吉水到黎川的全线封锁。针对这种情况,周恩来、朱德致电中革军委和中共中央局,认为红军"必须以极大机动性处置当前战斗,正面迎敌或强攻黎川都处不利"。建议待东方军集中后,一部佯攻黎川,吸引该敌;主力突击飞鸢敌之侧背,"并以二十师突入金溪、浒湾之间,以调动敌于运动中以各个消灭"[1]。

博古、李德不听周恩来、朱德的建议,急于收复黎川,令红三军团、红五军团北上应敌。红军主力在洵口与敌遭遇,打了一个胜仗。于是,博古、李德又贸然命令红军向敌军已修筑坚固阵地的硝石、资溪桥等地进攻,结果使红军消耗很大,连战不利。

为了推卸自己瞎指挥的责任,李德拿萧劲光做替罪羊。黎川失守后,博古、李德为了让萧劲光"戴罪立功",任命他为1933年10月28日新成立的红七军团政治委员。红七军团奉命参加浒湾战斗,在八角亭地区遭到由

---

[1] 中国工农红军第一方面军史编审委员会:《中国工农红军第一方面军史》,解放军出版社1993年版,第412页。

浒湾和金溪、琅琚出击的国民党军第四师、第八十五师和第三十六师一部夹击，最后因阵地被敌突破而撤出战斗。

李德以黎川失守和浒湾失利之事，在瑞金对萧劲光进行公审，称为"罗明路线在军队中的代表"，判处他五年徒刑，开除党籍、军籍。

在公审前，李德主张杀掉萧劲光。征求意见时，毛泽东坚决不同意，说黎川失守这件事不能全部归罪于萧劲光。王稼祥也不同意对萧劲光处以极刑。公审判决后，萧劲光被关押起来，毛泽东派贺子珍前往探视，让她转告萧劲光，黎川失守是整个指挥部署的问题，你应该撤，做得对。这让遭难的萧劲光十分感动。

经毛泽东、王稼祥的保护，萧劲光被关了一个月后，安置到红军大学当战术教员。

遵义会议后，萧劲光被平反，恢复党籍、军籍，担任红三军团参谋长。新中国成立后，他奉命组建中国人民解放军海军，任海军司令员，1955年被授予大将军衔。20世纪80年代，他被中央军委确定为军事家。

为第五次反"围剿"献计献策

中央苏区第五次反"围剿"开始后，毛泽东虽然不在红军的领导岗位，但仍然关心反"围剿"斗争，特别是在李德的瞎指挥下，红军在黎川接连受挫，他看在眼里，急在心中。

在自己处境最困难的时候，毛泽东最先想到的是仍担任中革军委副主席、红一方面军总政治委员的周恩来。因为在历史的紧要关头他们俩往往意见是一致的，因此，他要把对反"围剿"的意见告诉周恩来。

10月初的一天傍晚，毛泽东把警卫员吴吉清叫到房子里，交给他一封信，告诉他："你马上去乌石垄，把这封信交给周恩来副主席，并转告他：我军在黎川一带迭次失利，请他特别注意敌情变化。信送了后，你就返回来。"

吴吉清对毛泽东说："我不认识周副主席啊！"

毛泽东笑了，说："不要紧，周副主席好认，浓眉毛，大眼睛，留着五六寸长的大胡子。你到那儿一打听，大家都知道他。另外，你见了周副主席，代我向他问好，要他注意保重身体。"

乌石垄是一个比较大的村子，吴吉清到时天已经黑了。他在一位参谋的带领下，见到了周恩来。

吴吉清给周恩来敬了个礼，将毛泽东的信交给他，并将毛泽东的问候转达给他。

周恩来让吴吉清先坐下，然后开始看信。看完后，他在信封写了"收到"两个字，签上名字，交给吴吉清。

由于天已经黑了，周恩来要吴吉清在乌石垄住下，第二天早上吃过饭再回去。吴吉清说毛泽东等回话，要他赶快回去。

周恩来关切地要他注意安全，并说："回去后，代我向毛主席问好。你转告他，有情况我就及时告诉他。"

吴吉清回到沙洲坝后，把信封交给毛泽东，同时转达了周恩来对毛泽东的问候。毛泽东听后微笑着点了点头。

其实，这时周恩来对红军的指挥权也被博古、李德大大限制。还在5月8日，根据中共临时中央的提议，将中华苏维埃共和国中央革命军事委员会同红军总部分开，在前方组织中国工农红军总部，任命朱德为中国工农红军总司令兼红一方面军总司令，周恩来为中国工农红军总政治委员兼红一方面军总政治委员；把原来随军在前方的中革军委机关移至瑞金，增加博古、项英为中革军委委员。并规定：当中革军委主席朱德在前方时，这个职务由项英代理。

这样，不懂军事的博古、项英控制了中革军委，掌握了作战计划和行动方针的决定权。前方的周恩来、朱德不再有作战计划和行动方针的决定权，只有具体作战指挥权。

李德瞎指挥，常常使在前方指挥作战的周恩来、朱德无所适从。因此，他们经常就作战问题与李德发生争执。周恩来、朱德曾在12月16日致电博古、项英，斥责中革军委："连日电令屡更"，"使部队运转增加很大困难"，要求"在相当范围内给我们部署与命令全权，免致误事失机"[①]。

---

① 《周恩来军事文选》（第一卷），人民出版社1997年版，第311页。

笔下起风雷　胸中百万兵
土地革命战争中的毛泽东

对于周恩来、朱德等前方领导人同后方博古、李德之间关于作战发生争论的原因，李德认为是中革军委同前方总部的职权范围没有严格划分。在他看来，"前敌指挥部应受革命军事委员会的领导，执行革命军事委员会的决议和命令"。但在实际情况中，"前敌指挥部完全按照自己的判断行动，至少在中央红军的调动是这样的"。而"最高军事领导如此分成两部分，使得一切军事行动很难一致"。作为解决的办法，李德建议"合并这两个机关"，"朱德作为革命军事委员会主席和红军总司令，周恩来作为政治局和军事委员会委员以及红军总政委，在瑞金可以更好地履行他们的职责"。①根据李德的建议，12月20日，中革军委决定取消中国工农红军总司令部和红一方面军司令部的名义与组织，将"前方总部"撤回后方，并入中革军委机关。按照这个决定，朱德、周恩来被调回后方，中央苏区的红军各军团和地方独立师、团直接由中革军委指挥作战。

1934年1月，红一方面军总部与中革军委合并，红一方面军再次称中央红军。2月3日，中革军委进行局部改组，朱德仍任主席，周恩来、王稼祥任副主席。尽管从中革军委主席、副主席看，仍然是原"前方总部"的组成人员，但是，在博古的全力支持下，李德不仅控制了中革军委作战计划和行动方针决定权，而且掌握了作战指挥权。周恩来、朱德原先的前方作战指挥权已不复存在。时任李德翻译的伍修权曾指出："李德的独断专行取代了军委的集体领导，更抛弃了红军多年血战中取得的成功经验，由李德一人躲在房子里凭着地图指挥战斗。"因此，毛泽东把对反"围剿"的一些意见转告周恩来，周恩来也无法像第四次反"围剿"那样在作战中实施。

就在中央苏区第五次反"围剿"在李德指挥下越来越被动之时，发生了参加"围剿"的国民党军第十九路军公开宣布抗日反蒋，在东方战线掉转枪口向蒋介石反戈一击的事变。

国民党政府与日本签订《淞沪停战协定》后，在上海英勇抗战的第十九路军先后被调往江西、福建"剿共"。第十九路军将领蔡廷锴、蒋光

---

① ［德］奥托·布劳恩著，李逵六等译：《中国纪事》，东方出版社2004年版，第54、55页。

鼐在同红军多次作战中认识到，继续进行"剿共"内战没有出路，决心联合国民党内反蒋势力李济深、陈铭枢以及中国国民党临时行动委员会的黄琪翔等，共同走抗日反蒋的道路，并联合共产党、红军。他们通过渠道与中国共产党和红军领导人接触，进行共同抗日反蒋的谈判，先是在9月下旬派陈公培到延平王台与红军东方军司令员彭德怀谈判，后是在10月中旬派徐名鸿为代表，由陈公培陪同到瑞金谈判。毛泽东、朱德、周恩来、林伯渠接见了徐名鸿、陈公培，表示苏维埃政府和红军支持第十九路军的行动。吴吉清回忆当时的情况时说：

10月中旬的一天清晨，早霞刚刚退去，空气显得格外清新。我正在房间外面打扫院子，突然听到电话铃响，就急忙跑进房间。原来是博古给毛主席打来的电话，说他有要事商量，请主席速到中央局，接过电话后，我急忙报告主席。

主席听说中央局有要事，就对我说："这里到中央局不远，时间也还早，我们现在就去吧。"

说罢，主席就带着我向中央局走去。不料，刚刚离开住地，就听见后面有人在叫毛主席。停下一看，原来是内收发老胡同志。

老胡同志跑到主席跟前，双手托上一封鸡毛信。那鲜红的鸡毛，直竖竖地插在信封口里。老胡说："刚才从福建新泉从来的。"

主席接过信，在信皮上签了"收到"，随手交给我说："回去盖上我的章，交老胡同志转回去。"

说完主席便坐在路边的石头上看起信来。

……当我办完事赶到主席身边时，见主席仍在那里看信，脸上浮着笑容，我猜不出信上写的内容，看着主席那样聚精会神地看信，也不好插问，直到主席收起信，站起来一挥手，又带着我向前走去时，我见主席那么高兴，就憋不住地问道：

"主席，您怎么这样高兴呀？"

主席说："好消息！国民党第十九路军派代表来了，要和我们谈判呢！"

我一听，也由不住地高兴，知道十九路军首先起来，响应毛主席

笔下起风雷　胸中百万兵
土地革命战争中的毛泽东

和朱总司令一月十七日提出的抗日主张啦!

到中央局"独立房"后,主席参加了会议。开完会,我又跟主席回到了沙洲坝。原来,中央局请主席去,是研究同十九路军谈判的问题。[①]

这个回忆说明,当时毛泽东得知第十九路军联合共产党、红军反蒋抗日的消息后的欣喜心情。博古之所以请毛泽东参加研究同第十九路军的谈判问题,是因为同对方谈判要以苏维埃临时中央政府及工农红军的名义,毛泽东是临时中央政府主席,绕不开他。

经过谈判,10月26日潘健行(潘汉年)以中华苏维埃共和国临时中央政府及工农红军代表身份同徐名鸿签订了《反日反蒋的初步协定》。协定内容主要有:双方立即停止军事行动,划定临时军事疆界线,恢复商品贸易,解除对苏区的经济封锁,释放在福州关押的政治犯等。

由于双方签的是初步协定,下一步的谈判还要进行,潘汉年作为苏维埃临时中央政府和红军代表随徐名鸿到福州与第十九路军负责人面谈。陈公培、徐名鸿等离开的这天早晨,毛泽东、张闻天、林伯渠、邓发等前去送行。后来,第十九路军派尹时中为代表驻瑞金,红军这边也加派张云逸为驻第十九路军军事代表。

《反日反蒋的初步协定》的签订加快了第十九路军的反蒋步伐。11月20日,第十九路军在福州南校场召开"中国人民临时代表大会",公开宣布反蒋抗日,成立"中华共和国",推举李济深为主席。11月22日,以李济深为主席的中华共和国人民革命政府(通称"福建人民政府")在福州成立。第十九路军的抗日反蒋行动史称"福建事变"。

11月27日,福建人民政府闽西善后处代表陈小航在长汀与中华苏维埃共和国临时中央政府代表张云逸签订《闽西边界及交通条约》。第十九路军是国民党军中响应中华苏维埃共和国临时中央政府1933年1月17日宣言,接受三个条件,同红军实行停战抗日的第一支部队。

福建事变发生后,毛泽东向中共中央局建议:以红军主力突破敌人之围攻线,突进到以浙江为中心的苏浙皖赣地区去,纵横驰骋于杭州、苏

---

① 吴吉清:《在毛主席身边的日子里》,江西人民出版社1983年版,第142—143页。

州、南京、芜湖、南昌、福州之间,将战略防御转变为战略进攻,威胁敌之根本重地,向广大无堡垒地带寻求作战。用这种方法,就能迫使进攻江西南部、福建西部地区之敌回援其根本重地,粉碎其向江西根据地的进攻,并援助福建人民政府。毛泽东这一建议,正戳中蒋介石的软肋。毛泽东后来曾说,当时他这个建议就是和国民党军"换防",国民党军要到中央苏区来,红军就让给他,红军到江浙一带打游击去,重新开辟革命根据地。当然,国民党军是不会同意的,必定回防其根本重地,红军就由战略防御变成战略进攻,国民党军则变为战略防御了,不但国民党军的碉堡主义将失去作用,而且红军可以发挥特长,在运动中大量歼灭国民党军的有生力量,打破国民党军的第五次"围剿",中央革命根据地必定能够恢复。

连后来国民党修的史书也承认毛泽东这个主张棋高一着,说这个主张"是在闽变发生之时,全般情势已有重大变化,为了利用此种情势,改变原来的作战方针,由战略守势,改为战略进攻,其进攻目标,指向国军必救之地。如匪果真照此行动,诱使国军调离江西的可能性,不能说全无"。并认为红军如果与第十九路军合作,"战力至少可以增加一倍,在无碉堡地区采取运动战,作战线指向苏、浙要地,可能吸引国军调离江西,而减轻对赣南围剿的压力"[①]。

周恩来于11月24日致电博古、项英、李德,指出蒋介石目前正推延进攻中央苏区,抽调兵力入闽,镇压福建人民政府,红三、红五军团应侧击蒋介石入闽部队。同一天,周恩来和朱德还给刘畴西、曾洪易、寻淮舟等发出指示,要求赣东北红军乘福建事变发生、蒋介石已抽兵向赣浙闽边集中的机会展开游击战争,截击敌人的联络运输,扰乱其后方;红七军团主力应截击敌人行动部队;闽北游击队也应相应采取行动。

张闻天认为,应在军事上积极与第十九路军采取配合行动。

彭德怀也通过周恩来向博古建议:"留五军团保卫中央苏区;集中一、三军团和七、九两个军团,向闽浙赣边区进军,依方志敏、邵式平根据地威胁南京、上海、杭州,支援十九路军的福建事变,推动抗日运动,

---

[①] 王多年主编:《反共戡乱》(上篇)(第四卷),台湾黎明文化事业股份有限公司1982年版,第142页。

笔下起风雷　胸中百万兵
土地革命战争中的毛泽东

破坏蒋介石的第五次'围剿'计划。"①

当时的机会确实很好，聂荣臻在回忆中说："当蒋介石抽调北线'围剿'的部队去镇压福建人民政府时，它的第三、第九两个师由蒋鼎文率领从南丰以南向闽西开进，而我们一军团当时刚打完大雄关战斗，就在附近休整。我们正处在敌人的侧面。敌人移动时，我们看很得清楚，一路一路地移，正好打。大家都说，这个时候不打什么时候打，再不打机会就没有了。可是上面就是不叫打，说打是等于帮助了小军阀。他们硬是把敌人放过去了。"②

以博古为首的中共临时中央是在上海处境危险、无法存身的情况下迁到中央苏区的。他们到了中央苏区后，待在瑞金，周围有数万红军保卫，认为这下可把自己锁在"保险箱"里了，害怕红军向敌人后方出击会丢失苏区，自己又不安全了，因而没有采纳毛泽东等人的正确意见，要红军继续在苏区内部作战。就在周恩来于11月24日建议侧击蒋介石入闽部队的第二天，中革军委给红一方面军发出一道训令，说我们不应该付出巨大的损失同这路敌人作战，还是让第十九路军替我们去打该敌。

博古等人为什么不给第十九路军真正的支援呢？究其原因，是忽视日本帝国主义的侵略已经引起中国各阶级政治态度的变化和国民党营垒的分裂，仍然坚持错误的军事战略和中间派别是中国革命最危险的敌人的信条，继续采取一切斗争、否认联合的"左"倾政策，不愿与第十九路军建立真正的联合。他们同意与第十九路军签订《反日反蒋的初步协定》，只是作为暂时休战，以便集中兵力对付蒋介石军队在北线的进攻，并没有打算进一步同第十九路军联合，建立反蒋抗日的军事同盟。福建事变后，李德对博古说：蔡廷锴的福建人民政府是最危险的敌人，比蒋介石还危险，有更大的欺骗性。蔡廷锴反对蒋介石是小军阀反对大军阀，红军决不能支援蔡廷锴③。博古当然听李德的，11月27日，《斗争》第18期发表的《福建事变与我们的任务》社论称：福建人民政府的成立，是反动统治的一种

---

① 《彭德怀自传》，解放军文艺出版社2002年版，第191页。
② 《聂荣臻回忆录》，解放军出版社2007年版，第152页。
③ 伍修权：《我的历程（1908—1949）》，解放军出版社1984年版，第73页。

新的欺骗，我们必须用最大的力量来揭破他们的阴谋，把我们党的立场在群众中清楚地与福建人民政府对立起来。

第十九路军当时有33个团，共7万人。另外，还有4万多人的地方武装，也归第十九路军指挥。这样算起来，第十九路军就有11万多人，是一支不可忽视的力量。中央苏区也有主力红军和地方红军10万多人。两者加起来，就有20多万人的军事实力，如果联起手来，不但可以消灭国民党军一部有生力量，迫使其停止"围剿"中央苏区的行动，而且可以推动全国抗日救亡运动的发展。非常痛心的是，由于博古、李德不听毛泽东、周恩来等人的正确建议，决策失误，致使第十九路军单打独斗，在蒋介石军事"讨伐"和政治分化之下，再加上第十九路军领导者本身失误等原因，很快于1934年1月下旬失败。中央苏区和红军错失了借助这次事变粉碎第五次"围剿"的良机。

风景这边独好

蒋介石在打败了第十九路军之后，重新集中兵力从东、西、北三面向中央苏区中心区逐步推进，同时命令粤军在南面对红军实行防堵。这时，李德推行"以堡垒对堡垒"和"短促突击"的战术，中央红军分兵把口，处处设防，用土堡垒去对付敌人的飞机大炮，并且经常轻率地以主力对敌军堡垒阵地发动进攻，舍弃自己擅长的运动战和游击战战术，而去同强敌拼消耗。结果是敌人步步推进，红军节节抵御，屡次遭受严重损失。

4月下旬，国民党军队集中力量进攻广昌。毛泽东和张闻天都不主张进行广昌保卫战，但李德不采纳他们的正确意见。博古、李德命令中央红军主力保卫不利于坚守的广昌，与敌人进行"决战"。为此，二人亲上广昌前线，周恩来留在后方，负责中央日常工作。

博古、李德离开瑞金后，自第二次全国苏维埃代表大会后赋闲三个来月的毛泽东有了工作的机会。经过周恩来同意，毛泽东偕同几个随员前往处在南线的会昌视察并指导工作。

毛泽东到会昌后，住在中共粤赣省委和省苏维埃政府所在地文武坝，会见了中共粤赣省委书记刘晓和省军区司令员兼政治委员何长工。

笔下起风雷　胸中百万兵
土地革命战争中的毛泽东

刘晓和何长工向毛泽东汇报了南线军民的反"围剿"情况。毛泽东听后说：我们要吸取福建事件的教训，善于利用陈济棠和蒋介石的矛盾，粉碎敌人的"围剿"，壮大自己的力量。但是，也要提高警惕，军阀毕竟是军阀，要听其言，观其行。当晚，他不顾旅途劳顿，又和何长工到战地前沿去视察。

到会昌后，毛泽东在调查研究的基础上，指导刘晓、何长工等制订了南线的作战计划和部署。他对当时南线的形势进行了分析，指出，总的是要摆正"打"与"和"的关系，和平的局面是巧妙打出来的。又说，我们不能按本本主义先生们坐在城市楼房里设计出来的那套洋办法，什么以碉堡对碉堡，以集中对集中，这叫以卵击石。为了保存红军的有生力量，消灭敌人，要从实际出发，不能硬拼消耗。他指示，应把主力抽下来，以小部队采取游击战和带游击战性的运动战打法，牵着敌人鼻子走；同时还要向陈济棠部队和敌占区人民开展强大的宣传攻势，宣传抗日救国，枪口一致对外，中国人不打中国人的道理。他还说，农村是海洋，我们红军好比鱼，广大农村是我们休养生息的地方。要爱护民力，群众是真正的铜墙铁壁，兵民一心是我们胜利的本钱。

毛泽东的这些话，批评了"左"倾教条主义者的错误方针，为粤赣省的党政军干部如何开展南线的反"围剿"斗争指明了正确的方向。

当时，红二十二师正在苏区南大门筠门岭以南同粤军作战，师领导没有参加毛泽东召集的粤赣省委、省军区干部会议。战斗失利退出筠门岭后，红二十二师召开战斗总结会，大家对第五次反"围剿"的作战方法是否正确，产生了怀疑。

毛泽东得知这个情况后，立即打电话给红二十二师政治委员方强，说："你们打得很好！二十二师是新编部队，和那么多敌人打了这样久，敌人才推进了那么一点，这就是胜利！"[①]接着，他指示方强："现在应把主力抽下来，进行整训，用小部队配合地方武装打游击，牵制敌人。在整训中要总结经验。你们应该好好研究一下，是什么道理挡不住敌人？是

---

① 吴吉清：《在毛主席身边的日子里》，江西人民出版社1983年版，第150页。

什么道理不能打好仗,不能消灭敌人?为了保存红军主力,消灭敌人,仍然要采取游击战和游击性的运动战的打法,要详细侦察敌情、地形,在会昌与筠门岭之间布置战场。要在敌人侧翼,集中优势兵力,造成有利条件,首先歼灭敌人一个营、一个团,继而打更大的胜仗。要考虑几个作战方案。例如,敌人做一路来,我们不打他的头,也不打他的身子,而是只打他的尾巴;敌人做几路来,就打他侧面的一路。总之,要集中优势兵力,打击敌人的弱点。……"[1]

对于方强提到的因"左"倾政策出现群众"反水"的问题,毛泽东指示:"对于'反水'群众,红军决不要打枪,要向他们散发传单。同时,红军仍然要帮助地方政府多做群众工作,扩大政治宣传,以教育为主,争取'反水'群众回到我们这边来。"[2]

与毛泽东通完电话后,方强立刻向所有参加筠门岭战斗总结会的同志报告了毛泽东到南线来的消息和刚才毛泽东在电话中的指示。会场立刻沸腾起来,全体起立,爆发出经久不息的掌声。

战斗总结会一结束,方强等即根据毛泽东指示作出新部署:前方只放两个营阻击敌人,让大部队进行整训,以小部队配合游击队和赤卫队到敌人侧后去打游击;部队中抽出干部和战士,帮助地方苏维埃政府开展群众工作。师部还重新侦察地形,研究布置了新的战场,同时在部队中进行了政治动员。

部队进行政治动员后,指战员们情绪高涨,充满胜利信心,轰轰烈烈掀起了打胜仗、打草鞋、备干粮和收集子弹的练兵运动。

红二十二师采取游击战和运动战的打法后,很快见效,取得不俗战果。当时,筠门岭的敌人以为红二十二师会躲在碉堡中不出来,便企图从筠门岭向前延伸阵地。红二十二师抓住有利时机,迂回到延伸敌人的两侧,出其不意地一举歼灭了这股敌人。在红二十二师有计划地不断打击下,筠门岭的敌人龟缩起来,再不敢乱动,南线出现了稳定的局面。

---

[1] 方强:《毛泽东同志在南线》,陈毅、肖华等:《回忆中央苏区》,江西人民出版社1981年版,第468页。
[2] 吴吉清:《在毛主席身边的日子里》,江西人民出版社1983年版,第151页。

笔下起风雷　胸中百万兵
土地革命战争中的毛泽东

5月，毛泽东出席了中共粤赣省委召集的各县县委书记、区和乡苏维埃主席，以及省里派出的扩红筹粮突击队负责人参加的会议。听了大家的汇报后，毛泽东说，目前斗争形势很紧张，苏区越来越小了，要做好以下方面的工作：深入开展查田运动；扩大白军工作，消除赤白对立；恢复钨砂的生产与输出，保护商人的正当利益；组织余粮大米出口，向白区购买布匹、食盐；整顿地方武装组织，清洗混入队伍的不纯分子，准备打游击，保卫胜利果实；整顿党团组织，纯洁队伍，准备转入地下活动；做好优待军烈属的工作，做好残废军人的转移安置工作，以巩固部队；做好地方的治安工作，防止敌人的破坏；加强妇女工作，组织妇女变耕队，号召妇女参加赤卫队；做好扩大红军工作，完成扩红任务[1]。

会昌麻州区一向工作非常落后，毛泽东经过调查研究，查出了以区军事部部长蔡墩松为首的"反共团"组织。毛泽东出席麻州区群众大会，并讲了话。时任粤赣省妇女部副部长、麻州区扩大红军和筹粮队副队长的李桂英回忆：

毛泽东同志出席了这次群众大会，在会上宣布了蔡墩松等人的反革命罪行，揭露了敌人的反革命阴谋。指出麻州区的工作过去为什么开展不起来；麻州区的粮食丰富，为什么筹粮工作很困难，就是阶级敌人在破坏捣乱。广大群众听了毛泽东同志的讲话，很高兴。群众觉悟了，工作也好做了，很快就出现了轰轰烈烈地整排整连来报名参加红军。当时，我做登记工作，忙都忙不过来。不到半个月的时间，就超额完成了扩红任务，按要求扩红一百名，实际完成一百五十多名。筹粮工作也迅速开展，超额完成了任务。[2]

6月上旬，毛泽东到会昌站塘的李官山视察红二十二师，见到红军指战员已经不是闷在碉堡里，而是生龙活虎地在野外进行瞄准、刺杀、抢占山头等演习活动，非常高兴。

---

[1] 中共中央文献研究室编：《毛泽东年谱》（1893—1949）（修订本）（上卷），中央文献出版社1996年版，第425—426页。
[2] 李桂英：《毛泽东同志指导我做好工作》，陈毅、肖华等著：《回忆中央苏区》，江西人民出版社1981年版，第444页。

第四章 遭到"左"倾打击、排挤

毛泽东在李官山住了十余天，还用了三个晚上同师领导干部一起总结战斗经验教训，并强调："要带头认真学习，研究情况，从出现的问题中提高认识问题和分析问题的能力。要善于深入细致地总结成功的经验与失败的教训，从中明辨是非，坚持真理。"[①]他还向大家分析了南线与北线的敌情，指示了红二十二师的行动方针。

从李官山回到文武坝后，毛泽东向刘晓和何长工指出：我们要抓住这一有利时机，利用敌人内部的争斗，发展壮大自己的力量。不能只知道"御敌于国门之外"的死打硬拼，也要利用反动派之间的矛盾，加强统一战线工作。一面依靠群众，发动群众，组织游击队，开展游击战争；一面可加派化装小分队，潜入陈济棠管区，宣传抗日救国、枪口一致对外的道理，促使陈军反蒋抗日。根据前线情况，可以把筠门岭一带部队抽下来进行整训，缓和前线的局势，并可积蓄我军力量，以备不虞。[②]

根据毛泽东的指示，南线红军在军事上主动地、有计划地打了一些小仗，既不吃掉陈济棠的主力，也使陈济棠认识到红军并非好惹。而陈济棠也看到，赣南粤北红军的存在是隔断蒋介石中央军从江西进攻广东最好的力量。他既惧怕蒋介石的中央军入粤，又怕红军乘虚反击。所以在占领筠门岭之后，就采取了"外打内通""明打暗和"的策略：一方面表示要和红军打仗，另一方面秘密地派高级参谋杨幼敏赴筠门岭向红军作试探性的不再互犯的谈判。杨幼敏亲自将3万发子弹从筠门岭送往驻会昌的红军部队。双方这种互动，对于此后的谈判起到了良好的作用。

这时，中革军委准备将红七军团调到南线，以夺回筠门岭。中革军委这种做法，既削弱了东线红军的力量，又将打破南线与陈济棠缓和的状态，加剧红军与陈济棠之间的矛盾，对处于相对稳定的南线有害无益，因而毛泽东不赞同。他与中共粤赣省委、省军区负责人研究后，于6月22日致电周恩来，报告南线的实际情况，认为："敌虽企图进占南坑、站塘，但仍持谨慎态度"，"判断是渐，不是突然"。建议红七军团不可南调，

---

① 吴吉清：《在毛主席身边的日子里》，江西人民出版社1983年版，第155页。
② 中共中央文献研究室编：《毛泽东年谱》（1893—1949）（修订本）（上卷），中央文献出版社2013年版，第427页。

笔下起风雷　胸中百万兵
土地革命战争中的毛泽东

军团长"寻淮舟以在瑞金待机为宜"。①周恩来接受了这个建议。

从此事可以看出毛泽东有着超强的大局观。试想红七军团如果调到南线，那么在7月初还能作为抗日先遣队北上吗？如果南线红军与陈济棠的矛盾加剧，此后潘汉年、何长工与陈济棠的代表在罗塘谈判能够顺利吗？如果谈判不顺利，中央红军主力长征能够顺利通过前三道封锁线吗？

毛泽东在南线两个月时间，工作高效。来之前这里一切都笼罩在"左"倾教条主义方针乌云之下，红军指战员、苏区人民好像被无形的绳索捆住了手脚；毛泽东到后给这里的军民带来了曙光，为他们解开了无形的绳索，使南线反"围剿"形势为之一变，同北线接连受到严重挫折的形势形成鲜明的对照。

在南线期间，是毛泽东自宁都会议被排挤出红军领导岗位后心情比较愉快的一段时间。看到南线形势很好，一天清晨，毛泽东带领几个警卫员登上会昌城外的岚山岭，远望南方，写下了《清平乐·会昌》：

东方欲晓，
莫道君行早。
踏遍青山人未老，
风景这边独好。

会昌城外高峰，
颠连直接东溟。
战士指看南粤，
更加郁郁葱葱。②

---

① 中共中央文献研究室编：《毛泽东年谱》（1893—1949）（修订本）（上卷），中央文献出版社2013年版，第428页。
② 中共中央文献研究室编：《毛泽东诗词集》，中央文献出版社1996年版，第46页。

第五章
万水千山只等闲

一、踏上长征路

战略转移之前的日子

博古、李德拿出了几乎所有中央红军主力组织的广昌保卫战，历时18天的战斗，以红军遭受重大伤亡，被迫退出而告结束。

广昌保卫战失败后，中共中央和中革军委于5月开会，就广昌战役对第五次反"围剿"中的战略战术重新作了审视。毛泽东尖锐地批评了博古、李德，称广昌战役是个"灾难"，毫无战绩，指出他们的军事指挥错误在于消极防御、分散兵力、采取堡垒主义的战术，没有胜利把握就轻率作出作战决定。就连支持过"左"倾错误主张的张闻天，也对博古、李德的指挥产生了怀疑，批评"广昌战斗同敌人死拼，遭受不应有的损失，是不对的"[①]。张闻天在这次会上还批评博古过于重用李德，指出我们中国的事情，不能完全依靠李德，我们自己要有点主意。

经过讨论，中共中央当时向共产国际提供两个方案：一是红军留在

[①] 吴德坤主编：《遵义会议资料汇编》，中央文献出版社2009年版，第87页。

笔下起风雷　胸中百万兵
土地革命战争中的毛泽东

中央苏区，坚持打游击；二是将红军主力撤离中央苏区，进行战略转移。这两个方案经过共产国际远东局书记埃韦特于6月2日报告共产国际执行委员会政治书记处委员、主席团委员皮亚特尼茨基。6月16日，共产国际执行委员会政治书记处委员会给埃韦特和中共中央回电，没有同意中央红军立即进行战略转移，而是指示中共中央采取新的战略方针，力争在夏季扭转中央苏区第五次反"围剿"斗争的不利形势，粉碎敌人的"围剿"；对于中央红军主力战略转移问题，只是同意眼前可以作些准备，真正提上日程，要看夏季以后形势是否改观，是一切努力都用尽之后，反"围剿"仍然不能取得胜利的最后一条路。

毛泽东在6月下旬接到中共中央的通知，从会昌文武坝回到瑞金，出席中共中央政治局扩大会议。会议由博古主持讨论如何贯彻共产国际的来电指示。

关于如何实行新战略，毛泽东在会上提出，在内线作战陷于不利的状况下，中央红军应该转移到外线作战。关于向外线转移的方向，毛泽东提出中央红军已不宜向东，可以往西。毛泽东的这个主张没有被会议接受。会议决定派红七军团以抗日先遣队名义北上，派红六军团撤离湘赣根据地到湘南。这显然是接受了李德的主张。李德在广昌战役后的中共中央和中革军委会议上就主张："我们应该在中央苏区以外，例如由第六军团在湖南、由第七军团在福建开辟新的战线，在敌人后方通过威胁敌人与后方的联络来牵制和引开敌人。"[①]

由于转到外线作战的红七军团和红六军团兵力单薄，没有能起到吸引国民党军从中央苏区调出的作用。

由于国民党军队不断向中央苏区中心地区推进，其飞机不时轰炸瑞金沙洲坝，苏维埃临时中央政府和中革军委搬到瑞金以西的梅坑办公，毛泽东也搬到了高围乡云石山一座大庙里居住。在这里，根据中革军委的要求，毛泽东用了将近一个月的时间，写成约3万字的《游击战争》一书。这本书在中央主力红军转移时下发到各部队。

---

① ［德］奥托·布劳恩著，李逵六等译：《中国纪事》，东方出版社2004年版，第86页。

第五章 万水千山只等闲

9月上旬，中央苏区形势不但没有好转，反而日渐恶化，东线和北线都被突破，西线也更加困难。毛泽东目睹战局不利状况，内心焦急如焚，向中共中央书记处提出到赣南省去视察，得到了同意。9月中旬，他带着秘书、医生和警卫班抵达赣南省委、省苏维埃政府、省军区所在地雩都。

毛泽东刚到雩都，就接到周恩来的电话，要他着重了解雩都方向的敌情和地形。于是，他立刻召集各种会议作调查，了解雩都、赣县等地区的敌情，了解苏区红军和地方武装的情况，同时密切注视前线战况的变化，只要有从敌占区和敌人刚刚攻陷地区来到雩都的人，都要找他们询问敌人的动向。

9月20日，毛泽东急电周恩来，报告中央苏区西南部雩都、赣县、登贤[①]等地的敌情，告知"信丰河〈下〉游从上下湾滩起，经三江口、鸡笼潭、下湖圩，大田至信丰河沿河东岸十里以内一线，时有敌小队过河来扰，但最近一星期内不见来了"。电报最后说："于都、登贤全境无赤色戒严，敌探容易出入。现正抓紧西、南两方各区建立日夜哨及肃反。"[②]

这个电报对于中共中央决定从雩都方向突围长征起到了探路作用。

9月下旬，毛泽东在雩都召开手工业工人、贫苦农民和村、乡、区干部座谈会，提出：要组织游击队，牵制敌人；要努力搞好生产，支援前线；手工业要为农业和革命战争服务；要严厉管制阶级敌人；干部要关心群众生活，注意工作方法；有缺点错误要自觉向群众检查，经常开展批评和自我批评。他还接见了雩都红军家属代表会的代表，号召他们积极生产，支援前线，鼓励亲人在前方英勇杀敌。

超负荷的工作使毛泽东病倒了，而且很严重，高烧41摄氏度，两眼深陷，嘴唇干裂，面颊通红。随行的医生钟福昌给他吃了药，并打了针，还在额头上敷了冷毛巾，但烧一点也不见退。

警卫员吴吉清急忙报告瑞金方面，傅连暲得知后，骑着骡子赶到雩

[①] 为纪念罗登贤烈士，中华苏维埃共和国中央政府于1934年3月将信康县改名为登贤县，县委、县苏维埃政府驻畚岭（今江西于都西南畚岭），后迁至小溪（于都东南小溪）等地。
[②] 中共中央文献研究室编：《毛泽东传》（1893—1949）（上），中央文献出版社1996年版，第329页。

都，经过细致检查，确诊毛泽东得的是恶性疟疾。

傅连暲医术高明，在他的精心治疗下，第二天毛泽东的病情就见好转，体温也降下来了，过了一周之后，就能够下床了。

毛泽东病刚好，就开始工作。傅连暲等劝他多休息几天，毛泽东说："局势很紧张，休息是做不到的。"

这时，博古、李德见局势不妙，开始准备战略转移问题，成立了最高"三人团"，成员是博古、李德、周恩来，分工是：博古政治上做主，李德军事上做主，周恩来负责督促军事准备计划。中央红军主力战略转移之前，"三人团"只开过两次会议，一次是在李德的"独立房子"，另一次是在中共中央局。

由于毛泽东是博古等人推行"左"倾教条主义方针的绊脚石，他们在考虑领导干部去留问题时最初不打算带毛泽东走，后来，因为他是中华苏维埃中央执行委员会主席，在军队中享有很高威望，才被允许一起转移。

10月初，毛泽东接到中共中央"有特别任务"的秘密通知，要他立刻回瑞金。毛泽东骑马赶回瑞金，先到中革军委向周恩来等报告了雩都的敌情、地形、河水干枯等情况。然后，他在云石山古庙里，召开了一个政府各部负责人会议，布置善后工作，宣布和说明撤离中央苏区的决定。他在会上强调两点：第一，革命是有前途的，大家要加强革命信心；第二，要把各部的善后工作做好，要使留下来的同志能够更好地继续革命斗争，更好地联系群众。

时为苏维埃中央政府教育部部长的瞿秋白希望与主力红军一起转移，但博古等人不同意。瞿秋白请求毛泽东给中央说说。毛泽东无奈地说，我已经同他们讲过，但"不顶事"。是啊，连毛泽东自己都险些不让一起转移，他的话博古还会听吗？

布置好中央政府的善后工作后，毛泽东又策马回到雩都。这时，中央红军主力战略转移行动即将开始了。

告别中央苏区

1934年10月10日下午5时，中共中央、中革军委率领第一、第二野战纵队，分别由瑞金田心圩、梅坑地区出发，向集结地域开进。由此，中央红军主力开始了战略转移。参加转移的中央红军第一、第三、第五、第八、第九军团也分别向中革军委指定地域集结。所有参加战略转移的人员共8.6万余人。这么多兵力集中在一起，在红军的历史上是空前的，是非常壮观的。

10月16日，中央红军各部队在雩都河以北地区集结完毕；由于白天敌人飞机轰炸，17日晚，按照中革军委颁布的《野战军渡河计划》，中央红军各部分别从雩都城东门、花桥等十个渡口南渡雩都河。

离开雩都的前一天晚上，毛泽东带着胡昌保、吴吉清信步来到雩都河边，只见红军队伍人山人海，渡河的人们手拿熊熊燃烧的火把，映红了两岸的天空。火光里，牵马的、步行的、挑担的，按次序陆续走过河上用船、木板搭成的浮桥，向信丰、新田方向开去。就要离开自己亲手创建的苏区，毛泽东心里充满了不舍。

10月18日黄昏，毛泽东带着警卫班，走出雩都的西门，来到河边浮桥。雩都河边数以万计的男女老少在为战略转移的红军送行。群众舍不得红军走，从四面八方拥集到渡口来；有的给部队送来茶水；有的抢着帮助部队挑担子，背背包；有不少妇女和老大娘穿行在等候过河的队伍中间，送草鞋，送布鞋，送斗笠，送雨伞，还往战士们怀里塞吃的东西；有的站在河边深情地唱着：

送红军到江边，
江上穿呀穿梭忙。
千军万马渡江去，
十万百姓泪汪汪。
恩情似海不能忘，
红军啊，红军！
革命成功早回乡。

有的群众喊着："同志们，你们可千万要回来啊！"喊着，喊着，眼泪扑簌簌地掉了下来。

笔下起风雷　胸中百万兵
土地革命战争中的毛泽东

毛泽东看着这个情景非常感动，放慢脚步问警卫员们听见没有。吴吉清说："听见啦，我们一定会回来的！"

"是啊！我们一定会回来的！"毛泽东攥着拳头，斩钉截铁地说。

河水奔腾咆哮。过了浮桥，毛泽东一行跟着行军的队伍沿着河岸，向西南挺进。他身穿单军装，左臂上搭着夹大衣，虽重病刚好，身体还很虚弱，但步子迈得很稳重。马夫老余牵着马，跟在毛泽东后边。马上驮的是毛泽东的全部行装，马褡子里装着两条毯子，一条薄棉被，一条布床单，一块油布，红油纸伞、挎包和毛泽东的干粮袋系在一起。挑夫挑着文件箱。

过河之后，毛泽东一行走在西南的山上，向新田前进。走到半夜，前方隐隐传来了枪炮声。不一会儿，迎面又出现了点点火把，每支火把的后面，都跟着一副抬伤员的担架。担架员们一路兴奋地告诉人们："新田、古陂打下来了！"

毛泽东走到一个伤员跟前，在担架边停下来，轻声地问："同志，你的伤重吗？"并随手把伤员身上没有盖好的被子重新盖好。伤员借着火把的亮光一看是毛泽东，非常感动地说："不，不重！我很快就能重上前线！"

毛泽东细心地嘱咐担架员们："天很黑，你们走路要当心！"

天色大亮时，迎面走来一群老乡，他们是给先头部队带路的向导，每人都扛着一袋沉甸甸的苏区紧缺物资——食盐。他们边走边唱：

十月里来秋风凉，
中央红军远征忙。
星夜渡过雩都河，
新田古陂打胜仗。

毛泽东热情地和老乡们打招呼，说："这一回，你们可不愁吃东西没有盐了！"

"是呀！"老乡们回答，"红军打下了新田、古陂，这是最好的战利品呀！"

毛泽东久久地望着匆忙离去的老乡们的背影沉思着，然后告诉吴吉清、陈昌奉等人："从现在起，我们就走出中央苏区啦！"

毛泽东离开中央苏区时的心情是很沉重的。这块红色热土是他历尽艰辛开创起来的。从1929年1月下井冈山算起，至1934年10月中旬离开，已经五年十个月的时间。这期间既有指挥红军开辟根据地、取得反"围剿"胜利的喜悦，又有受到"左"倾教条主义者的打击、排挤的烦恼、郁闷。如今，曾经蓬勃发展的中央苏区，葬送在"左"倾教条主义错误之手，他既痛惜又愤怒。铿锵有力的"我们一定会回来的"的话语表明：他坚信真理终究会战胜谬误，对革命前途充满信心。

正确意见遭到博古、李德拒绝

中央红军攻下新田、古陂之后，各路先头部队于10月24日晚开始西渡桃江，抢占河西要点，掩护主力渡河。25日，军委第一纵队、第二纵队和红军其他部队从信丰南北先后渡过桃江，突破第一道封锁线，继续向西挺进。

10月25日，中革军委决定乘国民党军尚未弄清红军意图之际，指挥中央红军沿赣粤和湘粤边界，迅速向湖南汝城和广东边境的城口方向前进。11月5日至8日，中央红军分三路纵队，通过国民党军第二道封锁线。

中央红军主力突围后，蒋介石一时还难以判断红军意图，一方面在湘南部署兵力，另一方面在赣西部署兵力，企图两头兼顾。同时，将战斗力较强的周浑元纵队和薛岳第六路军调往湘南。待中央红军主力突破第二封锁线时，蒋介石明白过来了，红军是沿红六军团的路线去湘西北的，于是调整了部署，命令薛岳第六路军从吉安出发，日夜兼程经茶陵赶赴永州；周浑元纵队由左安兼程赶向郴州迎击与截击；陈济棠的粤军速出宜章以北夹击，崇义、大庾以南的粤军追击。因恐薛岳、周浑元两部不能按时到达指定位置，蒋介石又令何键先抽出湘中部分部队，分别迅速出郴州、永州以南堵截，并且设法迟滞红军的行动。至于桂军，蒋介石指令除巩固湘、漓两水及龙虎关一带的碉堡线外，要李宗仁、白崇禧抽调有力部队，速出道县以北，与永州部队协同"堵剿"。

笔下起风雷　胸中百万兵
土地革命战争中的毛泽东

此时，湘南敌人兵力空虚，蒋介石调动的军队还在路上，如果中革军委密切注视敌人的动向，利用有利时机，在湘南寻歼国民党军一部，是可以扭转战局的。毛泽东主张利用湘南地区党和群众基础比较好，有利于红军的机动作战等有利条件，乘国民党各路军队正在调动，"追剿"军主力薛岳、周浑元两部还没有靠拢时，组织力量进行反击，寻歼国民党军一部，以扭转战局，变被动为主动。毛泽东这个主张是大胆且出敌不意的。蒋介石调动大批军队前往湘桂边界，正是中央红军预设的前进方向。中央红军若在湘南开展运动作战，这是蒋介石无法想象到的，会收到奇效。

然而，毛泽东的正确意见遭到博古、李德的拒绝。李德在《中国纪事》中说："他（指毛泽东——引者注）对每个作战方案都加以非难，特别是我提出来的每个建议，他都表示反对。"[①]教条主义者就是这样，在形势发生变化、机会来的时候，往往还是机械地实施既定计划，而不是敌变我也变，灵活机动实施计划。

博古、李德拒绝了毛泽东的正确意见，中央红军就这样失去了扭转不利局面的一次良机。

中央红军出发时，带着许多笨重的印刷机器、军工机器等辎重。承担这个任务的是中央教导师，有6000多人。他们编在中央纵队第二梯队，抬着、挑着600多件大小不等的担子。"这些担子，有用稻草捆绑的机器部件，小件的三五个人抬着，大件的要十来个人才能抬得动；有用青的、蓝的、灰的、黑的、绿的各色破布包扎捆绑的大包裹，战士们用肩扛或用扁担挑着走；有用铁皮、木板或竹片制作的各式箱子，两个人一前一后抬着走。这些东西夹在队伍中，弄得队不成队，行不成行，拖拖沓沓，全师拉了足有十几里长。""由于上路仓促，准备不足，没有进行深入的思想动员，行军的意图严格保密，许多基层干部不了解上级精神，只是盲目地跟着大部队走，所以，从一开始部队的思想就比较混乱，存在着各种各样的怀疑和谣言，逃亡现象几乎每天都在发生，增加了部队行军的困难。"[②]

---

① ［德］奥托·布劳恩著，李逵六等译：《中国纪事》，东方出版社2004年版，第109页。
② 裴周玉：《踏上艰难的征程》，中国人民解放军历史资料丛书编审委员会：《红军长征·回忆史料》（1），解放军出版社1992年版，第122页。

为了带着这些"坛坛罐罐"行军,教导师付出的代价是惊人的。出发仅一个月,没有参加过什么大的战斗,逃亡、掉队、伤残病等非战斗减员已达三分之一。"左"倾教条主义者在长征开始后犯了逃跑主义错误,采取大搬家式的转移,恶果已经凸显。

教导师带着大量辎重,拖累了全军行军速度。毛泽东很关注教导师的行军速度问题,并和有关人员交流过意见。对此,李德十分不满。他在《中国纪事》中曾这样写道:"当时,他(指毛泽东——引者注)所凭借的是许多长征参加者的情绪,特别是那些在新编部队和后勤纵队中屈服于突围的困难、惊慌失措和只想退却回家的人的情绪。毛不去反对这种情绪,反而对此大加煽动。"但李德也不得不承认:"由于敌人在此期间加紧进行追击,我军在通过第二道封锁线时,又损失了许多时间。"提出"现在必须加快行军速度",并认为"而这也给毛提供了一个有利的借口,因为逃兵和掉队人数日益增加"。①

在中央红军长征前夕,由于周恩来、朱德派潘汉年、何长工同陈济棠进行谈判,达成了就地停战、互通情报、解除封锁、相互通商和必要时可以相互借道等五项协议,因而中央红军通过由粤军主要防守的第一、第二道封锁线时,粤军基本没有堵截,尽管辎重部队拖了后腿,也没有遭到惨重损失。但是,已给李德、博古敲响了警钟。遗憾的是,尽管毛泽东关注到这个问题,李德、博古却没有重视,以致中央红军在突破第四道封锁线湘江时,遭到了惨痛的损失。

中央红军开始长征时,目的地是对大家保密的,究竟要转移到哪里只有博古、李德等人知道。中央红军主力突破第二道封锁线时,已经无密可保,李德、博古这才宣布红军是到湘西与红二、红六军团会合。

由于出了湘南就是红军影响力很弱的白区,为了得到当地群众的支持,11月7日,毛泽东、朱德在湖南汝城分别以苏维埃中央政府主席、中国工农红军总司令的名义发布《出路在哪里?》的宣言,指出:"万恶的国民党军阀蒋介石、陈济棠、何键等,不但把我们中国出卖帝国主义,使

---

① [德]奥托·布劳恩著,李逵六等译:《中国纪事》,东方出版社2004年版,第109页。

你们变为帝国主义强盗的奴隶牛马，而且他们自己也拼命屠杀你们。"号召："我们穷人，我们工人，农民，兵士及一切劳苦民众"，"团结起来，武装起来，暴动起来，打倒帝国主义，推翻国民党豪绅地主的统治，建立我们工农自己的军队，工农兵自己的政府"。并明确宣布："这种工农的军队，就是红军，这种工农兵的政府就是苏维埃政府。"这个宣言在宣传了共产党和苏维埃政府的各项政策后，指出："亲爱的兄弟姐妹们！你们的出路就在这里。"

这是中央红军长征后，发出的第一份公开的宣言书，为沿途群众指明了道路。

中央队"三人团"

中央红军主力准备战略转移时，随军行动的中共中央、中央政府、中革军委机关和直属部队编为两个野战纵队：第一野战纵队代号"红星"，叶剑英任纵队司令员兼政治委员，博古、李德、周恩来、朱德等随该纵队行动；第二野战纵队代号"红章"，李维汉任司令员兼政治委员，毛泽东、张闻天、王稼祥等随该纵队行动。

当时，分在第二野战纵队行军的都是机关人员和伤病、老弱、妇女人员。毛泽东是被博古以有病为由分到第二野战纵队的。

王稼祥在中央苏区第四次反"围剿"结束时腹部受了重伤，长征开始时，伤口还没有痊愈，只好坐担架随军委第二野战纵队行军。张闻天则不同，他是中央常委，原定是把他分到军团去行军，在毛泽东的坚持下，也随军委第二野战纵队行军。

毛泽东、张闻天、王稼祥一起随军委第二野战纵队行动，就有了红军长征史上有名的中央队"三人团"，党的历史开始悄悄地发生变化。

张闻天在过去也曾犯过"左"倾教条主义错误，在上海白区工作期间发表过一些宣传"左"倾教条主义错误方面的文章。但他也注意到了"左"倾关门主义的危害，如在1932年11月3日发表于《斗争》第30期上的《文艺战线上的关门主义》一文，批评了当时左翼文艺批评家在"文艺自由辩论"和"文艺大众化"讨论中存在的"左"倾关门主义，认为小资产阶级文学家是左翼文化的同盟者,对他们要进行说服和争取,要执行"广泛的革命的统一战线"。同年11月18日发表于《斗争》第31期的《论我们的宣传鼓动工作》,揭露了"党八股式的宣传鼓动"的主要特征,提出了从"左"的错误中实行转变的办法。20世纪30年代曾担任过中共中央秘书长的黄玠然在回忆中说:"那时闻天同志也是执行王明'左'倾路线的重要成员。但他是一个尊重实际、思想敏感的政治家、理论家。他在执行'左'的错误中,能敏锐地发现问题,对一些具体问题上'左'的做法,他能较快察觉,提出批评。据我所知,他当时曾反对王明、博古对工人运动所作的过高估计;反对过宣传鼓动工作中的一套党八股的'左'倾论调;也反对过脱离群众的命令主义、关门主义等等错误。"①

到中央苏区后,张闻天和博古的分歧越来越多。对于1933年1月17日以中华苏维埃临时中央政府和工农红军革命委员会名义发表的《为反对日本帝国主义侵入华北愿在三个条件下与全国各军队共同抗日》宣言如何理解,博古认为"三个条件只是宣传的号召,只对下层士兵与广大工农群众讲的"。张闻天认为"三个条件是宣传的,也是行动的号召,也是对上层军官说的"。②如前所述,在对福建事变后是否支持第十九军问题上、讨论广昌战役的会上,张闻天同博古发生了严重的分歧。这些矛盾的发展,使博古与张闻天的关系开始越来越远。中共六届五中全会后,博古让张闻天当中华苏维埃共和国中央政府人民委员会主席,就是为了将他从政治局的日常工作中排挤出去。杨尚昆曾说:"叫他(指张闻天——引者注)到政府当人民委员会主席。我想当时博古有两个目的,一个目的是把毛主席架空,你虽然是苏维埃执行委员会主席,但是按实际的职务来说,具体的工作是在人民委员会,也就是总理那里。……第二你张闻天在政府那边工作,你就少管中央的事情。""他去政府工作,这就恰恰给他提供了一个单独考虑中国革命实际道路的机会,特别是同毛主席接近了。"③

---

① 张闻天选集传记组编:《200位老人回忆张闻天》,人民出版社2013年版,第51—52页。
② 张闻天:《从福建事变到遵义会议》(1943年12月16日),中共中央党史资料征集委员会、中央档案馆:《遵义会议文献》,人民出版社1985年版,第76页。
③ 张闻天选集传记组编:《200位老人回忆张闻天》,人民出版社2013年版,第39页。

笔下起风雷　胸中百万兵
土地革命战争中的毛泽东

博古把张闻天排挤到政府去工作，然而，事情并没有结束。不久，他又派张闻天到闽赣省做巡视工作，而实际上项英刚从闽赣省巡视回来。张闻天不在苏维埃中央政府期间，博古等公开批评中央政府的文牍主义。博古的这些做法让张闻天非常反感。在长征出发前一天，毛泽东和张闻天闲谈时，张闻天把对博古的看法同毛泽东谈了。两人有了共同的语言，开始接近起来。张闻天后来曾说："我同毛泽东同志所以能够在长征出发前即合作起来的原因，除了我前面所说的种种原因外，我对他历来无仇恨之心。我一进中央苏区，不重视毛泽东同志是事实，但并无特别仇视或有意打击他的心思，也是事实。"[①]

中央苏区第二次反"围剿"时，王稼祥在作战方针上给毛泽东很大支持。但自赣南会议后，在关于中央苏区发展方向问题上，王稼祥拥护中共临时中央的"左"倾教条主义策略，主张向国民党重兵驻守的北部发展，占领大城市，而毛泽东则主张向国民党军力量薄弱的东南方向发展。为此，王稼祥在有关会议上曾严厉指责毛泽东"这是规避占领大城市"，提出"我们应该同过分害怕攻占大城市的右倾机会主义作斗争"。[②]

尽管在中央苏区发展方向上存在严重分歧，王稼祥对毛泽东的军事指挥还是很钦佩的。在中央苏区第五次反"围剿"中，王稼祥曾为作战指挥问题同李德发生过多次争论。王稼祥认为，"御敌于国门之外""短促突击"是打不破敌人"围剿"的，还是要采取诱敌深入、隐蔽部队、突然袭击、先打弱敌、后打强敌、各个击破的战法。但李德听不进王稼祥的这些意见。中央红军反"围剿"作战接连失利，不得不进行战略转移，王稼祥对局势十分焦虑，想来想去，只有向毛泽东表示自己的看法。与毛泽东同在军委第二野战纵队行动，恰好为王稼祥提供了这样的机会。

毛泽东经常和张闻天、王稼祥在一起讨论分析中央苏区第五次反"围

[①] 张闻天：《从福建事变到遵义会议》（1943年12月16日），中共中央党史资料征集委员会、中央档案馆编：《遵义会议文献》，人民出版社1985年版，第79页。
[②] 《周恩来、王稼祥、任弼时和朱德给中共中央的电报》（1932年5月3日于瑞金），中共中央党史研究室第一研究部译：《共产国际、联共（布）与中国革命档案资料丛书·联共（布）、共产国际与中国苏维埃运动》（1931—1937）（第13卷），中共党史出版社2007年版，第146页。

剿"失利的原因，做他们的工作，形成了一致的意见，认为这是博古、李德军事指挥上的错误。他们还对博古、李德在长征出发后的军事指挥有不同意见。

张闻天是中共中央政治局委员、书记处书记（中央常委）、中华苏维埃共和国中央政府人民委员会主席，党内地位重要；王稼祥是红军总政治部主任，军内地位重要。他们的转变，壮大了同"左"倾教条主义错误斗争的力量。

在汝城停留期间，以毛泽东为主导的中央队"三人团"，对博古、李德在突破第二道封锁线时的错误军事指挥提出了批评。李德在回忆录《中国纪事》中说："第三军团从正面顺利突破了第二道封锁线。第一军团在地形不明的大山里，没有地图可循，被迫在羊肠小道上和狭长的深谷中行进，因而未能占领他们前面设有坚固堡垒的隘口，侧面又受到粤军赶来增援的部队的威胁，而自己却不能展开兵力对付他们。至此，第一军团必须掉转头来暂时拐入中路军的行军路线，以便绕过自然障碍，避开敌人的侧面袭击。这样，就先失掉了几乎一个星期的时间，这段时间里，兵力强大的粤军和国民党中央军，开始在后面紧紧追赶，使得第五、第九军团好几天都陷入损失巨大的后卫战斗之中。""毛泽东、洛甫和王稼祥（中央三人小组），马上抓住了这个时机，猛烈攻击博古"，"当然首先是我"。[①]

随着长征的进行，博古、李德错误的军事指挥造成的损失越来越严重，以毛泽东为首的中央队"三人团"对他们的批评越来越激烈。

二、主张转兵贵州，实现历史转折

改变战略进军方向

1934年11月13日至15日，中央红军从郴县、良田、宜章、乐昌之间通

---

① ［德］奥托·布劳恩著，李逵六等译：《中国纪事》，东方出版社2004年版，第108页。

笔下起风雷　胸中百万兵
土地革命战争中的毛泽东

过了第三道封锁线。然而，从11月27日至12月1日，中央红军在突破第四道封锁线湘江时却遭到了惨重损失。

本来，李宗仁、白崇禧桂系军阀与蒋介石有矛盾，为了保存自己的实力，采取"送客"的方式，在湘军未接防的情况下，于11月22日下午将桂军主力撤离湘江防线，南移至恭城、富川一线，驻扎在湘江防线的只有少数兵力。这样，从全州至兴安长达60公里的湘江沿岸，实际上处于一个不设防的状态。11月27日，红一军团前锋第二师占领了从屏山渡至界首的湘江所有渡河点，并架设了浮桥。这时，红军若能轻装前进，是能够顺利渡过湘江、突破蒋介石精心布置的第四道封锁线的。

博古、李德却对突破第四道封锁线的良好机遇熟视无睹，舍不得丢掉已经严重拖累部队行军的物资、设备，仍然在慢吞吞地行军。11月28日时，军委野战纵队才到达文市、桂岩一带，距离湘江最近的渡河点有55公里。直到30日晨，军委第一野战纵队才从界首渡过湘江；第二野战纵队迟至黄昏时才渡江。55公里的路程走了两天，平均每天行程仅27.5公里。

蒋介石发现桂系自保策略使湘江几乎无兵防守的情况后大为恼火，于28日急令何键、白崇禧夺回渡口，围歼红军于湘江两岸。中央红军在湘江两岸担任掩护的部队，为中央领导机关和其他部队顺利过江，与敌展开激战，付出很大牺牲。

12月1日下午5时，中央红军大部渡过湘江。担任掩护任务的红五军团第三十四师和红三军团第六师第十八团被阻止在湘江东岸，最后弹尽粮绝，大部壮烈牺牲。红三十四师师长陈树湘因负重伤被捕，乘敌不备，用手从腹部伤口处绞断了肠子，英勇牺牲。

湘江战役是中央红军长征以来最壮烈的一战。红军以饥饿疲惫之师，苦战五昼夜，终于突破了国民党军的第四道封锁线，粉碎了蒋介石围歼中央红军于湘江以东的企图。但是，红军也为此付出了惨重的代价。渡过湘江后，中央红军和中央机关人员由长征出发时的8.6万人锐减至3万余人。

中央红军过湘江后，只是暂时摆脱了险境。实际上，更危险的情况还在后面。在湘江以东全歼中央红军的图谋破产后，蒋介石为防止红军沿湘桂边境北上湘西同红二、红六军团会合，又在城步、新宁、通道、绥宁、靖县、武冈、芷江、黔阳、洪江地区构筑四道碉堡线，集结重兵，企图把中央红军一网打尽。博古、李德无视敌情，仍然坚持按照原定路线前进，使中央红军又处于一个非常危急时刻。如果不改变原定的前进方向，中央红军的损失将要比湘江之战严重得多，甚至是全军覆灭！

同蒋介石打了十年交道的毛泽东对中央红军的处境忧心如焚。他对蒋介石的了解甚深，知道蒋介石在湘江之战没有达到消灭红军的图谋之后，肯定不会善罢甘休。由于中央红军要与红二、红六军团在湘西北会合的目的已经很明确，毛泽东判断，蒋介石一定会在红军前进方向上设置更多封锁线，而且情报已经说明，蒋介石已经调动了五倍于红军的强大兵力，形成了一个大口袋，如果再坚持与红二、红六军团会合，无疑是将红军往虎口里送。

那么，中央红军要向哪里进军好呢？毛泽东把目光投向贵州。

这时，发生了桂系军阀联合广东军阀同蒋介石争夺贵州的斗争。桂系军阀看到蒋介石的嫡系部队集结于武冈至洪江一线，湘军以重兵置于城步、遂宁、靖县之线，黔东南地区极为空虚。蒋介石限制桂军入黔，规定洪州以南为桂军的守备区域。这就使桂系军阀明显地看出，湘军意在自保，蒋介石意在图黔。当时，桂、粤、黔三省，在鸦片种植和运销方面，有着共同的利害关系。贵州若落入蒋介石之手，不仅使桂系失去主要财源，而且军事上也对桂系产生直接威胁。于是，桂系军阀和广东军阀经过密谋，在12月11日致电蒋介石，表示："粤、桂两省军旅"，"拟即抽劲旅，先组编追剿部队，由宗仁统率，会同各路友军，继续穷追，以竟全功"。①

蒋介石当然明白李宗仁、白崇禧和陈济棠的意图，立即命令嫡系薛岳部兼程进入贵州，捷足先登，使两广军阀无可奈何。

不仅蒋介石与两广军阀在争夺贵州上斗心眼，黔军内部也矛盾重重。

---

① 《陈济棠、李宗仁、白崇禧关于请命出兵"追剿"中央红军给国民党中央及南京政府电》（1934年12月11日），中国人民解放军历史资料丛书编审委员会：《红军长征·参考资料》，解放军出版社1992年版，第156页。

笔下起风雷　胸中百万兵
土地革命战争中的毛泽东

黔军四大派系王家烈、侯之担、犹国才、蒋在珍各据一方，你争我夺。同时，黔军军事素质很差，战斗力低下。中央红军若转兵贵州，一方面可以打乱国民党军围歼红军于进军湘西途中的计划；另一方面可以各个击破战斗力弱的黔军，与红四方面军和红二、红六军团形成三足鼎立之势，有利于以后的战略发展。鉴于此，毛泽东提出中央红军放弃同红二、红六军团会合的计划，改向敌人兵力薄弱的贵州进军。

12月12日，中共中央负责人在湖南通道恭城书院举行临时紧急会议，参加的人有博古、周恩来、毛泽东、张闻天、朱德[①]、王稼祥和李德等。这次会议，李德在《中国纪事》中称为"飞行会议"，即一次非正式的会议。

李德在会议上坚持与红二、红六军团会合的原定计划。他在《中国纪事》中谈到这次会议时说："在谈到原来的计划时，我提请大家考虑：是否可以让那些在平行线上追击我们的或向西面战略要地急赶的周部和其他敌军超过我们，我们自己在他们背后转向北方，与二军团建立联系。我们依靠二军团的根据地，再加上贺龙和萧克的部队，就可以在广阔的区域向敌人进攻，并在湘黔川三省交界的三角地带创建一大片苏区。"[②]

李德的想法是如此荒唐和可笑。在他看来，国民党军在平行线上追击中央红军，红军来一个急刹车，让国民党军惯性地向前冲，然后就可以轻松到湘西北与红二、红六军团会合了。李德没有把国民党军队当成有着意识的人的集合体，而是当成了无意识的在重力推动下急速前进的物体。靠这样思维的人能不打败仗吗！

李德的主张遭到了毛泽东的严厉批驳。按照李德的话说是毛泽东"粗暴地拒绝了这个建议"。由于事关红军的生死存亡问题，毛泽东当然不能

[①] 中共中央文献研究室编的《毛泽东传》（1893—1949）、《周恩来传》（1898—1949）中，在参加通道会议的名单中均没有朱德的名字。在中共中央文献研究室编的《朱德年谱》（新编本）中，朱德参加了通道会议。笔者认为，当时朱德是中共中央政治局委员、中革军委主席、红军总司令，长征时又随军委第一纵队行军，军事指挥命令多数是以他的名义或有他联署的名义发出的。在红军处于危急关头，讨论红军战略方向这样重大问题的会议，朱德应该是参加者之一。所以，采取此说。

[②] ［德］奥托·布劳恩著，李逵六等译：《中国纪事》，东方出版社2004年版，第113页。

对李德客气。毛泽东指出，红军主力现时北上湘西，将会陷入敌军重围，后果不堪设想。他根据军委二局破译敌方电台的资料，说国民党军队正以五六倍于红军的兵力构筑起四道碉堡线，张网以待，"请君入瓮"！因此，他建议红军主力继续西进，到敌人力量薄弱的贵州去。

毛泽东讲完之后，朱德首先表示同意毛泽东的意见。接着，周恩来、王稼祥、张闻天等与会多数也表示赞成毛泽东的意见。博古因中央红军在湘江战役遭受惨痛损失而垂头丧气，看到大家都同意毛泽东的意见，也就勉强同意西进贵州。

李德看到自己被孤立，借故自己患有严重的热带疟疾，早早地离开了会场。会议根据大多数人的意见，通过了西进贵州的决定。当日晚7时30分，中革军委发出"万万火急"电报，指出："湘敌与〔以〕陶广一路军主力向通道进逼，其他各路军仍续向洪江、靖县前进，企图阻我北进，并准备入黔。"命令"我军明十三号继续西进"，红一军团第一师"如今日已抵洪洲司，则应相机进占黎平；如尚在牙屯堡，则应进至洪洲司，向黎平侦察、警戒，并须于十二时前全部要〔离〕牙屯堡"。①

通道会议虽是一次临时紧急会议，但这一次会议的作用是明显的。这是毛泽东自宁都会议被排挤出红军领导岗位后，第一次在讨论军事问题的会议上有发言权，也是他的主张第一次得到大多数同志的赞同。这次会议表明，在中央领导层内，正能量开始成为主导，负能量开始下降，李德的最高军事指挥权已受到严重的挑战，党和红军的命运开始悄然出现转机。

通道会议之后，李德仍然坚持要北出湘西同红二、红六军团会合的原定计划。博古对军事本来就是个外行，见李德这么一坚持，觉得可以先到贵州，然后再一直向北，这样可能遇到敌军很小的抵抗，达到与红二、红六军团会合的目的。为了贯彻博古这个意图，中革军委于13日晚9时30分急电红一、红三、红五、红九军团及军委纵队首长："我军以迅速脱离桂

---

① 《中革军委关于我军十三日西进的部署致各军团、纵队电》(1934年12月12日)，中国人民解放军历史资料丛书编审委员会：《红军长征·文献》，解放军出版社1995年版，第171页。

敌，西入贵州，寻求机动，以便转入北上。"①14日，中革军委又在给贺龙、任弼时、萧克、王震的电报中指出："我西方军现已西入黔境，在继续西进中寻求机动，以便转入北上。"命令红二、红六军团"以发展湘西北苏区并配合西方军行动之目的，主力仍应继续向沅江上流行动，以便相当调动或箝〔钳〕制黔阳、芷江、洪江的敌人"。②

12月13日，中央红军按照中革军委的命令，从通道地区出发，继续西进。14日，红一军团第六团和第三团进攻黎平。黎平有守敌王家烈一个团。红军一开始进攻，敌人便弃城而逃。随后，红一军团以一个师兵力驻守黎平，并驱逐城外黔敌。15日，红军占领老锦屏。16日，红一军团前出至柳霁地域，准备渡过清水江，沿湘黔边界北上，同红二、红六军团会合。17日，军委纵队进驻黎平。

黎平位于黔、桂、湘三省交界处，中央红军占领黎平及其周围地域，又站在战略进军方向的岔路口。

由于博古、李德坚持北出到湘西去，12月18日，中共中央政治局在黎平召开会议，讨论中央红军今后的战略方向问题。会议由周恩来主持，出席会议的有博古、毛泽东、张闻天、朱德、王稼祥等。李德因病没有出席会议，托人把他的意见带到会上。毛泽东主张继续向贵州西北进军，在川黔边敌军力量薄弱的地区建立新根据地。王稼祥、张闻天、朱德支持毛泽东的主张。博古则坚持红军去黔东北，然后与红二、红六军团会合的原定计划。这既是他的意见，也代表未出席会议的李德的意见。

会上争论激烈，主持会议的周恩来根据与会多数同志的意见，决定采纳毛泽东的主张。周恩来后来说："从老山界到黎平，在黎平争论尤其激烈。这时李德主张折入黔东。这也是非常错误的，是要陷入蒋介石的罗网。毛主席主张到川黔边建立川黔根据地。我决定采取毛主席的意见，循

---

① 转引自中共中央文献研究室编：《朱德年谱》（新编本）（上），中央文献出版社2016年版，第439页。
② 《朱德关于红二、六军团发展湘西北苏区并配合西方军行动致贺龙等电》（1934年12月14日），中国人民解放军历史资料丛书编审委员会：《红军长征·文献》，解放军出版社1995年版，第177页。

第五章　万水千山只等闲

二方面军原路西进渡乌江北上。"①李德因争论失败大怒。

黎平会议通过了《中共中央政治局关于战略方针之决定》，指出："鉴于目前所形成之情况，政治局认为过去在湘西创立新的苏维埃根据地的决定在目前已经是不可能的，并且是不适宜的。""新的根据地区应该是川黔边区地区，在最初应以遵义为中心之地区，在不利的条件下应该转移至遵义西北地区。"并"责成军委依据本决定按各阶段制定军事行动计划，而书记处应会同总政治部进行加强的政治工作，以保证本决定及军事作战部署之实现"。②

会后，周恩来把黎平会议决定的译文给李德送去。李德看后大发雷霆，用英语和周恩来吵了起来。向来温和的周恩来，这一次无论如何也压不住心中的火气，同李德拍了桌子。由于用力很大，搁在桌子上的小马灯都被震得跳了起来，倒在桌子上，熄灭了。警卫员范金标赶紧又把马灯点着。

黎平会议，是中央红军开始长征后第一次召开的中共中央政治局会议。这次会议表明中央红军长征后的领导体制已经开始发生变化。过去是最高"三人团"决定一切，凌驾于政治局之上。关于中央红军长征的重大决策都是由"三人团"来决定的，根本不通过政治局。从黎平会议开始，中共中央政治局开始决定重大问题，党内的政治生活，由不正常开始转向正常，由博古、李德的专断开始走向中央政治局集体领导。这就为此后召开遵义会议打下了组织基础。

黎平会议放弃湘西北与红二、红六军团会合的计划，决定在川黔边地区建立新根据地，打乱了蒋介石的部署，将十几万国民党军甩在了湘西，从而避免了中共中央、中革军委机关、数万名红军干部、战士覆灭的命运，为此后革命大发展保存了党和红军的精英和骨干力量。

在历史的紧要关头，黎平会议改变中央红军战略进军方向，迈出了走向长征胜利的关键一步，也为遵义会议的召开迈出了坚实一步。

---

① 周恩来：《在延安中央政治局会议上的发言（节录）》（1943年11月27日），中共中央党史资料征集委员会、中央档案馆编：《遵义会议文献》，人民出版社1985年版，第64页。
② 《中共中央政治局关于战略方针之决定》（1934年12月18日），中国人民解放军历史资料丛书编审委员会：《红军长征·文献》，解放军出版社1995年版，第181、182页。

突破乌江，占领遵义

黎平会议之后，中央红军挥戈西向，连战连捷，部队精神面貌一扫从湘南到过湘江后的低沉状态，焕然一新。陈云在《随军西行见闻录》中写道："赤军由湖南转入贵州，此时确缴获不少。侯之担部至少一个师人被缴械，并连失黎平、黄平、镇远三府城，尤其镇远为通湘西之商业重镇，赤军将各城市所存布匹购买一空。连战连进，此时赤军士气极旺，服装整洁。部队中都穿上了新军装。在湘南之疲劳状态，已一扫而空矣。"[①]

贵州是苗族聚居的地方，由于过去历代统治者实行大汉族主义，欺压苗族群众，造成苗汉之间民族矛盾，相互械斗。中央红军进入贵州后，十分强调民族纪律问题。毛泽东等领导人带头遵守民族纪律，为红军部队作出了表率。军委纵队经过剑河县附近一个村子时，见路边有一位老婆婆和她的小孙子身穿薄薄的单衣，倒在路边，气息奄奄。经过询问，才知道老婆婆交完地租后，没有粮食吃，靠在路边以讨饭为生。由于气温骤降，老婆婆早晨又没吃饭，所以晕倒在路旁。于是，毛泽东当即从身上脱下毛线衣，并从行李中拿出一条被单，送给老婆婆。他还命警卫员送给老婆婆一些粮食。

老婆婆见此情景，把冻僵了的双手合在胸前，颤抖着说："救命恩人呀！我可怎么报答你们呀！"说着，一把拉过身边的小孙子，让他给毛泽东磕头。

毛泽东忙拉住老婆婆只有拐杖高的小孙子，不让磕头，并对老婆婆说："老妈妈，您记住，我们是红军，红军是穷苦老百姓的军队。"

老婆婆嘴里念叨着"红军、红军"，几乎是三步一回头，一边望着毛泽东的高大身躯，一边领着小孙子，朝回家的大路走去。

12月30日，中央红军占领乌江边的瓮安县。次日晚10时，朱德发出中央红军北渡乌江行动的命令。

就在中央红军士气正旺、准备渡江时，博古、李德再生事端，反对北

[①] 《陈云文选》（第一卷），人民出版社1995年版，第55页。

渡乌江。他们主张"完全可以在乌江南岸建立一个临时根据地，再徐图进军湘西，与红二、红六军团会合"。①因此，关于中央红军的战略进军方向问题又一次在党和红军领导层产生争论。

1934年12月31日夜至1935年1月1日凌晨，中共中央政治局在瓮安县猴场召开会议。毛泽东在猴场会议上重申红军应在川黔边地区先以遵义地区为中心建立新的根据地的主张。多数与会者赞同这个意见，再次否定李德、博古的错误主张，决定红军立刻抢渡乌江、攻占遵义。

会议通过了《中共中央政治局关于渡江后新的行动方针的决定》，指出：中央红军渡过乌江后，"立刻准备在川黔边广大地区内转入反攻"。"建立川黔边新苏区根据地。""首先以遵义为中心的黔北地区，然后向川南发展。"并规定："关于作战方针，以及作战时间与地点的选择，军委必须在政治局会议上作报告。"②

猴场会议最终确定了中央红军的战略方向问题。从通道会议开始，到猴场会议止，中央最高领导层关于中央红军战略方向问题的争论画上了一个句号。会议的贡献还在于调整了红军的军事指挥体制，虽然没有明确取消"三人团"，但明确把军事指挥权置于中央政治局的领导之下，这就实际上解除了李德的最高指挥权。猴场会议所作出的决定，为此后的遵义会议召开创造了有利条件，是遵义会议的重要基石。

从1月2日开始，中央红军发起强渡乌江战斗。至6日止，中央红军各部分别从江界河、回龙场、孙家渡、茶山关等渡口全部渡过乌江，蒋介石企图围歼中央红军于乌江南岸的计划化为泡影。

1月7日，中央红军占领黔北重镇遵义。接着，按照中革军委命令，红一军团第二师推进到娄山关、桐梓地区，第二师集结在遵义东北之新街，第十五师驻老蒲场；红三军团在遵义城以南的刀靶水、尚稽场、懒板凳（今南白镇），控制遵义通往贵阳的公路，扼守乌江北岸；红九军团在遵

---

① 转引自中共中央文献研究室编：《毛泽东传》（1893—1949）（上），中央文献出版社1996年版，第339页。
② 《中共中央政治局关于渡江后新的行动方针的决定》（1935年1月1日），中国人民解放军历史资料丛书编审委员会：《红军长征·文献》，解放军出版社1995年版，第193、194页。

义东北的湄潭；红五军团在遵义东南的珠场；干部团驻在遵义城担任警卫工作。

至此，中央红军控制了以遵义为中心的黔北广大地区，黎平会议、猴场会议提出的战略目标第一步得到了实现。这样，自出发长征以来一直在行军作战、十分疲劳的中央红军，争取到难得的十余天的休整时间。这对于因"左"倾教条主义错误而受到严重挫折的中国共产党和工农红军来说，是多么重要！中国共产党的领导者们，终于可以安稳地坐下来几天，认真讨论过去出现错误的原因，找出解决的办法，继续前进，迎来崭新的明天了。

伟大的历史转折

1935年1月9日，中共中央、中革军委率领军委纵队进驻遵义。

这天上午，遵义地下党员周司和、周守如等率领进步组织"红军之友社"成员和一些学生、群众，到丰乐桥接官厅，准备迎接军委纵队。不料，接官厅早已被遵义的开明人士占据。开明人士在接官厅挂起了彩帐，摆起香案，敲锣打鼓，以隆重的仪式迎接军委纵队入城。见到此情，周司和、周守如把他们带领的迎接队伍带到了丰乐桥上。周守如在自己的回忆中记下了那个难忘的时刻：

下午，毛主席、朱总司令、周恩来副主席等中央领导骑着马由南门关来到桥上，这时欢迎的群众立刻沸腾起来，一齐拥向中央首长的面前，欢呼声震天，锣鼓声、鞭炮声齐鸣。毛主席、朱总司令见到欢迎的人群后喜笑颜开，由潘汉年同志上前一一介绍我们。毛主席、朱总司令跳下马来和我们亲切握手。当时中央首长很多，除了毛主席和朱总司令外，给我印象最深的是一个留着白胡子，一个满脸黑胡子。以后我才知道白胡子是林伯渠同志，大黑胡子是周恩来同志。由于我过去见到天主堂的神父是大黑胡子，所以当时还把周恩来同志认为是法国人。中央首长的队伍是经过新城到老城的，所经过的街道都有人民群众沿街夹道欢迎。

潘汉年同志告诉我们，毛主席要讲话，要我们发动群众听毛主席讲话。我们边走边喊:"大家去听毛主席、朱总司令讲话!"夹道欢迎红军的人群,愈来愈多,像潮水般涌向红军队伍,把我们都挤掉了队。我们只好从大悲阁、龙井沟、中营沟走小巷跑步到万寿桥(现在的新华桥),才追上中央首长的队伍。队伍经过小十字、大十字、轿子街到了府衙门停下来。可是府衙门这地方太小,容纳不了来听毛主席讲话的群众,许多群众只得站在两头墙门的外面,有的甚至爬在两边的墙头上,真是盛况空前。

在府衙门(现军分区)前,摆了一张方桌作台子,朱总司令上台先讲话,他讲了军事问题,接着毛主席上台讲话。毛主席那时身材瘦高,穿一件灰色军大衣,里面是一件羊羔皮短袄,毛从袖口里露出来,一口长沙口音,我们不太听得懂,他讲话时,不断地打着有力的手势,号召工农团结起来,打土豪、分田地,建立苏维埃革命政权。因为贵州的少数民族多,毛主席在讲话中还问我们遵义有没有"苗子"?我们听不懂长沙口音,把"苗子"误听为"庙子",就齐声回答:"有!"其实遵义地区苗族很少,他们都住在偏僻的山区,遵义城内没有苗族。毛主席讲完,大家热烈鼓掌和呼喊口号。[①]

毛泽东讲话结束后,群众还迟迟不愿离去。他告诉大家,以后见面的机会还很多。经过红军干部的说服,群众才逐渐散去。

黎平会议时,鉴于中央领导人内部存在争论的情况,中共中央政治局决定到遵义地区后召开会议,总结第五次反"围剿"以来军事指挥上的经验教训。

这时,王稼祥率先提出在中央会议上更换军事领导的建议。他在回忆中说:

我向毛泽东表示:目前形势已非常危急,如果再让李德这样瞎指挥下去,红军就不行了!要挽救这种局面,必须纠正军事指挥上错误,采取果断措施,把博古和李德"轰"下台。毛泽东同志听后十分

---

① 周济:《建立遵义县革命委员会的回忆》,中共遵义市党史资料征集研究办公室编:《长征火种——一九三五年遵义县革命委员会》,1987年内部发行,第57—58页。

笔下起风雷　胸中百万兵
土地革命战争中的毛泽东

赞同。他考虑了当时情况，又担心地说："你看能行吗？支持我们看法的人有多少？"

我说："必须在最近时间召开一次中央会议，讨论和总结当前军事路线问题，把李德等人'轰'下台去。"毛泽东同志高兴地说："好啊，我很赞成。"并要我多找几位同志商量商量。①

部队行军进至黄平地区时，一天，在一片橘林里休息，张闻天与王稼祥头靠头地躺在各自的担架上交谈对当前形势的看法。王稼祥问张闻天，红军最后的目标，中央定在什么地方。张闻天说，没有一个确定的目标。接着，张闻天又说，这仗这样打看起来不行，还是要毛泽东同志出来。毛泽东同志打仗有办法，比我们有办法。见张闻天也有改变军事领导的想法，王稼祥就把这个情况告诉了毛泽东。

接着，王稼祥又找了周恩来。周恩来一向支持毛泽东的正确意见，赞成王稼祥召开中央会议的建议。朱德也支持这个建议。随后，王稼祥还找了几位军队的负责同志，谈了他的看法。正好，红一军团政治委员聂荣臻因腿伤感染化脓也坐担架随军委纵队行动，王稼祥便把自己的看法给聂荣臻谈了，得到聂荣臻的支持和赞同。于是，召开会议的条件成熟了。

进驻遵义后，毛泽东、王稼祥等向中共中央提出，立即准备召开政治局扩大会议。伍修权回忆："这时王稼祥、张闻天同志就通知博古同志，要他准备在会议上作关于第五次反'围剿'的总结报告，通知周恩来同志准备一个关于军事问题的副报告。至此，遵义会议的准备工作基本就绪。"②

毛泽东、张闻天、王稼祥认真准备了会议发言。他们经过讨论，由张闻天执笔写了一个反对"左"倾教条主义军事路线的报告提纲。毛泽东过去在开会时一般都是即席发言，这次也写了一个详细的发言提纲。

博古意识到这次政治局扩大会议上必有一场争论，事前进行了活动。铁杆支持博古的政治局候补委员凯丰曾几次找聂荣臻谈话，要他在会上发

---

① 吴德坤主编：《遵义会议资料汇编》，中央文献出版社2009年版，第126—127页。
② 伍修权：《生死攸关的历史转折（节录）——回忆遵义会议的前前后后》（1982年），中共中央党史资料征集委员会、中央档案馆编：《遵义会议文献》，人民出版社1985年版，第114页。

言支持博古。聂荣臻没有答应。聂荣臻回忆:"听说要开会解决路线问题,教条宗派主义者也想争取主动,积极向人们做工作。会前和会议中,凯丰——即何克全,当时的政治局候补委员、共青团书记——三番两次找我谈话,一谈就是半天,要我在会上支持博古,我坚决不同意。我后来听说,凯丰向博古汇报说,聂荣臻这个人真顽固!"[①]

李德在《中国纪事》中涉及遵义会议酝酿的有关内容是这样写的:

> 毛泽东……利用这次休整时间,强迫中央委员会政治局召开了所谓扩大会议。他之所以能够毫不迟疑地这样去做,是因为他知道大多数在遵义的政治局委员是支持他的……但是他仍不满意,还邀请了临时革命政府委员、总参谋部的工作人员,以及军团和师的指挥员、政委等来参加1935年1月7—8日[②]举行的会议。这些人形成了多数……
> ……………
> 毛泽东在遵义有何目的呢?非常明显,他是要对1928年六大对他的批判,以及他在1932年8月宁都中央政治局会议[③]上和1934年1月瑞金中央全会上的失败进行报复。在宁都,他在中央苏区政治和军事领导中的独裁统治被打破了,主要是因为他不顾领土丢失,不顾百姓利益,顽固坚持向山区退却的战略。现在,他通过利用组织上和战术上的个别错误进行煽动,特别是通过臆造和诽谤陷害等手段,有可能实现他多年来派性斗争的目标了,这就是贬低党的领导,消除总书记博古的影响,完全恢复自己的名誉,并把军队重新"抓在手中",从而使党服从他的意志。
> 为什么他敢于在遵义这么干呢?……突破封锁线以后,整个政治生活和党的工作实际上只是在军队中进行;而这支军队,正如我以前多次提到过的,几乎完全是农民组成并受职业军人的指挥。毛在部队指挥员和部分政治工作者中,由于多年共同战斗,有许多追随者。中央苏区的转移,在他们中间引起了一些不满的情绪和不稳定的感觉,

---

① 《聂荣臻回忆录》,解放军出版社2007年版,第196页。
② 遵义会议召开的时间为1935年1月15日至17日。
③ 这里指的应为1932年10月在宁都小源召开的中共苏区中央局会议,即宁都会议。

笔下起风雷　胸中百万兵
土地革命战争中的毛泽东

这是他有计划煽动起来的。……

特别是1934—1935年，党的领导完全同外界隔绝，此事造成的后果尤其严重。他们从国际共产主义工人运动那里，具体地说就是从共产国际方面，既不能得到忠告，也不能得到帮助。所以，以毛泽东为代表的小资产阶级农民的、地方性的和民族主义的情绪，就能够不顾马列主义干部的反对而畅行无阻，甚至这些干部本身也部分地和暂时地为这种情绪所左右。[1]

李德的这几段文字充满了对毛泽东攻击的语言，但经过细读和辨析之后，能从中得到以下事实。1. 中央红军长征到达遵义时，大多数中央政治局委员是支持毛泽东的，拥护毛泽东出来领导红军。2. 长征开始后中央红军接连受到挫折，特别是湘江之战的惨重损失，引起了广大红军干部、战士的严重不满。3. 在创建中央苏区和领导中央苏区反对国民党军的"围剿"中，毛泽东的正确战略方针深受苏区党和红军的各级干部的拥护。4. "左"倾教条主义者没有创建根据地和红军的实践经验，只会夸夸其谈，在红军中没有多少支持者。5. 中央红军长征开始后，由于同共产国际中断了电讯联系，这反而能使中国共产党独立自主地解决中国革命重大问题。没有了共产国际的干预，毛泽东的正确主张反而更能被党所接受。

经过毛泽东等人的努力，召开遵义会议水到渠成。1月13日，周恩来通知有关人员赴遵义参加会议。

历史将永远铭记这三天：1935年1月15—17日。就在这三天，中共中央政治局在遵义召开了扩大会议。这就是闪耀着永恒光芒的遵义会议。

遵义老城黔军第二十五军第二师师长柏辉章公馆。这是一座当时遵义城最为豪华的建筑，从外面看去，高墙壁立，朱门厚重，巍峨气派。从临街大门进去，穿越过厅，迎面是一座砖砌的照壁，前面用五彩瓷片镶嵌"慰庐"二字，背面则是"慎笃"。照壁后面是一个小天井，天井以青石铺路，南面有小门，通往四合院，北面则是主楼，楼东走道有一小客厅，

---

[1] ［德］奥托·布劳恩著，李逵六等译：《中国纪事》，东方出版社2004年版，第117、118、119页。

可容纳20余人。里面有红木地板和门窗,天花板上吊着一盏煤油灯,中间放着一张长方形的桌子,二十把椅子摆成了一个半圆形。1月15日晚,中共中央政治局扩大会议就在这个小客厅举行。这个小客厅后来就成为人们到中国革命圣地遵义参观、学习必去的地方。

出席会议的政治局委员有毛泽东、张闻天、周恩来、朱德、陈云、博古,候补委员有王稼祥、刘少奇、邓发、何克全(凯丰),还有红军总部和各军团负责人刘伯承、李富春、林彪、聂荣臻、彭德怀、杨尚昆、李卓然,以及中央秘书长邓小平。李德及担任翻译工作的伍修权也列席了会议。

红九军团军团长罗炳辉、政治委员蔡树藩因在湄潭一带执行警戒任务,未能出席会议;红五军团军团长董振堂因在党内没有领导职务,也未能出席会议。

会议由博古主持,中心议题是:"(一)决定和审查黎平会议所决定的暂时以黔北为中心,建立苏区根据地问题。(二)检阅在反对五次'围剿'中与西征中军事指挥上的经验与教训。"①

会议首先讨论黔北地区是否适合建立根据地的问题。会上,刘伯承和聂荣臻认为黔北不适合建立根据地,建议红军打过长江去,到川西北去建立根据地。会议经过讨论,"一致决定改变黎平会议以黔北为中心来创造苏区根据地的决议,一致决定红军渡过长江在成都之西南或西北建立苏区根据地"。②

接下来,会议进入下一个议题,讨论总结第五次反"围剿"以来的经验教训。先由中共中央总负责人博古作关于反对第五次"围剿"的总结报告。博古在报告中,把第五次反"围剿"失败的主要原因归于帝国主义、国民党反动力量的强大,并把党对于白区广大工农群众反帝反国民党与日常斗争的领导没有显著的进步、游击战争的发展与瓦解白军士兵工作依然薄弱、各苏区红军在统一战略意志之下的相互呼应配合不够,作为第五次反"围剿"失败的重要原因。另外,博古还认为中央苏区的后方工作、物

---

① 《陈云文选》(第一卷),人民出版社1995年版,第36页。
② 《陈云文选》(第一卷),人民出版社1995年版,第36页。

资供应没有做好,影响了第五次反"围剿"斗争。

博古的报告说了一大堆客观原因,就是不说军事指挥是不是出了问题。

博古报告之后,由中革军委副主席、红军总政治委员周恩来作副报告。他指出第五次反"围剿"失利的主要原因是军事领导的战略战术错误,并主动承担责任,作了自我批评,同时也批评了博古、李德的错误。

博古、周恩来报告之后,张闻天作"反报告"。他列举大量事实,说明第五次反"围剿"失败及中央红军战略转移后遭到严重损失的主要原因是博古、李德在军事上犯了一系列严重错误,违反了过去红军长期作战中形成的基本原则。出席会议的杨尚昆回忆说:

> 我当时是三军团政委,与军团长彭德怀同志一起列席了这次具有历史意义的会议。我清楚地记得,遵义会议上反对"左"倾军事路线的报告(通称"反报告")是闻天同志作的。他作报告时手里有一个提纲,基本上是照着提纲讲的。这个提纲实际上是毛泽东、张闻天、王稼祥三位同志的集体创作而以毛泽东同志的思想为主导的。[①]

接着,毛泽东作了重要发言。他讲了大约一小时,集中批评"左"倾军事路线错误和各方面的表现,指出导致第五次反"围剿"失败和战略大转移严重损失的原因,主要是军事上的单纯防御路线,表现为进攻时的冒险主义,防御时的保守主义,突围时的逃跑主义。他说:指挥者只知道纸上谈兵,不考虑战士要走路,也要吃饭,也要睡觉,也不问走的是山地、平原还是河流,只知道在地图上一画,限定时间打,当然打不好。

针对博古强调第五次反"围剿"失败的客观原因,毛泽东用中央苏区第一、第二、第三、第四次反"围剿"胜利的事实,批驳了博古的观点。

毛泽东的观点反映了大家的共同想法和正确意见,受到与会绝大多数同志的热烈拥护。

紧接毛泽东之后发言的是王稼祥。他表示完全赞同毛泽东的意见,严

[①] 杨尚昆:《坚持真理,竭忠尽智——缅怀张闻天同志》,《人民日报》1985年8月9日。

第五章 万水千山只等闲

厉批评了博古和李德军事指挥上的错误,提议请毛泽东出来指挥红军部队。

朱德在王稼祥发言后,明确表示支持毛泽东的意见。他与毛泽东一起指挥取得了中央苏区前三次反"围剿"的胜利,又和周恩来一起指挥取得了中央苏区第四次反"围剿"的胜利。红一方面军取得前四次反"围剿"的胜利,靠的是什么,朱德应该是最清楚的。第五次反"围剿"为什么失败,他比别人有着更直接的了解。因此,朱德在发言时很激动。伍修权在回忆遵义会议的文章中说:"朱德同志历来谦逊稳重,这次发言时,却声色俱厉地追究临时中央领导的错误,谴责他们排斥了毛泽东同志,依靠外国人李德弄得丢掉根据地,牺牲了多少人命!他说:如果继续这样的领导,我们就不能再跟着走下去!"[1]

周恩来在发言中也支持毛泽东对"左"倾军事指挥错误的批评,全力推举毛泽东来领导党和红军。他指出,只有改变错误的领导,红军才有希望,革命才能成功。他的发言和倡议得到了与会绝大多数同志的积极支持。

刘伯承、李富春、聂荣臻、李卓然都相继发言,对"左"倾军事指挥错误进行了严厉批评,表示赞同毛泽东的发言和张闻天的"反报告"。林彪在会上没有发言。

对于大家的尖锐批评,"博古同志没有完全彻底地承认自己的错误,凯丰同志不同意毛张王的意见,A[2]同志完全坚决地不同意对于他的批评"。[3]凯丰甚至对毛泽东说:"你懂得什么马列主义?你顶多是知道了些《孙子兵法》!"毛泽东在20世纪60年代谈到此事时说:"遵义会议时,凯丰说我打仗的方法并不高明,是照着两本书去打的,一本是《三国演义》,另一本是《孙子兵法》。其实,打仗的事,怎么照书本去打?那时,这两本书,我只看过一本——《三国演义》。另一本《孙子兵法》,当时我并没有看过,那个同志硬说我看过。我问他《孙子兵法》共有几篇?第一篇的题目叫什么?他答不上来。其实他也没有看过。从那以后,

---

[1] 伍修权:《生死攸关的历史转折——回忆遵义会议的前前后后》,中国人民解放军历史资料丛书编审委员会:《红军长征·回忆史料》(1),解放军出版社1995年版,第236页。
[2] 指李德。
[3] 《陈云文选》(第一卷),人民出版社1995年版,第43页。

笔下起风雷　胸中百万兵
土地革命战争中的毛泽东

倒是逼使我翻了翻《孙子兵法》。"①

遵义会议历时三天，最后作出了如下决定：

1. 选举毛泽东为中央政治局常委；

2. 指定张闻天起草会议决议，委托中央政治局常委审查后，发到支部讨论；

3. 政治局常委再进行适当的分工；

4. 取消"三人团"，仍由最高军事首长朱德、周恩来为军事指挥者，委托周恩来为党内对于指挥军事上下最后决心的负责者。

遵义会议后，中央常委即进行了分工，"以泽东同志为恩来同志的军事指挥上的帮助者"②。

遵义会议是在紧张的战争形势下进行的，没有全面地讨论政治路线方面的问题。李维汉在《回忆与研究》中认为："为什么遵义会议的决议没有指出'左'倾领导者在政治路线上的错误，而且还认为'军事领导上的错误'对'整个路线说来不过是部分的错误'呢？我认为这有两方面的原因：一是党内思想还不一致，条件还不成熟，多数同志还没有认识到其政治路线也是错误的；再就是鉴于紧迫的战争环境，因此，毛泽东等同志没有提出这个问题。这样做是非常正确的，因为当时是处在没有根据地，敌人前堵后追的战争环境中，战争的胜负是关系到革命成败的主要问题。这时，如果提出王明等人的政治路线问题也是错误的，会使党内受到过分的震动，引起大的争论，对打仗非常不利。政治路线问题可以留待以后讨论，这样做对于保持党的团结和统一，争取长征的胜利，有重大意义。"③

在遵义会议上，也曾有人提出讨论政治路线问题。伍修权回忆说："毛泽东同志机智地制止了这种做法。正是这样，才团结了更多的同志，全力以赴地解决了当时最为紧迫的军事问题。会后，曾有同志问毛泽东同志，你早就看到了王明那一套是错误的，也早在反对他，为什么当时

---

① 转引自中共中央文献研究室编：《毛泽东传》(1893—1949)(上)，中央文献出版社1996年版，第342页。

② 《陈云文选》(第一卷)，人民出版社1991年版，第43页。

③ 李维汉：《回忆与研究》(上)，中共党史出版社1986年版，第355页。

不竖起旗帜同他们干,反而让王明的'左'倾错误统治了4年之久呢?毛泽东同志说,那时王明的危害尚未充分暴露,又打着共产国际的旗号,使人一时不易识破他们,在这种情况下,过早地发动斗争,就会造成党和军队的分裂……只有等到瓜熟蒂落,水到渠成时,才能提出和解决这个问题。""在遵义会议上,他只集中批判博古和李德,对别的同志,则采取耐心的说服帮助,争取他们转变立场。毛泽东同志这种对党内斗争的正确态度和处理方法,也是促成遵义会议成功的重要原因。"伍修权认为:"遵义会议的成功,表现出了毛泽东同志杰出的领导才能与智慧。"[1]

习近平在纪念红军长征胜利80周年大会上的讲话中高度评价了遵义会议的历史作用,指出:

长征途中,党中央召开的遵义会议,是我们党历史上一个生死攸关的转折点。这次会议确立了毛泽东同志在红军和党中央的领导地位,开始确立了以毛泽东同志为主要代表的马克思主义正确路线在党中央的领导地位,开始形成以毛泽东同志为核心的党的第一代领导集体,这是我们党和革命事业转危为安、不断打开新局面的最重要的保证。[2]

遵义会议的召开,结束了在党中央占统治地位长达四年的"左"倾教条主义错误,是毛泽东坚持实事求是,一切从实际出发,把马克思列宁主义同中国革命具体实践相结合的结果。遵义会议开启了中国共产党在新民主主义革命时期不断走向胜利的新时代。

三、摆脱国民党军的围追堵截

土城失利,一渡赤水

遵义会议后,中央红军遵照决定于1935年1月19日由黔北地区开始北

---

[1] 伍修权:《生死攸关的历史转折——回忆遵义会议的前前后后》,中国人民解放军历史资料丛书编审委员会:《红军长征·回忆史料》(1),解放军出版社1992年版,第238页。
[2] 习近平:《论中国共产党历史》,中央文献出版社2021年版,第142页。

笔下起风雷　胸中百万兵
土地革命战争中的毛泽东

上,计划迅速渡过长江,向川西或川西北挺进。1月20日,中革军委下达了《关于渡江的作战计划》,指出:"我野战军目前基本方针,由黔北地域经川南渡江后转入新的地域,协同四方面军,由四川西北方面实行总的反攻。而以二、六军团在川、黔、湘、鄂之交活动,来钳制四川东南'会剿'之敌,配合此反攻,以粉碎敌人新的围攻,并争取西川赤化。"①

遵照中革军委的命令,中央红军分三路纵队向赤水方向急进,于1月27日全部推进到赤水河以东地区。1月28日,经毛泽东提议,红军总部决定,以红一、红九军团各一部阻击由赤水、习水南进之敌,以红三、红五军团和干部团,由彭德怀、杨尚昆指挥,攻打土城。同时以红一军团主力北进,相机占领赤水,保障红军下一步北渡长江。

当日,红三、红五军团从南、北两侧向进入枫村坝、青杠坡之川军郭勋祺旅、潘佐旅发起进攻。郭勋祺旅号称"模范师",是川军精锐,战斗力很强。战斗打响后,该旅即抢占了制高点,凭险固守。经过激战,红军虽然击溃敌军一部,但其主力仍在顽抗。

川军为什么比估计的难打?原来是情报有误,土城敌人不是原先情报中的4个团6000多人,而是6个团1万多人。这时,敌增援部队廖泽等部迅速赶来;范子英亲率8个营,由古蔺向土城方面迂回堵截;赤水的陈万仞2个旅及徐国暄支队也从西北向红军侧后攻击,战局发展对红军越来越不利。川军倚仗优势兵力,突破红五军团的阵地,一步步向土城镇压来。如果不顶住川军,后面就是赤水河,红军将面临背水作战的险境。

形势危急,朱德坐不住了,决定亲自到前线直接指挥作战。他可是红军总司令呀,这样做太危险了。毛泽东使劲抽烟,一支接一支,下不了这个决心。朱德着急了,把帽子一甩,说:"得啰,老伙计,不要光考虑我个人的安全。只要红军胜利,区区一个朱德又何惜!敌人的枪是打不中朱德的!"②毛泽东终于点头了。朱德和刘伯承亲上前沿阵地,红军指战员备受鼓舞,终于把川军的冲锋给顶回去了。毛泽东决定,通知奔袭赤水县

---

① 《中革军委关于渡江的作战计划》(1935年1月20日于总部),中国人民解放军历史资料丛书编审委员会:《红军长征·文献》,解放军出版社1995年版,第240页。
② 中共中央文献研究室编:《朱德传》(修订本),中央文献出版社2006年版,第401页。

的红一军团急速返回增援,并命陈赓、宋任穷率领干部团急赴前线,发起反冲锋。

聂荣臻在回忆土城战斗时说:

一军团二师被指定为预备队,是后来参加这一战斗的。到我们一军团上去时,敌人已占领了有利地形。我二师的部队曾经陷在一个葫芦谷形的隘口中,来回冲杀,部队无法展开,伤亡较大,五团政委赵云龙牺牲,部队处境十分危险。我们与郭勋祺激战了一整天,虽然给了他以重大杀伤,但未能消灭敌人,自己却损失不小。[①]

干部团是由原红军大学、彭(湃)杨(殷)步兵学校和(黄)公略步兵学校学员组成的,都是很有战斗经验的连排干部,战斗力非常强,陈赓担任团长,宋任穷担任政治委员。陈赓接到命令后,立即率领全团投入战斗。朱德也亲到干部团,指挥他们抢占有利地形,终于打退了川军的进攻,巩固了阵地。干部团不辱使命,观战的毛泽东对干部团勇猛作战称赞不绝,说:"干部团立了功,陈赓行,可以当军长!"

毛泽东的过人之处是能敏感发现问题,及时刹车,改变原定计划,而不是碰得头破血流也要一条道走到底。当天晚上,毛泽东提议召集中央政治局几位领导人开会,会议根据国民党各路军队正向土城地域急进围堵红军的新情况,判明原定的在这里渡江的计划不能实现,决定迅速撤出战斗,渡赤水河西进。

1月29日凌晨,中央红军除少数部队阻击敌人外,主力分三路纵队西渡赤水河。渡过赤水河后,右纵队改向叙永、古蔺间的两河镇方向前进,中央纵队、左纵队经古蔺以南向川、滇、黔三省边界的扎西(威信)地区前进。2月2日,右纵队红二师进攻叙永不克,即撤出战斗,继续西进,于4日同中央纵队、左纵队会合。

土城战斗失利,中央红军渡江入川目的没有能够实现,遵义会议决定在成都西南或西北建立新根据地的计划自然落空。遵义会议后中央红军出师不利,原因何在?陈云指出:"这个决议只在一些比较抽象的条件上来

[①] 《聂荣臻回忆录》,解放军出版社2007年版,第199页。

决定根据地，没有具体了解与估计敌情与可能，没有讲求达到这个目的的具体步骤。而且个别同志对于四川敌人的兵力是过低估计的。"①

事后不久，毛泽东总结了土城战斗失利的具体原因："一、敌情没有摸准，原来以为四个团，实际是六个团，而且还有后续部队；二、轻敌，对刘湘的模范师的战斗力估计太低了；三、分散了兵力，不该让一军团北上。"并强调说，"我们要吸取这一仗的教训，今后力戒之。"②

遵义会议批评了博古、李德的军事指挥错误，改变了军事领导，作出在成都西南或西北建立新根据地的决定。然而，新的军事领导在第一仗就失利，无法实现会议决定的建立新根据地的计划，这使本来就强调第五次反"围剿"失利的客观原因的博古有了新的理由，说：看起来，狭隘经验论者指挥也不成。③

中央红军此后的战略进军方向应该向哪里，仗应该怎么打，能否打胜仗摆脱困境？这是遵义会议后的党中央面临的亟待解决的问题，极其严峻的考验摆在了眼前！

"鸡鸣三省"会议，博洛交接

还在土城战斗准备进行时，项英于1935年1月27日致电博古、朱德、周恩来，综合报告了中央苏区的情况，要求："迅速给我们指示。"④此后的1月30日、31日，项英又四次致电中央，请示关于中央苏区的行动方针。这时，由于进行土城战斗及渡赤水河西进，军情紧急，中共中央没有给项英回电。

2月3日晚，军委纵队行军至叙永石厢子村，在此宿营。项英连续发出五封电报未见中共中央回音，遂于2月4日凌晨1时给中共中央和中革军委

---

① 《陈云文选》（第一卷），人民出版社1995年版，第37页。
② 吕黎平：《青春的脚步》，解放军出版社1984年版，第181页。
③ 中共中央文献研究室编：《毛泽东传》（1893—1949）（上），中央文献出版社1996年版，第346页。
④ 《项英关于中央苏区情况报告给秦邦宪、朱德、周恩来的综合报告》（1935年1月27日），中共江西省委党史研究室等编：《中央革命根据地历史资料文库·党的系统》（5），中央文献出版社、江西人民出版社2011年版，第3547—3548页。

发电报:"目前行动方针必须确定,还是坚持现地,还是转移方向,分散游击,及整个部署如何?均应早定,以便准备。"抱怨"中央与军委自出动以来无指示,无回电,也不对全国布置总方针。……极不妥当",要求"中央及军委立即讨论,并盼于即日答复"。[1]

中央苏区形势紧张,需要给项英回电作出明确指示;土城战斗失利,渡江北上计划无法实现,需要重新确定中央红军的战略进军方向。党内博古对毛泽东指挥土城战斗颇有微词,坚持不认识错误的状况,难以服众再继续领导下去。博古已经成为解决当前面临的迫切需要解决问题的障碍。所有问题的解决,都集中于更替他的职务问题。只有更替了他的职务,中共中央才能对中央苏区的行动方针、红军的战略进军方向作出正确的决策。

遵义会议后中央政治局常委分工时,由于张闻天的谦逊,中共中央总负责人的更替问题被暂时搁置起来了。土城会议博古的表现使张闻天觉得不能再让他担任中央总负责人了,再这样下去必然会影响遵义会议作出的决定执行,于是向毛泽东提出了变更中央领导的问题。

毛泽东找到周恩来商议此事。周恩来回忆:

洛甫(张闻天——引者注)那个时候提出要变换领导,他说博古不行。我记得很清楚,毛主席把我找去说,洛甫现在要变换领导。我们当时说,当然是毛主席,听毛主席的话。毛主席说,不对,应该让洛甫做一个时期。毛主席硬是让洛甫做一做看。人总是要帮嘛。说服了大家,当时就让洛甫做了。撤销博古的那个声明也没有用"总书记"。那个时候名称也不是那么固定的,不那么严格的,这个"总"字好像没有加上,反正他是书记就是了,因为其他的人作常委嘛。[2]

2月4日,中央政治局常委开会,根据毛泽东的提议,决定由张闻天代

---

[1] 《项英关于目前行动方针问题致中共中央与中革军委电》(1935年2月4日),中共江西省委党史研究室等编:《中央革命根据地历史资料文库·党的系统》(5),中央文献出版社、江西人民出版社2011年版,第3553页。
[2] 周恩来:《党的历史教训(节录)》(1972年6月10日),中共中央党史资料征集委员会、中央档案馆:《遵义会议文献》,中央文献出版社2009年版,第68页。

替博古负中央总的责任（习惯上也称为"总书记"），博古任总政治部代理主任。此即"博洛交接"。

当时，有人曾在背后鼓动博古不交权。张闻天夫人刘英回忆说："所谓'交权'，就是把几副装有中央重要文件、记录、印章的挑子交出来。博古没有听，他说，应该服从集体的决定。这样他就把权交给了闻天，那几副挑子，就跟闻天走了。"①

由于周恩来在回忆中说博古交权的会议地址是在四川、贵州、云南交界的"鸡鸣三省"村，所以，党史界称这次会议为"鸡鸣三省"会议②。

张闻天接替博古负中央总的责任后，主持召开了中共中央政治局和军委会议，讨论中央苏区问题。2月5日，中共中央书记处给项英和中央分局发去"万万火急"的电报，指示："分局应在中央苏区及其邻近苏区坚持游击战争"，"要立即改变你们的组织方式与斗争方式，使与游击战争的环境相适合"。"成立革命军事委员会中区分会，以项英，陈毅，贺昌及其他2人组织之，项为主席。一切重要的军事问题可经过军委讨论，分局则讨论战略战术的基本方针。"③

毛泽东为什么力推张闻天做中共中央总负责人？这主要是团结张闻天一道工作。如前所述，张闻天在过去也曾犯过"左"倾教条主义错误，到中央苏区后在实际工作中与博古产生分歧，逐渐拉开了两人之间的距离。在长征开始后，经过毛泽东的帮助，对"左"倾教条主义军事指挥错误的认识进一步加深，对遵义会议结束"左"倾教条主义在中共中央的统治作出了重要贡献。遵义会议后，张闻天承担着起草遵义会议决议的任务，让

---

① 刘英：《难忘的三百六十九天》（1986年9月），《刘英纪念集》编辑组、江苏省无锡市史志办公室编：《刘英纪念集》，中共党史出版社2005年版，第24页。
② 关于"鸡鸣三省"村子的地址目前有三种说法，一说是四川省叙永县石厢子村，一说为云南省威信县水田寨，一说为贵州省毕节市林口镇鸡鸣三省村（迎丰村）。笔者经过考证，认为"鸡鸣三省"会议召开的地址应是四川省叙永县石厢子村。关于"鸡鸣三省"会议的日期，党史界一般认为是1935年2月5日，笔者经过考证为1935年2月4日。详见笔者发表于《中国浦东干部学院学报》2020年第3期的《"鸡鸣三省"会议日期和地点新考》。
③ 《中央书记处关于中央苏区及邻近苏区坚持游击战争给项英及中央分局的指示》（1935年2月5日），中共江西省委党史研究室等编：《中央革命根据地历史资料文库·党的系统》（5），中央文献出版社、江西人民出版社2011年版，第3555页。

他负总责,主持日常工作,专心起草遵义会议决议,对于发挥他的积极性,加强遵义会议后的党中央的团结是有利的。

当时党的主要工作是军事斗争,尤其长征途中的中央红军,面临着非常严峻的形势,摆脱国民党军新的重兵围追堵截是重中之重。毛泽东不做党中央的总负责人,专做军事工作,有利于集中精力处理瞬息万变的军情,指挥红军跳出敌人的重兵包围圈,取得战略转移具有决定性的胜利。毛泽东的选择无疑是非常正确的,中央红军战略转移的胜利是一切,没有战略转移的胜利,一切都是零!

另外,会议虽然更换了博古的职务,但让他做红军政治工作,也是发挥他过去做过团中央宣传部部长,擅长做宣传工作,团结他一道工作。

"鸡鸣三省"会议是正确的党内斗争典范。会议实现了党中央领导人平稳更换,使中央领导层更加团结,为此后长征的胜利提供了组织保障。

二渡赤水,回师黔北

"鸡鸣三省"会议后,军委纵队于2月5日离开石厢子,进入云南境内的威信水田寨。次日抵达石坎子。中革军委电令红一、红三军团向威信扎西靠近,迅速集中,以便机动。

2月7日,由于国民党军加强长江沿岸的防御,并以优势兵力分别向中央红军逼近,中共中央和中革军委决定放弃北渡长江计划,改"以川、滇、黔边境为发展地区,以战斗的胜利来开展局面,并争取由黔西向东的有利发展"[①]的方针。电报要求各军团迅速脱离四川追敌,向滇境镇雄集中,并进行与滇敌作战的一切准备。

2月8日,在扎西地域的院子街,中共中央政治局通过了《中共中央关于反对敌人五次"围剿"的总结的决议》。同日还通过了由张闻天按照决议精神起草、以中央书记处的名义发布的《中央政治局扩大会议总结五次反"围剿"战争中经验教训决议大纲》。遵义会议决议全面、系统反映

---

① 《中革军委关于我军改以川滇黔边境为发展地区的方针给各军团的指示》(1935年2月7日),中国人民解放军历史资料丛书编审委员会:《红军长征·文献》,解放军出版社1995年版,第253页。

笔下起风雷　胸中百万兵
土地革命战争中的毛泽东

了会上批评博古、李德的军事指挥错误的成果，同时还反映了会后中央红军执行渡江入川建立新根据地计划的新实践，以及所掌握的红四方面军和红二、红六军团以及中央苏区的新情况，可以说是遵义会议的完成和新发展。这个决议，集中反映了当时党和红军的智慧，站在全局的高度，对遭受严重损失后的革命如何坚持、如何恢复和发展、如何打开革命新局面，进行了顶层的、总体的设计。这个决议是遵义会议后新的党中央领导集体首次公开发表的宣言，是党的光辉历史文献，不仅在长征期间是党和红军的纲领性文件，而且产生了深远、重大的影响。

遵义会议决议决定在云贵川建立根据地，这时中央红军各部队集中在扎西地域，把进军方向选在哪里？2月9日，中共中央政治局在扎西老街江西会馆讨论红军下一步进军方向时，毛泽东提出了回师东进，再渡赤水，重占遵义的方针。会议接受了毛泽东的主张。这是遵义会议后毛泽东重新走上军事领导岗位下的一着非常精妙的棋。由于蒋介石判断中央红军要强行渡江，因此在川黔边界集结了重兵。如果红军从这里一直往西，一定会遭受严重损失。而这时黔北地区敌人兵力比较空虚，红军回师黔北，必然出乎蒋介石预料，给王家烈黔军以及薛岳部以沉重打击，则可扭转被动局面。

面对国民党军的新围追红军计划，云贵川多山的地理环境，红军如何才能扬我之长，克敌之短，求得消灭敌人的胜利？毛泽东在2月9日的政治局会议上还提出，要发挥红军集中优势兵力进行运动战的特长，主动地消灭敌人。为此，毛泽东提出部队要轻装，精简机构，充实连队。会议接受毛泽东的主张，于2月10日以朱德、周恩来、王稼祥的名义发布各军团缩编命令，要求中央红军在扎西地区整编。红三军团第四师政治部主任、整编后任第十一团政治委员的张爱萍在回忆中说："到达扎西后，虽时值严冬，夜间降雪，仍继续紧张地完成了整编工作。""整编的结果，精简了机关，加强了战斗部队，加强了各级指挥，大大增强了部队的机动灵活性。同时遵义会议后由于军事行动的方向明确，政治工作的加强，全军士气高涨，斗志奋发，充满了'不怕打，不怕走，不怕饿，不怕累'的战斗精神。"[①]

---

① 张爱萍：《从遵义到大渡河》，中国人民解放军历史资料丛书编审委员会：《红军长征·回忆史料》（1），解放军出版社1992年版，第266页。

2月18日，毛泽东在马坝向红一军团直属队排以上的干部会议上传达了遵义会议决议精神。此后，毛泽东又在红三军团连以上干部会议上传达了遵义会议决议精神。中央红军各部队通过各种方式，向基层干部传达了遵义会议决议精神。

中央红军各部队迅速传达了遵义会议决议精神，极大地鼓舞了广大干部、战士的革命斗志，丢掉悲观情绪，坚定革命胜利的信心。他们普遍"感到红军有了希望，感到革命有了希望"[1]。中央红军"士气之高昂，信心之坚定，是前所未有的"[2]。

与此同时，中共中央决定的战略进军方向、作战方法也开始在红军中得到贯彻。2月16日，中共中央、中革军委发出告全体指战员书，指出："由于川滇军阀集中全力利用长江天险在长江布防，拦阻我们，更由于党与中革军委不愿因为地区问题牺牲我们红军的有生力量，所以决计停止向川北发展，而最后决定在云贵川地区中创立根据地。""我们必须寻求有利的时机与地区去消灭敌人，在不利的条件下，我们应该拒绝那种冒险的没有胜利把握的战斗。因此红军必须经常转移作战地区，有时向东，有时向西，有时走大路，有时走老路，有时走新路，而唯一的目的是为了在有利条件下，求得作战的胜利。"并强调"充实连队与加强连队的战斗力，是我们目前的迫切任务。缩编我们的战斗单位，也正是为了达到这一目的"。[3]

遵义会议决议和战略进军方向、作战方法在中央红军中传达、贯彻、执行，使红军各部队如虎添翼。2月18日至21日，中央红军由太平渡和二郎滩等渡口二渡赤水河。在过赤水河时，红军为了轻装，增加部队的机动，甚至把一些累赘的火炮和辎重都沉到赤水河里去了。24日，红一军团部队再占桐梓城。25日，红三军团占领娄山关。

红军占领娄山关后，毛泽东即兴填词《忆秦娥·娄山关》：

---

[1] 《张震回忆录》，解放军出版社2003年版，第89页。
[2] 《宋任穷回忆录》，解放军出版社2007年版，第53页。
[3] 《中共中央、中革军委告全体指战员书》（1935年2月16日），中共中央文献研究室、中央档案馆编：《建党以来重要文献选编》（1921—1949）（第12册），中共中央文献出版社2011年版，第92、93页。

笔下起风雷　胸中百万兵
土地革命战争中的毛泽东

西风烈，

长空雁叫霜晨月。

霜晨月，

马蹄声碎，

喇叭声咽。

雄关漫道真如铁，

而今迈步从头越。

从头越，

苍山如海，

残阳如血。①

占领娄山关后，红三军团和红一军团乘胜向遵义方向追击。28日，红三军团再占遵义城。敌吴奇伟奉命率领第五十九师、第九十三师赶赴遵义，进行反扑。红一、红三军团将孤军冒进的吴奇伟部歼灭大部。

遵义战役，中央红军取得了歼敌2个师又8个团、俘敌3000余人的胜利。这是中央红军自长征以来打得最痛快、取得的最大的一次胜利，沉重地打击了国民党军的气焰，极大地鼓舞了红军的士气。3月4日，《红星》报的社论《准备继续作战，消灭周纵队和四川军阀》高度评价了遵义战役，指出："这是我中央红军从反攻以来空前的大胜利。""这一胜利是在党中央政治局扩大会议反对了华夫（指李德——引者注）同志的单纯防御路线，采取了正确的军事领导之后的胜利。"②

苟坝风波，新"三人团"成立

2月，蒋介石得到消息说毛泽东已回到红军领导岗位，心里暗暗叫苦，于是给薛岳手书："毛既已当权，今后对共军作战，务加谨慎从事，处处立于不败之地；勤修碉堡、稳扎稳打，以对付飘忽无定的流寇，至

---

① 中共中央文献研究室编：《毛泽东诗词集》，中央文献出版社1996年版，第52页。
② 《准备继续作战，消灭周纵队和四川军阀》，《红星》1935年3月4日。

于重要。"①蒋介石也是聪明一世，糊涂一时，堡垒主义法宝乱用，对付"左"倾教条主义者可以，对付毛泽东，行吗？何况贵州地形，修碉堡也是个难事。

对于红军的败军之将吴奇伟，蒋介石也写了一封长信，要其"雪遵义失败之耻"，指示对飘忽无定作战的红军要极谨慎。此信通过飞机空投给吴奇伟。

为了对付蒋介石的新围攻，加强指挥作战，中革军委于3月4日决定组织前敌司令部，以朱德任司令员，毛泽东为政治委员。3月5日，中革军委致电各军团，决定中央红军主力在由遵义至仁怀的西进路上，寻歼国民党"追剿军"周浑元部，要求各军团一到集中地即受前敌司令部指挥。3月6日，中央红军主力向长干山、白腊坎前进。

由于周浑元按照蒋介石的指示，不敢向前冒进，于是，中央红军在西安寨、泮水地区活动，准备歼灭王家烈残部，调动周浑元驰援，寻机歼其一部，但没有达到目的。

中央红军寻歼周浑元纵队未果，3月9日3时，朱德致电红一、红三、红五军团首长并抄干部团陈赓、宋任穷，又作出红军主力迂回攻击长干山周浑元部的部署。3月10日1时，红一军团军团长林彪、政治委员聂荣臻以"万急"电方式向朱德建议，红军主力应向打鼓新场（今贵州金沙县城）、三重堰前进，消灭西安寨、打鼓新场、三重堰之敌。

朱德收到电报后，认为这个建议有道理，遂将电报交给张闻天、周恩来、毛泽东等传阅。主持中央工作的张闻天鉴于过去博古、李德独断专行，给党和红军造成严重损失的沉痛教训，决定在苟坝召集中共中央政治局扩大会议，讨论林彪、聂荣臻的建议。

不料，会议在打不打打鼓新场问题上，发生了激烈的争论。与会多数人赞同林彪、聂荣臻的建议，主张攻打打鼓新场，歼灭守军。毛泽东则坚决反对打打鼓新场。毛泽东的理由是：驻守打鼓新场的黔军虽然只有一个

---

① 李以劻：《薛岳率军追堵红军经过》，中国人民政治协商会议全国委员会文史资料委员会《围追堵截红军长征亲历记》编审组编：《围追堵截红军长征亲历记——原国民党将领的回忆》（上册），中国文史出版社1990年版，第57页。

师，但地形易守难攻，对红军进攻不利。同时，在打鼓新场周围，不仅有国民党的"中央军"周浑元、吴奇伟两个纵队，而且有滇军孙渡纵队。如果红军攻打打鼓新场，面临的就不仅仅是驻守在那里的黔军一个师，而是国民党军在黔的全部军队和滇军四个旅。这样，红军攻打打鼓新场的战斗势必成为攻坚战，对于红军极为不利。毛泽东主张应该放弃这个计划，充分发挥红军运动战的特长，采取灵活机动的战略战术，不断给国民党军造成错觉，进而调动国民党军，在运动中加以各个歼灭。

毛泽东的正确意见没有被大家接受，于是就生气地以不当前敌司令部政治委员职务力争。没承想这一气话引起与会人员不满，有人就说："少数应服从多数，不干就不干。"主持会议的张闻天看见大家争得不可开交，也不表态，就来了一个简单的民主表决。结果，会议通过了攻打打鼓新场的决定，并作出了取消毛泽东前敌司令部政治委员职务的决定。

毛泽东也没有想到事情会有这样的结果，回到住处之后，辗转反侧，难以入睡。想到这是一个事关重大的决策，尽管已经作出了决议，毛泽东还是坚定地认为不能打打鼓新场。想到这里，毛泽东提着马灯去找周恩来。周恩来是党内委托对军事指挥上下最后决心的负责者，毛泽东说服了周恩来，事情就有挽回的可能。

毛泽东来时，周恩来已得到军委电台侦察到的敌情，黔军一个旅，滇军三个旅，以及国民党中央军周浑元纵队正向打鼓新场开进。于是，毛泽东首先将周恩来说服，接着又说服朱德，暂缓发出攻打打鼓新场的命令。

3月11日一早，周恩来即召集中央负责人会议，再次讨论攻打打鼓新场问题。周恩来和朱德积极支持毛泽东的主张，说服了与会人员，放弃了攻打打鼓新场计划。当日，中革军委下达《关于我军不进攻新场的指令》，指出："滇军鲁旅已到黔西，十二号可到新场。安、龚两旅则跟进。依此，我主力进攻新场，已失时机。因为我军十二日才能到新场，不但将为黔滇两敌所吸引，且周川两敌亦将出我侧背，如此转移更难，所以军委已于昨十号二十一时发出集中平家寨、枫香坝、花苗田地域之电令，以便寻求新的机动。"①

一次可能因为攻坚而使中央红军陷于被动的战斗避免了。毛泽东从这件事中得出一个教训,作战不能再像过去那么多人来集体讨论,还是成立一个几个人的小组。经毛泽东提议,中共中央决定成立毛泽东、周恩来、王稼祥组成的新"三人团",全权指挥作战,以周恩来为团长。②在当时战争环境中,这是中共中央最重要的领导机构。

成立新"三人团",也与张闻天反思自己在苟坝会议上处理问题失当有关。刘英回忆说:"闻天也认识到这件事处理失当,由此更觉得军事领导要改变办法。战场情况瞬息万变,必须临机决断,靠开中央会议来决定会贻误战机,而且他自己对打仗也不熟悉,自认为是外行,觉得过多地参与军事指挥不合适,所以接受了毛主席的建议,决定成立军事三人小组统一指挥。"③

苟坝会议,是遵义会议后中共中央发生的最激烈的一次争论,以至于33年之后,周恩来仍然记忆犹新:

遵义会议开了以后,要继续前进。这个时候争论又起来了,打仗如何打法也引起争论。……从遵义一出发,遇到敌人一个师守在打鼓新场那个地方,大家开会都说要打,硬要去攻那个堡垒。只毛主席一个人说不能打,打又是啃硬的,损失了更不应该,我们应该在运动战中去消灭敌人嘛。但别人一致通过要打,毛主席那样高的威信还是不听,他也只好服从。但毛主席回去一想,还是不放心,觉得这样不对,半夜里提马灯又到我那里来,叫我把命令暂时晚一点发,还是想一想。我接受了毛主席的意见,一早再开会议,把大家说服了。这样,毛主席才说,既然如此,不能像过去那么多人集体指挥,还是成

---

① 转引自军事科学院军事历史研究所编著:《中国工农红军长征全史——中央红军征战记》(一),军事科学出版社2006年版,第98—99页。
② 转引自中共中央文献研究室编:《毛泽东传》(1893—1949)(上),中央文献出版社1996年版,第349页。
③ 刘英:《难忘的三百六十九天》,《刘英纪念集》编辑组、江苏省无锡市史志办公室编:《刘英纪念集》,中共党史出版社2005年版,第32页。

立一个几人的小组,由毛主席、稼祥和我,三人小组指挥作战。①

苟坝会议是遵义会议后新的党中央领导集体碰撞与磨合的一次会议。经过这次会议,中央领导人之间的分工更趋合理。周恩来虽是新"三人团"团长,但他向来听毛泽东的意见。因此,新"三人团"的决策实际上是毛泽东定。陈云在莫斯科向共产国际汇报红军长征有关情况时强调指出:"毛泽东、朱德等军事领导人已经成熟起来","我们党真正成熟起来了","我们党能够而且善于灵活、正确领导国内战争"。②

三渡赤水,再进川南

3月12日,中共中央离开苟坝,到达青坑。根据敌情变化,中共中央政治局决定:"我野战军战略方针仍应以黔北为主要活动地区,并应控制赤水河上游,以作为转移枢纽,以消灭薛岳兵团及王家烈部队为主要作战目标。对川、滇敌人须在有利而又急需的条件下,才应与之作战,求得消灭其一部。"③次日,中革军委将这一决定正式通知各军团,并指出:"军委依此方针决定我野战军应向西南转移,求得在转移中与在消灭王家烈部队的战斗中,调动周、吴纵队,实行机动,并迅速略去与控制赤水河上游的渡河点,以利作战。"要求"在这一战役中,各兵团后方统应向西"。④

3月13日晚,红三军团于平桥、泮水地区,击溃黔军第三旅犹禹九部,残敌向打鼓新场溃退。15日,中央红军按照中革军委的命令,以一部兵力监视枫香坝东南地区的吴奇伟纵队,集中主力向鲁班场、三元洞地带

---

① 周恩来:《党的历史教训》(1972年6月10日),中共中央党史资料征集委员会、中央档案馆编:《遵义会议文献》,人民出版社1985年版,第68—69页。
② 《陈云文集》(第一卷),中央文献出版社2005年版,第34页。
③ 《朱德关于我军为贯彻党中央战略方针决定向西南转移致各军团电》(1935年3月13日),中国人民解放军历史资料丛书编审委员会:《红军长征·文献》,解放军出版社1995年版,第283页。
④ 《朱德关于我军为贯彻党中央战略方针决定向西南转移致各军团电》(1935年3月13日),中国人民解放军历史资料丛书编审委员会:《红军长征·文献》,解放军出版社1995年版,第283页。

之周浑元纵队发动进攻。敌人在鲁班场构筑了坚固的工事，每隔50米，就有一个碉堡。红一、红五军团正面进攻，红三军团为预备队，红九军团在西侧阵地担任掩护。由于周浑元部三个师猬集一团，红军攻击数小时未能奏效，且敌第十三师由鲁班场北出，企图侧击红军攻击部队，吴奇伟纵队已进到枫香坝，川军郭勋祺部也由东面的两河口向谭厂、鲁班场转进，企图夹击红军。鉴于敌我态势，中革军委决定放弃对鲁班场的进攻，转兵西进，以调动敌人，寻求新的机动。16日晚6时，朱德发出中央红军三渡赤水的命令，要求各部队于16日当晚和17日12时以前，由茅台附近全部渡过赤水河到达西岸，寻求新的机动。

中央红军三渡赤水，一个必经的地方就是中外驰名的茅台镇。该镇产的茅台酒，不仅是中国名酒，而且享誉世界。

茅台镇位于川、黔交界地区，紧靠赤水河东岸，镇上有几百户人家。赤水河上原来有一座浮桥，浮桥用铁索贯穿固定在河的两岸。在红军赶到茅台镇以前，敌人派飞机把浮桥中间的几只船炸坏了，浮桥不能通行，但固定浮桥的铁索还是好的。经过先头部队的政治宣传，镇上的老百姓对红军的认识比较好。军委工兵连到镇上的时候，好些人出来欢迎。听说先头部队刚来时，还有不少群众举着小旗，放鞭炮、放铳欢迎的。镇上到处贴有标语，有的标语写着："气死滇军，吓死黔军，拖死中央军"，"打土豪，分田地"。群众听说红军要修铁索浮桥，就主动把盐船送给红军。红军仍然采用二渡赤水时用过的办法，对征集的盐船每只预付赔偿费30块大洋。由于材料征集快，没费多长时间就修好了浮桥。与此同时，在离茅台渡口不远的朱砂堡和观音寺渡口，也在积极筹集材料架设浮桥。

浮桥修好后，军委纵队通过时，毛泽东称赞说："工兵连有办法。"并对身旁的朱德、周恩来等人说："好，我们三渡赤水，把滇军调出来就是胜利。"刘伯承接着插话说："这一次工兵干得好，立功首先要给工兵连立一功。"朱德也接上话茬说："成立工兵连时我就讲了，工兵很重要，一千年以前就有了。工兵逢山开路，遇水架桥，这个任务很光荣，也很艰巨。"听了军委首长们的议论，工兵连连长王耀南心里热乎乎的。

毛泽东等人过河后，进到一个小树林子里休息。王耀南正往回走，

笔下起风雷　胸中百万兵
土地革命战争中的毛泽东

毛泽东的警卫员陈昌奉和周恩来的警卫员魏国禄来到王耀南面前，小声地说："王连长，能不能弄点酒擦擦脚？"王耀南在长征开始前就认识他俩，心想，弄酒擦脚只是找个题目罢了，实际上是想喝两口。但转念一想，茅台镇是驰名中外的茅台酒的产地，好不容易来到这个地方，不该尝一尝吗？何况1月下旬从遵义出发到现在已快两个月，一路上作战行军，真是脚不停步，累得腰酸腿软，买点酒擦擦腿脚，对驱赶疲劳和恢复体力都有好处哩！当时，工兵连就驻在靠河滩的一个酒厂旁边，听说酒的价钱也不很贵。于是，王耀南领着他俩一起来到酒厂买酒。酒没有容器装，他们就找了两段碗口粗、半人来长的竹子，用烧红的铁条把中间的竹节捅开，只留最下面一个竹节，然后在竹筒里满满灌上酒，上面再用玉米瓢子紧紧塞住。当王耀南按时价把4块白花花的银圆递给酒厂老板时，他激动得不知如何是好，一个劲儿地说："军队嘛，这么点酒还给钱。我活了四十来岁，还是第一次见到啰！"

王耀南他们3人把竹筒扛回小树林的时候，毛泽东等正围在一棵大樟树下研究部队下一步的行动，地上还摊着一张大比例尺军用地图。毛泽东见他们走来，问："你们扛的么子？"陈昌奉回答说："王连长弄了点酒，给擦擦腿脚，驱赶疲劳。"毛泽东笑了笑，说："茅台是出名酒的地方。不过，都擦脚太可惜了。"接着又问王耀南："桥架得怎样了？"王耀南回答："为了防止敌人飞机炸坏铁索桥，影响部队行动，正组织力量在朱砂堡和观音寺两个渡口架桥，都快架好了。"毛泽东听了后，点了点头，说："好！要争取时间。敌人飞机要再来，叫防空连打几发子弹，吓唬吓唬也好。"

3月16日至17日仅一天半时间，中央红军由茅台镇三渡赤水河，向古蔺、叙永方向前进。19日，中央红军攻占镇龙山，击溃川军一团的拦阻，进到大村、铁厂、两河口地区，摆脱了敌人。

四渡赤水，南渡乌江

3月18日，国民党飞机侦察中央红军已渡过赤水河，蒋介石遂又作出在江门、叙永、赤水河以东，及沿赤水河流以西地区聚歼中央红军计划。

3月20日,当蒋介石发现中央红军渡过赤水河,再次进军到古蔺东南地区时,判断红军要北渡长江,心中暗喜,立即发出在古蔺东南地区消灭中央红军的电令,调集川军各部在天堂、叙永、站底、赤水河镇防堵于西;"中央军"周浑元、吴奇伟以及黔军侯汉佑沿赤水河流防堵于东与南;黔军向此线接防,腾出周、吴两部担任"追剿"任务;滇军孙渡纵队亦向赤水河镇"堵剿";川军郭勋祺由茅台镇渡河追击。蒋介石认为:"以如许大兵包围该匪于狭小地区,此乃聚歼匪之良机。""剿匪成功,在此一举。"[①]蒋介石颇有几分得意,似乎已经胜券在握。但他忘记了,对手是毛泽东!

正当国民党各路部队忙乎着赶向川南之际,毛泽东根据敌情当机立断,毅然决定红军回师东渡,夺取战略主动权。3月20日,中革军委主席朱德发出红军四渡赤水的命令。

中央红军三渡赤水才4天时间,又四渡赤水,这是个大胆的完全出乎蒋介石预料的作战计划,因此保密显得极为重要。在朱德给中央红军各军团下达四渡赤水命令的同一天,中共中央和红军总政治部给各军团发出指示:"这次东渡,事前不得下达,以保秘密。"[②]

遵照中革军委的命令,红一军团以一个团伪装主力,由铁厂、两河口地区大张旗鼓地向古蔺前进,诱敌西进。红军主力由镇龙山以东地区,突然折向东北,于3月21日晚至22日分别经二郎滩、九溪口、太平渡东渡赤水河。接着,经临江场、楠木坝、花苗田等地会师南下。

3月22日,蒋介石得侯汉佑、潘文华报告,中央红军已由太平渡、二郎滩一带渡赤水河东进,判断红军有可能再攻遵义,手忙脚乱,急令上官云相"在现驻遵、桐、松坎各地,就地严阵固守"。第五十三师"先行集结遵义,协〈助〉四十七师防堵"。"周、吴两纵队应星夜集结仁怀、茅台、谭厂一带,但沿赤水河一带河防,在王司令家烈所部尚未到达接防以

[①]《蒋介石关于在古蔺东南地区消灭中央红军的电令》(1935年3月20日),中国人民解放军历史资料丛书编审委员会:《红军长征·参考资料》,解放军出版社1992年版,第376页。
[②]《中共中央、总政治部给各军团电》(1935年3月20日),转引自中共中央文献研究室编:《毛泽东传》(1893—1949)(上),中央文献出版社1996年版,第349页。

笔下起风雷　胸中百万兵
　　土地革命战争中的毛泽东

前，对各渡口仍应酌留约一连防守为要。""周纵队着尽先头之两团或三团，兼程分往鸭溪、白腊坎、枫香坝各地固守，限漾日到达。"[1]他还令何键加强乌江守备，防止红军东进，企图在遵义地区聚歼红军。为了督促各部作战，蒋介石在3月24日由重庆飞往贵阳。

根据敌情，中革军委于3月24日晚11时致电红一、红三、红五、红九军团首长：敌人企图连接遵、仁封锁线，阻我在其以北地区。要求"我野战军以遭遇敌人姿势赶快通过遵、仁之线，向南寻求新的机动"。[2]27日，中央红军以红九军团在马鬃岭地区，伪装主力，向长干山、枫香坝佯攻，以吸引敌人北上，主力乘机向南急进。28日，红军主力由鸭溪、白腊坎之间突破敌人封锁线，冒着狂风暴雨，进入乌江北岸的沙土、安底地区，并于31日在江口、大塘、梯子岩等处南渡乌江，歼灭守敌和援敌一个营，进至息烽西北地区，巧妙地跳出了敌人的包围圈，把敌人重兵甩在乌江以北地区。这样，蒋介石在乌江以北大定、黔西、金沙、仁怀、遵义、桐梓沿线日夜赶修的碉堡线——重新祭起的"消灭共军的可靠法宝"[3]失灵了，成为自我欣赏的摆设。

红九军团完成掩护任务后，转移到沙土附近，准备南渡乌江时，敌人已控制了渡口，红九军团被阻于乌江北岸，开始独立活动。

四渡赤水之战，特别是后三渡赤水，是毛泽东军事生涯中的"得意之笔"。国民党军几十万重兵麇集，"中央军"负责"追剿"，黔、川、滇杂牌军负责防堵，天上有飞机侦察、轰炸，中央红军只有3万余人，时时刻刻都有陷入蒋介石布置的包围圈的危险，形势要比中央苏区第五次反"围剿"严峻得多。面对险象环生，一着不慎，就有全军覆灭的危险，中

---

[1] 《蒋介石关于在赤水以东地区围堵中央红军给薛岳电》（1935年3月22日），中国人民解放军历史资料丛书编审委员会：《红军长征·参考资料》，解放军出版社1992年版，第380—381页。
[2] 转引自中共中央文献研究室编：《朱德年谱》（新编本）上，中央文献出版社2016年版，第479页。
[3] 晏道刚：《追堵长征红军的部署及其失败》，中国人民政治协商会议全国委员会文史资料委员会《围追堵截红军长征亲历记》编审组编：《围追堵截红军长征亲历记——原国民党将领的回忆》（上册），中国文史出版社1990年版，第15页。

一渡赤水河要图

1935年1月19日—2月9日

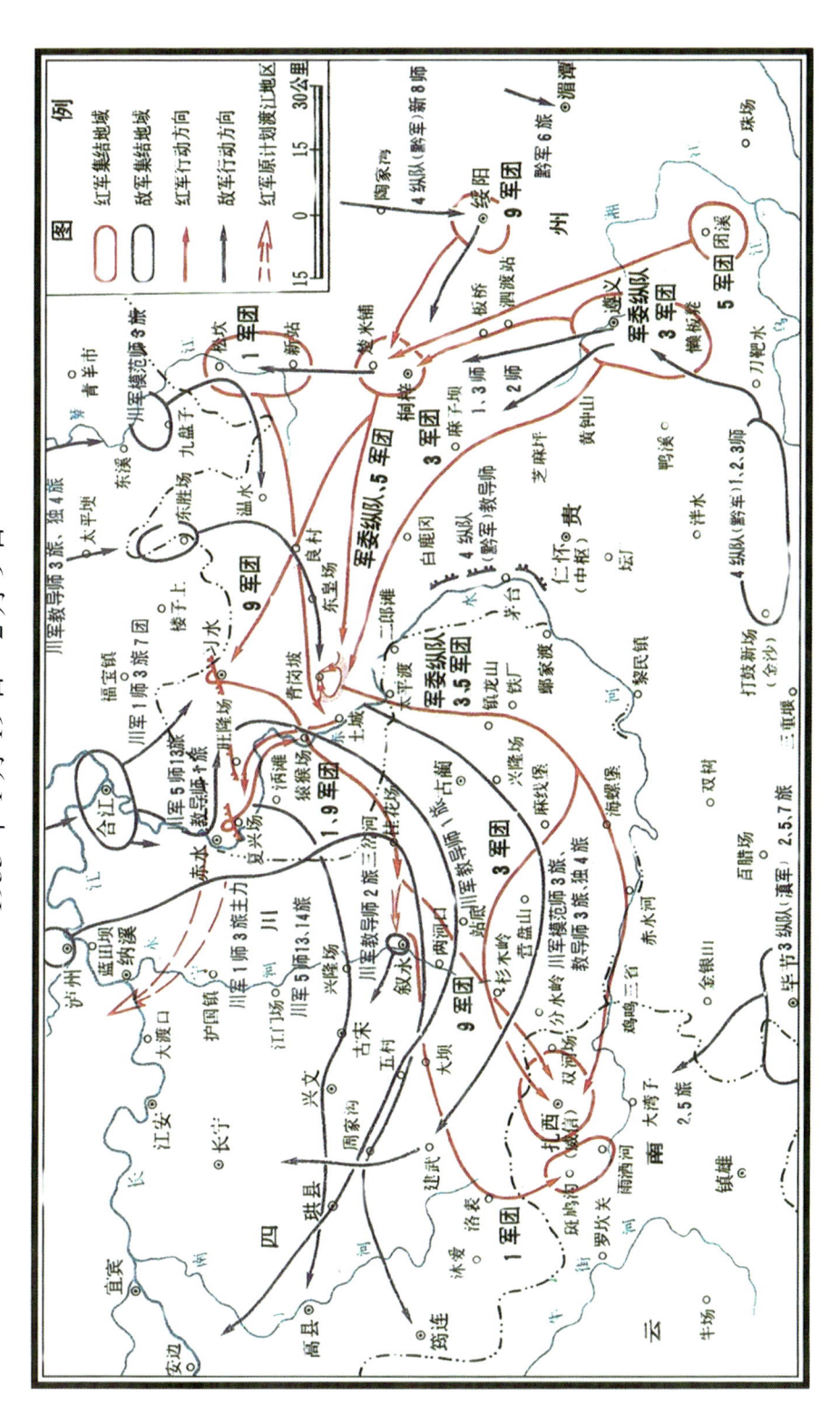

二渡赤水河要图
1935年2月11日—3月1日

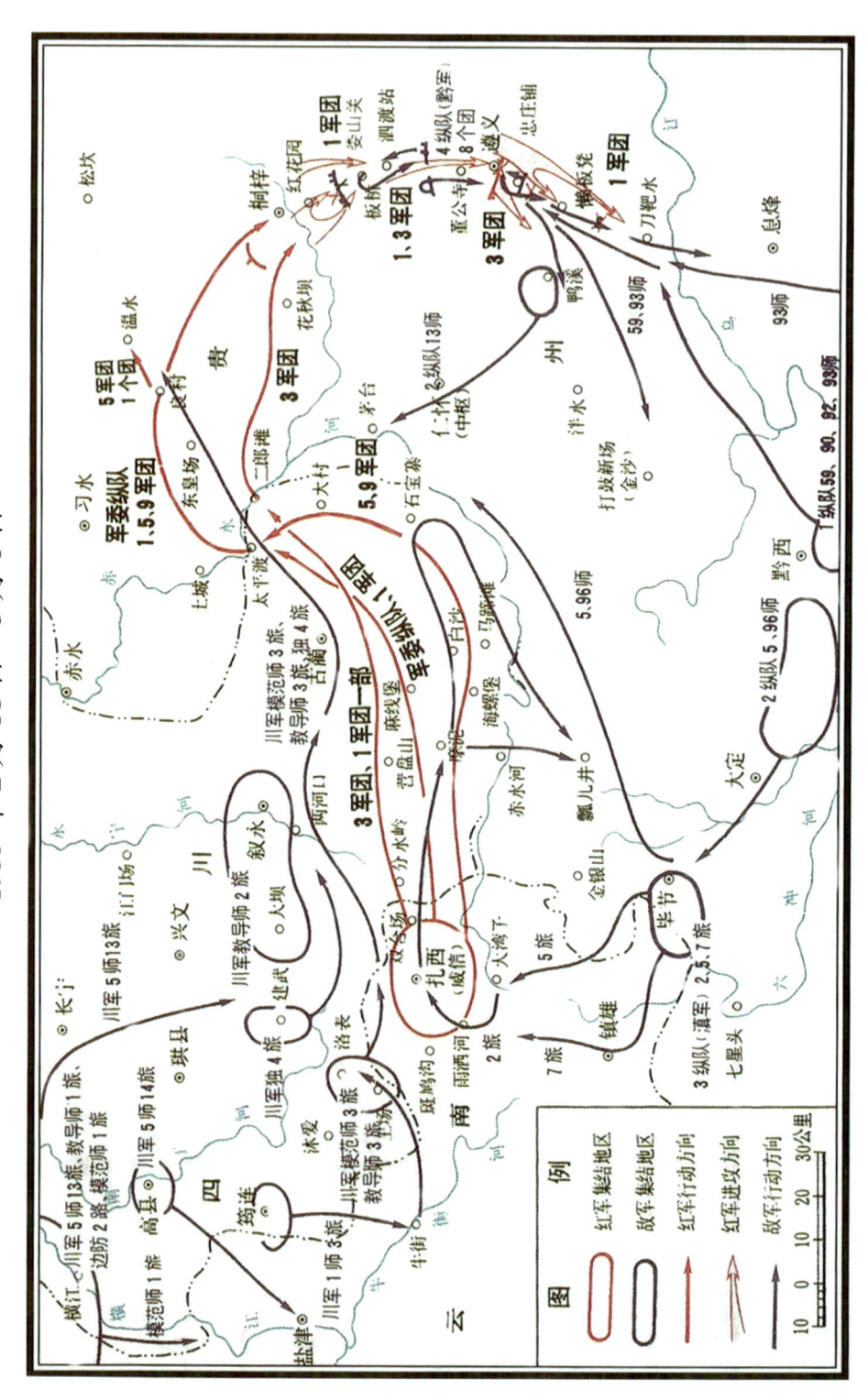

三渡赤水河要图

1935年3月11日—19日

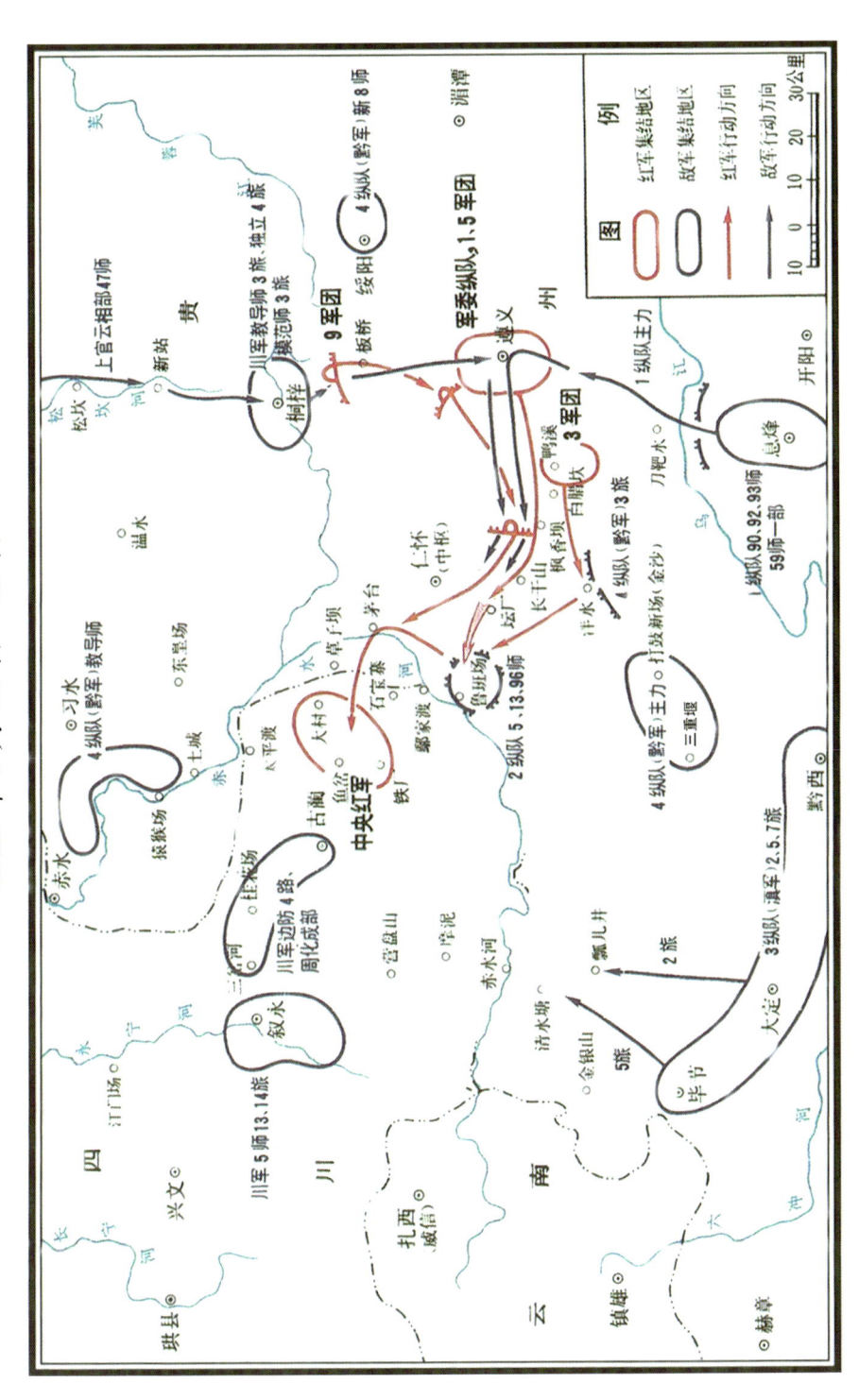

四渡赤水河、南渡乌江要图

1935年3月20日—4月5日

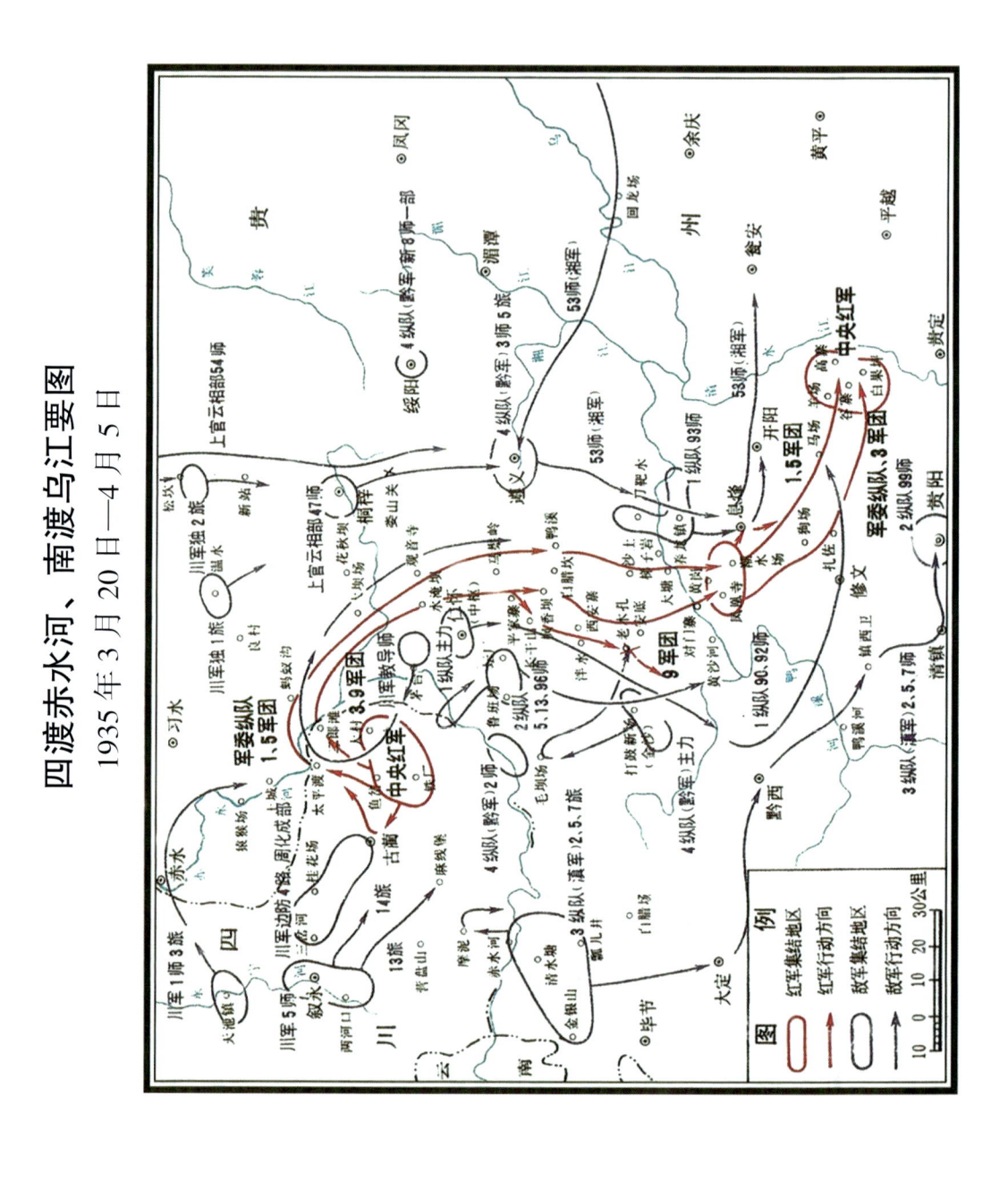

央红军却能忽东忽西，在敌人重兵之间来去自如，化险为夷。

蒋介石失败了，败在哪里？在蒋介石的思维定式里，中央红军无非两个去向，一个是与红二、红六军团会合，另一个是与红四方面军会合。因此，蒋介石对中央红军的作战计划，都是从这两个去向制订的；在具体战术上，蒋介石仍然迷恋堡垒主义，把修筑碉堡线作为制胜法宝。蒋介石这套战略战术，用在博古、李德身上管用，见效；用在毛泽东身上，那就不管用，失灵了。蒋介石失败的原因就是"死"，当改变了对手之后，他的思维却定格不变。

毛泽东胜，胜在哪里？中央红军有自己的"千里眼""顺风耳"——中革军委二局，能够破译敌人的密码电报，准确掌握敌人的军事情报。但仅仅掌握情报是不够的，还需要正确的决断和正确的作战方针。毛泽东的智慧表现在善于把握蒋介石的作战思路和脉搏。蒋介石认为红军要向东，毛泽东偏偏指挥红军向西；蒋介石认为红军要向西，毛泽东就要指挥红军向东。毛泽东可以利用蒋介石的心理，给他造成错觉。你不是认为我要和红二、红六军团会合吗？我可以用少部兵力迷惑你，让你挺高兴地认为我确实是去和红二、红六军团会师了，钻进了你给我设置的包围圈，而实际上我的主力却朝另一个方向去了。你不是认为我要渡江北上和红四方面军会合吗？你不严密设防，我就真过去了。你严密设防，我马上折回，朝你兵力空虚的地方打。待你调兵遣将，又布置好一个新的包围圈时，我又再进川南。当你又调重兵在黔川滇边界时，我又突然折向南。蒋介石的"法宝"是堡垒战，但堡垒是死的。毛泽东的法宝是运动战，人是活的，迂回穿插，让蒋介石的堡垒成为无用之物。毛泽东的取胜之道，在于"活"，一切从战场实际出发，制订作战方针和计划。

刘伯承曾在回忆中有一段对毛泽东在遵义会议后指挥红军作战的精彩评价：

遵义会议以后，我军一反以前的情况，好像忽然获得了新生命，迂回曲折，穿插于敌人之间，以为我向东却又向西，以为我渡江北上却又远途回击，处处主动，生龙活虎，左右敌人。我军一动，敌又须重摆阵势，因而我军得以从容休息，发动群众，扩大红军。待敌部署就结，我们却又打到别处去了。弄得敌人扑朔迷离，处处挨打，疲于奔命。这些情况和"左"倾路线统治时期相对照，全军指战员更深刻地认识到，毛主席的正确的路线，和高度发展了的马克思主义的军事艺术，是使我军立于不败之地的唯一保证。①

兵临贵阳逼昆明

蒋介石飞抵贵阳时，认为在遵义地区聚歼中央红军已成竹在胸，就对党政军人员发表了一篇很乐观的训话，称："共军已是强弩之末，现今被迫逃入黔境，寻求渡江地点未定，前遭堵截，后受追击，浩浩长江俨如天堑，环山碉堡星罗棋布。"②在他看来，红军已到了"走投无路"的地步了。

当蒋介石还在乐观时，不妙的消息很快传来，薛岳转据周浑元来电，该部在仁怀以南的鲁班场、枫香坝防线被红军袭击，打鼓新场也发现红军。蒋介石郁闷了，在3月28日，为防止中央红军南进，蒋介石的手令雪片一样飞往各部，指示竟达万字以上，创了历史最高"纪录"！30日，得知中央红军南进到息烽附近，蒋介石感到一阵阵心痛，在日记中写道："薛岳等，竟至无所措手足，幼稚如此，可叹！""当匪在后山附近，乘夜偷渡时，而息烽守河之警戒部队，毫不察觉，且为匪所败，可痛！"31日，蒋介石得知中央红军已全部南渡乌江，于4月1日安慰自己的心，在日记中写道："对当面之匪，自觉运用之心，已至其极矣。"然而，自我安慰是没有用的，失败的心情是无法排解的。4月2日，蒋介石感到"本日气候不良，精神不佳，计划作战，时觉脑痛。呜呼！隶焉不力，殊为沉闷也"！

谁让蒋介石"可叹""可痛""脑痛""沉闷"呢？自然是毛泽东。然而，毛泽东让蒋介石羞于见人的事情还在后面！

中央红军南渡乌江后，以一部佯攻息烽，主力进占扎佐等地，前锋逼近贵阳。这时，贵阳附近的国民党军只有4个团，兵力单薄。蒋介石一下

---

① 刘伯承：《回顾长征》，人民出版社1985年版，第7页。
② 晏道刚：《追堵长征红军的部署及其失败》，中国人民政治协商会议全国委员会文史资料委员会《围追堵截红军长征亲历记》编审组编：《围追堵截红军长征亲历记——原国民党将领的回忆》（上册），中国文史出版社1990年版，第15页。

子慌了，急忙调兵遣将，令第二路"追剿军"各纵队火速增援贵阳，并令守城部队赶修工事和死守飞机场，还准备了轿子、马匹和向导，随时准备逃跑，以免做红军俘虏。

当各路敌人按照蒋介石的命令向贵阳狂奔之际，毛泽东为造成蒋介石的错觉，于4月5日又以一部兵力东渡清水江，在江上架设浮桥，作出主力即将东渡姿态。毛泽东在部署这次行动时说："只要能将滇军调出来，就是胜利。"

蒋介石果然听毛泽东的话，召集陈诚、薛岳、何成浚、晏道刚等一帮大员讨论红军行动目的。众人判断红军行动一为乘虚袭击贵阳，二为仍图东进与湘西红军会师，两者之中以后者可能性较大，但都威胁贵阳的安全，当前应以确保贵阳为急。于是，蒋介石随即作出决定，严令各部尾追防堵。

中央红军主力马不停蹄，人不歇步，星夜向贵阳疾进。贵阳附近土豪劣绅风声鹤唳，纷纷逃到贵阳城内以图"保险"。但躲在贵阳城内的蒋介石却不认为保险，竟步行出贵阳行辕查勘城区工事，申斥郭思演督责下属不力，玩忽职守。4月5日夜，贵阳外围风闻有红军游击队的活动，蒋介石的心揪起来了，询问黔灵山、东山、螺丝山、照壁山、图云关、大小关等处的工事及贵阳的城防守备兵力强度，特别关心清镇飞机场的情况。这一个不眠之夜，对蒋介石来说，是那样的漫长。

4月6日，滇军孙渡纵队终于赶到了贵阳城。孙渡在贵阳待了不到一天，即按照蒋介石的命令向龙里前进，途经离贵阳30里的黄泥哨与红军便衣队接触，随进至观音山与红军先头遭遇，双方激战一天。

滇军孙渡纵队到贵阳"救驾"，云南却空虚了。4月7日，毛泽东抓住这一有利战机，决定向云南进军，并命令在乌江以北的红九军团速向贵州毕节、大定方向前进。4月8日，中央红军主力分左、右两纵队，由贵阳、龙里之间突破敌人防线，越过黔滇公路，以每天120里的速度，分两路经青岩、广顺、鸡场、定番（今惠水）、长寨（今长顺县城）、紫云等地，向云南方向急进。

蒋介石发现红军西进云南后，慌忙调整部署，急令周浑元、吴奇伟两纵队和第五十三师掉头西进，沿黔滇公路在右侧追击，孙渡纵队尾追红军。

笔下起风雷　胸中百万兵
土地革命战争中的毛泽东

国民党军各路部队被中央红军调动得来回奔跑，疲惫不堪，行动十分缓慢。乘此机会，毛泽东指挥中央红军迈开铁脚板，大步流星，于4月18日在白层、者坪渡过北盘江，随后相继占领贞丰、安龙、兴仁、兴义等城镇。这时，红九军团进到黔西的水城地区，同红军主力南北呼应。

中央红军主力占领兴仁、兴义后，分三路西进：红三军团为右纵队向平彝（今富源）、沾益前进；红一军团为左纵队向曲靖前进；红五军团和军委纵队为中央纵队，向益肠营方向前进。4月24日，中央红军进入云南。

中央红军的行动使蒋介石产生错误的判断，认为红军主力必经平彝北进会合红九军团，然后再渡金沙江，或转赴毕节再入川南，北渡长江。于是，蒋介石连电龙云、薛岳，命令周浑元、吴奇伟两个纵队和第五十三师向宣威推进，企图围歼中央红军于宣威、威宁地区。黔军在黔西地区堵截红军北去，滇军孙渡纵队尾追红军，川军一个师集中毕节机动。

中央红军离开贵州境之后，"贵州王"王家烈就没有什么价值了。4月26日，蒋介石任命吴忠信为贵州省主席。为了让王家烈体面下台，蒋介石给了他一个"第二路追剿军总指挥"的空衔。

王家烈的下场使"云南王"龙云看到了自己面临的结局。因此，他对中央红军入滇和"中央军"尾追而来十分恐惧，既怕红军进攻昆明，推翻他的统治；又怕蒋介石故伎重演，将他搞掉。因此，龙云一面调动兵力，赶筑工事，加强昆明防守，并急电孙渡日夜兼程，回师昆明；一面婉拒"中央军"入滇。

为了进一步调动国民党军，毛泽东命红九军团由水城向滇东北的宣威地区发展，以吸引追敌向北，主力则迅速向西挺进。4月27日，中央红军占领马龙，接着进攻寻甸、嵩明，一部进至杨林，前锋威逼昆明。4月28日，红九军团占领宣威县城。至此，蒋介石围歼中央红军于宣威、威宁的计划破产。

昆明空虚，龙云只顾保命要紧，把在曲靖以东的孙渡纵队调往昆明防守，滇北各地和金沙江南岸的防守力量被极大削弱，中央红军抢渡金沙江、北上川西的有利条件出现了。4月29日，中革军委发出《关于野战军速渡金沙江转入川西建立苏区的指示》，指出："金沙江两岸空虚，中央过去决定野战军转入川西，成立苏维埃根据地的根本条件，现在已有实现的可能了。"因此，"政治局决定我野战军应利用目前有利时机，争取迅速渡过金沙江，转入川西消灭敌人，建立起苏区根据地"[①]。这样，在毛泽东指挥中央红军经过三个多月惊心动魄的机动作战后，中共中央战略方针又重新回到了遵义会议所定方针的原点上。

巧渡金沙江

金沙江是长江上游，从海拔五六千米的昆仑山南麓、横断山脉东麓奔腾而下，一泻千里，水流湍急，无法徒涉，是中央红军北上的一道难关。并且，这时川军已早早把渡船都收集到对岸，控制了渡口，阻止中央红军渡江。毛泽东和中革军委决定：中央红军在洪门渡、龙街渡、皎平渡三个渡口抢渡金沙江。毛泽东等随中央纵队从皎平渡渡江。

根据中革军委命令，中央红军分路由寻甸、嵩明地区向金沙江急进。左纵队红一军团前卫第四团，为争取时间赶到金沙江畔，先头分队化装成执行任务的国民党"中央军"。5月1日，当红军先头分队到达禄劝时，国民党禄劝县县长把他们迎接入城，热情款待，并交出了"云南省政府"交办的全部军粮款。红四团轻取禄劝后，又先后袭取了武定和元谋，直趋金沙江畔。

5月2日，红军总参谋长刘伯承率领干部团一个营及工兵，带电台1部，化装成国民党军队，以一昼夜100余公里的速度，于5月3日晚赶到皎平渡，缴获2只木船。红军随即以一个连渡江，干净、利索地消灭了守敌川康边防军一个排和江防大队一部，控制了渡口。接着，干部团第二营翻过中武山，打垮凭险阻击的敌人一个营，直插通安镇，击溃敌人的援兵，直趋会理城下，为中央红军主力渡江起了极为重要的作用。

5月4日，红一军团主力赶到龙街，准备渡江。由于架设浮桥未能成功，遂按毛泽东和中革军委命令沿江而下，到皎平渡渡江。他们留下少数部队和工兵，继续建设浮桥迷惑敌人，使敌人误认为红军要在龙街渡江，

[①]《中革军委野战军速渡金沙江转入川西建立苏区的指示》（1935年4月29日），中国人民解放军历史资料丛书编审委员会：《红军长征·文献》，解放军出版社1995年版，第321页。

笔下起风雷　胸中百万兵
土地革命战争中的毛泽东

调集重兵于元谋地区。

与此同时，左纵队红三军团抢占了洪门渡口，因船只少，水流急，无法架浮桥，除留红十三团在洪门渡渡江外，主力也按照中革军委命令改由皎平渡过江。

红军最初找了6只船，后来又找到了1只打鱼的船。为了依靠得到的这几只船渡江，刘伯承在北岸山洞里设立了渡河司令部，制定了《渡河守则》。大部队到达后，立即由渡河司令部指挥渡江。

毛泽东渡过江后，立即找刘伯承研究渡江后如何前进的问题。警卫员陈昌奉给毛泽东在江岸边山洞里找了一个住处。由于山洞里什么都没有，陈昌奉只好在潮湿的地上铺一块油布，放上毯子，以便让十分疲劳的毛泽东回来先休息一下。

毛泽东从刘伯承处回来后，发现没有办公的地方，就对陈昌奉说："现在重要的是工作，吃饭喝水都是小事。江那边有我们两三万同志在等着哪！这是几万同志的性命呀！"[1]看到陈昌奉受到批评后呆呆地站在那里，毛泽东告诉他："先去找块木板架起来也行！"

陈昌奉听后，飞快跑出洞口，终于在别处找到一块堵洞口的木板，搬到毛泽东住的山洞里。毛泽东亲自动手，与陈昌奉一起把木板架起来，摆上了办公用具，立即开始紧张的工作。就是在这块小木板上，毛泽东一连工作了数昼夜，直到中央红军全部渡过金沙江。

5月9日，中央红军第一、第三、第五军团和军委纵队全部渡过金沙江。与此同时，红三军团第十三团在洪门过江，红一军团一个野战医院从鲁车渡渡江。单独行动的红九军团在会泽以西的树节、盐井坪地区渡过金沙江。

5月10日，蒋介石飞到昆明，得知中央红军已经全部渡过金沙江的消息，咬牙切齿地在日记中写道："赤匪窜力之速，更增吾人疾恶之心，非速灭此丑，则我民族无噍类矣！"这一夜，又是蒋介石的不眠之夜。

5月11日，当薛岳部第十三师先头部队急急忙忙赶到金沙江边时，除

---

[1] 陈昌奉：《跟随毛主席长征》，天津人民出版社1973年版，第37页。

了红军扔下的烂草鞋之外,什么也没有看到。

渡过金沙江后,中央红军中流传着这样一首快板:

毛主席赛过诸葛亮,
巧计渡过两重江,
气得老蒋干瞪眼,
渝昆道上空来往。[①]

中央红军渡过金沙江,摆脱了优势敌军的围追堵截,粉碎了蒋介石围歼红军于川、黔、滇边境的计划,取得了战略转移中具有决定意义的胜利。

从四渡赤水,到兵临贵阳,再到威逼昆明,最后巧渡金沙江,毛泽东的军事指挥艺术,真是达到了出神入化的地步!

四、与红四方面军会师

会理会议起风波

中央红军渡过金沙江后,红三军团与干部团围攻会理城,其他部队在会理地区进行短期休整。

会理位于四川西南部,金沙江北岸,为川滇交通要邑。由国民党川康边防军第一旅刘元瑭防守,守敌加民团共有3000多人。由于敌人据坚顽抗,从5月9日起,红三军团连续进攻数日,没能攻下。5月12日,红三军团采用坑道爆破法,对会理发动总攻,仍然未能攻下。同日,中革军委根据渡江后的有利条件,决定中央红军在会理及其附近停留五天,进行休息与补充。在部队休整期间,中共中央在会理城附近的铁场召开了政治局扩大会议,即党史上所称的"会理会议"。

会理会议,中共中央政治局主要讨论林彪给中革军委写的一封信。聂荣臻在回忆中说:"四渡赤水以后到会理期间,在中央红军领导层中,泛

---

① 吴吉清:《在毛主席身边的日子里》,江西人民出版社1983年版,第222页。

笔下起风雷　胸中百万兵
土地革命战争中的毛泽东

起一股小小的风潮，算是遵义会议后一股小小的余波。遵义会议以后，教条宗派主义者们并不服气，暗中还有不少活动。忽然流传说毛泽东同志指挥也不行了，要求撤换领导。林彪就是起来带头倡议的一个。"①

那么究竟是怎么一回事呢？原来，遵义会议以后，中央红军在毛泽东等的指挥下，一反过去的被动状态，采取高度机动的作战方针，为了调动敌人，声东击西，部队主要是行军，要比过去多跑不少路。特别是，在敌变的情况下，我军必须立即也变，部队刚到某地，就接到命令，马上到另一地方，甚至是折回。在战场形势瞬息万变的情况下，就是最杰出的军事家，也不可能每战必胜，也不可能把一些具体问题考虑得十分周全，一点失误都没有。特别是，在云、贵、川边境的多山地区，没有五万分之一、十万分之一的作战地图，又不是熟悉的根据地的情况下，行军多跑了一些冤枉路是在所难免的，更重要的是看结果。结果胜利，就达到了目的。当然，多走路，部队必然很累、很疲惫。林彪对毛泽东这种战法不理解，私下里给聂荣臻讲，红军走的尽是"弓背路"，应该走"弓弦"，走捷径。林彪认为："这样会把部队拖垮的，像他这样领导指挥还行？！"聂荣臻对林彪说："我不同意你的看法。我们好比落在敌人的口袋里，如果不声东击西，高度机动，如何出来？！"

没有得到聂荣臻的支持，林彪决定寻求彭德怀的支持。为什么林彪会寻求彭德怀的支持？红一、红三军团是红一方面军的两把利剑，在中央苏区取得前四次反"围剿"作战中发挥了重要作用。而中央苏区第五次反"围剿"失利，博古、李德将红一、红三军团分开作战也是一个重要原因。长征开始，红一、红三军团是左、右先锋，配合默契。彭德怀曾回忆说："一、三军团在战斗中早就形成了这种关系：有时一军团指挥三军团，有时三军团指挥一军团，有时就自动配合。如第二次占领遵义的第二天，打吴奇伟的反攻，一、三军团完全就是自动配合把敌打败的。"②就是有着这种关系，林彪给彭德怀打电话，说："现在的领导不成了，你出来指挥吧。再这样下去，就要失败。我们服从你领导，你下命令，我们跟

---

① 《聂荣臻回忆录》，解放军出版社2007年版，第206页。
② 《彭德怀自传》，解放军文艺出版社2002年版，第205页。

你走。"林彪的提议当即被彭德怀拒绝。

林彪打电话时,聂荣臻在旁边,左权、罗瑞卿、朱瑞等也在旁边。要换中央军事指挥领导,这可是大事啊!林彪的做法实在太不应该了!聂荣臻严肃批评林彪:"你是什么地位?你怎么可以指定总司令,撤换统帅?我们的军队是党的军队,不是个人的军队。谁要造反,办不到!"他警告林彪:"如果你擅自下令部队行动,我也可以以政治委员的名义下指令给部队不执行。"

林彪不听聂荣臻的劝阻和批评,写了一封信给中革军委,要求毛泽东、朱德、周恩来随军主持大计,请彭德怀任前敌指挥,迅速北进与红四方面军会合。信写好之后,林彪要求聂荣臻在信上签个名,但被聂荣臻严词拒绝。聂荣臻对林彪说:

> 革命到了这样紧急关头,你不要毛主席领导,谁来领导?你刚参加了遵义会议,现在又来反对遵义会议,你这个态度是不对的。先不讲别的,仅就这一点,你也是违犯纪律的。况且你跟毛主席最久。过去在中央根据地,在毛主席领导下,敌人几次"围剿"都粉碎了,打了很多胜仗。你过去保存了一个小本子又一个小本子,总是一说就把本上的统计数字翻出来,说你缴的枪最多了。现在,你应该相信毛主席,只有毛主席才能挽救危局。现在,你要我在你写的信上签字,我不仅不签,我还反对你签字上送。我今天没有把你说服了,你可以上送,但你自己负责。[①]

林彪还是没有听聂荣臻的劝告,自己单独签字把信上送了。

林彪此举使毛泽东十分不快,他没想到从井冈山到中央苏区,再到长征以来,一直跟着他打仗的林彪,竟然这么目光短浅,只看到遵义会议后部队多跑了一些路,没看打了那么多胜仗,摆脱了国民党军优势兵力的围追堵截,粉碎了蒋介石围歼红军于川、黔、滇边境的计划。毛泽东在会上对林彪的"走了弓背"说法进行了严厉批评,并说:"你是个娃娃,你懂得什么?!"

[①]《聂荣臻回忆录》,解放军出版社2007年版,第206—207页。

笔下起风雷　胸中百万兵
土地革命战争中的毛泽东

由于林彪要推彭德怀指挥部队，毛泽东误认为林彪的信是彭德怀鼓动起来的；再加上中央红军佯攻贵阳时，被派到红三军团担任政治部主任的刘少奇和红三军团政治委员杨尚昆曾给中革军委发过一封电报，谈了他们对红军战略方针问题的一些看法，毛泽东对红三军团的三位负责人也进行了批评，认为"这都是对失去中央苏区不满的右倾情绪的反映"[①]。

那么，毛泽东为什么批评他们三人呢？事情还得从1935年2月底中央红军二占遵义说起。

二占遵义，打败吴奇伟纵队后，红三军团集结在遵义城外西南10余里，打算休息三五天，深入传达和讨论遵义会议决议。当时，蒋介石的嫡系部队正在向贵阳集结；滇军向云南、贵州边界的宣威、毕节一带集结；川军向川南集结。彭德怀当时认为，应摆脱滇军，专对蒋介石嫡系作战。只要寻机再歼灭蒋介石的嫡系部队三四个师，红军就可以站住脚，在湘、贵、川、鄂边——思南、秀山、铜仁、溆浦、辰溪、沅陵地区反复作战，粉碎敌军进攻，争取与红二、红六军团靠拢，建立新的根据地，停止战略退却。但这时接到中革军委命令，红三军团归红一军团林彪、聂荣臻指挥，进攻鲁班场守敌。敌人到鲁班场已经四天了，野战工事已筑好，红三军团攻击一天未奏效，黄昏时撤退，继续西进。在离习水不远的一个镇子，中革军委又决定打追击的川军潘文华师。该师九个团，是刘湘的主力。红三军团战斗一天，又未取胜，乘夜撤退，渡过赤水河继续西进。敌军继续堵击、侧击，形势比较紧张。彭德怀的主张和中革军委的战略方针不一致，再加上两战都没有取胜，于是产生了一些看法。中央红军南渡乌江、佯攻贵阳时，由于原政治部主任袁国平调军委另行分配工作，刘少奇被中革军委派来担任政治部主任。彭德怀把自己的一些想法告诉了他。彭德怀说："现在部队的普遍情绪，是不怕打仗阵亡，就怕负伤；不怕急行军、夜行军，就怕害病掉队，这是没有根据地作战的反映。""现在部队比较疲劳，特别是打娄山关那一天，很疲劳。王家烈所部，是上午八九时从遵义出发，想先占娄山关（该关离桐梓和遵义各四十五里[②]）。我们

[①]《彭德怀自传》，解放军文艺出版社2002年版，第205—206页。
[②] 彭德怀的回忆有误，遵义城离娄山关120里。遵义所属的板桥镇离娄山关40余里。

十一时许才接到军委告诉的上述情况和要我们相机袭占遵义的命令，即刻跑步前进。武装长途跑步，消耗体力很大，几天都没有恢复起来。"彭德怀还告诉刘少奇："蒋介石部队也很疲劳，目前滇军和川军还是生力军。我军应摆脱堵、侧、追四面环敌的形势，选择有利的战机打一两个胜仗，转入主动……靠近二方面军[①]，创建新根据地，就好办了。"[②]两天后，刘少奇加上自己的意见和别人的意见，起草了一封给中革军委的电报，拿给彭德怀和杨尚昆签字。彭德怀觉得与自己的看法不同，没有签字。这封电报以刘少奇和杨尚昆的名义发给了中革军委。

刘少奇和杨尚昆的电报对当时中革军委的战略方针、作战方法有不同意见，其中一些观点同林彪的观点是相近的。由于红一、红三军团是中央红军的主力，作战依靠，其军事首长和除聂荣臻外的政治首长对中革军委的战略方针、作战方法有看法，不能不引起毛泽东的高度重视，将他们联系起来，进行批评。

其实，后来彭德怀也改变了看法。彭德怀在回忆中说："在毛主席的英明指导下，我军采取穿插战术，从贵阳城之西北绕至城东，然后又从南向西进，摆脱敌四面包围的形势，把所有敌军抛在我军后面。我军胜利地渡过金沙江，进入会理地区，这是一个很大的胜利。我对这一段穿插、渡江是敬佩和高兴的。"[③]

被毛泽东误解，彭德怀心里有些委屈，但大敌当前，国民党追敌已迫近了金沙江，心想人的误解总是有的，认为林彪的信是出于好意，想把事情办好，自己既没有同林彪谈过话，同刘少奇谈话的内容也是正当的，因此没有对这两件事进行申明，期待两个当事人将来自己把事情说清楚。

彭德怀在会上作了自我批评，说因鲁班场和习水两仗没有打好，自己心里有些烦闷，想如何才能打好仗，才能摆脱被动局面，认为自己的烦闷就是右倾。他也批评了林彪的信，认为遵义会议才改变领导，这时又提出改变前敌指挥是不妥当的，特别是提出他任前敌指挥，则更是不适当的。

[①] 当时是红二、红六军团，还未成立红二方面军。
[②] 《彭德怀自传》，解放军文艺出版社2002年版，第204页。
[③] 《彭德怀自传》，解放军文艺出版社2002年版，第205页。

笔下起风雷　胸中百万兵
土地革命战争中的毛泽东

会议的主持者张闻天在报告中,也批评了要求更换军事指挥领导的错误。但张闻天的态度比较温和,认为"同当时干部中离心倾向及动摇情绪斗争是必要的",但斗争方式过火,"因为这些同志的错误,实质上不过是个别的错误,只要加以适当的批评与解释,错误就会改正的,不必用机会主义大帽子压他们"[1]。

这时,毛泽东对张闻天也是有些误解的。杨尚昆在回忆中说:

会理会议主要是批评林彪要毛主席下台,也牵连到几个军团。因为从遵义出来这一段部队就是走路,那个时候怨言很多。一天走来走去,打圈子,也没有说清楚究竟要搞什么,就是下命令。所以部队疲劳得不得了。走的中间你挤我,我挤你,谁的力量大谁就跑得快。一军团同三军团碰到路上谁都不让谁。

在这种打圈圈情况下,很多人就跟洛甫反映说,这样不打仗又死那么多人,是不行的。对这种打法洛甫也不了解。彭德怀也不了解,因此也跟他讲,其实毛主席对彭不了解是最不高兴的。这里还有王稼祥军事方面对毛主席有意见,他又不跟毛主席直接讲,就跟洛甫说,洛甫就跟毛主席讲,毛主席就发脾气。会理会议本来正式题目是批评林彪写给中央的信,信是要毛主席下台,要彭德怀出来指挥。但是会上有人却出来说是张闻天到了三军团司令部,同彭谈了多少多少。我就出来作证,我说我是政治委员,整天同彭德怀两个在一起,根本没有这个事。张闻天没有到过三军团。[2]

周恩来、朱德等严肃批评了林彪,支持毛泽东,称赞他在危急的情况下,采取兜大圈子、机动作战的方针,四渡赤水,佯攻贵阳,威逼昆明,北渡金沙江,才摆脱了敌人的重兵包围。

遵义会议后,危急复杂的形势,瞬息万变的军情,毛泽东的战略方针和作战艺术在付诸行动中由于出现某些不足,一时还不被党和军队的一

---

[1] 中共中央党史研究室张闻天选集传记组编:《张闻天年谱》(1900—1941)(修订本)(上卷),中共党史出版社2010年版,第176页。
[2] 张闻天选集传记组编:《200位老人回忆张闻天》,人民出版社2013年版,第41页。

些领导同志所理解，出现不同看法，也是难免的。会理会议批评了错误意见，统一了认识，维护了团结，巩固了毛泽东红军和中共中央的领导地位。会议决定继续北上，同红四方面军会合。

经过会理会议这股小风波，中央红军又更加坚定地迈上了新的征途。

红军不做"石达开第二"

中央红军在会理休整时，蒋介石于5月11日令"追剿军"迅速渡过金沙江，在川康军的配合下，围歼红军于金沙江以北、大渡河以南、雅砻江以东地区。

5月14日，中革军委为执行中共中央确定的在川西或川西北创建根据地的战略方针，决定放弃对会理城的围攻，主力沿会理至西昌大道北进，通过彝族区，抢渡大渡河，以粉碎蒋介石围歼红军于大渡河以南的企图。5月15日，中央红军各部开始北进。

中央红军继续北进，先要通过彝族聚居地区，才能到达大渡河畔。中革军委决定组成先遣队，指定刘伯承为司令员、聂荣臻为政治委员，率领红一军团第一师第一团、一个工兵连，外加萧华领导的一个工作队，携带1部电台，率先通过彝族区。毛泽东嘱咐刘伯承，先遣队的任务不是打仗，而是宣传党的民族政策，用政策的感召力与彝民达到友好。只要我们全军模范地执行纪律和民族政策，取得彝族人民的信任和同情，彝民就不会打我们，还会帮助我们通过彝族区，抢渡大渡河。刘伯承坚定地执行党的民族政策，与彝族沽鸡家首领小叶丹结拜为兄弟。5月23日，沽鸡家派人护送红军先遣队通过彝族区。"彝海结盟"成为汉彝民族团结的佳话。

刘伯承与小叶丹"彝海结盟"的消息传到后续部队，大家都欣喜若狂地跳起来，纷纷说："毛主席的民族政策实在英明！""往后我们可得好好学习和宣传党的民族政策！"

毛泽东在过彝族区时，晚上不进彝族村寨住宿，而是与部队一起在附近的树林里宿营。吴吉清回忆：

这里的气候变化真快，中午还很炎热，到了晚上，凉风瑟瑟吹来，使我们不禁要打寒噤。我们便问主席："为什么不到寨子里宿营呢？"

笔下起风雷　胸中百万兵
土地革命战争中的毛泽东

主席和蔼地对我们说，每个民族都有自己的风俗习惯。红军刚到这里，语言不通，对这里的风俗习惯也不太了解，所以我们尽量不要打搅彝族同胞。

我说："主席，既然不住寨子，我待会儿去那里借口锅来烧饭，再借块门板给您睡吧？"

主席说："那也不行！我们应该帮助彝族同胞，而不应该给他们添任何一点麻烦。我们要严格遵守'三大纪律，八项注意'！"①

在彝族区行军时，毛泽东以身作则带领红军遵守纪律，模范执行党的民族政策，深深感动了彝族人民。

第二天，当红军行军经过彝族村寨口时，彝族群众排着长长的队伍，拿着红旗欢送红军。陈昌奉回忆：

> 从拥来的人群中间，走出四五个高大的妇女，每个人的怀里都抱着一只火红的大公鸡向主席跑来，把主席团团围住，热情地在讲我们听不懂的话。主席一边走一边向他们点头，并且学着他们的样子，把双手放在胸前表示谢意。我和小曾等同志，也学着主席的样子，把手举到胸前。
>
> 主席向前走，那四五个抱着公鸡的妇人一步不离地跟在他两边。这个时候，山顶上、山腰里、山脚下，到处都是彝族人民；他们有的高高地举起双手；有的大声唱了起来！那种热烈的场面，把我们都感动得流泪了。②

红军队伍离开村寨前，前来欢送的小叶丹派了4名彝族群众给红军带路，并挑选了20人到红军队伍中学习军事，准备将来回来打国民党军。有这4名彝族群众的带路，红军队伍顺利地通过彝区。

由于国民党政府、地方军阀对彝族的压迫，以及历史上造成的民族隔阂，他们对汉族不信任。但共产党领导的红军坚持各民族平等，以自己严明的纪律、模范的行动，在很短的时间就使彝族同胞辨别出来，他们是与国民

---

① 吴吉清：《在毛泽东身边的日子里》，江西人民出版社1983年版，第226—227页。
② 陈昌奉：《跟随毛主席长征》，天津人民出版社1973年版，第39、41页。

党军完全不同的军队,是彝族同胞的好朋友,从而拥护红军、支持红军。

中央红军通过彝区后,日夜兼程向大渡河前进。

大渡河是岷江最大的支流,两岸崇山峻岭,河道陡峻,险滩密布,水流湍急,素称"天险",大部队通过极其困难。1863年,太平天国名将石达开同洪秀全分裂后,带领4万大军于5月由云南进入四川,抵达大渡河南岸,由于河水暴涨,北渡不成,陷入清军的重兵包围而全军覆灭。70多年之后,蒋介石幻想中央红军在大渡河会落得像石达开那样的下场。5月15日,蒋介石任命杨森为大渡河守备指挥,拨第二十一军、川康军一部约4个旅,归杨森指挥,"并以清代活捉石达开之川督骆秉章相勖勉"[①]。

5月25日拂晓,先遣队红一团由17名勇士组成的渡河奋勇队,冒着敌人密集的枪林弹雨,在安顺场强渡大渡河成功,打开了中央红军北上的通路。后续部队听到这个消息,立即跑步前进。

毛泽东在行军至安顺场尚有几里路的地方稍事休息,发现几棵参天古树旁边有一块石碑。毛泽东看了看碑文,然后对吴吉清、陈昌奉等警卫人员说:"这块石碑是为太平天国的翼王石达开在这里全军覆灭而刻立的。太平天国因为内部分裂,石达开带领四五万人马,离开南京,在同治二年(1863)四月间来到这里,打算从安顺场渡河。正遇山洪暴发,渡河不成,四面受围,前有大渡河,后有彝民,左有山峰绝崖,右有清兵。本来,彝民和石达开的关系,开始是友好的,但因为石达开疑心太重,把关系搞糟了。后来,清兵又占领了对岸。因此,石达开的人马,在安顺场一直被围困了四十多天,也没有渡过河去,石达开本人动摇,军心不固,以致全军覆灭。"

听了毛泽东讲石达开覆灭的历史,吴吉清等感慨地说:"我们是中国共产党领导的红军,我们一定能够越过天险大渡河!"

毛泽东对大家说:"近百年以后的今天,我们中国工农红军也来到石达开失败的地方。蒋介石和四川军阀抱着很大的幻想,他们以为摆在我们

---

① 《蒋介石委任杨森为大渡河守备指挥并以骆秉章诱杀石达开相勖勉的新闻报道》(1935年5月1日),中国人民解放军历史资料丛书编审委员会:《红军长征·参考资料》,解放军出版社1992年版,第518页。

面前的石达开的命运，这已是注定了的。因此，他们幻想把红军消灭在安顺场。你们说，我们能走石达开的老路吗？"

吴吉清等人坚定地说："敌人是在做梦！""现在，我们的先遣队已经渡大渡河了！"

毛泽东听了大家的回答，非常高兴，大声对战士们说："同志们，你们说得对！敌人的好梦是做不成的。石达开没有走通的路，我们一定能走通。我们共产党人是顶天立地的英雄，大渡河算不得什么困难！"

毛泽东的话给战士们很大鼓舞，接到继续行军的命令后，大家立即浑身是劲地向安顺场前进。

先遣队强渡大渡河后，由于大渡河水流湍急，河面又宽，不能架浮桥，只能利用唯一的小船一船一船地渡。5月26日，红一师的第二、第三团也来到渡口。到当天夜里，总算把红一师的三个团都渡到了对岸。

毛泽东到达安顺场渡口后，召集刘伯承和林彪、聂荣臻开了一个小会。当他得知渡河的困难时，立即决定要红一军团迅速夺取泸定桥。毛泽东确定的部署是：刘伯承、聂荣臻率领红一师和干部团，由大渡河东岸北上赶向泸定桥；由林彪率领红二师、红一军团军团部和红五军团，由大渡河西岸赶向泸定桥。安顺场离泸定桥320里，限两天半赶到。

5月27日拂晓，红二师先头第四团在团长王开湘、政治委员杨成武的率领下，由安顺场出发，中途击败川军多次拦阻，飞一般地赶往泸定桥。尤其是28日，他们日夜不停，行军240里，于29日早晨6时赶到了泸定桥，并占领了西岸及西桥头。

泸定桥位于今四川省泸定县，是中国著名的铁索桥之一，扼川康交通要道，坐落于群山环抱之中，横跨于大渡河上，桥长100多米，宽2.8米，由13根碗口粗的铁索组成。桥面9根铁索平行系于两岸，上铺木板；左右各有2根铁索，作为桥栏。人行于桥上，摇摇晃晃。胆小之人，过桥时，小心翼翼，扶着桥栏才能过桥。泸定桥的东桥头与泸定城相连，城内驻有川军第四旅第三十八团一部，旅部设在泸定城南的冷碛地区，另有两个旅正在向泸定城增援。在红军到达前，敌人已将桥上的木板抽去，只剩下13根光光的铁索。

红四团以第二连廖大珠等22名共产党员和积极分子组成突击队,于29日下午4时发起夺桥战斗。在全团火力的支援下,廖大珠等22人冒着敌人密集的火力,攀登着悬空的铁索,向对岸冲去。第三连指战员在王有才的率领下,每人扛着木板,跟随在突击队后面,一面铺桥,一面前进。当突击队员接近对岸桥头时,敌人在桥头突然燃烧起冲天大火,企图用火把红军挡在桥上,用火力消灭红军。廖大珠等22名勇士冒着大火冲过桥头,进入泸定城同敌人展开殊死战斗。危急时刻,王有才带第三连也冲了过来。接着,王开湘和杨成武带着后续部队过桥进了城。经过两小时激战,消灭了敌人,占领了泸定桥。

夺取泸定桥后,中央红军各部队陆续从桥上过河。至6月2日,中央红军全部由泸定桥胜利渡过大渡河。这样,蒋介石企图使中央红军成为"石达开第二"的梦想彻底破产。毛泽东对红军指战员们说:我们的行动已经证明,中国共产党领导的红军不是太平军,我和朱德不是"石达开第二",蒋介石的如意算盘又打错了。

征服夹金山,与红四方面军会师

中央红军夺取泸定桥后,军委纵队于1935年5月31日通过铁索桥至泸定县。当天,中共中央负责人在泸定城附近召开会议。会议决定:中央红军向北走雪山草地一线,避开人烟稠密地区;派中央政治局委员、中央白区工作部部长陈云赴上海恢复白区党组织。

泸定会议后,中央红军分路向东北方向的天全、芦山进发。6月7日,红九军团占领天全。8日,红一军团占领芦山。同日,中共中央、中革军委给各军团发出指示,指出:"我军基本任务,是用一切努力,不顾一切困难,取得与四方面军直接会合。"要求"我军必须以迅雷之势突破芦山、宝兴线之守敌,夺取懋功,控制小金川领域于我手中,以为前进之枢纽"[①]。

---

① 《中共中央、中革军委为达到红一、四方面军会合的战略任务给各军团的指示》(1935年6月8日),中国人民解放军历史资料丛书编审委员会:《红军长征·文献》,解放军出版社1995年版,第472页。

笔下起风雷　胸中百万兵
土地革命战争中的毛泽东

在中共中央、中革军委指示发出的当天，中央红军一举突破国民党军的芦山、宝兴防线。随后，经宝兴盐井坪、崔店子，进抵夹金山下的大碛碛地区。

要实现与红四方面军会合的战略目标，就必须翻越夹金山。夹金山海拔4000多米，终年积雪，空气稀薄，没有道路，没有人烟，气候变幻无常，时阴时晴，时雨时雪，忽而冰雹骤降，忽而狂风大作。当地老百姓听说红军要翻越夹金山，都惊愕地摇着头说："那怎么能行？雪山是过不得的。"他们把夹金山称作"神山"，翻山如果触怒了"山神"，不是被大雪埋住，就是被狂风卷去。有的老年人还说："常言道，'大雪山，大雪山，只见有人上山走，不见有人下山来'。你们千万不能上去啊！"

6月16日，在翻越夹金山前，毛泽东等在山下住了一天。为了上山时好抗击严寒，他吩咐警卫员准备一些生姜、辣椒之类刺激生暖的东西。

第二天一早，毛泽东和警卫战士们开始翻越夹金山。刚开始上山，还算好走。但20多分钟后就不行了，积雪越来越深，一不小心掉进雪窝中，半天爬不上来。要是找雪浅一些的地方走，脚下又发滑，走两步就要退一步。毛泽东拄着一根木棍，走在最前面。有时，毛泽东脚下打滑，陈昌奉等人忙上去搀扶。可是，他们自己脚下往往滑得站不住，倒是毛泽东用他的一双大手把他们拉住。

走到半山腰，老天忽然变了脸，起了暴风，乌黑的浓云贴着山头朝红军扑来。陈昌奉赶了几步，走到毛泽东身边，说："主席，要下雪了吧？"毛泽东望了望天空，说："马上就要来了，让大家都准备一下。"话刚落音，一阵鸡蛋大的冰雹呼啸着劈头盖脸打过来。雨伞和披在身上的油布都失去了作用，陈昌奉等人把油布撑起来，让毛泽东站在中间，其他人围在四周。这时，红军宣传队在山顶上高呼："同志们！坚持住！坚持住就是胜利！"

过了一会儿，天晴了，太阳又露面了。毛泽东连忙问："这一场战斗怎么样？有负伤的没有？"大家都说没有。

大家继续上山，越往上走越困难，每人胸口像压了两个磨盘，喘不过来气，心怦怦跳得很快。大家都不说话，就连张嘴都很困难，仿佛一张嘴，心就会从嘴中跳出来。毛泽东依然迈着坚定的步伐，健步向山顶走去。

终于到达山顶，许多人坐在雪地上休息，有的人索性躺下来。毛泽东见状，温和地告诉大家："同志们，我们不能在这里休息呀！这里空气稀薄，有危险。再加一把劲儿，下山去我们就和四方面军会师啦！"

毛泽东这么一鼓劲，大家马上响应，开始下山。很多战士坐在山坡雪地上往下滑，一出溜就是十几丈远。

在下山途中，前面传来先遣部队红二师第四团已经与红四方面军的接应部队第九军第二十五师会师了的消息。于是，大家身上的力气大增，勇气百倍地跑步下山。

翻越夹金山后，毛泽东与周恩来、朱德、王稼祥、刘伯承等来到达维。第二十五师师长韩东山只听说过这几个中央首长的名字，并不认得。但他在队伍中发现了陈赓。陈赓曾在鄂豫皖根据地担任过红十二师师长，韩东山在该师当副团长。于是，他请陈赓介绍，认识这几位中央领导。

毛泽东等在韩东山的师部住下后，顾不得休息，询问起部队的情况。韩东山简要汇报了红四方面军的情况。由于是初次经历这种场面，韩东山心情极度紧张，坐立不安，说话也不利索。毛泽东、周恩来看出了他的紧张状况，和蔼亲切地要他慢慢讲。周恩来爽朗地笑着说："讲得不错嘛，别慌，别慌。"见到中央首长这样随和，韩东山的心逐渐平静下来。汇报到最后，韩东山说："我们部队指战员都是来自贫苦农民，打仗勇敢，消灭了大量敌人，武装和扩大了自己。"毛泽东高兴地笑了，从座位上站起来，乐呵呵地说："是啊！我们从江西出发那天起，敌人飞机天天在头上飞，大量的敌人在地面又堵又追，但是，我们红军不仅没有被消灭，反而锻炼得更坚强了！"

晚上，在达维的晒场上，中央红军和红四方面军驻军开了一个联欢晚会。周恩来主持，风趣地说："今天晚上，我们欢迎四方面军的同志。"他这么一说，台上、台下都笑起来。

韩东山首先代表红四方面军部队讲话，表示今后要在党中央的领导下，坚决完成党交给的一切任务。

在热烈的掌声中毛泽东和朱德先后讲话。接着，红一方面军剧团表演了精彩的文艺节目。尤其是演唱的《两大主力会合歌》:"两大主力军邛崃山脉胜利会合了,欢迎红四方面军百战百胜英勇弟兄!团结中国革命运动中心的力量,哎,团结中国革命运动中心的力量,坚决争取胜利!……"将晚会推向高潮,使大家心潮澎湃。

6月18日,毛泽东、周恩来等一行到达懋功,住在一座法式的天主教堂里。红四方面军第三十军政治委员李先念等住在小金川河边。当天晚上,毛泽东、周恩来、朱德、张闻天等在天主教堂的东厢房里亲切会见了李先念。毛泽东询问了岷江、嘉陵江地区的有关情况,新的战略计划开始在他心中酝酿。大家兴致勃勃,一直谈到深夜。这次会见,使李先念终生难忘。他在回忆中说:"懋功会师,标志着我们党和军队团结胜利的一个新开端,在我党、我军历史上写下了光辉的篇章。"[①]

五、与张国焘分裂主义作斗争

确定建立川陕甘根据地方针

两支过去相隔数千里的主力红军,经过艰苦卓绝的奋斗,在川西北懋功会师,实现了中共中央、中革军委制定的战略目标。这样,聚集川西北的红军达到了10万余人,而且无论是在领导力量上,还是在数量上、质量上,都达到了红军历史上空前的水平。如何统一指挥这两大主力红军,在何处建立根据地,成为两军会师后亟待解决的问题。

中央红军在渡金沙江时,红军总政治部《关于渡金沙江转入川西的政治工作训令》中,曾提出在川西及西北建立根据地。会理会议后,中革军委在《关于野战军目前战略方针和任务致各军团、军委纵队电》中,再次重申了这个决定。甚至在6月16日,中共中央及中央红军为与红四方面军会合复红四方面军电中,仍提的是"赤化川西北"的口号。但是,在当

[①] 李先念:《红军团结胜利的篇章——忆懋功会师》(1987年5月于北京),中国人民解放军历史资料丛书编审委员会:《红军长征·回忆史料》(1),解放军出版社1992年版,第498页。

天，中共中央、中革军委的战略构想开始有了变化。朱德、毛泽东、周恩来、张闻天关于红一、红四方面军会合后的战略方针在致张国焘、徐向前、陈昌浩的电报中提出："为着把苏维埃运动之发展放在更巩固更有力的基础之上，今后我一、四方面军总的方针应是占领川、陕、甘三省，建立三省苏维埃政权，并于适当时期以一部组织远征军占领新疆。"①

为什么在同一天，中共中央的战略方针就发生了变化？中共中央、中革军委改变战略方针并非心血来潮，而是经过了认真调查和周密的思考。中共中央在向懋功前进途中详细了解了有关情况，并根据红四方面军领导人的报告、电报提供的有关情况，从两军会师后的长远发展前途着眼，提出了建立川陕甘根据地的建议。

由于改变了原先的在川西北建立根据地的计划，中革军委总司令部、总政治部在6月16日要求各部队在三天的休整期间，"开干部会，报告与四方面军会合赤化川、陕、甘的战略意义及今后战斗任务，并开各连队军人会进行解释"②。

6月17日，张国焘、陈昌浩致电张闻天、朱德、毛泽东、周恩来，表示："甲、北川一带地形、给养均不利于大部队行动，再者水深、流急，敌已准备，不易过。由岷江东打条件，准先念能详告。沿岷江北打松潘，地形、粮食绝无。乙、同时向川、陕、甘发展，组织之〈远〉征军，占领青海、新疆，首先集主力打。"③电报主张红一方面军沿金川地区北进占领阿坝，红四方面军从茂县、理番北上占领松潘西，两军去青海、甘肃，以一部组成远征军占领新疆，主力伺机东向陕西发展。为解决困难，隐蔽作战企图，暂时可南下先取岷江以西的天全、芦山、名山、雅安地区。

---

① 《中共中央、中革军委领导人关于红一、四方面军会合后的战略方针致张国焘、徐向前、陈昌浩电》（1935年6月16日），中国人民解放军历史资料丛书编审委员会：《红军长征·文献》，解放军出版社1995年版，第511页。
② 《中革军委总司令部、总政治部关于红一、四方面军会合后部队休整的部署》（1935年6月16日），中国人民解放军历史资料丛书编审委员会：《红军长征·文献》，解放军出版社1995年版，第515—516页。
③ 《张国焘、陈昌浩关于战略方针和部署的意见致中央领导人电》（1935年6月17日），中国人民解放军历史资料丛书编审委员会：《红军长征·文献》，解放军出版社1995年版，第517页。

笔下起风雷　胸中百万兵
土地革命战争中的毛泽东

张国焘、陈昌浩对红一、红四方面军会合后的有利形势、红军的士气高涨估计不足，消极避战，企图走偏僻的、人烟稀少的少数民族地区，到青海、甘肃，然后再凭侥幸心理，主力向陕西发展，一部向新疆发展。如按照他们这种设想，红军面临的不可预料的困难会增加很多，并且地处偏远的西部地区，无法在全国日益高涨的抗日救亡运动新形势下，取得迅速发展的机会。这种想法缺乏战略远见。

张国焘、陈昌浩关于战略方针的态度使中共中央非常不安，6月18日，张闻天、朱德、毛泽东、周恩来致电张国焘、陈昌浩、徐向前："目前形势须集大力首先突破平武，以为向北转移枢纽。""力攻平武、松潘是此时主要一着。望即下决心为要。"[①]

中共中央明显不同意张国焘、陈昌浩提出的建议，强调北攻松潘的重要性。

这天，军委纵队到达懋功，鉴于张国焘、陈昌浩在前一天的电报中说李先念能够详告有关情况，毛泽东特意向李先念征询红一、四方面军会合后战略方向问题的意见。李先念回忆说：

毛主席说，过去两支红军独立作战，现在会合了。这样，我们的力量更大了。他打开地图，边看边问，岷（江）嘉（陵江）地区的气候怎样？地形怎样？人民群众的生活条件怎样？还能不能再打回去？我说，岷、嘉两江之间地区，大平坝子很多，物产丰富，人烟稠密，是汉族居住地区，部队的给养和兵源都不成问题。从战略地位看，东连川陕老根据地，北靠陕甘，南接成都平原，可攻可守，可进可退，回旋余地大。如红军进入这一地区，有了立足之地，可以很快休整补充，恢复体力，再图发展。而且这时茂县、北川还在我军控制之下，可以打回去，否则再打岷江就难了。我还说，来懋功的一路上，只看到很少的藏族牧民，筹粮很难，大部队久驻无法解决供给。大小金川和邛崃山脉一带高山连绵，谷深流急，大部队很难运动，不容易在这

[①] 《张闻天等关于红四方面军的战略任务致张国焘、陈昌浩、徐向前电》（1935年6月18日），中国人民解放军历史资料丛书编审委员会：《红军长征·文献》，解放军出版社1995年版，第519页。

第五章　万水千山只等闲

里站住脚。向西和向北条件更差。总的思想是说明无论从地理条件、群众基础，还是从红军急需休整补充的实际情况和发展前途看，会师后向东北方向，首先是向岷、嘉地区发展比较有利。早在反川陕六路围攻胜利后，向前同志同我们就议论过沿嘉陵江两岸作战和向甘南发展的问题。所以，当时心里是真想打回去。广大指战员也是这种心情。毛主席听我汇报情况时连连点头。①

6月19日，张国焘致电张闻天、朱德、毛泽东、周恩来，表示："平武地形不利于我方进攻"，"同意打松潘"。同时提出"一方面军南打大包山，北取阿坝，以一部向西康发展；四方面军北打松潘，东扣岷江，南略天、芦、灌、邛、大、名"的建议，声称"目前给养困难，除此似别无良策"。②

鉴于张国焘在红一、四方面军会合后战略方向问题同中央有分歧，中共中央领导人要求张国焘"宜立即赶来懋功，以便商决一切"③。同一天，朱德致电徐向前、陈昌浩，告知："我党中央政治局决于二十二号在两河口开会，决定战略。"要求"现四方面军在北川、镇江关、板桥三方的一切部队，仍应加紧扼守原阵地不动，其在岷江西岸、虹桥以北部队也不要南调"。④

在中共中央的催促下，张国焘从茂县赶到懋功地区。中共中央于6月22日进驻懋功地区的两河口。为了统一思想，开好政治局会议，张闻天根

---

① 李先念：《红军团结胜利的篇章——忆懋功会师》（1987年5月于北京），中国人民解放军历史资料丛书编审委员会：《红军长征·回忆史料》（1），解放军出版社1991年版，第496—497页。
② 《张国焘、徐向前关于红一、四方面军行动方向致中央领导人电》（1935年6月20日），中国人民解放军历史资料丛书编审委员会：《红军长征·文献》，解放军出版社1995年版，第527、528页。这个电文原件注明日期为"二十九日"，该书编者根据电文考证，将日期定为20日。《徐向前元帅回忆录》中说，这个电报为19日，笔者认为这个日期是正确的。
③ 《中共中央、中革军委领导人为力争实行川陕甘方针再致张国焘电》（1935年6月20日），中国人民解放军历史资料丛书编审委员会：《红军长征·文献》，解放军出版社1995年版，第523页。
④ 《朱德关于红四方面军在北川等地部队坚持原地致徐向前、陈昌浩电》（1935年6月20日），中国人民解放军历史资料丛书编审委员会：《红军长征·文献》，解放军出版社1995年版，第526页。

笔下起风雷　胸中百万兵
土地革命战争中的毛泽东

据政治局常委会的决定，于24日在一座关帝庙里写了《夺取松潘　赤化川陕甘！》一文，发表在中共中央、红军总部主办的《前进报》上。

为了欢迎张国焘的到来，中共中央准备了一场隆重的欢迎仪式。这天天气不好，早上，天上布满阴云。到了午后，又飘起了细雨。毛泽东、朱德、周恩来、张闻天、博古等中央领导人亲到离两河口3里左右的路口夹道欢迎张国焘。这时突然天下起大雨来，地上积水汇成一条条小溪，卷着泥沙、枯枝、败叶，流到低处，再流到河里。暴雨持续了约20分钟，转成小雨。

下午5时左右，张国焘一行骑着高头大马终于到了。欢迎的队伍中，响起了《两大主力会合歌》。毛泽东、周恩来、朱德等中央领导走上前去，与张国焘握手。大概张国焘此前也未经过如此隆重的欢迎场面，以至于许多年后在回忆中，仍然透出几分得意。张国焘在回忆中说："六月的一天下午五时左右，在离抚边约三里路的地方，毛泽东率领中共中央政治局委员们和一些高级军政干部四五十人，立在路旁迎接我们。我一看见，立即下马，跑过去，和他们拥抱握手。久经患难，至此重逢，情绪之欢欣是难以形容的。"[①]

在这些欢迎的人中，张国焘最熟悉的恐怕是毛泽东、周恩来和朱德。毛泽东与张国焘认识最早。张国焘于1916年考入北京大学读书，毛泽东1918年8月到北京，不久由老师杨昌济介绍，认识了当时北京大学图书馆主任李大钊。李大钊安排毛泽东在图书馆当了一名助理员。这时，毛泽东就认识了张国焘。建党时期，张国焘是北京共产党早期组织成员，毛泽东是湖南共产党早期组织的建立者。两人都参加了1921年7月23日召开的中国共产党第一次全国代表大会。此后，张国焘和毛泽东都参加了中共三大、五大。可以说，毛泽东对张国焘的为人知根知底。

朱德在欢迎大会上致辞，指出："两大主力红军的会合，欢迎快乐的不只是我们自己，全中国的人民，全世界上被压迫者，都在那里庆祝欢呼！这是全中国人民抗日土地革命的胜利。是党的列宁战略的胜利。……"

---

① 张国焘：《我的回忆》（第三册），现代史料编刊社1981年版，第219页。

接着，张国焘致答词。张国焘一方面说"多年来我们虽是分隔在几个地方斗争奋斗，但都是存在着一个目标——为着中国的人民解放，为着党的策略路线的胜利"；另一方面又说"这里有着广大的弱小民族（藏、回），有着优越的地势，我们具有创造川康新局面的更好条件"①，这最后一句话，明显是在和中央唱反调，为决定会师后的战略方针投下一道阴影。

当晚，中共中央领导人和张国焘一起吃晚餐。大概是话不投机，张国焘回忆说："在当晚的晚餐中，要人们不谈长征和遵义会议的经过，甚至也没有兴趣听取我关于红四方面军情况的叙述。毛泽东这个吃辣椒的湖南人，将吃辣椒的问题，当作谈笑的资料，大发其吃辣椒者即是革命的妙论。秦邦宪这个不吃辣椒的江苏人则予以反驳。这样的谈笑，固然显得轻松，也有人讥为诡辩，我在悠闲的谈笑中则颇感沉闷。"②显然，他对毛泽东很不满。

6月26日，中共中央政治局在两河口召开会议。由于周恩来是遵义会议确定的党内委托对于指挥军事下最后决心的负责者，所以，他首先在会上作关于目前战略方针的报告。

周恩来在报告中先回顾了红一方面军从中央苏区撤出后进行长征以来战略方针的几度变化。接着，他指出：目前两个方面军都离开了原有根据地，要在新的地区创造根据地。在此种情况下，制定战略方针就是要解决"在什么地区创造新苏区"的问题。

那么，什么地区适合建立根据地呢？周恩来说："一、地域宽大，好机动。"松潘、理番、懋功地区虽大，但多是狭路，敌人容易封锁，想在这个地方逼死我们，我们也容易反攻。"二、群众条件，人口较多。"过去两个方面军的根据地，人口都比较多，因此能大批扩大红军，松潘、理番、懋功、汶川、抚边这一带，人口只有20万，而且多数是少数民族，由于民族隔阂还没有完全消除，在少数民族中扩大红军是比较困难的。"三、经济条件。"这一带人烟稀少，粮食缺乏，有些地方甚至还不能自

---

① 莫休：《大雨滂沱中——两河口的欢迎会》，丁玲主编，董必武、陆定一、舒同等著：《红军长征记》，解放军文艺出版社2007年版，第335页。

② 张国焘：《我的回忆》（第三册），现代史料编刊社1981年版，第221页。

笔下起风雷　胸中百万兵
土地革命战争中的毛泽东

给。草原上的牛羊有限，生活习惯也不容易适应，其他需要的物资，如布、皮等，都不容易解决。因此，周恩来的结论是：懋、松、理这块地区的地域虽大，却不利于建立根据地，"我们如陷在懋、松、理，就没有前途"。鉴于这种情况，周恩来明确指出：红军前进的方向应该是"川陕甘"。为了说明为什么要去川陕甘，周恩来对周围的形势作了进一步的分析，说：回头向南是不可能的；东过岷江，敌人在东岸有130多个团，对我不利；向西北，是一片广漠的草原；可走的只有一条路，就是北向甘肃。在那里，"道路多，人口多，山少。在此必定会遇到敌人，我可用运动〈战〉消灭敌人"[①]。如果敌人前进得慢，我们可以在这个广阔的地区前进，并向陕西迎击敌人。四川方面现有地区，可以作为游击区，至于到那里后是否还要扩大地区，要在到达那里后再决定。周恩来强调，为了实现这个战略方针，目前要迅速向松潘同胡宗南作战，这样才能向西北突破。一定要高度机动，使敌人对我们的估计发生动摇，使他们的部署赶不上我们的行动；而我们自己不要被敌人所牵制，不要因而妨碍我们的机动。要坚决统一意志。两个方面军部队大，要特别坚决地实行统一指挥，遇到困难也要靠统一意志来克服。

周恩来关于战略方针的报告分析细致，论证科学，说服力强。但张国焘听了很不痛快。

周恩来讲完，张国焘发言。他先讲了红四方面军离开鄂豫皖根据地以后的作战情况。在谈到战略方针问题时，他一方面表示同意政治局关于在川、陕、甘建立根据地的方针，另一方面却鼓吹其南下的主张。他说，目前接近我们的敌人主要是胡宗南和刘湘，其他都是配角。如果我们的战略方针是向南，向成都打，这些敌人是不成问题的。实际上，张国焘在拐弯抹角反对北进。担任会议记录工作的刘英在回忆中说："在讨论时，张国焘明里不好反对打松潘，实际上又不愿当先锋。他怕四方面军同胡宗南碰，要保持实力。张国焘这个人长得挺富态，讲起话来半天一句，绕圈

[①] 转引自中共中央文献研究室编：《周恩来传》（1898—1949）（修订本）上，中央文献出版社1998年版，第355页。

子，脸上看不出春夏秋冬。"①

毛泽东接着发言。他完全同意周恩来的报告，并提出了五点意见。（一）中国红军要用全力到新的地区发展根据地。在川、陕、甘建立根据地，可以把创造苏区运动放在更巩固的基础上，这是向前的方针。要对红四方面军同志作解释，他们是要打成都的。一、四方面军会合后有实现向北发展的可能。（二）战争性质不是决战防御，不是跑，而是进攻。根据地是依靠进攻发展起来的。我们过山战胜胡宗南，占取甘南，迅速向北发展，以建立新的根据地。（三）应看到哪些地方是蒋介石制我命的，应先打破它。我须高度机动，这就有走路的问题，要选好向北发展的路线，先机夺人。（四）集中兵力于主攻方面，如攻松潘。胡宗南如与我打野战，我有20个团以上，是够的；如不与我打野战，守堡垒，就一定要打破驻点，牵制敌人。现在就是迅速打破胡敌向前夺取松潘。今天决定，明天即须行动。这里人口稀少，天冷衣食困难，应力争在6月突破，经松潘到决定地区去。（五）责成常委、军委解决统一指挥问题。②

朱德在发言中强调：要"迅速打出松潘，进占甘南"，主张"两个方面军要统一指挥，一致行动去打击敌人，并要从政治上保障战争的胜利"③。

作为中央总负责人，张闻天在会上作总结发言，指出：大家意见一致，就应一致来实现。他肯定周恩来报告提出的方针是前进的、唯一正确的方针，而采取另外的方针就要准备过草原，是退却的、不适用的。他认为，要实现这个战略方针，首先就要控制松潘地区。这方面困难可能是有的，我们应该想办法来克服，放弃这个方针则是错误的。

会议一致通过周恩来提出的战略方针。

6月28日，中央政治局两河口会议作出《关于红一、四方面军会合后的战略方针》的决定："在一、四方面军会合后，我们的战略方针是集中

---

① 刘英：《难忘的三百六十九天》，《刘英纪念集》编辑组、江苏省无锡市史志办公室编：《刘英纪念集》，中共党史出版社2005年版，第38页。
② 中共中央文献研究室：《毛泽东年谱》（1893—1949）（修订本）（上卷），中央文献出版社2013年版，第459页。
③ 转引自中共中央文献研究室编：《朱德传》（修订本），中央文献出版社2006年版，第414页。

主力向北进攻,在运动战中大量消灭敌人,首先取得甘肃南部,以创造川陕甘苏区根据地,使中国苏维埃运动放在更巩固更广大的基础上,以争取中国西北各省以至全国的胜利。""为了实现这一战略方针,在战役上必须集中主力消灭与打击胡宗南军,夺取松潘与控制松潘以北的地区,使主力能够胜利地向甘南前进。"并指出:"为了实现这一战略方针,必须坚决反对避免战争退却逃跑,以及保守偷安停止不动的倾向,这些右倾机会主义的动摇是目前创造新苏区的斗争中的主要危险。"[①]

两河口会议确定的建立川陕甘根据地的战略构想,尽管还是一个模糊的轮廓,需要进一步摸索,但是中共中央第一次把中国革命的战略重心确定在西北地区,大的进军方向是正确的,为红军长征落脚点的选定迈出了可贵的一步。

张国焘野心膨胀

6月29日,周恩来根据两河口会议精神,制订了《松潘战役计划》,规定红一、红四方面军分组成左、中、右三路纵队和岷江支队,准备趁国民党军堵截部队刚到松潘、立足未稳的机会,迅速、坚决地攻占松潘,并控制松潘以北及东北各道路。这个计划在同一天召开的中央政治局常委会议上通过。

为了解决两军统一指挥问题,这天的中央政治局常委会议还决定张国焘为中革军委副主席,徐向前、陈昌浩为中革军委委员。

除了上述两项议程外,中央政治局常委会议还有一项重要议程,即听取博古关于华北事变的报告。毛泽东在发言中指出:日本帝国主义想把蒋介石完全控制在自己手下,"党对时局应有表示,发表文件,在部队中宣传,反对日本",这是"最能动员群众"的。[②]从此后国际、国内局势发展来看,毛泽东这个建议是非常有远见的。

[①]《中共中央政治局决定——关于红一、四方面军会合后的战略方针》(1935年6月28日),中国人民解放军历史资料丛书编审委员会:《红军长征·文献》,解放军出版社1995年版,第537页。

[②] 转引自中共中央文献研究室编:《毛泽东传》(1893—1949)(上),中央文献出版社1996年版,第357页。

会议决定，以中共中央名义发表宣言或通电。这说明，尽管中共中央这时处于偏远的中国西部地区，仍然密切注视着日本侵略中国的行动，关注着国际、国内的形势发展变化。这对此后制定战略、策略是有重要影响的。

6月30日，中共中央、中革军委率领红一方面军主力离开两河口北进，翻越梦笔大雪山后，到达卓克基（今属马尔康）。

张国焘在两河口会议上虽然同意中共中央的北进战略方针，但内心并没有想着执行，仍然想避开敌人主力，坚持其向川康边退却的错误主张。

张国焘不仅暗地里反对北进战略方针，而且动起了歪脑筋。在两河口，张国焘向周恩来询问红一方面军的实力。周恩来坦率地告诉他：遵义会议时有3万多人，现在可能不到了。张国焘一听，脸色就变了。在没有会师前，陈昌浩曾说中央红军有30万人，提出了"欢迎30万中央红军"的口号。现在一听红一方面军竟然比原先想象的少那么多，而且与红四方面军的8万余人相比也不成比例，张国焘的心开始放不正了。虽然中央政治局常委会任命张国焘为中革军委副主席，但他没有满足，想得到更大的权力。

为了实现自己膨胀的权力欲，张国焘做了一些小动作，以给人、给钱和吃的拉拢红一、红三军团的负责人聂荣臻和彭德怀。聂荣臻、彭德怀跟着毛泽东、周恩来、朱德多年，衷心拥护这几位既有丰富实践经验，又有理论水平的红军领袖。张国焘不仅目的未能达到，反而暴露了自己的野心，引起了他们的警惕。

在张国焘的策动下，中共川陕省委于7月9日致电中共中央，提出："依据目前情况，省委有下列建议：在统一指挥、迅速行动进攻敌人起见，必须加强总司令部，向前同志任副总司令，昌浩同志任总政委，恩来同志任参谋长。军委设主席一人，仍由朱德同志兼任，下设常委，决定军事策略问题。请中央政治局速决速行，并希立复。"[1]以中共川陕省委的名义建议中革军委的人事变动，明显是张国焘依仗红四方面军兵多，逼着中央给他中革军委主席职务。

---

[1]《中共川陕省委关于加强总司令部与军委增设常委的建议致中央电》（1935年7月9日），中国人民解放军历史资料丛书编审委员会：《红军长征·文献》，解放军出版社1995年版，第564页。

张国焘自己不好明说要当中革军委主席，让陈昌浩去说。7月18日，陈昌浩致电张国焘、徐向前并转朱德，称："职坚决主张集中军事领导，不然无法顺利灭敌。职意仍请焘任军委主席，朱总总前敌指挥，周副主席兼参谋长。中政局示决大方针后，给军委独断决行。"①

面对张国焘向中央要权，中共中央、中革军委领导人为了能使红一、红四方面军团结一致，统一行动，反复商议此事如何解决。张闻天夫人刘英在回忆中说：

> 我听到毛主席和闻天反复商量，谈得很具体。毛主席说："张国焘是个实力派，他有野心，我看不给他一个相当的职位，一、四方面军很难合成一股绳。"毛主席分析，张国焘想当军委主席，这个职务现在由朱总司令担任，他无法取代。但只当副主席，与周恩来、王稼祥平起平坐，他不甘心。闻天跟毛主席说："我这个总书记的位子让给他好了。"毛主席说："不行，他要抓军权，你给他做总书记，他说不定还不满意，但真让他坐上这个宝座，可又麻烦了。"考虑来考虑去，毛主席说："让他当总政委吧。"毛主席的意思是尽量考虑他的要求，但军权不能让他全抓去，同担任总政委的恩来商量，恩来一点也不计个人地位，觉得这么安排好，表示赞同。②

刘英的这段回忆充分说明了毛泽东对张国焘斗争的智慧和艺术。毛泽东最知道张国焘的心思，为了能够团结红四方面军北上，既作出有限度的退让，满足了张国焘的一定要求，又限制了他不断膨胀的野心。

经过酝酿，7月18日，中共中央政治局常委扩大会议在芦花召开，会议的议题为"讨论组织问题"。会议开始由张闻天提出关于人事安排的初步方案："军委设总司令，国焘同志任总政治委员，军委的总负责者。军委下设小军委（军委常委），过去是四人，现增加为五人，陈昌浩同志参

---

① 《陈昌浩关于以张国焘任军委主席集中军事领导的主张致朱德电》（1935年7月18日），中国人民解放军历史资料丛书编审委员会：《红军长征·文献》，解放军出版社1995年版，第583页。
② 刘英：《难忘的三百六十九天》，《刘英纪念集》编辑组、江苏省无锡市史志办公室编：《刘英纪念集》，中共党史出版社2005年版，第40页。

加进来，主要负责还是国焘同志。恩来同志调到中央常委工作，但国焘同志尚未熟悉前，恩来暂帮助之。这是军委的分工。关于总政治部本是稼祥主任，因病实际是博古，现决定博古主任。"①

在讨论张闻天方案时，张国焘提出，要提拔新干部，有的"可到军委"。毛泽东将此议给顶了回去，说，提拔干部是需要的，但不需要这么多人集中到军委，下面需要人。会议经过讨论，通过了张闻天所提出的方案。张闻天最后作结论，并宣布会议决定：张国焘为红军总政治委员，徐向前、陈昌浩为前敌总指挥部总指挥和政委，博古为总政治部主任。

当天，中革军委根据中共中央决定发出通知："一切军队均由中国工农红军总司令、总政委直接统率指挥。仍以中革军委主席朱德同志兼总司令，并由张国焘同志任总政治委员。"②

7月21日，中革军委主席朱德及副主席张国焘、周恩来、王稼祥致电各军首长："军委现决定：组织前敌总指挥部，即以四方面军首长徐向前兼任总指挥，陈昌浩兼政委，叶剑英任参谋长。"③并将原红一方面军的第一、第三、第五、第九军团分别改为第一、第三、第五、第三十二军。红四方面军的第四、第九、第三十、第三十一、第三十三军的番号不变。

"统一指挥"问题告一段落。张国焘对此十分不满意。因他虽是中革军委的总负责者，但只是副主席，有实际权力，却无名分，不能达到"独断决行"，发布一个命令，朱德的名字还要放在前面，并且副主席除他外还有周恩来和王稼祥。然而，张国焘暂时也无话可说了。

穿越茫茫草地

由于张国焘一再拖延，这时敌胡宗南部得以集中兵力扼守松潘，红军

---

① 转引自中共中央党史研究室张闻天选集传记组编：《张闻天年谱》（1900—1941）（修订本）（上卷），中共党史出版社2010年版，第181页。
② 《中革军委关于朱德仍任军委主席兼红军总司令，张国焘任总政委的通知》（1935年7月18日），中国人民解放军历史资料丛书编审委员会：《红军长征·文献》，解放军出版社1995年版，第585页。
③ 《朱德等关于红一、四方面军组织番号及干部任命致各军首长电》（1935年7月21日），中国人民解放军历史资料丛书编审委员会：《红军长征·文献》，解放军出版社1995年版，第586页。

夺取松潘的良机已失，无法经松潘沿大道进入甘南。中共中央只好撤销原定的《松潘战役计划》，改从自然条件极端恶劣的水草地北上。

8月1日，红军总部发出攻占阿坝、北进夏河流域指示。8月3日，红军总部制订《夏洮战役计划》，这一战役计划的要点是：红军以主力一部迅速经卓克基，打通到大藏寺、查理寺、阿坝的道路，消灭番兵马队。阿坝攻下，则应急以主力向北探进，以一部打通阿坝到墨洼的道路，以接引右路军。原在哈龙、毛儿盖的红军主力，应经竹勋坝向班佑、阿西侦察，准备走此路遭遇和消灭胡宗南一部；然后向北转移，以争取进占夏河流域的先机。另以得力一部沿小姓沟至羊角塘钳制松潘之敌，以掩护左、右两路军及一切后方前进。

为执行《夏洮战役计划》，红军总部决定，将红一、红四方面军混编，分左、右两路军北上。以在卓克基及其以南地区的第五、第九、第三十一、第三十二、第三十三军为左路军，由红军总司令朱德、总政治委员张国焘率领，刘伯承任参谋长，经阿坝北进；以毛儿盖地区的第一、第三、第四、第三十军为右路军，由前敌总指挥徐向前、政治委员陈昌浩率领，叶剑英任参谋长，经班佑北进。毛泽东、周恩来、张闻天、博古等和中共中央机关随右路军行动。

夏洮战役部署刚定，张国焘又节外生枝，要中共中央政治局召开会议，解决"政治路线"问题。张国焘在回忆中说："中央机构和军事首脑部门旋即北移到毛儿盖，但北进的路线仍未查明，还须等待一些时间。我于是主张利用毛儿盖停留的几天来澄清党内的歧见。我所建议的要点是：召集中央政治局会议，检讨党的全盘工作和当前军事问题；由政治局召集两军高级干部会议，统一意志并遴选一些新人参加中央政治局会议和中央工作。"[①]

前面已经提到，芦花会议虽然决定任命张国焘为红军总政治委员，解决了军事"统一指挥"问题，但张国焘仍不满意。张国焘觉得在中共中央政治局里除他以外，没有他的人，说话不响，他提一个意见，没有

---

① 张国焘：《我的回忆》（第三册），现代史料编刊社1981年版，第255页。

人响应、附和，便想往中共中央政治局和中央委员会中增加自己信得过的人。张国焘此举颇有"掺沙子"的味道。刘英回忆说："张国焘讲话转弯抹角，不像毛主席那样痛快、风趣。那时，他想提四方面军的一些人进中委和政治局，可是他不直接讲，总是说，对工农干部，我是很重视他们的啊，他们打仗勇敢，有经验。毛主席也跟他扯，摸清他的意图，再同闻天、恩来等商量怎么妥善解决。"①

张国焘还派陈昌浩等拿了一个红四方面军一些人任政治局委员、中央委员的名单，去找张闻天。张闻天与毛泽东商量，毛泽东表示，中央委员可以增加几个，中共中央政治局不能增加那么多。

8月4日至6日，中共中央政治局在毛儿盖附近的沙窝召开扩大会议。会议议程一是讨论当时的形势和任务，二是组织问题。张闻天首先代表中央作报告。之后，大家进行讨论。

张国焘第一个发言，大倒苦水，说：我惋惜我们没有在抚边初会面时，就痛痛快快把问题谈清楚，因而酿成一些不必要的隔阂，甚至产生了一些不应有的言论。譬如有人说张国焘是军阀，是要凭借军事实力要挟中央；也有人肯定张国焘是老机会主义，非打击不可；或者说张国焘自视资格老，瞧不起所有政治局委员，要在纠正中央错误的名义之下，摧毁整个中央；也有人引经据典地说西北联邦政府反叛苏维埃；总政治委员的职务完全抹杀军委会主席和整个中央的职权等。凡此流言，似乎把我描绘得不成样子。

对为开好会议事先由张闻天起草的《中共中央关于红一、四方面军会合的政治形势与任务的决议》，张国焘表示强烈不满，讥讽这次会议如此严密，而且预先拟好了决议草案，不但是故作神秘，而且会妨碍彼此间自由交换意见的机会。他要求将决议草案暂行搁置一旁，先不受拘束地加以检讨，并希望与会者不要用有色眼镜来看他提出的意见，不妨就事论事研究一下。

张国焘打着"统一党内意志"的旗号，提议召集一次高级干部会议。

---

① 刘英：《难忘的三百六十九天》，《刘英纪念集》编辑组、江苏省无锡市史志办公室编：《刘英纪念集》，中共党史出版社2005年版，第40—41页。

笔下起风雷　胸中百万兵
土地革命战争中的毛泽东

他认为特别是现在红一、红四两方面军的干部互有隔阂，对中央也有不满，这样扩大的会议更有必要开。

张国焘最后说：中央应遴选一些新人参加中央工作，这可以巩固中央的领导作用。在座的政治委员，也不全是六次大会选出的中央委员，非中央委员列席政治局会议更是常有的事。如果我们从红一、红四两方面军遴选少数干部列席政治局会议，并参加军委会和其他中央机关的工作，将是有百利而无一害。譬如我自己是中央一员，但常被视为红四方面军的代言人，我们为何不让红四方面军的干部，直接向中央表达他们的意见？

这是张国焘在两军会师后在中央的会议上最长、最露骨的一次发言，以红四方面军代言人自居，以红四方面军没有得到公正待遇、人员没有安排为由，挑拨红一、红四方面军的团结，向中共中央发难，否定中共中央在全党的最高领导地位，打着"中央吸收新人"和"召开高级干部会议"的旗号，企图架空中央，由张国焘个人凌驾于党中央之上。

张国焘发言之后，与会人员纷纷发言，驳斥和反对他的意见。

毛泽东多次发言，阐述了他与张国焘的不同看法。关于形势和任务问题，毛泽东说：（一）西北地区进攻的敌人主要是蒋介石。蒋介石用了全部力量对付我们，受了极大损失。从总的方面看，蒋介石的统治不是强了，而是削弱了。（二）西北地区的特点，是统治阶级最薄弱的一环，帝国主义势力最弱的地方，少数民族最集中的地方，因靠近苏联，在政治上、物质上能得到帮助。西北地区的困难是人口稀少、物质条件缺乏、交通不便、气候条件不好等，这些都能克服。要用全力实现西北首先是甘肃地区建立根据地的战略方针。有了总方向，两个方面军会合后，会取得更大的胜利。（三）领导全国革命的党中央在这个区域的第一个任务，是要使红一、红四方面军同兄弟一样地团结。过去我与朱德在井冈山会合的经验，今天可以利用。两个方面军要互相了解，以诚相待。中央军委应负起使两个部队融洽起来的责任。关于中央委员会和政治局补充成员问题，毛泽东在发言中说：红四方面军有很多好的干部，而我们只提出这几个同志，是很慎重的。本来政治局不能决定中委，是在特别情形下这样做的。其他部队也有很多好的干部，可以吸收他们到军事政治领导机关工作。①

张国焘回忆：毛泽东"拒绝了我的全部建议。他表示中央是全国的，不仅是一、四方面军的，因为还有二方面军（当时为红二、红六军团——引者注）和全国白区秘密党的组织，因而中央的政治路线，不能由一、四方面军来检讨。他反对举行任何性质的一、四方面军高级干部会议，也拒绝任何同志参加中央工作。他认为现在是在军事行动中，不能谈甚么党内民主，一切只有以中央的命令行事"。②

会议通过了《中共中央关于红一、四方面军会合后的政治形势与任务的决议》，决定增补陈昌浩、周纯全为中央委员、政治局委员，徐向前为中央委员，何畏、李先念、傅钟为候补中央委员；恢复红一方面军总部，由周恩来任红一方面军司令员兼政治委员；中国工农红军总政治部由陈昌浩任主任，周纯全任副主任。

《中共中央关于红一、四方面军会合后的政治形势与任务的决议》重申："创造川陕甘的苏区根据地，是放在一、四方面军前面的历史任务。"指出"红军基本的严重的责任，就是在川陕甘及广大西北地区创造出这样一个根据地"。针对张国焘的右倾退却逃跑行为和对红军团结的破坏活动，指出："一、四方面军兄弟的团结，是完成创造川陕甘苏区，建立中华苏维埃共和国的历史任务的必要条件，一切有意无意地破坏一、四方面军团结一致的倾向，都是对于红军有害，对于敌人有利的。"③

沙窝会议后，红军分左右两路军行动，执行《夏洮战役计划》。8月15日，左路军先头纵队红一方面军第五军等部，从卓克基地区出发向阿坝前进。当天，中共中央针对张国焘坚持红军主力经阿坝，占领青海、甘肃边远地区的主张，致电张国焘，指出："不论从敌情、地形、气候、粮食

---

① 中共中央文献研究室编：《毛泽东年谱》（1893—1949）（修订本）（上卷），中央文献出版社2013年版，第464页。
② 张国焘：《我的回忆》（第三册），现代史料编刊社1981年版，第260页。
③ 《中共中央关于红一、四方面军会合后的政治形势与任务的决议》（1935年8月5日中央政治局通过），中国人民解放军历史资料丛书编审委员会：《红军长征·文献》，解放军出版社1995年版，第609、611页。

任何方面计算，均须即时以主力从班佑向夏河急进。""一、四两方面军主力，均宜走右路，左路阿坝，只出支队，掩护后方前进。"并提醒"目前应专力北上，万不宜抽兵回击抚边、理番之敌"。①

红军北上，必须经过草地，毛泽东非常关心过草地问题，首先听取了前敌总指挥部参谋长叶剑英关于草地情况的汇报，随即召集徐向前、陈昌浩、叶剑英等开会，研究右路军北上问题，批准经草地到班佑、拉卜楞寺的行军路线，决定叶剑英率领两个团为右路军先遣队。曾经在突破乌江和翻越夹金山担任先遣团的红一军团第二师第四团再次担任过草地的先遣任务。8月17日，毛泽东亲自召见红一军团第二师第四团政治委员杨成武。杨成武回忆说：

毛主席一手叉腰，一手指着地图，说："要知道草地是阴雾腾腾、水草丛生、方向莫辨的一片泽国，你们必须从茫茫的草地上走出一条北上的行军路线来。"

稍顿一下，毛主席又指着地图继续说道：

"北上抗日的路线是正确的路线，是中央研究了当前的形势后决定的。现在，胡宗南在松潘地区的漳腊、龙虎关、包座一带集结了几个师，东面的川军也占领了整个岷江东岸，一部已经占领了岷江西岸的杂谷脑，追击我们的刘文辉部已赶到懋功，并向抚边前进；薛岳、周浑元部则集结于雅安。如果我们掉头南下就是逃跑，就会断送革命。"

他说到这里，右手有力地向前一挥，道：

"我们只有前进。敌人判断我们会东出四川，不敢冒险走横跨草地，北出陕、甘的这一着棋。但是，敌人是永远摸不到我们的底的，我们偏要走敌人认为不敢走的道路。"②

毛泽东还指示杨成武，克服困难最根本的办法，是把可能碰到的一

---

① 《中共中央关于目前应专力北上致朱德、张国焘电》（1935年8月15日），中国人民解放军历史资料丛书编审委员会：《红军长征·文献》，解放军出版社1995年版，第626页。
② 杨成武：《毛主席指示我们过草地》，中国人民解放军历史资料丛书编审委员会：《红军长征·回忆史料》（1），解放军出版社1992年版，第539—540页。

切困难向同志们讲清楚，把中央决定要过草地北上抗日的道理向同志们讲清楚。要教育大家尊重少数民族，团结好少数民族。他要杨成武搞好红一、红四方面军的团结，交代杨成武到前敌总指挥徐向前那里接受具体指示。

8月18日，右路军先头部队从毛儿盖向班佑开进。

8月19日，中共中央政治局常委在沙窝召开会议，研究常委分工等问题。会议决定，张闻天负责组织工作，博古负责宣传工作，毛泽东负责军事工作，王稼祥负责红军总政治部工作，凯丰负责少数民族委员会工作。从这次会议开始，毛泽东成为党内军事最高领导人。

会上，王稼祥提出要同张国焘作斗争的问题。毛泽东说：在毛儿盖时已经说过，斗争是需要的，但目前开展斗争是不适宜的。目前我们应采取教育的方式，写文章，不指名，不引证。可指定专人搜集材料，研究这个问题。毛泽东在会上还说，遵义会议时已经批评政治局常委会未发生作用，鲁班场战斗后至今仍未发生作用。他提议每周开一次常委会。会议根据毛泽东的提议，决定："常委会每周至少一次，各部有临时发生事件，由各部与书记商量，〈必要时〉召集临时常委〈会〉。"[①]

8月20日，中共中央政治局在毛儿盖召开会议，讨论红军行动方向和夏洮战役的作战行动问题。毛泽东首先在会上作夏洮战役后的行动问题报告。当时，中共中央所在的右路军在东侧，张国焘所在的左路军在西侧。毛泽东在报告中指出：我们的行动方向，一是向东（陕西），二是向西（青海、新疆）。红军的主力应向东，向陕、甘边界发展，不应向黄河以西。目前我们的根据地应以洮河流域为基础，将来向东发展，后方移至甘肃东北与陕西交界地区。

会上，相继发言的有陈昌浩、王稼祥、凯丰、林彪、博古和徐向前。大家在发言中一致赞同毛泽东的意见。

看到红四方面军兼前敌总指挥部的两位军政主管赞同自己的意见，会议开得那么顺利，毛泽东非常高兴，还特意表扬了陈昌浩的发言。

[①] 中共中央党史研究室张闻天选集传记组编：《张闻天年谱》（1900—1941）（修订本）（上卷），中共党史出版社2010年版，第184页。

笔下起风雷　胸中百万兵
土地革命战争中的毛泽东

最后，毛泽东作结论，进一步指出：向东还是向西是一个关键问题，应采取积极向东发展的方针。夏洮战役应采取由包座至岷州的路线，可集中三个军，甚至全部集中走这条路线。左路军应向右路军靠拢。阿坝要迅速打一下。应坚持向东打，不应以一些困难而转向西。会议决定由毛泽东起草一个决议，以补充两河口会议关于战略方针的决议。

当天，中共中央政治局通过毛泽东起草的《关于目前战略方针之补充决定》。补充决定提出："在目前具体的敌我情况之下，为实现六月廿八日关于目前战略方针之基本决定，要求我们主力，迅速占取以岷州为中心之洮河流域（主要是洮河东岸）地区，并依据这个地区，向东进攻，以便取得陕甘之广大地区，为中国苏维埃继进发展之有力支柱与根据地。"并认为"甘陕地区，不论目前与将来之发展上，都是有利的，而且依据我们现有的力量，是完全能够实现的"。[1]决定认为在陕甘地区建立根据地的有利条件是：

其一，这里原有红二十五、红二十六军和陕甘边苏区及通南巴游击区，能够迅速建立川陕甘根据地；其二，甘陕地区各派国民党军之间有矛盾和冲突；其三，甘陕地区阶级矛盾十分尖锐。

决定进一步论证了在川、陕、甘建立根据地的有利条件，尤其是论证了甘陕地区的种种有利条件，凸显甘陕地区在中共中央战略构想中的重要战略地位。由此，创建川陕甘根据地、争取西北各省胜利、推动全国革命形势发展的战略构想进一步明晰与丰富。决定确定了红军正确的战略进军方向，找到长征的落脚点已经指日可待。

由于张国焘持红军主力西进的主张，决定指出："政治局认为在目前将我们的主力西渡黄河，深入青、宁、新僻地，是不适当的，是极不利的（但政治局并不拒绝并认为派遣一个支队到这个地区活动）。""如果我们目前采取这种方针，将使苏维埃与红军遭受着损失，并限制其发展。所以政治局认为目前采取这种方针是错误的，是一个危险的退却方针。这个方针之政治的来源是畏惧敌人夸大敌人力量，失去对自己力量及胜利的信

---

[1]《中共中央政治局关于目前战略方针之补充决定》（1935年8月20日政治局通过），中国人民解放军历史资料编审委员会：《红军长征·文献》，解放军出版社1995年版，第636页。

心的右倾机会主义。"①

8月24日，中共中央将《关于目前战略方针之补充决定》精神电告左路军的朱德、张国焘，指出："目前应举右路军全力，迅速夺取哈达铺，控制西固、岷州间地段，并相机夺取岷州为第一要务。左路军则迅出洮河左岸，然后并力东进，断不宜以右路先出黑错、旧城，坐失先机之利。"②

右路军经过认真的政治、思想、物质准备后，于8月21日陆续迈出了穿越草地的艰难征程。红一军先行，继后是中共中央领导机关、红军大学等，再后是红三十军、红四军，红三军断后。徐向前、陈昌浩、叶剑英随红三十军行动。

中共中央是随红一军之后进入草地的。那么，毛泽东是怎么过草地的呢？他的警卫员陈昌奉回忆说：

踏上草地，举目四望，不见一棵树木，茫茫一片荒凉；没有人烟，没有生气。偶尔发现一两处小丘，就和陆地上的刺猬一样。那腐烂了的永远浸在污水中的野草，无边无际，踏在上面，发出使人厌倦的"噗唧""噗唧"的响声；一不留神，就会双脚深陷，甚至埋在这无底的泥潭之中，在这种时候，要是没有同志们的帮助，要想拔出腿来势比登天还难。有好几次，我们陷在泥里，主席用他那巨大的手臂把我们拉了出来。

这里的气候相当寒冷，而且变化无常，一会儿落雨，一会儿下雪，有时还降下很大的冰雹。我们每前进一步，都要付出很大的代价。

主席走在我们前面，每走几步就停下来，回头关切地呼喊着我们的名字，直到我们答应了，才转过头去。有时，他见我们困乏了，就给我们讲故事，说笑话，往往引得大家哈哈大笑，这样一来，同志们

---

① 《中共中央政治局关于目前战略方针之补充决定》（1935年8月20日政治局通过），中国人民解放军历史资料编审委员会：《红军长征·文献》，解放军出版社1995年版，第637、638页。
② 《中共中央关于对目前战略方针之补充决定给朱德、张国焘的电报》（1935年8月24日），中共中央文献研究室、中央档案馆编：《建党以来重要文献选编》（1921—1949）（第12册），中央文献出版社2011年版，第295—296页。

笔下起风雷　胸中百万兵
土地革命战争中的毛泽东

所有的疲劳都被赶走了。

虽然困难重重，但却听不到一声叹息，一句怨言，有的只是坚强的毅力和无比的信心。真的，有主席和我们在一起，我们永远都是乐观的！①

在困难的时候关心别人、帮助别人，以乐观的态度感染别人、鼓舞别人，这就是毛泽东！

过草地，是以生命和恶劣的天气、地理自然环境相搏，对于久经征战的红军来说，食物就显得极其重要，哪怕是一把青稞面、一小块牛肉干，就意味着生命。刘英在回忆中讲述了在过草地前准备食物时发生的一件事：

在过草地之前，大家要做点准备，主要是搞点吃的东西。记得前方部队给中央送来了一头牦牛，警卫队把它宰了。牛皮和内脏煮出来大家吃了，牛肉每人分一点，晒牛肉干当干粮。毛主席吩咐首先要照顾休养连。警卫队长就一份一份分好送去。贺子珍当时在休养连，给她的比给徐特立、谢觉哉、董必武等几位老同志的稍微多了些。这事不知道怎么让毛主席知道了，他很生气，把我找去，问："这是怎么回事？贺子珍的怎么可以比徐老他们多呢？"我说："这事不是我管的，是邹队长分的。"他说："你替我找他，我可不能特殊，一定要给这几位老同志补上。"

我找警卫队长，他很为难，说："啊呀，现在全部都分完了，剩下的就是毛主席、洛甫等几位的了，这可怎么办呢？"我说："毛主席说了要补，可不敢不补啊！"于是从他们几位领导人的份子里割点下来，补给几位老人，毛主席这才放了心。②

以身作则，不搞特殊，一件小事，却显出伟人的风范。

在过草地时，毛泽东的警卫员之一戴天福不幸牺牲了。戴天福是毛泽东率领东路军打漳州时参军的，是警卫班中年龄最小的，毛泽东对他非常

---

① 陈昌奉：《跟随毛主席长征》，天津人民出版社1973年版，第63—64页。
② 刘英：《难忘的三百六十九天》，《刘英纪念集》编辑组、江苏省无锡市史志办公室编：《刘英纪念集》，中共党史出版社2005年版，第42—43页。

照顾。过大渡河时,他患上了疟疾,由于过雪山时劳累,进入草地后病又复发,越来越重,在草地过了一半后牺牲。

由于戴天福是重病号,组织上分给他一块二指宽的马肉。他舍不得吃,临牺牲前让人把马肉一定交给毛泽东,并说:我没有什么牵挂的,只盼望革命成功,请主席多多保重身体。

毛泽东听到这个消息后,半天没有说出话来,只是拿着戴天福让人转给他的马肉反复看,然后慢慢地把马肉原样包起来,沉痛地对大家说:成千上万的烈士,为了中国人民的解放事业英勇牺牲了。他们视死如归,任何艰难险阻都阻挡不住他们前进。这种精神一定会感动全国人民,感动全世界人民,来支援我们的正义事业。而这种正义事业是必定要胜利的!

说完,毛泽东遥望南天,慢慢地摘下军帽。其他警卫员也摘下军帽,为戴天福致哀。

当天晚上,在草地上点燃起篝火,毛泽东坐在中间,大家围着他坐。大家先请毛泽东讲故事,接着他们轮流出节目,一直到东方微微露出一线亮光。吴吉清回忆:

集合号响起来了。主席大声招呼战士们说:

"同志们!我们就要走出草地了。为了让烈士们听到我们的声音,大家要唱着歌走啊!"

听了主席的话,红军指战员一个个唱着歌儿前进,不久便飞也似的跑起来了,连轻病号走得也是那样快。而且这天的天气也变得特别好,像欢送我们胜利走出草地似的,不但不刮风下雨,反而从云缝里洒下一片片阳光。走着走着,战士们不仅改变了往日行军的阵容,同时,"快跑","快走"之声呼叫不绝,许多同志竟然乐得狂跳起来了。

起初,我还摸不清是什么原因,后来踮起脚尖向前望去,只见草地尽头,出现一个小小的黑点,越来越大。我一时也兴奋得不知做什么好了,就大声向主席问道:

"主席,那是什么地方呀?"

主席高兴地说:"那是班佑。"

一听说是班佑,我们更禁不住地加快了步伐。这时,走在后边

笔下起风雷　胸中百万兵
土地革命战争中的毛泽东

的同志，也像潮水一般，涌到了我们前边。班佑——这个只有十几间"牛屎房子"（用牛粪砌成的房子）的小地方，对于在草地生活了整整七天六夜、忍受饥寒、历尽千辛万苦的红军，吸引力是多么大啊！①

右路军穿过草地以后，进入了班佑、巴西地区。毛泽东、张闻天、周恩来、博古等中共中央领导人和机关驻在阿西，徐向前、陈昌浩、叶剑英及前敌指挥部驻巴西。

8月29日至30日，右路军的红军前敌指挥部部署第三十军、第四军进行了包座战斗，毙伤敌师长伍诚仁以下4000余人，俘敌800余人，缴获长短枪1500余支，轻机枪50余挺，电台1部，粮食、牦牛、马匹甚多。这对于刚过草地的右路军来说，是多么及时的补充！更重要的是全歼了蒋介石的嫡系部队胡宗南一个师，打开了北出甘南的重要通道，极大地鼓舞了红军的士气。这是红一、红四方面军会师后取得的一个大胜利，打破了国民党军阻止红军北上的企图。

红一方面军主力先行北上

右路军已过草地，张国焘率领左路军却在阿坝一带磨磨蹭蹭不向右路军靠拢。到了8月30日，张国焘才以他和朱德名义致电倪志亮、周纯全，作出左路军集中班佑与右路军靠拢北进的部署。但第一梯队要到9月8日集中到箭塘后，才出发向班佑前进。第二梯队的各部队，9月12日或13日从查理寺出发，预计在9月16日左右到达班佑，并且要求："川康省委以阿坝为中心"，"将来三十一军政治部亦开阿坝，大大开展工作，使阿坝成为苏区一部"。②

8月31日，徐向前和陈昌浩给红军总部发电报，建议："目前责〔贵〕在速集全力突破岷、西、成封锁线。康则敌力集中之路。除留两三个团向阿坝、查理寺掩护后方外，其余都应迅速集结而来。"并且认为"三十一

---

① 吴吉清：《在毛主席身边的日子里》，江西人民出版社1983年版，第280—281页。
② 《朱德、张国焘关于左路军向班佑集中与右路军靠拢北进致倪志亮、周纯全电》（1935年8月30日），中国人民解放军历史资料丛书编审委员会：《红军长征·文献》，解放军出版社1995年版，第649页。

第五章 万水千山只等闲

军决不能分散,决必〈不〉能到该地掩护。又此方粮、房甚多,□〈补〉左路有余,前进更多"①。

张国焘率领的左路军行动仍然缓慢,这样到班佑得何时了?时不我待,若让胡宗南部赶到西固,良机不就又失去了吗?毛泽东焦急起来,找徐向前、陈昌浩商议,如何做张国焘的工作,催促他带左路军过来。徐向前说:如果他们过草地困难,我们可以派出一个团,带上马匹、牦牛、粮食,去接应他们。毛泽东表示:这个办法好,一发电报催,二派部队接,就这么办。

9月1日,徐向前、陈昌浩、毛泽东联名致电张国焘,指出:"目前情况极有利于向前发展",右路军以主力向前推进,"候左路到达,即以一支队向南坪方向,又一支队向文县方向佯攻胁敌,集中主力从武都、西固、岷州间打出,必能争取伟大胜利"。②

在毛泽东、徐向前、陈昌浩等的催促下,张国焘率领的左路军总算迈开步向右路军靠拢了。但刚走了两天,他又不想走了,以河水上涨不能过为借口,按兵不动。

9月3日,朱德亲自到葛曲河边,派警卫员潘开文下河测试河水的深浅,结果得知部队可以涉水过河,因此提出要部队按原计划向东挺进,同已到班佑、巴西地区的右路军会合,共同北上。

张国焘听不进朱德的意见,决心与中共中央的北上方针相对抗,拒绝率领左路军过河向右路军靠拢。不仅如此,张国焘还加紧了分裂活动,在9月8日致电左路军驻马尔康地区的部队,要他们"飞令军委纵队政委蔡树藩将所率人员移到马尔康待命。如其〈不〉听则将其扣留"。③9月9日,他以个人名义致电徐向前、陈昌浩并转周恩来、张闻天、博古、毛

---

① 《徐向前、陈昌浩关于速集全力突破岷(县)西(固)成(县)封锁线的意见》(1935年8月31日),中国人民解放军历史资料丛书编审委员会:《红军长征·文献》,解放军出版社1995年版,第653页。

② 《徐向前、陈昌浩、毛泽东关于目前形势有利于我军向前发展致朱德、张国焘电》(1935年9月1日),中国人民解放军历史资料丛书编审委员会:《红军长征·文献》,解放军出版社1995年版,第654、655页。

③ 《张国焘关于扣留军委纵队致詹才芳的电令》(1935年9月8日),中国人民解放军历史资料丛书编审委员会:《红军长征·文献》,解放军出版社1995年版,第669页。

泽东、王稼祥，表示反对北进，坚持南下，并称"左右两路决不可分开行动"①。同时，他还电令陈昌浩："南下，彻底开展党内斗争。"②

前敌指挥部参谋长叶剑英看到张国焘给陈昌浩这封电报后，立即向毛泽东报告。毛泽东当即同张闻天、博古等进行磋商，一致认为在这种情况下，再想说服并等待张国焘率部北上，是没有可能的了。当晚，毛泽东、张闻天、博古和病中的周恩来、王稼祥在巴西召开紧急会议，当机立断，决定率领红一、红三军立即北上，并且通知已经北上俄界的林彪、聂荣臻，行动方针有变化，要他们原地待命。

北上红军于9月10日凌晨2时出发。彭德怀回忆说："三军团北进，毛主席和我走在后尾之十团即杨勇团。在路上走时，我问毛主席，如果他们扣留我们怎办？毛主席说，那就只好一起跟他们南进吧！他们总会要觉悟的。"③

此前，彭德怀曾和叶剑英商议，由叶剑英想法拿到前敌指挥部的军用地图并带出中革军委二局，于第二天凌晨赶到红三军司令部。第二天天明时，还未见到叶剑英的人影。正在焦急之际，叶剑英带着中革军委二局赶了上来，并带了军用地图。毛泽东见到叶剑英后，十分高兴地说："哎呀！剑英同志你来了，好！好！"

陈昌浩得知中共中央率领红一方面军主力北上情况后，一方面向张国焘报告，另一方面写信要求北上红军停止前进。宋任穷回忆说：

我们摸黑走了二十多里路，天快亮了，忽然从后面传来了命令：传令兵通过，部队原地停下。

这是陈昌浩同志派人送来的张国焘要南下，不准北上的命令。红军是很守纪律的，虽然大家对此命令异常不满，但部队还是就地停了下来。

---

① 《张国焘为改变北上战略方针坚持南下再致前敌总部转中央领导人电》（1935年9月9日），中国人民解放军历史资料丛书编审委员会：《红军长征·文献》，解放军出版社1995年版，第674页。
② 转引自中共中央文献研究室编：《毛泽东年谱》（1893—1949）（修订本）（上卷），中央文献出版社2013年版，第668页。
③ 《彭德怀自传》，解放军文艺出版社2002年版，第210页。

第五章　万水千山只等闲

这时候，毛泽东同志和其他中央领导同志走在红军学校前头，在半山坡上一块很小的平地上停了下来。王稼祥、洛甫、叶剑英、杨尚昆等同志也到了这里。我们都赶到毛泽东同志跟前。张国焘的追随者、红军学校教育长李特，这时持枪带着几个人从后面追到这里。李特问毛泽东同志：现在总部政治委员张国焘同志来了命令要南下，你们怎么还要北上？

跟随李特的几个警卫员，手提驳壳枪，指头按着扳机，气势汹汹，气氛十分紧张。

面对李特的无礼威胁要挟，毛泽东同志从容不迫，镇定自若地同往常一样，从维护党的团结、统一出发，对李特晓以大义，语气平稳、庄重，耐心地讲明了当时的政治形势和军事形势，指出在当时情况下我军只能北上，万万不能南下。

毛泽东同志冷静而坚定地说：这件事可以商量。大家分析一下形势，看是北上好，还是南下好。现在只有北上一条路可以走，因为南边集中了国民党的主要兵力，而陕西、甘肃的敌人比较薄弱，这是一。第二，北上抗日，我们可以树起抗日的旗帜，南下是没有出路的，是得不到全国人民拥护的。

…………

最后，毛泽东同志恳切地对李特说：请你向国焘同志转达我的意见。根据对当前政治形势的分析，南下是没有出路的，南面的敌人力量很大，再过一次草地，在天全、甘孜、芦山建立革命根据地是很困难的。我相信，只有北上才是真正的出路，才是唯一正确的。我相信，不出一年你们一定会北上的。你们南下，我们欢送。我们前面走，给你们开路，欢迎你们后面来。我们前面走，欢迎你们后面来。①

伍修权在回忆中也曾提到这个情况，说："毛泽东同志和叶剑英、彭德怀、杨尚昆等同志一起商量继续北上，我也在场。正谈话时，四方面军副参谋长李特骑马赶来了。他大喊：'原四方面军的同志，回头，停止前

---

① 《宋任穷回忆录》，解放军出版社2007年版，第76—77页。

进！''不要跟机会主义者北上，南下吃大米去！'毛主席劝阻他，他就同毛主席吵架。毛主席很冷静，让他到旁边的一座教堂里坐下来谈。李特说，你们这是退却逃跑的机会主义。毛主席还是规劝、开导他，说北上的方针是中央政治局决定的。但是李特就是不听，强拉原四方面军的同志跟他走。最后，毛主席说，你们实在要南下也可以，相信以后总有重新会合的机会。毛主席又对外头的部队说：'我们都是红军，都是共产党，都是一家人，一家人不打一家人嘛！现在愿意北上的跟党中央走，愿意跟张国焘的也可以回去。以后我们还会在一起的！'当时有的同志对李特的行为很生气。毛主席还说：'捆绑不成夫妻。他们要走，让他们走吧！以后他们会回来的。'"①

在毛泽东的劝说下，李特带着红军学校中四方面军的学员悻悻而去。

9月11日，中共中央率领红三军、军委纵队到达甘肃南部迭部县的俄界（今高吉），与先期到达的红一军会合。

红一、红四方面军分道扬镳，是张国焘野心膨胀，拒不执行中共中央北上战略方针、不断进行分裂党和红军活动的结果。在火星四溅，大家都不冷静，稍有不慎就会酿成革命队伍之间悲剧的紧急关头，毛泽东及时制止了那种不冷静的行为，为红军的团结一致作出了贡献。毛泽东自信地说，红一、红四方面军以后总有重新会合的机会，还会在一起的，那是他坚信，红四方面军是党领导的队伍，他们同红一方面军的革命目标是完全一致的，尽管他们暂时还不明真相，但总有一天会识破张国焘的真面目，重新北上的。历史证明，毛泽东说的是正确的。

六、落脚陕北

到陕北去，那里有刘志丹的红军

中共中央率领红一方面军主力先行北上的当天，发布了由毛泽东写

---

① 伍修权：《我的历程》（1908—1949），解放军出版社1984年版，第99—100页。

的《中共中央为执行北上方针告同志书》，指出："目前的形势是完全有利于我们，我们应该根据党中央正确战略方针，继续北进，大量消灭蒋介石、胡宗南的部队，创造川陕甘新苏区。""我们无论如何不应该再退回原路，再去翻雪山，走草地，到群众完全逃跑的少数民族地区。""南下的出路在哪里？南下是草地、雪山、老林，南下人口稀少，粮食缺乏，南下是少数民族的地区，红军只有减员，没有补充，敌人在那里的堡垒线已经完成，我们无法突破；南下不能到四川去，南下只能到西藏、西康，南下只能是挨冻挨饿，白白地牺牲生命，对革命没有一点利益，对于红军南下是没有出路的。南下是绝路。"号召红四方面军"坚决拥护中央的战略方针，迅速北上，创造川陕甘新苏区去"。①

中共中央的告同志书情真意切，对红四方面军的命运充满忧虑，为其指出北上才是正确的方向。

在到达俄界后的第二天，即9月12日，中共中央政治局召开了扩大会议。

会议首先由毛泽东作关于同张国焘的争论与目前行动方针的报告。毛泽东在报告中说，中央常委决定的向北发展的战略方针，请政治局批准。有同志反对这个方针，有他机会主义的方针，代表者是张国焘。中央同张国焘作过许多斗争，想了许多办法与他接近，纠正其军阀主义倾向，但是没有结果。对于张国焘，要尽可能做工作，争取他。最后作组织结论是必要的，但不应马上作。中央应继续坚持北上方针。红一、红四方面军会合后，是应该在川、陕、甘创建苏区。但现在只有一方面军主力红一、红三军北上，所以，当前的基本方针，是要经过游击战争，打通国际的联系，整顿休养兵力，扩大红军队伍，首先在与苏联接近的地方创造一个根据地，将来向东发展。毛泽东在报告中还讲到加强党内团结问题，与红四方面军关系问题。毛泽东在结论中指出，同张国焘的斗争，是两条路线的分歧，是布尔什维主义与军阀主义倾向的斗争。张国焘是发展着的军阀主义倾向，

---

① 《中共中央为执行北上方针告同志书》（1935年9月10日），中共中央文献研究室、中央档案馆编：《建党以来重要文献选编》（1921—1949）（第12册），中央文献出版社2011年版，第305—306页。

将来可能发展到叛变革命，这是党内前所未有的。关于目前战略方针，同在川、陕、甘创造根据地的计划是有变更的，因红一、红四方面军已经分开，张国焘南下，使中国革命受到相当严重损失。但是我们并不是走向低落，而是经过游击战争，大规模地打过去。一省、数省首先胜利，是不能否认的，现在如此，将来也是如此，不过不是在江西，而是在陕、甘[①]。

在会议讨论时，有人主张开除张国焘的党籍。毛泽东不同意，说："这不是他个人的问题，应看到四方面军广大指战员。你开除他的党籍，他还是统率几万军队，还蒙蔽着几万军队，以后就不好见面了。"[②]

不能不佩服毛泽东对张国焘错误发展的预见是十分正确的，张国焘后来果然成立了第二"中央"，在1938年4月叛变革命。不能不佩服毛泽东对张国焘斗争采取的策略是十分正确的。由于采取正确的斗争策略，才有了1936年10月红军三大主力的大会师。

会议通过了《中共中央关于张国焘同志的错误的决定》，决定指出：张国焘"与中央绝大多数同志的争论，其实质是由于对目前政治形势与敌我力量对比上有原则的分歧"。张国焘"从对于全国革命形势的紧张化，特别是由于日本帝国主义的积极侵略而引起的全中国人民反日的民族革命运动的高涨估计不足，更从对于中央红军在反对敌人五次'围剿'的斗争中及突围后的二万余里的长征中所取得的胜利估计不足出发，而夸大敌人的力量，首先是蒋介石的力量，轻视自己的力量，特别是红一方面军的战斗力，以致丧失了在抗日前线的中国西北部创造新苏区的信心，主张以向中国西南部的边陲地区（川康边）退却的方针，〈代替〉向中国西北部前进建立模范的抗日的苏维埃根据地的布尔什维克的方针"。决定揭露了张国焘分裂党、分裂红军的严重错误，指出张国焘的机会主义和军阀主义倾向，使"他对于中央的耐心的说服，解释，劝告与诱导，不但表示完全的拒绝，而且自己组织反党的小团体同中央进行公开的斗争，否认党的民主集中制的基本组织原则，漠视党的一切纪律，在群众面前任意破坏中央的

---

① 中共中央文献研究室编：《毛泽东年谱》（1893—1949）（修订本）（上卷），中央文献出版社2013年版，第471—472页。
② 《彭德怀自传》，解放军出版社2002年版，第210页。

威信"。"这种倾向的发展与坚持,会使张国焘同志离开党。"因此"必须采取一切具体办法去纠正张国焘同志的严重错误,并号召红四方面军中的全体忠实于共产党的同志团结在党中央的周围,同这种倾向作坚决的斗争,以巩固党与红军"。①

为挽救张国焘,这个决议没有往下传达,只发到中央委员一级。

会议根据彭德怀的建议,决定把红一军、红三军、军委纵队合编为中国工农红军陕甘支队,彭德怀为司令员,毛泽东为政治委员,以毛泽东、周恩来、王稼祥、彭德怀、林彪成立"五人团"领导军事工作。

俄界会议揭露了张国焘分裂党和红军的活动,分析了其错误发展的根源、趋向,统一了认识。还有一个重要成果是调整了战略方针,将原先的建立川陕甘根据地,改变为建立陕甘根据地,而且明确为在接近苏联的地方建立根据地,以便打通与国际的联系。以前对根据地的设想还靠南些,现在更向北了。同时更明确地指出了日本帝国主义侵略的加深引起全国抗日民主运动高涨的形势,把建立根据地与抗日民族革命战争密切地联系在一起。这样,确定红军长征的最终落脚点,只差一步之遥了。

俄界会议后,中共中央率领北上红军于9月13日从俄界、罗达地区出发,继续北上。

9月16日至17日,先头红一军第二师第四团攻占了位于甘肃省迭部县境内的天险腊子口,打开了四川通往甘南的通道,使蒋介石企图把红军困死、饿死在雪山、草地的计划彻底破产。走出腊子口的中共中央、红一方面军主力,将迎来长征胜利的日子。

进入甘南,考虑到往北走回民越来越多,中革军委颁布了《回民地区守则》,规定红军不得擅自进入清真寺,不得任意借用回民器皿,不得在回民家里杀猪、吃猪肉,等等。

毛泽东特意把几个警卫员召集到一起,对他们进行民族政策教育。毛泽东说:过了岷山,就进入甘肃了。那里是回、汉族聚居地区。到了那

---

① 《中共中央关于张国焘同志的错误的决定》(1935年9月12日),中国人民解放军历史资料丛书编审委员会:《红军长征·文献》,解放军出版社1995年版,第683、684页。

笔下起风雷　胸中百万兵
土地革命战争中的毛泽东

里，凡是见到回、汉族人民，你们首先要讲明我们党的民族政策和红军北上抗日的意义，还要处处尊重回族人民的风俗习惯和宗教信仰。生活上的事，如果非要回族人民帮助不可，也要首先与他们的阿訇取得联系。比如住房子，要事先得到他们的允许，不要随便走进清真寺，那是他们念经的地方。吃饭不能对着他们吃猪肉，也不要借用他们的做饭厨具，就连平常说话，也不要大意说出"猪"字来。叮嘱完毕，他还一一回答了大家关于回族的问题。

9月18日，红一方面军的先头部队进占哈达铺。哈达铺是岷县（今属宕昌）南部的一个镇子，系汉、回、藏、羌多民族聚居区。自古以来，这里就是甘川道上的一个商贸重镇和军事要地。三国时期为"阴平古道"，魏将邓艾当年即从此入川灭蜀。哈达铺盛产当归，是著名的"岷归"主要产区，素有"当归之乡"的美誉。因此，这里商贸繁荣，物资充裕。

9月19日，林彪和聂荣臻随红二师部队进驻哈达铺。在哈达铺，聂荣臻有一个意外的发现，他回忆说："在这里我们得到了一张国民党的《山西日报》，其中载有一条阎锡山的部队进攻陕北红军刘志丹部的消息。我说，赶紧派骑兵通信员把这张报纸给毛泽东同志送去，陕北还有一个根据地哩！这真是天大的喜讯！"[1]

这时，毛泽东也十分注意收集国民党方面的报纸，以便从中找到有价值的信息。9月18日，毛泽东随陕甘支队第一纵队翻越岷山到达鹿原里后，曾召见侦察连连长梁兴初、指导员曹德连，要他们到哈达铺找些"精神食粮"，只要是近期和比较近期的报纸、杂志都要找来。因此，在到达哈达铺之前，毛泽东等中央领导同志已经收集到国民党的报纸。李维汉在回忆中说："在到哈达铺前，在河边的一个圩场上，我看见毛泽东、周恩来、彭德怀、刘少奇等同志在一起休息。毛泽东向我打招呼：罗迈，你也来休息一下！我就下马休息，看到他们正在翻阅一张国民党的地方报纸，上面登了蒋介石派大军'围剿'陕北'共匪'刘志丹的消息。我们才具体得知有这样大的红军在陕北苏区积极活动。"[2]

---

[1] 《聂荣臻回忆录》，解放军出版社2007年版，第230页。
[2] 李维汉：《回忆与研究》（上），中共党史资料出版社1986年版，第368页。

第五章 万水千山只等闲

9月20日,毛泽东等进入哈达铺。在这里,除了接到聂荣臻派人送来的报纸外,还收集了不少报纸。

9月22日,在哈达铺关帝庙里,毛泽东召集红一、红三军和军委纵队团以上干部开会。毛泽东在会上作了政治报告,说:"我们要北上,张国焘要南下,张国焘说我们是机会主义,究竟哪个是机会主义?目前,日本帝国主义侵略中国,我们就是要北上抗日。首先要到陕北去,那里有刘志丹的红军。我们的路线是正确的。现在我们北上先遣队人数是少一点,但是目标也就小一点,不张扬,大家用不着悲观,我们现在比1929年初红四军下井冈山时的人数还多哩!我们现在改称陕甘支队,由彭德怀同志任司令员,我兼政委。支队之下,编为三个纵队,林彪任支队副司令员兼第一纵队司令员,我任第一纵队政委,下辖一、二、四、五、十三大队,也就是五个团。二纵队司令员是彭雪枫,政委是李富春。三纵队即中革军委纵队,由叶剑英同志任司令员,邓发同志任政委。全支队由七千多人编成。"①

参加会议的杨成武回忆当时的情况说:

当毛泽东同志和中央其他领导同志走向会场时,顿时响起热烈的掌声。毛主席挥挥手要大家坐下,然后笑笑说:同志们,今天是9月22日,再过几天是阳历10月,自去年我们离开瑞金,至今快一年了。一年来我们走了两万多里路,打破了敌人无数次的追、堵、围、剿。尽管天上还有飞机,蒋介石连做梦也想消灭我们,但是我们过来了,过了江西、湖南、广西、贵州、云南、四川,过了金沙江、大渡河、雪山、草地,过了腊子口,现在坐在哈达铺的关帝庙里,安安逸逸地开会了,这本身就是个伟大的胜利!……

毛主席谈到这里,略略停顿了一下,然后诙谐地说,感谢国民党的报纸,给我们提供了陕北红军比较详细的消息:那里不但有刘志丹的红军,还有徐海东的红军,还有根据地!听到这里,同志们都按捺不住内心的激动,热烈地鼓起掌来。

---

① 《聂荣臻回忆录》,解放军出版社2007年版,第230页。

笔下起风雷　胸中百万兵
土地革命战争中的毛泽东

　　毛主席又挥挥手，要大家安静，并且说，我们和同志们都惦念着还在四方面军的朱总司令、刘伯承参谋长。我们也都在惦念着四方面军的同志们和五、九军团的同志们，相信他们是赞成北上抗日这一正确方针的，总有一天他们会沿着我们北上的道路，穿过草地，北上陕甘，出腊子口与我们会合，站在抗日最前线的，也许是明年的这个时候。……

　　毛主席最后用洪亮的声音号召大家，经过两万多里的长征，久经战斗，不畏艰苦的红军指战员是一定能够以自己的英勇、顽强、灵活的战略战术、战斗经验，来战胜北上抗日途中的一切困难！你不要看着我们现在人少，我们是经过锻炼的，不论在政治上、体力上、经验上个个都是经过了考验的，是很强的，我们一个可以当十个，十个可以当百个。特别是有中央直接领导我们，这是我们胜利的保证。"同志们，胜利前进吧，到陕北只有七八百里了，那里就是我们的目的地，就是我们的抗日前阵地！"毛主席挥舞着拳头，结束了鼓舞人心的讲话。顿时，"拥护中央北上抗日的正确路线！""到陕北根据地去！"等口号此起彼伏，响彻哈达铺上空。[①]

　　9月23日，在中共中央带领下，红军陕甘支队满怀信心，从哈达铺出发，踏上向陕甘苏区前进的道路。

六盘山上高峰

　　陕甘支队从哈达铺出发后，采取声东击西的办法，以一部兵力东进闾井镇，佯攻天水，以调动敌人向该地集中，主力乘机以急行军突然折向西北，摆脱敌人重兵阻击，通过敌人武山、漳县间的封锁线。

　　9月27日，陕甘支队渡过渭河。这时，国民党军第三十七军毛炳文部追赶过来。毛炳文部在江西参加"围剿"中央苏区时就是红一方面军的手下败将，陕甘支队根本不把他们放在眼里。敌人咋咋呼呼从两翼过来，毛

[①] 杨成武：《突破腊子口与哈达铺整编》，中国人民解放军历史资料丛书编审委员会：《红军长征·回忆史料》（2），解放军出版社1992年版，第48、49、50页。

泽东站在山坡上非常镇静地观察了一下敌人，然后很泰然地说："随便派一部分人，放几枪冷枪吓吓他们，他们就不敢来了。"果然不出毛泽东所料，过去被红军打怕了的敌人，被几声冷枪吓得停留在河那边，不敢向前一步。于是，陕甘支队顺利地于当天到了榜罗镇。

到榜罗镇的当天，中共中央政治局召开常委会议，决定率领陕甘支队迅速北上，同陕甘红军和红二十五军会合，在陕北保卫和扩大苏区。

第二天清晨5时，陕甘支队召开干部大会，传达会议精神。之所以这么早开会，是为了避免国民党飞机轰炸，因为国民党的飞机通常是在上午9时出动的。

会上，毛泽东、彭德怀、张闻天、林彪都讲了话。毛泽东在报告中说："我们经过了藏人区域，在那里是青稞麦子，雪山，草地，我们受了自有红军以来从未有的苦。""我们突过了天险的腊子口。我们重新进入了汉人区域，我们渡过了渭河——姜太公钓鱼的地方。""现在，同志们，我们要到陕、甘革命根据地去。我们要到抗日的前线上去！任何反革命不能阻止红军去抗日！""我们出了潘州城以来，已经过了两个关口——腊子口和渭河，现在还有一个关口，就是在固原、平凉的一条封锁线。这将是我们长征的最后一个关口。""同志们！努力吧！为民族，为着使中国人不做亡国奴，奋力向前！红军无坚不摧的力量，已经表示给全中国、全世界的人们看了！让我们再表示一次吧！"[①]

9月29日，陕甘支队离开榜罗镇继续北进，占领通渭县城。10月5日，到达隆德县的单家集，击溃敌人一个营，进抵六盘山麓。

六盘山，位于宁夏南部、甘肃东部，海拔2928米，由此向南，蜿蜒240多公里，为陕北和陇中高原的界山，渭河和泾河的分水岭。山路曲折盘旋六重始达山顶，因此叫六盘山。10月5日至7日，陕甘支队翻越六盘山。红军没有骑兵，从过草地以来，经常受到敌人骑兵的骚扰。特别是过了渭河以后，敌人的骑兵像苍蝇一样，总是在身后跟随。10月7日，国民党军何柱国部第七师第十三团驻青石嘴的两个连，正在村中休息。聂荣

---

① 陆定一：《榜罗镇》，丁玲主编，董必武、陆定一、舒同等著：《红军长征记》，解放军文艺出版社2007年版，第399、400页。

笔下起风雷　胸中百万兵
土地革命战争中的毛泽东

臻、林彪、左权在山上拿着望远镜，清清楚楚地看到，敌人把马鞍卸在地上，懒洋洋地坐在地下休息。随后，毛泽东也赶到了这个山头，叫林彪、聂荣臻把各个大队的领导干部都召集来，决定歼灭这部分骑兵。毛泽东命令第一大队和第五大队从两侧迂回兜击，第四大队从正面突击。红军三个大队像饿虎扑食般扑下山去，把敌人骑兵消灭了，缴获100多匹战马。从此，大家对打骑兵也有信心了。第一纵队用缴获的战马装备了侦察连，红军开始有了自己的骑兵部队。第一任骑兵侦察连连长为梁必业，副连长为日后驰骋晋察冀抗日民主根据地的骑兵团团长刘云彪。

陕甘支队过了六盘山，冲破国民党军的封锁线，陕甘苏区已经离得不远了。红一方面军长征胜利在即，毛泽东的心情自然是十分愉快的。登六盘山顶时，毛泽东思绪万千，写下了《清平乐·六盘山》：

天高云淡，
望断南飞雁。
不到长城非好汉，
屈指行程二万。

六盘山上高峰，
红旗漫卷西风。
今日长缨在手，
何时缚住苍龙？[①]

生长在南国的毛泽东，此时长征来到西北高原，目睹截然不同的风光，联想到经过艰苦卓绝的奋斗，长征马上就要胜利，新的斗争就要开始，憧憬将来中国革命的胜利，还充满豪情地写下了《念奴娇·昆仑》：

横空出世，
莽昆仑，
阅尽人间春色。

[①] 中共中央文献研究室编：《毛泽东诗词集》，中央文献出版社1996年版，第65页。

飞起玉龙三百万,
搅得周天寒彻。
夏日消溶,
江河横溢,
人或为鱼鳖。
千秋功罪,
谁人曾与评说?

而今我谓昆仑:
不要这高,
不要这多雪。
安得倚天抽宝剑,
把汝裁为三截?
一截遗欧,
一截赠美,
一截还东国。
太平世界,
环球同此凉热。①

终于到"家"了

陕甘支队翻越六盘山后,继续向环县与庆阳方向前进,于18日到达铁边城,19日到达陕甘根据地的吴起镇(今吴起县城)。

陕甘支队进入吴起镇不久,敌人四个团的骑兵就追了上来,行军掉队的红军战士吃了他们不少亏。对于这些追来的敌人骑兵,毛泽东指示陕甘支队司令员彭德怀要切掉这个"尾巴"。伍修权回忆说:毛泽东看到吴起镇墙上的"打土豪,分田地"等标语时很兴奋,感到我们终于到"家"了。"当时,毛主席提出,不能把敌人带进苏区,要把'尾巴'切掉!就

---

① 中共中央文献研究室编:《毛泽东诗词集》,中央文献出版社1996年版,第60—61页。

笔下起风雷　胸中百万兵
土地革命战争中的毛泽东

由彭德怀同志直接指挥，在吴起镇外围同马鸿逵、马鸿宾的四个骑兵团作战。毛主席号召我们打好这一仗，作为与陕北红军的见面礼。"[1]

10月21日，彭德怀根据毛泽东指示，以第二纵队为左翼，第一纵队在正面，向正迂回吴起镇西北部之马鸿宾部骑兵团发起攻击，经过数小时激战，将其击溃。接着，又乘胜在杨城子以西、齐桥、李新庄之间，分别阻击敌白凤翔的两个骑兵团，将敌击溃。

对于红一方面军长征的最后一战，毛泽东非常关心，亲自带警卫员和通信班到前沿指挥所。他不断用望远镜观察情况，并用心倾听枪声的方向。当他听到枪声慢慢移向远方，并且逐渐稀疏时，判断敌人已经溃退，才比较放心地回到驻地。

敌骑兵败退，陕甘支队并未乘胜追击，予以更大打击。但此次敌人骑兵领教了红军的厉害，以后不敢再来进犯了。陕甘支队按计划完成了在吴起镇的休息整理。

吴起镇战斗胜利后，毛泽东很高兴，赋诗赞扬彭德怀：

山高路远坑深，
大军纵横驰奔。
谁敢横刀立马？
唯我彭大将军！[2]

毛泽东这首诗，不仅勾画了长征中彭德怀率领红三军团、陕甘支队逢山开路、遇水架桥、斩关夺隘、摧营拔寨的威风凛凛的大将军形象，而且是彭德怀叱咤风云一生的光辉写照。后来，彭德怀看到毛泽东写的这首诗后，谦逊地将最后一句改为"唯我英勇红军"，将原诗退还毛泽东。

10月22日，中共中央在吴起镇召开政治局扩大会议。张闻天主持会议，毛泽东作关于目前行动方针的报告和结论。毛泽东在报告中说：陕甘支队自俄界出发已走两千里，到达这一地区的任务已经完成。现在全国革命总指挥部到这里，成为反革命进攻的中心。敌人对于我们的追击堵截不

---

[1] 伍修权：《我的历程》（1908—1949），解放军出版社1984年版，第101页。
[2] 《彭德怀自传》，解放军文艺出版社2002年版，第214页。

得不告一段落，现在是敌人"围剿"。我们的任务是保卫和扩大陕北苏区，以陕北苏区领导全国革命。陕、甘、晋三省是发展的主要区域。现在以吴起镇为中心，第一期向西，以后向南，在黄河结冰后可向东。要极大地注意同西北同志的关系，应以快乐高兴的态度和他们见面。当前世界革命进到新的阶段，帝国主义到处冲突。日本帝国主义独占华北，反帝运动高涨，反帝革命在全国酝酿，陕北群众急需革命，这是粉碎敌人"围剿"的有利条件。粉碎敌人"围剿"还要有好的领导。毛泽东在结论中指出：结束一年长途行军，开始了新的有后方的运动战。提高战斗力，扩大红军，解决物质问题，是目前部队的中心工作。要加强白区，白军工作和游击工作的配合。要尊重地方群众的意见，不要自高自大地压制他们。动员群众主要依靠地方工作，不依靠他们没有办法。[1]

以到达吴起镇为标志，历时367天的红一方面军长征胜利结束了。在这367天中，红一方面军纵横福建、江西、广东、湖南、广西、贵州、云南、四川、西康、甘肃、陕西等11个省，长驱二万五千里。红一方面军长征所经历的一切，毛泽东的《七律·长征》能够最生动、最精辟地表达：

> 红军不怕远征难，
> 万水千山只等闲。
> 五岭逶迤腾细浪，
> 乌蒙磅礴走泥丸。
> 金沙水拍云崖暖，
> 大渡桥横铁索寒。
> 更喜岷山千里雪，
> 三军过后尽开颜。[2]

11月5日，毛泽东在象鼻子湾向随行部队讲话中，对长征作了总结，说：

---

[1] 中共中央文献研究室编：《毛泽东年谱》（1893—1949）（修订本）（上卷），中央文献出版社2013年版，第481页。

[2] 中央文献研究室编：《毛泽东诗词集》，中央文献出版社1996年版，第55页。

笔下起风雷　胸中百万兵
土地革命战争中的毛泽东

我们从瑞金算起，总共走了三百六十七天。我们走过了赣、闽、粤、湘、桂、黔、滇、川、康、甘、陕，共十一个省，经过了五岭山脉、湘江、乌江、金沙江、大渡河以及雪山草地等万水千山，攻下许多城镇，最多的走了两万五千里。这是一次真正的前所未有的长征。敌人总想消灭我们，我们并没有被消灭，现在，长征以我们的胜利和敌人的失败而告结束。长征，是宣言书，是宣传队，是播种机。它将载入史册。我们中央红军从江西出发时，是八万人，现在只剩下一万人了，留下的是革命的精华，现在又与陕北红军胜利会师了。今后，我们红军就要与陕北人民团结一起，共同完成中国革命的伟大任务！[1]

一个伟大的战略家，总是能够把视野放得很远。毛泽东对长征的总结，以简短的语言，道出了红一方面军长征的艰难困苦和伟大意义，同时又给大家展现出一个光明灿烂的未来。

---

[1] 《聂荣臻回忆录》，解放军出版社2007年版，第233—234页。

第六章
开创中国革命新局面

一、保卫和扩大陕甘苏区

革命大本营放在西北的奠基礼

红军陕甘支队到达吴起镇时,国民党军对陕甘苏区的第三次"围剿"正在进行中。如何与红十五军团会师,粉碎敌人的"围剿",是中共中央直面的问题。10月27日,中共中央政治局常委召开会议,讨论部队工作、行动方针及常委分工问题。

关于部队工作,毛泽东发言说:部队减员,队伍虽小,但它是将来发展的基础。现在环境改变,二万里完结,将来再不会有二万里,应向干部解释清楚。关于陕甘支队南下与红二十五、红二十六军会合粉碎国民党军的"围剿"问题,他发言说,目前主要作战方向是南边,要先将国民党东北军第五十七军董英斌两个师消灭。红二十五、红二十六军在甘泉、富县集中配合作战。如再对西北军杨虎城、孙蔚如由南城开渭水的一路继续给予打击,能打两个胜仗,即可打破"围剿",要在严冬之前粉碎敌人"围剿"。

会议同意毛泽东提出的部队行动方针，并确定常委分工：毛泽东仍然负责军事工作，博古负责苏维埃工作，周恩来负责中央组织局和后方军事工作。

10月30日，毛泽东与彭德怀率领红军陕甘支队离开吴起镇，准备与红十五军团会合，于11月2日到达下寺湾。次日，中共中央政治局召开会议，讨论中央对外名义和组织分工等问题。会议由张闻天主持。毛泽东发言说：对外用中共西北中央局和中央政府办事处的名义比较适当，公开使用中共中央和中央政府名义可在打破"围剿"之后再定。作战方针，应在这个月解决第三次"围剿"问题，经过一个深冬让敌人慢慢做堡垒是不好的。同红十五军团会合后，红十五军团的编制应保存，红二十六军、红二十七军因历史的关系也不要合并。陕甘支队可编成红一军团，并成立红一方面军。

张闻天在发言中提议中共中央领导分为两部分行动，一部分到前方去，另一部分可在后方进行动员工作。他建议成立西北军委，提议毛泽东担任军委主席，并指出："大的战略问题，军委向中央提出讨论，至于战斗指挥问题，由他们全权决定。"[①]

会议决定：对外使用中共西北中央局和中华苏维埃共和国中央政府西北办事处的名义。成立西北革命军事委员会，毛泽东为军委主席，周恩来、彭德怀为副主席，成员有王稼祥、林彪、程子华、徐海东、聂洪钧、郭洪涛。毛泽东、周恩来、彭德怀率领红一军团南下和红十五军团会合，准备粉碎国民党军对陕北苏区的第三次"围剿"；张闻天、博古等率领中共中央机关前往瓦窑堡（今子长县城）。

同一天，西北革命军事委员会发布通令，宣布就职工作，并宣布任命彭德怀为红一方面军司令员，毛泽东为政治委员，林彪为红一军团军团长，聂荣臻为政治委员，徐海东为第十五军团军团长，程子华为政治委员。

西北革命军事委员会实际上起着中革军委的职能。毛泽东任军委主

---

① 转引自中共中央党史研究室张闻天选集传记组编：《张闻天年谱》（1900—1941）（修订本）（上卷），中共党史出版社2010年版，第193页。

席,表明他已经是实际上红军最高领导者。

11月7日,毛泽东、周恩来、彭德怀等前往道佐铺红十五军团军团部,会见徐海东、程子华、郭述申等人。

这时,徐海东正在前线指挥攻打张村驿,接到了军团部的通知,立刻命令部队暂停攻击,然后快马加鞭,往军团部赶。张村驿离军团部所在地道佐铺130里路,中间还有两座山。由于急于见到毛泽东等中央领导同志,徐海东总觉得马跑得慢。

经过三个多钟头的奔波,徐海东满头大汗地赶回了道佐铺红十五军团军团部。徐海东刚洗了一把脸,就见四个穿着朴素灰棉衣的人走进军团部。徐海东不认识毛泽东,程子华给他介绍后,毛泽东伸出手,亲切地问:"是海东同志吧,你们辛苦了。"

徐海东双手握住毛泽东的手,久久地望着毛泽东可亲的面孔,不知道说什么好。

徐海东、程子华向毛泽东汇报了陕甘根据地第三次反"围剿"斗争和红二十五军长征到达陕北与红二十六军、红二十七军合编为红十五军团,以及取得劳山、榆林桥战斗胜利的情况。毛泽东问他们下一步怎么打法,徐海东作了汇报。毛泽东说,为了粉碎敌人对陕甘根据地的第三次"围剿",先要消灭直罗镇方面的敌人。在直罗镇战役之前,必须先打下张村驿。打下张村驿,使苏区连成一片,打开红军向西出击的道路。毛泽东让徐海东指挥拿下张村驿。

大家一起吃过晚饭后,徐海东临动身回前线时,毛泽东对他说:"给你一部电台带着。"徐海东说:"我不会用它。"毛泽东笑着说:"不要你自己动手,需要联络,你向电台工作同志说,他们会使用它。"

当晚,徐海东返回前方时,感到浑身都是力量。有党中央领导,他对粉碎敌人的"围剿"更加充满了信心。

回到前方,徐海东立刻把毛泽东等中央领导同志到来的消息传达下去,转告了毛泽东对大家的问候。部队的情绪沸腾起来,这个问:"毛主席什么时候来这里?"那个问:"哪天能见到毛主席?"徐海东说:"咱们把张村驿打下,大家一块去见毛主席!"

笔下起风雷　胸中百万兵
　　土地革命战争中的毛泽东

　　徐海东这句话比什么政治口号都有力，战士们喊着"打个大胜仗，迎接党中央""打下张村驿，去见毛泽东"等口号，向敌人发起了攻击。徐海东命令第二三二团团长韩先楚和政治委员黄罗斌，指挥部队爬上张村驿两丈多高的围墙，一举攻下张村驿及附近的据点，歼灭反动民团数百人，缴获了大批粮食和物资。这一仗，打掉了敌人在黄陵、洛川、鄜县、甘泉以西地区的耳目，为直罗镇战役作了战场准备。

　　张村驿战斗结束后，徐海东向毛泽东发去电报，报告战斗胜利的情况。这是徐海东作为红军指挥员以来发出的第一封电报。当天，毛泽东就回了电报，向徐海东和指战员们祝贺胜利。

　　张村驿战斗后，红十五军团和红一军团会师。在鄜县以北地区，红十五军团召开欢迎中央红军到达陕北和庆祝红一军团与红十五军团胜利会师大会。会上，红一军团萧华和红十五军团郭述申分别代表两个军团的指战员讲话。会后，红十五军团正式编入红一方面军，在毛泽东的直接指挥下战斗。

　　两军合编后，毛泽东找徐海东、程子华、郭述申等谈话。毛泽东说："落霞与孤鹜齐飞，秋水共长天一色。"我们的军队打到哪里，根据地就发展到哪里。现在到了陕北，根据地就建立在陕北。徐海东、程子华、郭述申听了都深受教育。徐海东多次表示：现在情况不同了，有党中央直接领导，今后一切大政方针由中央掌管，我们就照中央指示办，要执行好、贯彻好。徐海东要求部队尊重和服从中央的领导，向红一军团老大哥学习，互助友爱，亲如兄弟。

　　这时，红一军团经费比较困难，毛泽东派人向红十五军团借2500元钱。徐海东立即找军团供给部部长查国桢和财务科科长傅家选商议此事。当徐海东得知红十五军团还有7000元的"家底"时，便告诉两位"财神爷"说："中央红军刚到，困难比我们多。我们要勒紧裤带，多为中央红军解决困难。"遂决定自己留下2000元，余下的5000元送给红一军团。红十五军团还召开干部大会，动员一切力量，帮助红一军团解决困难。经过会议讨论，红十五军团决定抽出部分武器、弹药、衣物、布匹、药品等送给红一军团。这些物资送给红一军团后，西北军委供给部部长叶季壮高兴地说:"这真是雪里送炭啊!"

红十五军团与红一军团亲如兄弟般的团结,为取得直罗镇战役的胜利打下了坚实的基础。

直罗镇战役准备就绪,那么要打哪部分国民党军呢?原来,蒋介石在得知红军陕甘支队到达陕北后,即胁迫东北军组织五个师的兵力向陕甘根据地进攻,企图合围红军于葫芦河与洛河之间的地区而消灭之。敌南路王以哲第六十七军第一一七师,沿洛川、鄜县大道北上;西路由董英斌第五十七军的四个师,从庆阳、合水沿葫芦河向鄜县方向前进。其先头第一〇九师、第一〇六师于11月初占领太白镇之后,又占领了黑水寺,有向直罗镇方向前进的模样。这两个师就成为红一、红十五军团会师后毛泽东决定吃掉的"菜",地点就预先选在直罗镇。

11月18日,毛泽东在张村驿主持召开西北革命军事委员会会议,作战略方针的报告。报告指出:大量消灭敌人、猛烈扩大苏区和扩大红军是"三位一体"的任务,战略方针是攻势防御。建议将红军主力集中南线,出中部(今黄陵)、洛川,切断西安至肤施(1937年2月改名"延安")的交通,相机夺取中部县城,争取攻占甘泉、肤施。会议通过了毛泽东的报告。

第二天,毛泽东和彭德怀致电红一军团军团长林彪、政治委员聂荣臻,指出:"董率百十一师本日如到张家湾,则明日有到黑水寺,而在黑水寺、安家川之一个师明日有到直罗镇之可能。我军应准备后日(廿一)作战。"①

在直罗镇战役发起前,毛泽东、周恩来、彭德怀率领红一、红十五军团团以上干部前往直罗镇地区查看地形。查看中发现,镇东头的小寨子如果敌人占领了,会变成一个固守的据点,决定把它预先拆掉。当天晚上,红十五军团派出一个营,连夜拆除了小寨子。

现场查看地形之后,毛泽东、彭德怀制订了战役计划:主力集结待机,红十五军团以一个连在阎家村北山担任警戒,与国民党军接触后,节

---

① 《彭德怀、毛泽东关于准备与敌作战致林彪、聂荣臻电》(1935年11月19日),中国人民解放军历史资料丛书编审委员会:《红军长征·文献》,解放军出版社1995年版,第757页。

笔下起风雷　胸中百万兵
土地革命战争中的毛泽东

节抵抗，把其先头第一〇九师引进直罗镇，然后红一军团由北向南，红十五军团由南向北，南北夹击，求歼敌人于直罗镇地区。

为了打好会师后的第一仗，迎接大胜利，红十五军团除了留一个排在直罗镇警戒外，主力集结在张村驿一带，养精蓄锐，积极投入战前的准备工作。各级干部层层深入，具体进行战斗动员。红十五军团提出口号："打胜仗迎接会师！""以战斗的胜利欢迎毛主席！""在战斗中向中央红军学习！"

11月20日，敌第一〇九师在六架飞机的掩护下，向直罗镇扑来。红军用小股部队进行抵抗，边打边撤。敌师长牛元峰还没有和毛泽东指挥的中央红军交过手，以为红军不堪一击，就进入了毛泽东预先给他设的"口袋"直罗镇中。先开进直罗镇的是敌第一〇九师三个团和第一一一师一个团，后面的敌第一〇六师在黑水寺附近。于是，敌第一〇九师就成为红一方面军消灭的对象。

整个战役是按照毛泽东的"要的是歼灭战"的指导思想部署的。当晚，红十五军团由南向北，红一军团由北向南，将直罗镇包围得像铁桶一般。

当时进到直罗镇的敌人部署是：在河的北面是敌第一〇九师两个团和师直属队，另两个团在河的南岸。红十五军团和红一军团第十三团从药埠头以北地区，由南向北迎头突击敌人；红一军团第四师一个团直插黑水寺，一方面堵住敌人退路，另一方面钳制黑水寺的敌人；红二师第一团和红四师另两个团由北向南直接攻击直罗镇的敌人。

毛泽东、周恩来亲临前线指挥，指挥所设在北山坡吴家台北端高地的几孔破窑洞附近，直接观察战场情况，指挥战斗。彭德怀、徐海东指挥红十五军团和红一军团第一团，林彪、聂荣臻指挥红一军团主力。

11月21日拂晓，随着一声冲锋号响，两路红军像两只铁拳，从直罗镇南北高山上砸了下去。敌人虽有防备，但没有想到红军会如此迅速，及至发觉被包围后，直罗镇两边的山岭已被红军占领。南面枪一响，敌人立刻向北撤；北面枪一响，敌人又向南反扑。敌第一〇九师被夹在两山之间一条川里，像没头苍蝇一样来回乱撞。

激战至下午2时，两路红军攻进直罗镇，大部敌人被歼，敌师长牛元峰率领500多名残敌逃到镇东头的小寨子里，固守待援。

敌师长牛元峰，躲在寨子里，一封电报接着一封电报，要求董英斌派援兵来给他解围。他哪里知道，在红军围攻直罗镇时，敌第一一一师第六三一团由黑水寺向直罗镇增援。当该团进到安家川以东地区时，即为红一军团第一团及第四师第十团击退，连夜逃回了黑水寺。

在牛元峰不断求救下，21日晚10时，国民党西北"剿总"决定，以第五十七军率第一一一、第一〇六师速向直罗镇增援，以解第一〇九师之围；令鄜县西进的第一一七师加紧向羊泉镇、张村驿前进；令中部地区的第三十八军第十七师进至公家塬、丁家塬，策应第五十七军及第一一七师作战。

22日上午，敌第一一一师开始沿安家川北山再次向红军发动进攻；敌第一〇六师由黑水寺沿老人山向红军右翼实施迂回。敌第一一一师在安家川以东地区遭到红一军团迎头痛击，立即向西溃逃。毛泽东根据两天以来的战况，决定以包围黑水寺，整个解决董英斌为基本方针，调整了作战部署。正当红军调整部署时，董英斌率第一〇六师、第一一一师及军部向太白镇逃跑。红军立即分三路追击。24日，红军在张家湾至羊角镇途中，歼敌第一〇六师第六一七团，其余敌人退入太白镇中。

被围困在直罗镇东头小寨子的牛元峰见待援无望，于23日午夜率残部突围向西逃跑。红军一气追了25里，追到直罗镇西南一个山上，击毙牛元峰，消灭这一营残敌。

敌董英斌部退入太白镇后，这里工事坚固，红军一时不易攻克。毛泽东指示聂荣臻在前线释放几个俘虏的军官，让他们转告东北军的领导人，只要东北军同意反蒋反日，与红军停战，红军俘虏的人枪可以如数归还。随后，红一方面军主力撤出战斗，挥师向东寻歼敌第一一七师。

在红军东进途中，敌第一一七师于26日退回鄜县县城。至此，红一方面军主力集结在羊角镇以北地区转入休整，直罗镇战役遂告结束。

直罗镇战役，红一方面军共歼敌一个师零一个团，毙敌师长牛元峰，团长石世安、郑树藩以下1000余人，俘虏5367人，缴枪3500余支（挺）。

笔下起风雷　胸中百万兵
土地革命战争中的毛泽东

被俘人员经过教育释放回去后,对红军以后同东北军建立抗日民族统一战线起了积极作用。

11月30日,在东村举行了红一方面军营以上干部大会,毛泽东作了《直罗战役同目前的形势与任务》的报告。报告指出:直罗镇战役胜利的原因是:"1.两个军团的会合与团结(这是基本的);2.战略与战役枢纽的抓住(葫芦河与直罗镇);3.战斗准备的充足;4.群众与我们一致。"报告认为:"这次胜利,最后地解决了第三次'围剿',敌人非重新调兵重新部署,不能向我们进攻了。这就给了我们以准备打破新'围剿'的条件。""中央与军委决定的'向南作战'与'初冬解决"围剿"'的总方针,由于方面军各级首长与战斗员的坚决执行,已经圆满地实现了。""中央领导我们,要在西北建立广大的根据地——领导全国反日反蒋反一切卖国贼的革命战争的根据地,这次胜利算是举行了奠基礼。"报告提出:"从现时起用极大努力争取与积蓄更加充足的力量,迎接敌人新的大举进攻而彻底粉碎之,开辟我们的苏区到晋陕甘绥宁五个省去,完成与苏联及蒙古人民共和国打成一片的任务。""消灭敌人、扩大红军、坚强红军、赤化地方与破坏敌军,是今后时期内一方面军的五项具体的严重的任务与工作,而以扩大红军为此时期中心的一环。"报告还提出"改变对待俘虏官的政策,一经缴了枪,不但一概不杀,而且要优待他们","经过保卫局政治部大批地放出去,影响白军官长同我们联合抗日"。[①]

直罗镇战役的胜利,巩固了陕甘苏区,为中共中央把全国革命大本营放在西北,举行了奠基礼!

直罗镇战役的胜利,标志着中国革命领导中心已经从南方转移到西北地区。

纠正陕甘苏区错误的"肃反"

红军陕甘支队到吴起镇时,一个消息使毛泽东非常揪心。

事情是这样的。陕甘边区游击队第二路指挥马福记和政治委员龚逢春

---

① 《直罗战役同目前的形势与任务》(1935年11月30日),《毛泽东军事文集》(第一卷),军事科学出版社、中央文献出版社2013年版,第398、399、401、403、405页。

当时正率部在安边堡一带活动,接到了靖边县革命委员会送来的信,说中央红军先头部队已到达吴起镇。接到信后,马福记和龚逢春很高兴,立即率部队连夜赶到靖边县。在靖边县革命委员会他们听说,中央红军在吴起镇取得了很大胜利,敌马鸿逵、马鸿宾四个骑兵团被中央红军消灭了一部分,其余被击溃;中央红军总司令部驻吴起镇。为了欢迎中央红军,马福记和龚逢春一起来到吴起镇。

毛泽东亲自接见了马福记和龚逢春。接见时,根据毛泽东的询问,他们向毛泽东汇报了陕甘边、陕北两苏区的情况及红军的现状,红二十五军长征到陕北后成立红十五军团及作战情况,游击队活动的情况,苏区周围的敌情,等等。他们还向毛泽东汇报了陕北"肃反"情况和刘志丹被捕的问题。龚逢春回忆:

> 我向毛主席表示了我的意见,我认为刘志丹等同志不应被捕,我说我的看法,刘志丹等同志不是反革命。毛主席非常关怀陕北的"肃反"问题,毛主席亲切地对我说,中央红军和中央到了陕北以后,陕北的"肃反"问题,刘志丹的问题,都可以得到正确的解决。使我得到了很大的鼓舞。①

吴起镇当地的游击队队长张明科,也给毛泽东谈了同样的情况。

刘志丹是陕甘苏区最主要的创建者,是陕甘苏区斗争的一面旗帜,现在被作为"反革命"抓起来,是多么不可思议的一件事。听到这些消息,毛泽东深感问题的严重性。他知道,在其他苏区,"左"倾错误思想指导下的"肃反",曾错杀了不少党和红军优秀的干部、战士,教训非常沉痛。因此,毛泽东对大家说:"我们刚到陕北,仅了解到一些情况,但我看人民群众的政治觉悟很高,懂得很多革命道理,陕北红军的战斗力很强,苏维埃政权能巩固地坚持下来,我相信创造这块根据地的同志们是党的好干部,请大家放心,中央会处理好这个问题。"②

---

① 龚逢春:《在吴起镇向毛主席汇报》(1970年2月13日),中共陕西省委党史研究室编:《西北革命根据地》,中共党史出版社1998年版,第395页。
② 王首道:《参与为刘志丹平反的工作》,中共甘肃省委编:《纪念刘志丹》,中共党史出版社2014年版,第66页。

笔下起风雷　胸中百万兵
土地革命战争中的毛泽东

这时，先遣到达甘泉下寺湾的李维汉、贾拓夫见到了中共陕甘晋省委副书记郭洪涛，得知陕北苏区正在对红二十六军和陕甘边党组织进行"肃反"，刘志丹等主要干部已被拘捕，证实了马福记、龚逢春、张明科等人反映的情况。李维汉等立即电告毛泽东等中央领导同志。毛泽东立即指示："刀下留人，停止捕人。"[1]

11月3日，中共中央在下寺湾陕甘边特委、苏维埃政府驻地召开中央政治局常委会议，听取陕甘晋省委副书记郭洪涛和西北军委主席聂洪钧关于陕北苏区、陕北红军及其作战情况的汇报。郭、聂二人也汇报了陕北"肃反"问题。听了之后，毛泽东立即下令："停止逮捕，停止审查，停止杀人，一切听候中央来解决。"[2]

由于毛泽东忙于直罗镇战役的准备工作，而解决陕北"肃反"问题又必须马上进行，中共中央决定派王首道和刘向三等到瓦窑堡去，接管陕甘边区保卫局的工作，先把事态控制下来，以避免进一步恶化。王首道回忆说："毛主席在下寺湾的一次干部会上，语重心长地对我们说：杀头不能象〔像〕割韭菜那样，韭菜割了还可以长起来，头落地就长不拢了。如果我们杀错了人，杀了革命的同志，那就是犯罪的行为，大家要切记这一点，要慎重处理。"[3]

王首道等接受了解决陕北"肃反"问题的任务后，即迅速带人到瓦窑堡，找到时任后方军事委员会主席兼陕甘边区保卫局局长戴季英。戴季英拿出许多案卷，作为刘志丹等人是"右派""反革命"的"证据"。王首道等人按照毛泽东的"要慎重处理"的方针，不轻信这些案卷，立即进行调查访问。

经过调查，王首道等人了解到，刘志丹从青年时代就投身革命，大革命后坚持武装斗争，在陕甘一带坚持游击战争，先后担任红军陕甘游击队

---

[1]　王首道：《参与为刘志丹平反的工作》，中共甘肃省委编：《纪念刘志丹》，中共党史出版社2014年版，第66页。
[2]　中共中央文献研究室编：《毛泽东年谱》（1893—1949）（修订本）（上卷），中央文献出版社2013年版，第483页。
[3]　王首道：《参与为刘志丹平反的工作》，中共甘肃省委编：《纪念刘志丹》，中共党史出版社2014年版，第66页。

和红二十六军的领导职务,是陕甘边革命根据地创始人。多次粉碎国民党军对陕甘边根据地的"围剿",使根据地得到迅速发展。红二十五军和陕甘红军会师后成立红十五军团,刘志丹与徐海东等共同指挥战斗,取得了劳山战斗胜利,为中共中央和中央红军落脚陕北创造了条件。对此,王首道得出的结论是:"从他的全部历史和工作来看,志丹同志一贯是坚定不移、忠心耿耿的共产党员。"[①]

在前方组织直罗镇战役的毛泽东,十分惦记着审查陕北"肃反"问题,于11月18日和周恩来、彭德怀致电张闻天、博古,指出:"错捕有一批人,定系事实。"要求尽快纠正"肃反"中的错误问题。

经过审查,弄清事实以后,11月26日,中共西北中央局作出《西北中央局审查肃反工作的决定》。30日,中共中央组织部召开为刘志丹等同志平反的会议,王首道在会上宣布:刘志丹等同志是无罪的,党中央决定立即释放,并且分配工作。刘志丹在会上发了言,说:这次"肃反"是错误的,我们相信中央会弄清问题,争取处理的。我们也相信犯错误的同志会认识错误、改正错误,团结在中央周围一道奋斗。[②]

这次会议,还宣布了中共西北中央局党务委员会作出的《关于戴继〔季〕英、聂鸿〔洪〕钧二同志在陕甘区域肃反工作中所犯错误处分的决议》。戴、聂二人以后也作了检讨。

由于中共中央及时纠正了陕北"肃反"错误,从而使陕甘根据地转危为安。习仲勋在纪念刘志丹的文章中说:

"满天乌云风吹散,毛主席来了晴了天!"就在这千钧一发的时刻,1935年10月19日,党中央和毛泽东、周恩来同志率领中央红军到了陕甘根据地吴起镇。当了解到根据地的严重形势后,毛主席立即下令"刀下留人""停止捕人",并派出王首道、刘向三、贾拓夫同志代表党中央去瓦窑堡接管"左"倾机会主义分子控制的保卫局。后来,党中央和毛主席、周副主席一到瓦窑堡,立即释放了刘志丹同志

[①] 王首道:《参与为刘志丹平反的工作》,中共甘肃省委编:《纪念刘志丹》,中共党史出版社2014年版,第67页。
[②] 李维汉:《回忆与研究》(上),中共党史资料出版社1986年版,第372页。

笔下起风雷　胸中百万兵
土地革命战争中的毛泽东

和其他被捕的人,恢复了我们的工作。同时毛主席、周副主席严厉批判搞"左"倾机会主义的人害了"疯狂病"。我后来听说,周恩来副主席批评保卫局局长戴季英时,戴季英还狡辩,周副主席说:"像刘志丹这样的'反革命'越多越好,像你这样的'真革命'倒是一个没有才好。"……

刘志丹同志出狱后,根据地军民欢欣鼓舞,奔走相告:"刘志丹释放了!""陕北根据地得救了!"中央红军的同志说:"要是叫'左'倾机会主义把这块根据地也搞掉,中央歇脚的地方也没得了。"[①]

刘志丹出狱后,毛泽东、周恩来接见了他。王首道在回忆中讲述了这个情况:

志丹出狱后,毛主席和周恩来副主席亲切地接见了他,询问了他的健康情况。毛主席意味深长地说:你受委屈了!但对于一个革命者来说,坐牢也是一种考验,又是一种休息。周副主席风趣地说:"左"字号的监狱,也"左"得出奇哪!毛主席接着又说:陕北这个地方,在历史上是有革命传统的,李自成、张献忠就是从这里闹起革命的。这地方虽穷,但穷则思变,穷就要闹革命嘛!这里群众基础好,地理条件好,搞革命是个好地方呀!刘志丹同志听了,喜悦万分。他向毛主席和周副主席详细汇报了陕北的工作,并表示要跟着毛主席、党中央坚持革命到底。[②]

刘志丹先后任西北革命军事委员会后方办事处副主任、瓦窑堡警备司令。12月30日,刘志丹任新组建的红二十八军军长。

驱散乌云,红日照亮陕甘高原。因"左"倾"肃反"被错误关押的习仲勋、杨森、刘景范、张秀山、杨琪、高锦纯、高朗亭、张策、马文瑞、黄子文、孔令甫、郭宝珊、黄罗斌等同志平反后,顾全大局,不计较个人

[①] 习仲勋:《群众领袖民族英雄》,中共甘肃省委编:《纪念刘志丹》,中共党史出版社2014年版,第41页。
[②] 王首道:《参与为刘志丹平反的工作》,中共甘肃省委编:《纪念刘志丹》,中共党史出版社2014年版,第69页。

得失，不计较职位高低，在不同的岗位努力工作，为巩固和发展陕甘根据地贡献力量。

瓦窑堡会议

就在红一、红四方面军会师及此后北上之时，日本帝国主义利用国民党统治者的不抵抗政策，开始大规模越过长城南下，企图直接控制华北。它先是在1935年6月、7月迫使国民党地方当局签订了"秦土协定"和"何梅协定"，实际上把包括北平[①]、天津在内的河北、察哈尔两省大部分主权奉送给日本。接着，它又策动所谓"华北自治运动"。日本奉天特务机关长土肥原贤二以关东军代表的名义向国民党第二十九军军长兼平津卫戍司令宋哲元提出要求：通电设立华北自治政府，将南京任命的华北官员一概罢免。11月下旬，日本扶植汉奸殷汝耕在河北通县成立"冀东防共自治政府"。作为适应日本要求的妥协办法，国民党当局计划于12月在北平成立以宋哲元为委员长的冀察政务委员会，开始实行华北特殊化。

在华北形势严重危急的情况下，由中共北平临时工委领导，12月9日数千名北平学生举行抗日救国请愿游行。在一二·九北平学生斗争的影响下，从11日开始，天津、保定、太原、杭州、上海、武汉、成都、重庆、广州等大中城市先后爆发学生的爱国行动。许多地方的工人也进行罢工。上海和其他地方的爱国人士及团体成立各界救国会，要求停止内战，出兵抗日。抗日救亡斗争迅速发展成为全国规模的群众运动。

面对国内政治形势的新变化，中共中央有必要对整个形势作出科学的分析和制定出适应新情况的策略方针与军事战略方针。

还在11月上旬，一个赶着骆驼，穿着一件无面的羊皮大衣，看着像商人模样的人，到达陕甘革命根据地边缘地区的定边。定边赤卫队见此人可疑，便盘问他。他告诉赤卫队，自己叫张浩，要找党中央。李维汉回忆张浩回国时的情况说：

1935年11月7日，我们中央机关从吴起镇经下寺湾到了瓦窑堡，

---

① 1928年6月国民党军队"北伐"打败张作霖奉军，占领北京，将北京改名为北平。

笔下起风雷　胸中百万兵
土地革命战争中的毛泽东

因为这一天是十月革命节，所以我的印象很深。我记得是同邓发同志一起到瓦窑堡的。当时我和洛甫同志等人还住在城外。不久，从定边打来电报，说来了一个可疑的人叫张浩，要找党中央。中央立即让赤卫队把人送到瓦窑堡来。等见了面才知张浩就是当年的林育英（林仲丹）。①

张浩回国的主要任务，是传达共产国际第七次代表大会精神。同时，他还带回了同共产国际电讯联系的密码。

1935年七八月，共产国际第七次代表大会在莫斯科召开，季米特洛夫在会上作了《关于法西斯的进攻以及共产国际在争取工人阶级团结起来反对法西斯的斗争中的任务》的报告。大会把建立最广泛的世界反法西斯统一战线作为各国共产党的基本策略，并要求纠正自1928年共产国际第六次代表大会以来国际共产主义运动中盛行的"左"倾关门主义倾向。

8月1日，中共驻共产国际代表团根据华北事变以来的民族危机加深形势和共产国际七大精神，草拟了《中国苏维埃政府、中国共产党中央为抗日救国告全体同胞书》（《八一宣言》），10月1日在巴黎出版的《救国报》上发表。《八一宣言》揭露了日本加紧侵吞华北和国民党政府对日妥协的面目，指出中华民族已处在生死存亡的关头，抗日救国是全体中国人面临的首要任务，强调建立包括上层在内的统一战线，扩大抗日民族统一战线的范围，提出建立国防政府和抗日联军，表示中华苏维埃共和国政府和中国共产党愿意做国防政府的发起人，工农红军首先加入抗日联军。

张浩一到陕北安定（今子长）瓦窑堡，就向中共中央传达了共产国际关于建立广泛的反法西斯统一战线精神和《八一宣言》的内容。共产国际策略的转变，中共驻共产国际代表团的明确态度，对中共中央制定抗日民族统一战线策略起了积极的推动作用。11月28日，毛泽东与朱德分别以中华苏维埃共和国中央政府主席和中国工农红军革命军事委员会主席名义发表《中华苏维埃共和国中央政府、中国工农红军革命军事委员会抗日救国宣言》，提出："不论任何政治派别、任何武装队伍、任何社会团体、任

---

① 李维汉：《回忆张浩回国时的一点情况》，中华全国总工会中国工人运动史研究室：《张浩纪念集》，上海人民出版社1986年版，第21页。

何个人类别,只要他们愿意抗日反蒋,我们不但愿意同他们订立抗日反蒋的作战协定,而且愿意更进一步同他们组织抗日联军与国防政府。"①宣言还提出了十大纲领。

12月17日至25日,中共中央政治局在瓦窑堡召开会议。会议着重讨论全国政治形势和党的策略路线、军事战略。会议开始后,张闻天作关于政治形势和策略问题的报告,张浩作关于共产国际七大精神的传达报告。

23日,毛泽东在会上作了军事战略方针的报告和结论。报告分三个部分。1. 关于战略方针。要以坚决的民族革命战争,反抗日本帝国主义侵略,把国内战争与民族战争结合起来;1936年应准备直接对日作战的力量,扩大红军;红军行动应放在打通苏联和巩固扩大苏区两项任务上;游击战争在民族革命战争中有极大战略上的作用;在一切省份发展游击战争,着重于主要省份,如河北、山东、河南、满洲、察哈尔、江苏、陕南、山西、甘肃等;做好白军和白区工作。2. 关于作战指挥上的基本原则。几年来国内革命战争的经验告诉我们:战略防御时,反对单纯防御,执行积极防御,反对先发制人,执行后发制人,诱敌深入,以退为进;战略进攻时,既要夺取先机,反对机会主义估计不足,又要适可而止,反对冒险主义和冒险政策,要波浪式地发展,实行发展中的推进政策;基本原则还是运动战,反对不让寸土的办法,大踏步前进后退;集中兵力于一个方面,一个拳头打人,反对分兵主义;战略的内线作战和战役的外线作战,战略的持久战和战役的速决战;战斗前要有充分的准备,要改善红军的技术条件;实行统一指挥下的分割指挥,军委在军事范围内有完全的权力。3. 关于行动方针。主要分三个步骤。第一步,在陕西的南北两线给进犯之敌以打击,巩固和发展陕北苏区,从政治上、军事上和组织上作好渡黄河的准备。第二步,到山西去,准备击破阎锡山的晋绥军主力,开辟山西西部五县以至十几县的局面,扩大红军15000人,并保证必要时返回陕西所需要的物质条件。第三步,根据日军对绥远进攻的情形,适时地由山西转向绥远,用小的游击战争与日军

---

① 《中华苏维埃共和国中央政府、中国工农红军革命军事委员会抗日救国宣言》,中央档案馆编:《中共中央文件选集》(第十册),中共中央党校出版社1991年版,第581页。

笔下起风雷　胸中百万兵
土地革命战争中的毛泽东

周旋。总的方针是与苏联取得联系。

毛泽东的报告，全面总结了自井冈山革命根据地建立以来，尤其是中央革命根据地五次反"围剿"作战的经验教训，所提出的作战指挥基本原则，是中国共产党人探索革命战争规律的结晶，不仅是红军到陕北后巩固和扩大陕甘根据地，准备对日直接作战的军事战略方针，而且对于加强红军军事素质建设，提高广大红军指挥员军事指挥水平，日后对日作战，都具有重要的意义。

在讨论时，张闻天在发言中同意毛泽东提出的作战指挥基本原则，说："这些原则过去未能采纳，现在证明很重要，这个问题现在要向干部进行解释。过去我们在上海时未能了解，拿它们与争取一省数省胜利问题联系起来说成是机会主义动摇等，这显然是错误的。""国内战争及长途行军都给了我们教训，我们要把这些教训来教育我们的同志，使同志们能灵活地运用这些原则。我们政治上是准备打日本、打卖国贼，要以此来准备我们的一切工作。"①

周恩来、张浩在发言中同意毛泽东的报告。张浩说："泽东同志将九年来国内战争总结起来，是很有价值的。"②

会议于当天通过了毛泽东起草的《中央关于军事战略问题的决议》。

会议讨论政治问题时，毛泽东作了主题发言。在讨论中，毛泽东与博古在如何对待民族资产阶级的问题上发生了面红耳赤的争论。毛泽东在发言中指出，日本帝国主义进一步入侵华北，中华民族面临危亡关头，不仅工人、农民和小资产阶级要求抗日，民族资产阶级也有参加抗日的可能，我们应当联合他们抗日。他还以中央苏区第五次反"围剿"为例，举出过去在中间势力问题上犯的错误，提出"我们要从关门主义中解放出来"③，建立广泛的抗日民族统一战线。博古不同意毛泽东的意见，认为

---

① 《张闻天选集》（二），中共党史出版社1992年版，第40页。
② 转引自中共中央文献研究室编：《毛泽东传》（1893—1949）（上），中央文献出版社1996年版，第376—377页。
③ 转引自中共中央文献研究室编：《毛泽东传》（1893—1949）（上），中央文献出版社1996年版，第378页。

中间势力是最危险的敌人。

列席会议的郭洪涛回忆：

> 毛泽东认为中国的民族资产阶级有两重性，对中间势力是可以争取的，并指出我们在江西时，对十九路军的问题上有错误，我们本来是可以争取他们一起抗战反蒋的，但没有争取。博古不同意毛泽东意见，他引经据典，还引了斯大林的话，就中间势力是最危险的敌人，不可能和无产阶级联合。毛泽东一点也不示弱，第二天再次发言，强调他说的这些是从中国的具体情况出发的，是合乎马克思主义基本原理的。最后他反问道："难道这样做（指联合资产阶级中间势力），就是对祖宗不忠？对祖宗不孝吗？"博古哑口无言，往床上一躺不说了。[1]

与会多数人同意毛泽东的意见，博古的意见没有什么市场。会议最后由张闻天作结论，他和毛泽东的意见一致。

12月25日，会议通过由张闻天起草的《中央关于目前政治形势与党的任务决议》。决议指出："目前政治形势已经起了一个基本上的变化，在中国革命史上划分了一个新时期。"日本帝国主义"正准备吞并全中国，把中国从各帝国主义的半殖民地，变成日本的殖民地。这是目前时局的最基本的特点"。提出："党的策略路线，是在发动，团聚与组织全中国全民族一切革命力量去反对当前主要的敌人：日本帝国主义与卖国贼头子蒋介石。"决议确定要建立"最广泛的反日民族统一战线（下层的与上层的）"，强调"党内主要危险是关门主义"。[2]

12月27日，毛泽东在瓦窑堡党的活动分子会议上作《论反对日本帝国主义的策略》的报告，进一步阐明了中共中央政治局瓦窑堡会议精神。

毛泽东指出，在日本帝国主义要变中国为它的独占殖民地的新形势下，国内各阶级之间的关系发生了变化，不仅工人、农民和城市小资产阶

---

[1] 郭洪涛：《迎接毛泽东到陕北》，张素华、边彦军、吴晓梅：《说不尽的毛泽东》（下），中央文献出版社、辽宁出版社1995年版，第371页。
[2]《中央关于目前政治形势与党的任务决议（瓦窑堡会议）》（中国共产党中央政治局1935年12月25日通过），中央档案馆编：《中共中央文件选集》（第十册），中共中央党校出版社1991年版，第598、604、617页。

笔下起风雷　胸中百万兵
土地革命战争中的毛泽东

级是抗日的基本力量，而且民族资产阶级也有参加抗日斗争的可能性。即使地主买办阶级营垒，也可能发生分化。对此，他进行了精辟的分析，指出：在殖民地化威胁的新环境下，民族资产阶级变化的总特点是动摇。他们一方面不喜欢帝国主义，另一方面又怕革命的彻底性。在斗争的某些阶段，他们中间的左翼有可能参加斗争，另一部分则有由动摇而采取中立态度的可能。至于地主买办资产阶级营垒，也不是完整统一的，这是许多帝国主义争夺中国的环境造成的。"当斗争是向着日本帝国主义的时候，美国以至英国的走狗们是很有可能遵照其主人的叱声的轻重，同日本帝国主义者及其走狗暗斗以至明争的。""我们要把敌人营垒中间的一切争斗、缺口、矛盾，统统收集起来，作为反对当前主要敌人之用。"他强调，党的基本策略任务，就是反对狭隘的关门主义，建立广泛的民族革命统一战线。"组织千千万万的民众，调动浩浩荡荡的革命军，是今天的革命向反革命进攻的需要。"[①]

毛泽东提醒党内注意汲取1927年大革命失败的历史教训，要求共产党员须在民族统一战线中发挥领导作用，并提出把工农共和国改变为人民共和国，由工人、农民和城市小资产阶级联盟的政府，改变为除工人、农民和城市小资产阶级外，还要加上一切其他阶级中愿意参加民族革命的分子。

毛泽东的报告，主题鲜明，思路清晰，论证科学，以过去的革命经验和教训为依据，用易懂、生动的语言告诉大家，为什么要建立广泛的抗日民族统一战线，统一战线中包括哪些阶级，哪些阶级是领导者，哪些阶级容易动摇，哪些阶级是可以争取的，使大家一听就明白，对于统一思想，在工作中正确贯彻瓦窑堡会议精神有极大的帮助。

瓦窑堡会议是遵义会议的继续和发展。会议提出的关于建立抗日民族统一战线理论和策略及其他各项政策制定，表明中国共产党已经善于总结过去革命成败的经验，学会从中国实际出发，将共产国际七大提出的关于建立反法西斯统一战线的总方针，创造性地运用来指导中国革命运动。而毛泽东则从中起了最为重要的作用。

[①] 《毛泽东选集》(第一卷)，人民出版社1991年版，第148、155页。

东征、西征，扩大苏区

在瓦窑堡会议通过《中央关于军事战略问题的决议》的第二天，毛泽东与周恩来就依据会议决定的东征战略，签发了《关于四十天准备行动计划》。随后，周恩来拟订了《第一步行动计划中的后方工作计划》。红一方面军在陕甘苏区党政军民的支持、配合下，对东征做了扩红组建红二十八军和红二十九军、组织地方工作队、筹集与制造渡河器材、组建中共中央西北局等方面的准备工作。

然而，对于毛泽东提出的红军东征战略却有不同声音。这不同声音主要来自李德。李德认为：东征会"引起以蒙古人民共和国和苏联为一方、以国民党中国和日本为另一方的冲突"。毛泽东力主东征是"试图把苏联引入可能导致与国民党或与日本相冲突的这样一种境地"。"想利用西北苏区的战略形势把苏联拉入抗日战争。"①

1936年1月17日，中共中央政治局召开会议，讨论行动方针和组织问题，毛泽东作关于目前行动方针与计划的报告。他在报告中提出：抗日运动高涨和陕北地贫、人穷、兵员缺乏的特定环境，不能采取一般的以巩固求发展，而是要以发展求巩固。我们要扩大抗日力量及主力红军。我们向南、向西、向西北的文章不好做，只有向东。我们要下极大的决心到山西。山西的发展，对陕北有极大的帮助。我们的军事基本方针是稳扎稳打，背靠苏区建立根据地，争得东渡黄河的来往自由。②

应邀参加会议的李德反对毛泽东关于东征的行动计划，提出："把红军的作战行动局限在山西西部，否则不仅会损害抗日民族统一战线，而且也会损害苏联的和平政策。"③毛泽东严厉批驳了李德的意见，与会人员也没有人支持李德。

会议通过了毛泽东的报告，决定红军东征时中共中央政治局随军行

---

① ［德］奥托·布劳恩著，李逵六等译：《中国纪事》，东方出版社2004年版，第190、195页。
② 中共中央文献研究室编：《毛泽东传》（1893—1949）（上），中央文献出版社1996年版，第379页。
③ ［德］奥托·布劳恩著，李逵六等译：《中国纪事》，东方出版社2004年版，第198页。

动,彭德怀、张浩参加中共中央政治局的工作;陕北由周恩来、博古、邓发组成中央局,以周恩来为书记,主持后方工作。

1月19日,毛泽东与周恩来、彭德怀发出《西北革命军事委员会东进抗日及讨伐卖国贼阎锡山的命令》:主力红军即刻出发,打到山西去,开通抗日前进道路,同日本直接开火;陕甘苏区的抗日红军和游击队、赤卫军、少先队,坚决保卫陕甘苏区,扩大陕甘苏区这个抗日战争的根据地;黄河两岸的抗日红军、游击队和民众,奋勇过河东去,在河东发展抗日根据地,配合红军主力打大胜仗。各路红军立即按照命令秘密行动起来。

红军主力东征山西,一些高级指挥员有些担心,后方力量薄弱,如果国民党军乘机进攻陕甘苏区,一旦陕甘苏区丢失,而东征又无法达到预定目的,后果将不堪设想。正在前方指挥作战的彭德怀致电中共中央,提出红军还是应该把主要力量放在巩固陕甘苏区上,可考虑向北发展。如果决意东征山西,必须确保在蒋介石的中央军大举增援的情况下,能够撤回陕北根据地。彭德怀在回忆中说:"我的这种想法,反映了当时红军体质弱的实际情况以及长征没有根据地的痛苦教训。"[①]

1月25日,毛泽东与张闻天复电彭德怀:常委考虑过你的意见,认为向北是没有出路的,只有取阎锡山为对手。但也考虑到彭德怀的担心代表着一些高级指挥员的想法,复电指出:"基本的作战方针取稳扎稳打,依靠黄河发展并以调动孙楚求得陕北残敌的肃清,跃进深入敌后野战急进,有大批分派撤退无隔断危险时才行之。同时保证第二批退回渡河的船只。"[②]

李德在中共中央政治局会议上受到毛泽东的批驳后,心里非常不服气,拒绝参加东征,并给中共中央写了一封对战略问题的意见信。他在回忆中说:

第一,我指出"中国红军向蒙古人民共和国边境进军,将损害苏联的和平政策,客观上会成为日本侵犯蒙古人民共和国的借口"。

[①] 《彭德怀自传》,解放军文艺出版社2002年版,第219页。
[②] 中共中央文献研究室编:《毛泽东年谱》(1893—1949)(修订本)(上卷),中央文献出版社2013年版,第507页。

我解释说，这样一来必然引起苏联的插手，使苏联不得不扮演毛冒险政策的庇护者的角色，而不顾由此对国际共产主义运动和苏联和平政策所造成的后果。第二，我认为"从中国共产党建立抗日统一战线这一基本政治任务出发，中国红军的主要任务目前不在于去获得苏联的技术援助，而是必须在中国内地进行战斗，以便建立一个广泛的抗日统一战线，打击亲日的卖国贼军队"。我继续说，毛泽东向山西逼进的计划不会达到上述目的，相反这个计划会重新点燃内战的火焰，为日本侵略者提供向华北扩大侵略的借口（这实际上已经发生）。第三……"主力向蒙古人民共和国进行新的长征，如果途中敌人采取措施牵制住我军，主力也许不能返回，那陕北苏区的存在实在很成问题"。①

李德这封信通过周恩来转交给中共中央。中共中央接信后，认为李德的意见是机会主义的，误解了苏联和平政策的实质，过高地估计了敌人的力量，过低地估计了中国苏维埃运动和中国红军的实力。

为了进一步统一思想，毛泽东于1月31日从瓦窑堡经延川到达延长县城红一方面军司令部后，主持召开了西北革命军事委员会会议。他在发言中反复说明东征讨伐阎锡山无论在政治上还是军事上都对红军有利，指出：我们执行的是在发展中求巩固的方针，希望通过东征建立一块根据地，与陕北根据地连接，也解决红军的给养和扩大问题。毛泽东还强调：一定要保证黄河各渡口在我手中，使我进退有据。他还批评了李德东征是"想挑起日苏战争"的论调。

这次会议加快了东征的各项准备工作。会后，毛泽东亲自部署侦察东征的路线和黄河各渡口情况。

2月上旬，天降大雪，望着黄土高原的壮观雪景，毛泽东心情极好，填词《沁园春·雪》一首：

北国风光，
千里冰封，

---

① ［德］奥托·布劳恩著，李逵六等译：《中国纪事》，东方出版社2004年版，第200—201页。

笔下起风雷　胸中百万兵
土地革命战争中的毛泽东

万里雪飘。
望长城内外，
惟余莽莽；
大河上下，
顿失滔滔。
山舞银蛇，
原驰蜡象，
欲与天公试比高。
须晴日，
看红装素裹，
分外妖娆。

江山如此多娇，
引无数英雄竞折腰。
惜秦皇汉武，
略输文采；
唐宗宋祖，
稍逊风骚。
一代天骄，
成吉思汗，
只识弯弓射大雕。
俱往矣，
数风流人物，
还看今朝。[①]

2月20日晚8时，以彭德怀为司令员，毛泽东为政治委员的红一方面军以中国人民红军抗日先锋军名义开始东征。当晚至第二天拂晓，红一军团、红十五军团分别从陕西绥德县沟口、清涧县河口等地强渡黄河，一举

[①] 中共中央文献研究室编：《毛泽东诗词集》，中央文献出版社1996年版，第68—69页。

突破阎锡山军的防线。至23日，红一方面军全部渡过黄河，控制了辛关、老鸭关、转角镇、三交镇各渡口，占领包括三交、留誉、义牒各镇在内的横宽50余公里、纵深35公里的地区，并包围了石楼县城。到25日，已消灭、击溃阎锡山军五个团，缴获枪900余支，俘虏1200余人。

红军渡过黄河进入山西，阎锡山惊恐万状，立即调集十四个旅的兵力，编成四个纵队，从北、东、南三个方面，准备向抗日先锋军发起反击。

3月8日，中共中央政治局在孝义县大麦郊（今属交口县）召开会议。会议分析了东渡黄河以来的政治、军事形势，调整了作战部署，决定在吕梁山地区集中兵力重创阎锡山军。

3月10日，毛泽东、彭德怀指挥抗日先锋军在吕梁山地区先后击退阎锡山军四个纵队的第一次反击，为红军向前挺进打开了通道。

东征取得初战胜利，毛泽东于3月12日主持召开团以上干部会议。为进一步发展胜利，扩大战果，创立河东根据地，会议决定兵分三路：以总部特务团和黄河游击师组成中路军，转战隰县、交口、石楼、永和一带，牵制晋西方面的敌军；以红一军团全部及红十五军团第八十一师主力组成右路军，沿汾河和同蒲路南下作战；以红十五军团两个师为左路军，北上直逼太原向晋西北行动，并掩护红一军团南下。

这时，抗日民族统一战线工作初见成效，陕北形势好转，共产国际七大的文件已经到达，有必要对前一段工作进行总结，明确下一阶段任务。3月20日至27日，中共中央政治局先后在孝义县大麦郊、隰县石口和石楼县罗村、四江村召开会议（通称"晋西会议"）。张闻天主持会议，并作传达共产国际七大决议案的报告。

会议第一阶段是讨论共产国际七大决议案。毛泽东在发言中说：瓦窑堡会议决议是符合共产国际七大决议案的，会后中央的工作是与国际一致的，事实上已经打开了新局面。中国共产党要站在民族解放战争的最前列，集中力量反对主要的敌人。"中国人的事要自己干，相信自己。"他提出："一、相信自己。二、不要朋友是不对的。"我们的任务是要利用

笔下起风雷　胸中百万兵
土地革命战争中的毛泽东

每一分钟争取最大多数。①

毛泽东的发言非常可贵，提醒大家不要像教条主义那样照搬共产国际决议和指示，要与中国的实际结合起来；要相信自己，中国共产党已经成熟起来了，能够独立自主地解决中国革命问题。

会议第二阶段是讨论军事战略问题，由毛泽东作报告。他在报告中说：华北是全面对日作战的战场。"经营山陕，主要是山西，是对日作战必要与重要的步骤。"我们的方针是"以发展求巩固"。在战略上要大胆，因为客观环境好；在战役上要谨慎，在有利地形上以多胜少，以求减少错误。山西是主要的，也可以临时到河北、绥远去。现在在山西临时采取分兵原则，三个集团军采用打网式的普遍的游击战，求得一般地削弱敌人；我们自己则争取群众，扩大红军，而以扩大红军为主中之主。毛泽东在报告中还逐条批驳了李德对战略问题意见书的错误，指出其主要问题是"革命战争中的单纯防御路线"。②会议决定，战略方针由毛泽东起草。

毛泽东报告中阐述的华北是全面对日作战的战场，尤其是经营山西的观点非常重要，具有前瞻性，对于全国抗战爆发后，八路军迅速出师华北，尤其是在山西建立多块敌后抗日民主根据地，发展人民力量，坚持抗战，有十分重要的作用。

为了阻拦红军东征行动，蒋介石任命陈诚为山西"剿共"总司令，调集十个师，号称20万人，分两路增援阎锡山，同时命令黄河以西的国民党军与之配合，企图消灭红军，摧毁陕甘根据地。阎锡山也改变了过去拒绝国民党中央军进入山西的态度。这样，红军与国民党军力量在山西对比发生了重大变化。

为了避免内战，保存抗日力量，并促进抗日民族统一战线工作的开展，5月初，中共中央决定抗日先锋军撤回河西，结束东征。从5月2日开始，毛泽东、彭德怀指挥抗日先锋军，分别从清水关、铁罗关西渡黄河，

---

① 中共中央文献研究室编：《毛泽东传》（1893—1949）（上），中央文献出版社1996年版，第382页。
② 中共中央文献研究室编：《毛泽东传》（1893—1949）（上），中央文献出版社1996年版，第383页。

至5月5日,全部返回陕北休整。

在东征作战中,红二十八军军长刘志丹于4月14日围攻三交镇时不幸牺牲。毛泽东为刘志丹题词:"群众领袖,民族英雄。"

东征历时75天,在军事上、政治上都取得了重大胜利。在军事上,共消灭敌人七个团,俘虏官兵4000余人,缴获各种枪4000余支、火炮20余门,迫使"进剿"陕北的阎锡山军撤回山西,恢复和巩固了陕北根据地的东部地区;有8000多名青壮年参加红军,壮大了红军力量;筹款30余万元,缓解了红军抗日经费缺乏的困难;部队经受了作战锻炼,取得了渡河作战宝贵经验,提高了战斗力。在政治上,宣传了中国共产党的抗日主张,激起了山西乃至全国人民的抗日救国热情,推动了山西乃至全国抗日民族统一战线工作的开展;在山西20多个县播下了抗日的种子,建立了一些抗日游击队和游击区,为以后开辟抗日根据地打下了基础。

5月5日,毛泽东、朱德以中华苏维埃人民共和国中央政府主席和中国人民红军革命军事委员会主席的名义,向南京国民政府及其海陆空军队发出《停战议和一致抗日通电》。通电表示:"我们愿意在一个月内与所有一切进攻抗日红军的武装队伍实行停战议和,以达到一致抗日的目的。"[①]

蒋介石对毛泽东、朱德的通电毫不理会,继续加紧对陕甘根据地的进攻,着手成立以陈诚为总指挥的晋陕绥宁四省边区"剿共"总指挥部。在陕甘根据地的东面和北面,有蒋介石的嫡系汤恩伯部两个师、阎锡山一个师又一个旅准备渡河入陕,协同陕北的井岳秀、高桂滋两个师,采取堡垒政策,向根据地腹部步步进逼。在陕甘根据地西部,蒋介石将宁夏马鸿逵、马鸿宾一部部署在陕甘宁边界地区。在陕甘根据地南部,蒋介石命令张学良东北军和杨虎城西北军向北进攻。但这时张、杨二人已同共产党建立初步的合作关系,不愿再与红军作战。

面对这种严峻的形势,中共中央于5月8日在延长县交口大相寺召开政治局扩大会议。毛泽东在会上作《目前形势与今后战略方针》报告。

[①] 《停战议和一致抗日通电》(1936年5月5日),中央档案馆编:《中共中央文件选集》(第十一册),中央党校出版社1991年版,第21页。

笔下起风雷　胸中百万兵
土地革命战争中的毛泽东

关于当前形势，毛泽东说：现在反日反法西斯的运动如暴风骤雨般地发展，工农商学兵各界都要抗日救亡。我们的任务，总的是建立全国人民的统一战线，战胜日本帝国主义和蒋介石；具体的政治任务，在目前是建立西北国防政府；口号是争取直接对日作战，以红军做先锋；对南京的态度，在我们方面是发一回师宣言，主张停战议和。

关于下一步的行动方向，毛泽东从政治、经济、军事等方面，对陕南、甘肃、陕北、宁夏四个方向作了比较，认为"甘肃是上述几条路的必由之路。地方虽不好，但有极重要的意义"。[①]

毛泽东还在报告中着重提出办红军政治学校的问题，认为要开展西北局面及全国大局面，没有大批干部是不行的。现在不解决这个问题，将来会犯罪。办一所红军大学来培养大批干部，以适应形势发展的需要。

会议确定当前的政治任务是建立西北国防政府，并作出红军西征的决定。

5月18日，毛泽东与周恩来、彭德怀发出西北革命军事委员会西征战役命令，决定以红一方面军第一军团、第十五军团和第八十一师、骑兵团组成西方野战军，彭德怀为司令员兼政治委员，进行西征战役，向陕、甘、宁三省边界地区发动进攻；以红二十九军、红三十军等和陕北地方部队牵制蒋介石、阎锡山的西渡部队以及陕北、渭北敌人；以红二十八军准备出陕南，同陈先瑞第七十四师会合，活动于陕、鄂、豫三省，调动并吸引蒋介石主力于该方面，使我主力易于在西方取得胜利。

西征红军先以红一军团为左路，红十五军团为右路，后来又以红二十八军、红八十一师、骑兵团为中路，于5月下旬至6月上旬相继出发。至7月底，三路红军给马鸿逵、马鸿宾等国民党军队以沉重打击，攻占了甘肃东部的阜城、曲子镇、环县、洪德城等地和陕西西北部，直到宁夏的盐池、豫旺、同心城一带，俘获人枪各2000余，开辟了纵横400余里的新根据地，并与陕甘老根据地连成一片。红军和地方武装都得到发展。从8月开始，西征红军在巩固新区的同时，继续发展胜利，并为迎接红二、红

[①] 中共中央文献研究室编：《毛泽东年谱》(1893—1949)(修订本)(上卷)，中央文献出版社2013年版，第540页。

东征战役经过要图（一）

1936年2月中旬—4月3日

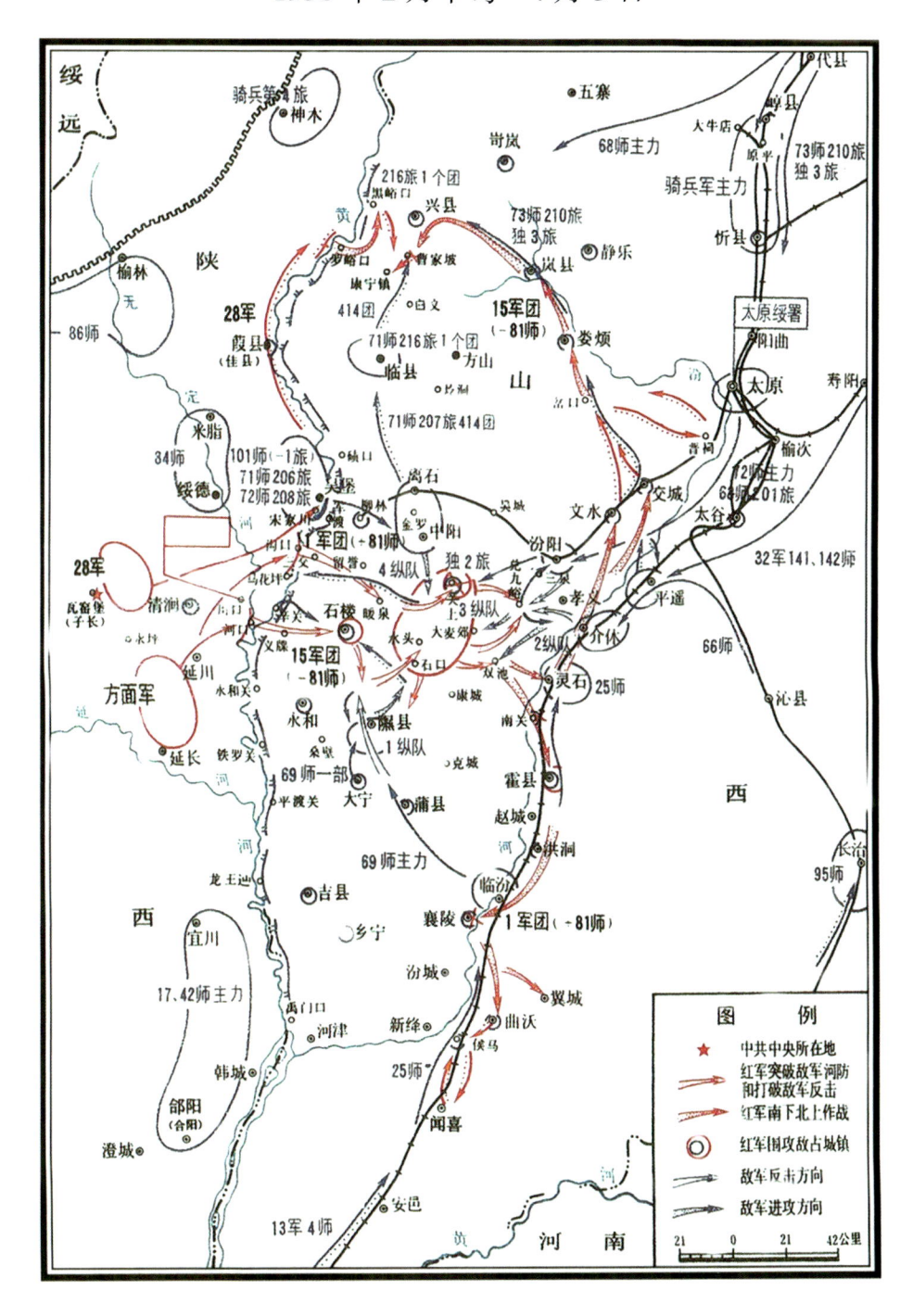

东征战役经过要图（二）

1936年4月4日—5月5日

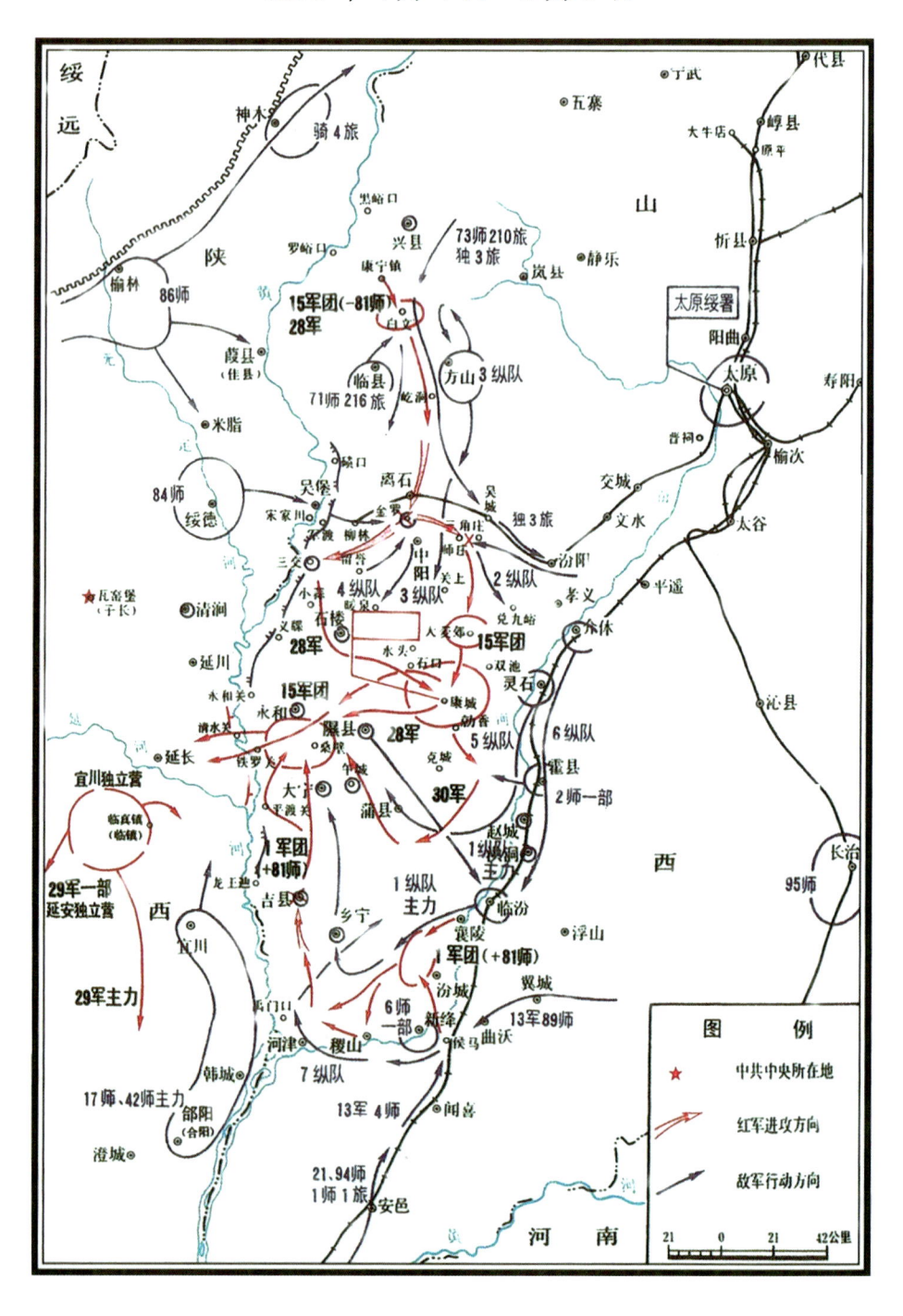

中国工农红军长征路线示意图（1934年10月—1936年10月）

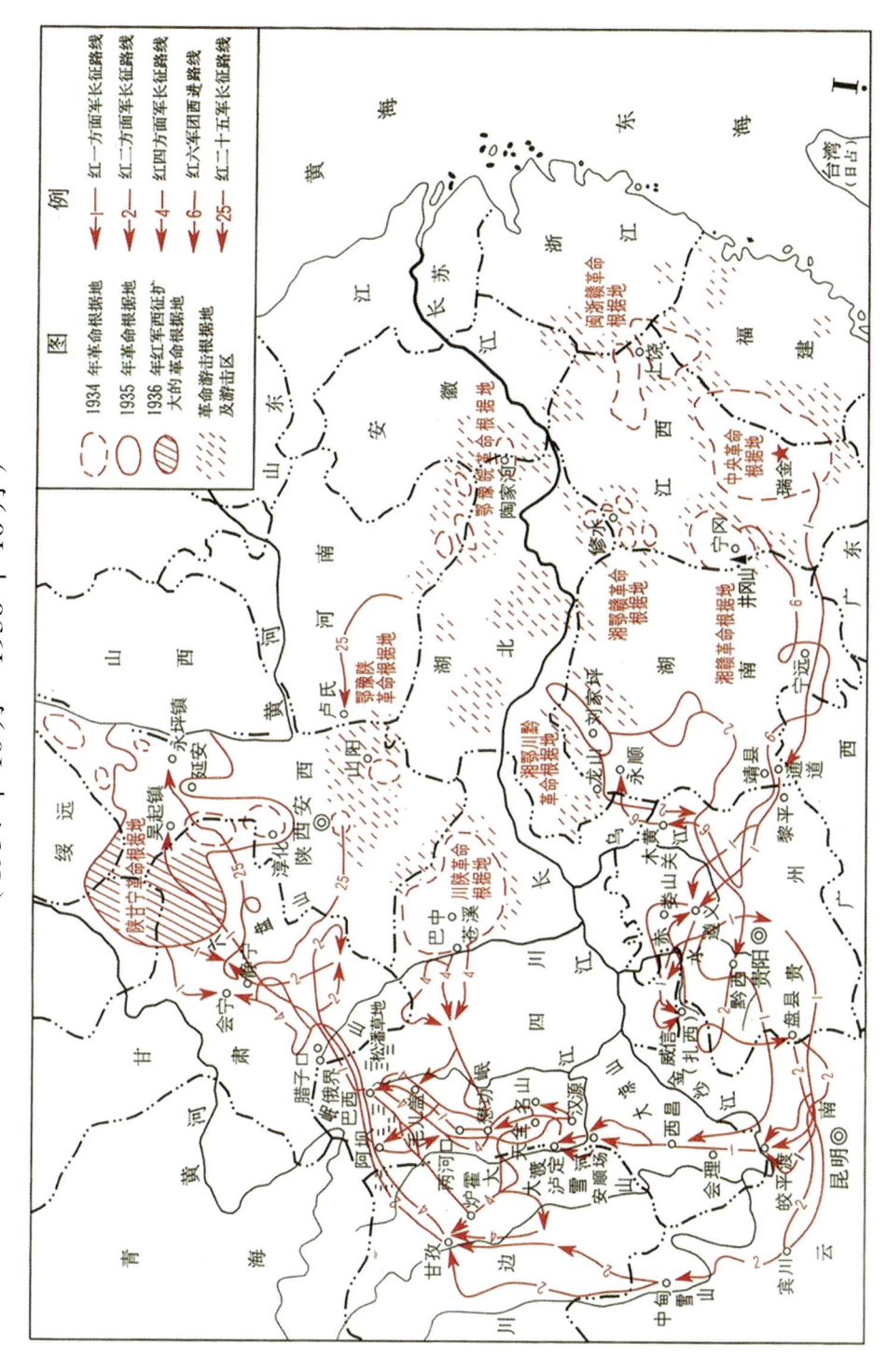

四方面军北上作积极准备。

西征的胜利，为红军三大主力会师打下了坚实的基础。

二、三军会师，迎接抗日高潮到来

三军大会师

张国焘坚持南下与中共中央分道扬镳后，中共中央在北上途中致电张国焘，命令他改变南下方针。但张国焘不听，反而于1935年9月13日在阿坝的格尔登寺大殿召开中共川康省委及红四方面军党的活动分子会议，批判中共中央北上"逃跑"。随左路军行动的朱德、刘伯承坚决拥护中央北上方针，反对南下，遭到张国焘及其追随者的反对、围攻。

9月15日，一意孤行的张国焘发布《大举南进政治保障计划》，不切实际地认为："当前的敌人是川敌残部，过去都是被主力红军打垮过，火力差，士气低落，战斗力薄弱，这使我们能顺利地消灭川敌残部。在南进地区内，人口稠密，好扩大红军，物产丰富，可充实红军物质上的供给，这就使我们能够顺利地在广大地区内建立巩固的根据地。"因而提出，"我们目前的战略方针是集中主力，大举向南进攻"；并认为"必须坚决执行党的进攻路线，反对右倾机会主义的逃跑路线，才能顺利完成我们南进的战略方针"。[①]

10月5日，张国焘在卓木碉（今马尔康脚木足）白赊喇嘛寺召开高级干部会议，公开宣布另立中央，打出了分裂主义的旗帜。会议通过的"决议"宣布："毛泽东、周恩来、博古、洛甫撤销工作，开除中央委员及党籍，并下令通缉。杨尚昆、叶剑英应免职查办。"[②]组织"中央委员

[①] 《大举南进政治保障计划》（1935年9月15日），中国工农红军第四方面军战史编辑委员会：《中国工农红军第四方面军战史资料选编》（长征时期），解放军出版社1992年版，第223页。

[②] 《张国焘另立"中央"的组织决议》（1935年10月5日于卓木碉），中国工农红军第四方面军战史编辑委员会：《中国工农红军第四方面军战史资料选编》（长征时期），解放军出版社1992年版，第230页。

会""中央政治局""书记处""军事委员会"。至此,张国焘的分裂活动,达到了登峰造极的地步。

张国焘的分裂活动遭到朱德、刘伯承等的坚决反对。在红四方面军中,也是不得人心的。

张国焘南下后,先后于10月、11月进行了绥(靖)崇(化)丹(巴)懋(功)战役和天(全)芦(山)名(山)雅(安)邛(崃)战役,取得了一些胜利,但自身也伤亡近万人。在百丈决战失利后,红四方面军不得不由战略进攻转为战略防御。

天全、芦山、宝兴、丹巴地区多为藏族聚居区和汉藏杂居区,情况非常复杂,加之历代反动政府长期的大汉族主义统治,民族之间的隔阂甚深,数万红军到此,又不可避免地形成"与民争粮"的矛盾。而藏族上层分子,不仅组织反动武装反对红军,而且利用一切机会煽动和威胁群众不与红军友好合作。因此,这一带无法形成一个巩固的根据地。同时,这里生产力落后,地广人稀,红军在此转战,兵员、物资给养的补充都无法满足要求。部队广大指战员食难果腹,衣难御寒。中共中央早就指出的"南下是绝路"得到了完全证实。

1936年2月,国民党重兵向天全、芦山地区大举进攻,张国焘被迫率部不断西撤,先后翻过夹金山、折多山等大雪山,于4月上旬到达甘孜、炉霍地区。这时,红四方面军只剩下4万余人,同南下时相比已损失过半。张国焘的南下方针宣告失败。

毛泽东和中共中央其他领导对处于困境之中的南下红军十分关心,不断将陕北胜利打开局面的情况告诉他们,争取他们早日重新北上。1935年12月2日,毛泽东和彭德怀向红四方面军领导人通报了直罗镇大捷的情况,说:"在中央正确领导下,粉碎了三次'围剿',正在猛烈扩大红军,猛烈发展苏区,准备迎接战斗的胜利。"[1]

但张国焘对毛泽东等的耐心劝告置若罔闻,竟然公开打出了另立"中央"的旗号,于12月5日致电彭德怀、毛泽东,狂妄地宣称:"此间已用

---

[1] 转引自中共中央文献研究室编:《毛泽东传》(1893—1949)(上),中央文献出版社1996年版,第392页。

第六章　开创中国革命新局面

党中央、少共中央、中央政府、中革军委、总司令部等名义对外发表文件，并和你发生关系。""你们应以党北方局、陕甘政府和北路军，不得再冒用党中央名义。""一、四方面军名义已取消。""你们应将北方局、北路军的政权组织状况报告前来，以便批准。"①

张国焘的"中央"没有得到共产国际首肯，这也是他心虚的原因之一。既然张国焘怕共产国际，那就借助共产国际的权威去同他斗争，以使他取消另立的"中央"。毛泽东接到张国焘的电报后，与张闻天、周恩来请从苏联回国的张浩承担这个任务。张浩毫不犹豫地站到中共中央这一边，欣然接受这个任务。

12月22日，张浩致电张国焘，在告知了自己回国后的任务后，表示："关于你们所提出的许多问题，当转交代表团及国际。"同时提出了解决全党统一的办法："可以组织中共中央北方局，上海局，广州局，满洲局，西北局，西南局等，根据各种关系，有的直属中央，有的可由驻莫中共代表团代管。"并认为"此或为目前使全党统一的一种方法"。②

一直坚决反对张国焘另立"中央"的朱德，得到张浩电报的消息后，为了知道更详细的情况，于12月30日致电毛泽东等转林育英（张浩——作者注）："育英同志电悉，我处与一、三军团应取密切联系，实万分需要，尤其是对敌与互相情报即时建立。"③

毛泽东已有四个多月没有听到朱德的消息，非常惦念随红四方面军南下的老战友，接到朱德电报，非常高兴，即在次日致电朱德，告知红一方面军到达陕北后的情况，并说："国际除派林育英来外，又有闫红雁（阎红彦——引者注）同志续来，据云中国党在国际有很高地位，被

---

① 《张国焘以"党团中央"名义致彭德怀、毛泽东电》（1935年12月5日），中国工农红军第四方面军战史编辑委员会：《中国工农红军第四方面军战史资料选编》（长征时期），解放军出版社1992年版，第286页。
② 《林育英关于维护党内团结、一致反对敌人等问题致张国焘电》（1935年12月22日），中国人民解放军历史资料丛书编审委员会：《红军长征·文献》，解放军出版社1995年版，第845—846页。
③ 《朱德关于与红一、三军密切联系互通情报致毛泽东等并转林育英电》（1935年12月30日），中国人民解放军历史资料丛书编审委员会：《红军长征·文献》，解放军出版社1995年版，第847页。

笔下起风雷　胸中百万兵
土地革命战争中的毛泽东

称为除苏联外之第一党，中国党已完成了布尔塞维克化，全苏欧、全世界都称赞我们的长征。"毛泽东还将瓦窑堡制定的抗日民族统一战线新策略的要点告诉朱德，指出"其主要口号为：民族统一战线，苏维埃人民共和国，国防政府，抗日联军，土地革命与民族革命相结合，国内战争与民族战争相结合"。①毛泽东这封电报为朱德提供了同张国焘分裂主义斗争的有力武器。

张浩与毛泽东商议后，于1936年1月16日以共产国际代表名义致电张国焘，说："共产国际派我来解决一、四方面军的问题，我已会着毛泽东同志，询问一、四方面军通电甚（少？），国际甚望与一、三军团建立直接的关系，我已带有密码与国际通电，兄如有电交国际，弟可代转。再者我经过世界七次大会，对中国问题有详细新的意见，准备将我所知道的向兄转达。"②同一天，中共中央秘书处将政治局瓦窑堡会议政治决议案内容摘要通过电报发给张国焘。

张国焘由于野心膨胀而完全昏了头，不顾革命大局，竟然在1月20日致电林育英："望告陕北同志，自动取消中央名义，党内争论请国际解决。"③

鉴于张国焘顽固不化，1月22日，中共中央政治局作出《关于张国焘同志成立第二"中央"的决定》，责令张国焘立即取消他所成立的"中央""中央政府""中央军委""团中央"，停止一切分裂活动，并决定在党内公布俄界会议通过的《中央关于张国焘同志的错误的决定》。

1月23日，从毛泽东的电报中比较详细地了解到陕北有关情况后，朱德按照张浩1935年12月22日电报中提出的解决党内统一的办法，致电张闻天："提议暂时此处以南方局，兄处以北方局名义行使职权，以共产国际

---

① 《毛泽东关于目前的形势致朱德电》(1936年1月1日)，中国人民解放军历史资料丛书编审委员会：《红军长征·文献》，解放军出版社1995年版，第848、849页。

② 《林育英关于国际委派解决红一、四方面军关系问题致张国焘电》(1936年1月16日)，中国人民解放军历史资料丛书编审委员会：《红军长征·文献》，解放军出版社1995年版，第851页。

③ 《张国焘坚持要中共中央取消中央名义致林育英电》(1936年1月20日)，中国人民解放军历史资料丛书编审委员会：《红军长征·文献》，解放军出版社1995年版，第852页。

代表团暂代中央职务，统一领导。"①朱德的提议不失为一种办法。双方都不以"中央"名义，以中共驻共产国际代表团名义代行中央职务，而陕北方面就可以和共产国际、中共驻共产国际代表团有联系，以传达共产国际指示的方式，让张国焘服从陕北的中共中央的命令。这个建议充分表现了朱德的智慧。

朱德的建议马上得到中共中央采纳，1月24日，张闻天致电朱德，告知："国际联络已成"，双方存在的争执，"可以从容解决"。张国焘"愿放弃第二党组织，则他事更好商量"。表示，"兄处仿东北局例，成立西南局，直属国际代表团，暂时与此间发生横的关系，弟等可以同意。原有之西北局、北方局、上海局、南方局的组织关系照旧，对内外均无不妥"。②在同一天，张浩致电张国焘、朱德："共产国际完全同意于中国共产党中央的政治路线，并认为中国党在共产国际队伍中，除联共外是属于第一位。中国革命已是世界革命伟大因素，中国红军在世界上有很高的地位，中央红军的万里长征是胜利了。"并说，"兄处可即成立西南局，直属代表团。兄等对中央的原则上的争论可提交国际解决"③。

张浩这个电报无疑给张国焘重重一击。张国焘骂中共中央北上是"逃跑"，林育英来电说共产国际同意中共中央的政治路线，并高度评价中央红军长征的胜利。张国焘另立"中央"，未得共产国际批准，本来心就虚，这下心更虚了。不仅如此，就连张国焘的追随者知道这个情况后，也开始转变态度，表示服从共产国际的决定。朱德和大家乘机做张国焘的工作。为了给张国焘一个台阶下，有的同志提出，可以接受张浩电报中提出的这里组成西南局，直属中共驻共产国际代表团的领导，暂与陕北党中央发生横的关系。这个过渡性的办法，得到了红四方面军领导层的赞同。

---

① 中国人民解放军历史资料丛书编审委员会：《红军长征·文献》，解放军出版社1995年版，第855页。
② 《张闻天关于党内统一问题复朱德电》（1936年1月24日），中国人民解放军历史资料丛书编审委员会：《红军长征·文献》，解放军出版社1995年版，第855页。
③ 《林育英关于共产国际完全同意中共中央的路线致张国焘、朱德电》（1936年1月24日），中国人民解放军历史资料丛书编审委员会：《红军长征·文献》，解放军出版社1995年版，第854页。

笔下起风雷　胸中百万兵
土地革命战争中的毛泽东

张国焘成了孤家寡人，只得于1月下旬在任家坝召开会议，讨论中共中央瓦窑堡会议决议要点。与会者在发言中均表示，应在新的策略路线的基础上，团结起来，一致对敌。张国焘除了表示同意中共中央的新策略外，还是百般为自己的错误辩解。

1月27日，张国焘致电林育英、张闻天，提出了对瓦窑堡会议决议的修正意见，并在同一天致电张浩、张闻天的另一封电报中表示：对瓦窑堡会议决议"在原则上完全同意"。为了找台阶下，他表示同意"由国际代表团暂代中央"。[①]

红二、红六军团在贺龙、任弼时等率领下，于1935年11月19日离开湘鄂川黔根据地开始长征，1936年1月中旬进入黔东石阡、镇原、黄平地区。由于国民党军从四面紧逼，部队又向黔西、大定（今大方）、毕节转移，在这里创建了根据地。2月底，鉴于周围敌人大兵压境，毕节地区活动范围狭小，给养困难，部队撤出，在乌蒙山区与敌展开回旋战。

3月28日、29日，红二、红六军团经过一个月的乌蒙山回旋战后，先后进占黔西南的盘县、亦资孔地区，准备在这一带建立根据地。就在这时，朱德、张国焘给贺龙、任弼时、关向应来电，要其渡金沙江北上。3月31日，红二、红六军团分两路从盘县、亦资孔地区北上。从4月25日起至28日止，红二、红六军团从云南丽江石鼓地段的渡口渡过金沙江。之后，部队翻越玉龙雪山经滇西北的中甸地区北上甘孜地区。

南下惨遭失败，红四方面军中广大干部、战士要求北上与中央会合的愿望及对分裂行为的不满情绪日益增长；朱德、刘伯承等的坚决斗争；红二、红六军团又即将前来甘孜会合。这些情况，迫使张国焘于6月6日宣布取消他成立的第二"中央"。

6月22日、30日，红六军团、红二军团先后到达甘孜地区，同红四方面军会合。7月1日，毛泽东、张浩、张闻天、周恩来、博古、彭德怀、王稼祥、林彪、凯丰等68名党政军领导人联名致电红四方面军和红二、红六

[①] 《张国焘关于原则上同意中央政治决议，主张以国际代表团暂代中央致林育英、张闻天电》（1936年1月27日），中国人民解放军历史资料丛书编审委员会：《红军长征·文献》，解放军出版社1995年版，第856、857页。

军团负责人,祝贺两军胜利会师。电报表示:"我们以无限的热忱庆祝你们的胜利的会合,欢迎你们继续英勇的进军,北出陕甘与一方面军配合以至会合,在中国的西北建立中国革命的大本营与苏联外蒙打成一片。"①

根据中共中央指示,7月5日,由红二、红六军团及原红四方面军的第三十二军编成红二方面军,贺龙任总指挥,任弼时任政治委员,萧克任副总指挥,关向应任副政治委员。

两军会合后,任弼时从张国焘处要来同中共中央联系的电报密码本,沟通了直接同陕北中共中央的电讯联系。此后,任弼时在维护党的团结统一,实现三大主力红军会师中起了重要作用。

在朱德、刘伯承、任弼时、贺龙、关向应的力争下,红二、红四方面军决定共同北上,从7月初开始,分左、中、右三个纵队北上同中共中央会合。

毛泽东得知红二、红四方面军北上的消息后,非常高兴,于7月22日同张浩、张闻天、周恩来、博古、彭德怀联名致电朱德、张国焘、任弼时:"我们正动员全部红军全苏区人民粉碎敌人之进攻,迎接你们北上。""待你们进至甘南适当地点时,即令一方面军与你们配合,南北夹击,消灭何柱国、毛炳文部,取得三方面军的完全会合,开展西北伟大的局面。"②

7月27日,经中共中央正式批准,成立中共中央西北局,张国焘任书记,任弼时任副书记,朱德、贺龙、关向应、徐向前、王震、陈昌浩等为委员,统一领导红二、红四方面军的北上行动。

考虑到北上过草地会遇到极大困难,7月28日,毛泽东同周恩来、彭德怀致电朱德、张国焘、任弼时,关切地问:"不知粮食够用否?目前确至何地?八月中旬可否出甘南?"又说,"西北统一战线有了进步,三个

---

① 《林育英张闻天毛泽东等庆祝二、四方面军胜利会师致朱德张国焘等电》(1936年7月1日),中央档案馆编:《中共中央文件选集》(第十一册),中共中央党校出版社1991年版,第48页。
② 《中共中央领导人关于红二、四方面军以迅速出甘南为有利致朱德、张国焘、任弼时电》(1936年7月22日),中国人民解放军历史资料丛书编审委员会:《红军长征·文献》,解放军出版社1995年版,第1084页。

笔下起风雷　胸中百万兵
土地革命战争中的毛泽东

方面军会合后，即能引起西北局面大变化，兄等行军情形盼时告"[①]。

7月底，红四方面军先头部队进占包座。8月1日，毛泽东、周恩来、彭德怀致电朱德、张国焘、任弼时："四方面军到包座略作休息，宜迅速北进。二方面军随后跟进到哈达铺后再大休息，以免敌人封锁岷西线，北出发生困难。"[②]同日，朱德、张国焘、任弼时复电毛泽东、张浩、张闻天、周恩来、博古，报告了红二、红四方面军的情况。

毛泽东接到朱德等人电报后，于8月3日复电："接八月一号电，为之欣慰。团结一致，牺牲一切，实现西北抗日新局面的伟大任务，我们的心和你们的心是完全一致的。""我们已将你们的来电通知全苏区红军，并号召他们以热烈的同志精神，准备一切条件欢迎你们，达到三个方面军的大会合。"[③]

红一方面军主力于8月底从豫旺堡、同心城、黑城镇地区南下迎接红二、红四方面军，先头部队在10月初进抵静宁、会宁地区。

蒋介石发现红军三大主力呈现即将会合的趋势后，于9月初调集胡宗南、王均、毛炳文三个军，企图抢占西安至兰州大道上的静宁、会宁、定西段，阻断红军三大主力会合的通道。按照蒋介石的命令，胡宗南先头部队火速北上，向这一地区推进。

要与敌人抢时间！毛泽东、周恩来等于9月15日、16日、17日连续致电朱德、张国焘等，要求红四方面军迅速占领西兰大道以界石铺为中心的静宁、会宁、定西段，否则，红一、红四方面军的联络将被切断。

9月16日至18日，中共中央西北局在岷州三十里铺开会，讨论红四方面军的行动问题。会议根据朱德、陈昌浩等多数人的意见，否定了张国焘的西进主张，肯定了北上同红一方面军会合的方针。9月18日晚8时，朱

[①] 转引自中共中央文献研究室编：《毛泽东传》（1893—1949）（上），中央文献出版社1996年版，第394—395页。
[②] 《对四方面军北上行动的指示》（1936年8月1日），甘肃省军区党史资料征集办公室：《三军大会师》（下册），甘肃人民出版社1987年版，第595页。
[③] 《关于欢迎三个方面军团结一致》（1936年8月3日），甘肃省军区党史资料征集办公室：《三军大会师》（下册），甘肃人民出版社1987年版，第596页。

第六章　开创中国革命新局面

德、张国焘、陈昌浩发布静宁、会宁战役纲领,作出各部队立即北进的部署。次日,朱德、张国焘、陈昌浩向中共中央报告了红四方面军向静会线开动的计划。

岷州会议结束后,张国焘带着他的警卫部队赶到漳县红四方面军前敌指挥部。朱德回到红军总部部署各部队北上行动。

张国焘很快就出尔反尔。他一到漳县红四方面军前敌指挥部,就违背中共中央指示和西北局决议,命令红四方面军撤离通渭等地,转头西渡黄河。朱德得知这个情况后,立刻向中共中央报告,表示坚决拥护原定的静会战役计划;致电张国焘,批评他擅自改变西北局的决定;下令红四方面军各部队暂停行动,并通知西北局成员速到漳县重开会议,再次讨论行动方针问题。

然而,张国焘不顾朱德的强烈反对,以西北局书记兼红军总政委之名,在会议上强行通过他的西进方案。会后,张国焘立刻命令红四方面军先头部队西向洮州进发,准备在兰州以西的永靖、循化一带北渡黄河,进入甘肃西北部。

毛泽东得知张国焘又要西进甘西北后,一方面争取他改变主意,另一方面在军事上作出努力,为不使胡宗南部占去先机,控制西兰大道,致电彭德怀:"加派有力部队南下,交一军团指挥,增加界石铺并分兵至隆静道游击。"[①]

张国焘的渡河西进计划遭到红二方面军领导人的反对。9月25日,贺龙、任弼时等致电朱德、张国焘、徐向前、陈昌浩,要求红四方面军暂停行动,等待中共中央的决定。

9月27日下午2时,毛泽东、周恩来、彭德怀致电朱德、张国焘、陈昌浩、徐向前并贺龙、任弼时、刘伯承,告知:"中央认为:我一、四两方面军合则力厚,分则力薄;合则宁夏、甘西均可占领,完成国际所示任务,分则两处均难占领,有事实上不能达到任务之危险。""四方面军仍

[①] 《毛泽东关于张国焘动摇北上方针致彭德怀、聂荣臻电》(1936年9月24日16时),中国工农红军第四方面军战史编辑委员会:《中国工农红军第四方面军战史资料选编》(长征时期),解放军出版社1992年版,第717页。

笔下起风雷　胸中百万兵
　土地革命战争中的毛泽东

宜依照朱、张、陈九月十八日之部署"①北上。

同一天，中共中央致电朱德、张国焘并告红一、红二、红四方面军首长，指示："四方面军应即北上与一方面军会合，从宁夏、兰州间渡河夺取宁夏、甘西。二方面军应暂在外翼箝〔钳〕制敌人，以利我主力之行动。一、二、四方面〈军〉首长应领导全体指战员发扬民族与阶级的英勇精神，一致团结于国际与中央路线之下，〈为〉完成伟大的政治任务而斗争。"②

根据中共中央的指示电，毛泽东、周恩来、彭德怀于9月27日晚6时再次致电朱德、张国焘、徐向前、陈昌浩："中央明令已下，请电令通渭部队仍回占通渭，其余跟进即北上。"③

就在这时，先头调查行军路线的徐向前从洮州以北当地群众那里得知，黄河对岸已进入大雪封山的季节，气候寒冷，道路难行。根据这样的地形、气候条件，徐向前认为渡河计划难以实现。他即返回洮州，向朱德、张国焘汇报了情况。

于是，中共中央西北局在洮州城一座天主教堂里召开会议，讨论中共中央的指示。洮州会议一致决定，放弃西渡计划。

从9月30日起，红四方面军各部队分五路纵队相继从岷州、漳县等地向通渭、庄浪、会宁地区前进。由于时间已延误了十天左右，使远道而来的敌胡宗南等部得以逼近这一地区，导致红军三大主力会合时西北地区的局势变得十分严峻，增加了许多原先没有预计到的困难。

面对敌情，毛泽东、周恩来、彭德怀命令红一方面军向南急进。10月2日，红十五军团独立支队抢在胡宗南等部之前袭占会宁县城，并于次日与赶来的红一军团第一师、第二师和红十五军团第七十三师，打退了敌人

---

① 《毛泽东、周恩来、彭德怀关于党中央对红四方面军行动讨论结果致朱德等电》（1936年9月27日），中国人民解放军历史资料丛书编审委员会：《红军长征·文献》，解放军出版社1995年版，第1154—1155页。
② 《中共中央关于红四方面军应即北上与红一方面军会合致朱总司令、张总政委电令》（1936年9月27日），中国人民解放军历史资料丛书编审委员会：《红军长征·文献》，解放军出版社1995年版，第1156页。
③ 《中革军委令四方面军迅速北上致朱德、张国焘等电》（1936年9月27日18时），中国工农红军第四方面军战史编辑委员会：《中国工农红军第四方面军战史资料选编》（长征时期），解放军出版社1992年版，第728页。

的反扑，牢牢控制了会宁城，为红军三大主力会师创造了条件。

10月7日，红一军团第一师、红十五军团第七十三师在会宁同红四方面军第四军会师。9日，朱德、张国焘、徐向前、陈昌浩率红军总部、红四方面军总指挥部和第四军、第三十一军到达会宁，同红一方面军会师。22日，贺龙、任弼时、关向应率领红二方面军总指挥部到达离兴隆镇不远的将台堡（与兴隆镇均属今宁夏回族自治区西吉县），同红一方面军的第一、第二师胜利会师。至此，历时两年的中国工农红军的长征胜利结束。

中共中央、中革军委、中华苏维埃中央政府为红军三大主力会合给全军发出贺电。贺电对全体指战员表示"热烈的敬意与欢跃的贺忱"，并说，"我们即刻就要进入新阶段了，这就是抗日民族革命战争的新阶段"。"我们要在这个新阶段中，树立全国人民的模范，树立抗日战线的模范，争取一切国民党军队加入抗日民族统一战线，开辟抗日前进道路，扩大抗日根据地，巩固抗日根据地，为保卫西北而战，保卫华北而战，保卫全国而战，为收复失地而战，为联合工农商学兵，联合各党各派各界各军，驱逐日本帝国主义出中国而战。"[①]

长征是中华民族历史、人类历史上罕见、无与伦比的军事行动。长征起始于党内"左"倾教条主义错误发展到顶点、党和红军处于生死存亡之时。遵义会议后，在以毛泽东为核心的新的党中央领导集体的领导下，战胜了国民党军重兵围追堵截，战胜了党内张国焘分裂主义，克服了自然界的千难万险，终于取得了举世闻名的伟大胜利。

长征的胜利，是中国革命转危为安的关键。毛泽东形象地指出："长征是宣言书，长征是宣传队，长征是播种机。"[②]它宣告了国民党围追堵截的破产，实现了红军战略大转移，宣传了中国共产党的政治主张，在沿途播下了革命的种子，鼓舞了广大人民群众。

长征是一次理想信念的伟大远征，是一次检验真理的伟大远征，是一

[①]《中共中央、中革军委、中华苏维埃中央政府为一、二、四方面军在甘肃境内会合给全军的贺电》，（1936年10月10日），中国工农红军第四方面军战史编辑委员会：《中国工农红军第四方面军战史资料选编》（长征时期），解放军出版社1992年版，第755、756页。

[②]《毛泽东选集》（第一卷），人民出版社1991年版，第150页。

次唤醒民众的伟大远征,是一次开创新局面的伟大远征。长征的胜利,充分表明中国共产党及其领导的中国工农红军是一支不可战胜的力量。

长征后保存下来的红军人数虽然不多,但这都是经过严峻考验和千锤百炼的骨干,是党极为宝贵的精华。毛泽东曾说过:"我们的军事力量在长征前曾经达到过三十万人,因为犯错误,后来剩下不到三万人,不到十分之一。重要的是在困难的时候不要动摇。三万人比三十万人哪个更强大?因为得到了教训,不到三万人的队伍,要比三十万人更强大。"[①]

长征使原先分割在各根据地的红一、红二、红四方面军和红二十五军会聚于西北高原,统一受党中央和中革军委指挥。这些身经百战的红军干部、战士,凝聚成一个强大的拳头,是党开创新局面,迎接抗日高潮到来的基础力量。

在三军大会师之时的10月10日,中共中央将西北军委恢复为中革军委,西北军委主席毛泽东即为中革军委主席。12月7日,中革军委主席团成立,毛泽东为主席团主席。也就是说,随着红军三大主力会师,长征胜利结束,毛泽东成为红军的最高统帅,全国所有红军的指挥者。

山城堡战役

红军三大主力在西北会师,对国民党在西北地区的统治造成严重威胁。因此,两年来一直千方百计围追堵截红军长征的蒋介石十分恐慌。他不甘心于自己的失败,立即调集几十万大军,组织"通渭会战",妄图将红军在西北地区一举歼灭。

已与共产党和红军建立了抗日民族统一战线关系的张学良不愿打内战,将这个计划完完整整通报给毛泽东、周恩来,并提议红军尽早进行宁夏战役,打通苏联。中共中央和中革军委在征求了各方面军领导人的意见后,决定提前执行宁夏战役计划,于10月11日发布《十月份作战纲领》,要求全军争取一个月的休整时间,部署迟滞南敌和进攻宁夏的准备工作,其中要求红四方面军以一个军迅速选择渡河地点,加速造船,准备渡过黄

[①] 《毛泽东文集》(第八卷),人民出版社1999年版,第174页。

河进入宁夏。

10月13日，毛泽东致电彭德怀："请按照十月作战纲领准备，作出宁夏战役计划纲要，与朱张面商后提出于军委。"①

朱德、张国焘率领红军总部在10月23日抵达打拉池，同先期到达的彭德怀会合，共同商讨由彭德怀拟订的宁夏战役计划。

彭德怀拟订的宁夏战役计划规定：由红一、红四方面军分两路西渡黄河夺取宁夏；红一方面军主力略取灵武、金积沿黄河南岸地区，而后渡河；红四方面军以第三十军、第四军渡河，控制黄河左岸，攻击中卫，吸引敌马鸿逵主力向中卫增援，以配合红一方面军行动。朱德、张国焘对彭德怀这个战役方案表示完全同意。

收到朱德、张国焘、彭德怀商讨过的宁夏战役计划后，毛泽东在24日晚12时复电同意。因国民党军胡宗南、毛炳文、王均等三个军和关麟征师已迅速北上，毛泽东在电报中强调指出："胡毛王关业占大道，如继续北进，而地形、给养条件又可能给以基本限制，则我处南北两敌之间，非击破南敌无法向北。""因此目前先解决问题是如何停止南敌。"②

10月25日凌晨，红三十军第二六三团渡河成功，很快，红三十军全部渡河。这时，敌胡宗南等部在飞机的掩护下向红军阵地猛扑，已先后占领会宁、通渭、静宁等地，向朱德、张国焘、彭德怀所在打拉池进逼。毛泽东与周恩来于当日致电朱德、张国焘、彭德怀及贺龙、任弼时、徐向前、陈昌浩，指出："根据敌向打拉池追击及三十军已渡黄河的情况，我们以为今后作战，第一步的重点应集中注意力击破南敌，停止追击之敌。我处南北两敌之间，北面作战带阵地战性质，需要准备两个月时间。不停止南敌，将使尔后处于不利地位。第二步重点集中注意力于向北。"③但张国焘对重点击破南敌缺乏信心，虽表示同意毛泽东的部署，但又不断提出异议。

26日，红九军经中革军委同意渡过黄河。徐向前、陈昌浩率红四方面军总部一起渡河，指挥作战。27日，朱德、张国焘致电徐向前、陈昌浩，

---

① 《毛泽东军事文集》（第一卷），军事科学出版社、中央文献出版社1993年版，第627页。
② 《毛泽东军事文集》（第一卷），军事科学出版社、中央文献出版社1993年版，第632页。
③ 《毛泽东军事文集》（第一卷），军事科学出版社、中央文献出版社1993年版，第634页。

笔下起风雷　胸中百万兵
土地革命战争中的毛泽东

转达中革军委指示，并说："四方面军除三十、九两军及指挥部已过河外，其余各部应停止过河。"[①]30日，国民党军关麟征师向靖远突进。看守渡口的红五军无法向打拉池靠拢，就奉朱德、张国焘的命令，也撤到河西，看守船只，休整待命。

为了加强对各部红军的统一指挥，中革军委于28日任命彭德怀为前敌总指挥兼政治委员，刘伯承为参谋长。当日，毛泽东、周恩来复电红军总部和红二、红四方面军首长，同意彭德怀提出的海（原）打（拉池）战役计划。由于事关重大，毛泽东于29日致电彭德怀，对与胡宗南部作战作出具体部署，特别强调："实行打时要在有利地形条件下，首战限于打两个师，并首先歼灭其一个师。不合此条件时再退一步，总以胜仗为目的。"[②]

根据此电，彭德怀在30日下达海打战役计划，规定红一方面军六个师、红四方面军第三十一军准备从东西两面歼灭胡宗南先头部队一个至两个师；其余部队钳制毛炳文、王均两部。但张国焘却命令红四方面军在黄河以东的第四、第三十一军调离前敌总指挥部指定的作战位置，致使海打战役计划未能落实。10月31日，敌人各部占据了有利位置，红军不得不放弃海打战役计划，主力由打拉池向东转移。

海打战役计划未能实现，前敌总指挥部为贯彻中革军委继续争取实现夺取宁夏的计划，又在11月1日作了新的部署：为坚决打击胡宗南部消灭其两三个师，停止其向红军的追击，集中红一方面军，红四方面军的第三十一、第四军，红二方面军，由前敌总指挥统一调遣，在海打大道以北寻求战役机动，打击胡敌；同时，由红军总部电令河西方向徐向前、陈昌浩指挥的红五、红九、红三十军即在一条山、五佛寺、眼井堡、红水一带，乘胜向中卫方向相机进取，在不攻坚的条件下，消灭马家军。河东红军主力在麻春堡、关桥堡地区设伏诱歼胡宗南部，未达目的。而这时敌人已进至靖远、打拉池、中卫等地，打通了增援宁夏的通路，河东红军主力与河西徐向前、陈昌浩指挥的三个军联络被隔断了。这样，宁夏战役计划

[①] 《朱德、张国焘关于执行击破南敌停止其追击计划致徐向前、陈昌浩并报毛泽东、周恩来电》（1936年10月27日5时）。
[②] 《毛泽东军事文集》（第一卷），军事科学出版社、中央文献出版社1993年版，第636页。

便无法实现了。

孤悬河西的红四方面军三个军21800人，虽然控制了一条山地区，奋战十多日，但这一带的地形和生存条件十分不利，部队难以停留。11月2日，徐向前、陈昌浩致电朱德、张国焘并毛泽东、周恩来，请示行动方针，建议："若主力不能迅速渡河"，"我方决先向大靖、古浪、平番、凉州行，而后带〔待〕必要时，再转来接主力过河"。[①]次日，毛泽东、周恩来致电朱德、张国焘和徐向前、陈昌浩，指示：河西部队"主力西进占领永登、古浪之线，但一条山、五佛寺宜留一部扼守，并附电台，以利交通及后方行动"。[②]6日，徐向前、陈昌浩等向中革军委提出平（番）、大（靖）、古（浪）、凉（州）战役计划，7日又向中革军委建议组织党的西北前敌委员会和军委西北分会。

11月8日，毛泽东、张闻天、周恩来、博古、张浩等根据情况的变化，放弃了宁夏战役计划，提出了一个新的战略计划设想，其主要内容为：三个方面军主力11月继续在现地区作战，并以一部兵力佯示红军欲渡黄河，引敌北进宁夏。12月上旬后，红一方面军主力、红二方面军组成南路军，以红四方面军第四、第三十一军组成北路军，分别经陇东进陕西，于适当时机再渡河入晋，寻求直接对日作战，或在晋、冀、鲁、豫、皖、鄂、陕、甘等省机动作战，扩大党的政治影响，扩大红军，争取同南京政府订立共同的抗日协定。徐向前、陈昌浩指挥的已渡过黄河的红三十、红九、红五军组成西路军，在河西创立根据地，以直接打通苏联为任务，准备以一年完成之。

从这个计划出发，毛泽东、张闻天对此前徐向前、陈昌浩关于河西部队领导机构的建议基本同意，提议"河西部队称西路军，领导机关称西路军军政委员会，管理军事、政治与党务，以昌浩为主席向前为副"[③]，于11月8日电报征求朱德、张国焘的意见。11月10日，朱德、张国焘致电

---

① 《徐向前、陈昌浩请示行动方针致中央军委电》（1936年11月2日），中国人民解放军总参谋部通信部编研室：《中国工农红军第四方面军战史资料选编·长征时期》，解放军出版社1992年版，第859页。
② 《毛泽东军事文集》（第一卷），军事科学出版社、中央文献出版社1993年版，第643页。
③ 《毛泽东军事文集》（第一卷），军事科学出版社、中央文献出版社1993年版，第656页。

笔下起风雷　胸中百万兵
土地革命战争中的毛泽东

张闻天，表示完全同意。11日，中共中央、中革军委致电红四方面军领导人，令河西部队称"西路军"，领导机关称"西路军军政委员会"，以陈昌浩为主席，徐向前为副主席。自此，西路军开始独立作战。

按照新的战略计划，红军主力于11月12日从同心城、王家团庄、李旺堡之线开始东移。至15日，红四方面军的第三十一、第四军分别移至萌城、甜水堡和石堂岭附近地区待机；红一方面军的第一军团、第十五军团、第八十一师移至环县以西地区。

胡宗南第一军仗着是蒋介石的嫡系，武器装备精良，孤军深入，分三路向豫旺县进攻。

胡宗南部孤军深入，使原先海打战役计划消灭其部一个至两个师的战机再度出现。军委主席团根据敌情及红军前敌总指挥部的建议，于11月15日向朱德、张国焘、彭德怀、贺龙、任弼时发出关于红军在豫旺县、洪德城间消灭敌军及作战部署的指示。军委主席团认为：敌占豫旺县后有继续追击可能，红军主力应在豫旺、洪德城间各个击破该敌。而以洪德城为中心，豫旺、盐池、环县三角地区最有利于红军作战，为此，军委主席团作出如下部署："一、四、十五、三十一共四个军，应即在豫旺县城以东，向山城堡靠近，集结全力准备打一仗，消灭敌之北路纵队。二方面军在环县附近休息，准备作打第二仗主力。"①军委主席团的指示还规定，各兵团作战由彭德怀统一指挥。11月16日，红军各参战部队开始向山城堡南北地区集结。

11月18日，毛泽东、朱德、张国焘、周恩来、彭德怀、贺龙、任弼时联名下达《关于粉碎蒋介石进攻的决战动员令》，指出：

从明日起粉碎蒋介石进攻的决战，各首长务须以最坚决的决心，最负责的忠实与最吃苦耐劳的意志去执行。而且要谆谆告诉下级首长转告全体战斗员，每人都照着你们的决心、忠忱与意志，服从命令，英勇作战，克服任何的困难，并准备连续的战斗，因为当前的这一个

---

① 《中央军委主席团关于我军在豫旺堡、洪德城消灭敌军及作战部署的指示》（1936年11月15日），甘肃省军区党史资料征集办公室：《三军大会师》（下册），甘肃人民出版社1987年版，第648、649页。

战争，关系于苏维埃，关系于中国，都是非常之大的，而敌人的弱点我们的优点又都是很多的。我们一定要不怕疲劳，要勇敢冲锋，多捉俘虏，多缴枪炮，粉碎这一进攻，开展新的局面，以作三个方面军会合于西北苏区的第一个赠献给胜利的全苏区的人民的礼物。

红军胜利万岁！

苏维埃胜利万岁！

抗日民族战争万岁！[①]

11月19日，毛泽东致电彭德怀，指示："我军先打其右路丁师。对孔周似宜让其北进数十里，然后坚决扼阻之，以便我军消灭丁师后，向其周孔之侧后打去。"[②]红军前敌总指挥部根据毛泽东的指示，决定求歼胡宗南部右路向山城堡前进的第七十八师，命令各部迅速到指定位置构筑工事，待机歼敌。

为了使胜利建立在更加有把握的基础上，11月20日凌晨5时，毛泽东又致电彭德怀，告知："敌现陷在困难之中，遵蒋令由保宁堡改向定盐，解决给养，控制战略要屯，其主力进路必经红柳沟，但丁师有经山城堡、青岗峡向定边之可能。"指示："我以集结四个军从其右侧打去最好，四军则从正面吸引之。""打时以首先消灭其一个师取得胜利后，再打第二仗为原则。"[③]

这时，周恩来代表中共中央到前线慰问部队，应彭德怀的要求，留下共同指挥作战。

11月20日，敌左路第一旅进占红井子，第九十七师跟进到大水坑；中路第二旅撤回豫旺县整理，第四十三师接任中路，向保宁堡前进；右路第七十八师进占山城堡、小台子、凤台堡等地，并派出两个连沿山城堡至洪德城大道向南侦察，在八里铺以南遭红一军团一部的伏击，大部被歼，残余逃回山城堡。

---

① 《关于粉碎蒋介石进攻的决战动员令》(1936年11月18日)，甘肃省军区党史资料征集办公室：《三军大会师》(下册)，甘肃人民出版社1987年版，第651页。
② 《毛泽东军事文集》(第一卷)，军事科学出版社、中央文献出版社1993年版，第667页。
③ 《毛泽东军事文集》(第一卷)，军事科学出版社、中央文献出版社1993年版，第669页。

笔下起风雷　胸中百万兵
土地革命战争中的毛泽东

敌第七十八师已钻入红军预先布置好的"口袋"，红军前敌总指挥部决定迅速发起歼敌战斗，而后再向北横扫敌中路第四十三师等部，具体作战部署为：以红一军团第二师协同红十五军团向山城堡西北的哨马营方向进攻，截断敌之退路；红一军团第一师和第四师由山城堡以南向北进攻；红三十一军一部由山城堡以北向南进攻；红四军由山城堡东南向西北进攻。

战斗从11月21日黄昏开始，一直打到第二天上午结束。经过激烈的战斗，红军将敌第七十八师第二三二旅及第二三四旅的两个团全部歼灭。与此同时，胡宗南派向盐池方向进攻的另外几个师被红二十八军击溃，迫使胡宗南部全线退至大水坑、萌城、甜水堡及其以西地区，从而停止了其对红军的进攻。

山城堡大捷传来，中共中央、中华苏维埃中央政府、中革军委立即于当日发出通令，将红军在山城堡打的第一个大胜仗、消灭胡宗南部一个多旅的消息通告全体红军将士、全苏区人民，指出："这个胜利是粉碎蒋介石全部进攻的开始。"号召："我全体红军战士要更加团结起来，吃苦耐劳，执行命令，勇敢作战。我全苏区人民要帮助红军输送粮食，转运伤兵，搬运胜利品。白军来时，用坚壁清野对付之。为保卫抗日根据地而战，为扩大抗日根据地而战，为消灭全部进攻之敌而战。"[①]

山城堡战役是红军三大主力会师后，以毛泽东为主席的中革军委主席团统一指挥，取得的第一次重大军事胜利，也是长征胜利结束的最后一仗。山城堡战役的胜利，是中共中央、中革军委英明决策，红军各部队团结一致、英勇作战的结果。这一仗，充分体现了毛泽东的军事思想，挫败了蒋介石的军事进攻，稳定了陕甘宁根据地的局面。

总结历史经验

瓦窑堡会议确定建立抗日民族统一战线策略后，中共中央派刘少奇到华北，恢复、整顿和重建华北各地党组织，迅速打开了局面。

1936年上半年，中共中央和中共驻共产国际代表团先后派冯雪峰、潘

[①]《为各方面军歼胡敌一旅通电》（1936年11月22日），甘肃省军区党史资料征集办公室：《三军大会师》（下册），甘肃人民出版社1987年版，第652页。

汉年到上海,与那里的党组织重新建立联系,积极开展统一战线工作。5月,爱国人士宋庆龄、沈钧儒、邹韬奋、陶行知、章乃器等发起成立全国各界救国联合会,主张"停止内战,一致抗日"。

在西北地区,党对以张学良东北军和杨虎城西北军的统一战线工作取得突破性进展。到1936年上半年,红军和东北军、西北军之间,实际上已经停止敌对行动。到这年冬天,西北抗日民族统一战线进一步扩大,西北大联合的局面初步形成。

与此同时,党还注意开展同各地地方实力派统一战线工作,如山西的阎锡山、绥远的傅作义、山东的韩复榘、四川的刘湘、广西的李宗仁和白崇禧、云南的龙云等。至1936年12月以前,中国共产党与晋、绥、察、冀、滇、桂、川、新、甘、陕等省的地方实力派之间已初步建立了联系,从而为形成广泛的统一战线,为全民族抗战局面形成创造了条件。

但在这时,蒋介石"攘外必先安内"的方针并没有根本改变。1936年12月4日,蒋介石亲赴西安,逼迫张学良、杨虎城率部"剿共"。张学良、杨虎城在向蒋介石提出抗日的要求被拒绝后,于12月12日凌晨采取了"兵谏",扣留了蒋介石,并通电全国,提出停止内战、一致抗日等八项主张,此即震惊中外的西安事变。

西安事变发生后,中共中央以民族团结抗日的大局为重,独立自主地确定了用和平解决事变方针。中共中央代表周恩来与张学良、杨虎城共同努力,经过谈判,迫使蒋介石作出"停止剿共,联红抗日"的承诺。

西安事变的和平解决,成为时局转换的枢纽,对促进以国共两党合作为基础建立抗日民族统一战线起到了重要作用。从此,十年内战的局面基本结束,国内和平初步实现。在抗日的前提下,国共两党实行第二次合作已成为不可抗拒的大势。

当全国抗日战争即将来临的时候,党在积极促成抗日民族统一战线、作好抗战准备的同时,还系统总结党的历史经验,加强思想理论建设,提高干部的马列主义水平,用马列主义基本原理与中国革命具体实践相结合的思想武装全党,清除主观主义特别是教条主义的影响,以便使党能够在国共合作抗战的复杂环境中,正确解决各种问题。在这方面,毛泽东花了

笔下起风雷　胸中百万兵
土地革命战争中的毛泽东

很大力气，从1936年底至1937年夏，先后写出《中国革命战争的战略问题》《实践论》《矛盾论》等重要著作，并就其内容在红军大学（1937年1月改称"抗日军事政治大学"）作了一系列讲演。

还在1936年3月的红军东征中，中共中央政治局在晋西开会讨论李德战略问题意见书时，许多人在发言中批评李德的错误主张，并作出决议，由毛泽东写战略问题决定。这件事促使毛泽东下决心系统总结党在土地革命时期军事斗争的经验教训，写出一本军事专著来。

毛泽东通过各种渠道从国民党统治区购买到一批军事著作。他反复精读马克思主义军事著作，认真研究德国军事理论家克劳维茨的《战争论》，以及日本人写的关于外线作战的书籍，并研读了中国古代著名军事著作《孙子兵法》。他还组织一些富有作战实际经验的干部一起，联系中国革命实际来研究和讨论这些军事理论问题。

经过认真、充分的准备，毛泽东将中国革命战争中积累起来的丰富经验上升为理论，写成《中国革命战争的战略问题》这部著作。

在这部著作中，毛泽东在第一章系统阐明了中国革命战争规律。他认为，战争是有规律的，认识战争规律非常重要，这是任何指导战争的人不能不研究和不能不解决的问题；革命战争的规律，这是任何指导革命战争不能不研究和不能不解决的问题；中国革命战争的规律，这是任何指导中国革命战争的人不能不研究和不能不解决的问题。中国共产党从事的是革命战争，是在中国这个半殖民地半封建的国度进行的，"因此，我们不但要研究一般战争的规律，还要研究特殊的革命战争的规律，还要研究更加特殊的中国革命战争的规律"。[1]

毛泽东批评了照搬旧中国军事学校出版的那些军事条令、苏联内战的指导规律和苏联军事机关颁布的军事条令的军事教条主义者，也批评了那些主张学北伐战争的长驱直入和夺取大城市战法的经验主义者，指出："现实战争的情况已经变化了。""我们应该按照现实的情况规定我们自己的东西。""一切战争指导规律，依照历史的发展而发展，依照战争的

---

[1]《毛泽东选集》（第一卷），人民出版社1991年版，第171页。

发展而发展；一成不变的东西是没有的。"[①]

关于战争的目的，毛泽东认为，战争的目的在于消灭战争。他将战争分为正义和非正义两种，一切反革命战争都是非正义的，一切革命战争都是正义的。中国共产党人是拥护正义战争反对非正义战争的。我们研究革命战争的规律，出于我们要求消灭一切战争的志愿，这是区别我们共产党人和一切剥削阶级的界限。

那么，战略问题是什么呢？毛泽东指出：战略问题是研究战争全局的规律的东西。他认为，研究带全局性的战争指导规律，是战略学的任务；研究带局部性的战争指导规律，是战役学和战术学的任务。他要求战役指挥员和战术指挥员了解某种程度的战略上的规律。因为懂得了全局性的东西，就更会使用局部性的东西，局部性的东西是隶属于全局性的东西。学习战争全局的指导规律，是要用心去想一想才行。因为全局的东西，眼睛看不见，只能用心思去想一想才能懂得，不用心思去想，就不会懂得。但全局是由局部构成的，有局部经验的人，有战役战术经验的人，如肯用心去想一想，就能够明白那些更高级的东西。能够把战争或作战的一切重要的问题，都提到较高的原则性上去解决。达到这个目的，就是研究战略问题的任务。

毛泽东告诉大家：为什么要组织红军？因为要使用它去战胜敌人。为什么要学习战争规律？因为要使用这些规律于战争。他认为，学习不是容易的事情，使用更加不容易。他强调指出：战争学问在讲堂上，或在书本中，很多人讲得头头是道，但在实际战斗中却有胜负之分。那么，关键在哪里呢？在于熟识敌我双方各方面的情况，找出其行动规律，并应用这些规律在自己的作战行动中，在于把主观和客观二者之间很好地符合起来。

针对红军中不少指挥员并没有上过军校，毛泽东指出："没有进学校机会的人，仍然可以学习战争，就是从战争中学习。革命战争是民众的事，常常不是先学好了再干，而是干起来再学习，干就是学习。从'老百姓'到军人之间有一个距离，但不是万里长城，而是可以迅速消灭的，干

[①] 《毛泽东选集》（第一卷），人民出版社1991年版，第172、173—174页。

笔下起风雷　胸中百万兵
土地革命战争中的毛泽东

革命，干战争，就是消灭这个距离的办法。说学习和使用不容易，是说学得彻底，用得纯熟不容易。说老百姓很快可以变成军人，是说此门并不难入。把二者总合起来，用得着中国一句老话：'世上无难事，只怕有心人。'入门既不难，深造也是得到的，只要有心，只要善于学习罢了。"①

在这部著作的第二章，毛泽东将中国共产党领导的中国革命战争分1924年至1927年和1927年至1936年两个阶段，从宏观的视野总结了经验教训。他深刻指出："过去的革命战争证明，我们不但需要一个马克思主义的正确的政治路线，而且需要一个马克思主义的正确的军事路线。""历史告诉我们，正确的政治的和军事的路线，不是自然地平安地产生和发展起来的，而是从斗争中产生和发展起来的。一方面，它要同'左'倾机会主义作斗争；另一方面，它又要同右倾机会主义作斗争。不同这些危害革命和革命战争的有害的倾向作斗争，并且彻底克服它们，正确路线的建设和革命战争的胜利，是不可能的。"②

在第三章中，毛泽东分析论述了中国革命战争的特点。他认为，中国革命战争有四个主要特点：1.中国是一个政治经济发展不平衡的半殖民地的大国，而又经过1924年至1927年的革命；2.敌人的强大；3.红军的弱小；4.共产党的领导和土地革命。这些特点规定了中国革命战争的指导路线及许多战略战术原则。第一个特点和第四个特点，规定了中国红军的可能发展和可能战胜其敌人。第二个特点和第三个特点，规定了中国红军的不可能很快发展和不可能很快战胜其敌人，即规定了战争的持久，而且如果弄得不好的话，还可能失败。中国革命战争的两方面，既有顺利的条件，又有困难的条件，这是中国革命战争的根本规律，许多规律都是从这个根本规律发生出来的。

毛泽东指出，十年的土地革命战争史证明了这个规律的正确性。这个规律正确规定战略方向，进攻时反对冒险主义，防御时反对保守主义，转移时反对逃跑主义；反对红军的游击主义，却又承认红军的游击性；反对

---

① 《毛泽东选集》（第一卷），人民出版社1991年版，第181页。
② 《毛泽东选集》（第一卷），人民出版社1991年版，第186页。

战役的持久战和战略的速决战,承认战略的持久战和战役的速决战;反对固定的作战线和阵地战,承认非固定的作战线和运动战;反对击溃战,承认歼灭战;反对战略方向的两个拳头主义,承认一个拳头主义;反对大后方制度,承认小后方制度;反对绝对的集中指挥,承认相对的集中指挥;反对单纯的军事观点和流寇主义,承认红军是中国革命的宣传者和组织者;反对土匪主义,承认严肃的政治纪律;反对军阀主义,承认有限制的民主生活和有权威的军事纪律;反对不正确的宗派主义的干部政策,承认正确干部政策;反对孤立政策,承认争取一切可能的同盟者;反对把红军停顿于旧阶段,争取红军发展到新阶段。

上述战略战术原则的正确解决,都是由十年土地革命战争血战的经验教训得来的。

在第四章中,毛泽东论述了"围剿"和反"围剿",指出,这是中国内战的主要形式。从游击战争开始的一天起,任何一个独立的红色游击队或红军的周围,任何一个革命根据地周围,经常遇到敌人的"围剿"。敌人总是跟着红军,而且总是把它围起来。这种形式,过去十年是没有变化的,如果没有民族战争代替国内战争,那么,直到敌人变成弱小者,红军变成强大者那一天为止,这种形式是不会变化的。十年的红军战争史,就是一部反"围剿"史。

敌人的"围剿"和红军的反"围剿",互相采用进攻和防御这两种战斗形式,这是古今中外的战争没有两样的。然而,中国内战的特点,则在二者的长期反复。在一次"围剿"中,敌人以进攻反对红军的防御,红军以防御反对敌人的进攻,这是反"围剿"战役的第一个阶段。敌人以防御反对红军的进攻,这是反"围剿"战役的第二阶段。"围剿"和反"围剿",是战争形式的反复。敌以进攻对我防御、我以防御对敌进攻的第一阶段,和敌以防御对我进攻、我以进攻对敌防御,是每一次"围剿"中战斗形式的反复。"左"倾机会主义者否认"围剿"反复这一规律,给中国革命以很大的损失。

毛泽东批评了那种认为红军根本不应该采取防御手段的意见,认为这种意见完全是不正确的。他说,革命和革命战争是进攻的,这种说法当然

笔下起风雷 胸中百万兵
土地革命战争中的毛泽东

有它正确的一面。革命和革命战争从发生到发展,从小到大,从没有政权到夺取政权,从没有红军到创造红军,从没有革命根据地到创造革命根据地,总是要进攻的,是不能保守的,保守主义的倾向是应该反对的。革命和革命战争是进攻的,但是也有防御和后退,这种说法才是完全正确的。为了进攻而防御,为了前进而后退,为了向正面而向侧面,为了走直路而走弯路,是许多事物在发展过程中不可避免的现象。上述两个论断中的前一论断,在政治上可以说是对的,移到军事上就不对了;只有后一论断,才是全部正确的真理。

在第五章中,毛泽东围绕战略防御题目,以红军战争中活生生的事例论述了积极防御和消极防御、反"围剿"的准备、战略退却、战略反攻、反攻开始问题、集中兵力问题、运动战、速决战、歼灭战等九个问题,揭示了红军反"围剿"战争各个阶段应采取的战略和战术。

在"积极防御和消极防御"中,毛泽东指出,我们在十年战争中,对于战略防御问题,常常发生两种偏向,一种是轻视敌人,另一种是为敌人所吓倒。轻视敌人典型的例子如1932年鄂豫皖根据地第四次反"围剿",张国焘所谓"国民党偏师"说,结果导致红军受到严重损失;被敌人吓倒典型的例子如中央苏区第五次反"围剿",丧失了苏区,中央红军主力不得不战略转移。他认为,"左"倾轻敌错误是被敌人吓倒错误的先行。1932年进攻中心城市的军事冒险主义,正是后来对付敌人第五次"围剿"中采取消极防御路线的根源。

毛泽东指出:"积极防御,又叫攻势防御,又叫决战防御。消极防御,又叫专守防御,又叫单纯防御。消极防御实际上是假防御,只有积极防御才是真防御,才是未来反攻和进攻的防御。据我所知,任何一本有价值的军事书,任何一个比较聪明的军事家,而且无论古今中外,无论战略战术,没有不反对消极防御的。只有最愚蠢的人,或则最狂妄的人,才捧了消极防御当法宝。"[①]

在"反'围剿'的准备"中,毛泽东认为,对于敌人的一次有计划的

---

① 《毛泽东选集》(第一卷),人民出版社1991年版,第199页。

"围剿",如果没有必要的、充分的准备,必然陷于被动。他指出,准备阶段的主要问题,是红军准备退却,政治动员,征集新兵,财政和粮食准备,政治异己分子的处置,等等。他对如何做好这些工作,一一作了具体论述。

在"战略退却"中,毛泽东说:"战略退却,是劣势军队处在优势军队进攻面前,因为顾到不能迅速地击破其进攻,为了保存军力,待机破敌,而采取的一个有计划的战略步骤。"[①]他批评了第五次反"围剿"中"左"倾军事冒险主义者"御敌于国门之外"的错误主张。为了说明这个问题,他先是举出《水浒传》中林冲与柴进家的洪教头比武的例子,说洪教头开始不断进攻,林冲在退让中看出洪教头的破绽,一脚踢翻了洪教头;后又举了春秋时期"曹刿论战"的例子,说鲁庄公起初不待齐国军队疲惫就要出战,被曹刿阻止了,采取了"敌疲我打"的方针,打胜了齐军,创造了中国战史中弱军战胜强军的有名战例。他强调了在强敌面前,战略退却的必要性,因为处在强敌面前,若不退让一步,则必危及军力保存。战略退却的全部作用,在于转入反攻。

在"战略反攻"中,毛泽东指出,战胜绝对优势敌人的进攻,依靠于战略退却阶段所造成的、有利于我不利于敌的、比较敌人开始进攻时起了变化的形势。然而,有利于我不利于敌的条件和形势的存在,还没有使敌人失败。这种条件和形势,具备着决定胜败的可能性,但还不是胜败的现实性。实现这个胜负,依靠两军的决战。只有决战,才能决定两军之间谁胜谁败的问题。这就是战略反攻阶段的全任务。反攻是一个长过程,是战略防御战最精彩、最活跃的阶段,也就是防御战的最后阶段。所谓积极防御,主要就是指这种带决战性的战略反攻。决战阶段的斗争,是全战争或全战役中最激烈、最复杂、最变化多端的,也是最困难、最艰苦的,在指挥上说来,是最不容易的时节。

在"反攻开始问题"中,毛泽东以中央苏区五次反"围剿"中红军作战的经验教训,论证了"初战"的重要作用,提出了三个原则。第一,

---

① 《毛泽东选集》(第一卷),人民出版社1991年版,第203页。

笔下起风雷　胸中百万兵
土地革命战争中的毛泽东

必须打胜。必须敌情、地形、人民等条件，都利于我，不利于敌，确有把握而后动手。否则宁可退让，持重待机。初战没有必胜把握，贸然进攻，开脚一步就丧失主动权，是最蠢、最坏的战法。第二，初战的计划必须是全战役计划的有机的序幕。没有好的全战役计划，绝不能有真正好的第一仗。没有全局在胸，是不会真的投下一着好的棋子的。第三，还要想到下一战略阶段的文章。若只顾反攻，不顾反攻胜利后，或万一反攻失败后，下文如何做法，则依然未尽得战略指导者的责任。当战略指导者处在一个战略阶段时，应该计算到往后多数阶段，至少也应计算到下一阶段。总之，反攻阶段时必须计算到进攻阶段，进攻阶段时又须计算到退却阶段。没有这种计算，束缚于眼前的利害，就是失败之道。

在"集中兵力问题"上，毛泽东指出，集中兵力看起来容易，实行颇难。人人皆知以多胜少是最好的办法，然而很多人不能做，相反地每每分散兵力，原因就在于指导者缺乏战略头脑，为复杂的环境所迷惑，因而被环境所支配，失掉了自主能力，采取了应付主义。他认为，无论怎样复杂、严重、惨苦的环境，军事指导者首先需要的是独立自主地组织和使用自己的力量。被敌逼迫到被动地位是常有的，重要的是要迅速地恢复主动地位。如果不能恢复到这种地位，下文就是失败。

毛泽东指出，集中兵力之所以必要，是为了改变敌我的形势。第一，是为了改变进退的形势。过去是敌进我退，现在是企图达到我进敌退之目的。第二，是为了改变攻守的形势。退却到退却终点，在防御战中基本上属于消极阶段，即"守"的阶段。反攻则属于积极阶段，即"攻"的阶段。虽然在整个战略防御中并没有脱离防御性质，然而反攻和退却相较，不但形式上，而且内容上，是起了变化的东西。反攻是战略防御和战略进攻之间过渡的东西，带着战略进攻前夜的性质，集中兵力就为达此目的。第三，是为了改变内外线的形势。处于战略上内线作战的军队，特别是处于被"围剿"环境的红军，蒙受着许多不利。但我们可以而且完全应该在战役或战斗上，把它改变过来。将敌军对我军的一个大"围剿"，改变为我军对敌军的许多个别的小围剿。将敌军对我军的战略上的分进合击，改变为我军对敌军的战役或战斗上的分进合击。将敌军对我军的战略上的优势，改变为我军对敌军的战役或战斗上的优势。将战略上处于强者地位的敌军，使之在战役或战斗上处于弱者地位。同时，将自己战略上的弱者地位，使之改变为战役或战斗上的强者地位。这即所谓内线作战中的外线作战，"围剿"中的围剿，封锁中的封锁，防御中的进攻，劣势中的优势，弱者中的强者，不利中的有利，被动中的主动。从战略防御中争取胜利，基本上靠了集中兵力的一着。

关于集中兵力，毛泽东还十分生动地指出："我们的战略是'以一当十'，我们的战术是'以十当一'，这是我们制胜敌人的根本法则之一。"①

在"运动战"中，毛泽东指出，在没有广大的兵力，没有弹药补充，每一个根据地打来打去仅有一支红军的条件下，阵地战对于我们是基本上无用的。红军要战胜敌人，只能是运动战。统治着第五次反"围剿"时期的所谓"正规战争"的战略方针，反对所谓"游击主义"，结果造成根据地丢失，红军主力不得不进行长征。他认为，我们的军队数量和技术较之敌人还差得远，我们的苏区面积还很小，敌人时时刻刻想要消灭我们。从这个方面规定我们的方针，不是一般地反对游击主义，而是老老实实地承认红军的游击性。在这里怕羞是没有用的。相反，游击性正是我们的特点，正是我们的长处，正是我们战胜敌人的工具。

毛泽东还指出，"打得赢就打，打不赢就走"，这是对运动战的通俗解释。一切的"走"都是为着"打"，我们的一切战略战役方针都是建立在"打"的一个基本点上。他列举了四种不能打的情况：第一，当面的敌人多了不好打；第二，当面的敌人虽不多，但它和临近敌人十分密接，也有时不好打；第三，一般地来说，凡不孤立而占有十分巩固阵地之敌都不好打；第四，打而不能解决战斗时，不好继续再打。

他强调，基本的是运动战，并不是拒绝必要和可能的阵地战。战略防御时，我们钳制方面某些支点的固守，战略进攻时遇着孤立无援之敌，都是应该承认用阵地战去对付的。我们反对的，仅仅是今天采取一般的阵地

---

① 《毛泽东选集》(第一卷)，人民出版社1991年版，第225页。

战，或者把阵地战和运动战平等看待。

在"速决战"中，毛泽东指出，战略的持久战，战役和战斗的速决战，这是一件事的两方面，这是国内战争两个同时并重的原则。因为反动势力的雄厚，革命势力是逐渐地生长的，这就规定了战争的持久性。在这上面性急是要吃亏的，在这上面提倡"速决"是不正确的。战役和战斗的原则与此相反，不是持久而是速决。在战役和战斗上面争取速决，古今中外都是相同的。速决战不是心里想要如此做就做得成功的，还须加上许多条件。主要的条件是准备充足，不失时机，集中优势兵力，包围迂回战术，良好阵地，打运动中之敌，或打驻止而阵地尚不巩固之敌。不解决这些条件，而求战役或战斗的速决，是不可能的。打破一次"围剿"属于一个大战役，依然适用速决战原则，而不是持久原则。因为根据地的人力、财力、军力等项条件都不许可持久。

在"歼灭战"中，毛泽东指出，"拼消耗"的主张，对于中国红军来说是不适时宜的。"'比宝'不是龙王向龙王比，而是乞丐向龙王比，未免滑稽。对于几乎一切都取给于敌方的红军，基本方针是歼灭战。只有歼灭敌人的有生力量才能打破'围剿'和发展革命根据地。""击溃战，对于雄厚之敌不是基本上决定胜负的东西。歼灭战，则对任何敌人都立即起了重大影响。对于人，伤其十指，不如断其一指；对于敌，击溃其十个师不如歼灭其一个师。"[①]

纵观毛泽东这部军事著作，有以下几个特点。

第一，科学性。它是以马克思主义军事理论为指导，用辩证唯物主义和历史唯物主义为研究方法，吸收古今中外军事理论著作的精华部分，集中全党智慧，全面总结中国共产党成立后领导革命斗争和军事斗争实践，其中主要是土地革命战争时期，特别是中央苏区五次反"围剿"战争的实践，形成的科学的中国革命战争战略学著作。

第二，生动性。行文逻辑严密，语言简明、准确，却又非常生动，浅显易懂，充满中国风格和中国气派。所用的一些成语，如"世上无难事，

[①] 《毛泽东选集》（第一卷），人民出版社1991年版，第237页。

只怕有心人""一着不慎,满盘皆输""以一当十,以十当百";一些比喻,如"乞丐向龙王"比宝、"伤其十指,不如断其一指"等。再如所举的《水浒传》中洪教头与林冲比武、春秋时曹刿论战的例子,让读者马上能够准确领会其中的意思。

第三,实用性。文中论证,基本上是以红军以往作战的著名战役战斗为例。红军许多指挥员都是这些战役战斗的参加者,对其中的成功经验和失败教训都有切身的体会。毛泽东对这些战役战斗进行深入剖析,得出理性的认识,上升为理论,对红军广大指挥员真可谓"窗户纸,一捅即破"。他们掌握这些战略战术理论后,在此后的实战中可以运用自如。

《中国革命战争的战略问题》是毛泽东军事思想体系形成的重要标志。它以对中国国情的科学分析和准确把握为深厚根基,以实践为主要源泉,充满着实事求是的创造精神。它是以毛泽东为代表的中国共产党人,将马克思主义军事理论与中国革命战争实践相结合,集体智慧的结晶;是中国共产党领导中国革命战争的军事"宝典";是人民军队广大指挥员掌握中国革命战争规律和战略战术,同反动军队作战取得胜利的最科学的教科书。

《中国革命战争的战略问题》与《实践论》《矛盾论》一起,为党在全国抗日战争即将到来之际,在思想路线、军事路线方面,作了充分的准备。毛泽东不仅是中国共产党领袖,也是中国共产党领导中国革命战争中涌现出来的最杰出的军事家、战略家,是指挥人民军队战无不胜、攻无不克的最高统帅。毛泽东将领导全党及人民军队,团结带领全国各族人民,去迎接全民族抗日战争的到来,夺取中国反抗外敌侵略的第一次完全彻底的胜利。

结束语
毛泽东为什么能够打胜仗

在土地革命战争开始时,毛泽东基本上没有从事军事的经历,然而,为什么到了土地革命战争即将结束,迎来全国抗日战争新时期的时候,毛泽东就成为中国共产党最杰出的军事家、战略家,指挥人民军队不断取得胜利的最高统帅了呢?毛泽东的取胜之道在哪里?究其原因,主要在这些方面。

第一,在于一切为了人民的初心、理念,在于依靠人民群众。

1944年9月8日,毛泽东在张思德追悼会上的讲演中说:"我们的共产党和共产党所领导的八路军、新四军,是革命的队伍。我们这个队伍完全是为着解放人民的,是彻底为人民的利益工作的。"[①]这段名言,可以说是毛泽东一生的理念。

以毛泽东为代表的中国共产党人,创建的军队是人民军队。这个军队的组成来自人民,是人民的子弟兵。因而,它打仗是为了推翻压迫人民的反动统治者,使人民获得解放,过上幸福的生活。而同反动军队作战,毛泽东指挥的红军打的是人民战争,依靠的是人民群众的拥护和支持。正如毛泽东指出的,"我们现在的中心任务是动员广大群众参加革命战争","因为革命战争是群众的战争,只有动员群众才能进行战争,只有依靠群众才能进

---

① 《毛泽东选集》(第三卷),人民出版社1991年版,第1003页。

行战争"。"真正的铜墙铁壁""是群众,是千百万真心实意地拥护革命的群众"。"真正的铜墙铁壁,什么力量也打不破的,完全打不破的。反革命打不破我们,我们却要打破反革命。在革命政府的周围团结起千百万群众来,发展我们的革命战争,我们就能消灭一切反革命,我们就能夺取全中国。"①为此,毛泽东为红军制定了严明的群众纪律,与人民群众建立了生死相依、患难与共的关系;要求红军不仅打仗消灭敌人,而且宣传群众、组织群众、武装群众、帮助群众建立革命政权以至建立共产党组织。

在打破国民党军的"进剿""会剿""围剿"中,毛泽东在制定作战方针时,尽可能考虑如何发挥红军得到人民群众拥护与支持的优势。在历次保卫革命根据地的作战中,人民群众都将自己的优秀子弟送进红军队伍,他们还将自己的最后一碗米,送给红军做军粮;将自己的最后一尺布,支援红军做军装。他们上前线,抬担架,救护伤病员;到火线上给红军送水、送饭;给红军带路,送情报。陈正人在回忆中央苏区第一次反"围剿"时说:"当时发动群众工作,依靠群众的工作可做得好。敌人进入苏区真好像成了瞎子聋子,红军的行动敌人不知道,而敌人的行动,我们都很清楚。有一个晚上,红军在一个离敌人只有四五里路的地方,通过了很多部队,敌人一点情况都不知道。由于我们依靠了人民群众,敌人有什么情况,很快就知道了。"②

在对中央苏区的第四次"围剿"中,蒋介石的心腹爱将陈诚曾搞所谓"三分军事,七分政治",国民党军带了一些银圆,见到苏区的老百姓,每人发一块,想以此收买人心。但苏区人民群众根本不上他们的当。时任国民党第十八军训练科科长周上凡回忆:"我在大半天行军中,沿途没有见着一个老百姓。到达固岗宿营时,访问了老弱妇孺30余人,每人给一块硬洋,减轻了背硬洋的重负。有的老大娘拒收硬洋,摇手说:'没有鸡卖,也没有鸡蛋卖。'我说:'不买鸡和蛋,是蒋委员长送给你们的。'经过再四说明,他们才未敢强烈拒绝,但勉强接受后颤抖着手放置在桌子

---

① 《毛泽东选集》(第一卷),人民出版社1991年版,第136、139页。
② 《陈正人回忆罗坊会议》,赵泉钧等编著:《罗坊会议》,浙江大学出版社1993年版,第376页。

笔下起风雷　胸中百万兵
土地革命战争中的毛泽东

上,可能是怕我们反〔翻〕脸,惹祸上身。我待他们有了笑脸答话时,才趁机询问红军和赤卫队去向时,千篇一律回答:'不知道。'总是问不出我想了解的一点滴情况来。"①这个回忆说明,在苏区,人民群众视国民党军如恶魔、疯狗,唯恐躲不及,与大力支援红军相比,真是冰火两重天!

尽管国民党军在兵力、武器装备、财力等方面同毛泽东指挥的红军相比,都占绝对的优势,但在民心方面,毛泽东指挥的红军占绝对优势,国民党军则是零。若单纯以兵力数量上讲,国民党"围剿"军可以是毛泽东指挥的红军的数倍乃至十倍以上。但毛泽东指挥的红军再加上支持者人民群众,人数可以是国民党"围剿"军的数倍。人民的力量是巨大不可估量的,人民群众的全力支持,是毛泽东指挥红军战胜国民党军的最主要和根本原因。

第二,坚持党对军队的绝对领导。

保障人民军队的性质,必须坚持党的绝对领导。北伐时期,国民革命军中开始学习苏联红军,设党代表制度。但党代表仅限于做政治工作。南昌起义时,前委是党的最高领导机构。革命委员会成立后,前委成员都是革命委员会成员,"前委成了革命委员会的党团"②。在革命委员会中,有共产党员180余人,在起义军南下到达长汀后才组织起来,召开过两次大会和几次支部会。南昌起义军中沿用了党代表制度。但在部队中,只有叶挺的第十一军中团一级有党的支部,营才有党小组。李立三曾指出,当时前委的"一切政策指导都须完全经过军部,同时军委亦很弱,所以党的政治的方针很难深入到军队中的同志去。这是党的组织上一个很大的弱点"。③尽管如此,南昌起义仍是党对军队绝对领导的开端。

秋收起义初,各团自行其是,致使前委的计划没有得到有效的执行,遭受严重挫折。前委在文家市实现统一领导后,由于南下途中余洒度不服

---

① 周上凡:《陈诚部在第四次"围剿"中被歼记》,文闻编:《"围剿"中央苏区作战秘档》,中国文史出版社2007年版,第180页。
② 李立三:《"八一"革命之经过与教训》(1927年10月),中共中央党史研究室第一研究部编:《李立三百年诞辰纪念集》,中共党史出版社1999年版,第55页。
③ 李立三:《"八一"革命之经过与教训》(1927年10月),中共中央党史研究室第一研究部编:《李立三百年诞辰纪念集》,中共党史出版社1999年版,第55页。

从前委领导的问题，部队的思想混乱问题，如不解决，将面临部队解体局面。毛泽东经过认真思考，认为要发挥共产党员的作用，在基层中建立党组织，保证党的绝对领导。三湾改编，支部建在连上，班、排有党小组，连以上设党代表，营、团设党委，起义军所有党组织都统一于前委领导之下。这就在起义军中建立了一整套严密的党组织系统，从而保证前委的决策、方针能够迅速贯彻到基层战士之间。

红四军转战赣南、闽西过程中，领导人之间在军队建设问题上产生了不同看法，军内存在的单纯军事观点、流寇思想和军阀主义残余等非无产阶级思想有所发展；红四军第八次党代会后，出击东江失败，部队思想混乱、士气低落，面临严峻考验。在古田召开的红四军第九次党代会上，针对红四军当时存在的问题，毛泽东起草的会议决议中最重要的是关于纠正党内错误思想的决议案，确定思想建党、政治建军的原则；确定军队政治工作的方针、原则、制度，提出解决把以农民为主要成分的军队建设成为无产阶级性质的新型人民军队这个根本性问题的原则方向。古田会议奠定的军队政治工作对军队生存发展起到决定性作用。

党对军队的绝对领导，是人民军队永远不变的军魂。这一根本原则和制度，发端于南昌起义，奠基于三湾改编，定型于古田会议，是人民军队区别于一切旧军队的政治特质和根本优势。毛泽东对这一根本制度的制定，作出了最杰出的贡献。这一根本原则和制度，保证中国红军完全听党的指挥，紧密团结，步调一致，凝聚成一支坚不可摧的钢铁之师，在任何强大的敌人面前，都能攻无不克、战无不胜，所向披靡，胜利完成党和人民赋予的任务。坚持党对军队的绝对领导，是毛泽东指挥的红军战胜国民党军的主要原因。

第三，立足国情，战略上到敌人统治力量薄弱的地方去建立根据地，争取生存和发展的空间；战术上先打弱敌，以确保胜利，创造有利局面。

在半殖民地半封建的中国，反动统治者在城市中拥有强大的力量，在人民军队尚处于初创和弱小的时候，不能像俄国革命那样，通过中心城市的武装起义或占领中心城市迅速取得革命的胜利。因而，土地革命战争初期，党领导所有中心城市的武装起义和占领中心城市行动都遭失败；1930

笔下起风雷　胸中百万兵
土地革命战争中的毛泽东

年夏，李立三制订的以武汉为中心的全国中心城市起义和所有红军主力攻打中心城市的冒险计划也失败了；1932年，"左"倾教条主义者要红军向中心城市发展，攻打敌人坚固设防的城市，同样被证明是行不通的。

毛泽东最早认识到不能进攻敌人力量强大的中心城市，在战略发展方向上要向敌人力量薄弱的偏僻农村和山区进军，在那里建立革命根据地，使人民军队获得生存和发展的空间，先后创建了井冈山、赣南和闽西、中央革命根据地。在这个过程中，毛泽东提出了农村包围城市、武装夺取政权的思想，开辟了中国革命新道路。

在反对国民党军对革命根据地的"进剿""会剿""围剿"时，毛泽东根据红军处于绝对劣势的情况，历来主张避免与敌人战斗力强的部队作战，专找其中战斗力弱的部队作战，力求有把握战必胜之。这样不但鼓舞自己部队士气，而且能够令敌之其他部队胆寒、士气低落，创造有利局面，最后打破敌人"进剿""会剿""围剿"。

在战略上向敌人力量薄弱的地方发展，壮大自己的力量；在战术上先打弱敌，创造有利局面，是毛泽东指挥红军战胜国民党军的重要原因。

第四，视野开阔，从国际、国内形势寻找方位，谋划战略计划或制定作战方针。

在人民军队创建和发展的过程中，每次遭受重大挫折，无不与对国际、国内局势误判有关。土地革命战争时期党内连续三次出现"左"倾错误，都是与共产国际、共产国际驻中国的代表机构和党的领导者过高地估计世界和中国革命形势有关，因而使革命遭受严重挫折或失败。

毛泽东则不同，他视野开阔，善于对当时的国际、国内形势进行正确分析，找出党和红军所处的方位，以此谋划战略计划和制定作战方针。毛泽东指挥红军在远离城市的偏僻农村或山区作战，消息十分闭塞。因而，他每到一个地方，所做的重要一件事就是寻找报刊和书籍，以便从中尽可能了解国际、国内形势。所以，他能够在分析国际、国内形势的基础上，不机械地执行中共中央或有关上级的错误指示，制订出正确的战略计划和作战方针。这是毛泽东指挥红军战胜国民党军队的重要原因之一。

第五，实行军事民主，不断总结成功与失败的经验、教训。

结束语 毛泽东为什么能够打胜仗

在人民军队创建之始,无一不是受到严重挫折和失败。毛泽东领导的秋收起义也是如此。从宁冈古城会议开始,毛泽东对于每次作战行动的得失都带领大家进行总结,得出经验、教训。成功的地方,以后坚持,不断完善,上升为作战原则;失败的地方,要牢记教训,避免再犯。并且,在每次战前,毛泽东都主持前委会议或前委扩大会议,讨论作战方针与作战计划。在充分发挥大家意见的基础上,综合大家的意见,作出最后决策。毛泽东倡导的军事民主,在部队基层中也得到运用。战前、战后,部队各级都召开不同形式的会议,对具体的战斗进行讨论、总结。正如毛泽东指出的那样,从战争中学习战争。他本人一开始也不会打仗,但通过不断探索、不断总结经验教训,从中学会打仗,并成为军事战略家、军事家。同时,在这个过程中,他又像一个很好的老师,手把手教许多红军指挥员,从不会打仗,到学会打仗。他所领导制定的作战方针、计划、战术意图,下级红军指挥员能够真正领会,并在作战中贯彻实施。在作战中,能够上下一致,广大指战员的积极性能够得到发挥,这是毛泽东能够指挥红军战胜国民党军的又一重要原因。

第六,善于将不利条件转化为有利条件,将被动转化为主动。

决定战争胜负的是综合因素,毛泽东曾指出:"战争的胜负,主要决定于作战双方的军事、政治、经济、自然诸条件,这是没有问题的。然而不仅仅如此,还决定于作战双方主观指导能力。军事家不能超越物质条件许可的范围外企图战争的胜利,然而军事家可以而且必须在物质条件许可的范围内争取战争的胜利。军事家活动的舞台建筑在客观物质条件的上面,然而军事家凭着这个舞台,却可以导演出许多有声有色威武雄壮的活剧来。因此,我们红军的指导者,在既定的客观物质基础即军事、政治、经济、自然诸条件之上,就必须发挥我们的威力,提挈全军,去打倒那些民族的和阶级的敌人。"[1]

尽管国民党军在人数、武器装备上占有绝对优势,但它存在腐败,官兵矛盾严重,内部各种派系林立,有蒋介石的嫡系中央军和地方军阀的

---

[1] 《毛泽东选集》(第一卷),人民出版社1991年版,第182页。

笔下起风雷　胸中百万兵
土地革命战争中的毛泽东

杂牌军之分,矛盾重重,指挥不统一,等等。红军尽管在人数、武器装备上处于绝对劣势,但有官兵一致,指挥统一,将士作战目的明确,作战勇敢,深得人民群众拥护等优势。在反"围剿"中,毛泽东善于将敌我双方优劣势进行转化,实现由被动转变为主动。

毛泽东提出的"诱敌深入"方针,就是根据当时敌我力量和态势,将敌人诱入根据地深处,实现敌我优劣势的转化。国民党军进入根据地,其两项重要优势消失于无形。根据地山高、林密、路险,国民党军给养、弹药供给困难。它的兵力虽众,但在红军的调动下,战线拉长,疲于奔命,士气低落,难以发挥重兵的优势,战斗力大为减弱,脱离重兵集团那一部分,就成为红军歼灭的对象。它的短板和劣势就更加明显突出。而红军依托根据地,原先的劣势就化为优势。红军在根据地内作战,虽然总兵力与敌悬殊,武器装备也不如敌人,但通过运动战调动敌人,形成局部的优势兵力;再加上得到人民群众的支援。这样,红军已由原先的劣势转化为优势。同时,红军的指挥统一、士兵政治素质高、地理环境熟悉等方面的优势则更能发挥作用。综合各种有利因素,红军可以进行速决战和歼灭战,迅速消灭一部分弱敌,掌握战场主动权,实现由弱到强的转化,从而打破国民党军的"围剿",创造以弱胜强、以少胜多的战争奇迹。

善于将不利条件转化为有利条件,将被动转化为主动,是毛泽东指挥红军战胜国民党军的重要原因之一。

毛泽东为中国革命和建设立下了永远不能磨灭的伟大功绩,习近平在纪念毛泽东同志诞辰120周年座谈会上的讲话中全面高度评价了毛泽东的杰出历史贡献,其中在军队建设方面,指出:"毛泽东同志创造性地解决了缔造一个在党的绝对领导下的人民武装力量的一系列重大问题,建成一支具有一往无前精神、能够压倒一切敌人而决不被敌人所屈服的新型人民军队。"[1]

毛泽东一生给中国人民留下了巨大的、珍贵的遗产,我们要永远高举包括军队建设在内的毛泽东思想的旗帜前进。

---

[1] 习近平:《论中国共产党历史》,中央文献出版社2021年版,第52页。

参考书目及报刊资料

习近平：《论中国共产党历史》，中央文献出版社2021年版。

中共中央党史和文献研究院：《中国共产党的一百年》（新民主主义革命时期），中共党史出版社2022年版。

《毛泽东选集》（第一卷），人民出版社1991年版。

《毛泽东选集》（第三卷），人民出版社1991年版。

《毛泽东文集》（第一卷），人民出版社1993年版。

《毛泽东文集》（第八卷），人民出版社1999年版。

《毛泽东军事文集》（第一卷），军事科学出版社、中央文献出版社1993年版。

《毛泽东农村调查文集》，人民出版社1982年版。

《毛泽东在七大的报告和讲话集》，中央文献出版社1995年版。

《毛泽东一九三六年同斯诺的谈话》，人民出版社1979年版。

中共中央文献研究室编：《毛泽东诗词集》，中央文献出版社1996年版。

《周恩来选集》（上卷），人民出版社1984年版。

《周恩来军事文选》（第一卷），人民出版社1997年版。

《朱德选集》，人民出版社1983年版。

《陈云文选》（第一卷），人民出版社1995年版。

《陈云文集》（第一卷），中央文献出版社2005年版。

《张闻天选集》（二），中共党史出版社1992年版。

《陈毅诗词选集》，人民文学出版社1977年版。

中共中央文献研究室编：《毛泽东传》（1893—1949）（上），中央文献出版社1996年版。

中共中央文献研究室编：《周恩来传》（1898—1949）（修订本），中央文献出版社1998年版。

中共中央文献研究室编：《朱德传》（修订本），中央文献出版社2006年版。

中共中央文献研究室编：《任弼时传》（修订本），中央文献出版社2004年版。

《陈毅传》编写组：《陈毅传》，当代中国出版社1991年版。

中共中央文献研究室编：《毛泽东年谱》（1893—1949）（修订本）（上卷），中央文献出版社2013年版。

中共中央文献研究室编：《周恩来年谱》（1898—1949），中央文献出版社、人民出版社1989年版。

中共中央文献研究室编：《朱德年谱》（新编本）（上），中央文献出版社2016年版。

中共中央党史研究室张闻天选集传记组编：《张闻天年谱》（1900—1941）（修订本）（上卷），中共党史出版社2010年版。

中共中央党史资料征集委员会、中央档案馆编：《遵义会议文献》，人民出版社1985年版，

中央档案馆编：《中共中央文件选集》（第三册），中共中央党校出版社1989年版。

中央档案馆编：《中共中央文件选集》（第四册），中共中央党校出版社1989年版。

中央档案馆编：《中共中央文件选集》（第五册），中共中央党校出版社1990年版。

中央档案馆编：《中共中央文件选集》（第六册），中共中央党校出版社1989年版。

中央档案馆编：《中共中央文件选集》（第七册），中共中央党校出版社1991年版。

中央档案馆编：《中共中央文件选集》（第八册），中共中央党校出版社1991年版。

中央档案馆编：《中共中央文件选集》（第九册），中共中央党校出版社1991年版。

中央档案馆编：《中共中央文件选集》（第十册），中共中央党校出版社1991年版。

中央档案馆编：《中共中央文件选集》（第十一册），中央党校出版社1991年版。

中共中央文献研究室、中央档案馆编：《建党以来重要文献选编》（1921—1949）（第12册），中共中央文献出版社2011年版。

中共中央党史资料征集委员会编：《共产主义小组》（下），中共党史资料出版社1987年版。

中共中央党史资料征集委员会、中央档案馆编：《八七会议》，中共党史资料出版社1986年版。

中央档案馆编：《秋收起义》（资料选辑），中共中央党校出版社1982年版。

中国人民解放军历史资料丛书编审委员会：《红军长征·文献》，解放军出版社1995年版。

中国人民解放军历史资料丛书编审委员会：《红军长征·回忆史料》（1），解放军出版社1992年版。

中国人民解放军历史资料丛书编审委员会：《红军长征·回忆史料》（2），解放军出版社1992年版。

中国人民解放军历史资料丛书编审委员会：《红军长征·参考资料》，解放军出版社1992年版。

中国工农红军第四方面军战史编辑委员会：《中国工农红军第四方面军战史资料选编》（长征时期），解放军出版社1992年版。

《星火燎原》（选编之一），中国人民解放军战士出版社1979年版。

《星火燎原》（选编之二），中国人民解放军战士出版社1979年版。

中国人民解放军总参谋部通信部编研室：《红军的耳目与神经》，中共党史出版社1991年版。

甘肃省军区党史资料征集办公室：《三军大会师》（下册），甘肃人民出版社1987年版。

中共中央党史研究室第一研究部译：《共产国际、联共（布）与中国革命档案资料丛书·联共（布）、共产国际与中国苏维埃运动》（1927—1931）（第7卷），中央文献出版社2002年版。

中共中央党史研究室第一研究部译：《共产国际、联共（布）与中国革命档案资料丛书·联共（布）、共产国际与中国苏维埃运动》（1927—1931）（第8卷），中央文献出版社2002年版。

中共中央党史研究室第一研究部译：《共产国际、联共（布）与中国革命档案资料丛书·联共（布）、共产国际与中国苏维埃运动》（1927—1931）（第9卷），中央文献出版社2002年版。

中共中央党史研究室第一研究部译：《共产国际、联共（布）与中国革命档案资料丛书·联共（布）、共产国际与中国苏维埃运动》（1927—1931）（第10卷），中央文献出版社2002年版。

中共中央党史研究室第一研究部译：《共产国际、联共（布）与中国革命档案资料丛书·共产国际、联共（布）与中国革命文献资料选辑》（1927—1931）（第11卷），中央文献出版社2002年版。

中共中央党史研究室第一研究部译：《共产国际、联共（布）与中国革命档案资料丛书·联共（布）、共产国际与中国苏维埃运动》（1931—1937）（第13卷），中共党史出版社2007年版。

中共中央党史研究室第一研究部译：《共产国际、联共（布）与中国革命档案资料丛书·联共（布）、共产国际与中国苏维埃运动》（1931—1937）（第14卷），中共党史出版社2007年版。

张闻天选集传记组编：《200位老人回忆张闻天》，人民出版社2013年版。

中共中央党史研究室第一研究部编：《李立三百年诞辰纪念集》，中共党史出版社1999年版。

中华全国总工会中国工人运动史研究室：《张浩纪念集》，上海人民出版社1986年版。

中共甘肃省委编：《纪念刘志丹》，中共党史出版社2014年版。

参考书目及报刊资料

中共湖南省委党史资料征集研究委员会《湘赣边界秋收起义》协作组编：《湘赣边界秋收起义》，湖南人民出版社1987年版。

中共江西省委党史资料征集委员会、中共江西省委党史研究室编：《井冈山革命根据地与各地的联系》，中央文献出版社1993年版。

中共广东省委党史研究室、中共汕头市委党史研究室编：《红色交通线》（内部出版）。

中共陕西省委党史研究室编：《西北革命根据地》，中共党史出版社1998年版。

中共江西省委党史研究室等编：《中央革命根据地历史资料文库·党的系统》（1），中央文献出版社、江西人民出版社2011年版。

中共江西省委党史研究室等编：《中央革命根据地历史资料文库·党的系统》（3），中央文献出版社、江西人民出版社2011年版。

中共江西省委党史研究室等编：《中央革命根据地历史资料文库·党的系统》（5），中央文献出版社、江西人民出版社2011年版。

中共江西省委党史研究室等编：《中央革命根据地历史资料文库·政权系统》（6），中央文献出版社、江西人民出版社2013年版。

中共江西省委党史研究室等编：《中央革命根据地历史资料文库·政权系统》（7），中央文献出版社、江西人民出版社2013年版。

中共江西省委党史研究室等编：《中央革命根据地历史资料文库·政权系统》（8），中央文献出版社、江西人民出版社2013年版。

中共江西省委党史研究室编：《江西党史资料》（第18辑）。

中共江西省委党史研究室编：《江西党史资料》（第19辑）。

中国井冈山干部学院编：《井冈山革命根据地史料大全·政权建设卷》（第3册），党建读物出版社、中共党史出版社2020年版。

中国井冈山干部学院编：《井冈山革命根据地史料大全·军事斗争卷》（第5册），党建读物出版社、中共党史出版社2020年版。

中国井冈山干部学院编：《井冈山革命根据地史料大全·军事斗争卷》（第6册），党建读物出版社、中共党史出版社2020年版。

中国井冈山干部学院编：《井冈山斗争时期文献导读》，党建读物出版社2015年版。

井冈山革命根据地党史资料征集编研小组、井冈山革命博物馆编：《井冈山革命根据地》（下），中共党史资料出版社1987年版。

罗荣桓、谭震林等：《亲历井冈山革命根据地创建》，江西出版集团、江西人民出版社2007年版。

中共遵义市党史资料征集研究办公室编：《长征火种——一九三五年遵义县革命委员会》，1987年内部发行。

《回忆井冈山斗争时期》，江西人民出版社1979年版。

赵泉钧等编著：《罗坊会议》，浙江大学出版社1993年版。

吴德坤主编：《遵义会议资料汇编》，中央文献出版社2009年版。

《中共湖南省委给中央的报告——关于湖南秋收暴动原则决定》（1927年8月19日）。

《中共湖南省委通告第十八号——加紧发展各地暴动夺取政权》（1927年11月30日）。

《中共湖南省委巡视员杜修经的报告——红四军的组成和状况，湘赣特委成立和边界分配土地情况，湘南情形》（1928年6月15日）。

《中共湖南省委给湘赣边特委及四军军委的信——对付二次"会剿"的策略与红军的改造，边界各县土地革命、游击战争、发展党的组织与加强特委指导等》（1928年6月19日）。

《中共湖南省委给湘赣边特委及四军军委的信——扩大根据地、红军建设及分配土地问题》（1928年6月19日）。

《中共湖南省委给各特委、各县委、四军军委的信——目前军阀战争与群众暴动的形势和实现鄂湘粤大道沿赣边割据的工作布置》（1928年6月24日）。

《中共湖南省委给湘赣边特委的指示信——红四军向湘南发展，杨开明同志任特委书记》（1928年6月26日）。

《中共湖南省委给红四军军委的指示信——红四军向湘南发展，取消军委成立前委统一指挥红军及湘南党的工作》（1928年6月26日）。

《中共湖南省委给湘赣边特委的指示信——全国与湖南的形势，红四军应坚决向湘东发展》（1928年7月20日）。

《彭德怀自传》，解放军文艺出版社2002年版。

陈毅、肖华等：《回忆中央苏区》，江西人民出版社1981年版。

《回顾长征》，人民出版社1985年版。

《聂荣臻回忆录》，解放军出版社2007年版。

《粟裕战争回忆录》，解放军出版社1988年版。

《萧克回忆录》，解放军出版社1997年版。

李维汉：《回忆与研究》（上），中共党史资料出版社1986年版。

《张震回忆录》，解放军出版社2003年版。

《宋任穷回忆录》，解放军出版社2007年版。

伍修权：《我的历程》（1908—1949），解放军出版社1984年版。

《郭化若回忆录》，军事科学出版社1995年版。

吕黎平：《青春的脚步》，解放军出版社1984年版。

陈昌奉：《跟随毛主席长征》，天津人民出版社1973年版。

吴吉清：《在毛主席身边的日子里》，江西人民出版社1983年版。

《罗明回忆录》，福建人民出版社1991年版。

丁玲主编，董必武、陆定一、舒同等著：《红军长征记》，解放军文艺出版社2007年版。

《刘英纪念集》编辑组、江苏省无锡市史志办公室编：《刘英纪念集》，中共党史出版社2005年版。

中国工农红军第一方面军史编审委员会：《中国工农红军第一方面军史》，解放军出版社1993年版。

军事科学院军事历史研究所编著：《中国工农红军长征全史——中央红军征战记》（一），军事科学出版社2006年版。

张素华、边彦军、吴晓梅：《说不尽的毛泽东》（下），中央文献出版社、辽宁出版社1995年版。

［美］埃德加·斯诺著，董乐山译：《西行漫记》，生活·读书·新知三联书店1979年版。

［美］埃德加·斯诺笔录，汪衡译：《毛泽东自传》，中国青年出版

社2013年版。

［美］史沫特莱著，梅念译，胡其安、李新校注：《伟大的道路》，东方出版社2005年版。

《人民日报》1985年8月9日。

《红星》1935年3月4日。

《党的文献》1989年第5期。

《近代史研究》1990年第5期。

上海《民国日报》1929年2月9日。

［德］奥托·布劳恩著，李逵六等译：《中国纪事》，东方出版社2004年版。

张国焘：《我的回忆》（第三册），现代史料编刊社1981年印刷。

中国人民政治协商会议全国委员会文史资料委员会《围追堵截红军长征亲历记》编审组编：《围追堵截红军长征亲历记——原国民党将领的回忆》（上册），中国文史出版社1990年版。

文闻编：《"围剿"中央苏区作战秘档》，中国文史出版社2007年版。

王多年主编：《反共戡乱》（上篇）（第一卷），台湾黎明文化事业股份有限公司1982年版。

王多年主编：《反共戡乱》（上篇）（第四卷），台湾黎明文化事业股份有限公司1982年版。

后　记

　　1997年春，我由杂志编辑转为党史研究者，从事党在民主革命时期的研究，主要研究领域是土地革命战争时期，中央革命根据地研究自然就是其中的重中之重。2001年，是中华苏维埃共和国成立70周年，我有幸在11月初赴江西瑞金参加了在那里举行的盛大纪念活动。这是我第一次来到心中向往已久的红土圣地，留下了难忘的印象。

　　参加完纪念活动之后，我随单位的领导一起到会昌、寻乌、信丰、兴国等地进行党史考察，一路到过毛泽东写"会昌城外高峰"词句的岚山岭、率红四军下井冈山后在寻乌圳下村的遇险地、进行寻乌调查的旧址、在兴国举办土地革命干部训练班的旧址潋江书院和进行调查的花生地……离开赣州后，我又随领导到吉安东固及井冈山进行了调研。这次赣南、吉安之行，使我对毛泽东在中央苏区及井冈山革命根据地的活动有了较深的认识，比在单位图书馆翻资料的收获要大得多。回到单位后，我们合作写了《赣南党史考察》一文，发表在《中共党史研究》2002年第5期上。这是我第一次与毛泽东军事研究结缘。

　　在此后的20多年里，我因参加学术研讨、调研、论证等活动，又十数次到赣州，足迹遍及赣州所属的18个区县；七次到井冈山；十数次到闽西龙岩及闽西北的三明和闽北南平；八次到广东梅州。所到这些地方当年都是毛泽东率领的红军活动区域或中央苏区范围，使我对毛泽东军事活动及

笔下起风雷　胸中百万兵
土地革命战争中的毛泽东

其发展有了更深层次的认识。因而，20多年来，我撰写了《试论共产国际与朱德、毛泽东领导的红军》《中央苏区时期共产国际与毛泽东的关系》《共产国际与中央红军战略转移的决策》《试论长征前夕共产国际、中共中央同陈济棠的谈判》《试论中央革命根据地发展的历史经验与教训》《中央苏区时期毛泽东群众工作思想》《论毛泽东反"围剿"思想》等数十篇研究论文，分别发表在《中共党史研究》《党的文献》《中共党史资料》《中国延安干部学院学报》《中国井冈山干部学院学报》等学术杂志上，有三四十万字。因而，我对毛泽东在土地革命战争时期的军事活动及其军事思想发展的研究有一定的积淀。

2023年是毛泽东诞辰130周年，我一直在想，能为这位中华民族历史伟人的逢十纪念活动做些什么。经过思考，我决定将自己20多年来对毛泽东在土地革命战争时期的军事活动和思想研究作一个阶段性的总结，写一本有一定厚度的书，重点向读者展现毛泽东是怎样从没有什么军事经历的革命家成为一个军事家、战略家的，为什么能够打胜仗，原因在哪里？希望读者通过本书，能够有所启迪、收获，对走好自己的人生道路有所帮助。

本书从2021年8月开始酝酿，10月开始动笔写，前后历时8个月。其间经历过一些困扰，先是11月生了两次病，天天和医院打交道；后是2022年3月下旬，又一波新冠疫情在全国各省市蔓延，北京自4月下旬也开始严重起来，几乎每天要排着大长队做一次核酸。尽管如此，我还是克服困难，每天坚持写作，总算是如期完成了。

本书能够如期完成，最应该感谢的是我的夫人关红女士。这几年我身体不好，每次上医院，她都陪我一起去。特别是去年11月，她天天陪我上医院检查、打针。同时，她几乎把所有家务活儿都包了，稍重一点的体力活儿，都不让我插手。正是由于她的付出，我才有精力完成本书的写作。

江西省委党史研究室、福建省委党史研究室、江西赣州市委党史研究室、广东梅州市委党史研究室、福建龙岩市委党史研究室的同志及其各

后　记

县党史研究室的同志，为我考察中央苏区提供了很大便利，提供了许多资料，在此表示深深的谢意。

感谢人民日报出版社为本书的出版给予大力支持。

感谢所有学术界的朋友多年来的支持和帮助。

由于时间仓促，本人水平有限，本书肯定会存在一些不足之处，敬请广大读者批评指出，以便再版时修改。

王新生

2022年6月30日